2017 北京通州年鉴

BeiJing TongZhou NianJian

中共北京市通州区委党史工作办公室
北京市通州区地方志办公室 编

方志出版社
Publishing House of Local Records

图书在版编目（CIP）数据

北京通州年鉴. 2017 / 中共北京市通州区委党史工作办公室，北京市通州区地方志办公室编. —北京：方志出版社，2017.10

ISBN 978-7-5144-2637-3

I. ①北… II. ①中… ②北… III. ①通州区—2017—年鉴 IV. ①Z521.3

中国版本图书馆CIP数据核字(2017)第266401号

北京通州年鉴（2017）

编　者：中共北京市通州区委党史工作办公室
北京市通州区地方志办公室
责任编辑：梅中英

出 版 人：冀祥德
出 版 者：方志出版社
地址　北京市朝阳区潘家园东里9号（国家方志馆4层）
邮编　100021
网址　http://www.fzph.org
发　行：方志出版社图书经销中心
电话(010) 67110500
经　销：各地新华书店
印　刷：廊坊飞腾印刷包装有限公司

开　本：889×1194　1/16
印　张：37.875
字　数：999千字
版　次：2017年10月第1版　2017年10月第1次印刷
印　数：0001～3000册

ISBN 978-7-5144-2637-3　定价：150.00元

中共北京市通州区委党史工作办公室
北京市通州区地方志办公室

主　　任	王葆刚
副 主 任	翟荣华　禹万新
工作人员	郭宝祥　马雪梅　艾玉勃　张亚昆　刘晓林 肖姗姗　郭卫民　吴兴保　王　妍　史圣洁 赵龙刚　孙连庆　崔洪生　杨世乾　王　英 宋春山　王梓义　赵　超　刘　尧

《北京通州年鉴》编辑部

主　　编	王葆刚
常务副主编	禹万新
执行副主编	张亚昆
编　　辑	张亚昆　肖姗姗

地　　址：北京市通州区玉带河西街3号
电　　话：010-69543594
电子邮箱：tongzhounj@126.com
年鉴联系群：（QQ）159193072

编 辑 说 明

一、本年鉴以马克思列宁主义、毛泽东思想、邓小平理论、“三个代表”重要思想、科学发展观、习近平新时代中国特色社会主义思想为指导，坚持辩证唯物主义和历史唯物主义的立场、观点和方法，以经济建设为中心，坚持四项基本原则，科学地反映客观情况。

二、本年鉴采用文(文献或专文)、鉴(条目)、记(大事记)、图(图片、照片)、表(统计表)、录(附录)六种体裁，以鉴为主体，用规范的语体文、记述体直陈其事，文字力求言简意赅。

三、本年鉴从1999年开始逐年编辑。当年出版的年鉴全面汇集上一年度北京市通州区政治、经济、文化、社会发展等诸方面的重大事件和新的情况，为各级领导决策提供参考依据，为各行各业提供有价值的信息资料，为各方面人士了解通州提供全面情况和最新信息。本年鉴为连续出版的第19部，反映2016年1月1日至12月31日期间情况(部分内容依据实际情况时限略有上溯或下延)，文中一般直书月、日，不再写年份。本年鉴农用面积采用亩为计量单位。

四、本卷年鉴由特载、专文、大事记、正文、附录及彩页等部分组成。正文部分设有综述，党派，政权·政治协商，群众团体，法治，武装，经济管理，金融，农业，工业·信息化·建筑业，商贸·旅游·运输·房地产开发，城乡建设，市政管理，科教文卫体，社会生活，街道，乡镇，组织机构及负责人，先进单位、先进个人，统计表共20个类目，112个分目，82个子目，1830个条目。

五、本卷年鉴收有通州区副处级以上机构及副处级以上党政实职领导干部名录，并收录2016年内获得市以上各类先进人物、先进单位名单。

六、选入年鉴的文章和条目，均由各部门各单位确定专人撰写，经本部门、单位主管领导审阅，并经由区地方志编纂委员会审编。一人提供多个条目的，只在最后一个条目后署名，不再一一署名。统计资料由统计局提供。照片由各单位提供。

调研与视察

5月10日，全国妇联副主席、书记处书记焦扬（左四）等一行调研于家务回族乡

（于家务回族乡提供）

11月18日，市委常委、常务副市长李士祥（左二）到永顺镇八里桥棚户区改造项目（一期）拆迁现场视察

（永顺镇提供）

2月18日，市领导李伟（左五）、王宁（右二）参观博物馆 （张家湾镇提供）

5月19日，区委书记杨斌（右三）、区长岳鹏（右四）进行水利工程调研 （水务局提供）

11月11日，代区长张力兵（左三）调研永乐店中学　　（永乐店镇提供）

5月31日，通州区人大常委会主任李玉君（左五）慰问少年儿童和少儿工作者　　（团区委提供）

5月31日，通州区政协主席赵玉影（右二）、人大常委会副主任罗明光（右一）慰问教工幼儿园儿童及少儿工作者（团区委提供）

11月2日，区委组织部部长韦江（右二）调研张家湾镇（张家湾镇提供）

工程

2月23日，郎府幼儿园开园（西集镇提供）

8月2日，潞河中学泵站改造工程竣工（区水务局提供）

5月19日，甘棠钢坝闸施工现场　　（区水务局提供）

北关大道跨北运河桥结构完工　　（新奥通城提供）

凉水河整治工程
（区水务局提供）

北环环隧行车道层
（新奥通城提供）

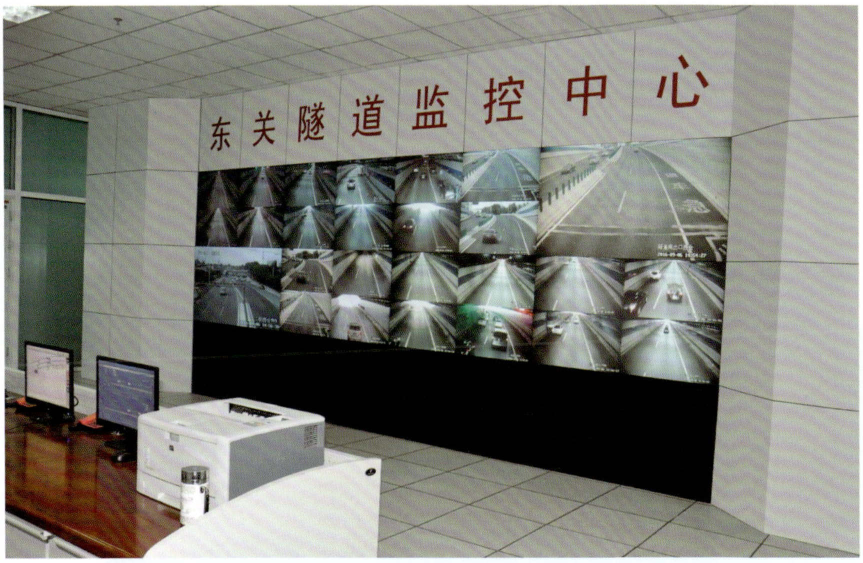

市政综合配套服务中心监控中心
（新奥通城提供）

污水处理厂　（区水务局提供）

文化旅游区综合管廊建设　（区文化旅游区提供）

演练

6月16日，工作人员在安全生产宣传咨询日现场演示救火过程　（区安监局提供）

8月4日，有限空间作业大比武现场　（区安监局提供）

11月3日，区财政局举办2016年“119”消防安全培训　　（区财政局提供）

永乐店镇开展应急预案实战演练活动　　（永乐店镇提供）

执法

2月5日，检查马驹桥一所出租房网吧
（区水务局提供）

5月10日，国家食药总局领导和市局领导在通州区对雨润食品生产厂进行“飞行检查”
（区食药监局提供）

6月2日，张家湾镇联合执法查处无证照餐饮
（张家湾镇提供）

11月22日，通州区质监局对马驹桥工业园消防产品开展检查
（区质监局提供）

11月25日，通州区质监局检查潞城养老院标准化工作
（区质监局提供）

9月21日，通州区食药监局对八里桥农产品中心批发市场牛羊肉大厅进行突击夜查
（区食药监局提供）

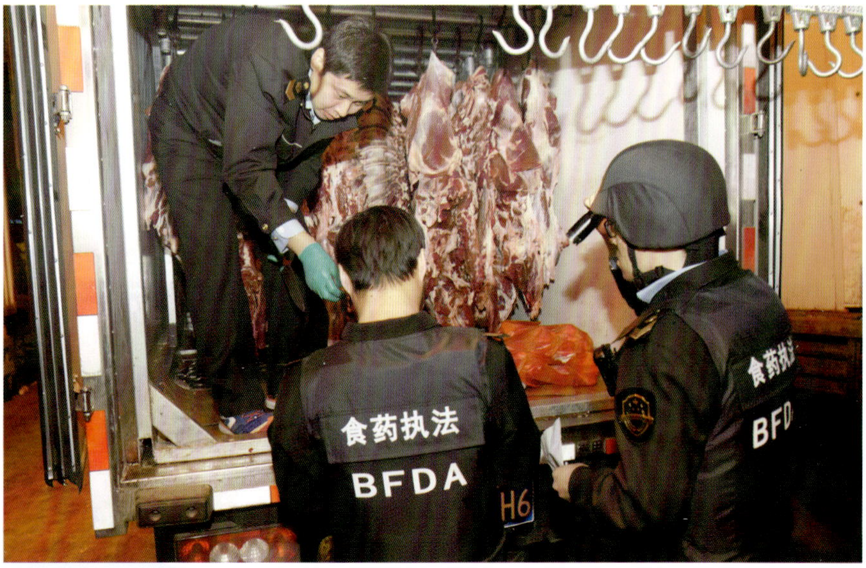

宣传

3月4日，区安监局在新华街道解放广场开展学雷锋志愿服务活动　　（区安监局提供）

4月2日，玉桥街道举办“守护身边的绿色”环保宣传活动　　（玉桥街道提供）

5月12日，农业局开展狂犬病防控知识宣传活动　　（农业局提供）

5月12日，歌华有线通州分公司在富河园营业厅门前开展“防灾减灾日”宣传活动
（歌华有线通州分公司提供）

6月，区机关事务服务中心在机关事业单位发放节能倡议书及宣传品倡导机关节能
（区机关事务服务中心提供）

6月19日，通州区食药监局开展“文明通州社区宣传日”志愿服务活动　（区食药监局提供）

在9月20日第十四个“全国公民道德宣传日”来临之际，区文明办以“重品行、树形象、做榜样”为主题，开展9月“文明通州”社区宣传日主题活动　　（区文明办提供）

12月4日，区检察院举办普法宣传活动　　（区检察院提供）

区消防协会在西集镇郎东村发放消防宣传品

（区消防协会提供）

区交通局在史家小学通州分校组织开展主题为“水上平安交通　安全伴我成长”的水上交通安全知识进校园活动

（区交通局提供）

12月2日，通州区司法局开展“12・4”国家宪法日宣传活动

（区司法局提供）

其他活动

3月26日，共和国部长义务植树活动在通州区举行，市委副书记、市长王安顺（左二）参加植树活动（区委宣传部提供）

4月28日，五四大会暨通州区志愿服务联合会成立，团市委副书记王洪涛（左一），区委常委、统战部部长洪波（右一）共同点亮通州区志愿服务联合会标识（团区委提供）

4月28日，张家湾中心园举行“国际交流漫游古镇”项目揭牌仪式　　　　（区教委提供）

4月29日，通州区国、地税成立“国地税青年干部教育实践基地”税企团组织共建助力“营改增”
（区地税局提供）

5月18日，北京新城职业教育集团成立　　（区教委提供）

北京通州京环环境服务有限公司成立暨揭牌仪式　　（市政市容委提供）

8月2日，潞城镇微型消防车发放仪式　　（潞城镇提供）

10月18日，通州电视台综合高清频道正式上线播出　　（广电中心提供）

11月，马驹桥镇张各庄村科普体验厅建设完成　　（区科委提供）

11月8日，区科委在阳光国际会议中心组织召开科技资源通州行活动，市科委副主任张光连（前左）与区委常委、副区长洪家志（前右）签署合作协议。　　（区科委提供）

12月13日，通州区人民法院召开“服务和保障北京城市副中心建设实施办法”新闻发布会

（区人民法院提供）

8月5日，“情定运河 圆梦七夕”第四届北京七夕文化艺术节在通州区开幕 （区委宣传部提供）

7月23日，通州区自行车协会举办趣味“铁人”三项活动
（区体育局提供）

7月23日，举办通州区全民健身羽毛球团体对抗赛
（区体育局提供）

9月24日，“等灯等灯”广场舞进入决赛阶段
（玉桥街道提供）

目　录
CONTENTS

特　载

专　文

2016年通州区大事记

综　述

地情概况

2016年国民经济和社会发展

党　派

中国共产党北京市通州区委员会

民主党派

政权·政治协商

通州区人民代表大会常务委员会

通州区人民政府

法　治

消防工作

检察

法院

司法行政

流动人口和出租房屋管理工作

军　事

人民武装

工业·信息化·建筑业

工　业

园　区

旅游

交通运输业

房地产开发

城 乡 建 设

文化

卫 生

体 育

社会生活

民政

街　道

新华街道

北苑街道

玉桥街道

乡　镇

永顺镇

梨园镇

宋庄镇

张家湾镇

组织机构及负责人

先进单位、先进个人

统 计 表

附 录

特载

不辱使命　主动作为
为全面建设北京城市副中心而努力奋斗

——2016年12月7日在中共北京市通州区第六次代表大会上的报告

中共北京市通州区委书记　杨　斌

中共北京市通州区第六次代表大会，是在集中力量建设北京城市副中心的历史性关键时期召开的一次十分重要的会议。大会的主题是：高举中国特色社会主义伟大旗帜，认真学习以习近平同志为核心的党中央治国理政的新理念、新思想、新战略，深入贯彻落实中央和市委关于规划建设北京城市副中心的一系列重大决策部署，动员全区各级党组织、党员干部和人民群众，紧抓机遇，趁势而上，不辱使命，主动作为，为全面建设北京城市副中心而努力奋斗。

过去五年的主要工作

五年来，我们在市委、市政府的坚强领导下，认真学习贯彻习近平总书记系列重要讲话精神，团结和带领广大党员干部群众，创造性地落实中央、市委对通州发展的一系列新决策、新部署，圆满完成区第五次党代会确定的各项目标任务，北京城市副中心建设开局良好。

一、深入学习贯彻中央建设北京城市副中心的一系列重大决策部署精神，扎实主动做好谋划

继中央制定京津冀协同发展战略后，中央政治局专门召开会议，研究部署了城市副中心建设工作，这是通州建设发展史上一件具有里程碑意义的大事。市委先后多次召开会议，对城市副中心建设作出安排部署。我们把学习贯彻中央、市委决策部署精神作为首要任务。组织全区党员干部认真学习，努力吃透精神实质，广大党员干部学出了信心，学出了思路，学出了干劲，以更大的担当精神投身到城市副中心建设的伟大事业中。我们对通州的发展思路和工作重点进行了再梳理和再认识。明确提出未来一段时期工作的主要思路是“补短板、强基础，调布局、留空间，重管理、优环境，高水平、谋发展”，工作的重心是围绕城市副中心这一新的功能定位做好全方位、高标准的服务，在承接功能疏解和履行服务职责中谋求更好的发展。我们把规划工作放在首要位置精心组织谋划。把中央、市委的指示要求进行分解，邀请国内外知名专家教授共同研究城市副中

心规划建设工作，聘请了12支国际顶级设计团队开展城市副中心总体城市设计及重点地区详细设计，花最大心血努力配合专家团队做好规划设计工作，全力推进城市副中心建设起好头。

二、全力以赴拓空间、补短板、强功能，城市副中心的综合承载力大幅提升

我们全力以赴腾退承接空间，补齐发展短板，努力增强城市副中心的吸引力。一是集中力量推进潞城棚户区改造。坚持利民惠民、公开透明的原则，以群众工作为统领，创新运用棚改政策，调集精干力量，日夜兼程、连续作战，圆满完成了潞城棚户区两期17个村1.8万人的拆迁安置任务，创造了“零滞留、零诉讼”的和谐拆迁安置氛围。二是大规模开展基础设施建设。提前谋划，主动争取和实施了一大批重大基础设施项目。严控质量，抓进度，提效率，一批水电气热等市政基础设施先后建成投入使用；完成了一批主次干路的新建和改扩建工程，全区路网结构更加科学合理，区内循环有所改善，对外联络更加便捷。公共自行车和电动出租车投放量在全市排名前列，绿色出行水平大幅提升。三是努力提升教育、医疗等公共服务设施水平。坚持造血与输血相结合，新建和改造提升了一大批区属中小学校和幼儿园，积极引进市级优质教育资源，人大附中等一批市级名校正式挂牌招生，全区学校办学条件显著改善，教育质量稳步提升。四所区域医疗中心基本建成，中心城区优质医疗资源整建制转移工作取得重大突破，基层卫生机构软硬件建设不断加强，全区医疗卫生服务水平得到明显提升。

三、以更大的决心、更有力的措施推进生态环境建设和秩序治理，城乡环境持续优化

我们把绿色发展作为一条主线贯穿于城市副中心建设全过程。一是大规模开展森林、湿地、公园和绿廊绿带建设。以创建国家生态园林城市为契机，建成了一批郊野公园、水系路网林带。着眼为居民身边建绿增绿，建成了一批高品质生态公园和健康绿道。高标准实施平原地区造林工程，造林面积位居全市首位。全区森林覆盖率和林木绿化率显著提升，生态空间和环境容量进一步扩大。二是下大力气抓好大气和水污染治理。研究实施了全市最严格的清洁空气行动计划，突出抓好“减煤换煤”工作，全区主要污染物指标逐年下降，大气环境改善率居全市前列。以截污治污为重点，制定了区内河道治理和污水处理设施建设的时间表、路线图，在全市率先实施水环境乡镇跨界断面考核及补偿办法，完成了一批污水处理设施建设工程，河道治理和水质还清工作取得重要进展。三是以创建全国文明城区为统领，狠抓城市环境和秩序治理。全民动员，打响了创建全国文明城区的攻坚战。坚持问题导向，加强城市环境和公共秩序综合整治，加强市民文明行为引导，城市环境形象越来越好，群众满意度大幅提升，荣获了全国文明城区提名城区荣誉称号。积极创新城市管理方式方法，在城市管理的市场化、社会化、专业化方面迈出了重要步伐。

四、坚持疏解功能谋发展，全区经济发展总量和质量显著提升

我们坚定不移地推进疏解和发展双重责任的落实。一是功能疏解全面发力。聚焦重点领域，分类施策，制定并实施了一系列硬措施，啃下了一批硬骨头。一批不符合环保要求、无证无照企业实现关停清退，一批不符合功能定位的企业开始有序向津冀地区转移，各类区域性专业市场实现关停或改造升级。二是发展动力加快转换。文化旅游区环球主题公园及度假区项目落地并实现开工建设，商务中心区全面开工建设，一批高端城市综合体全面建成投入使用，一批金融机构相继落户，楼宇经济初步形成规模。高新技术产业成为园区增长的新动力。国际种业科技园成为独具特色的农业品牌。三是改革不断深化，发展活力进一步增强。医联体建设、“三证合一”审批、安全生产监管体制、“一会三函”审批模式等改革走在了全市前列。全区经济继续保持平稳较快发展的势头，国内生产总值、固定资产投资、社会消费品零售额、公共财政收入等主要经济指标平均保持两位数以上的高速增长。

五、坚持把社会建设摆到更加重要的位置，民生事业和社会治理水平不断提高

围绕解决群众切身利益问题，努力在保基本、兜底线上下功夫。一是以民生为重点的社会建设全面推进。城镇登记失业率持续控制在较低水平。社会保险城乡统筹实现了由制度全覆盖向人群全覆盖的转变。城乡居民最低生活保障在全市率先实现统筹并轨。超额完成保障房建设任务和老旧小区综合整治任务，群众住房条件大幅改善。城乡居民收入水平持续提高。基本实现三级公共文化设施全覆盖，形成了“书香通州”、运河艺术节等一批特色群众文化活动品牌。体育设施实现全覆盖，全民健身活动蓬勃开展。未成年人思想道德建设形成特色品牌，“通州公德之星”“通州榜样”等先进模范人物的事迹得到大力弘扬，形成了鲜明的价值导向和良好社会风尚。二是社会保持安全稳定。深入推进“平安通州”建设，加大了矛盾排查化解和疏导稳控工作力度，开展了重点地区综合整治，提前完成大图像前三期建设任务，社会治安防控体系建设走在全市前列。圆满完成了一系列重大活动的安保维稳任务。顺利完成人口规模调控任务。网格化社会服务管理系统建成开始投入运行，社会服务管理精细化水平进一步提高。社区规范化建设基本完成。在全市率先建成社会组织信用体系平台，形成了一批社会组织特色品牌。

六、坚持总揽全局，协调各方，维护了团结和谐、法治有序的良好局面

分别召开了区委第四次人大工作会议和政协工作会议。积极支持人大履行法定职能，通过人民代表大会形成决议，将城市副中心建设作为全区的共同目标和任务，为加快城市副中心建设奠定了坚实的政治基础。积极支持政协履行职能，围绕城市副中心建设广泛调研、献计献策，充分利用社情民意恳谈会等形式广泛听取社会各界的意见建议，不断凝聚推动城市副中心发展的强大合力。“六五”普法工作圆满完成，重大任务的法律服务保障工作成效显著。积极创新新形势下统战工作，民主党派、工商联、无党派人士作用得到充分发挥，民族、宗教、对台、侨务等工作取得新进展。坚持党建带工建、带团建、带妇建，工会、共青团、妇联等人民团体桥梁纽带作用更加突出，军政、军民团结的局面更加巩固。

七、坚持党要管党，从严治党，党的建设全面加强

我们认真落实管党治党主体责任，牢固树立一把手抓党建的责任意识，把从严治党的各项措施切实落到实处。一是思想理论武装和作风建设更加深入。广泛深入开展习近平总书记系列重要讲话精神学习宣传，全区人民团结奋斗的思想基础更加牢固。加强了对意识形态阵地的管理，意识形态责任制得到有效落实。党的群众路线教育实践活动、“三严三实”专题教育和“两学一做”学习教育扎实开展，成效显著。开展了“建设副中心，向前站一步”主题教育实践活动，党员干部积极投身城市副中心建设的热情更加高涨。二是领导班子和干部队伍建设持续加强。坚持德才兼备、以德为先选好干部、配强班子，五年来，调整任免干部1600余人次。实施领导干部能力素质提升计划，选派了一批干部到发达地区、艰苦地区、区重点难点工作一线挂职锻炼，干部队伍的整体素质明显提升。从严管理干部，建立完善了干部监督联席会议制度，全面开展换届风气监督、超职数配备、“庸懒散”行为和“为官不为”专项治理等工作。实施了高层次人才队伍建设五年行动计划，推动了京津冀区域人才的合作交流，人才对城市副中心发展的推动作用日益凸显。三是党的基层组织建设活力持续提升。在全市率先制定实施了基层党建三年规划。强化党建责任落实，建立了“联述联评联考”制度，实现了全区各级党组织书记述职评议考核全覆盖。平稳顺利完成乡镇、村和社区换届选举工作。农村三级联创工作继续排名全市前列。注重党建创新，培育出了“四评机制”“微型党课”“双向积分”等一批特色党建品牌。四是党风廉政建设和反腐败斗争持续加强。坚决贯彻全面从严治党要求，层层传导压力，党委主体责任和纪委监督责任得到有力落实。聚焦作风建设，落实中央八项规定精神，常抓不懈纠“四风”，卡住源头，紧盯节点，狠抓专项治理，严厉查处顶风违纪行为，全区“三公经费”支出逐年下降，干部作风持续向好。紧紧围绕城市副中心建设，坚持把纪律挺在前面，对重点工作严明纪律要求，加强监督检查，保障了各项任务廉洁高效推进。全区电子监察平台、农村“三资”监管信息系统建成运行，廉政风险防控水平不断提升。加大执纪审查力度，保持惩治腐败的高压态势，严厉查处了一批违纪腐败案件，形成了强大的震慑作用。

我们积极推进城乡一体化发展，以发展高端精品农业、改善农村环境、促进农民增收为导向，深入推进了农业结构调整，全面启动了美丽乡村建设，加快了京哈高速以北农村地区和中心镇、产业园区周边的城市化进程，推进了基础设施和公共服务设施向农村地区倾斜，妥善解决了征地农转非历史遗留难题，农村发展和农民生活水平进一步提升。

同志们，过去五年取得的成绩，离不开党中央、国务院的亲切关怀，离不开市委、市政府的正确领导，离不开历届区委、区政府的励精图治和不懈奋斗。五年来，全区广大干部群众锐意进取、勇于担当、开拓创新、攻坚克难，为城市副中心建设的顺利开局做出了重大贡献。在此，我代表中共北京市通州区第五届委员会，向全区广大干部群众，向各民主党派、人民团体、社会各界人士、向驻通部队、中市属单位，向所有关心、支持、参与城市副中心建设伟大事业的同志们、朋友们，表示衷心的感谢和崇高的敬意！

回顾过去五年的工作，我们深切认识到：一是必须坚持正确政治方向。牢固树立“四个意识”，特别是核心意识和看齐意识，始终在思想上政治上行动上同以习近平同志为核心的党中央保持高度一致，牢牢把握好城市副中心发展的正确方向。在中央、市委的坚强领导下，坚定不移地贯彻落实好各项重大决策部署，高水平规划建设好城市副中心。二是必须坚持立足大局。自觉从京津冀协同发展国家战略和全市可持续发展大局出发，以最新的理念、更宽的视野、更高的标准，思考和推动城市副中心建设，谋划通州的长远发展。三是必须坚持改革创新。围绕破解发展难题，解决实际问题，敢为人先、勇于突破，建立和完善有利于可持续发展、跨越式发展的体制机制，在改革创新中凝聚发展动力，集聚发展资源，开拓发展空间。四是必须坚持群众路线。相信群众，依靠群众，发动群众，充分发挥群众在建设城市副中心中的主体作用和首创精神，最大限度改善民生，让广大人民群众在共建共享中有更多的获得感和幸福感。五是必须坚持党要管党、从严治党。推动各级党员干部切实改进工作作风，旗帜鲜明反对腐败，营造风清气正、干事创业的良好氛围。

在总结成绩和经验的同时，我们必须清醒认识到发展中存在的差距和问题，突出表现在：对照城市副中心建设的新要求，我们在基础设施、公共配套、生态环境等方面的短板还很多，构建与城市副中心相适应的城市治理体系方面差距还很大，推进产城融合、职住平衡等方面的任务还很繁重，部分党员干部的思想观念、能力水平与新形势、新要求还不相适应等等，我们必须采取有力措施，切实加以解决。

全面开启建设北京城市副中心的新征程

通州历史上是一座环境优美宜人、文化底蕴深厚、社会繁华开放的城市，长期以来在服务和拱卫京城中发挥着独特作用，通州人民对这座城市过去的辉煌倍感自豪，对未来的发展崛起充满期盼。建设北京城市副中心是通州跨越式发展的重大历史机遇，这是一个服务国家发展和全市大局的机遇，一个进一步深化规划设计和谋划布局的机遇，一个全面提升城市综合竞争力，实现更高水平发展的机遇，一个大幅改善通州城乡居民生活质量的机遇。建设北京城市副中心，中央、市委高度重视，寄予厚望，社会各界高度关注，广大人民群众翘首企盼，全区各级党组织和广大党员，必须牢记职责，勇担使命，不负重托，挑起这副千斤重担，坚定不移地朝着中央和市委确定的目标奋勇前进。

一、建设城市副中心是一项国家战略，一定要牢牢把握中央的战略意图，坚持最高标准，圆满完成使命

“5·27”中央政治局会议对城市副中心建设的总体设想、目标方向和实施步骤等一系列重大问题作出了明确指示，高屋建瓴，全面深刻，是城市副中心建设的根本指针和行动纲领。我们一定要牢牢把握中央的战略意图。深刻认识到城市副中心建设是国家大事、千年大计，是习近平总书记亲自谋划、亲自推动的国家战略的重要组成部分，是落实首都城市战略新定位的历史性工程。中央亲自推动城市副中心建设，就是希望通州在建设城市副中心过程中发挥窗口、试验田、示范区作用，为推动京津冀协同发展、探索人口经济密集地区优化开发模式，为调整优化北京空间格局、实现首都可持续发展闯出一条新路。要坚持最高标准，把城市副中心建设成为历史性精品工程。中央对城市副中心的期望非常高，提出要坚持世界眼光、国际标准、中国特色、创造历史、追求艺术，等等。我们一定要牢固树立看齐意识，向以习近平同志为核心的党中央看齐，把理念思路、目标措施统一到最高标准上来，每一项工程都要成为集成最先进理念的实践平台，每一项指标的确定都要达到千年城市、遗产工程的最高标准，每一座建筑的规划建设都要精雕细刻，精益求精，发扬工匠精神，成为标杆示范。

二、建设城市副中心是一项开创性的伟大事业，没有现成的经验可循，一定要善于学习谋划、勇于担当作为

中央针对城市副中心建设提出了一系列新理念、新标准、新要求，内涵丰富，思想深邃，对我们的知识结构、能力水平提出了前所未有的挑战。我们一定要抓紧时间，加倍努力地学习。要加强对最新理念、最新知识的学习掌握，吃透实质，把握精髓，努力成为行家里手。要善于总结借鉴，全面梳理汲取国内外城市规划建设的一切先进理念、经验。要把学习提高与编制规划结合起来，把建设与发展各个方面的问题思考明白，研究透彻，站在更高的层次做好谋划工作。城市副中心建设的要求高、时间紧、任务重，我们一定要敢于担当，勇于作为，要充满着完成国家战略、完成中央、市委交办给我们任务的自豪感，充满着为首都、为通州人民服务的深厚感情，拿出敢闯敢试、敢为天下先的劲头，创造无愧于党、无愧于人民、无愧于历史的新业绩。

三、建设城市副中心是一项全面系统工程，一定要有踏石留印、抓铁有痕的精神头，扎扎实实抓好工作落实

“知行合一、行胜于言”，美好的愿景蓝图最终还需要全体干部群众一步一个脚印地去抓好落实。我们一定要增强紧迫感。今后五年是城市副中心建设的关键时期，我们在一些关键领域，比如基础设施和公共服务设施建设、生态环境建设、城市管理等方面，必须实现突破。要积极行动起来，倒排工期，责任落实到人，马不停蹄地工作，能往前赶的一定要往前赶。要加强工作统筹。城市副中心建设，涉及到部门交叉的工作非常多，一定要以高度负责的精神密切配合，形成工作合力，各自尽其力，往前站一步，相互搭把手，共同想方设法破难题，狠抓工作落实。要加强督查考核。这两年我们在大气治理上取得很大成效，根本原因就是老百姓高度关注，各级党政部门下了决心，过程监督得严，敢于考核，不留情面。城市副中心建设，每一个环节、每一项工作都耽搁不得，一定要进一步加大过程监督力度，加强考核问责，敢于动真碰硬，以强有力的督查考核，确保各项决策部署快推进、快落实、快见效。通过我们脚踏实地、一步一个脚印的工作，把城市副中心的美好愿景、美好蓝图落到实处。

今后五年工作的指导思想是：全面学习贯彻党的十八大以来各项决策部署和党的十九大精神，学习贯彻习近平总书记系列重要讲话特别是视察北京重要讲话精神，以“5·27”中央政治局会议精神为统领，按照“五位一体”总体布局和“四个全面”战略布局，牢固树立五大发展理念，深入贯彻京津冀协同发展战略，牢牢把握城市副中心战略定位，以最先进理念、最高标准、最好质量推进北京城市副中心建设，努力构建蓝绿交织、清新明亮、水城共融、多组团集约紧凑发展的生态城市布局，着力打造国际一流和谐宜居之都示范区、新型城镇化示范区、京津冀区域协同发展示范区。

今后五年，要在全面完成“十三五”规划各项目标的基础上，努力实现以下主要目标：

——综合经济实力实现新跨越。经济保持中高速增长，地区生产总值突破1000亿元，一般公共预算收入突破100亿元。不符合功能定位产业疏解取得重大进展。初步构建以高端商务、文化旅游为新增长点的“高精尖”产业体系，发展质量和效益显著提高。

——城市建设管理水平取得重大突破。行政办公区、商务中心区建成投入使用。基础设施和公共服务配套水平大幅提升，一批体现现代城市风貌与文化底蕴的标志性建筑基本建成。绿色城市建设取得重大进展。初步形成与城市副中心相适应的现代城市治理体系。智慧城市建设取得重大进展。

——生态环境水平显著改善。空气质量得到显著改善。区域内主要河道水质达到四类标准，城市污水处理率达到98%，垃圾无害化处理率达到100%。绿化覆盖率达到51%，公园绿地500米服务半径覆盖率达到90%，森林城市、海绵城市建设取得重大进展。

——文化软实力大幅提升。文化发展繁荣初现新局面，历史文化遗产得到有效保护、挖掘和利用。公共文化设施更加健全，公共文化服务更加优质、丰富。优秀传统文化得到大力弘扬，文化与城市副中心的规划、建筑、生态景观实现充分融合。文化创意产业实现跨越式发展，成为支柱产业。

——人民群众生活更加幸福。教育、医疗、就业、社保、养老等公共服务体系更加均衡完善，生活服务配套设施更加健全便利。城镇和农村居民可支配收入年均分别增长8%以上。社会文明程度和市民文明素质显著提升，城市更加人文、舒适、宜居，人民群众在发展中拥有更多的获得感。

同志们，可以预见，通过今后五年和未来的努力，一座体现北京新阶段科学发展、承载人民梦想的新城将在大运河畔崛起。她将是一座凝聚国际国内现代城市理念，荟萃最新科技成果，中华元素、文化基因与现代科技完美融合、经典与时尚交相辉映，城市功能完备，产城融合、职住平衡的活力之城；将是一座大尺度森林湿地环绕，高品质公园绿地有机交织，水文化特征显著，亲水特色突出，注重低碳节能发展，实现人与自然和谐共生，可持续发展能力更强的生态之城；将是一座产业特色鲜明，创新创业体系完备，依托现代信息技术，城市发展更加绿色智能、人民生活更加舒适美好、社会治理更加精细高效的智慧之城；将是一座运河文化特色鲜明，地域文化与中外文化包容，文化与规划建筑充分融合，文化产业与文化事业兴盛，文化活动丰富多彩，文明气息浓厚的人文之城；将是一座基础设施更加发达，交通出行更加便捷，公共服务和社会保障更加充分，城乡经济社会协调发展，服务体系完备，民生保障完善，人民共建共享，生活品质大幅提升，宜居宜业的幸福之城。

未来五年，重点做好以下六个方面的工作：

一是按照国际一流标准规划建设城市基础设施和公共服务配套设施，全面提升城市副中心综合承载能力

坚持规划引领，加快构建适度超前、功能完备、智能高效的基础设施和公共服务设施体系，全面提升城市品质。

构建开放、集约、紧凑的空间布局。把绿色生态作为最突出的特点，加快完成各类规划编制工作，实现“多规合一”“多图合一”。按照绿色节能、集约紧凑的要求，谋划和推动城市副中心多组团发展。统筹做好城市生态廊道、风道规划布局，统筹好区内各组团的联动发展，统筹好与中心城区

以及津冀地区的协同发展。严格划定人口、用地规模、开发程度、生态保护等红线，控制好城市开发边界。做好功能关联项目的一体化布局，确保实现节约集约用地。全面加强城市设计，加强建筑管理，打造高品质城市公共空间。编制并实施城市副中心建设指标体系。健全建设项目联合验收机制，确保新建项目各项配套设施齐全。

打造便捷、高效的现代化交通网络。强化以绿色交通为先导、以人为本的建设模式，在京津冀协同发展的大格局中谋划交通体系。加快外部联络线建设，完善与中心城区及周边地区的交通联系，优化内部路网，打通断头路。坚持公交优先，织密轨道交通网络，着力构建便捷高效的公交系统。提高接驳换乘效率，实现无缝隙换乘对接。鼓励市民绿色出行，构建步行、自行车和公交车优先的路权结构，让行人、骑车人特别是老人、孩子能够更加安全地出行。逐步划分禁行限行区域，推进人车分流和无车区建设。加强停车疏导和治理，统筹停车设施建设和利用，缓解停车难问题。加强交通组织管理和大数据建设，提升交通精细化组织管理水平。

建设现代化的综合市政设施。高标准、大力度推进市政基础设施建设，全面加强城乡供电、供水设施建设，以清洁能源为主导，构建清洁高效、全面覆盖的供气、供热体系。加强弹性城市建设，有效提升城市应对各种冲击的能力。新建区域全面推广街区制，打造小街区、密路网的城市尺度，构建疏密有致的城市肌理。广泛应用世界先进节能环保技术、标准、材料和工艺，推广发展绿色建筑，行政办公区和新建公共建筑全部执行二星级以上标准，推动新建建筑装配式建造，努力建设绿色城市。综合开发地下空间资源，高标准规划建设地下综合管廊骨干网络，实现各类市政管线统一规划、建设和管理。加快地下管线数字化建设，实现城市副中心地下管线数字化管理全覆盖。

优化教育、医疗布局，全面提升教育质量和医疗服务水平。继续扩大幼儿园、小学学位供给，加强初中、高中校建设，深入推进与市级优质教育资源合作，大力实施名师名校工程，积极承接高等教育资源，努力打造一批本地名校，使全区教育教学水平跨入全市前列。主动做好市级优质医疗资源承接工作，加强区属医疗卫生基础设施建设，推进与市级名院合作，全面建立起与城市副中心相适应的三级医疗卫生服务体系，不断提高人民的健康水平。初步建立与津冀周边地区联动的公共卫生和基本医疗资源共享机制。推动优质教育、医疗资源均衡布局，确保全区人民共享城市副中心建设发展成果。

二是全力以赴推进生态文明建设，促进人与自然和谐共生，建设绿色低碳、宜业宜居的生态示范城市

坚持绿色发展理念，全面扩大绿色空间，提升环境容量，实现生产生活向绿色、低碳、宜居转变。

坚决治理好本地区的污染源。大力改善空气质量。严格落实清洁空气行动计划，完成全区范围内燃煤锅炉清洁能源改造，完成全区居民煤改电、煤改气工程，实现“无煤通州”重要目标；加强重点污染源治理，推进新能源普及使用，力争空气质量优于全市平均水平。着力恢复自然友好的水环境。强化水污染源头治理，严格执行乡镇河流断面补偿、水污染防治责任追究机制，杜绝出现新的污染源；推进协同治污，减轻区域水环境污染负荷。全面实施清淤工程，消除黑臭水体。加强河流生态化建设，提高河流自净能力。加强城乡垃圾处理设施建设，垃圾分类处理实现全覆盖。

营造城在绿中、水绿交融的优美环境。全面推进森林城市建设。开展大规模、大尺度的森林、湿地群建设，使森林进入城市，城市与森林相融合。精心设计建设一批高品质、有特色的城市公园、绿地，营造城市绿心，增加市民身边的绿色休闲空间。加快推进生态绿道建设，满足群众远足、骑行等健康休闲需求。强化城市亲水性，抓好以北运河为重点的河道水系恢复贯通和开发利用，推进河流和沟渠综合整治，使水活起来。将水系充分融入城市建筑和社区规划建设，抓好水文化的挖掘和开发利用。大力推进海绵城市试点建设。大力推进建筑与小区、公园与绿地、道路与广场的吸水渗水设施建设与改造，充分发挥河湖水系、湿地群的调蓄洪水功能，建成雨水综合利用和防洪排涝的三级体系，实现小雨不积水、大雨不内涝、热岛有缓解。

构建精细化、智能化的城市治理体系。健全城市管理统筹协调机制，构建“大城管”体制，理顺部门职责，建设城市监督管理指挥平台，推进城市管理重心下移、力量下沉，编制实施城市副中心城市管理指标和综合评价体系，全面提升城市治理水平。以争创全国文明城区为目标，全面加强环境建设，完善和落实长效机制，坚持动态管理，集中力量解决好一批突出问题；广泛发动市民参与城市管理，营造人民城市人民管的良好社会氛围。探索推进社会信用体系建设，建立全区统一的社会信用信息共享平台。全面开展智慧城市建设，推进城市智慧管理，加快推进“多网合一”，建设集市政、治安、交通、公共空间管理于一体的智能管理平台，实现城市管理运行更加安全高效。加强智慧民生建设，实现社会保障、医疗卫生、社区服务的智能化。

三是全面落实承接疏解双重责任，推进产城融合、职住平衡，在疏解中谋求更大发展

坚持“承接是发展，疏解是为了更好地发展”的思想，放下纠结，勇于舍得，加快调整退出步伐，不断优化城市副中心空间布局和经济结构。

坚决落实好功能疏解责任。完成所有工业污染企业淘汰退出，完成一批有形商品交易市场和农贸市场的疏解与改造升级，无证无照经营企业实现动态清零，新增违法用地和违法建设实现“零增长”。结合功能疏解和旧村改造，推动流动人口向外转移。统筹利用企业腾退出的土地，实现空间资源成方连片整合利用，不断增加城市绿地和公共空间。

积极推动经济结构优化升级。以行政办公、文化旅游、商务服务三大功能为核心，打造创新引领、技术密集、价值高端的产业集群。北京环球主题公园实现开园，成为世界级旅游目的地。加快商务中心区建设，着力引进一批具有国际影响力的商务服务机构、技术服务型企业总部和智库机构，实现高端商务服务业跨越式发展。坚持“严控增量”与“盘活存量”，推进各产业园区调整优化升级，做大做强高层级、高附加值业态，打造园区经济发展新引擎。

全面推进城乡均衡融合发展。大力发展高科技引领型生态农业。推动小城镇组团式发展，形成由城市副中心和各功能组团共同支撑的城市空间新格局。统筹推动交通、市政等基础设施建设，引导教育、医疗、文化体育等功能性项目向小城镇布局，全面提高小城镇基础设施和公共服务水平。落实开放街区理念，将小城镇建设成区域居住、就业、综合管理和社会服务的中心，发挥小城镇带动居民就近就业的作用。依托传统村庄肌理，塑造一批具有特色风貌的生态村落。

四是坚持以人民为中心，保障基本民生，不断提高人民生活水平，使发展成果惠及全体人民

坚持以人民为中心的工作导向，突出重点，完善制度，保障基本民生，发展社会主义民主政治，使人民群众在共建共享中有更多的获得感、幸福感和安全感。

着力保障和改善民生。顺应人民群众过上更加美好生活的新期待，努力构建充分就业、体面劳动、合理分配、幸福生活的共建共享新格局。完善促进就业创业的政策体系，做好一批重大建设项目岗位开发与技能培训等就业服务工作，完善“互联网+”就业促进平台，妥善解决好棚户区改造、功能疏解带来的就业问题。加快城乡社会保险的并轨、整合工作，不断提高保障水平。率先搭建特色养老服务体系。加大对弱势群体的关爱，切实保障弱势群体的权益。加强保障性住房建设和管理，坚决稳定房价，维护群众切身利益。继续实施一批棚户区改造和老旧小区改造工程，不断改善人民群众居住条件。

努力提高社会治理水平。推动建立以社区为平台、社会组织为载体、社会工作人才队伍为支撑的“三位一体”社会治理新机制。整合社区各类管理资源，理顺职责关系，实现社区有效治理。增强社区服务功能，实现社区服务体系全覆盖。培育发展

一批特色社会组织，充分发挥志愿者的作用，引导社会力量共同参与社会治理。深化社区品牌创建，打造一批特色突出、影响深远的服务活动品牌和榜样社区。

高度重视矛盾风险防范，切实维护社会安全稳定。强化舆情的引导和管控，加强风险评估，全力做好重大社会矛盾纠纷的排查、防范和化解。以社区网格化、防控社会化、打防一体化为重点，加快建设立体化、信息化的社会治安防控体系。推进警务基础建设，创新警务模式，构建与城市副中心功能定位相匹配的安全保障体系。加强重点地区、领域的安全管理，坚决防止重特大安全事故。建立最严格的食品监管制度，创建国家食品安全城市。

五是加强文化事业发展，推进文化融合，不断提升城市文化软实力

深入挖掘和保护好历史文化，扎实推进城市副中心文化设施建设，使城市副中心更具文明特色，更有韵味，更有魅力。

做好历史文化挖掘保护利用。切实加强以大运河为核心的文化遗产整体保护，深入挖掘整理通州古城历史文化、“三庙一塔”传统文化、张家湾漕运古镇文化、漷县古城文化，丰富运河沿岸历史文化景观和故事，努力打造特色鲜明的东部运河文化带。深入研究运河文化本质、内涵和特征，创作出一批体现正能量、体现文化基因的文化精品力作。加强城市设计和建筑设计，结合水系、园林绿化景观建设，植入特色文化符号，使城市副中心成为体现中华元素、文化基因的重要区域。

塑造文明开放的人文形象。坚持不懈地把社会主义核心价值观融入到国民教育、精神文明建设、城市副中心建设全过程，推动核心价值观由“普遍认同”上升到全区干部群众的“共同实践”。深入挖掘、宣传一批身边模范典型，发挥示范带动作用，打造一个向上向善的温暖通州。大力倡导科学、健康、文明的生活方式，全面提高人民群众的道德素质，提升城市文明程度。

全面提升公共文化服务水平。高标准做好文化设施布局和建设，推动建设北京国际文化交流中心、北京非物质文化遗产展示中心、运河博物馆等一批标志性的公共文化设施，使公共文化设施成为城市副中心最亮丽的名片。推动全民阅读不断深入开展，强化“书香通州”品牌。以群众需求为导向打造一批满足群众需要的品牌文化活动，不断增强文化的凝聚力和渗透力。加大政府购买公共文化服务力度，推动公共文化服务设施免费开放。高标准做好文体设施建设，完成一批群众性文体场馆建设。

推动文化创意产业跨越式发展。积极推动以文化旅游区、宋庄文化创意产业集聚区为重点的文化创意产业功能区建设。推动文化旅游、艺术品创作交易、数字传媒等重点产业发展，形成完整的文化创意产业发展链条，推动文化创意产业与旅游、体育等产业的融合，构建“文化+”产业发展模式，使文化创意产业成为支柱产业。积极推进文化创新，在政策、金融、国际文化交流与合作等方面开展先行先试。

六是全面深化改革，增强内生动力，积极探索人口经济密集地区开发建设新模式

全面贯彻落实中央、北京市的改革部署，积极开展先行先试，推动标志性、关键性重大领域改革取得新突破。

深化管理体制改革。加快调整乡镇行政区划，增设街道办事处，推进行政体制改革，理顺条块关系，明确职责界限，使政府机构设置更加精简高效、更加科学合理。完成街道、社区管理体制改革和社会治理体制改革，突出抓好城市综合管理体制改革，尽快形成与城市副中心相匹配的城市治理体系和治理能力。

推进审批制度和投融资体制创新。加强重点工程管理和服务，进一步完善审批机制，简化审批流程，提高项目推进效率。探索开展审批事项下沉社区试点。充分运用互联网和大数据等技术，实现行政审批事项一口受理、网上办理、规范透明、限时办结。聚焦重点领域和重大项目，拓展多元融资渠道，探索设立专项引导基金和融资机制，加强政府和社会资本合作，扩大公共产品和服务供给。

推进土地利用机制创新。建立土地开发成本区域内统筹平衡机制，缓解土地供需矛盾。以国家新型城镇化试点和集体建设用地改革试点为抓手，统筹镇域集体建设用地开发利用，尽快突破建设用地的瓶颈和壁垒。结合农村宅基地制度改革试点，推动农村土地经营权规范有序流转。

全面加强党的建设，为北京城市副中心建设提供坚强政治保证

实现城市副中心建设的宏伟蓝图，关键在加强和改善党的领导。全区各级党组织要认真贯彻落实十八届六中全会精神，切实履行好党要管党的主体责任，把全面从严治党要求落到实处，使党始终成为坚强有力的领导核心。

一、牢牢把握正确政治方向

要把学习贯彻习近平总书记系列重要讲话精神作为重大政治任务，始终在思想上政治上行动上同以习近平同志为核心的党中央保持高度一致，自觉维护以习近平同志为核心的党中央权威。切实抓好党的理论教育和党性教育，深化党章党规党纪学习，引导全区党员干部牢固树立政治意识、大局意识、核心意识、看齐意识。坚定马克思主义信仰，坚定共产主义理想信念，坚持中国特色社会主义道路自信、理论自信、制度自信、文化自信。

二、牢牢把握意识形态工作主动权

坚持不懈地抓好意识形态工作责任制的贯彻落实。进一步发挥好区委理论中心组作用。坚持正面宣传为主的方针，大力宣传全区干部群众在城市副中心建设中的干劲和热情，宣传通州人民享受美好生活的新变化，全面展示城市副中心新形象，凝聚干部群众干事创业热情。加强网络舆情的把控，管好用好互联网。

三、严格规范党内政治生活，加强党内监督。

认真贯彻落实《关于新形势下党内政治生活的若干准则》和《中国共产党党内监督条例》，各级领导班子和党员干部要坚持以上率下，带头落实党的政治纪律和政治规矩，严格规范党内行为准则，坚决维护党中央权威。要全面规范党的组织生活，坚持和完善“三会一课”、领导干部双重组织生活、民主评议党员制度，用好批评和自我批评这个武器，推动党的组织生活制度化、经常化、规范化。要严格执行民主集中制，完善议事规则和决策程序，保障党员权利，营造团结和谐、心齐气顺的政治氛围。落实党内监督责任，强化自上而下的组织监督，改进自下而上的民主监督，发挥同级相互监督作用，切实把党内监督各项任务落到实处。

四、巩固民主和谐的政治局面

支持人大及其常委会依法履行职能，把党的重大决策通过法定程序转变成全区人民的共同意愿，使人大工作更好地体现人民的意志、维护人民的利益。支持人民政协围绕团结和民主两大主题履行职能，把政治协商纳入决策程序，完善民主监督机制，提高参政议政实效，充分发挥人民政协“协调关系、汇聚力量、建言献策、服务大局”的作用。切实加强党对统一战线工作的领导，着力构建大统战工作格局，巩固和发展最广泛的爱国统一战线。进一步做好民族、宗教工作，充分发挥民主党派、工商联和无党派人士作用，最大限度凝聚共识和力量。充分发挥工会、共青团、妇联、科协等群团组织的桥梁纽带作用，参与社会管理和公共服务，维护群众合法权益。全面落实依法治国基本方略，推进依法行政，在法治轨道上保障城市副中心建设。深化双拥共建，促进军民融合式发展。

五、坚持正确选人用人导向，建设高素质的干部和人才队伍

严格执行《党政领导干部选拔任用工作条例》，高标准把好选人用人关，真正把想干事、能干事、敢担当、善作为的好干部选出来，用起来。努力提升干部能力素质，下大力气推进“干部能力素质提升工程”，大力开展精准化专题培训、高端培训、前沿培训和实践锻炼，提升干部的战略思维、国际视野和专业化能力。从严加强干部管理监督，畅通干部能上能下渠道。建立关心关爱干部机制，积极搭建平台，探

索“容错”机制，充分激发干部队伍干事创业活力。注重发挥老干部的积极作用。努力打造城市副中心人才高地，突出抓好“两高”等重大人才工程，大力推进“通武廊人才一体化发展示范区”建设，推动“中国·北京人力资源服务产业园区”建设，加快聚集一批高层次人才和创新创业团队，为城市副中心建设提供强大的智力支持。

六、从严从实抓基层打基础，增强基层党组织的凝聚力和战斗力

建实立体系统化的基层党建体系，明确各级党组织的党建责任，统筹抓好社区、非公、农村、机关、国企等领域党建，形成立体全覆盖、系统全领域的工作体系。以区域化党建为统领，推进基层党建重心的“两个转移”，在夯实农村党建的基础上，逐步推进基层党建重心向街道社区转移，在保持传统领域党建优势的基础上，推进基层党建工作重点向非公企业、社会组织等新兴领域转移。着力加强基层党组织书记、党员、党务工作者三支队伍建设，发挥支部主体作用，全面开展“五星级基层服务型党组织创建”活动。统筹抓好村、社区换届工作。加强基层党组织和党员活动阵地建设，谋划建设一批功能齐全、辐射广泛、有代表性的现代化党群服务中心。建立中长期优秀党建创新项目孵化机制，打造一批特色鲜明的创新品牌。

七、坚定不移推进反腐倡廉，着力营造风清气正的政治生态

建立落实党风廉政建设主体责任全程记实制度，层层传导压力，加强对党内各项规章制度执行的监督检查，严肃问责追责，全面夯实管党治党责任。突出抓好城市副中心重大工程项目的监督检查和涉及执法、审批、民生等重点领域的专项治理，严格执纪问责，确保各项工作公开透明、廉洁高效。继续巩固作风建设成果，紧盯时间节点和关键环节，严厉查处顶风违纪行为，确保中央八项规定精神落地生根。深化纪律检查体制改革，加大纪律审查力度，准确把握监督执纪的“四种形态”，坚持抓早抓小，为城市副中心建设营造风清气正的政治生态。

同志们！城市副中心建设是国家大事、历史工程。能够遇上这一千载难逢的历史性机遇是我们的人生幸运！使命无比光荣、责任更加重大，我们必须保持历史耐心，一件一件事去做，一茬接着一茬干。每一名共产党员都要努力在城市副中心建设中，在推进全区经济社会发展中发挥先锋模范作用，在各自的工作岗位上创造无愧于党和人民的一流业绩。每一名领导干部都要时刻不忘党的宗旨、人民的利益、履职的责任，把这一重担挑起来，以更加强烈的担当意识，更加昂扬向上的精神状态，扎扎实实地推进工作落实。让我们紧密团结在以习近平同志为核心的党中央周围，在市委的坚强领导下，团结带领全区人民，不辱使命，不负重托，主动作为，开拓创新，为全面建设北京城市副中心而努力奋斗！

党代会工作报告名词解释

1.医联体：即区域医疗联合体，是指将同一区域内的医疗资源整合在一起，通常由一个区域内的三级医院与二级医院、社区医院等组成医疗联合体，实行专科对口扶持、业务指导、远程会诊、双向转诊、信息互通等业务，目的是为了合理利用资源，方便群众就医。

2.“三证合一”：“三证合一”登记制度是指将企业登记时依次申请，分别由工商行政管理部门核发的工商营业执照、质量技术监督部门核发的组织机构代码证、税务部门核发的税务登记证，改为一次申请、由工商行政管理部门统一核发一个营业执照的登记制度。

3.“一会三函”：“一会”指市政府会议集体审议；“三函”指建设项目前期工作函、建设项目设计方案审查意见、施工登记意见书。

4.“联述联评联考”：2012年中央《关于在创先争优活动中开展基层组织建设年的实施意见》中提出要建立“三级联述联评联考”制度，切实做到述职述党建、评议评党建、考核考党建，任用干部看党建。“三级联述”即要求市（地、州、盟）、县（市、区、旗）、乡镇（街道）党（工）委书记就抓基层党建工作情况分别向上一级党委进行专项述职。“三级联评”即要求组织基层党组织、党员和群众代表对县（市、区、旗）、乡镇（街道）、村（社区）党组织抓党建工作情况进行评议。“三级联考”即要求把抓基层党建工作情况作为市（地、州、盟）、县（市、区、旗）、乡镇（街道）党（工）委和部门党组（党委）领导班子、领导干部年度考核的重要内容。

5.美丽乡村：北京市从2014年正式启动美丽乡村建设，具体包含农宅抗震节能改造、农村污水处理、村庄绿化美化等九个方面的重点工作，每年以不低于15%的村庄比例推进，力争到2020年把京郊农村建成“田园美、村庄美、生活美、人文美”的美丽乡村。

6.“五位一体”：党的十八大报告指出，建设中国特色社会主义，总布局是经济建设、政治建设、文化建设、社会建设、生态文明建设五位一体。

7.“四个全面”：指全面建成小康社会、全面深化改革、全面依法治国、全面从严治党。

8.弹性城市：是指城市在遇到自然灾害、气候变化、能源危机、食品安全等各种风险和不确定因素时，有足够的能力吸收和化解这些变化，遇到灾难后能快速恢复，而且不危及其中长期发展。

9.绿色城市：是指具有繁荣的绿色经济（包括绿色的生产和消费模式、高效的废弃物回收利用和处理体系等）和绿色的人居环境（包括空气环境质量、水环境质量、声环境质量、城市绿色公共空间等）两大特征的城市发展形态和模式。

10.智慧城市：是指通过综合运用现代科学技术、整合信息资源、统筹业务应用系统，加强城市规划、建设和管理的新模式。我国的智慧城市建设试点申报工作从2012年正式启动，由住房和城乡建设部负责。

11.森林城市：是指在市域范围内形成以森林和树木为主体，城乡一体、稳定健康的城市森林生态系统，服务于城市居民身心健康，且各项建设指标达到规定标准并经国家林业局批准授牌的城市。

12.海绵城市：是指通过加强城市规划建设管理，充分发挥建筑、道路和绿地、水系等生态系统对雨水的吸纳、蓄渗和缓释作用，有效控制雨水径流，实现自然积存、自然渗透、自然净化的城市发展方式。我国从2015年开始正式推进海绵城市试点，由财政部、住房和城乡建设部、水利部牵头负责，首批16个城市被确定为海绵城市试点城市。

13.“多规合一”“多图合一”：是指推动国民经济和社会发展规划、城乡规划、土地利用规划、生态环境保护规划等多个规划的相互融合，融合到一张可以明确边界线的区域图上，实现一个行政区域一本规划、一张蓝图。

14.绿色建筑：是指满足《绿色建筑评价标准》，在全寿命周期内最大限度地节能、节地、节水、节材，保护环境和减少污染，为人们提供健康、适用和高效的使用空间，与自然和谐共生的建筑。

15.监督执纪的“四种形态”：党的十八届六中全会通过的《中国共产党党内监督条例》指出，党内监督必须把纪律挺在前面，运用监督执纪“四种形态”，一是经常开展批评和自我批评、约谈函询，让“红红脸、出出汗”成为常态；二是党纪轻处分、组织调整成为违纪处理的大多数；三是党纪重处分、重大职务调整的成为少数；四是严重违纪涉嫌违法立案审查的成为极少数。

通州区人民代表大会常务委员会工作报告

——2016年12月24日在通州区第六届人民代表大会第一次会议上

通州区人大常委会主任　李玉君

五年工作回顾

过去五年，通州发展举世瞩目、极不平凡。面对机遇难得、创造辉煌的新时代，常委会以不辱使命、不负众望的责任感，以奋勇争先、主动担当的优良状态，坚持党的领导、人民当家作主、依法治国的有机统一。在区委的坚强领导下，全面贯彻落实以习近平同志为核心的党中央治国理政的新理念、新思想、新战略，紧紧依靠全区各级人大代表和广大人民群众，忠实履行职权，服从服务大局，在建设北京城市副中心的伟大实践中，充分发挥人民代表大会的制度优势，充分体现人大及其常委会的职能作用。

五年来，共召开6次区人民代表大会会议，作出决议、决定31项。选举国家机关组成人员37人，选举产生39名市人大代表。代表提出议案1件，提出建议、批评和意见632件。共召开39次常委会议，听取和审议"一府两院"专项工作报告66项，依法作出决议、决定45项，任免国家机关工作人员494人次。召开81次主任会议，听取"一府两院"专题工作报告101项。协助区委召开第四次人大工作会议。

一、凝神聚智，全力推进北京城市副中心建设

主动融入通州发展的伟大事业中，做到年度有重点、阶段有目标、进展有形象，持续推动城市副中心建设。

（一）着力推动城市基础设施建设

把重点工程、民生工程作为重点，常抓不懈，持续监督。常委会提出：一是要认真总结先进经验、完善制度、规范程序、复制推广。二是要以人为本、完善机制、规范运行。三是基础设施建设要充分体现高标准、高要求，充分调动各方面的积极性，倒排工期，大力提高组织实施能力。采取多种形式，持续加强对重点工程建设项目、核心区建设、建筑工程质量管理的监督。常委会提出：重点工程建设是城市副中心的构架和基点。一是要高水平设计、高标准施工，体现功能定位，展现特色风采。二是要切实增强精品意识，发扬工匠精神，留精品不留遗憾。三是要严格工程质量管理。区政府高度重视，高标准建设了北环环隧等示范工程。积极创新管理模式，强化施工现场管理，采用先进技术，有效控制了工地扬尘、渣土遗撒、噪音污染等问题。

（二）着力推动全国文明城区创建工作

坚持每年听取和审议"创城"专项工作报告。2015年以来，对"创城"给予前所未有的重视。常委会主要领导亲力而为，既当督导又当指导，既当指挥员又当操盘手，不间断的调度、不间断的解决问题。追求常态，精于日常，既治标又治本。经常骑车现场察看，厘清盲区，消灭空白点，及时补齐了许多短板，极大地提升了"创城"水平。2015年，获得全国文明城区提名荣誉称号。今年以来，“创城”进入关键时期、攻坚阶段。常委会继续加大推进力度，确定104项督导重点，全面推动“创城”工作。尤其紧盯老旧小区改造、违法建设拆除、农贸市场提升、无证餐饮关停、校园周边整治、文明过马路、机动车乱停乱放以及群众满意率提高等重点难点问题，以最高的水平、最佳的常态迎接中央文明办的测评暗访。

（三）着力推进城市管理水平提升

坚持每年安排监督议题，先后听取和审议了缓解交通拥堵、市政市容、地下空间、环境秩序综合整治、行政执法监察等专项工作报告。对城区地下管网管线维护、生活污物处理站运行等加强监督；对市政道路微循环改造、路网建设等开展视察调研。2016年，对城市管理开展为期半年的专题调研。深入到发改委等10多个部门调查研究，深入乡镇、街道听取意见，到先进省市学习取经，提出建议：一是要吸纳先进规划理念，统筹资源要素，高标准规划设计，充分发挥规划的龙头作用。二是要大胆创新体制机制，构建“大城管”格局，整合力量、强化职能。三是多措并举，重点推进解决交通拥堵、拉链施工、老旧小区管线入地、停车难等问题。四是严格执法，加大执法力度，做强执法队伍，提高执法效力。

二、依法有序，高质量做好区、乡镇人大换届选举工作

把区、乡镇两级人大换届选举作为首要任务，超前谋划、精心组织、统筹协调、稳妥推进。264名区人大代表、741名乡镇人大代表顺利选举产生，换届选举取得圆满成功。

（一）优化了代表结构，提高了代表素质

针对区人大代表名额、常委会组成人员数额增加，设立专门委员会等新要求，常委会超前运筹代表资源摸底，放开视野，广泛涉及，形成了非常丰富的代表资源库。严把能力素质关，经过严格的考察审查，坚决淘汰否决人选，为选举结构优、质量高、符合要求、人民满意的人大代表奠定坚实的基础。264名区人大代表中，中共党员代表占65.5%，基层代表占92%，妇女代表占37.9%，少数民族代表占5.7%，大专以上学历代表占81.1%，连任代表占47.7%。代表的广泛性、代表性得到充分体现。

（二）增强了广大选民的民主参与意识

把换届选举作为社会主义民主政治建设的一次生动实践，深入广泛宣传动员，充分调动选民主动参与的热情。千方百计克服“人户分离”“部分选民厌选”等不利因素，积极开展选民登记。全区共登记选民55万余人，选民登记率达到97%以上。采取多种形式，极大地激发选民上站投票的热情，参选率达到98%。

（三）提高了依法办事的能力和水平

换届选举涉及方方面面。常委会牢牢掌握主动权，创造性开展工作。常委会主任带队，组织大规模的调研摸底，深入到所有乡镇、街道，实地了解情况，解决存在的困难问题。在换届选举的各个阶段，坚持一个阶段一部署，一个阶段一培训，一个阶段一总结，做到熟练掌握法律规定、政策要求、工作程序、操作方法。区、乡镇两级选委会、所有工作人员以高度的政治责任感，精心组织、全心投入、细心操作，确保换届选举环环相扣、步步对接、井然有序地推进。

（四）维护了和谐稳定的社会局面

把维护安全稳定作为重要一环，超前排查化解各种不稳定因素。针对重点村、重点问题，逐一制定化解预案，一案一策，牢牢把握维稳的主动权。深刻把握社情舆情，防止干扰换届选举的行为发生。

三、尽职尽责，有效推动经济社会协调发展

坚持不辱使命、不负重托，谋全局、议大事、抓重点、重实效，认真执行区人民代表大会决议，有效推动各项任务的完成。

（一）有效推进经济平稳健康发展

每年听取和审议区政府上半年工作情况报告、上半年计划和预算执行情况报告，开展预决

算监督、审计监督，深入到相关部门，全面了解情况。组织召开不同层面的座谈会，深入研讨，提出意见：要充分挖掘城市副中心带来的区位优势，有效促进投资落地；着力优化经济结构，提升发展质量效益；努力盘活闲置资源，推动开发利用。要把统筹城乡发展放在更加突出的位置，以农村经营性集体建设用地改革为突破口，强力推进新型城镇化试点。

持续关注产业发展。对园区建设、国有资产管理、商务产业发展、文化产业发展、科技支撑引领等工作实施监督；对经济开发区、商务园、物流基地等进行专题视察，着力推动经济发展取得新成效。2016年，常委会听取和审议“营改增”试点情况的报告。建议区政府要总结试点经验、加强培训、加大宣传力度，保证改革的深入推进，保证纳税人享受改革红利；要主动顺应改革，理性分析减收等不利影响，为决策提供依据；要坚决落实属地纳税，避免税源流失，保障财税持续增长。

安全生产无小事。常委会听取和审议了安全生产监管工作的报告，提出：一是要严格执法、高限处罚，立竿见影出效果。二是要经常抓、抓经常，警钟长鸣、常态化管理。三是要严格责任，层层传导压力，层层确保落实。四是要抓住重点、解决难点，消除不稳定因素。区政府高度重视、统筹谋划、科学布局、深化改革，加强执法力量，加大监察力度，保持了通州区安全生产的良态。

不断推进农村改革和农民增收。听取和审议都市型现代农业发展、土地流转工作报告，对农村“新三起来”（土地流转起来、资产经营起来、农民组织起来）、农村集体产权制度改革等进行专题视察和调研。围绕农村“三资”管理，常委会提出：要及时将“三资”全部纳入管理系统，防止集体资产流失。要加强动态化管理，做到数据准确、分析到位、管理及时。区政府认真落实常委会审议意见。现代农业健康发展，“三资”管理更加规范，农村经济实力进一步增强，农民增收明显加快，农村发生了深刻的变化。

（二）有效推进生态环境建设

紧紧抓住环境建设这个重头戏，积极回应人民群众的关切，大力推进环境建设。

专题听取审议环境保护工作情况的报告。成立执法检查组，多次开展对大气污染防治条例、市容环境卫生条例实施情况的检查。围绕压煤、控车、治污、降尘四个专题，暗访调查、座谈研讨，提出审议意见。区政府态度坚决，强力落实大气治理的多项措施，使我区大气质量明显向好，改善率稳居全市第一，大气污染得到有效遏制。

2016年，听取和审议了关于农村地区“煤改电”工作情况的报告，要求政府从优化环境、改善民生的高度，把好事办好。目前，全区138个村、4.6万户“煤改电”工作全部完成，今冬以来运行状态良好，人民群众倍感温暖。

连续跟踪监督北运河、潮白河水系治理。视察污水处理设施建设、再生水厂管网铺设情况。对水污染防治工作持续开展多部门综合监督，着力推动水环境质量的持续改善。持续跟踪检查境内19条黑臭水体的整治，实现了今年年底全部达标还清。

高度关注平原造林、森林公园建设、健康绿道建设。2016年，专题听取和审议了园林绿化三年行动方案及年度重点项目建设情况，督促区政府要高标准设计、精细化管理，不断提级、提质、提效；积极开发森林产业，吸引旅游、娱乐、休闲等资源，满足生态宜居需求，提高生态环境效益。

（三）有效推进民生改善和社会事业发展

持续关注教育、卫生事业发展。对学前教育三年行动计划实施、教育卫生重点工程建设、乡镇卫生院发展等加强监督，大力推动优质资源集聚、优质品质提升、优质服务便民。

2016年，常委会听取和审议了卫生事业发展情况的报告，提出：一是要大力引进优质医疗资源，科学规划、主动设计、严格把关、取舍有度，满足城市副中心发展需要。二是要对现有的医疗资源予以大力支持，提升品质、做优做强、形成品牌。三是要大力提升医疗软实力。在创造优美环境、引进优秀人才、提升服务水平等方面下苦功夫。四是要深化改革，努力发展医联体，推行潞河医院以患者为中心的诊疗模式。

高度关注养老服务业发展、就业和社会保障、文化建设、群众体育等工作，督促政府把握形势、超前谋划、完善体制机制、加大资金投入，让人民群众共享城市副中心发展的成果。着力加强食品药品安全监管、动物防疫、红十字会救助、“控烟”等工作的监督，都分别提出了针对性很强的建议意见。

（四）有效推进依法行政、公正司法

以推进治理体系和治理能力现代化为重点，对推进依法行政、加快法治政府建设等加强监督，督促区政府研究制定推进依法行政的具体措施，提高行政执法的公正性和透明度。今年是“六五”普法的最后一年，常委会听取和审议“六五”法制宣传教育决议落实情况、“七五”普法规划制定情况的报告，作出关于进一步加强法制宣传教育的决议。

以促进公正司法为主线加强监督。听取区法院执行工作、劳动争议审判、行政审判、审判管理等专项工作报告，督促区法院提高审判质效，破解“执行难”，最大限度的平复社会矛盾。专题听取区检察院关于反渎职侵权工作、侦查监督工作、未成年人刑事检察工作、公诉工作、反贪污贿赂工作的报告。组织代表旁听公诉案件的审理，督促区检察院强化对诉讼活动的法律监督，完善内部制约机制，提高诉讼监督实效。

四、规范程序，依法行使重大事项决定权和人事任免权

（一）大力推动“十三五”规划的编制实施

常委会对“十二五”规划开展了中期评估，积极推动任务目标的全面完成。在“十三五”规划编制工作中，深入到有关部门，了解情况，把握进程。组织代表开展问卷调查、参加征求意见座谈会，就规划编制提出意见和建议，使“十三五”规划编制具有广泛的民意基础。专题听取和审议编制“十三五”规划进展情况的报告，为区五届人大六次会议审议批准规划奠定了基础。

（二）加大对计划、预算的审查力度

一是对当年财政预算执行情况、下一年度财政预算进行初步审查。要求区政府要集中财力办大事，积极探索实践财政管理的新方式、新机制，提高财政管理效能。区政府认真落实初审意见，首次向大会提交了社保基金预算，实现了全口径预算管理。常委会将初审意见、区政府落实初审意见的情况报告，提交区人民代表大会。二是组织部分区人大代表参加财政支出绩效评价专家会，对参与评价的专家和中介机构进行考核打分，提升我区财政支出绩效评价质量。三是对当年计划执行情况和下一年度计划进行初审，就计划指标、主要预期目标措施、重大项目安排等进行审查，提出审查报告。

（三）规范政府重大决策报告程序

开展国际种业科技园区建设专题调研。常委会听取专项工作报告，审查批准了“北京市通州区国际种业科技园区建设规划”。听取了区政府关于落实机关事业单位工资制度改革及养老保险缴费测算工作报告。听取了关于政府债务限额管理的报告，提出要适应经济发展新常态，加大监管力度，充分发挥债券的撬动作用，规避风险、控制规模，提高使用效益。

（四）依法做好人事任免工作

坚持任前律考制度、严格任命程序。常委会组成人员参加干部任前民主推荐，提高常委会任前知情权。制定实施了国家工作人员向宪法宣誓制度，并指导乡镇人大组织实施。

五、创新方式，服务和保障代表履行职权

（一）精心组织代表会前活动

新一届区人大代表选举产生后，常委会及时开展集中培训。邀请人大理论专家，对人民代表大会制度的性质、地位和作用，人大代表的权利和义务进行系统培训；就如何履职开展经验交流；向代表详细介绍北京城市副中心规划情况，组织代表视察全区经济社会发展，为开好代表大会奠定基础。会前，组织代表讨论六个工作报告、讨论各项名单草案。就代表关注的一些较为集中的问题，安排代表与政府代理区长、副区长座谈交流。预备会议后，安排代表对“一府两院”工作开展专题询问。

（二）推进代表联系选民制度化

认真制定《关于建立代表联系网络机制，进一步加强人大代表联系选民工作的意见》，全面组织实施。多次召开座谈会，听取常委会街工委、乡镇人大推进代表联系选民工作的进展情况；组织代表视察先进典型；召开主任会议，听取经验介绍，并向全区推广。目前，我区代表联系选民网络基本形成，制度化、规范化建设取得积极进展。

（三）努力为代表履职提供服务保障

一是坚持常委会主任、副主任联系代表小组制度，坚持常委会组成人员联系代表、代表接待群众制度。二是建立健全向代表通报“一府两院”半年工作制度，坚持为代表提供经济社会发展重要信息资料。三是坚持区人大代表列席常委会会议制度，并作为议题重点发言人，对“一府两院”工作提出意见建议。四是认真开展代表视察、检查、调研活动，发挥代表在闭会期间的作用。五是积极协助做好市人大代表学习培训、视察调研活动，为市人大代表依法履职提供保障。

（四）加强代表议案的督办

区五届人大一次会议，把“加快推进通州区卫生事业发展”确定为大会议案。常委会成立调研组，深入进行调研，全面了解我区卫生事业发展现状，分析存在的突出问题，提出加快推进卫生事业发展的意见建议。成立督办工作小组，加强与区政府的沟通，逐年逐项跟踪督办，促进议案办理。目前，我区四大区域医疗中心建设全面展开，引进中心城区优质医疗资源陆续落地，潞河医院升为三级，基层医疗机构软硬件大幅度提升，全区卫生事业呈现出良好的发展态势。

（五）着力提高代表建议办理质量

形成建议督办新格局。一是坚持依法督办。严格法定程序和时限，及时分类、及时转交。二是坚持主任、副主任督办制度，推动重点建议的办理。三是坚持多方联动、分类督办。常委会各工作机构分口督办，代表参与督办，市区代表联动，提高办理质量。四是坚持统筹协调，进行综合分析，把握办理进度，督促复查补办。五是全程跟踪督办。录制建议办理专题片，广泛开展宣传。五年来，代表提出的建议、批评、意见全部办复。其中，农村地区“煤改电”，加强新型诊疗模式改革，建立“河长制”、加大污水治理力度，解决边远村庄病人急救难，实施老旧小区市政配套设施升级改造，加强农村地区文化设施建设等一大批建议的办理质量很高。

六、与时俱进，不断提高常委会履行职权的能力和水平

（一）深入开展专题教育，加强思想作风建设

扎实开展党的群众路线教育实践活动、“三严三实”、“两学一做”专题教育。加强学习研讨，严格对照检查，深刻剖析根源，建立整改台账，坚持边整边改，真正取得实效。教育实践活动、“三严三实”专题教育提出的整改任务，已全部落实。在开展“建设副中心，向前站一步”主题教育实践活动中，强化机关能力建设，锻造忠诚灵魂，彰显担当精神，培育干净品格。

加强党风廉政建设。认真落实党风廉政建设责任制，层层签订责任书，抓好常委会领导班子

和干部队伍的风险防范。贯彻执行换届选举各项规定，严格遵守“九严禁”纪律要求，开展谈心谈话，确保换届选举风清气正。坚决执行“八项规定”，健全完善会议筹备、机关财务、外出考察等各项制度。

（二）全面贯彻落实市委、区委人大工作会议精神

一是更加注重发挥常委会党组的核心作用。坚持重大事项向区委请示、报告制度。坚持常委会党组研究人大重要工作、重大事项制度。在增加区人大代表名额、增加常委会组成人员名额、提高常委会专职委员比例、设立区人大专门委员会、设置乡镇人大专职主席、筹建区人大制度理论研究会、人大代表服务中心等方面，集体决策，积极推动。二是更加注重推进人大工作创新发展。积极探索、不断实践，健全完善与“一府两院”沟通协调机制。做到事前参与，事中紧跟，事后评价。三是勇于担当。在“创卫”复查、“创城”、农村经营性集体建设用地改革试点、全国新型城镇化试点、文旅区后期拆迁等工作中，发挥了积极作用。四是更加注重人大及其常委会履行职权的服务保障。从五届人大六次会议开始，采用电子表决方式进行表决，充分体现对代表主体地位和自主意愿的尊重。

（三）加强制度化、规范化建设

修订完善“区人大常委会议事规则”“区人大常委会任免国家机关工作人员办法”“区人大代表视察办法”“区人大常委会信访工作办法”等工作制度。制定“人大及其常委会选举和任命的国家工作人员向宪法宣誓制度”。制定“调查研究办法”，有效提高常委会工作质量。

（四）加强领导班子和机关干部队伍建设

切实增强政治意识、大局意识、核心意识、看齐意识。深入开展创建“学习型、创新型、和谐型、服务型”机关活动，不断提高机关干部的服务意识和工作效率。加强干部的培养和使用，形成了积极向上、团结和谐、廉洁高效的团队精神。

切实加强对常委会街工委和乡镇人大的领导与指导，推动完善工作制度，规范工作程序，提高履职水平。精心指导新一届乡镇人大开好一次会议。

各位代表，五年来，区五届人大常委会依法履行职权，做了大量卓有成效的工作，发挥了重要的作用，也积累了宝贵的经验。实践使我们更加深切的认识和体会到，做好人大工作：

——必须始终坚持党的领导，保证人大工作正确的政治方向。必须始终把坚持党的领导贯穿于人大工作的全过程、落实到依法履职的各方面，确保人大工作正确的政治方向。必须主动争取区委领导，坚决落实区委决策，确保党的主张经过法定程序成为国家意志，确保党组织推荐的人选经过法定程序成为国家政权机关的领导人员。

——必须始终坚持服务大局，充分发挥人大及其常委会的职能作用。必须围绕中心，服务大局，积极主动依法履职。按照“准、精、实”的工作原则，突出重点，抓住关键，做该做、能做、有用、有效的事，多做“四两拨千斤、事半功倍”的好事。

——必须始终坚持人民主体地位，把实现好、维护好、发展好最广大人民根本利益作为出发点和落脚点。必须始终坚持以人民为中心，保证人民当家作主。把人民群众对美好生活的向往作为奋斗目标。坚持不懈地反映民意、集中民智，把广大人民群众的意愿融入到地方国家机关的决策，把人民群众关心的热点、难点问题作为常委会履行职权的重要内容，让人民群众共享发展建设的成果。

——必须始终坚持集体行使职权，确保发挥人民代表大会的制度优势。必须充分发扬民主，集体行使权力，集体讨论事项，集体作出决定。必须高标准组织会议，高水平讨论审议议题，高质量提出建议意见，高效率审查督办，形成集体权威和强大合力。

——*必须始终坚持与时俱进，求实创新。*必须主动适应形势发展变化的要求，坚持从实际出发，坚持问题导向，坚持理论和实践相结合，依法探索创新。不断总结新经验，不断研究新情况，不断解决新问题，推动人大工作更具时代感、更富创造性，更有动力活力。

各位代表，区五届人大常委会即将完成历史使命。五年来，常委会工作取得的进展和成效，是在市人大的积极支持、区委的坚强领导下，全体常委会组成人员和人大代表认真履职、辛勤工作的结果，是“一府两院”密切配合支持的结果，也是社会各界和广大人民群众关心的结果。在此，我谨代表区五届人大常委会，向五年来依法履行神圣职责的全体人大代表致以崇高的敬意！向关心、支持区人大常委会工作的社会各界和全区人民表示衷心的感谢！

在总结工作的同时，我们清醒地认识到，常委会的工作同宪法和法律赋予的职责，同人大代表和人民群众的期望相比还有差距。主要是：监督力度仍显不足；代表议案、建议的办理质量有待提高；与代表和群众的联系仍需深入等等。这些，我们必须认真加以解决。

今后五年和2017年工作

今后五年，北京城市副中心的全面建设、国家战略的全面实施，为常委会履行职权提供了广阔的舞台。珍惜新机遇、迎接新挑战、实现新卓越是常委会今后五年的主旋律。最佳的精神状态、最高的工作质量、最快的工作进展、最突出的贡献是人大工作的总基调。常委会要坚定不移地坚持党的领导、人民当家作主、依法治国的有机统一，坚持以人民为中心，坚持依法履职，全方位与时俱进，全力打造高素质人大代表队伍，全面激发广大人民群众的热情和干劲。

一、强化监督，显著提升监督工作质量

今后五年，人大及其常委会必须紧紧围绕城市副中心建设，充满激情的依法履职。大力推进活力之城、生态之城、智慧之城、人文之城、幸福之城建设；大力推进最新理念、最高标准、最好质量的落地落实；大力推进“十三五”规划修订、实施；大力推进人民生活品质实现重大突破。要抓住重点，致力于推动城市副中心高标准规划建设、打造优美环境、集聚优质资源、改善民生、提高城市管理水平。要把握关键，致力于推动全面深化改革、创新体制机制、经济平稳健康发展、文化软实力建设。

2017年，安排听取和审议区政府上半年工作、上半年计划和预算执行情况的报告。重点安排听取和审议区政府关于生活垃圾分类和减量、水污染治理、扩充优质教育资源发展、城市社区建设、代表议案建议办理等情况报告。围绕急救中心建设、农村地区煤改清洁能源、城市管理改革、法院民商事案件速裁工作机制和检察院改革等进行专项监督。抓好2016年常委会各项审议意见的督办落实。2017年是“创城”能否取得成功至关重要的一年，要不遗余力推动“创城”取得圆满成功。

二、规范程序，稳步推进决定重大事项、人事任免工作

健全常委会讨论、决定重大事项制度。坚持和完善常委会听取区政府重大事项报告制度；进一步强化对计划、预算编制、执行情况的监督；完善人大常委会讨论决定重大事项的程序，规范政府重大决策出台前向本级人大报告的程序。

安排听取和审议区政府关于2017年财政预算执行情况和2018年财政预算草案的报告，提出初审意见。做好对2017年计划执和2018年计划草案的初审工作。加强对计划和预算执行及财政收支审计工作的监督，审查批准财政决算。开展对政府性债务管

理使用情况的监督，组织预算审查监督业务培训。

坚持和完善对被任命人员的任前法律知识考试制度，不断深化常委会组成人员参加干部任前民主推荐工作，确保常委会任免权的有效行使。健全完善选举和任命的国家工作人员向宪法宣誓制度，更加注重取得实效。加强对被任命人员的任后监督，进一步增强被任命人员的制度意识和法律意识。

三、完善提高，更加充分有效发挥代表作用

把加强对新一届代表培训工作放在重要位置，制定培训计划，采取多种形式，提高代表依法履职能力。加强闭会期间的代表小组工作，建立完善工作制度，促进代表小组工作制度化、规范化。加强常委会街工委工作，完善代表联系网络机制。

加强对议案、建议的综合分析，加大调查研究和沟通协调力度，坚持跟踪督办，完善督办机制，增强办理实效。继续组织好市人大通州区代表小组活动。筹备区六届人大二次会议，选举通州区出席新一届北京市人民代表大会的代表。

四、扎实推进，加强常委会及机关自身建设

全面加强人大常委会党组建设，完善党组工作规则，推进人大工作方式和方法的完善和改进。协助区委开好第五次人大工作会议，更加充分有效发挥党组对人大工作的领导核心作用。

深入学习贯彻党的十八届六中全会精神，巩固“两学一做”专题教育成果，不断加强党风廉政建设，严守政治纪律和政治规矩，推进全面从严治党。

大力推进区人大各专门委员会建设，积极探索专门委员会在代表大会期间、闭会期间履行职权的方法途径。2017年，要研究制定各专门委员会工作职责、议事规则，实现专委会工作的制度化、规范化。

进一步规范常委会会议审议重点发言人工作。严格“一府两院”向常委会报告专项工作、提出议案的工作规范，增强常委会会议的严肃性、权威性。区六届人大任期内，对人大及其常委会工作进行全面梳理，修改完善各项规章制度。

继续落实区委第四次人大工作会议精神，扎实做好成立区人大制度理论研究会、人大代表服务中心等工作。加强人大街工委建设，强化对乡镇人大工作的指导。推动人大干部任职交流，打造充满生机活力的干部队伍。

各位代表，回顾过去，我们豪情满怀；展望未来，我们充满激情。让我们更加紧密地团结在以习近平同志为核心的党中央周围，在区委的坚强领导下，牢记使命，奋勇担当，忠诚履职，不断开创人大工作的新局面，为全面建设北京城市副中心而努力奋斗！

通州区人民政府工作报告

——2016年12月22日在通州区第六届人民代表大会第一次会议上

通州区代理区长 张力兵

过去五年工作回顾

区五届人大一次会议以来，区政府在市委、市政府和区委的正确领导下，在区人大、区政协的监督和支持下，始终高举中国特色社会主义伟大旗帜，全面贯彻落实党的十八大和十八届三中、四中、五中、六中全会精神，深入学习贯彻习近平总书记系列重要讲话精神，紧紧抓住京津冀协同发展和北京城市副中心建设的历史性战略机遇，以高度自觉、勇挑重担的政治担当和不忘初心、奋发作为的使命追求，锐意进取、勤奋履职，圆满完成了历次人代会确定的各项目标任务，推动了经济社会的全面发展，实现了北京城市副中心建设的良好开局。

一、抢抓机遇把握大局，北京城市副中心建设迈出坚实步伐

顶层设计不断完善。坚持立足大局，围绕城市定位的提升与明确，主动调整思路，积极破解难题，搭建起统筹综合的规划体系。围绕非首都功能与人口疏解，推动编制了北京城市副中心建设行动计划，明确了以行政办公、商务服务、文化旅游为重点的城市空间与功能布局。围绕“四个城市”和“三个示范区”建设，系统开展基础数据清查，针对城市管理、基础设施、生态环境等方面组织15个专家课题组，逐项突破各类深层次问题。聘请国际顶级设计团队，与市规划国土委共同组织方案征集以及编制通州区总体规划，开展了北京城市副中心总体城市设计和6个重点地区详细城市设计，进一步完善提升了17项专项规划，为打造“千年城市”绘制蓝图。

功能区建设持续提速。连续实施大规模搬迁改造和土地一级开发，为承接主导功能预留空间。行政办公区完成15平方公里、3947宗宅基地、9300户的拆迁任务，安置人口1.8万人，全程“零滞留、零诉讼”。商务中心区标志性项目梯次推进，东关大道、北环环隧、能源中心等重点基础设施取得重大进展，市政管网全线贯通。文化旅游区核心区域实现供地，环球主题公园实现开工。环渤海高端总部基地、宋庄文化创意产业集聚区各项工作稳步推进。

区域统筹发展态势逐步显现。城区155平方公里、全境906平方公里及临津冀周边协同发展思路逐步明确，政务服务、综合配套、生态屏障、产业聚集、区域合作等大范围功能布局初步展开，城乡统筹迈向区域统筹。永顺、梨园地区基本实现城市化，台湖、于家务、潞城新型城镇化综合试点取得初步成果，宋庄、台湖统筹利用集体建设用地试点稳步推进。西集中心区等5个重点中心镇开发建设持续推进，小城镇聚集效应和辐射带动作用不断增强。与河北廊坊、天津武清达成框架合作协议，在水系治理和园林绿化等方面开展合作。

二、围绕重点持续发力，生态文明建设取得突出成果

大气环境治理力度空前。高于全市标准制定实施2013—2017年清洁空气行动计划，突出压煤、控车、降尘、治污四大关键领域，全方位开展大气污染治理。大力推进能源结构调整，三河热电替代供热面积1796万平方米，拆改燃煤锅炉5455.3蒸吨，基本建成燃煤锅炉禁燃区。完成农村地区154个村、5万余户煤改清洁能源工程，其余村庄基本实现优质燃煤替代全覆盖，累计压减燃煤52.2万吨。累计淘汰老旧机动车5.6万辆，配置电动出租车500辆、清洁能源公交车745辆。持续加强扬尘污染防治，绿色规模工地达标率100%，扬尘治理达标率95%以上。持续加大环境监管和综合执法力度，初步建成现代化环保信息系统，查处各类违法企业1519家。空气主要污染物指标大幅下降，细颗粒物年均浓度降至72微克/立方米，同比下降16.3%，改善率居全市第一。

水环境建设成效显著。在全市率先实施水环境乡镇跨界断面补偿办法，制定实施了《通州区“河长制”实施意见》，圆满完成2013—2015年治污行动计划，碧水污水处理厂升级改造等一批工程顺利推进，全区污水总处理能力达到39.7万吨/日，城区污水处理率达到90%以上。大规模实施中小河道治理工程，完成11条河道163公里的治理任务，基本完成建成区19条段黑臭水体治理。全面启动城北片区、两河片区及北运河综合治理工程。加强防洪排水设施建设，完成13座下凹式立交桥雨水泵站改造，实施了北运河甘棠橡胶坝改造工程。严格落实水资源管理制度，市高效节水示范镇建设取得阶段性成果。

城乡环境面貌持续改善。高标准实施平原造林19.3万亩，居全市首位。建成东郊森林公园等一批大型郊野公园，建设温榆河等健康绿道100公里。完成公路河道绿化150公里、屋顶绿化5.8万平方米，代征绿地建设43万平方米，全区森林覆盖率达到29.3%，较2011年提高9.6个百分点。坚决打击违法用地和违法建设，持续规范城乡建设和管理秩序。实施了一批区域环境综合提升工程，打造了一批环境优美乡镇和生态文明村。大力治理城市顽疾，城乡环境建设整体水平大幅提升，提前3年实现城区垃圾无害化处理率100%的目标，顺利通过国家卫生区复审。

人口规模管控实现增量与增速双下降。认真落实“控制总量、优化布局、改善结构”的要求，严格履行疏解与承接双重责任，人口增量与增速逐年下降，常住人口增量由2011年的6.6万人下降到2015年的2.2万人，增速由5.6%下降到1.6%。夯实流动人口管理基础，大力推动基层流管站和流管员队伍规范化建设，实现流动人口信息动态监测。突出低端业态清理和住宅管控两条主线，有效疏解外来人口6万人以上，常住外来人口增量逐年下降。

三、基础设施加快推进，城市承载力和管理水平不断提高

以道路交通为重点的基础设施建设取得长足进展。累计实施70余条重点道路建设和30余处道路微循环改造，路网总里程达到2593公里，城市路网密度达到3.75公里/平方公里，基本形成了内外相连、辐射周边的开放式路网。地铁M6号线二期实现通车，日均分流11万人次，初步缓解了八通线及其他公交线路的高峰压力。地铁M7号线东延开工建设，建成通车后将有效服务环球主题公园及通州西南部居民出行。新开通、调整公交线路68条，新增114辆电动微公交，投放公共租赁自行车2万辆，完成玉带河大街等慢行系统建设，方便群众绿色便捷出行。

以能源供应为重点的市政设施体系日趋完善。大力发展集中供热，总面积达到4817.3万平方米，完成703万平方米老旧小区供热管网改造和60个住宅小区节能热计量改造。燃气设施建设全面加强，铺设燃气管网1500公里，管道燃气用户达到35万户。液化石油气下乡实现全覆盖，开户总数15万户。实施运河220千伏等一批变电站工程建设，供电保障能力大幅提升。持续加快供水设施建设，南水北调通州水厂一期竣工调试，正式通水后，城乡供水能力将达到43.4万吨/日，为2011年的2.3倍。高标准实施农宅抗震节能改造、节能路灯等新农村基础设施建设，荣获全市唯

一“新农村基础设施管护创新奖”。

以数字化精细化为方向的城市管理模式不断优化。初步建成网格化管理体系，实现“三级平台、四级服务管理”的运行模式。完成大图像管理信息系统建设，主要大街、繁华场所、治安乱点等重点部位实现视频巡控全覆盖。完成地下管线及城市部件数字化管理信息系统一二期建设，覆盖城区155平方公里范围。深化综合执法体制改革，扎实开展非法运营、无照经营、非法小广告和露天烧烤专项整治。

四、坚持内涵式可持续发展，经济转型升级持续加快

经济发展基础进一步夯实。主动适应新常态，在严控房地产、压减制造业的同时保持经济平稳较快增长，2016年年底，全区地区生产总值实现650.3亿元，一般公共预算收入实现76.5亿元，全社会固定资产投资额实现939.9亿元，社会消费品零售额实现388.1亿元，分别是2011年的1.6倍、1.9倍、2.3倍和1.7倍，城乡居民人均可支配收入分别达到40845元和23538元。乡镇主力军作用明显，产业园区加快转型，中关村示范区先行先试政策实现全覆盖，获批设立国家级博士后科研工作站，成功引入多个国家级、市级研发中心、实验室，入驻园区高新技术企业超过250家，光机电基地成为北京市首批生态工业园区。

落后产能大规模调整退出。以高于北京市标准制定实施了《通州区新增产业的禁止和限制目录》，充分运用行政、经济、法律和行业标准化等多种手段，以工业、加工业企业为重点，一并实施无证照经营、有形市场、危化储销、砂石搅拌、低端种养等落后产能的关停迁改。累计清退各类低端企业2000余家，完成234家市级上账工业企业的调整退出，关停八里桥市场一期、西联石材等低端市场18处，清理再生资源回收站点1009家，京哈高速以北地区基本完成工业大院和工业污染企业清理整治。

经济结构优化步伐不断加快。实施以商务服务、文化旅游带动三产，以高科技、创新型企业带动二产，以园区农业、数字农业带动一产的产业优化调整措施。经济过度依赖房地产业的不利态势得到改善，三次产业结构更趋合理，产业内在发展质量不断提高，培育出一批具有强大辐射带动效应的新增长点。以环球主题公园为代表的文化旅游产业正在形成，苏宁集团等总部型项目加速聚集，保罗生物、春正立达、中际联合等高科技企业实现上市或挂牌（新三板），集农业科、教、研、产、销一体的国家级项目国际种业科技园成为科技农业、园区农业发展的龙头。

五、完善与提升并重，社会民生建设稳步推进

社会事业全面发展。教育软硬件建设持续加强，教育教学质量稳步提升。五年来，新建、改扩建各类中小学校和公立幼儿园87所，增加学位3.3万个。人大附中、首师大附中等市级名校在通州挂牌招生，实行“一个法人、一体化管理”。高标准建设永乐店中学、贡院小学等一批本地优质学校。引导和鼓励各类资源优先向农村地区倾斜，顺利通过国家级义务教育均衡发展区认定，获得北京市学习型先进城区称号。医疗卫生服务能力日益增强，建设了新华医院等4个区域医疗中心，妇幼保健院等专科医院有序推进。全区三级医院达到三所，二级以上医院全部与市级以上医院建立合作关系。持续开展医药卫生体制改革，实现全区卫生计生服务全覆盖。公共文体设施不断完善，群众文体活动丰富多彩，区文化中心建成使用。深入挖掘运河文化，大运河申遗成功，科学保护历史文化遗存，推进“通州味儿”传统文化圈建设。成功举办中国艺术品产业博览会、世界台球团体锦标赛等活动和赛事。扎实推进科技体制改革，区域创新能力和科技实力进一步增强。旅游、广播电视、新闻、气象、地方志、档案、保密、民防、地震、红十字、残疾人、慈善等各项事业发展呈现新局面。

民生状况持续改善。五年新增就业10.5万人次，城镇登记失业率始终控制在2%左右的较低水平。社会保障水平持续提高，城乡参保人数达到87.6万人，新型农村合作医疗基本实现全覆盖，妥善安置2.9万名征地转非人员。社会救助体系不断完善，城乡低保在全市率先实现统筹并轨。养老服务发展步伐加快，养老机构实现“医养结合”新模式。不断改善城乡居民居住条件，五年完成13.1万套市、区保障房建设，开工量居全市前列。

社会治理体系不断完善。累计完成117个社区的规范化建设，打造22个市级示范社区。精品楼门文化成为通州品牌。“一刻钟社区服务圈”覆盖率达到80%以上，建成市级示范点50个。建立区级社会组织孵化基地，备案社会组织达到682家。深化人才强区战略，建成院士专家工作站等创新基地，累计引进各类人才3.3万人。各类安全生产事故数和死亡人数实现“双下降”，率先成为全市安全生产监管体制机制综合改革试点示范区，连续多年被评为“北京市安全生产先进单位”。持续加强社会面防控和矛盾隐患排查化解，不断提升社会治理法治化水平，社会保持和谐稳定。食药安全、应急管理、人民武装、双拥共建、宗教、侨务及对台工作健康发展。

文明城区创建取得阶段性成果。充分践行利民惠民创建宗旨，全面加强政务环境、人文环境等八大环境建设，社会秩序不断优化、区域文明程度和市民文明素质不断提升。大力加强未成年人思想道德建设，全区关心下一代工作被评为全国先进。正式获得“全国文明城区提名城区”荣誉称号。

六、坚持改革创新，政府自身建设持续加强

系列改革取得实效。立足北京城市副中心战略定位，全面推进“放管服”改革。在全市率先实施公共服务类建设项目投资审批改革试点，落实“一会三函”制度，累计取消行政审批事项191项，彻底取消非行政许可审批事项，完成“五证合一、一照一码”登记制度改革。深入推进投融资体制改革，北京城市副中心建设发展基金投入运营，建立PPP项目库，设立区投资代建服务中心。有序推动事业单位分类改革和政府机构改革。完成区国有资本运营公司战略重组，引进北控水务、葛洲坝集团等社会资本参与水系治理和专业化运营管理。

作风建设持续深化。深入开展党的群众路线教育实践活动、“三严三实”专题教育和“两学一做”学习教育，深入贯彻中央八项规定、市委十五条意见和区委意见，制定完善39项制度，扎实整治政府系统作风，集中解决了一批群众关心关注的实际问题。突出重点领域，实施公务用车改革，清理超标办公用房，深入开展“为官不为、为官乱为”、“群众身边的腐败问题和不正之风”专项治理，政府系统干部队伍执行力得到提升。

民主法治建设深入推进。加快推进法治政府建设，健全行政决策机制，在全市率先向社会公布行政权力事项目录和便民服务事项目录。制定实施《通州区规范行政执法工作办法》等一系列涉及人财物管理的制度，不断提升依法行政水平。坚持把纪律和规矩挺在前面，强化“两个责任”落实，突出重点工程审计监察，加强对财政预算、决算制度化管理。主动向人大报告、向政协通报政府工作，自觉接受人大、政协监督，五年共办理市区两级代表议案、建议和委员提案1579件，办复率100%。

各位代表，过去五年是我们全面贯彻落实党的十八大和习近平总书记系列重要讲话精神，主动争取并牢牢把握千载难逢的重大历史机遇，全面开启北京城市副中心建设新征程的五年；是我们主动适应经济发展新常态，积极推进供给侧结构性改革，经济发展方式加速转变的五年；是我们统筹城乡发展，狠下功夫加快生态环境和公共服务配套建设，城市承载力显著提升的五年；更是我们坚持不忘初心，坚持以人民为中心，持续保障改善民生，发展成果更多惠及全区人民的五年。这些成绩的取得，是市委、市政府和区委正确领导的结果，是区人大、区政协监督和支持的结果，是各位代表和委员共同凝聚智慧、倾心建言献策的结果，是各民主党派、人民团体、驻通州部队、武警官兵、公安干警，驻通州中、市属单位鼎力支持的结果，是全区人民共同努力奋斗的结果。在此，我代表区政府向奋战在各条战线上的广大干部职工、向所有关心支持通州发展的各界人士和全区人民表示崇高的敬意和衷心的感谢！

回顾五年来的工作，我们深刻体会到：

——只有主动服务大局、融入大局，才能始终把握正确方向，切实抓住难得机遇，不断增强工作主动性，才能在激烈竞争中实现率先发展和跨越式发展。五年来，我们始终紧紧围绕首都发展大局，持续解放思想、优化发展思路，特别是紧密结合京津冀协同发展国家战略和首都“四个中心”定位，深刻领会中央和北京市关于建设北京城市副中心的目标要求，坚决落实区委决策部署，力求下先手棋、打主动仗，迈出了把机遇优势转变为发展优势的坚实步伐，开启了通州经济社会发展的崭新阶段。

——只有保持团结一致、上下一心的状态和精神，才能形成强大合力，最大限度发挥干部队伍整体优势，打好整体战、打赢攻坚战。五年来，无论是大规模土地一级开发、大批次项目建设，还是开展多层次生态环境建设、实施多维度城市经营管理，我们都始终在区委的坚强领导下，心往一处想、智往一处谋、劲往一处使，确保了各项工作的高效、有序、快速推进。特别是面对北京城市副中心建设这一庞大复杂的系统性工程，齐心协力向前看、众志成城谋发展，展现了勇挑重担的气魄，信心坚定、底气雄壮。

——只有拿出踏石留印、抓铁有痕的决心和行动，才能破解工作中的各种难题，才能排除前进道路上的各种艰难险阻。我们许多领导干部，在历次落实北京市和区委的中心任务、抢抓重大工程进度、创新体制机制等关键工作中，每每实践着锲而不舍、敢为人先的精神，全力保障大局，维护通州荣誉，报效家乡父老，想方设法推动工作进展，勇于争先、敢于突破；我们更多的基层干部，在服务保障APEC、“九三”阅兵等重大任务及开展打非治违、环境整治、淘汰落后产能等具体工作中，冲锋在前、勇于担当，在平凡的工作岗位上锤炼着自己、奉献着自己、燃烧着自己。

——只有坚持群众路线、以人为本的方法和理念，才能争取全区人民的支持，才能为我们提供不竭的前进动力和力量源泉。我们始终在区委的正确领导下，坚持一切为了群众、一切依靠群众，坚持以人为本，充分尊重人民群众的首创精神，切实保障人民群众的切身利益，动员全区群众投身到北京城市副中心的建设中，从创建文明城区、棚户区拆迁、老旧小区改造，到维护社会面稳定、楼门文化建设，通州的广大人民群众作为积极参与者和实际受益者，在给予我们理解与认可、信任与支持的同时，更激励我们牢固地树立宗旨意识，不断增强“人民城市为人民”的责任感和使命感。

这些既是我们对过去工作的深刻体会，也是我们做好未来工作的必然遵循。

在肯定成绩和总结经验的同时，我们也清醒地认识到，目前通州在发展中还存在不少困难和问题，我们的工作也存在差距和不足。主要表现在：一是对照中央和市委、市政府对建设北京城市副中心的标准和要求，我们在经济社会各领域还存在明显的短板和薄弱环节，实现“三个示范区”和“四个城市”的建设目标，还需做长期艰苦的工作。二是市政基础设施、公共服务配套、城市综合管理、生态环境建设的质量和水平还不能全面满足全区人民盼发展、盼提升的热切需求，特别是优质资源还存在总量不足、配置不均衡的问题。三是高精尖产业尚处于打基础的阶段，符合功能定位的产业体系还未建成，距离实现高层次的产城融合和职住平衡还有很长的路要走。四是服务型政府、法治政府建设还不完善，政府系统的作风建设还需常抓不懈，特别是面对新形势和新任务，各级干部转变发展思路和服务观念、提升工作能力与工作水平的任务更显迫切。对于这些困难和问题，我们将高度重视，持续认真地加以解决。

未来五年工作的总体要求
奋斗目标和主要任务

未来五年，是通州全面建设北京城市副中心的关键时期，我们必须准确把握通州发展所处的历史阶段和时代特征，在新起点上谋求新发展，在大有作为中赢得未来。今后五年，我们必须认真落实区第六次党代会确定的指导思想，全面学习贯彻党的十八大以来各项决策部署和党的十九大精神，学习贯彻习近平总书记系列重要讲话特别是视察北京重要讲话精神，以“5·27”中央政治局会议精神为统领，按照“五位一体”总体布局和“四个全面”战略布局，牢固树立五大发展理念，深入贯彻京津冀协同发展战略，牢牢把握城市副中心战略定位，以最先进理念、最高标准、最好质量推进北京城市副中心建设，努力构建蓝绿交织、清新明亮、水城共融、多组团集约紧凑发展的生态城市布局，着力打造国际一流和谐宜居之都示范区、新型城镇化示范区、京津冀区域协同发展示范区。

围绕总体要求的落实，我们必须始终坚持以下几项原则：

——*必须坚持创新发展，加快形成以创新为主要引领和驱动的发展新模式*。面对北京城市副中心建设的历史重任，我们必须始终坚持解放思想、与时俱进，通过深化改革破解发展难题，通过创新驱动集聚要素资源，落实首都“科技创新中心”的核心功能，努力以观念思路、体制机制、发展模式以及功能业态的创新，推动经济社会实现又好又快发展。

——*必须坚持协调发展，统筹推进全区经济社会的全面发展和均衡发展*。我们必须始终坚持科学把握和处理好北京城市副中心与首都北京的关系，处理好北京城市副中心155平方公里和全区906平方公里的关系，处理好承接与疏解的关系，处理好区域硬实力和软实力的关系，努力在协调发展中拓宽新空间、增进新动能，实现全区经济社会的统筹发展。

——*必须坚持绿色发展，努力构建人与自然和谐相处的发展新格局*。我们必须始终坚持把绿色低碳的发展理念认真贯彻到城市建设的各个领域，贯彻到转变发展方式和提升质量效益的各项工作中。坚持以更高标准、更严要求、更实举措，持之以恒加强生态环境建设，切实做到城市开发、产业发展、基础建设等各项工作与生态空间管控、生态环境保护、生态体系构建的有机结合。

——*必须坚持开放发展，立足更大范围、更宽领域、更深层次“引进来，走出去”*。我们必须始终坚持把通州发展置于广阔的国内国际空间来谋划，开门搞建设。通过“走出去”开阔眼界、拓展视野，学习借鉴国内外城市建设的先进经验和发展理念；通过“引进来”获得推动发展所必需的资金、技术、人才等优质资源要素，努力在良性互动、优势互补中实现自身更好发展。

——*必须坚持共享发展，切实维护好、实现好、发展好群众的根本利益*。我们必须始终坚持以人民为中心的发展思想，以保障和改善民生为重点，大力发展各项社会事业，努力增加城乡居民收入，使改革发展成果更多、更公平地惠及全区人民，赢得广大群众的真心拥护和支持，为全区各项工作的顺利推进提供坚实的群众基础。

未来五年要立足京津冀协同发展战略，以北京城市副中心建设为主线，围绕国际一流和谐宜居之都示范区、新型城镇化示范区、京津冀区域协同发展示范区三大规划定位，努力塑造活力之城、生态之城、智慧之城、人文之城、幸福之城的美好形象。主要目标包括：

——北京城市副中心空间格局基本形成。行政办公区、商务中心区建成投入使用，文化旅游区环球主题公园开园运营，环渤海高端总部基地、宋庄文化创意产业集聚区形成规模，旧城更新改造基本完成。初步展现政务商务运行高效、传统文化与现代文明交相辉映、人民安居乐业的城市副中心形象。

——文化发展进入更高阶段。文化事业与文化产业实现有机协同发展，体现中华元素、文化基因的理念与设计渗透到城市建设的各个方面，与规划、建筑、生态景观深度融合。展现运河文化魅力的主题活动、特色产业、艺术品牌蓬勃发展，区域文化软实力有效提升，城市凝聚力和吸引力不断增强。

——生态环境更加绿色宜居。围绕绿色低碳发展理念，强化环境治理和生态保护，在城市建设中广泛应用世界先进节能环保技术、标准、材料、工艺，着力打造都市绿廊环绕、典雅水韵融合、绿色环保低碳的生态景观，基本建成蓝网交织、大尺度绿色空间环绕的绿色城市、森林城市、海绵城市。

——城市综合承载力大幅提升。持续完善城市综合服务功能，基本建成满足群众需求、适应首都发展和京津冀协同发展需要的公共服务新高地。持续统筹推进城乡发展，健全基础设施体系，基本形成各具特色的城镇格局。坚持打造智慧城市，形成完善的城市管理和社会治理体系，社会更加和谐稳定。

——经济实力显著增强。经济保持中高速增长，地区生产总值突破1000亿元，一般公共预算收入突破100亿元。坚持走质量提升、内涵发展之路，坚决调整退出低端产业，大力吸引与功能定位相适应的高精尖产业，推动发展方式实现深度转变，内生动力不断增强，成为首都经济发展新的增长极。

——发展成果普惠群众。持续增进人民福祉、促进人的全面发展，城乡居民人均可支配收入年均增长8%以上。进一步健全养老、就业、救助等社会保障制度，增强社会保险兜底保障能力，让全区人民在共建共享中有更多获得感。

未来五年经济社会发展的主要任务是：

一、勇挑千钧重担，全力以赴地推动北京城市副中心建设

以创造历史、追求艺术的精神，深入落实北京城市副中心规划。坚持规划的龙头引领作用，努力将“世界眼光、国际标准、中国特色、高点定位”的规划思想和绿色城市、森林城市、海绵城市、智慧城市的发展理念，贯彻落实到北京城市副中心建设的全过程。建立健全规划实施的科学统筹机制，全面推进北京城市副中心总体规划严格落实。以绿色生态原则作为最突出特点，紧密结合不同区域定位，加强详规设计，做好功能相近、相互关联项目的统筹规划安排，实现区域功能科学布局。进一步调整完善通州区“十三五”规划纲要，使新规划的理念精神和指标任务延伸拓展到“十三五”时期通州经济社会发展的各个领域。

坚持发扬“工匠”精神，扎实推进重点功能区建设。紧密围绕市行政机关、事业单位迁入，做好各项服务保障，确保行政办公区环境整洁优美、交通便捷通畅、管理智能高效、相关配套完善。加快商务中心区建设，确保内部立体路网投入使用，市政配套高标准建成，功能性项目全面完工，初步形成高端要素集聚、辐射带动作用明显、充分体现职住合一、功能完备的国际商务新中心。确保文化旅游区环球主题公园项目顺利开园，重点基础设施和功能配套建设全面完成。环渤海高端总部基地、宋庄文化创意产业集聚区等其他功能区实现重大项目落地建成，形成集聚效应和良性发展态势。不断优化功能区建设模式，系统引入标准化规范体系，创新装配式建筑设计，推广实施质量可追溯体系，确保各重点项目建设对接国际一流水平，体现“千年城市”要求。

培育提升文化优势，彰显城市副中心内涵品质。立足中华元素与文化基因，深入挖掘具有“通州味儿”的运河文化财富，统筹做好文化传承、文化创

新、文化融合、文化消费、文化服务等领域工作，努力塑造北京城市副中心规划建设的文化特质。突出城市设计和标志性建筑中历史文脉、文化符号的有机植入，增强“水与绿”两篇文章的文化内涵，加快打造东部运河文化带。加速文化与现代高端服务业的融合发展，构建富有特色的文化产业体系。加大文物普查和保护力度，加强对民间艺术及非遗项目的开发与利用。推动北京国际文化交流中心、北京非物质文化遗产展示中心、运河博物馆等一批工程建设，推动公共文化服务设施免费开放，做强弘扬优秀传统文化和社会主义核心价值观的软硬载体，努力为群众提供丰富健康的文化生活。

围绕新型城镇化示范区和京津冀区域协同发展示范区建设目标，加快区域统筹协调发展。依托国家新型城镇化综合试点，深入推进农村各项改革，探索与北京城市副中心相适应的强农、惠农、富农新模式，创新破解“三农”问题。不断丰富新型城镇化开发建设模式，积极引进社会资本，促进台湖镇与深圳招商局集团深入合作，尽快发挥带动及示范效应。探索集体建设用地上市及物业补偿新机制，多渠道壮大农村集体经济。有序引导农村富余劳动力转移就业，加快完善社保对接，促进农村人口市民化。继续深化与天津武清、河北廊坊合作成果，积极探索合作新模式，推进生态农业、园区产业等领域的深度合作，力求实现更高层次的协同、融合发展。

二、大力推动生态环境建设，切实把绿色生态打造成北京城市副中心最突出特点

打造清新明亮的大气环境。大力推进大气污染治理工作转型，将减排重点向控制二氧化氮、臭氧为重点的城市生活型污染等领域延伸。继续改善区域能源结构，构建以电和天然气为主、地热能和太阳能为辅的清洁能源体系。积极引入第三方治理模式，继续加大机动车尾气排放、施工扬尘的治理力度，确保到“十三五”末，二氧化硫、氮氧化物、挥发性有机物、氨氮分别减排44%、38%、35%、28%，空气质量得到明显改善。

形成水城共融新格局。全面落实海绵城市建设理念，以水生态建设为重点，高标准完成“两带、六片区”水环境综合治理工程，努力构建“三网、四带、多水面、多湿地”的水环境格局，确保全区河流水系基本实现循环连通，重点河道水质主要指标达到地表水Ⅳ类标准，广泛采用“渗、滞、蓄、净、用、排”等技术措施，大力推进海绵城市试点区域建设，大幅提升城市水生态系统功能和防洪排涝能力。实施2017—2019年污水治理三年行动方案，确保一批污水处理厂站及配套管网工程建成投入使用，全区污水处理率达到95%以上。

大力建设森林城市。按照森林城市建设标准，重点围绕“一城、二环、三片、多廊”开展园林绿化示范建设。高标准推进多功能公园绿地体系、城市风景林荫路覆盖体系、互联互通的生态廊道网络和全区域森林湿地网络建设，构建水网、路网、林网相结合的森林城市生态格局，确保人均城市公园绿地面积达到18平方米，城市公园绿地500米服务半径覆盖率达到90%。将文化元素有机嵌入城市公园、湿地公园、郊野公园建设，设置便捷亲民的服务设施，满足居民旅游、健身、休闲等需求。

全面加强人口调控。坚持控增量、调存量、优布局的基本思路，全面实施人口调控综合改革试点方案，严格控制人口机械增长。加强规划源头管控，严控城市开发强度，加快清理村镇工业大院和传统市场，严厉打击违法用地、违法建设，专项整治城乡结合部等重点区域，推动人口有效疏解。通过功能定位、产业布局、公共服务配置等方式引导人口合理分布，科学承接中心城人口。多渠道开展人口素质提升工程，实现人口结构优化。

三、着力强基础、补短板，大幅提升城市运行保障能力

大力度建设具有前瞻性的交通体系。以解决交通

拥堵、建设高效交通体系为首要任务，统筹做好区域交通的规划建设和运行管理。坚持交通引导发展的建设理念，编制交通建设计划，分步加快实施。积极配合市专业公司推进京秦高速、密涿高速等一批快速联络线建设，缓解过境交通压力。建成观音堂路、京哈高速北辅路等一批道路，畅通与中心城的连接。大规模打通断头路和瓶颈路，大力改造交通拥堵节点，提升内部通行能力。到“十三五”末全区路网密度达到9公里/平方公里，基本形成畅达高效、绿色安全、辐射性强的综合交通系统。以智能交通为先导，推动停车设施向智能、立体转变，着力解决停车难问题。大力发展公共交通，优化完善公交线路，努力改善居民出行条件。

构建强有力的资源、能源供应体系。实施多元调水工程，完成南水北调通州水厂二期等工程建设，按照外调与本地结合、常规与应急结合的原则，构建“多水源双水路”的保障格局，并利用“城带镇、镇带村”等集约化联网供水模式，推进城乡供水一体化。全面提升电力主网和网格化配网的规划建设水平，形成结构完善、运行安全的电网保障体系，到“十三五”末，区域供电能力提升为现状的2.7倍。加大燃气设施建设力度，全面实现燃气管网全覆盖。加强清洁能源供热保障体系建设，推进城区分片供暖区域互联互保，完成河东调峰热源等一批工程建设，保障居民用热安全稳定。

建立智慧高效的城市管理新模式。围绕智慧城市建设，不断深化“大城管”理念，创新完善城市管理体制机制，拓展信息化应用范围。整合优化城市管理资源，建成数据共享、互联互通、业务协同的大数据系统和智能高效的综合管理服务平台，深入实施网格化管理，全面提升城市管理效能和水平。以重点功能区为标杆和示范，逐步推广多层立体城市管理模式，实施智慧管网工程，实现全区地下管线数字化管理。围绕道路交通管理、环卫清扫、市政设施维护等领域推行服务外包等市场化改革，推动城市管理力量下沉，加快形成运转高效的城市管理长效机制。

四、推进供给侧结构性改革，培育高精尖产业体系

全面实现低端产业退出。坚持最严标准，大幅降低单位能耗。探索建立社会力量参与的产业退出及资源整合模式，高效实施成方连片空间资源的整合利用，科学引导镇、村分散地块的合理再利用。加快服务业升级改造，力争用三年时间完成全区商品交易市场调整退出，提高存量市场规范化和现代化水平。

引领产业园区高端发展。进一步转变观念，坚持高端化发展方向，依托中关村创新示范区等政策体系，全方位提升园区建设水平。筹建园区发展专项基金，促进重大高新技术企业引进建设和科技创新，完善项目准入标准，研究制定“园中园”“楼宇经济”“孵化器”的鼓励政策，加快园区特色化升级，推进生态园区建设，运用最先进的城市规划理念打造产城融合、宜业生态的新型园区。

精准构建北京城市副中心产业体系。以行政办公、商务服务、文化旅游三大功能为重点，深化产业链研究，科学构建高精尖产业体系。完善并做优政务服务相关配套产业，探索发展高端智库机构等新型业态。积极对接优质资源，把牢业态准入关，统筹做好商务中心区重点组团项目的定向招商，实现高端商务服务业健康发展。切实做好环球主题公园运营服务，大力培育融合影视文化、旅游休闲为一体的产业集群。

五、坚持以人民为中心的发展思想，使人民群众更好更快地共享发展成果

大幅提升各项事业发展水平。办好人民满意的教育，合理布局优质教育资源，有序引进建设一批市级名校，新建一批优质幼儿园。实施名师工程和名校长工程，加大师资队伍的培养和引进。全面推进学区制改革，促进优质资源共建共享。加大职业、成人教育改革，培养适应高精尖产业需要的职业技术人才。积极引入民间资本，规划建设一批国际高端教育和医疗机构。全面建立起与北京城市副中心功能需求相匹配的三级医疗卫生服务体系。全区千人拥有医疗卫生资源量超过全市平均水平，医疗卫生服务能力和公共卫生保障水平显著提升。高标准建设综合性体育场馆，大力推广群众性体育运动，提高竞技体育水平，促进体育产业发展。全面深化科技体制机制创新，深入实施“科技创新驱动发展1+6系列政策”，全力建设国家知识产权试点城区，组织开展丰富多彩的主题科普活动。大力发展非基本公共服务，进一步满足群众在购物、餐饮、娱乐、休闲等方面多元化需求。继续做好民族、宗教、侨务和对台工作，促进广播电视、新闻、气象、地方志、保密、民防、地震、双拥、红十字、残疾人等各项事业健康发展。

着力保障和改善民生。促进就业形势稳定和结构优化，城镇登记失业率控制在3.5%以内。健全覆盖城乡、人人共享的社会保障机制，提升养老服务质量，搭建两级平台、四级养老服务体系。夯实民生兜底保障基础，构建区级“十个一”、乡镇“三个一”民政设施体系。

全面提升社会治理水平。创新社区治理模式，构建社区居委会、物业公司、业主委员会之间权责明确、运转协调的新型关系。加快建立社区服务信息化平台，推动互联网技术与社区治理深度融合。提升楼门文化品牌影响力，加强“六型社区”创建，打造一批示范性强的服务活动和榜样社区。探索社会组织和志愿者团体服务社会的有效途径，激发群众参与热情，努力构建社会和谐稳定传导机制。持续深化安全生产监管体制机制综合改革，夯实安全生产基础，提升安全生产管控能力。牢固树立“开放共治”理念，以社区网格化、防控社会化、打防一体化为重点，加快完善社会治安防控体系，确保社会和谐稳定。

健全完善文明城区创建长效机制。坚持抓住创城关键环节和重点领域，从群众最关心、最迫切需要解决的问题入手，大力推进文明城市、文明村镇、文明单位、文明家庭、文明校园“五大创建”，加强社会诚信体系建设，深化未成年人思想道德品牌建设，持续巩固和发展创城成果，推动各项工作更加规范化、制度化、群众化，为北京城市副中心建设做出积极贡献。

六、加快改革步伐，坚定不移地营造优质高效的发展环境

全面推进改革创新。坚持创新驱动，形成以创新为主要引领和支撑的发展模式，加快建设全面深化改革示范区。扭住关键环节和重要领域，努力破解发展瓶颈。扎实推进机构改革，构建与北京城市副中心相适应的行政管理体制。全面推行“一会三函”投资审批制度，形成可复制可推广的经验。推动设立北京城市副中心投资建设平台，加大政府和社会资本合作（PPP）力度。深化区属国资国企改革，加快现代企业制度建设，做强做优国有企业。加强与市级相关部门沟通联系，扎实做好各项基础性工作，主动对接资源、资金、政策倾斜。

大力提升政府自身建设水平。深入贯彻落实党的十八届六中全会精神，切实增强政治意识、大局意识、核心意识、看齐意识，更加自觉地在思想上政治上行动上同以习近平同志为核心的党中央保持高度一致，坚决维护党中央权威。锲而不舍、驰而不息地推动政府工作作风的持续改善，加强政务督查和绩效考核，不断提升工作效率。深入推进依法行政，认真落实“一岗双责”，深化廉政风险防控，严格执行廉洁自律准则和纪律处分条例，充分发挥监察、审计的监督作用，持续加大执纪问责力度，筑牢拒腐防变的坚固堤防。

全力营造利于发展的良好环境。充分发挥区协调对接指挥部作用，健全完善工作机制，促进北京城市副中心实现高标准规划、高质量建设、高水平

管理。科学合理引进、培育人才队伍，坚持人才、团队、事业三位一体发展，建成中国·北京人力资源服务产业园区，加快形成与北京城市副中心建设相适应的高层次人才集聚发展格局。推进新一代信息技术在城市治理、民生服务、产业转型等领域的深度融合和创新应用，提高北京城市副中心信息化水平。加强线上线下统筹的三级政务服务体系建设，积极拓展“一站式服务”“企业绿卡服务”“绿色通道”等服务模式，充分发挥中小企业服务平台作用，在更多领域、更大范围探索便民利民服务措施，打造北京城市副中心服务品牌。

关于2017年政府工作的建议

各位代表，2017年是新一届政府的开局之年，做好2017年的各项工作，对实现未来五年经济社会发展目标至关重要。我们必须以更加振奋的精神和更加务实的作风，扎扎实实做好每项工作，为今后发展打下坚实的基础。

2017年全区经济和社会发展的主要目标是：地区生产总值增长7%左右，一般公共预算收入与上年持平，全社会固定资产投资额增长12%左右，社会消费品零售额增长7%左右，城乡居民人均可支配收入增长8%左右，万元地区生产总值能耗、大气污染物和水污染物排放完成市下达的节能减排任务。

为实现上述目标，要突出抓好七个方面的重点工作：

*一是突出服务大局，狠抓功能配套提升。*集全区之力全方位做好服务保障配套工作，配合市行政办公区顺利实现2017年年底前部分市级行政机关挂牌迁入的目标。加快商务中心区配套设施建设，力促重点组团项目全面实现开工，实现一批项目竣工交付使用。围绕环球主题公园项目建设进程，统筹推进文化旅游区安置房开工、入住进度。高标准实施“运河大街—通朝大街”、通燕高速两条“景观大道”提升工程，扎实做好绿化美化、综合整治等工作。加快推进城市大外环线、宋梁路北延等一批道路建设，实施行政办公区、文化旅游区路网改造提升工程，启动6条微循环道路建设、5条街巷改造和8个重点交通堵点改造。启动城区范围内道路交通设施标准化改造，开工建设一批公共停车场，新增公共租赁自行车1万辆。加快推进环城供水干线一期、乡镇集中水厂及供水管网等重点工程，确保城区供水安全系数不低于1.2。加快推进行政办公区“1+3”变电站、煤改电“1+4”变电站及商务中心区、文化旅游区等一批输变电工程建设，全力配合推进行政办公区、文化旅游区等高压线路迁改工作，加快建设行政办公区“0.9公里充电圈”、北京城市副中心“2公里充电圈”。推进商务中心区能源中心、河东5号调峰热源厂工程建设，保障北京城市副中心能源供给。

*二是突出综合治理，狠抓生态环境建设。*加快实施煤改清洁能源工程，全面完成农村地区的煤改电、煤改气，确保2017年底实现全区无煤化目标；加大对污染物排放的治理力度，削减挥发性有机物10%以上；建立健全包含大气、水、土壤、噪声、辐射等在内的多领域环境质量监测系统；确保$PM_{2.5}$年均浓度下降到65微克/立方米。加快水系治理和水利工程建设，完成城北、两河等6个片区水环境治理工程80%以上的建设任务；完成北运河、凉水河、通惠河、运潮减河、萧太后河等34条段黑臭水体治理，实现通惠河、萧太后河等重点河段水清岸绿；加快实施防洪河道整治及中小河道治理工程。加大绿化美化力度，推进9条道路绿化景观提升工程，启动7个城市公园建设，推动漷县中心公园等郊野公园建设；实施环城生态景观带和环区界生态过渡带建设；加快潮白河森林生态景观带等7个森林湿地和生态绿道建设，将海绵城市、智慧城市理念与园林绿化充分融合。

三是突出城市管理，狠抓创城工作。充分利用网格化管理平台，提升城市精细化管理水平。探索实施外埠车辆和大货车限行措施，增设违法停车监控系统，完成智能停车诱导系统一期和城区交通拖车平台系统建设，分层次推进行车、停车秩序专项治理，提升交通智能疏导水平。加大问责力度，继续严厉打击违法用地、违法建设，大力整治“住改商”“开墙打洞”等行为。落实人口综合调控改革试点方案。加快重点区域环境提升工作，大力推行垃圾分类，确保再生能源发电厂、有机质资源生态处理站投入运行。坚持以最高标准、最佳状态迎接中央测评组综合测评，全面争创全国文明城区。

四是突出完善提升，狠抓社会服务功能建设。加快北京五中通州校区、杨庄小学等一批学校新建、改扩建工程；在全国范围引进名教师、名校长，与北师大高精尖创新中心等专业机构合作实施“双师工程”，开办“教师工作室”，全面推进“外教进课堂”。加快四大区域医疗中心工程进度，推进妇幼保健院开工建设，启动一批乡镇卫生院新建和改扩建工程，大力提升医疗卫生服务质量，积极创建国家慢性病综合防控示范区。坚持科技强区和人才强区，启动中国·北京人力资源服务产业园区筹建工作。加强文化软硬件建设，启动区文化中心二期工程，加快“三庙一塔”景区保护与利用，推进东部运河文化带建设，继续高水平举办运河艺术节等品牌文化活动。加快区体育场改造和综合体育设施建设，开展运河绿道骑游周、万人徒步大会等群众性体育活动。

五是突出民生保障，狠抓城乡统筹发展。新增就业2万人，城镇登记失业率控制在3.5%以内。推进“新农合”向城乡居民基本医疗保险制度平稳过渡，开展异地医院划卡结算试点。确保区养老院建成投入使用，建设20个社区养老服务驿站。大力发展社区社会组织，建设社区综合服务平台，做强社区多元治理体系的支撑力量。多渠道征集群众意见建议，围绕“无物业小区”卫生整治、社区连锁果蔬店及便民店建设等实际问题开展为民办实事工程。强力稳定房地产市场，严格控制房价，提高保障性住房的使用效率和后期管理。继续加大对农村地区的政策倾斜和财政倾斜，深入推进新型城镇化综合试点，提升乡镇中心区带动农村地区发展、促进富余劳动力就业、保障群众生产生活的能力。加快集体经营性建设用地改革，激活农村资源、资产，扶持高端农业发展，促进农民持续增收。

六是突出系统集成，狠抓规划成果对接。加快完成规划编制后续工作及9个乡镇镇域规划。做好各专项规划与总规、各专项规划之间的相互对接，切实做到“多规合一”“多图合一”，提升规划的有机性和整体性。搭建北京城市副中心规划、建设、管理三位一体工作平台，实行“一张图管理”。建立城市空间发展精准决策模型，研究制定规划落实方案，进一步规范规划审批程序，增强规划的严肃性和约束管控力。

七是突出笃行求效，狠抓政府系统自身建设。深入贯彻落实党的十八届六中全会关于全面从严治党的各项要求，牢固树立“四个意识”，确保中央、北京市和区委的各项决策部署不折不扣地执行。紧密结合北京城市副中心建设，持续推进政府系统作风建设。不断加强法治政府建设和政府系统党风廉政建设，严格落实权力清单、责任清单，确保依法行政、廉洁从政。创新统筹调度机制，确保各项工程和重点任务高标准、高质量、高效率推进。深入落实“一会三函”等“放管服”改革，扎实推动行政体制改革综合试点，不断提高服务发展、服务大局的能力。

各位代表！建设北京城市副中心是千年大计、国家大事。通州发展已经站在新的历史起点上，时代赋予重托、奋斗创造未来。让我们紧密团结在以习近平同志为核心的党中央周围，在市委、市政府和区委的坚强领导下，万众一心、奋发图强，为开创北京城市副中心更加美好的明天而努力奋斗！

政府工作报告名词解释

1.四个城市：2016年5月27日中央政治局会议研究部署规划建设北京城市副中心和进一步推动京津冀协同发展有关工作，会议提出，要广泛应用世界先进节能环保技术、标准、材料、工艺，将北京城市副中心建成绿色城市、森林城市、海绵城市、智慧城市。

2.三个示范区：2016年5月27日中央政治局会议提出，要将北京城市副中心着力打造成为国际一流和谐宜居之都示范区、新型城镇化示范区、京津冀区域协同发展示范区。

3.三级平台、四级服务管理：是指网格化系统中区级、街乡镇级和社区级平台形成的区、街镇、社区、网格四个层面的服务管理体系。

4.一刻钟社区服务圈：是指社区居民从居住地出发步行一刻钟之内可享受到便捷的公共服务和基本的便民服务，我区在此项工作中，明确了包括日常购物、餐饮服务等在内的十大类社区服务。

5.“放管服”改革：是指简政放权、放管结合、优化服务协同推进。

6.一会三函：“一会”指市政府会议集体审议；“三函”指建设项目前期工作函、建设项目设计方案审查意见、施工登记意见书。

7.“两带、六片区”水环境综合治理工程：是指结合我区河流水系及镇域实际情况，将全区水环境治理工作划分为“两带、六片区”，实施综合治理工程。其中“两带”是指北运河生态带和潮白河生态带。“六片区”是指城北片区、两河片区、河西片区、台马片区、 牛片区和于永片区。

8.“三网、四带、多水面、多湿地”的水环境格局：“三网”是指城北、两河和城南水网；“四带”指北运河（温榆河）、潮白河、运潮减河、凉水河生态自然修复带；“多水面”指利用多个拦河闸形成水面；“多湿地”指建设延芳淀、凤港减河等多个湿地。

9.一城、二环、三片、多廊：是指通州区园林绿化工作的总体布局。其中“一城”是指构建副中心绿地系统，形成水城共融，城绿相融的空间格局；“二环”是指环城景观游憩带和环区生态休闲带；“三片”是指两河（北运河、潮白河）生态游憩区、中部生态走廊限建区、南部森林湿地休闲区；“多廊”是指沿交通干道及两侧绿化带形成的多条交通绿廊。

10.三级医疗卫生服务体系：是指以区域医疗中心和专科医院为龙头，以乡镇社区卫生服务中心为骨干，以社区卫生服务站和村卫生室为基础，以社会医疗机构为补充的三级医疗服务体系。

11.区级“十个一”、乡镇“三个一”民政设施体系：区级“十个一”是指区级养老机构、儿童福利机构、精神卫生服务中心、社区服务中心、救助站、救灾物资储备库、婚姻登记场所、烈士公祭场所、社会组织培育孵化场所、福彩工作站各1所。乡镇“三个一”是指乡镇（街道）社区服务中心、养老照料中心、慈善捐赠站各1所。

12.双师工程：是指在实体学校教育教学的基础上，通过互联网和数据系统为学生提供开放型在线辅导的教育计划。

政协北京市通州区第五届委员会常务委员会工作报告

——2016年12月21日在政协通州区第六届委员会第一次会议上

政协北京市通州区委员会主席　赵玉影

五年工作回顾

过去的五年，是在中共通州区委的领导下，各党派、各人民团体和各族各界人士齐心协力、团结奋斗的五年，是通州经济社会发展取得显著成绩、城市副中心建设迈开新步伐、人民群众获得感普遍增强的五年,也是区政协工作在继承中创新、在创新中发展的五年。五年来，区政协常委会认真贯彻中共十八大和十八届三中、四中、五中、六中全会精神和习近平总书记系列重要讲话精神，全面贯彻中共中央关于加强人民政协工作的部署和要求，高举爱国主义、社会主义旗帜，坚持团结和民主两大主题，坚持服务大局、服务社会、服务委员，广泛团结参加人民政协的各党派团体和各族各界人士，发挥政协优势推进协商民主，强化能力建设提高履职实效，为推进北京城市副中心建设和全区经济社会发展做出了新的贡献。

一、聚焦城市副中心建设，履职水平进一步提升

政治协商更加规范有序。常委会把协商民主建设作为推动政协工作的重要抓手，制定协商计划、创新协商载体、增加协商密度、提高协商实效，形成了以全体会议为龙头，以专题议政性常委会议、主席会议和专题协商会为重点，以对口协商、界别协商、提案办理协商为常态的协商议政格局。政协全会围绕区政府工作报告、“十三五”规划纲要、国民经济和社会发展计划报告、财政预算报告和法检两院工作报告等开展整体协商，常委会议和主席会议就城市副中心规划建设、创建全国文明城区、社会管理创新等重要决策和工作部署深入开展重点协商。以专委会为依托，以专题调研为基础，围绕高水平规划建设城市副中心、传承和发展“通州味”等举办30余次专题协商会。在各类协商活动中，委员们提出了大量具有前瞻性、建设性的意见、建议，受到区委、区政府领导和有关部门的高度重视，很多建议被采纳，政协的建言资政作用得到了发挥。

民主监督更加广泛深入。常委会议、主席会议就党风廉政建设、重大工程项目、生态环境治理等，有关专委会就产业园区发展、公共服务完善、城市建设管理等开展视察、座谈和情况通报活动，委员们建诤言、献良策，推动了相关工作改进和政策的落实。为提高民主监督组织化程度，在原有财政和法制民主监督组的基础上，新组建经济运行、城建环保、教育卫生、食品药品安全民主监督组。六个民主监督组通过听取情况通报、实地视察等形式，发挥了对重点领域、重点行业的民主监督作用。100多位担任区政府及职能部门特约监督员的委员，认真履行职责，主动开展工作，得到社会各界的充分

肯定。

参政议政更加务实有效。围绕城市副中心建设和人民群众普遍关注的热点难点问题，持续调研、接力建言。开展高标准规划建设城市副中心、智慧城市建设、城乡环境治理等专题调研，推动城市规划建设管理水平提升；开展产业园区转型升级、新型城镇化建设、数字音乐产业发展等专题调研，助推经济持续健康发展；开展社会组织建设、网格化管理、食品安全监管等专题调研，促进社会治理水平提高；开展社区居家养老服务体系建设、基层社区卫生服务、便民蔬菜市场建设等专题调研，着力促进民生改善；开展在城市副中心建设中传承和发展“通州味”、体现中华文化基因、打造文化高地等专题调研，推进具有深厚文化底蕴、鲜明通州特色、浓厚人文气息的人文之城建设。共形成调研报告23篇、常委会议和主席会议建议案13份。区委、区政府高度重视政协的调研报告和建议案，区委主要领导作出批示，要求有关部门认真研究和办理。区长办公会议专题研究政协常委会议和主席会议建议案，对建议案办理提出明确要求。有关部门认真办理，狠抓落实，政协调研报告和建议案所提建议被采纳运用。各界别组分别围绕国学教育、科技创新、建立和谐劳动关系等开展视察、调研、提案、座谈等活动，发挥了助推发展、促进和谐的作用。各乡镇地区委员活动组积极为地区经济社会发展献计出力，受到所在地区党委、政府的重视。

二、把握政协特点，统一战线组织作用得到有效发挥

团结合作、议政建言的平台作用更加凸显。坚持政协机关与民主党派、人民团体联系制度，通过党派团体提案、联合调研、专题协商会、社情民意恳谈会等形式，充分发挥民主党派、人民团体和无党派人士在推动经济社会发展中的积极作用。七个民主党派组织围绕城市副中心建设，针对历史文化传承、交通拥堵整治、优质医疗教育文化资源引进等问题，深入调查研究，积极建言献策，提出提案68件。坚持区委、区政府、区政协主要领导阅批民主党派、人民团体提案制度，并进行重点督办。坚持政协领导走访和联系委员制度，认真听取和反映各界委员的意见、建议，广泛凝聚共识、汇聚力量。

大团结、大联合组织作用得到充分发挥。发挥政协代表性强、联系面广、包容性大的优势，广泛团结各族各界各阶层人士，凝聚社会正能量，共同推动科学发展、促进社会和谐。密切与民族宗教界代表人士的联系，就宗教场所建设等问题开展调研，重点督办涉及民族宗教问题的提案，积极协调有关部门帮助信教群众解决实际困难和问题，促进民族团结、宗教和睦。开展“聚焦新城建设，助推通州发展”活动，广大委员在做好本职工作和认真履职的同时，积极参与社会公益活动，通过物资捐赠、知识讲座、扶贫济困、义诊服务、文化下乡等形式，为群众送上真情关爱，活跃了政协工作，彰显了委员风采，受到广大群众好评。

三、着力改革创新，经常性工作取得新进展

提案工作水平显著提升。共收到提案1049件，经审查立案991件。坚持和完善提案交流、培训制度和提案线索征集制度，使提案更加贴近民意，质量不断提高。坚持和完善重点提案督办制度，驻会主席通过召开协调会、座谈会、视察等形式，对加强“三庙一塔”景区规划建设、重视开发利用地热资源、加强网格化服务管理体系建设和编写传承“通州味”地方教材等26件重点提案进行督办，促使委员多次提出的一批难点提案得到较好落实。完善提案办理评价体系，推进提案办理民主协商。针对提高交通管理水平、加强污水治理、推进医养结合等39件群众普遍关注的提案创新开展“扩面协商”，为委员知情明政、协商议政搭建了新的平台，促进了提案质量和办理质量“双提高”。

社情民意反映渠道更加畅通。每年召开社情民意恳谈会，各民主党派、人民团体负责人和各界委员代表围绕城市副中心规划建设管理、产业转型升级、保障改善民生等问题向区委、区政府领导坦诚建言，积极献策，区委、区政府领导给予高度评价。成立重大民生项目建设民意关注组，引导广大委员关注城市副中心建设，通过个别走访和集体研究相结合的方式，及时了解和反映在棚户区改造等项目实施过程中群众普遍关注的问题，得到区委、区政府领导的高度重视。广大委员着眼大局、心系群众，反映社情民意的意识不断增强，信息的数量和质量有了很大提高。共提交社情民意信息1211篇，经整理向区委、区政府反映682篇，报市政协107篇，市区领导多次批示相关信息，推动了群众出行难、社区养老设施少等一批热点难点问题的有效解决，政协社情民意信息“直通车”作用得到进一步体现。

文史资料工作取得丰硕成果。发动全体委员和社会各界人士撰写文史资料，聘请44位文史特邀委员，成立由5位文史专家组成的评审委员会，积极做好文史资料征集抢救工作。大力推进文史资料数字化和数据库建设，拓展文史资料保存、查询、利用的新途径。征集“三亲”史料892篇，400万字，图片1800余张，丰富了通州区历史文献资料库。编辑出版《首都文史精萃 · 通州卷》《通州民俗》《千年古镇——漷县》《漕运古镇——张家湾》《京畿古镇——马驹桥》《检粹新华》等系列文史资料专辑，受到各级领导、专家和广大读者的充分肯定，发挥了文史资料“存史、资政、团结、育人”的作用。文史特邀委员们始终以不图名利、甘心奉献的精神，以严谨细致、严肃认真的态度，兢兢业业，笔耕不辍，在提供文史资料线索、撰写稿件、编辑校审等方面发挥了重要作用。

四、注重加强自身建设，政协工作不断开创新局面

履行职能制度化建设进一步加强。认真学习贯彻中共中央《关于加强社会主义协商民主建设的意见》《关于进一步加强政协协商民主建设的实施意见》等文件精神，认真贯彻落实北京市第四次政协工作会议和通州区第四次政协工作会议精神，进一步完善以政协章程为核心，覆盖会议组织、经常性工作、自身建设的制度体系，修订常委会、主席会议工作规则和关于评选表彰先进的办法、加强文史资料工作的意见，制定关于联系走访委员、加强调查研究、委员履职管理、委员学习培训等10余项制度，履行职能的制度化、规范化、程序化建设扎实推进。

委员队伍建设进一步加强。高度重视委员素质的提升，通过报告会、读书班、参观考察、订阅报刊等多种方式，对委员进行理想信念、经济社会形势及政协理论培训。开设政协委员知情明政大讲堂，邀请有关专家、领导和相关部门负责人，就通州区“十三五”规划、城市副中心规划建设、生态环境建设、市政交通等重要问题进行情况通报，帮助委员知“上情”、明“区情”。开展经常性的履职经验交流活动，激发委员履职热情，提高委员履职能力。组建政协委员羽毛球、乒乓球等活动小组，举办长走健身活动，促进委员的交流，增进委员的友谊，增强政协组织的活力和凝聚力。广大委员讲学习、讲大局、讲感情、讲纪律、讲奉献，切实发挥了在本职工作中的带头作用、政协工作中的主体作用、界别群众中的代表作用。

政协机关建设进一步加强。根据中共中央、北京市委和区委统一部署，扎实有序地开展了党的群众路线教育实践活动、“三严三实”专题教育和“两学一做”学习教育，政协党组认真落实党风廉政建设主体责任，机关制度不断完善，作风建设持续加强，干部队伍的素质和活力明显增强，工作效率和质量不断提升，为人民政协有效履行职能提供了有力保障。政协信息化建设进一步加强，密切同新闻媒体的联系，多视角宣传政协工作，全方位展示政协委员履职业绩和精神风貌，扩大了政协工作的社会影响。

五年来，区政协工作呈现出团结和谐、务实创新、蓬勃发展的良好局面，在城市副中心建设和通州经济社会发展中发挥了重要作用。这些成绩的取得，是中共通州区委正确领导，市政协有力指导，区人大、区政府大力支持的结果，是区政协各参加单位和全体委员忠实履职、团结奋斗的结果。在此，我代表区政协常委会向为政协工作付出智慧心血、做出无私贡献的各界委员，向所有关心、支持政协工作的各级领导、各界人士，表示崇高的敬意和衷心的感谢！

在肯定成绩的同时，我们也清醒地认识到，面对政协事业发展的新形势、新任务，对照高标准规划建设城市副中心的新要求，对照全体委员和广大群众对人民政协的新期待，我们的工作还存在差距和不足。主要表现在：在深入调查研究，提高协商质量上还有待加强；在健全民主监督机制，增强民主监督效果上还需进行有效探索；在加强委员履职服务，提高委员履职积极性和主动性上还有待改进；在密切政协委员和各界群众联系，发挥好政协组织凝聚人心、汇聚力量的作用上还要进行不懈努力。我们必须高度重视，采取有力措施，切实加以解决。

回顾和总结本届政协工作，我们深深地体会到：

*一是做好人民政协工作，必须毫不动摇地坚持中国共产党的领导。*中国共产党的领导是人民政协事业发展进步的根本保证。要更加坚定地维护以习近平同志为核心的党中央的权威，更加自觉地同以习近平同志为核心的党中央保持高度一致，坚决贯彻执行中央、市委和区委的各项决策部署，努力把党的指导思想和党的主张转化成为参加人民政协各党派团体和各族各界人士的思想政治共识，始终做到与区委决策部署思想同心、目标同向、行动同步。

*二是做好人民政协工作，必须准确把握人民政协性质定位。*准确把握人民政协的性质定位，是做好政协工作的关键所在。要准确把握人民政协作为爱国统一战线组织、多党合作和政治协商的重要机构、发扬社会主义民主的重要形式的性质定位，突出团结和民主两大主题，充分发挥代表性强、联系面广、包容性大的优势，广泛凝聚思想政治共识，筑牢团结奋斗的共同思想基础，汇聚起推进城市副中心建设的强大力量。

*三是做好人民政协工作，必须将协商民主贯穿履职全过程。*人民政协是社会主义协商民主的重要渠道和专门协商机构。要切实将协商理念寓于履行职能全过程、贯穿于开展工作各方面，营造协商民主的良好氛围，广泛听取各民主党派、人民团体和各族各界代表人士的意见，寻求全社会意愿和要求的最大公约数。

*四是做好人民政协工作，必须坚持围绕中心、服务大局。*围绕中心、服务大局是人民政协开展工作的基本原则。要始终坚持将政协工作置于改革发展全局中加以谋划，紧紧围绕区委、区政府中心工作履行职能，做到区委、区政府中心工作推进到哪里，政协的有力支持就跟进到哪里。要把推进城市副中心建设、推进重点领域改革、促进京津冀协同发展等重大问题作为履行职能的主攻方向，做到建言建在需要时，议政议到点子上，监督监在关键处，切实发挥好政协组织在服务改革发展、促进社会和谐中的重要作用。

*五是做好人民政协工作，必须坚持关注民生、服务社会。*维护好、实现好、发展好最广大人民群众的根本利益，是人民政协工作的出发点和落脚点。要坚持以人民为中心的发展思想，践行履职为民理念，把群众利益放在第一位置，把群众呼声作为第一信号，把群众满意作为第一追求。要认真了解、及时反映社情民意，着力推动社会热点问题解决、促进社会公平正义、增进人民群众福祉，让广大人民群众感到政协委员就在身边、人民政协离自己很近。

*六是做好人民政协工作，必须坚持委员的主体地位，服务委员。*委员是政协工作的主体，发挥好委员作用是人民政协强基固本之举。要尊重和支持委

员的知情权、参与权和平等话语权，鼓励和支持委员在政协各种会议和活动中畅所欲言、坦诚己见。要为委员履职搭建好平台，充分调动委员的积极性和创造性，打造团结之家、民主之家、和谐之家，努力让每位委员在政协干事有舞台、建言有渠道、工作有作为，愿进政协门、乐做政协人、爱干政协事，共同开创政协工作的新局面。

今后五年的工作建议

建设北京城市副中心是国家大事、千年大计，是以习近平同志为核心的党中央推动的国家战略的重要组成部分，是落实首都城市战略新定位的历史性工程，是通州跨越式发展的重大历史机遇。中共中央对城市副中心建设提出了非常高的要求。“5·27”中央政治局会议强调，要遵循城市发展规律，牢固树立并贯彻落实创新、协调、绿色、开放、共享的发展理念，坚持世界眼光、国际标准、中国特色、高点定位，以创造历史、追求艺术的精神进行北京城市副中心的规划设计建设，构建蓝绿交织、清新明亮、水城共融、多组团集约紧凑发展的生态城市布局，着力打造国际一流和谐宜居之都示范区、新型城镇化示范区、京津冀区域协同发展示范区。刚刚闭幕的中共通州区第六次代表大会认真贯彻中共中央和北京市委的要求，提出今后五年要努力实现综合经济实力新跨越、城市建设管理水平取得重大突破、生态环境水平显著改善、文化软实力大幅提升、人民群众生活更加幸福的发展目标，描绘了通州美好的发展愿景。未来的通州将是一座象征北京新阶段科学发展、承载人民梦想的“活力之城、生态之城、智慧之城、人文之城、幸福之城”。紧抓机遇，趁势而上，不辱使命，主动作为，为全面建设北京城市副中心而努力奋斗，这是中共通州区委对全区工作提出的总要求，也是政协工作必须紧紧把握的大局。

新一届政协要全面学习贯彻中共十八大以来各项决策部署和中共十九大精神，学习贯彻习近平总书记系列重要讲话特别是视察北京重要讲话精神，牢固树立和贯彻落实创新、协调、绿色、开放、共享的发展理念，紧紧围绕建设北京城市副中心的目标，紧紧围绕中共通州区第六次代表大会提出的工作任务，坚持团结和民主两大主题，服务大局、服务社会、服务委员，积极履行政治协商、民主监督、参政议政职能，切实发挥好协调关系、汇聚力量、建言献策、服务大局的重要作用，努力开创政协工作的新局面，为全面建设北京城市副中心贡献力量。

一、认真履行政协职能，为全面推进城市副中心建设建言献策

聚焦城市副中心规划建设，积极开展政治协商。搭建好机制化、常态化的协商参与平台，坚持和完善全体会议、常委会议、主席会议、专题协商会制度，积极开展对口协商、界别协商、提案办理协商，探索网络议政等新形式，使民主协商更加广泛多层地展开、更为灵活经常地进行。针对按照国际一流标准规划建设城市基础设施和公共服务配套设施，建设绿色低碳、宜业宜居的生态示范城市，推进文化融合、不断提升城市文化软实力等重要问题，广纳群言、广谋良策、广聚共识，为区委、区政府科学决策提供有力支持。坚持协商于民、协商为民、协商利民，充分发挥政协委员联系群众、团结各界的重要作用，创新政协界别工作和群众工作，提高联系群众能力，使协商更好地反映各界群众意见和诉求，使党和政府的决策更符合群众愿望并为群众所理解。要把调查研究作为协商的重要基础和前提，力求靠事实说话，靠数据说话，使对策建议更加符合实情、体现民意，促进党政决策的科学化、民主化。

完善民主监督机制，增强民主监督实效。适应城市副中心建设和政协事业发展需要，进一步完善民主监督的组织领导、权益保障、知情反馈、沟通协调机制，提高民主监督的质量和成效。针对落实

承接疏解双重责任、推进产城融合、职住平衡，保障和改善民生、提高人民生活水平，创建全国文明城区等重要问题，以会议、调研、视察、提案、信息、民主监督组、特约监督等为载体，加大民主监督力度，促进国家宪法、法律和法规的实施，推动党和政府重大决策部署的贯彻落实。

高度关注发展短板，广泛开展参政议政。围绕建设“活力之城、生态之城、智慧之城、人文之城、幸福之城”，充分发挥政协优势，开展“凝心聚力、助推北京城市副中心建设”主题实践活动，积极为通州经济社会发展贡献力量。突出问题导向，聚焦发展短板，抓住全面深化改革创新、探索人口经济密集地区开发建设新模式，推动京津冀区域协同发展，建设绿色城市、森林城市、海绵城市、智慧城市等重要问题，深入开展专题调研，通过调研报告、建议案等形式，建睿智之言，献务实之策。

二、坚持团结和民主两大主题，为城市副中心建设广泛凝聚力量

发挥好多党合作的重要机构作用。认真贯彻“长期共存、互相监督、肝胆相照、荣辱与共”的方针，完善工作机制，为民主党派、人民团体和无党派人士履行职能搭建平台、创造条件，同心协力促进改革发展。鼓励和支持民主党派、人民团体和无党派人士围绕推动科学发展、全面深化改革中的重大问题和群众最为关切的问题，深入开展调查研究，进行协商讨论，努力为城市副中心建设出实招、谋良策。重视民主党派、人民团体提出的提案和反映的社情民意信息，并进行重点督办。建立完善反映社情民意常态化机制，多种形式加大社情民意恳谈会密度，为区委、区政府更深入地了解社情民意、进行科学决策提供参考。调动一切积极因素，凝聚一切积极力量，为全面推进城市副中心建设提供最广泛的力量支持。

发挥好联系各界的桥梁纽带作用。人民政协是党和政府联系群众、团结各界的重要桥梁和纽带。通过组织委员集体学习、视察调研、讨论交流等途径，寻求最大公约数，凝聚改革共识，汇聚发展正能量，团结各族各界各阶层人士共同致力于城市副中心建设。全面贯彻党的民族政策和宗教政策，充分发挥民族宗教界委员的作用，促进民族团结、宗教和睦、社会和谐。坚持政协领导走访委员制度，了解委员工作生活情况，听取委员及其所在单位领导的意见和建议，为委员履行职责创造良好条件。完善政协委员联系群众制度，切实增强群众观念和服务意识，深入基层群众之中，多做雪中送炭、扶贫济困的工作，多做春风化雨、解疑释惑的工作，自觉做党的政策宣传者、群众利益维护者、社会和谐促进者，为城市副中心建设更广泛地凝聚智慧、汇聚力量。

三、切实做好经常性工作，为提高政协履职水平夯实基础

不断提高提案工作质量。加强委员培训工作，引导各界委员紧紧围绕新型城镇化建设、打造高精尖产业结构、建设现代化的综合市政设施等城市副中心建设中的重要问题，以及提升教育质量和医疗服务水平、提升生态环境质量、建设现代交通体系等群众普遍关注的问题，深入调查研究，努力提高提案质量。坚持和完善提案“扩面协商”制度，有序扩大提案协商范围，稳步提高委员参与率，推进提案办理民主协商。完善主席会集体督办，主席、副主席重点督办，专委会专题督办机制，推动提案落实。探索建立提案办理结果有序公开制度，主动接受群众的监督，扩大政协提案的社会影响。

健全社情民意信息工作机制。高度关注挖掘和保护历史文化，构建精细化、智能化的城市治理体系等城市副中心建设中的重要问题，以及完善促进就业创业的政策体系、构建特色养老服务体系、提高人民群众生活质量等民生问题，加强对前瞻性意见和预警性情况的反映。健全信息网络，畅通信息渠道，提高社情民意信息报送的针对性、时效性。

强化政协信息的党派特色、界别特色，及时反映政协调研和协商成果，更好发挥民意汇集和决策参考作用。

推动文史资料工作创新发展。加大文史资料征集力度，广泛动员政协委员和社会各界积极搜集、撰写文史资料。加强文史队伍建设，严把“政治关、史实关、文字关”，继续编辑出版《文化通州》系列丛书，推进文史资料工作的网络化、数字化建设，加强文史资料成果的宣传和运用，深入挖掘运河历史文化资源，大力传承和弘扬中华优秀传统文化，推动运河文化带和人文之城建设。

提高政协宣传工作水平。积极应用现代信息技术手段，密切同新闻媒体的协作，广泛宣传中国共产党领导的多党合作和政治协商制度，宣传人民政协履行职能的成果，宣传广大委员认真履职的先进事迹，营造政协事业发展的良好环境。

四、切实加强自身建设，为政协事业发展提供有力保障

发挥委员主体作用。按照懂政协、会协商、善议政的要求，完善学习制度，丰富学习内容，举办知情明政大讲堂、委员培训班、常委读书班等，帮助委员知情明政，提高议政建言能力。完善联系委员工作制度，发挥政协参加单位、专委会、界别、政协机关联络服务委员的作用。健全委员履职档案，完善委员履职评价机制，激发委员履职热情，提高委员参政议政积极性。广大委员要珍惜荣誉，增强委员意识，锤炼道德品行，改进工作作风，自觉树立和维护政协委员良好形象。

发挥专委会基础作用。积极探索专委会工作的新思路新方式，充分发挥政协的界别特点和委员的专业优势，为城市副中心建设献计出力。完善专委会联系和服务界别的工作机制，加强对界别工作的组织协调和指导，为发挥界别作用提供支持和保障。加强与政府对口部门的联系，通过沟通情况、走访座谈、联合调研等形式，不断增进共识，促进相关工作。加强与市政协各专委会的联系，汇聚首都相关领域专家学者的智慧，共同推动城市副中心建设。

发挥政协机关服务保障作用。以学习贯彻中共十八届六中全会精神作为重要契机和强大动力，全面推进政协机关作风建设。组织干部职工加强政治理论和业务知识学习，牢固树立政治意识、大局意识、核心意识、看齐意识，不断增强政务性服务能力和统筹协调能力。推进机关工作制度化、规范化、程序化建设，为政协委员履职提供优质服务，切实使政协成为团结和谐的大家庭、互相学习的大学校、参政议政的大舞台。

各位委员，建设北京城市副中心目标宏伟而壮丽，我们的使命艰巨而光荣，我们正站在新的历史起点上，携手创造更加幸福美好的未来。让我们紧密团结在以习近平同志为核心的党中央周围，在中共通州区委正确领导下，同心同德、锐意进取、求真务实，奋力谱写人民政协事业发展新篇章，为全面建设北京城市副中心做出新的更大的贡献！

关于通州区2016年国民经济和社会发展计划执行情况与2017年国民经济和社会发展计划草案的报告

——2016年12月22日在通州区第六届人民代表大会第一次会议上

通州区发展和改革委员会主任 甄 宇

2016年国民经济和社会发展计划执行情况

2016年，是“十三五”规划的开局之年，也是北京城市副中心建设的起步之年。面对错综复杂的宏观形势和极为艰巨的工作任务，在区委的正确领导下，在区人大、区政协的监督和支持下，全区上下深入学习领会、贯彻落实中央政治局会议精神和市委有关精神，以五大发展理念为统领，紧紧围绕北京城市副中心建设，抢抓机遇，真抓实干，强基础、补短板、促转型、谋发展、优环境，预计能够圆满完成区五届人大六次会议批准的年度计划，实现北京城市副中心建设和“十三五”规划的良好开局。

预计地区生产总值达到643亿元，同比增长8%。全社会固定资产投资额达到920.9亿元，同比增长15%。社会消费品零售额达到382.2亿元，同比增长7.5%。一般公共预算收入达到76.3亿元，同比增长7.8%。城乡居民人均可支配收入分别达到40992.7元和23487.9元，同比分别增长9%和8.5%。全年各项重点任务完成情况如下：

一、着力开创北京城市副中心发展新路径，创新发展实现新突破

发展动力加速转换。第三产业动力支撑作用凸显，（1–9月）第三产业增加值同比增长14%，占比达55.1%，较上年末提高5个百分点，对经济增长的贡献率达95.6%。投资增长主力由房地产投资转换为重点区域和重点领域投资，（1–11月）房地产投资同比下降39.2%，占比从上年同期的76%下降至36.3%；潞城棚户区改造、文化旅游区两区域实现投资[①]占总投资的35%，共同拉动投资增长44.5个百分点；基础设施投资同比增长176.3%，拉动投资增长16.5个百分点。税收收入成为拉动一般公共预算收入增长的主要力量，（1–11月）国地两税实现收入63.6亿元[②]，占一般公共预算收入的86.8%，较上年同期提高2.6个百分点，拉动收入增长9.9个百分点。科技支撑不断提升，高新技术产业加快成长，全区国家高新技术企业达409家，同比增加67家。加快打造“双创”新引擎，全面启动国家知识产权试点区建设，（1–9月）累计申请国内专利4507件、专利授权2519件，同比分别增长61.4%和89.5%；奖励和资助科技创新人才项目105项，2家

① 潞城棚户区改造、文化旅游区分别实现投资166.9亿元、133.5亿元，分别占全区投资总量的19.4%和15.6%，分别拉动投资增长24.7和19.8个百分点。

② 国税完成24.7亿元，同比增长79.9%；地税完成38.9亿元，同比增长–9.9%。

众创空间[3]获北京市众创空间资质认定。

发展空间加快拓展。重点功能区建设加速，潞城棚户区改造二期20天内实现签约率100%，安置房选房100%，行政办公区进入地上结构施工阶段；商务中心区市政综合配套服务中心、真空垃圾系统、北关大道跨通惠河桥等一批重大基础设施完工，京杭广场、绿地等商务楼宇竣工；文化旅游区4平方公里核心区域土地完成供地，环球主题公园项目进入全面建设阶段，综合管廊设计方案获市级批复；环渤海高端总部基地、宋庄文化创意产业集聚区各项工作加快推进。非首都功能疏解成效突出，发展新空间不断释放，截至11月底，拆除违法建设505处、419.5万平方米，实现1997家工业企业停产，关停取缔无证照经营3229户、生产加工类无证照经营1224户，疏解及升级改造市场34家；八里桥市场搬迁改造一期完成拆迁，疏解商户1166户、腾退土地515亩；结合功能疏解，疏解流动人口6万人，流动人口规模较年初下降8.1%。

改革创新加快突破。创新工作模式，全面开展人口、产业、房屋、车辆、土地五大基础数据清查，为北京城市副中心规划、建设、管理提供有力数据支撑。行政审批制度改革取得重大进展，《关于北京市开展公共服务类建设项目投资审批改革试点》获国务院批复，在试点领域全面推行“一会三函”办理流程，90个项目取得前期工作函，极大缩短了项目审批流程；投融资改革进一步深化，推进政府投资项目代建制，成立区投资代建服务中心，建立代建项目库；破解资金难题，制定出台《通州区公共服务领域推广政府和社会资本合作（PPP）模式的实施意见》，组建PPP项目库，征集重大项目33个，拟引入社会资本200亿元。开展城市综合管理改革研究，将世界眼光、国际标准、中国特色、高点定位新要求融入规划、建设、管理全链条，提出以人为本、和谐包容、智慧精细、依法治区的城市管理理念、分区分类的城市管理模式、体制机制改革建议，以及一批成体系、有重点的城市管理软项目。精准调控政策及时实施，出台户籍人口8项临时性限控措施，在全市最严的住宅限购政策基础上，出台对商务型公寓和商业、办公项目的限购政策。国资国企改革持续深化，形成《关于全面深化国资国企改革的意见》和15个分项实施意见。

二、大力促进城乡均衡融合发展，协调发展取得新进展

城乡基础设施建设加快。交通体系不断完善，加快对外联络通道建设，广渠路通车，壁富路（北段）实现开工；不断加密内部路网，潞苑中路、潞邑西路等开工建设，完成5条街巷改造和5条微循环改造；着力解决交通堵点和停车紧张问题，果园环岛改造加快推进，两处垂直循环立体车库投入运行，利用人防工程增加车位4287个；绿色出行更加便利，公共租赁自行车达2万辆，454个租赁站点全部实现APP 扫码租还车。市政基础设施全方位推进，南水北调通州水厂一期试水运行；启动运河220千伏变电站及“煤改电”配套“1+4”变电站建设；城西五号燃煤锅炉房清洁能源改造、城区13座下凹式立交桥雨水泵站改造完工；地下管线及城市部件数字化档案系统二期平台建成使用。镇村配套设施同步加快，马驹桥新凤河跨河桥竣工通车，小路、太平西二路、110千伏望君疃变电站、北神树变电站等加快推进，于家务再生水厂、漷县消防站完工。

城乡经济繁荣互促。高端要素加速积聚，北京罗克佳华信息技术有限公司总部、步长集团医药研究院正式落户。金融业发展势头强劲，全区金融机构达22家，华夏保险总部落户，（1—9月）金融业完成增加值25.5亿元，同比增长9.1%，高于地区生产总值平均增速；（1—11月）实现税收4.9亿元，同比增长19.9%，增速居主要行业之首。科技农业和观光休闲农业发展加快，中国农科院、农业部规划设计院等4家院所在国际种业科技园建立创新示范基地；（1—9月）观光休闲农业接待人次104.6万人，实现

③ 分别是英特华云全境电商、方和正园众创空间。

收入2亿元，同比分别增长81.1%和25.6%。乡镇经济保持较快增长，（1—11月）11个乡镇实现投资826.5亿元，同比增长30.5%，高于全区平均增速3.3个百分点；实现税收183.6亿元，同比增长17.5%，永乐店、潞城、于家务、西集四个乡镇增速均在40%以上。园区在转型中谋求更快发展，光机电天使街项目投入运营，物流基地口岸项目开工建设，金桥基地加快打造产城融合示范区。

新型城镇化深入推进。成立区新型城镇化综合试点工作领导小组，制定完成《通州区国家新型城镇化综合试点实施方案》，初步建立农业转移人口市民化成本分担机制、多元化可持续的城镇化投融资体制等，初步形成以棚户区改造为抓手的潞城模式、以集体经营性建设用地整治为抓手的台湖模式和以农村集体建设用地整治为抓手的于家务模式；借力社会资本，与招商局集团共同开发台湖镇项目。扎实推进美丽乡村建设，对11项农村基础设施建立“六有”管护机制，完成20个村庄的绿化美化改造，建成绿色村庄85个、美丽乡村104个。

三、力度空前推进生态环境建设，绿色发展取得新成效

污染防治成效显著。大气污染治理全面发力，全区燃煤锅炉全部拆除完毕；完成138个村、4.7万户的煤改电；淘汰老旧机动车17705辆，达总任务目标的170%；加强工地精细化管理，绿色规模工地达标率100%，全区细颗粒物（$PM_{2.5}$）浓度改善率居全市前列。水污染防治再添新举措，在全市首建水环境乡镇跨界断面补偿办法，严格落实属地责任；制定印发《通州区“河长制”实施意见》，实现区级、乡镇（街道）级、村级“河长制”全覆盖；新建一批城乡污水处理设施，处理规模新增17.2万吨/日；建成区19条段黑臭水体基本消除。环境脏乱治理持续加力，成立京环公司，逐步构建起道路清扫、垃圾收运等全覆盖一体化的大环卫综合服务体系；建立环境“脏乱差”问题曝光机制，完成846 处环境脏乱点整治。

生态建设步伐加快。一批水环境工程加快推进，张家湾再生水厂、河东污泥处置厂、第三、四阶段中小河道治理等完工，六片区水环境治理PPP项目完成签约；被确定为全国第二批海绵城市建设试点，工程获批复，专项规划启动修编。园林绿化稳步推进，在高标准完成19.3万亩平原造林基础上，又启动实施绿化建设6.5万亩，全区森林覆盖率达到29.3%；加速推进一批园林绿化工程，通燕高速、六环西辅路、新华大街等景观通道，减河公园、西海子公园等城市公园以及环城、环区、东南郊湿地等大尺度森林湿地工程开工建设。

节能降耗效果凸显。节能宣传持续深入，开展专题培训、展览展示、知识竞赛等多种形式的宣传活动，全民参与氛围日益浓厚，节能意识深入人心。清洁能源广泛应用，基本构建了以电力、天然气为主，新能源及可再生能源为辅的能源保障体系，优质清洁能源消费比重达72%。高耗能企业加快淘汰，（1—11月）全区规模以上六大高耗能行业产值同比下降13%。以较低的能耗增长支撑了较快的经济社会发展，（1—9月）全区万元地区生产总值能耗同比下降6.6%，全社会能源消费总量225.3万吨标煤，同比仅增1.8%。

四、加快推进京津冀协同发展和对外交流合作，开放发展迈出新步伐

京津冀协同多领域拓展。交通联络日益完善，京秦高速（北京段）、京唐城际铁路开工建设，觅西路道路工程获得批复。生态共治加快推进，与廊坊市联合编制《潮白河（通州—廊坊段）水体达标方案》，协同治理水环境。产业协同持续深化，与周边六区市签署《服务京津冀协同发展合作协议》，搭建联席会平台，构建企业外迁“绿色通道”，与河北、天津等110多个县市和开发区进行产业对接，与河北邢台等共建合作产业园进展加快。人才交流率先突破，牵头推进“京津冀人力资源服务产业园区”建设，启动“通武廊”人才一体化示范区建设，签订《“通武廊”人才合作框架协议》。文化合作日益紧密，建立“京津冀图书馆区域联盟”，开展京津冀运河沿线城市文化交流季、

京津冀非物质文化遗产展览等多项活动。

对外交流合作多方位开展。坚持世界眼光、国际标准、中国特色、高点定位，汇集国内外一流团队编制总体规划，委托30个国内外优秀技术团队，开展总体规划、17个专项规划和15个专题研究编制；邀请来自9个国家和地区的12个联合体开展155平方公里总体城市设计和6处重点地区详细城市设计。聘请国际知名专家团队把脉交通建设，开展北京城市副中心交通规划国际专家研讨，来自德、美、英、法四国的知名专家深入实地踏勘，形成高标准的北京城市副中心综合交通咨询成果报告。与高校合作深入开展，与中央美术学院等三所高校的“高精尖”创新中心④签订全面合作协议，在城市规划设计、园林绿化等方面提供高水平支撑。教育国际交流日益广泛，与加拿大高贵林市签订友好学校合作意向书，在基础教育领域开展多方面合作。外贸经济形势向好，实际利用外资3.6亿美元，同比增长18%，较上年提高18个百分点；（1–10月）进出口总额20.1亿美元，同比增长19.1%。

五、全面保障人民生活福祉，共享发展实现新提升公共服务加快向优质化迈进。

教育教学水平进一步提高，人大附中、北理工附中等4所学校通州校区正式挂牌，实现一体化管理并面向全市招生，运河中学南校区等竣工投入使用，北京五中通州校区加快建设。医疗卫生事业全面推进，4个区域医疗中心加快建设，潞河医院门诊综合楼全面投入使用，东直门医院形成“两院合一、主体东迁”战略思路，引进安贞医院、首儿所等优质资源项目，达成落户意向，妇幼保健院、公共卫生服务中心加紧办理前期手续。文化体育事业快速发展，国家大剧院舞美基地完工，区博物馆对外开放，区体育场改造、区文化中心二期、瓮城博物馆等加快推进前期工作，全面启动首都公共文化服务示范区创建和东部运河文化带研究，成功举办2016中国艺术品产业博览会。

民生保障水平进一步提高。着力促进就业，截止11月底，实现城乡劳动力就业21002人，困难劳动力就业率达80.2%，居全市前列，城镇登记失业率控制在2.3%以内。社会保障水平不断提高，稳步推进扩面征缴，（1–11月）城镇五险参保单位和参保人数同比分别增长20.9%和4.9%，为9个乡镇133个村的19337名征地转非人员趸缴与补缴社会保险27.59亿元；再次上调企业退休人员基本养老金、城乡居民基础养老金和福利养老金3项待遇标准，增幅均在8.5%以上。社会救助水平不断提高，医疗、住房、教育等专项救助标准均较市级水平有大幅提升，最低生活保障救助标准由每月710元提高至800元。住房保障进一步加强，全年建成保障性住房（含自住型商品住房）7920套（户）。加快推进老旧小区综合整治，制定印发《通州区老旧小区准物业管理工作指导意见（试行）》，着力解决老旧小区无物业或物业管理不到位问题；完成50个老旧小区提升改造、9个小区老旧供热管网改造和9个集中供气小区天然气置换。

社会治理能力加快提升。网格化体系进一步完善，网格平台共接收有效事件18.7万件，结案17.6万件；建成城市管理网、社会服务管理网、社会治安网“三网融合应用一体化平台”。社会组织建设取得有效进展，成立区级社会组织培育（孵化）中心并投入运营，基本形成区、街（乡镇）、社区三级社会组织孵化网络体系。城乡社区建设进一步加强，第十届村委会换届选举圆满完成，创建30个精品楼门文化社区。志愿者服务队伍逐渐壮大，社区志愿服务站累计招募志愿者1.6万余人，组成志愿服务队431支。民主法治和全民德治建设进一步推进，法治建设水平不断提高，全国文明城区创建持续深入。社会形势和谐稳定，食品药品抽检合格率分别为98%、99%，安全生产和社会治安形势基本

④ 分别是中央美术学院“视觉艺术高精尖创新中心”、北京建筑大学“未来城市设计高精尖创新中心”和北京林业大学“林木分子设计育种高精尖创新中心”。

稳定。

同时，妇女儿童、档案、宗教、侨务、双拥、防灾减灾等各项事业积极推进。

各位代表，今年是“十二五”与“十三五”承上启下的关键一年，我们取得了令人振奋的成绩，创新、协调、绿色、开放、共享的发展理念得到深入贯彻和落实，经济运行快于全市、结构向好，重点任务深入推进、力度空前，社会民生持续改善、显著增强，这是区委科学决策、精心领导和区人大、区政协监督支持的结果，也是全区人民奋力拼搏、攻坚克难、开拓创新的结果。

在肯定成绩的同时，我们也清醒地看到，在经济社会发展中，还面临着一些困难和问题。一是调整转型难题仍待破解，存量资源亟待转型，高端增量较为匮乏，大规模疏解后的产业接续还未实现，经济发展支撑力量不足、基础不牢，北京城市副中心建设所需的自身“造血”功能还需加快完善。二是城市管理现代化水平亟需加快提升，交通拥堵、环境污染等问题仍然存在，管理的精细化程度还显不足，与北京城市副中心要求相适应的现代化城市管理体系亟需加快建立，智慧城市的建设步伐也亟需加快。三是诸多瓶颈制约仍待突破，北京城市副中心建设要求之高前所未有，但我区实现跨越式发展还面临着建设标准、资金平衡、土地利用、人才保障等各领域多方面的制掣，还需下更大气力改革创新加以突破。四是社会结构和风险呈现复杂多元趋势，大量农村人口迅速城市化，大量高端人群加速聚集，不同人群生产生活方式不同，发展诉求也不同，人口结构的多元化带来社会结构的复杂化，进而加大了不同性质社会矛盾产生的风险，为此，不同人群的融合发展更加迫切，如何处理和满足不同人群的发展需求问题需要高度关注。

2017 年国民经济和社会发展主要目标

2017年，是北京城市副中心建设的一个关键时间节点，市属行政事业单位要部分迁入，我们要向市委市政府交上北京城市副中心建设的阶段性答卷。从宏观形势看，世界经济深度调整、复苏乏力，不确定性还在加剧；国内经济中长期积累的矛盾和风险进一步显现，经济增速换挡、结构调整阵痛、新旧动能转换相互交织，外需对增长的拉动减弱，民间投资和制造业投资乏力，下行压力还在持续；北京市随着非首都功能疏解力度加大、供给侧结构性改革深入推进，稳增长、调结构的压力也在加大。我区在这样较为严峻的宏观形势下，还面临着各项更加艰巨和紧迫的工作任务。为此，我们要勇于克服困难、敢于迎接挑战，以创新的思维、扎实的举措、深入的作风，全面推进经济社会发展跃上新台阶、北京城市副中心建设取得新胜利。

2017年国民经济和社会发展计划安排思路是：更加主动融入京津冀协同发展大局，深入贯彻落实中央、市委市政府关于规划建设北京城市副中心的系列重大决策部署精神，着眼于最先进的理念、最高的标准、最好的质量，以改革创新为强大动力，聚焦国际一流和谐宜居之都示范区、新型城镇化示范区、京津冀区域协同发展示范区建设，狠抓基础设施建设，促进承载力提升；狠抓生态建设，促进环境质量改善；狠抓公共服务，促进功能完善；狠抓结构调整，促进资源优化配置；狠抓改革攻坚，促进难题破解，实现北京城市副中心建设整体跨越式提升。

按照上述思路，充分考虑宏观经济下行、北京市稳中趋缓及我区攻坚爬坡的实际，并与“十三五”规划相衔接，建议主要指标安排如下：

——地区生产总值比上年增长7%左右；

——一般公共预算收入与上年持平；

——全社会固定资产投资额比上年增长12%左右；

——社会消费品零售额比上年增长7%左右；

——城乡居民人均可支配收入比上年增长8%左右；

——万元地区生产总值能耗、大气污染物和水污染物排放完成市下达任务。

实现2017年国民经济和社会发展计划的主要措施

北京城市副中心建设是中央的重大战略部署，是国家大事、千年大计，中央高度关注，全市空前聚焦，这是我区的重大历史机遇，也是我区面临的最大的形势。2017年，要站在新的历史高点，紧抓大势，着眼大事，重点做好以下工作：

一、乘势而上，统筹推进配套设施建设，竭力提升综合承载能力

加快打造便捷高效的交通体系。谋划交通总体布局，加快编制完成北京城市副中心交通规划方案。推进一批道路设施建设，提升对外联络和辐射能力，实现广渠路东延二期、平谷线等开工建设，加快推进京秦高速（北京段）、八通线南延等建设；提升内部路网密度，启动九德路二期、张采路宋庄段等道路工程，实施6条微循环道路建设、5条街巷改造和8个重点交通堵点改造。大力倡导绿色出行，新增1万辆公共租赁自行车；推进市区公交资源优化整合，开通广渠路快速公交。千方百计缓解停车压力，充分开发利用地下停车场，推广建设地上停车楼。提升交通科学管理水平，改造提升一批交通信号设施，提升道路通行质量和效率。

加快完善市政保障体系。进一步提升供水保障，实现南水北调通州水厂二期、城区供水管网等开工建设。大幅度提升电力保障，提速配套电网建设，全力加快行政办公区“1+3”变电站、“煤改电”配套“1+4”变电站等16项输变电工程；加快充电设施建设，全力打造城市副中心“2公里充电圈”。全面提升燃气和供热保障，大力发展公共服务设施用气；整合供暖资源，实现城区各分片供14暖区域互联互保，推进河东5号调峰热源厂建设。加快完善垃圾处理体系，确保有机质资源生态处理站、再生能源发电厂投入运行。加快信息基础设施建设，加快制定智慧城市规划，开展地下管线及城市部件数字化档案系统三期工程，实现地下管线及城市部件数据全域覆盖。

提速重点功能区建设。全力确保行政办公区建设进度，确保年底前部分市级行政机关的挂牌迁入。商务中心区要加快推进能源中心、220千伏变电站建设，开工建设燃气热电联供等工程，确保运河国际商务区等楼宇竣工，实现远洋新光等开工建设。文化旅游区要实现15条道路、14.3公里综合管廊、21.3公里配水管线、11栋项目内安置房开工建设。环渤海高端总部基地要加快推进土地一级开发和基础设施配套建设，实现国家车联网产业基地项目开工建设。宋庄文化创意产业集聚区要争取一期剩余地块入市交易，力促中国艺术品交易中心开工。

二、应势而动，统筹推进绿色城市、海绵城市、森林城市建设，全力提升生态环境品质

下更大气力狠抓大气治理。深化“能源清洁化”战略，全面完成燃煤污染治理，实施104个村煤改电和105个村煤改气，确保年内建成无煤区。强化机动车排放监管，探索实施六环路等重点区域大货车限行，加快城市道路机动车排放固定遥感设施建设，有效降低机动车尾气排放。保持环保执法高压态势，进一步强化日常环境执法和专项执法检查，严惩“三烧、三尘”等各类环境违法行为。确保大气质量进一步改善，细颗粒物（$PM_{2.5}$）浓度下降到65微克/立方米。

全面推进水环境改善。加快实施一批水环境治理项目，开工建设城北水网、两河水网、延芳淀湿地等工程；完成北运河、凉水河等34条段黑臭水体治理，确保一批河道基本还清，部分重点河道水质主要指标达到地表水Ⅳ类标准。进一步提高污水处理能力，加快推进乡镇再生水厂和农村污水处理设施建设，实现城区污水处理率95%以上、农村地区50%以上。加快推进海绵城市试点建设，完成相关规划编制，逐步改造原有道路、公园等，加快实现留住84%雨水的目标。深入落实“河长制”，按照“一河一长、条块结合、属地管理”原则，将河道、沟渠管护责任落实到位。

加快打造大尺度园林绿化景观。加快提升重点道路景观品质，高标准建设门户景观，实施广渠路、六环路、京哈高速、朝阳北路等一批道路的绿化景观提升，打造靓丽风景线。打造一批公园绿地景观，实施八里桥公园、云景公园、梨园城市森林公园等工程。加快打造大尺度生态景观带，加快完善环城生态景观带、环区界生态过渡带。大规模构建森林湿地景观，启动300余公里重要生态游憩带建设，实施潮白河森林生态景观带、马驹桥湿地、凉水河湿地等7个森林湿地项目，打造集中连片的湿地群。

三、顺势而为，统筹推进疏解与集聚双重任务，奋力提升产业支撑能力

打好非首都功能疏解攻坚战。完成工业企业疏解任务，清退全区范围内全部“散乱污”企业，全面完成工业大院、低端种养殖小区内企业的调整和退出任务。推进商市场改造，实现八里桥市场异地开工建设，完成京东运乔建材城升级改造、西联石材市场退出，关停一批低端小型市场，坚决取缔无证无照经营并防止反弹。加大力度拆除违法建设，基本拆除155平方公里范围内违法建设，确保新增违法用地和违法建设动态清零。加快园区转型升级，细化园区发展定位，研究制定转型升级引导政策，加快存量企业升级改造。

高点定位引进高端要素。推进高端商务要素集聚，依托商务中心区楼宇资源，严把项目招商关，避免中低端服务业云集，深化与全球著名投资咨询机构合作，开展精准招商，加大力度引进一批具有国际影响力的高端商务、金融、专业机构、总部型企业；积极主动对接市级相关部门，争取国家级战略项目、市级优质资源向我区布局，促成农行北京分行、国开行北京分行等有意入驻的银行机构签约、落地。做大做强文化旅游产业，加快推进环球主题公园建设，吸引上下游产业在周边地区集聚，打造完整产业链条；耦合环球产业，串联发展运河文化产业，塑造区域文化旅游品牌。推动高端创新创业要素汇集，强化市区协同，进一步挖掘首都科技资源，促进技术、人才、资本、成果、服务等资源汇集，加快实现科技创新与经济社会发展深度融合。

四、借势而起，统筹推进城乡一体化发展，大力提升发展的整体性

加快完善镇村配套设施。加大镇村路网建设，坚持新建与提级改造并重，加快推进觅子店组团路网、铺西路、杜望路等建设，开工建设孔兴路、通台路等，全面推进镇村级道路提升为县级以上道路。加速市政设施建设，完成漷永路天然气主干燃气管道建设；启动马驹桥新海消防站、漷县中心区供热热网、永乐店燃气调压站、供热中心及管网等工程。加强公共服务设施建设，大力推进郎府九年制学校、小务小学、宋庄中心幼儿园等规划建设；启动一批乡镇卫生院新建和改扩建工程，开工建设漷县中心公园、西集文体中心等一批项目。

创新发展特色小城镇。立足乡镇实际，着眼北京城市副中心发展方向，大力创建特色小城镇。以张家湾镇、漷县镇为代表，打造运河文化小镇，全力建设张家湾古镇、漷县古镇，做优生态环境，发展文化产业，彰显运河文化魅力。以西集镇为示范，打造生态休闲小镇，充分发挥生态环境优美、地热资源丰富、区位优势明显的特点，大力发展休闲、旅游产业。以台湖镇为重点，打造演艺小镇，瞄准文化演艺功能，加快完成相关设计规划，全面提升文化环境，加快承接更多优质演艺团体落户。以宋庄镇为重点，打造原创艺术小镇，进一步做好规划布局，利用好原创艺术资源，促进形成“创意–创作–交易”的原创艺术产业链条。

深入推进农业结构调整。加大低端种养殖业清退力度，实现京哈高速以北地区的“小散乱污”种养殖业全部退出。加快科技农业集聚，以国际种业科技园为依托，加快种业交易平台建设，确保种业研发中心主体完工，大力引进种业重点企业，集聚更多种业科技资源，着力打造“种业硅谷”。深入挖掘农业生态价值，以旅游为核心，打造集观光休闲、养生度假、商务会议等多功能于一体的庄园综合体，实现农业与旅游、文化等相关产业的融合发展，同步推进农业产业升级和农业生态改善。

五、迎势而进，统筹推进社会各项事业发展，努力给予群众更多获得感

全面提升公共服务水平。加快推动教育事业发展，完成运河小学、梨园学校改扩建等工程；加快北京五中通州校区、杨庄小学等建设；推进景山学校、北京二中国际部等项目开工；深入实施教育综合改革，加大教师培训力度，加快打造一批本地优质学校。优化医疗卫生事业发展，确保新华医院、东直门医院东区二期竣工投入使用，开工建设妇幼保健院、潞河医院分院；推进安贞医院、首儿所等优质资源加快落地；加强医联体建设，开展潞河综合医联体试点和分级诊疗区县试点。深化文化体育事业发展，加快推进区体育场改造和综合体育设施建设，实现区文化中心二期工程开工；加快首都公共文化服务示范区和东部运河文化带建设，加强历史文化挖掘与保护，加快“三庙一塔”景区保护与利用。

进一步强化就业和社会保障。千方百计促进就业，加强岗位开发，深入开展精品化招聘、精准化培训、精细化帮扶，全力做好转非及调整退出人员的就业服务；用足用好就业促进政策，引导和鼓励驻区企业更多吸纳本地劳动力。稳步增强社会保障和社会救助水平，做好社会保险扩面征缴，进一步完善城乡社会救助体系。着力搭建四级养老服务体系，确保区养老院投入使用，养老照料中心达到12家，建成20个社区养老服务驿站；大力推行政府购买养老服务，引入社会化专业机构，提升服务质量和标准。

全力维护社会环境和谐稳定。全力以赴争创全国文明城区，确保全国文明城区创建成功；结合创建工作，加大城乡环境秩序整治，着力解决乱扔垃圾、占道经营、“摩的”运营等脏乱差问题；全面推进公民思想道德建设和群众精神文明创建，提升市民文明素养。加快实现社会治理现代化，加强社会组织培育，研究建立社会组织和志愿者团体服务社会的有效机制，发展10家有影响的社会组织；推动“社区节”“楼门文化”等活动品牌建设，强化“六型社区”创建，形成社区共建、社区共治的良好局面；着力提高全民法治素养，建成区级公共法律服务中心。加强信访矛盾调处，强化应急管理，深入开展安全生产体制机制综合改革，确保实现社会和谐稳定和安全生产形势稳定向好。

六、因势而谋，深入推进重点领域改革，极力激发副中心发展活力

加快破解发展瓶颈制约。着力政策集成创新研究，系统认识和解决当前北京城市副中心发展遇到的问题，提出具体化、可操作的政策需求，争取建成政策集成统筹创新的改革示范区。加大重点问题研究力度，进一步深入研究土地要素保障、副中心建设发展资金、产业转型升级等一系列重大问题，加快探索解决问题的改革路径。形成与北京城市副中心相匹配的城市管理体系，加快体制机制创新，整合执法力量，推进执法重心下移；加紧研究落实行政机构改革、行政区划调整、街道社区管理体制改革等，实现城市管理体系和治理能力的现代化。

加快推进示范试点见成效。全面加快国家新型城镇化综合试点，寻求更大突破，力争将我区纳入集体经营性建设用地入市试点；各试点乡镇要按照各自试点方向，加快行动，尽快形成可复制、可推广的经验；其他各乡镇要结合先期试点乡镇经验，启动镇域内拆旧区和建新区设计，明确腾退方案和规划建设方案。进一步深化行政审批制度改革，用足用好公共服务类建设项目投资审批改革试点政策，实现项目建设提速落地。落实人口综合调控改革试点方案，在严控人口规模的同时，实现人口结构的优化，为副中心建设提供人才保障。大力开展京津冀协同发展示范区建设机制研究，形成可以具化到实施层面的措施办法，加快形成示范效应。

各位代表，2017年是我们鼓足干劲、全力推进北京城市副中心建设的关键一年。全区上下要紧密团结在以习近平同志为核心的党中央周围，在市委、市政府和区委的坚强领导下，自觉接受区人大监督，虚心听取区政协意见和建议，深入实践京津冀协同发展战略，抢抓机遇，坚定信心，奋力开拓，拼搏创新，为实现通州区国民经济和社会事业的跨越式发展而努力奋斗！

关于通州区2016年财政预算执行情况和2017年财政预算草案的报告

——2016年12月22日在通州区第六届人民代表大会第一次会议上

通州区财政局局长　张春良

2016年财政预算执行情况

2016年，财政部门认真贯彻落实中央、市委、区委的各项决策部署和区五届人大六次会议决议，牢固树立创新、协调、绿色、开放、共享的发展理念，坚持稳中求进的工作总基调，紧紧围绕北京城市副中心功能定位，充分发挥财政职能作用，加强收支预算管理，不断深化财政管理改革，认真研究、落实支持经济社会发展的各项政策，有力地促进了全区经济和社会各项事业的协调发展。财政收支预算执行情况良好，各项工作任务圆满完成。

一、一般公共预算执行情况

一般公共预算总收入预计完成3647793万元，完成调整预算的106.9%，其中：一般公共预算收入763000万元，同比增长7.8%，完成人代会批准收入763000万元的100%；市对区返还及补助396361万元；上年市级结转及本年追加转移支付953650万元；本年一般债券收入565000万元；上年一般债券结转148470万元；上年区级结余结转243004万元；国有资本经营预算调入185万元；调入资金501123万元（主要为国有土地出让收入、新型墙体材料基金等）；调入预算稳定调节基金77000万元。

一般公共预算总支出预计完成3647793万元，完成调整预算的106.9%，其中：一般公共预算支出3209184万元，同比增长61.8%；置换债券支出11347万元；债券利息及费用支出9988万元；固定额度上解614万元；结余结转254334万元；一般债券结转89126万元；安排预算稳定调节基金73200万元。

一般公共预算收支平衡。

二、政府性基金预算执行情况

政府性基金预算总收入预计完成4919492万元，完成调整预算的100.1%，其中：政府性基金预算收入906600万元，同比下降8.4%；提前告知及上年结转市专项35518万元；本年市级转移支付82847万元；本年专项债券收入1256698万元；上年专项债券结转400642万元；上年结转2237187万元。

政府性基金预算总支出预计4919492万元，完成调整预算的100.1%，其中：政府性基金预算支出785800万元，同比下降43.9%；置换债券支出1352340万元；调出资金501123万元；专项债券利息及费用支出32608万元；结转下年2247621万元。

政府性基金预算收支平衡。

三、国有资本经营预算执行情况

国有资本经营预算总收入预计完成974万元，完成调整预算的100%，其中：国有资本经营预算收入442万元；上年结转532万元。

国有资本经营预算总支出预计完成974万元，完

一般公共预算收支平衡图

一般公共预算收入		一般公共预算支出
1. 一般公共预算收入 763,000 万元		1. 一般公共预算支出 3,209,184 万元
2. 市对区返还及补助 396,361 万元		2. 置换债券支出 11,347 万元
3. 上年市级结转及本年追加转移支付 953,650 万元		3. 债券利息及费用支出 9,988 万元
4. 本年一般债券收入 565,000 万元	=	4. 固定额度上解 614 万元
5. 上年一般债券结转 148,470 万元		5. 结余结转 254,334 万元
6. 上年区级结余结转 243,004 万元		6. 一般债券结转 89,126 万元
7. 国有资本经营预算调入 185 万元		7. 安排预算稳定调节基金 73,200 万元
8. 调入资金 501,123 万元		
9. 调入预算稳定调节基金 77,000 万元		
一般公共预算收入合计 3,647,793 万元	=	一般公共预算支出合计 3,647,793 万元

成调整预算的100%，其中：国有资本经营预算支出200万元；调入一般公共预算185万元，结转下年589万元。

国有资本经营预算收支平衡。

需要说明的是，由于2016年财政预算尚未执行完毕，以上数据是初步预计的结果，在财政决算编制完成后，还会有所变化，届时将通过财政决算向区人大常委会报告。

2016年预算执行效果

2016年，财政部门坚持“突出重点、统筹兼顾、讲求效益”的原则，加大对北京城市副中心建设重点领域的资金投入，提高对全区中心工作和重大任务的保障水平，促进生态环境建设，在城市管理、公共服务、保障和改善民生等方面取得了新成效。

一、加大环境整治投入，提升生态文明吸引力

大气污染治理投入131287万元，通过“四个落实”不断改善全区大气环境。落实全区“无燃煤锅炉房”的目标，保障燃煤锅炉清洁能源改造；落实完成优质燃煤替代工作，推进农村“减煤换煤”；落实“三高一低”工业企业退出政策补贴；落实扬尘污染控制、尾气治理、子站周边污染源治理等工作。

水环境建设投入320913万元，重点支持海绵城市、城北水网、南水北调通州水厂、中小河道清淤整治、雨水泵站改造等工程建设；支持小城镇污水处理配套管网、污泥处置、河东再生水厂及管网、张家湾再生水厂配套管网等污水治理工程建设。

绿化工程投入593360万元，支持平原造林工程、东郊森林公园等绿地建设项目；保障大运河森林公园维护养护、城市绿地建设养护、城市绿色景观提升，提高一、二道绿化隔离带和“五河十路”绿色通道政策补助标准等。

美化城市环境投入75303万元，保障城市垃圾处理、推动垃圾分类收集，支持环境脏乱点治理，846处脏乱点全部完成整治；加大城市维护养护投入，推动构建起城区道路清扫、垃圾收运、道路交通设施清洗等全覆盖一体化的大环卫服务体系。

二、增强城市管理投入，推进城市精细化管理

改善交通出行环境投入160271万元，支持路网建设和“低碳”出行。全力保障朝阳北路、通朝大街等路网体系建设和微循环道路工程建设；完善公共自行车租赁服务系统；继续支持区内小公共低票价运营，提升交通运输承载能力。

城市维护管理及安全运转投入79526万元，用于创建全国文明城区、推动“平安北京”建设、进行普法宣传、保障安全监管、城管执法等部门履职经费、保障自然灾害突发事件等支出。

三、优化公共服务投入，提升基本公共服务水平

教育投入323521万元，提高基础教育公用经费补助；推动教育基础设施建设，保障基础教育各

级各类办学条件达标；吸引优质教育资源，人大附中、北京二中等4 所学校通州校区正式挂牌招生。

科技创新投入9268万元，围绕构建“高精尖”产业，对重点产业建设和发展中的科技创新给予重点支持，奖励科技创新人才，推进全民科学技术普及等。

文化体育事业投入24934万元，支持“三馆一站”免费开放、文化活动中心以及体育生活化社区建设，支持文物保护、文物藏品征集，打造运河文化品牌，推进全民健身，加强社区及乡镇的体育设施建设等。

医疗卫生投入158794万元，加大卫生基础设施建设，4个区域医疗中心建设工程加快推进，潞河医院门诊综合楼全面投入使用，改善群众就医条件；提高城镇居民医保和新农合筹资水平，促进基本公共卫生服务均等化，推动免疫规划等。

四、增加民生事业投入，切实保障和改善民生

社会保障和就业投入86521万元，用于退役安置、残疾人事业、困难群体接济救助、福利机构建设；支持居家养老服务、社会办非营利养老服务机构，开展政府购买服务、推进养老照料中心建设等项目；实施春风行动，促进高校毕业生、特殊人群就业等。

筹集资金237189万元，解决1.9万余名征地人员转非安置历史遗留问题。

保障性安居工程建设投入73097万元，支持老旧小区综合整治改造以及保障性住房建设等。

城乡统筹发展投入33680万元，主要用于农业综合开发、基本农田生态治理项目，落实农业政策性保险补贴及农机具购置补贴，推进新农村基础设施建设和维护养护，开展村级公益事业一事一议财政奖补工作，促进少数民族乡村及经济薄弱地区经济发展。

财政管理改革取得新进展

坚持稳中求进的工作总基调，抓好财政建设夯实收入基础，优化支出结构服务发展大局，全面加强财政财务管理提高资金使用效益，财政管理改革取得新进展。

一、狠抓财政组收，确保实现全年收入预期

积极培育财源，夯实财政增收基础。全面推进“营改增”扩围改革，减轻企业税负，支持实体经济发展；紧盯重点税源、重点企业对收入的持续贡献，进一步稳固财源。坚持依法治税，堵塞收入漏洞。加大税收征缴力度，进一步优化纳税服务，创新征管机制，强化税源监控，防止跑冒滴漏，做到应收尽收。强化收入分析，做好形势研判。落实经济部门定期例会和重大事项沟通会议制度，做好税收分析与监测。紧密跟踪“营改增”改革进展，及时掌握税源动态变化情况，不断增强组织收入的主动性，进一步提高财政应变能力。积极主动作为，实现预期收入目标。今年以来，面对严峻的组收形势，财税部门主动作为，强化管理，落实责任，确保全年预期收入目标实现。

二、强化资金统筹，全力推进副中心建设

强化预算统筹。统筹一般公共预算、政府性基金预算、国有资本经营预算，将残疾人就业保障金、政府住房基金收入等按规定转列一般公共预算管理，将结转规模较大的基金调入一般公共预算统筹，为北京城市副中心建设提供最大限度资金保障。清理盘活存量资金。通过收回以前年度结余结转资金、清理撤销多余的财政专户等方式，积极盘活存量资金用于保障重点项目。

三、健全预算管理机制，加大财政管理创新

预算管理制度进一步健全。认真落实北京市深化预算管理改革实施意见，研究制定《关于进一步规范追加预算资金的实施意见》《政府向社会力量购买服务预算管理实施意见》等规章制度，进一步强化预算约束，规范预算执行管理。财政管理手段进一步创新。制定《关于通州区在公共服务领域推广政府和社会资本合作（PPP）模式的实施意见》，

研究吸引社会资本参与PPP的财政扶持政策，组建PPP项目库，纳入重大项目33个，预计吸引社会资本200亿元。政府性债务管理不断完善。将地方政府债务分类纳入预算管理，进一步建立健全债务监管体系，有效防范财政风险。

四、坚持依法依规，全面加强财政财务管理

资金监控更加严格。区级一、二级预算单位和乡镇全部纳入国库集中支付动态监控，对接收的1610条预警信息及时查实纠正。单位账户管理更加规范。以强化资金安全为目标，规范单位银行账户开设，开展专项清查，撤销不符合规定设立使用的行政事业单位银行账户197个。支出管理不断强化。通过与各部门签订预算执行及绩效考核责任书，建立部门预算支出进度月报制度，提升预算执行的均衡性和有效性。绩效评价力度继续加大。财政支出绩效评价和事前绩效评估资金规模分别比上年增加102%和51%。财务培训注重实效。开展四期内部控制规范专题培训，范围覆盖区级所有一、二级预算单位，不断提升基层财务人员素质和能力。预决算信息透明度提高。按照财政预决算信息公开要求，实现功能分类细化到末级，按照经济分类科目公开基本支出。接受监督更加深入。进一步加大人大代表、政协委员参与事前绩效评估等工作力度。依法履行预算调整程序，将政府债务等重大事项向区人大常委会报告。

各位代表，根据新形势、新任务和新要求，在总结2016年财政工作成效的同时，我们也清醒地认识到当前存在的突出问题，一是财政增收压力进一步加大，而为落实高标准建设北京城市副中心要求，迫切需要从财政体制上破解建设的资金瓶颈；二是支出结构需要进一步优化，统筹资金更加聚焦北京城市副中心建设和重点工作；三是需要下大力气在创新财政保障方式、切实提高资金使用效益方面取得更大进展。此外，部分预算单位主体责任意识不强、部门项目支出执行效率偏低、资金使用效益不高、预算编制执行不规范等问题依然存在。下一步，我们将高度重视，继续采取有效措施，努力加以解决。

2017 年财政预算草案

一、2017年预算编制指导思想

2017年财政工作和预算编制指导思想是：全面贯彻党的十八大以来各项决策部署，学习贯彻习近平总书记系列重要讲话精神，牢固树立五大发展理念，主动适应经济发展新常态，坚持稳中求进总基调，以北京城市副中心建设为重点，统筹资金向有序疏解非首都功能、治理“大城市病”、转变经济发展方式等重点任务凝心聚力；坚持依法理财，统筹兼顾，优化财政支出结构，盘活存量用好增量；坚持改革创新，全面推进预算管理改革；坚持民生优先，保证重大政策和重点支出需要；坚持防范风险，强化资金监管，提高资金使用效益。

二、2017 年收支预算的总体安排

（一）一般公共预算总体安排情况

（1）收支安排主要考虑因素

收入方面。面临的有利因素：一是固定资产投资对财税的拉动作用不断增强。随着北京城市副中心规划的进一步明确，各项重点工程加快推进，促进有效投资落地，为财政增收奠定基础。二是改革措施提供保障。落实“放管服”改革要求，市场主体创业活力增强有利于财政收入稳定增长。三是经济发展质量效益提升。随着经济结构调整等各项措施逐步落实，多点支撑的收入格局将有利于收入平稳增长。面临的不利因素：一是宏观经济运行仍存在下行压力。区内经济发展尚处于转方式、调结构过程中，经济下行压力会传导至财政收入领域。二是多重政策因素叠加对财政增收带来较大影响。实施最为严格的房地产限购政策，与房地产业相关的税收大幅下降；加大低端企业清退力度的同时，既有税源进一步减少；“营改增”改革和收入划分调整的减收影响还会进一步扩大；落实高标准规划北京城市副中心的要求，做好每一寸土地规划，实施严格的企业准入管控，在存量减少的同时，短期内还缺乏拉动作用强的新增税源。充分考虑财政的增减收因素和经济社会发展需求，安排2017年一般公共财政预算收入76.3亿元，与上年持平。

支出方面。按照2017年收入预期增长水平，根据市对区现行财政体制，统筹调入基金、调入预算稳定调节基金、政府债券等资金，并考虑落实机关事业单位养老保险制度改革、落实提升城市管理水平、加强环境整治、加大大气治理、保障公共事业发展等新增或重大支出需求，综合测算2017年财政支出规模。

（2）收支安排总体情况

按照积极稳妥、统筹兼顾、突出重点的原则，综合考虑影响收支的经济、政策、改革等因素，2017年一般公共预算收支安排情况如下：

一般公共预算总收入2258934万元，其中：一般公共预算收入763000万元；市对区返还及提前告知专项975097万元；上年结余结转254334万元；上年一般债券结转89126万元；国有资本经营预算调入277万元；调入资金38900万元；调入预算稳定调节基金138200万元。

一般公共预算总支出2258934万元，其中：一般公共预算支出2227322万元；一般债券利息及费用支出25149万元；上解市级支出6463万元。

一般公共预算收支平衡。

（二）政府性基金预算总体安排情况

（1）收支安排主要考虑因素

收入安排方面：根据相关部门测算，政府性基金预算收入受土地上市因素影响预计将大幅减少，因此安排当年基金收入442000万元。支出安排方面：考虑基金借款因土地上市受限收回困难，用当年收入安排定向支出后，超出区级财力无法安排的基金项目全部列入项目库，随着当年基金借款收回、新增债券、市级专项转移支付到位后，按照项目轻重缓急，逐步安排解决。

一般公共预算收支平衡图

收入		支出
1. 一般公共预算收入 763,000 万元 2. 市对区返还及提前告知专项 975,097 万元 3. 上年结余结转 254,334 万元 4. 上年一般债券结转 89,126 万元 5. 国有资本经营预算调入 277 万元 6. 调入资金 38,900 万元 7. 调入预算稳定调节基金 138,200 万元	=	1. 一般公共预算支出 2,227,322 万元 2. 一般债券利息及费用支出 25,149 万元 3. 上解市级支出 6,463 万元
一般公共预算收入合计 2,258,934 万元	=	一般公共预算支出合计 2,258,934 万元

（2）政府性基金预算收支总体安排

政府性基金预算总收入2691595万元，其中：政府性基金预算收入442000万元，同比下降51%，主要是土地出让收入减少；市级提前告知专项1974万元；上年结转2247621万元。

政府性基金预算总支出2691595万元，其中：政府性基金预算支出395786万元；专项债券利息及费用支出65433万元；调出资金38900万元；结转下年2191476万元。

政府性基金预算收支平衡。

（三）国有资本经营预算总体安排情况

国有资本经营预算总收入1257万元，其中：国有资本经营预算收入668万元，同比增长51%；上年结转589万元。

国有资本经营预算总支出1257万元，其中：国有资本经营预算支出980万元；调入一般公共预算

277万元。

国有资本经营预算收支平衡。

（四）社会保险基金预算总体安排情况

按照预算法要求和北京市关于编制区级社会保险基金预算的口径，坚持收支平衡，适当留有结余的原则编制2017年区级社会保险基金预算。

区级社会保险基金预算总收入372069万元，其中：机关事业单位基本养老保险基金收入76024万元；城乡居民基本养老保险基金收入77191万元；新型农村合作医疗保险基金收入30070万元；上年结余188784万元。

区级社会保险基金预算总支出372069万元，其中：机关事业单位基本养老保险基金支出76024万元；城乡居民基本养老保险基金支出66365万元；新型农村合作医疗保险基金支出29380万元；年末滚存结余200300万元。

社会保险基金预算收支平衡。

三、聚焦发展，服务大局，全力推进北京城市副中心建设

2017年，财政工作抓住全力推进北京城市副中心建设的有利时机，统筹财政资金，聚焦落实功能定位，在有序疏解非首都功能、转变经济发展方式中培育新兴财源；在落实财政管理工作、合理配置财政资源中强化支出保障格局，有力推动重点发展任务落地。

（一）加大生态环境投入，建设和谐宜居之都，安排资金47.86亿元

水资源保护，安排资金6.95亿元。支持污水处理和再生水利用设施建设，加强中小河道整治和生态清洁小流域治理；保障南水北调通州水厂建设，支持节水型社区创建；支持污水处理设施改造与运行维护，推进再生水工程建设；落实污水处理企业运营补贴等。

大气污染治理，安排资金6.43亿元。继续实施空气治理各项措施，落实“清洁空气行动计划”，支持煤改电、农村地区减煤换煤、推动燃煤锅炉清洁能源改造等；继续落实“三高一低”工业企业退出政策补贴；积极支持机动车污染防治，推广新能源车；加强工业污染防治、扬尘污染治理等。

城乡绿化美化，安排资金30.7亿元。支持大运河森林公园、城市绿地养护；巩固平原造林工程绿化建设成果；支持老旧小区综合整治，加强重点区域环境提升等。

完善垃圾处理体系，安排资金3.78亿元。支持垃圾处理厂和垃圾处理设施等重点项目建设，推进垃圾分类、生活垃圾处理、餐厨垃圾就地资源化处理等。

（二）加强城市精细化管理，破解城市发展难题，安排资金15.84亿元

交通环境建设安排资金4.89亿元。主要用于区内小公共票价补贴，电动出租车、公共租赁自行车运营补贴，倡导绿色出行；保障城市道路新建、微循环道路建设、道路桥梁养护及大修改造等。

公共安全安排资金7.79亿元。主要用于提升城市安全，维护市场秩序，加大安全生产隐患排查治理力度；增加食品药品抽检及快检仪器购置、实验室改造、执法办案资金投入，加强食品药品安全监管；推动公共安全和社会治安防控体系建设，加大反恐防暴保障力度；支持公共交通运输系统安全建设，保障防汛和地下管道灾害隐患工程治理。

城市运转安排资金3.16亿元。主要用于保障城市道路设施、市政设施维护，以及道路环卫作业、景观照明等；支持城市管理信息化系统建设和维护；加强和创新社会管理，促进基层公益事业发展等。

（三）保障和改善民生，持续加大人民福祉，安排资金32.44亿元

养老、社保、就业安排资金26.04亿元。主要用于城乡居民养老、机关事业单位养老保险改革，支持居家养老服务、落实养老照料中心建设补助，支持社会办非营利性养老院建设；支持退役安置、困难残疾

群体接济救助工作开展；扶持就业创业等。

棚户区改造等保障性安居工程安排资金6.4亿元。主要用于推进棚户区改造，支持公共租赁住房建设，发放低收入家庭住房补贴资金等，进一步改善人民群众居住条件。

（四）加大公共服务投入，促进基本公共服务均等化，安排资金46.08亿元

教育安排资金28.41亿元。主要用于引进市级优质教育资源，提升区域教育水平；扩充学前教育学位供给，促进幼儿园办园条件达标；支持基础教育课程改革，推动高中优质教育资源统筹；支持教师队伍建设，提高教师综合素质，促进教育软实力提升。

医疗卫生安排资金10.85亿元。主要用于新华医院、潞河医院门诊综合楼等新建医院建设、设备购置更新；落实城镇居民基本医疗保险补助；推进疾病预防控制体系建设；促进中医药事业发展等。

文化体育事业安排资金2.33亿元。主要用于推动基层公共文化建设、通州文物及运河文化保护；开展运河文化节等文化活动、实施农村电影放映工程；支持“三大球”建设，以及全民健身活动场馆、体育生活化社区建设等。

农业安排资金4.49亿元。主要用于推动农业综合开发，支持绿色示范农业建设和高新技术农业发展，落实新农村建设奖励、政策性农业保险、菜田补贴；支持美丽乡村建设、促进经济薄弱地区及少数民族乡村建设等。

坚持改革创新，深化财税体制改革，确保实现2017年预算目标

一、围绕年度预算目标，促进财政收支平稳运行

主动适应经济发展新常态，统筹兼顾，加强财政收支管理。收入方面，支持经济结构调整，壮大经济总量，加强非税收入征缴管理，努力稳固涵养财源；强化税收征管，提高征管效率，严格依法治税，做到应收尽收；加强“营改增”改革跟踪分析，积极应对财政减收影响。支出方面，保障生态环境建设、城市基础设施、城市副中心建设等资金需求；增强重点项目对经济增长的拉动作用；狠抓财政支出管理，强化部门的预算执行主体责任，合理把握执行节奏，重点加快基建等领域支出进度；完善部门支出进度及绩效考核，针对支出进度较慢的预算部门，“点对点”地开展业务指导、跟踪督查等工作，切实提高预算执行效率。

二、围绕统筹政策资源，服务城市副中心发展大局

健全全口径预算体系。将新增债务和存量债务分类纳入预算管理，将政府住房基金等政府性基金转列一般公共预算，政府性基金预算结转资金规模较大的，调入一般公共预算统筹使用，逐步加大国有资本收益上缴一般公共财政预算的比例。统筹财力聚焦重点领域。认真落实中央和北京市关于北京城市副中心建设的工作部署，重点在交通基础设施、公共服务设施、环境建设、城市管理、民生改善等方面，做好政策、资金、资源的对接，着力打造国际一流和谐宜居之都示范区、新型城镇化示范区、京津冀区域协调发展示范区。

三、围绕制度完善和机制创新，巩固财政基础作用

建立盘活存量资金常态机制。对存量资金较大的部门压缩下年度预算规模，对清理收回的转移支付和部门结余结转资金，加大统筹力度，切实盘活、用好。创新财政资金投入机制。对符合市场运营条件且资金量较大、社会关注度较高的项目，进一步拓展使用基金、PPP等方式，多渠道吸引社会资本增加重点事项投入。加强政府性债务管理。围绕规范举债融资机制、控制债务规模、纳入预算管理等问题，加强动态和全过程监管，逐步建立和完善

政府性债务管理制度体系。强化预算绩效管理。加强事前绩效评估，实施全过程绩效管理和部门整体绩效考评。进一步加大对教育、卫生等社会关注度高、影响范围广的财政投入项目的绩效考评力度。强化绩效评价结果应用，建立评价结果与预算安排挂钩的长效机制。

四、围绕完善监管体系，建设法治透明财政

明确资金管理主体责任。部门层面，强化预算单位在预算编制、预算执行、资产管理中的主体责任，切实保障财政资金使用的规范性、科学性、有效性；财政层面，强调总量平衡，强化宏观管理，更好地处理总量控制与局部平衡关系，更充分地发挥预算审核和监管的职能作用。健全预算监管制度。充分发挥预算执行动态监控的作用，做好监控信息的分析，完善动态监控预警规则；邀请人大代表、政协委员多渠道、多种方式参与预算监督工作，更好地解决人民群众关注的重点、难点问题。严肃财政纪律。加大对重大财政补助资金、预决算公开、政府性债务、盘活存量资金、预算支出进度及非税收入等情况的监督检查力度，严厉查处各种违反财经纪律行为，确保财政资金花得规范、花得有效、花得明白。推进透明预算制度建设。充分落实预算公开的主体责任，加强统筹推进，扩大公开范围，细化公开内容，规范公开程序，全力推进区级部门公开本部门预决算。

各位代表，2017年财政工作面临副中心建设的机遇与挑战。财政部门将坚决贯彻中央的各项决策部署，在市委、市政府和区委的领导下，在区人大和区政协的监督、支持下，以“建设副中心、向前站一步”的使命感和责任感，主动作为，勇于担当，为全面推进北京城市副中心建设提供坚实的财力保障！

专 文

北京市通州区创建全国文明城区工作报告

——2017年11月21日在通州区第六届人民代表大会第三次会议上

通州区精神文明建设委员会办公室主任　张卫东

主要工作回顾

2012年通州区委、区政府提出“三年打基础、六年全争创”的目标，全面启动创建全国文明城区工作。2014年通州区通过首都文明委的综合测评。2015年2月28日，中央文明委正式授予通州区“全国文明城区提名城区”荣誉称号。2015年、2016年通州区接受中央测评组两次年度测评，综合成绩连续在北京、上海、重庆、天津所有提名城区中名列前茅。2017年8月，经市委、市政府推荐和中央文明委考核认定，通州区被命名为第五届“全国文明城区”“全国未成年人思想道德建设工作先进城区”的候选城区。2017年9月，通州区全面接受中央测评组的综合测评，并在廉洁高效的政务环境建设、公平正义的法治环境建设、诚信守法的市场环境建设、健康向上的人文环境建设、舒适便利的生活环境建设、安全稳定的社会环境建设、可持续发展的生态环境建设、有利于青少年健康成长的社会文化环境建设以及长效常态的创建工作机制等方面成效显著，其中所涉及的222项创城指标均取得优异成绩。2017年11月14日，中央文明办向全国发布《第五届全国文明城市名单》，北京市通州区在第五届全国文明城市（区）评选中脱颖而出，被中央文明委正式授予“全国文明城区”“全国未成年人思想道德建设工作先进城区”称号。

主要做法及成果：

一、完善机制，深入动员，全面推进同创共建的工作局面

（一）整体联动的创建体系运行有力。成立区创城总指挥部和办公室，区委书记、区长为总指挥，区人大常委会主任、区政协主席为总督导，区委常委、区政府副区长分别担任八个专项工作领导小组组长。全区128个单位和乡镇街道共同分解承担指标任务，相继成立并持续强化创城组织机构，构建起区级领导指挥调度、区创城办统筹协调、专项工作组强化落实、职能部门与属地联动的组织领导体系。为加强乡镇街道的创城工作，区委、区人大、区政府、区政协主要领导和班子成员分别包乡镇、包街道，牵头督导基层创建工作。同时，组建五个创城督查组，由区人大常委会副主任、区政协副主席挂帅，处级领导干部和“两代表一委员”共同参与，密集开展专项督查，形成群策群力、同创共建的工作局面。

（二）长效常态的工作机制逐步健全。制定文明城区创建系列措施办法，建立起社会动员、工作调度、绩效考核等一整套工作推进制度。加强工作调度，建立向区创城总指挥部报送问题清单制度和重点单位、地区主要领导每月亲临现场督查整改制度。区、处两级领导高频次带队，采取“看听问”的办法，深入各重点场所、问题点位开展明察暗访，查找工作短板，分析难点问题，现场调查研究，快速调度解决。区创城办委托第三方专业测评机构针对1200余个实地考察重点场所开展“拉网式”排查，建立“暗访组在行动”网站，在网上动态公布问题点位及整改情况，实施日检查、月通报、季调度制度，累计排查整改道路破损、违章搭建、公共设施缺失等各类问题6万余个。始终坚持问题导向，各类调度会、各种措施办法，只讲问题、只针对问题、只强调快速解决问题，全区创建工作基本实现规范化、制度化、常态化。

（三）文明创建的基层“细胞”充分激活。在全市率先施行文明单位动态管理制度，全区党政机关、企事业单位、新经济组织和新社会组织，驻通州中、市属单位以及驻通州部队开展文明单位、文明社区（村）、文明乡镇、文明校园、文明家庭等争创活动。区市政市容委、区住建委、西集供电所获评全国文明单位，永乐店镇获评全国文明镇，于家务乡仇庄村、梨园镇大稿村获评全国文明村，区教委、区交通局等17个单位获评首都文明单位标兵，区气象局、通州出入境管理大队等32个单位获评首都文明单位，梨园镇、张家湾镇等9个乡镇获评首都文明乡镇，永顺镇乔庄村、漷县镇漷县村等77个村获评首都文明村，新华街道如意社区、玉桥街道新通国际社区等30个社区获评首都文明社区。在2017年新一届评选中，通州区人力社保局、城管执法监察局、建行通州支行、北苑街道办事处、台湖镇、张家湾镇皇木厂村，分别作为全国文明单位、全国文明村镇候选完成全国公示。在全区广泛开展各类群众性精神文明创建活动，建成张家湾博物馆等乡情村史陈列室21个，打造文明示范小区25个，建设“文明加油站”社区宣传站点150个。以“围挡美观化、环境优美化、施工文明化、场地标准化、工地平安化和管理人文化”为标准，创建文明示范工地15个。大力倡导节俭养德，评比命名餐饮企业文明餐桌示范店411家。基层创建工作积极性日益高涨，城市文明的“细胞”被充分激活。

（四）同建共创的社会氛围空前浓厚。开展全方位、全覆盖的宣传发动，实施“征集一系列文明标识”等创建宣传“十个一”工程和“社会面宣传氛围营造”等四项宣传工程。广泛开展“争做文明达人”“创城进行时”等群众喜闻乐见的宣传教育活动，市民对创建工作的知晓率、参与率全面提升。建立宣传联动机制，区属新闻媒体、单位自媒体、知名网友自媒体持续发布文明城区创建动态及成果。区创城办注册成立由700余人组成的北京通州网络文明传播志愿者服务队，打造“四网三微一端”综合网络平台，定期组织开展形式多样、内容健康向上、市民乐于参与的网上创建活动。“创建全国文明城区人人参与，文明城区发展成果人人共享”的理念日益深入人心。

二、以人为本，破解难题，全力打造和谐宜居的城市环境

（一）生态环境建设全面深化。将创建全国文明城区与创建国家生态园林城市、创建国家卫生区等活动同抓共创。大规模实施森林、湿地、公园和绿廊绿带建设，绿化覆盖率达到58.15%，居全市前列。大力改善空气质量，强力推进全市最严“清洁空气行动计划”，完成城区3个街道及359个村共计15万余户的“煤改清洁能源”工程，配置电动出租车500辆、清洁能源公交车745辆，扬尘污染防治治理达标率达95%以上，空气主要污染物指标大幅下降，大气环境改善率居全市前列。强化水污染源头治理，完成11条河道共计163公里的治理任务，完成建成区19条段黑臭水体治理，城区污水处理率达到90%以上。通过国家卫生区复审，蝉联国家卫生区称号。

（二）城乡环境品质显著提升。持续开展市容市貌和城乡环境卫生整治行动，完成市级环境脏乱点整治指标任务。全面推进城市道路和重点大街景观提升工程，翻修整治建成区内39条道路和近百条胡同。实施城区环卫设施升级改造，新建及改造垃圾压缩清洁站21座、公厕102座，推进垃圾减量分类，城区垃圾无害化处理率达到100%。启动创建160个美丽乡村，其中86个村被命名为北京市美丽乡村，张家湾镇皇木厂村等8个村获评北京最美乡村，北运河新堤路获评北京最美乡村路。

（三）社会公共秩序持续优化。深入推进网格化治理体系建设，不断提升城市管理精细化水平。始终保持高压态势，严厉打击违法建设、露天烧烤、张贴小广告、开墙打洞等城市管理方面的“痼疾顽症”。探索服务外包新模式，城市小广告治理等工作取得突破性进展。加强综合治理，规范“北京早餐车”，根本解决早餐车占道经营问题。规范集贸市场管理秩序，取缔漫春园早市，推动城区18个集贸市场升级改造。大力开展无证照餐饮集中整治行动，取缔无证照餐饮2380家。集中整治开墙打洞1086处，同步开展开墙打洞点位的设施恢复和景观提升。新建和规范提升生活性服务业网点60家。优化交通秩序，以改造微循环为重点，完成一批主次干路新建和改扩建工程，完成土桥、新华医院等5座停车场建设，完成19条道路和130处重点区域监控布设，施划路侧停车位4553个，建设改造38组港湾式公交车辆停靠站。大力构建绿色出行系统，建成公共自行车租赁站点729个，投入运行自行车3万辆，市民出行“最后一公里”难题得到有效解决。

（四）居民生活质量不断提高。区级财政收入年增长率、城镇居民人均可支配收入增速高于全市平均水平。城镇登记失业率始终控制在较低水平，社会保险参保计划完成率达到100%，城乡居民最低生活保障在全市率先实现统筹并轨。完成北苑、玉桥、中仓、梨园、永顺辖区共6.15平方公里居住小区环境提升改造。选取4个老旧小区作为物业管理试点，探索提高老旧小区管理水平新途径、新机制。提高居住小区市政公用配套设施供给能力，改善社区环境卫生、绿化美化、安全秩序状况。大力推广社区楼门文化建设，打造“一刻钟社区服务圈”，117个社区完成规范化建设，27个社区被评为市级示范社区。

三、抓住根本，示范引领，持续提升市民文明素质和城市文明程度

（一）党建引领作用得到彰显。全面加强党的建设，发挥基层党建助推文明创建的核心作用。强化思想理论武装，广泛深入开展习近平总书记系列重要讲话和党的十九大精神宣传，不断增强干部群众对讲话精神的政治认同、思想认同和理论认同。深入开展“四个全面”战略布局宣传教育，坚持不懈开展中国特色社会主义理论学习教育，坚定干部群众的道路自信、理论自信、制度自信、文化自信。推动基层党组织签订“意识形态工作责任书”，构建意识形态责任体系，切实将意识形态工作抓在手上、落到实处。积极稳妥做好经济社会热点难点问题的舆论引导，汇聚同心共筑“中国梦”的强大力量。

（二）思想道德根基不断夯实。大力培育和践行社会主义核心价值观，利用公共场所电子显示屏、橱窗展板、道旗灯箱、工地围挡等“阵地”，广泛刊播宣传社会主义核心价值观和“讲文明树新风”公益广告，实现“抬眼可见、举足即观”。将社会主义核心价值观融入市民公约、村规民约、学生守则、行业规范、职业规则、团体章程，使之成为人民群众的自觉遵循。持续开展“通州榜样”“中国好人”推荐选树，推荐人数居全市之首，周波、张品正、段玉仙获评全国道德模范及提名奖，于文静、褚俊喜等7人获评首都道德模范及提名奖，杨得永、孟繁信等22人荣登“中国好人榜”，曹健、李天君等35人入选“北京榜样”。在全市率先制定道德模范帮扶礼遇办法，通过隆重表彰、著书立传、主动帮扶和广泛宣传，推动各界形成“好人好报”的社会价值导向。建成机关、学校、行业、企业、社区、村镇、军民共建、新市民等八类道德讲堂227所，常态化宣传中华传统美德、先进模范事迹，推进思想道德教育深入人心。

（三）志愿服务事业蓬勃发展。大力推进志愿服务制度化建设，成立通州区志愿服务联合会，完善组织协调、注册培训、活动运行、服务记录、回馈激励等工作机制。开展“互联网+志愿家庭”活动，以“小手拉大手”的方式动员全区各个家庭参与志愿服务活动。引导社会组织参与志愿服务，全区注册志愿者超过31万人，服务时长累计达到2478余万小时，“行善立德”的志愿服务理念日益深入人心。形成“通州百姓”“玉桥益家”“新华帮办365志愿服务联盟”“和谐北苑”“青春通州”“十万职工共创城”等志愿服务品牌。创新开展“等灯等灯”文明交通劝导志愿服务活动，以公益歌曲、广场舞、手语操等形式，引导市民文明出行，该活动在北京市“舞动北京”大赛中获得金奖，并在全市进行经验推广。

（四）社会信用体系愈加完善。大力推进诚信体系制度化建设，加强政务诚信、商务诚信、社会诚信、司法公信建设。在全市率先建成“信用通州”社会信用体系平台，加快推进信用信息互联互通、交换共享。定期发布诚信“红黑”名单，健全褒奖惩诫机制。广泛开展诚信教育活动，评选诚信经营示范街、示范店、文明诚信示范户，促进区域信用体系建设整体发展，推动形成“守信光荣 失信可耻”的社会舆论导向。

（五）市民文明行为有效引导。广泛开展“文明过马路、诚信通州人”活动，党政机关干部、市民群众共同参与，耐心引导行人遵守交通规则，提高市民交通安全和文明出行意识。加强秩序文明引导，253名公共文明引导员作用日益显现，地铁和公交站台排队候车逐步成为市民习惯。加强文明旅游引导，开展“文明旅游我最美”主题宣传活动和文明旅游志愿服务活动，加强各级各类景区管理，提升市民旅游文明素质，大运河森林公园、运河公园、韩美林艺术馆等3个景区获评首都文明风景旅游区。印制《文明礼游护照》《文明旅游出行指南》等宣传册在各旅行社、宾馆等窗口行业广泛发放。强化控烟执法，公共场所全面禁烟工作取得显著成效。开展“文明北京 蓝天行动”主题宣传实践活动，倡导绿色出行的生活方式。广泛开展“我们的节日”系列活动，成功承办5届北京“七夕”文化节，广泛弘扬中华传统文化。开展市民文明素质提升行动，召开“推进移风易俗 树立文明乡风”工作现场推进会，推动移风易俗，树立文明乡风。不断培育社会文明风尚，市民文明素质和区域文明程度显著提升。

四、立德树人，打造品牌，争创全国未成年人思想道德建设工作先进城区

（一）“中国梦”主题教育不断深化。开展清明网上网下祭英烈活动，引导未成年人继承先贤品质，筑梦城市副中心建设，网上参与率超80%，居全市首位。开展“向劳动者致敬”主题活动，以“送上一杯水、一句问候”的点滴表达形式引导未成年人学会尊重最基层普通劳动者。开展“美德少年”评选活动，23名中小学生被评为首都百名最美少年，大力宣传美德少年事迹，引导未成年人崇德向善、见贤思齐。开展“童心向党”歌咏活动，引导未成年人传唱歌颂党、歌颂祖国、歌颂中国梦歌曲，潞河中学、中山街小学等12所学校MV作品在首都文明网和中央文明网上进行展播。开展“向国旗敬礼”活动，网上进行签名寄语抒发爱国情怀，网下以诗歌绘画、班队会等形式增进爱国情感。

（二）中华美德教育特色鲜明。开展通州运河历史文化大讲堂进校园活动，引导广大未成年人知家乡、爱家乡。开展“文明餐桌——零米粒行动”，倡导未成年人树立节俭养德意识。开展“十德树人”教育活动，引领未成年人从中华优秀传统文化中汲取道德营养。开展以“核心价值观托举中国梦”为主题的优秀童谣征集传唱活动，100余首作品被编入北京市优秀童谣集锦，多首由童谣改编的舞台剧在北京市展演。发挥校外教育辅助作用，建立281个爱国主义教育基地和青少年校外教育基地以及641个“关工”小组。开展青少年思想道德教育大讲堂等各类活动3500余场次，全区中小学生均受益其中。

（三）品牌示范工作成效显著。领导干部爱心助学活动持续14年，739名区级、处级领导干部分别与家庭经济困难学生结为助学对子。“六小”道德实践活动持续9年，被评为首都未成年人思想道德建设工作十大品牌活动之一。“中华传统文化教育”活动持续22年，实现通州区中华优秀传统文化教育工作的科学化、特色化。关心下一代工作持续30年，连续五届蝉联全国先进。各街道乡镇结合区域特色，开辟教育阵地，形成“一镇一街一品牌”的未成年人思想道德建设工作新格局。经中央文明委综合考评，区妇联家庭教育协会、区文明办获评第三届全国未成年人思想道德建设工作先进单位，宋庄镇中心小学作为第四届全国未成年人思想道德建设工作先进单位候选完成全国公示。

六年创城取得丰厚成果，但同时也应清醒的看到，通州区创城工作在推进过程中还存在一些问题，主要表现在：一方面，部分单位和干部常态化创建的思想准备不足，不同程度存在“牌子到手，创建到头”的心理，没有深刻领会到“创城永远在路上”的真正内涵。另一方面，深入分析中央和北京市四次对通州区的综合测评结果，通州区在有些创城领域还存在工作标准不高、管理不精细、体制不顺畅等问题。同时，依据中央对全国文明城区年度测评复核规定，通州区还需高度关注、严格管控环境保护、安全生产、社会治安、文化安全、网络安全、群体性事件等方面工作，坚决避免“一票否决”风险的发生。

启示及经验

回顾六年创城历程，有以下几点启示：

一、始终坚持党委政府的坚强领导

创城工作是一项复杂系统工程，更是典型的“一把手”工程，必须始终在区委、区政府的坚强领导下进行。六年来，区委、区政府及区创城总指挥部总揽全局、协调各方，在创城各个关键阶段把方向、谋长远、定政策、促改革，使全区创城工作始终坚定、有序推进。区级领导干部亲力亲为、深入一线、指挥调度，解决了一批又一批旧账难题。各单位、各乡镇街道坚决贯彻区委、区政府决策部署，切实加强对创城工作的领导，建立健全一系列工作体制机制，保证各项工作落地生根、各项指标对标达标。

二、始终坚持“一张蓝图绘到底，咬定青山不放松”

全国文明城区是国内含金量最高、群众发动最广、创建难度最大的荣誉称号，同时更是一个地区经济建设、政治建设、社会建设、文化建设、生态文明建设和党的建设的一个总抓手，必须始终坚持久久为功、常抓不懈。六年来，区委、区政府始终以最大的决心、必胜的信心扎实推进创城各项工作，始终把争创全国文明城区作为推进北京城市副中心建设的重要载体，始终强调创建全国文明城区是建设北京城市副中心的应有之义，始终朝着2012年区委、区政府提出的“北京城市副中心建成之时，也是通州文明大厦落成之日”的目标而努力奋斗。

三、始终坚持将群众满意作为检验创城工作的最高标准

创建全国文明城区的宗旨是为民、利民、靠民，必须始终坚持以人民为中心，让百姓通过创城有更多获得感。六年来，全区各单位、各部门聚焦《全国文明城区测评体系》中的民生指标，千方百计解民困、解民忧，让百姓切实感受到身边的变化，群众生产生活变得更加舒适、便捷、安全。各级干部深入42万户家庭，既宣传创城成果、宣传副中心建设成就，又了解民情、征求民意，不仅密切党群、干群关系，更最大程度发动广大群众支持、参与创城，形成共建、共管、共享的强大社会力量，创城过程变成凝聚群众智慧、汇集群众力量的过程，创城工程变成得民心、顺民意的工程。

四、始终坚持不搞突击、扎实推进，久久为功、常态长效

《全国文明城区测评体系》涉及222项测评指标，各项指标不仅体现全国一流工作水平，而且中央测评的标准和方式方法十分严格，必须逐一对标达标、常态长效，才能在测评中赢取高分。六年

来，通州区连续“闯关”，经过三年创建获取提名资格，又经过三年的季排名、年测评、三年算总分的创建过程，最终取得优异成绩，这绝非偶然，而是得益于我们在日常、经常、平常上狠下功夫。因此，创城绝不是“面子工程”，没有捷径可走，必须始终坚持不搞突击、不搞花架子，一步一个脚印扎实深入推进，才能有实效、赢高分。

五、始终坚持问题导向，敢于破难攻坚

创建全国文明城区的过程就是反复抓、抓反复，持续整改、最终解决问题的过程，必须始终坚持问题导向、敢于克难攻坚。六年来，针对通州区存在的环境脏乱、马路市场、乱停乱放、私搭乱建、无证照经营等问题，各级各界直面问题，敢于向“痼疾顽症”开刀，早餐车占道经营、无证照餐饮、开墙打洞、“小广告”等城市管理难题得到根治，老旧小区管理、城乡环境秩序、窗口服务中存在的问题得到有效治理。

六、始终坚持精细化创建，标本兼治

城市管理需要精细、需要“绣花”功夫，面对全国文明城区测评指标标准的严格性、城市间竞争的激烈性以及0.01分都会决定创城成败的严峻形势下，必须始终坚持精细化创建。六年来，针对《全国文明城区测评体系》中类如公厕干净卫生无异味、步道连贯无破损、楼道玻璃无污迹等很多指标细节要求，通州区创建工作既关注全面又注重细节，逐步实现城市管理从粗放型向精细化的转变。创建过程中，各级干部发扬“钉钉子”精神，通过追根溯源、借鉴外埠先进经验，不断研究治本之策，创新推出的“等灯等灯”交通劝导行动、城市管理外包服务、政府部门执法力量下沉等工作模式成效显著。

七、始终坚持“全区上下一盘棋”，凝聚最大合力

创建全国文明城区涉及范围广、部门多，每一个指标任务都是需要几个、甚至几十个单位共同担当才能完成，必须始终坚持“上下一盘棋”、凝聚最大合力。六年来，我们坚持城乡一体、全域创城，全区各条战线、各级干部、各个部门牢固树立大局观念、协作意识，把创城工作与生产经营活动、精神文明建设有机结合起来，把文明创建作为提升核心竞争力的重要抓手，坚持“条块”结合，坚持联合执法，坚持综合治理，以主人翁的责任感、以“功成不必在我”的担当精神，凝聚起通州创城最大合力。

八、始终坚持锤炼干部作风，敢于担当、甘于奉献

创建全国文明城区既是城市综合实力的竞争，也是对干部队伍作风的一次“大考”，更是锤炼、培养一支高素质干部队伍的一次生动实践，必须发扬“主动向前站一步”、敢于担当、甘于奉献的工作作风。六年来，各级领导干部每周带队通过骑车、步行等方式，深入大街小巷、集贸市场、污水河沟等脏乱差死角，调查研究、一线调度、督办解决问题。党政机关干部利用休息时间，参与路口交通文明劝导志愿服务，身体力行、奉献在前，形成“一心想干事儿，努力干成事儿”的工作氛围。六年的创城工作，炼就通州区干部队伍在政治立场上站得住、在困难面前顶得住、在创新方法上抓得住的本领，势必在建设北京城市副中心的各项工作中，不负人民重托、交出满意答卷。

常态化创建文明城区工作思路

深入贯彻党的十九大精神，以习近平新时代中国特色社会主义思想为根本遵循，着力把全国文明城区各项测评指标标准转化为通州区各级党委、政府常态工作目标，把测评方法转变为常态管理办法，进一步构建完善的长效管理、常态推进、立体监督、广泛参与的文明城区创建格局，着力提升市民文明素质、城市文明程度、群众生活质量，努力构建崇德向善、文化厚重、和谐宜居的文明城区。

一、以社会主义核心价值观为引领，持续提升公民思想道德水平

以培育和践行社会主义核心价值观为根本任务，把社会主义核心价值观融入社会发展各方面，转化为人们的情感认同和行为习惯。坚持全民行动、干部带头，从家庭做起，从娃娃抓起。不断加强理想信念教育，引导广大干部学习贯彻十九大精神和习近平总书记系列重要讲话精神，深刻把握讲话的鲜明主题和思想体系，用讲话精神统一思想、凝聚共识。在全区人民中持续深入开展习近平新时代中国特色社会主义思想和中国梦宣传教育。持续加强公民道德建设，不断深化社会公德、职业道德、家庭美德、个人品德建设，推进“道德文化大讲堂”进社区、进村镇、进基层，挖掘道德文化内涵，讲好百姓身边故事，激发人们形成向上向善的道德意愿和道德情感。开展移风易俗行动，加强宣传引导和执法监管，广泛建立移风易俗劝导队、红白理事服务队，引导市民摒除陋习、弘扬时代新风。充分发挥先进典型的示范引领作用，健全培育和宣传道德模范、公德之星、身边好人和通州榜样等先进典型制度，进一步规范道德模范评选表彰、重大事项报告、宣传途径规范、选树退出等制度，确保荣誉称号的权威性、先进性、纯洁性。健全给予道德模范崇高社会礼遇的长效机制，形成崇德向善的社会氛围。大力弘扬中华优秀传统文化，以“我们的节日”为主题，利用春节、元宵、清明、端午、七夕、中秋、重阳等重要传统节日，开展丰富多彩、积极健康的民俗文化活动。深入挖掘中华优秀传统文化蕴含的思想观念、人文精神、道德规范，结合时代要求继承创新，让中华文化展现出永久魅力和时代风采。持续强化区域公共文化服务水平，以创建首都公共文化服务示范区为载体，全面推进大运河文化带建设和全国文化中心建设，努力提高北京城市副中心的文化品质。加强诚信建设，加快推进政务诚信、商务诚信、社会诚信和司法公信建设，提高全社会诚信水平。完善社会信用信息互联互通和交换共享的网络平台，形成覆盖全区的征信系统，推动形成不愿失信、不能失信、不敢失信的社会环境。

二、以完善机制为前提，推动落实创建全国文明城区常态长效

牢固树立和贯彻新发展理念，坚持把习近平新时代中国特色社会主义思想贯彻到常态化创城工作全过程，围绕北京城市副中心建设总体目标和功能定位，把文明城区创建工作融入全区改革发展的各方面，互融互促，提升水平。将文明城区常态化创建作为落实“两手抓、两手都要硬”战略方针、推动城市物质文明和精神文明协调发展的重要载体，摆上各级党委、政府工作的重要位置，做到党政主要领导亲自抓部署、抓督促、抓落实，健全基层长效机制。落实惠民利民宗旨，坚持人民城市为人民，从群众生产生活密切相关的看病上学、养老托幼、市政设施、交通出行、食品安全、社会治安、安全生产等民生问题抓起，从群众反映强烈的问题改起，围绕社会生活中的突出问题，建立全方位、全覆盖的管理制度和工作模式，让人民群众充分感受到创建活动带来的成效和变化，增强群众的获得感和幸福感，努力创建让人民满意的城市。着力健全工作机制，不断健全区文明委工作制度和保障机制，建立健全包括目标考核、动态管理、责任追究、群众监督在内的常态化工作机制。完善议事决策机制，建立区文明委、区创城总指挥部和区创城办例会以及专项工作组日常事务调度、实地督查现场调度等调度会制度。建立常态监测体系，充分利用好“互联网+”平台，引入第三方专业测评机构，建立文明城区创建智能系统和文明单位动态管理系统，实现文明创建的工作台账化、档案电子化、创建网络化、考核数字化、管理动态化和宣传多元化的目标。提升城市管理精细化水平，把握和细化文明城区测评的重点，依托网格化管理，建设数字化文明城区监测平台，常态化监测市容环境和公共秩序。加快推动数字化城市管理，结合“街巷长制”“河长制”等考评体系，努力形成发现及时、处置快速、方法有效、监督有力的城市管理长效机制。加大经费投入，按照新常态下深化文明城区创建工作的要求，加大资金投入力度，保持文明城区创建成果常态化。运用财政、税收、金融等经济手段支持精神文明建设事业。鼓励社会力量对精神文明建设提供财力物力支持。

三、以立破并举为手段，推动群众性精神文明创建活动向纵深发展

推进文明村镇创建，以美丽乡村建设为主题，突出抓好乡风民风、人居环境和文化生活建设，大力开展移风易俗行动，传播文明理念，涵育文明乡风。推进文明单位创建，重点推动与群众生活关系密切的窗口行业文明创建工作，开展具有行业特色、职业特点、工作特性的创建活动，确保提供文明优质服务，着力树立良好形象。推进文明家庭创建，注重家庭、注重家教、注重家风，以“家和万事兴”为主题传承良好家风、家训、家规，重视做好家庭教育。推进文明校园创建，坚持立德树人，培养德智体美全面发展的社会主义事业建设者和接班人。开展形式多样、健康向上、格调高雅的校园文化活动，弘扬良好校训校风。开展文明班级、文明宿舍创建，形成良好育人氛围。推进学雷锋志愿服务，大力弘扬奉献、友爱、互助、进步的志愿精神，引导激励人们把参与学雷锋志愿服务作为一种生活方式和生活习惯。叫响“通州百姓”志愿服务品牌。鼓励扶持志愿组织承接社会民生项目，打造区、街（乡镇）、社区（村）三级社会组织孵化培育体系，健全志愿者及志愿服务站（岗）管理、服务调配机制，建立社会化、多渠道的志愿服务筹资机制。推进文明社会风尚行动。持续开展市民行为规范活动，做大做强“创城进行时”“争做文明达人”“文明加油站”主题活动品牌。广泛倡导“绿水青山就是金山银山”生态理念，着力培养人们的生态文明、绿色环保、节俭节约、社会责任意识。大力开展文明交通行动，引导市民自觉增强文明出行意识、抵制交通陋习。大力开展文明旅游行动，加强宣传教育、规范约束和社会监督，强化文明出游意识，提升市民旅游文明素质。

四、以宣传发动为保障，营造文明创建的良好社会舆论环境

建立媒体宣传动员联动机制，区内新闻媒体要制定年度宣传计划，长期设置文明城区创建专题和专栏，持续加强创城动态和成果宣传。建立沟通联动机制，组织各媒体分阶段集中进行主题宣传。建立公益广告宣传机制，遵循统筹兼顾、形式多样、因地制宜、图文并茂原则，支持鼓励优秀公益广告作品创作，利用户外展板、电子显示屏、建筑围挡、宣传栏等“阵地”，持续开展公益广告刊播，努力做到公益宣传立体化、多角度、无盲点、长期性和规范化。加强网上精神文明建设，做强网络评论员和网络文明志愿者队伍，正确把握网络舆论导向，提升网络文明程度。加强网络内容建设，发展积极向上的网络文化。倡导文明办网、文明上网，引导人们提升网络文明素养，拓宽网络媒体和微信、微博、手机APP等新兴媒体宣传途径。用法治思维和法治方式推进精神文明创建，把精神文明建设要求融入法律法规、政策制度和社会治理、行业管理之中。根据谁执法谁普法、谁主管谁负责、谁服务谁普法的原则，加大法治宣传教育的力度。发挥法治在解决道德领域突出问题中的作用，依法惩处严重突破道德底线的失德失信行为和社会丑恶现象。发挥市民公约、村规民约、学生守则、行业规范、职业规则、团体章程等规范守则在社会治理中的积极作用。动员社会力量广泛参与，工会、共青团、妇联、残联、关工委和文联、科协等人民团体，要发挥各自优势，组织动员所联系群众参与文明城区创建活动。充分发挥民主党派、工商联、无党派人士、社会公众人物的作用，充分利用行业协会、社会团体、基金会等各种社会组织的资源优势，不断凝聚文明创建的最大合力。

各位代表：创建全国文明城区永远在路上。我们要倍加珍惜六年创城所取得的辉煌业绩和宝贵经验，倍加珍惜六年创城所积聚的各级各界创建热情，持续弘扬通州创城精神，全面贯彻党的十九大精神，深入学习习近平新时代中国特色社会主义思想，坚持以人民为中心的发展理念，坚持久久为功、常态长效，坚持高起点、高标准、高水平建设北京城市副中心，努力打造北京城市副中心的文化内涵和城市文明，为建成国际一流和谐宜居之都示范区、新型城镇化示范区和“京津冀”协同发展示范区而努力奋斗！

名词解释

1.创建宣传“十个一”工程：2013年实施，包括开辟一个新闻版块、开通一个微信公众账号、征集一系列创建标识、创作一系列创建宣传片、建立一个文明网站、打造一批创建示范小区、装点一个创建主题公园、举行一次主题摄影大赛、举办一台主题电视晚会、开展一系列“创城进行时”活动。

2.四项宣传工程：2015年起实施，包括社会面宣传氛围营造、问卷调查指标宣传到户、“争做文明达人”主题宣传实践、媒体宣传舆论引导行动。

3.四网三微一端：中国文明网北京通州站、通州文明网、大运通州网、八通网，“文明通州”微博、微信、微视频，手机APP客户端。

4．“十德树人”：以孝、礼、勤、诚、耻、忠、信、义、宽、廉“十德”为主题在未成年人中持续开展中华传统文化教育。

5.“六小”道德实践活动：开展“小楼门长”“文明小宣传员”“环保小卫士”“爱心小使者”“家庭小孝星”“文明小引导员”未成年人道德实践活动。

通州区大气污染防治工作情况

长期以来，通州区严格执行中央和北京市关于环境保护的各项重要决策部署，坚持把大气污染防治作为落实北京城市副中心和京津冀协同发展战略定位、做好“四个服务”的头等大事。在区委、区政府的领导下，高点站位、统筹规划，坚持以$PM_{2.5}$污染治理为重点，加快疏功能、转方式、治环境、补短板、促协同，打响了燃煤锅炉清零、农村散煤治理、“散污乱”企业整治等重大战役，以超常规的措施和力度推进大气污染防治，并取得一定成效。

一、大气污染防治工作开展情况

（一）强化统筹协调，狠抓责任落实

1.高位调度协调，强化责任落实。一是建全生态环境建设指挥体系。区级成立生态环境建设指挥部，乡镇成立了生态环境建设领导小组，针对大气污染防治、水污染防治、土壤环境保护及绿化美化等工作各司其职，综合协调。二是建立区领导包乡镇制度。25名区领导定期深入所联系乡镇听取工作汇报，研究环境生态保护相关问题，督促、协调推进各项环境建设的重点工作。三是建立协调调度机制。以“周调度、月督察、季汇报”的大气污染防治联席会制度为抓手，区委常委会、区长办公会着力协调难点、重点问题，统筹调度清气计划重点工程进展情况。

2.加强督查督办，严格考核问责。一是建立督查机构。区监察局、区政府督查室等联合成立督查办，负责督查、监察各单位职责履行情况。出现问题分步骤、分层级追究党政主要领导和相关人员的责任。二是生态环境建设纳入绩效考核。制定了《通州区环境保护工作职责分工》，把生态环境建设中各部门、属地的工作指标及阶段任务与绩效考核直接挂钩。将大气污染控制措施及主要污染物减排任务纳入一票否决事项。2016年区级部门考核指标中，大气污染防治工作考核占比10%。三是建立大气治理专项工作考核机制。制定《通州区清气计划考核办法》，建立了空气质量考核制度、空气质量排名制度、责任追究等制度。

3.创新完善机制，强力推动落实。一是区编办、区环保局研究制定《通州区大气污染防治专项责任清单》《通州区环境保护工作职责分工》等文件，进一步明确各部门、各辖区大气污染防治职责、推动责任有效落实。二是简化程序，加快治理工程建设。探索高效“一会三函”审批模式，以最优化、最简化的流程将部分重点环境治理工程纳入绿色审批通道。

4.加强能力建设，提高监管水平。一是构建三级网格化管理体系。制定了《通州区环境保护网格化实施方案》，建成全区网格化城市管理单元1809个，招聘239名专职网格环保监督员，实现各负其责、分层

管理、条块联动，将环境污染问题发现并解决在基层和萌芽状态。二是推动执法力量下沉。第一批专业监管执法组员已派驻马驹桥、张家湾、宋庄、潞城、台湖、漷县7个乡镇开展环境执法工作。三是加快推动环保信息化建设。科学运用大气颗粒物自动监测系统、餐饮业油烟在线监控系统、机动车固定遥感监测系统、河流水质在线监测子站、环境应急和污染源自动监控系统等五大信息系统，实现环境监管无盲点。正在构建建筑施工扬尘在线监测与预警体系，建立全领域环境质量监测系统。

（二）聚焦重点，坚决以硬措施完成大气任务

1.“无煤化”工作全面推进

一是自我施压，提前建成“无燃煤锅炉区”。加大燃煤锅炉拆除力度。四年来，共累计拆除燃煤锅炉5472.77蒸吨，可压减燃煤约120万吨/年，其中2016年拆改燃煤锅炉2225.277蒸吨。取缔茶浴炉、大灶1500余台，并保持动态“清零”。

二是压减农村用煤，实施农村“减煤换煤”工程。2016年完成“煤改电”138个村4.69万户、“煤改气”1个村1100户。2017年，将继续对剩余209个村实施煤改清洁能源。

三是打击劣质煤销售。通过市场价格手段打压劣质煤销售。成立区级违法销售劣质煤行为打击整治工作小组，在全区范围开展打击整治违法销售劣质煤专项行动。共开展联合执法74次，没收劣质散煤170余吨，基本实现全区无劣质煤销售。

四是夯实基础，着力改善能源结构。与河北三河电厂合作实施“热电联供”项目，完成了177座分散燃煤锅炉房整合，累计替代面积1704万平方米。累计投资12亿元，建成各级天然气管线总长度约1100千米，天然气场站约800座，实现了通州新城及各乡镇中心区天然气管道全覆盖。增加电力负荷，新改扩建变电站12座，推进重点改造工程进程。

2. 整治“散乱污”全力以赴

一是积极疏解非首都功能。制定《通州区产业调整退出工作实施方案》及14个配套政策。到2016年底，建城区155平方公里范围内工业污染企业实现全部关停迁改。集中整治镇村产业集聚区，目前已完成50%集聚区整治，其中京哈高速（G1）以北全部完成整治。2016年，共关停迁改工业企业2525家，超额完成市级下达的任务。二是强化监察执法。严厉打击汽修、餐饮、家具制造、印刷等行业大气污染物超标排放、治理设施不正常使用等行为。2016年处罚违法案件592家，罚款金额2387.28万元，立案及处罚额度均位居全市前列。三是用足用严行政政策。运用新《环保法》以来，共查封企业排污设施120起，实施按日计罚2起。其中重大案件移送司法部门1起。利用经济杠杆加强污染源监管。2016年共征收排污费5671.78万元，同比增长92.68%。

3. 疏堵结合，加大机动车污染治理

一是加大移动污染源检查处罚力度。采取入企业、路检、夜查等多种措施，严查高排放柴油机械，突出重型柴油车监管。2016年淘汰老旧机动车17705辆。二是提倡绿色出行。全区电动出租车达500辆、公租自行车20000辆，均居全市前列。区属清洁能源公交达273辆；区域接驳小电车涵盖9条线，达114辆。今年与市公交集团合作，拟实现副中心主干线路公交车全部清洁能源化。三是加快推进非道路施工机械低排区建设。已制定实施意见，拟在副中心155平方公里内先行试点非道路施工机械备案制度，提高准入门槛，提高排放限值。

4. 全方位降尘，加强精细化管理

加强属地和行业监管，对规模以上施工工地实现了视频巡控全覆盖。基本实现渣土运输车密闭化，绿色施工工地达标率100%。2016年降尘量为7.1(t/km^2·月)，较上年同比下降18%。针对施工工地扬尘、露天烧烤、露天焚烧等行为加大处罚力度。严控扬尘污染，两年共计征收扬尘排污费7000余万元。自2014年以来，完成了19.3万亩平原造林，温榆河、北运河等绿道建设100公里。森林覆盖率达到29.3%。

二、目前面临的主要困难

虽然我区近年来狠抓大气污染防治工作，也取得了一定成效，但仍面临诸多问题，环境形势十分严峻，环境治理压力依然巨大，结合实际，存在以

下几方面的困难：

（一）交通污染问题较为严重

大型货车穿越城区、六环路交通污染未得到有效缓解。经统计，东六环路每日车流量3.4万辆左右，其中，重型车辆每日1.8万辆，交通污染问题严重。同时夜间22时至凌晨4时，大型货车通过京津公路、通燕高速等道路穿越城区，在夜间逆温气象条件下，污染物难以扩散。由于北京东六环是过境货运主通道，车流量较大，对全市$PM_{2.5}$影响较大。下一步我区将积极配合市级部门，全力推进六环路过境货运车辆绕行工作，以减少过境车辆对通州城区的扬尘污染和尾气污染。

（二）非首都功能疏解腾退实现“瘦身”与“健体”同步进行压力非常大

由于历史的原因，通州郊区县经济特征较为明显，中低端产业比较多，转型比较难，调整退出进程缓慢。腾退工作触碰到一些村民的现实利益，挑战很大。据统计，我区现有93个镇村产业聚集区（工业大院），共有工业企业2000余家，其中主要以低端和小微企业（建材、家具、化工、印刷、喷涂）为主。另一方面，我们短期内正处于疏解后“高精尖”产业引入难的“阵痛期”，经济发展支撑力量不足。

（三）城市大气复合污染问题依然突出

由于我区污染源构成复杂、污染源面广点多、各项治理“复重”前行，这些不利因素对于大气污染防治工作的效果影响较大。虽然我区两年来空气质量保持较高的改善率且浓度均值大幅下降，但距离65微克/立方米的任务有很大压力。下一步我们将加大大气污染防治方面的投入，加强对臭氧、细颗粒物、挥发性有机物等复合型污染问题的研究。落实复合型污染问题的防治措施，开展对多种污染物的协同控制，并加强各类污染物控制标准体系的研究。

（四）施工扬尘、道路扬尘污染较重

我区正处于北京城市副中心建设提速期，建筑工地开工面积大，未来五年在全区计划实施350项重大工程，今年在建工地达155个，开复工面积约2100万平方米，个别工地扬尘、道路扬尘和施工机械排放量较大。

三、2017年工作计划

（一）强化责任，进一步落实环境保护职责

中央环保督察组对北京进行督察后，对通州提出了若干有针对性的要求及建议。我们将围绕反馈意见，组织各有关部门狠抓整改意见落实，加大突出环境问题治理力度。同时强化责任体系和问责机制，对违反环境保护法律、法规及未履行环保职责的部门及个人，依法查处，涉嫌犯罪的，依据有关规定，移送司法机关处理。

（二）全力以赴，全面做好五年计划收官工作

今年是《2013–2017清气计划》的最后一年，也是阶段收官之年。我们已经完成了《2017年清气计划》的制定，在今年，重点抓四项工作。一是进一步加快“无煤化”进程。加快实施煤改清洁能源工程，10月底前，完成全区209个村的平房户煤改电、煤改气工作。同时全面完成种养殖业“无煤化”目标，确保2017年年底实现全区境内无煤化。二是强化机动车污染防治。实现公交集团在通州区主干线路运营的公交车基本更新为新能源等低排放公交车辆。划定禁止高排放非道路移动机械使用区域，研究非道路移动机械备案制度，探索建立台账和监管平台。完成转出和报废老旧车15810辆。新增绿色公共自行车10000辆。三是加大治污减排力度。完成辖区1303台5832蒸吨燃气锅炉低氮燃烧改造。累计完成19个镇村产业集聚区（原工业大院）整治工作，确保全区范围内所有镇村产业集聚区污染得到100%的整治。计划调整退出不符合北京城市副中心功能定位的工业企业150家，同时9月底完成全区“散乱污”企业清理整治工作。年内实现重点行业挥发性有机物污染治理485吨。四是加强工地及道路扬尘管理。提高重点区域道路清扫保洁标准，加大冲洗频次，控制道路扬尘。在重点区域工地建设颗粒物在线监测系统，提高工地精细化管理水平。

（三）创新机制，提升精细化管理水平

一是整合资源，继续推进“互联网+”模式。建立全领域环境质量监测系统。计划新建土壤、噪声、

辐射等监测系统，弥补现有环保信息化监测系统的空白，加密污染源监控点位，建设区域环境质量数据库，实现全领域覆盖。建设环保业务电子行政大厅。实现所有业务流程电子化、全行政过程透明化。继续深化“信息化+网格化”管理机制建设。将环境保护工作与网格化城市管理相结合，完善公众参与有奖举报制度，调动社会力量参与环保工作。实现环境信息资源共享。整合环境质量监测系统、建设工地监管系统、违法建设监管系统等信息化系统，打破“信息孤岛”。二是完善机制，实现网格化平稳运行。加强网格环保监督员队伍建设，通过明确责任、量化考核、规范运行，确保人、格、污染源监管有机结合。执法分支机构逐步覆盖全部乡镇、街道办事处建立定期发布机制，加大对各牵头单位考核力度。三是立足创新，引进第三方治理模式。在大气、水等生态环境治理方面，引进和推动第三方治理模式。进一步实现在环境公共服务、重点行业深度治理、工业园区集中治污、区域水环境综合整治、工地扬尘治理、农村环境综合整治等重点领域治污集约化、产权多元化、运营市场化。

（四）全力做好空气重污染应急及冬防工作

针对大气污染，我区一直坚持实施各项治理措施，从根本上减少污染减排。但在当前污染物减排总量仍超出环境容量的情况下，短期看来，在不利气象条件下，尤其是秋冬季节，空气重污染频发。按照市级要求，我区有针对性地修订了《通州区重污染应急预案》，优化调整各项应急措施。

一是强化应急措施。加大黄色及以上预警级别强制性措施减排力度。启动黄色预警时，增加电焊、土石方等施工作业工序；启动橙色、红色预警时，停限产企业名单扩大到除市级园区和新型工业化产业基地以外的制造业企业。二是细化应急台账。按照“两张网”模式，编制行业主管部门台账、属地台账，实现两张网融合。建立行业工作台账8本、各辖区工作台账共15本。三是完善应急体系。重污染应急指挥部成员单位增加至53个部门。区空气重污染应急指挥部总指挥由区长担任，副总指挥由常务副区长担任，执行指挥由分管环保工作的副区长担任，成员由区有关部门和各乡镇政府、街道办事处的党政主要领导组成。四是强化指挥调度。按照级别设立相应启动方式，根据预警级别设立相应检查措施。预警前召开应急工作视频部署会，区领导带队检查各成员单位职责落实情况。五是加强督查考核及责任追究。建立督查机构，应急指挥部下设督查办，负责督查、监察各成员单位职责履行情况。依据有关规定，分步骤、分层级追究党政主要领导和相关人员的责任。

四、2017年工作进展情况

（一）以刚性计划为统领

一是坚持不懈落实《大气十条》，区政府颁布实施 《2017年清洁空气行动计划》《2017年通州区平房住户“煤改电”及种养殖业无煤化工作实施方案》《通州区调整交通管理禁限措施实施方案》等相关重要方案。二是为加强对非道路移动机械的管理，区环保局制定出台《关于划定非道路移动机械低排区和加强非道路移动机械管理的工作意见》。调整退出全区“散乱污”企业，区经信委制定《通州区产业调整退出工作方案》等相关配套政策。

（二）以强化责任促落实

区政府与38个部门、乡镇街道签订了2017年度清气计划目标任务责任书，明确分工，细化责任，将任务落实到全区各街乡（镇）和重点行业。同时，要求制定辖区和行业实施方案，层层分解，绘列责任清单，倒排工期，全力推进工程进度。

（三）以强力组织来推进

一是燃气锅炉低氮改造全面启动。召开全区低氮改造工作部署会，聘请专家对各乡镇、街道进行改造技术知识培训。完成600余台燃气锅炉大气监测工作，下一步将进入大规模的升级改造。二是机动车交通管理禁限进入施行准备阶段。禁令标志已到位，待区政府确认时点后，实施安装。设备安装已进入招投标阶段，3月底对外公示安装。三是平房住户“煤改清洁能源”确村确户。平房住户“煤改气”“煤改电”工作方案已通过区政府审议，颁布实施。现已完成确村确户工作，下一步准备招投标，全面组织实施。

（通州区环境保护局提供）

商务中心区启动区基础设施建设情况
（附：基础设施简介）

商务中心区启动区，北京城市副中心的核心位置，东以北运河为界，西至新华南北路，南邻玉带河大街，面积3.06平方公里，规划总用地298.01公顷。商务中心区启动区是疏解中心城商务功能、提升消费功能、补充国际功能、集聚文化功能的重要空间载体，是北京建设中国特色世界城市的先行区、实验区和示范区。

启动区基础设施及公共服务项目分为交通、电力、燃气调压站、水资源及环境、专业管线、公共设施、社会事业等项目，共计61小项，静态总投资约189亿元，主要包括以下工程：东关大道、北环环隧、南环环隧、公共地下空间、三座地铁车站、新华大街交通枢纽、四座变电站工程、能源中心工程、两座燃气调压站工程、垃圾站、监控中心、停车场、公共地下停车场、河道治理、41条市政道路及管线工程、源头岛、通燕高速下穿工程。

5年来，在市委市政府和区委区政府的正确领导下，商务中心区启动区基础设施按照绿色城市、森林城市、海绵城市、智慧城市的建设要求，突出重点、攻坚克难、锐意进取，创造性地落实中央、市委、区委的各项部署与决策，完成规划建设确定的各项目标任务。在商务中心区61项基础设施建设项目中，开复工51项，其中，完工34项，在建17项，累计完成投资93亿元，建设过程中实现5年来安全生产零事故的目标。

截至2016年年底，商务中心区启动区的地下环隧、综合服务中心、城市市政管网和路网等重大基础设施建设已经完工，陆续投入使用。商务中心区基础设施功能更加完备，交通更加便利畅通。

一、商务中心区启动区基础设施总体建设原则

以建设的难易程度和功能需求为导向进行项目总体建设时序的安排，总体安排遵循三大原则：

原则一："先地下、后地上"原则，确保优先建设地下隧道、地铁车站、地下市政管线；

原则二：以土地上市出让作为项目建设的主线，优先安排能源设施，分批进行市政道路建设，满足地块开发需求；

原则三：统筹考虑核心区内所有建设项目，以景观绿化建设作为核心启动区建设的收尾。

按照上述原则，根据总体建设任务，商务中心区启动区基础设施制定了分五年建成的实施计划：

2011年，地下隧道工程、地铁车站等全面开工建设；

2012年，完成地下隧道结构、地铁车站结构，同时220千伏变电站、燃气调压站、部分市政道路等开工建设；

2013年，110千伏变电站、大部分市政道路及景观工程开工建设；

2014年，完成主要市政道路建设，路网基本形成；

2015年，完善道路标识、监控系统等，同时配合二级开发商做好对接工作。

二、商务中心区启动区基础设施建设管理

商务中心区启动区基础设施建设涉及轨道交通、河道整治、能源子站、文物修膳、专业管道及园林绿化等多个项目，是一项庞大而复杂的系统工程，通州借鉴奥运中心区建设经验，引进先进的城市建设和管理经验，整合双方资源优势，与北京新奥集团合作成立北京新奥通城公司，专门负责启动区基础设施开发建设。

作为商务中心区基础设施及公共服务的项目建设方，新奥通城公司认真梳理分解区域建设项目分布特点，配合地铁建设、穿越河道，与开发商交叉一体统筹建设施工，分阶段部署施工任务，通过重要节点控制，分步骤有节奏地进行科学计划与控

制，实现商务中心区启动区基础设施项目建设的有序推进，完成了以北环环隧、市政综合服务中心为代表的地下空间综合开发和以新华南北路、新华大街为代表的城市主次干路建设，实现了商务中心区启动区市政路网和管网的全线贯通，有效地提高了商务中心区基础设施和土地开发的品质，为后续的开发建设打下了良好的基础。

（一）强化组织领导，科学编制项目建设计划

为切实抓好商务中心区启动区基础设施项目建设，通州区建立了主要领导总牵头，分管领导具体负责的工作领导小组，不断推动领导精力向项目集中，为项目建设服务。根据商务中心区工程建设总部署，通州区于每年年初下达年度建设项目建设计划，明确各项目目标任务、工作要点、总体要求。根据年度计划要求，明确各个节点，责任落实到人、任务落实到位。对重点项目实现周报告制度，每月召开项目建设通报会，每季度召开分析推进会，及时掌握形象进度，协调解决项目建设过程中的相关问题，确保工程项目按计划推进。

（二）多方联动推进，破解建设难题

在积极争取国家投资的同时，找准方向有针对性地开展市场融资，引导建设单位进一步加强银企、银项合作，建立起政府推动、市场引导、企业主导的项目融资网络，拓宽融资渠道。进一步优化流程，提高效能，加快项目前期手续办理进程，对审批资料不齐或项目前期深度不够的项目，主动做好指导和协调工作，及早办理东关大道、北环环隧等重大项目审批和开工建设的各项前置手续，实现审批服务的提速提效。

（三）创新项目管理机制，加强项目督促检查

落实项目法人负责制、招标投标制、合同管理制、工程监理制和项目管理问责追究制，促进政府投资项目的规范化和制度化管理。定期深入项目建设一线，从建设进度、工程质量、资金使用等方面进行督查指导。对进度缓慢、管理不善的给予通报批评，责令限期整改，通过督查检查，加快项目建设进度，确保项目质量和安全，做到项目开工保进度、施工抓质量、建成早见效。

商务中心区启动区基础设施重点项目完成情况一览表

序号	建设项目	概　况	进展情况
1	北环环隧	分为上中下三层，地下一层为行车道层，地下二层为设备夹层，地下三层为综合管廊，是国内少有的涵盖道路交通与市政功能于一体的地下三层结构环廊系统。	已完工，试运营中
2	综合配套服务中心	地下三层结构，一层为真空垃圾收集中心和监控中心，二层为管理用房和设备用房，三层为立体停车库。	已完工，监控中心、立体停车库已投入使用
3	东关大道	南起新华大街，北至通燕路（桥下），道路全长1.99公里，其中，隧道长约1公里，规划为城市主干路，设计时速为50公里/小时。	已通车
4	新华南北路（含新华南北路跨通惠河桥）	南起新华大街，北至北关桥，全长1.53公里，规划为城市主干路，设计时速为60公里／小时。新华南北路跨通惠河桥位于新华南北路跨通惠河处，桥梁长112米，宽49.6米。	已通车
5	新华大街	东起东关大桥，西至新华南北路，道路全长1.83公里，规划为城市主干路，设计时速为60公里／小时。	已通车
6	玉带河大街	西起故城东路，东至北运河西滨河路，道路全长1.25公里，规划为城市主干路，设计时速为50公里/小时。	已通车

续表

序号	建设项目	概　　况	进展情况
7	安顺路	北起温榆河西滨河路，南至通燕高速，道路全长0.4公里，规划为城市主干路，设计时速为60公里/小时。	已通车
8	温榆河西滨河路	南起通燕路，终点至安顺路，道路全长0.58公里，规划为城市主干路，设计时速为50公里/小时。	已通车
9	通燕高速辅路	西起新华南北路，东至东关大道，规划为城市快速路辅路，设计时速为40公里/小时。	已通车
10	故城东路	南起玉带河大街，北至新华大街，道路全长0.95公里，规划为城市主干路，设计时速为50公里 / 小时。	已通车
11	赵登禹大街	南起玉带河大街，北至故城东路，道路全长1.14公里，规划为城市次干路，设计时速为40公里/小时。	已通车
12	北关大道	东起北运河西滨河路，终点至通燕路，道路全长1.49公里，规划为城市次干路，设计时速为40公里/小时。	通惠河桥北段已通车
13	北关大道跨通惠河桥	位于北关大道跨通惠河桥处，桥梁长90米，宽45～51米。	已完工
14	北关大道跨北运河桥	位于北关大道跨北运河处，桥梁长约365米，主桥桥宽42.6～68米。	结构完工，正在进行桥梁装饰
15	南环环隧	地下车行隧道，位于商务中心区商务南区，主隧道长1.16公里，设计时速为30公里/小时。	施工中
16	220千伏变电站外电源沟道	起点为通州顺与潞苑北大街路口，终点至运河220千伏变电站，建设长度3713.5米。	施工中
17	9号地	分为三层，地下一层为瓮城博物馆、智慧城市指挥中心；地下二层为瓮城博物馆及博物馆入口广场、市民活动广场、智慧城市指挥中心；地下三层为社会停车场、服务设施配建停车场、设备机房。	未启动

三、商务中心区启动区基础设施建设成效

5年来，商务中心区启动区基础设施建设通过建立统筹计划先行为导则，扎实主动做好谋划，全面加强项目有力、有序、快速推进势头，实现了商务中心区启动区基础设施质的跨越，城市副中心的基础设施综合承载能力大幅度提升。

（一）城市地下空间高品质开发

2011年4月7日，随着开工仪式的举行，商务中心区基础设施建设的大幕正式拉开。

按照“先地上，后地下”的建设原则，商务中心区高标准完成北环环隧、南环环隧、东关隧道、市政综合配套服务中心等“看不见”的地下工程，构建了启动区基础设施工程最复杂使用最便捷的地下交通枢纽。

北环环隧为全市首个涵盖城市道路交通与市政职能于一体的地下三层环廊系统，其综合化、集约化、科技化的建设方式，与地下空间开发高度融合统一，大大节约了城市市政用地空间，成为北京城

市副中心的示范工程。

东关大道设计下穿通惠河20余米深处，为地上市民亲水空间让道，尽管增加了施工难度，但市民亲水而居，临河而行的宝贵生态环境得以完整保留下来。

市政综合配套服务中心集智能停车、垃圾处理、监控指挥等多功能于一身，为商务中心区提供现代化管理和服务。

南环环隧为地下行车隧道，为高效整合区域内资源，土护降工程延续北环环隧一体化建设模式，为区域内各方开展合作打下良好基础。

截至2016年年底，商务中心区地下空间已经被铸造成结结实实的“地下城”，北环环隧、东关隧道、市政综合配套服务中心投入使用。

（二）商务中心区坚实路网铸成

为配合商务中心区高品质路网建设和地下管网建设，全力提升区域交通能力和能源供给能力，通州加大交通设施建设，陆续实施新华大街、新华北路等城市主次干路和城市支路的道路改造工程和新建工程。

经过5年建设，商务中心区启动区的市政路网基本贯通，其中，东关大道、安顺路、新华南北路、新华大街、故城东路、玉带河大街、温榆河西滨河路、通燕高速辅路等城市主次干路实现全线通车运行。

随着路网建设的完善，城市道路地下管线同步扩容升级。道路改造中，中水、给水、电力、照明、弱电、绿化工程及其他附属配套同期建设，主要能源管线大幅度增容，大大提升了商务中心区市政供给服务能力，为北京城市副中心未来能源需求提供了强有力保障。雨、污管线进一步分流，从源头上控制了污染，改善下游排水环境，为解决地区及上游区域安全度汛创造了条件。

截至2016年年底，商务中心区城市道路的市政管网和路网基本全面建成，区域交通路网得到全面优化，交通环境品质得到大幅度提升。

（三）跨河桥梁靓丽景观初现

作为北京城市副中心重要的市政基础设施，同时也是商务中心区启动区重要的景观工程，北关大道跨通惠河桥和北运河桥均采用国际招标的形式进行方案征集，桥梁设计方案以桥梁历史文化环境艺术提升为主，综合考虑桥梁两岸及周边环境景观提升，将通州深厚的城市文化底蕴融入细节品质，打造与商务中心区城市文化高度融合的桥梁景观。

寓意为“青叶伏波”的北关大道跨通惠河桥，充分考虑与周边燃灯佛舍利塔、运河水乡区、程家大院、西海子公园、通惠河景观的空间形态关系，以“柳叶”作为设计母题，展现水乡区“柳叶随波”“龙舟撑出柳荫来”的美丽意境。寓意为“千荷泄露”的北关大道跨北运河桥，连接西岸众多遗址古迹的旖旎水乡和东岸现代都市CBD建筑群，设计了扭曲钢箱拱桥附带三层类似荷花造型的景观步道，为市民营造妙趣横生的亲水体验。

截至2016年年底，北关大道跨通惠河桥建设完成，北关大道跨北运河桥具备使用条件，“青叶伏波”和“千荷泻露”的唯美造型屹立在副中心的河流之上，成为北京城市副中心的靓丽景观。

（四）科技提升建设品质

通州在商务中心区基础设施建设中引入多项世界领先技术与理念，着力打造高标准、国际化、绿色低碳的北京城市副中心。

在地下20米深处，北环环隧“一体化”设计，通过整合地铁、环隧、地块、中间地带，形成统一的地下空间规划与建设，按照由深至浅的原则，实施基坑的一体化支护、开挖和回填，实现多项目间的无缝衔接，在缩短工期的同时，大大节约了建设投资成本。商务中心区“中枢系统”市政综合配套服务中心，神奇的电灯“导光筒”利用高反射的光导管，将阳光从室外直接引入地下，打破了室内依靠电力照明系统的传统观念，能源节省率可达80%。

跨河桥梁中，北关大道跨通惠河桥为全市首个单拱跨河全钢大桥，采用整体式全无缝结构型式，有效解决了由于主跨大、边跨小而出现的负反力问题，属国内较大规模的无缝桥。路面结构上，采用超韧性混凝土STC组合桥面的新技术，使桥面具有超高的抗拉韧性，大幅度提高桥面刚度和抗疲劳寿命。造型独特的上承式空间曲面连拱桥——北关大道跨北运河桥由一系列不规则异性构件组成，主桥含35根双曲面空间扭拱、22根长短不一的横梁、358根截面不同的立柱以及108段重量不同的钢箱梁。结构复杂，技术含量高，桥梁外装饰采用新材料FRP（玻璃钢复合材料），将桥梁侧面钢结构全部包裹起来，为国内桥梁首次规模使用。

在道路建设方面，采用新材料布敦岩天然沥青改性剂改善沥青路面性能，保证了市政道路的高稳定性、高抗水损、耐微生物侵蚀和抗车辙能力，有效延长了道路使用寿命。

四、下一步计划

过去的5年，通州区积极投身于商务中心区启动区基础设施建设，攻坚克难、锐意进取，奋发有为，高标准、高质量地完成了建设任务，实现了商务中心区启动区基础设施建设的基本建成和投入使用。

下一步，通州将继续坚持创新、协调、绿色、开放、共享的发展理念，以建设国际一流和谐宜居之都示范区为总目标，以区域功能提升、非首都功能疏解、京津冀协同发展为重点，突出绿色、宜居、人文、智慧发展，高起点规划、高水平建设北京城市副中心。

附：基础设施简介

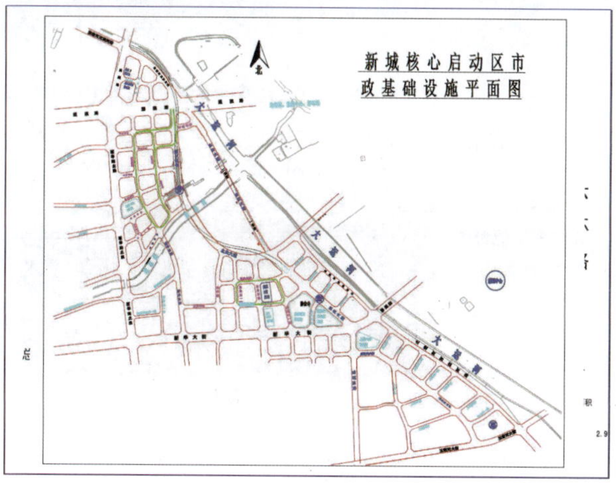

一、商务中心区总体工程概况

截至2016年年底，已开工建设的项目总数为17项，已完工13项，还有4项在施。

（一）道路工程共计13项，其中：

1. 主次干路共计12条，已完工9条，2条在施，1条未开工。

（1）主干路7条已完工，包括东关大道、新华大街、玉带河大街、新华南北路、故城东路、安顺路、温榆河西滨河路。除东关大道一标外其余全部竣工验收完成。

（2）城市快速路1条，通燕高速辅路已完工，竣工验收完成。

（3）次干路4条，其中：赵登禹大街已通车，竣工验收完成；北关大道除司空拆 迁区段外其余基本完成；通惠桥北2017年元旦已通车。

永顺东街已进场，东关西路未开工建设。

2. 支路29条，已开工建设9条，其中永顺南街及新华北一路2条已完工并开通使用 、新华东路（南段）及东关中街2条受拆迁的影响暂时停止施工；北运河西滨河路、新华东路（北段）、永顺北街、北关中路、芦庄南街5条在施。

一、商务中心区基本情况

商务中心区周边路网已形成，地下主管网已贯通，排水、上水已投入使用，电力沟道及电信管道主线已联通，支路随开发商需求同步建设，满足各种资源需求。

（二）环隧工程2项，已完成1项。

1. 北环环隧竣工验收完成；

2. 南环环隧完成B43、B44、B29共3仓结构；余13段。

东段包括主隧道B-29～B-44共16个节段（长度431.76米）、C3出口（长度76.331米）以及R3共个闭合框架节段（长度90.587米）及R3 U槽长度47.611米。

（三）桥梁工程2项，其中：

1. 北关大道跨通惠河桥：桥梁工程全部完成，竣工验收完成。

2. 北关大道跨北运河桥：桥梁主体结构全部完成；机动车道底层沥青砼铺筑完成，人行步道 铺装完成，外装饰正在进行加工。

（四）综合配套服务中心1项（包括监控中心、气力垃圾处理系统、立体车库及地面绿化工程）完工，竣工验收完成。

（五）220KVA电力外沟道工程：该工程跨温榆河围堰一期部分已完成，其余部分已全面进场。

商务中心区市政配套工程

1、东关大道（城市主干道）

东关大道为城市主干道，南起新华大街，终点至通燕路，道路全长约1.99公里。本项目包括隧道工程、监控系统、通风、消防、排水、污水、给水、再生水、电信、污水导改、围堰导流、地面道路、交通工程。其中隧道结构总长约1200米，隧道采用双孔断面，单孔净跨径12.3米，通行净高3.5米。总投资102153.04万元。

平面图

1.东关大道（城市主干道）

2015年11月20日竣工通车。南段600米受美融加基坑施工的影响暂时无法施工。

东关大道南侧入口

2.新华大街（城市主干道）

该道路工程为城市主干路，西起新华南北路，东至北运河西滨河路，道路全长1830米，宽60米。同步实施交通、雨水、污水、再生水、给水、照明、绿化、电力、电信等工程。总投资33277.28万元。

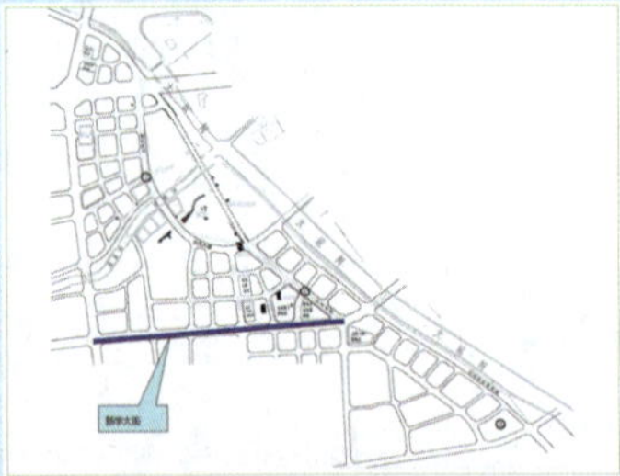

新华大街平面图

2. 新华大街（城市主干道）

2015年年底全部完工。

新华大街

3. 新华南北路（城市主干道）

该道路工程为城市主干路，南起新华大街，北至通燕路，道路全长1608米，宽60米。同步实施桥梁、交通、雨水、污水、再生水、给水、照明、绿化、电力、电信、围堰等工程。总投资37325.18万元。

新华南北路平面图

3. 新华南北路（城市主干道）

2015年7月竣工验收完成。

新华南北路

4. 故城东路（城市主干道）

该道路工程为城市主干路，南起玉带河大街，北至新华大街，道路全长950米，宽40米。同步实施交通、雨水、污水、再生水、给水、照明、绿化、电力、电信、等工程。总投资12071.95万元。

故城东路平面图

4. 故城东路（城市主干道）

2016年5月竣工验收完成。

故城东路

5. 安顺路（城市主干道）

该道路工程为城市主干路，南起通燕路，北至温榆河西滨河路，道路全长331米，宽60米。同步实施交通、雨水、污水、再生水、给水、照明、绿化、电力、电信、等工程。总投资5001.13万元。

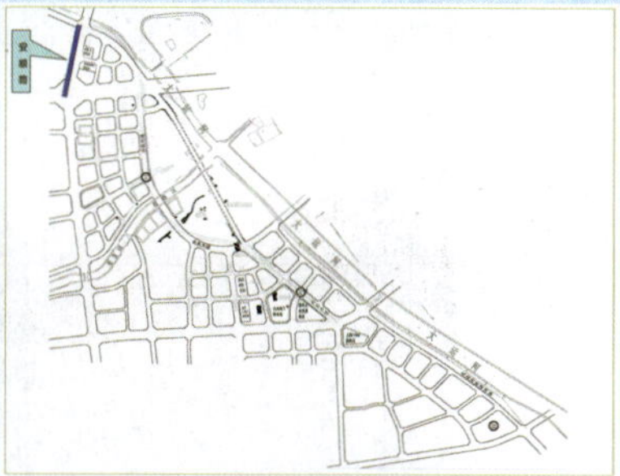

安顺路平面图

北京 BEIJING TONGZHOU 通州

5. 安顺路（城市主干道）

竣工验收完成。

安顺路

北京 BEIJING TONGZHOU 通州

6. 温榆河西滨河路（城市主干道）

该道路工程为城市主干路，南起通燕路，终点至安顺路，道路全长581米，宽60米。同步实施交通、雨水、污水、再生水、给水、照明、绿化、电力、电信、等工程。总投资6293.86万元。

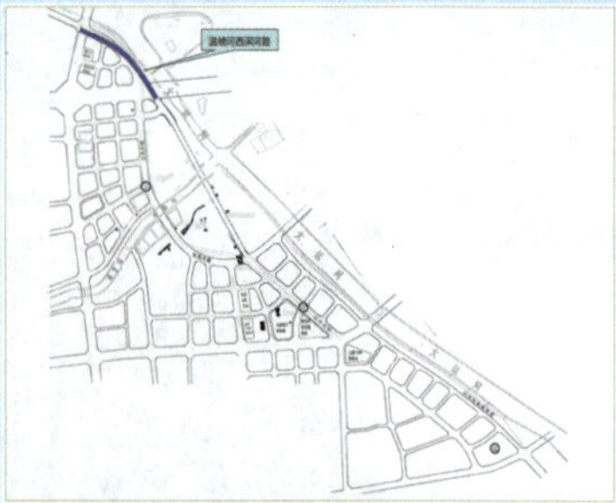

温榆河西滨河路平面图

北京 BEIJING TONGZHOU 通州

6. 温榆河西滨河路（城市主干道）

2015年11月竣工验收，两幅路全部实现通车。

温榆河西滨河路

北京 BEIJING TONGZHOU 通州

7. 通燕高速辅路（城市快速路）

该道路工程西起新华南北路，东至东关大道，道路全长526米，宽60米。同步实施交通、雨水、污水、再生水、给水、照明、绿化、电力、电信、等工程。总投资11286.67万元。

通燕高速辅路平面图

北京 BEIJING TONGZHOU 通州

7. 通燕高速辅路

2015年10月竣工验收完成。

通燕高速辅路

北京 BEIJING TONGZHOU 通州

8. 赵登禹大街（城市次干道）

该道路工程为城市次干路，南起玉带河大街，终点至故城东路，道路全长1095米，宽40米。同步实施交通、雨水、污水、再生水、给水、照明、绿化、燃气、电力、电信、等工程。总投资11647.14万元。

赵登禹大街平面图

8. 赵登禹大街（城市次干道）

2015年8月竣工验收完成，并开通道路。

赵登禹大街

9. 北关大道（城市次干道）

该道路工程为城市次干路，北起通燕路，东至北运河西滨河路，道路全长1648米。同步实施交通、雨水、污水、再生水、给水、照明、绿化、燃气、电力、电信、等工程。总投资23202.9万元。

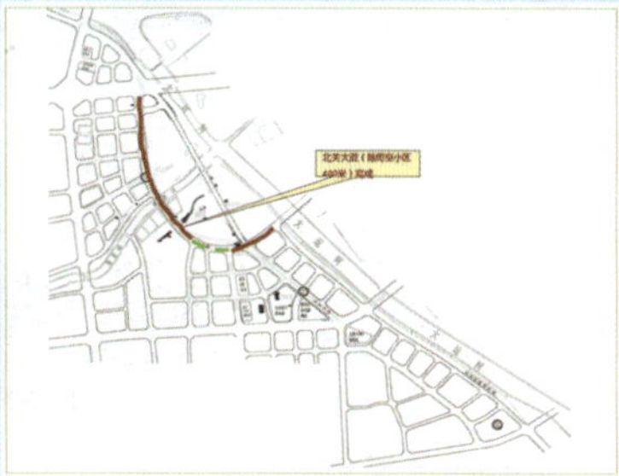

北关大道平面图

9. 北关大道（城市次干道）

截至2016年年底，北大街至北运河西滨河路段道路底层油铺设完成，通燕辅路至通惠河桥及西海子公园段道路面层油铺设完成，桥北700米2017年元旦通车。司空小区段路床回填完成，完成雨水管道250米，中水、给水管道各250米。计划2017年春节前穿越M6号线电力及污水顶管地铁专家论证完成，2017年10月份具备通车条件。

通惠河桥北元旦通车

10. 29条支路

29条支路平面图

10. 29条支路

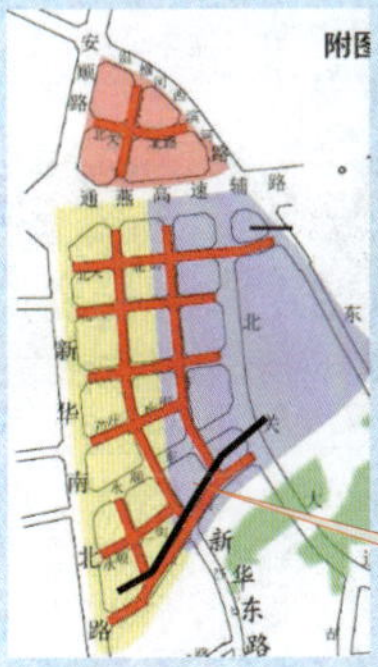

永顺南街658米，地下管线全部完成，道路于2017年元旦通车。

10. 29条支路

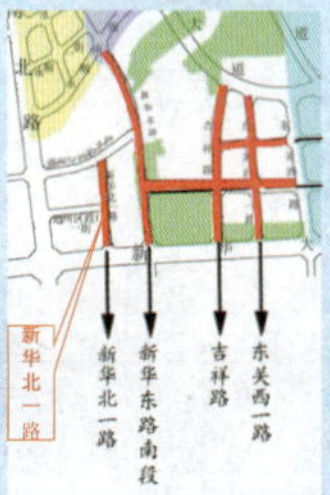

新华北一路

道路全长270米，包括雨水、污水、给水、电力、燃气及电信管线。2016年6月份通车使用。

10. 29条支路（北关北街）
北关北街
北关北街130米2017年元旦通车

10. 29条支路（新华东路）
附图
新华东路
新华东路（永顺南街—通燕辅路）段
道路全长720米，包括雨水、污水、给水、燃气管线。
地下除燃气外其他管线完成，南段铺装完成150米。

10. 29条支路（永顺北街）
永顺北街
永顺北街
道路全长400米，包括雨水、污水、给水、燃气管线。
截至2016年年底，西段南侧道路面层完成。

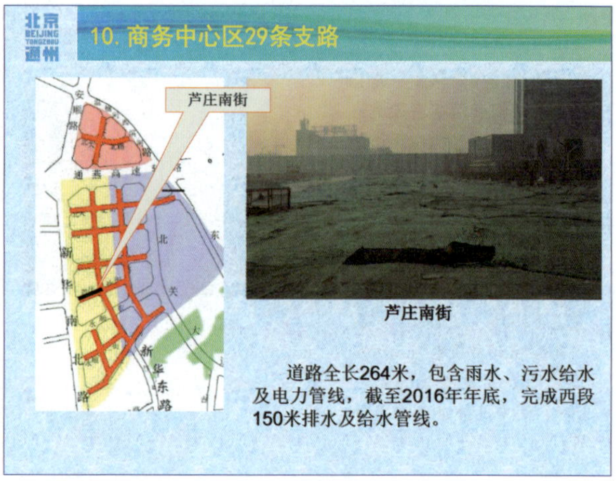
10. 商务中心区29条支路
芦庄南街
芦庄南街
道路全长264米，包含雨水、污水给水及电力管线，截至2016年年底，完成西段150米排水及给水管线。

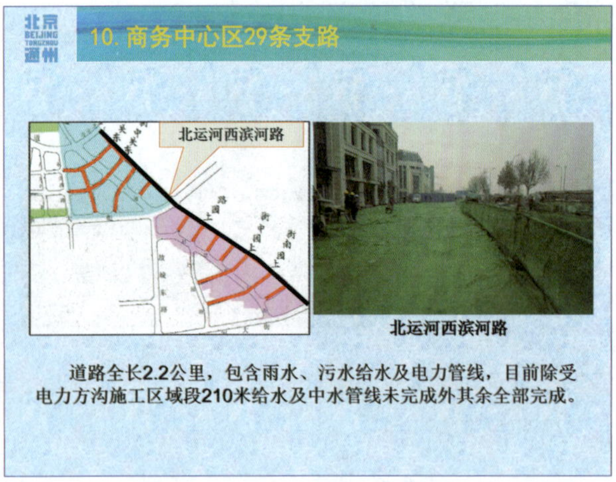
10. 商务中心区29条支路
北运河西滨河路
北运河西滨河路
道路全长2.2公里，包含雨水、污水给水及电力管线，目前除受电力方沟施工区域段210米给水及中水管线未完成外其余全部完成。

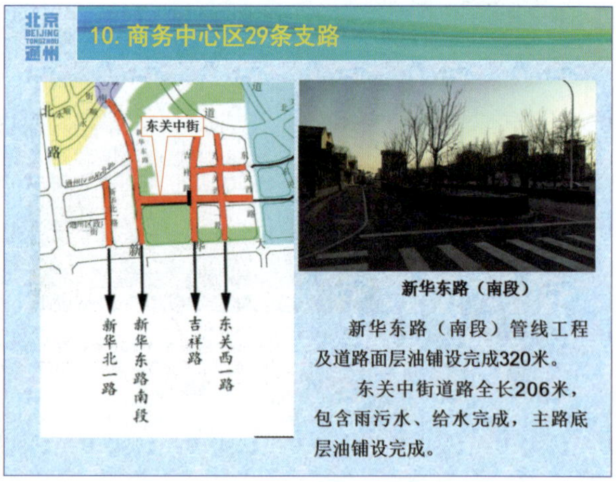
10. 商务中心区29条支路
东关中街
新华北一路
新华东路南段
吉祥路
东关西一路
新华东路（南段）
新华东路（南段）管线工程及道路面层油铺设完成320米。
东关中街道路全长206米，包含雨污水、给水完成，主路底层油铺设完成。

1. 北环环隧

本项目主要建设内容为地下隧道及综合管沟工程，配套实施道路、交通、隧道内雨水及废水排除、消防、通风、供配电与照明、监控、人员逃生系统，交通诱导及信息系统、综合管沟内管线工程；同步实施11座地下一层各地块间人行过街联系通道。其中主体隧道呈环形布置，结构全长为1.5公里，宽14.15米。链接道长259.1米，同时设置4对进出口。总投资176484.11万元。截至2016年年底，该项目已全面竣工验收，计划2017年对外通车。

1. 北环环隧

北环实景

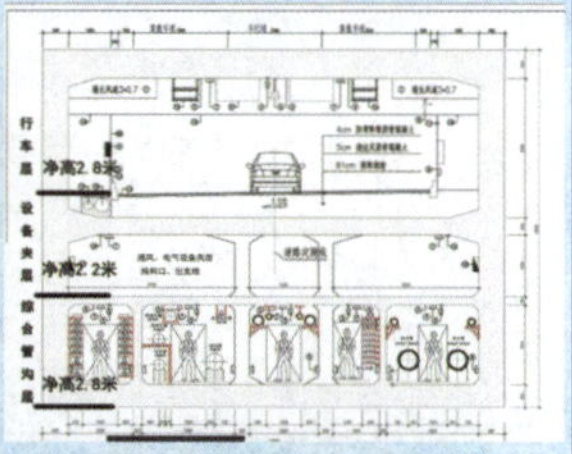

剖面图

2. 南环环隧

南环环隧为地下隧道工程，由主隧道与进出口通道组成，其中主隧道长约1.16公里，12.25米；总投资66528.35万元。

本次实施东关西路以东反C部分，该部分位于东关北街、东关中路、东关中街位置处的隧道。主隧道B29～B44共计16仓，长度约431.8米，包含C3、R3匝道以及与周边地该块链接出入口，进出口通道长214.5m。配套实施道路、交通、隧道内排水、电气、通风、消防、隧道监控及其他附属工程。

南环环隧平面图

2. 南环环隧

北侧B43、B44仓

截至2016年年底，西端北侧B43、B44仓、西端南段B29仓结构及防水回填完成。其他段落受绿地产业项目的影响暂无法实施。

1. 北关大道跨北运河桥

该桥梁位于通州运河核心区内北关大道跨北运河桥处，桥梁设计荷载标准为城A级，桥梁全长约365米，主桥断面宽度为42.6~68米，同步实施桥梁引道北关大道道路长约29米。

同步实施道路、交通、照明、绿化等工程。总投资45443.95万元。

效果图

平面图

1. 商务中心区北关大道跨北运河桥

截至2016年年底，桥梁主体结构全部完成。机动车道底层沥青砼铺筑完成。人行步道铺装完成。外装饰正在进行加工。正在进行FRP玻璃钢装饰块加工。

北关大道跨北运河桥实景图片

2. 北关大道跨通惠河桥

该桥梁位于通州运河核心区内北关大道跨通惠河处，桥梁设计荷载标准为城A级，桥梁全长约163.78米，其中道路段长73.78米，桥梁段长90米。主桥断面宽度为45～51米，桥梁总面积4200平方米。同步实施道路、交通、照明、绿化等工程。总投资16025.94万元。

平面图

效果图

2. 商务中心区北关大道跨通惠河桥

2016年7月北关大道跨通惠河桥已竣工验收。

北关大道跨通惠河桥实景图片

商务中心区市政配套工程

综合配套服务中心

北京通州运河核心区市政综合配套服务中心（监控中心、垃圾收集中心、设备及附属停车设施等配套管理用房）位于通州新城核心区Ⅲ-04地块内，总建筑面积为12020平方米，地下三层主要为小型汽车停车场，层高7.8米；地下二层主要为变配电室、垃圾收集中心、空调机房及储藏间等配套管理用房，层高4.2米；地下一层主要为监控中心及垃圾收集中心，层高5.6米；地上一层场地中央为集中式地面绿化停车场。总投资15669.82万元。

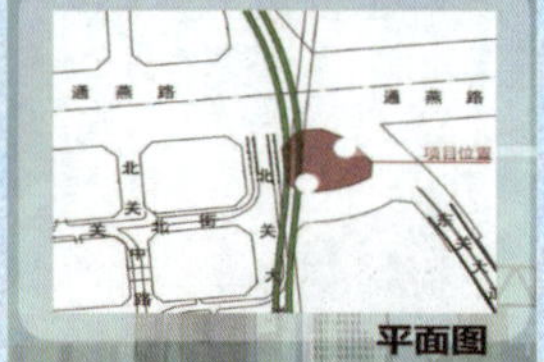

平面图

效果图

北京 BEIJING TONGZHOU 通州
综合配套服务中心
地下一层实景图片
地面广场
垃圾真空系统
截至2016年年底，综合配套副中心已全面竣工验收，立体停车库已对外开放。

北京 BEIJING TONGZHOU 通州
商务中心区市政配套工程
目录
六
商务中心区220kV电力外沟道工程

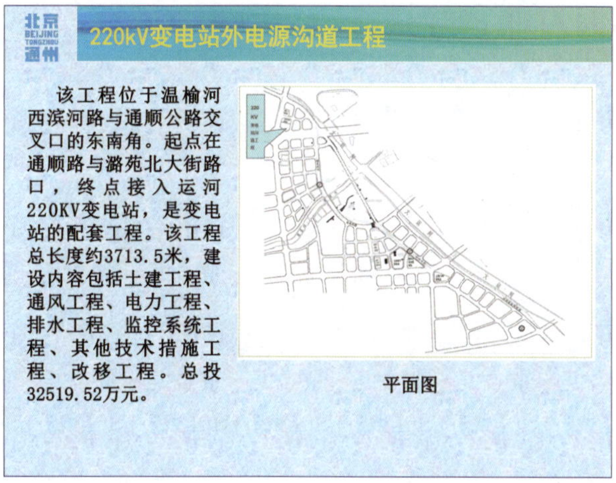
北京 BEIJING TONGZHOU 通州
220kV变电站外电源沟道工程
该工程位于温榆河西滨河路与通顺公路交叉口的东南角。起点在通顺路与潞苑北大街路口，终点接入运河220KV变电站，是变电站的配套工程。该工程总长度约3713.5米，建设内容包括土建工程、通风工程、电力工程、排水工程、监控系统工程、其他技术措施工程、改移工程。总投32519.52万元。
平面图

北京 BEIJING TONGZHOU 通州
220kV变电站外电源沟道工程
截至2016年年底，该工程跨温榆河围堰一期部分已完成，其余部分全面进场。
220kV变电站外电源沟道实景图

北京 BEIJING TONGZHOU 通州
商务中心区市政配套工程
目录
七
商务中心区通州瓮城遗址博物馆及公共服务中心项目

北京 BEIJING TONGZHOU 通州
通州瓮城遗址博物馆及公共服务中心项目
项目总占地面积约为30075平方米，其中红线内占地面积约19800平方米（地下一层占地面积约19800平方米、地下二层占地面积约19800平方米、地下三层占地面积约19800平方米），红线外占地面积约10275平方米 该项目总建筑面积约为54957.32平方米，其中红线内建筑面积约39418.71平方米。地上建筑面积约770平方米。
地下一层效果图

通州瓮城遗址博物馆及公共服务中心项目

该项目位于通州运河核心区商务南区VIII-09地块，该项目规划用地性质为公共绿地（G12），规划占地面积约为1.98公顷。通州瓮城遗址博物馆及公共服务中心项目包括城市公共绿地、公共服务中心、市民服务配套设施、地下公共停车场及通州瓮城遗址等功能。

效果图

通州瓮城遗址博物馆及公共服务中心项目

地下一层建筑面积约9803.91平方米

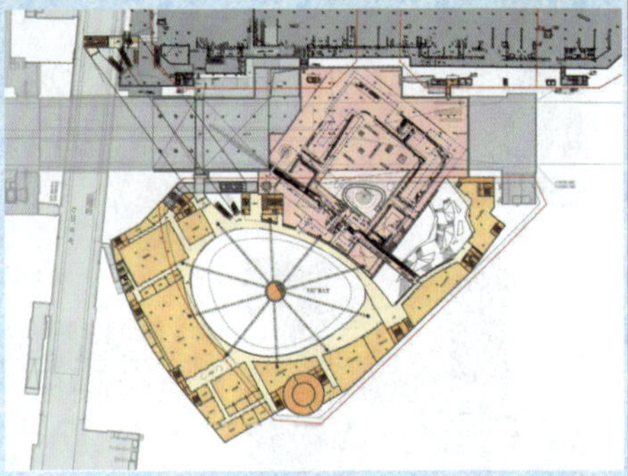

通州瓮城遗址博物馆及公共服务中心项目

地下二层建筑面积约13053.32平方米

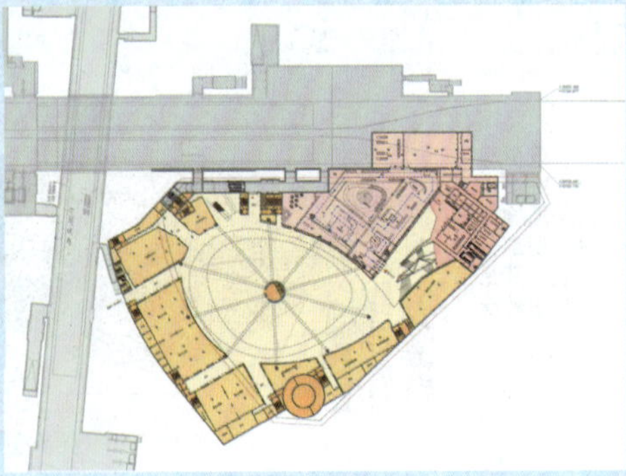

地下二层平面图

通州瓮城遗址博物馆及公共服务中心项目

地下三层建筑面积约15791.48平方米。

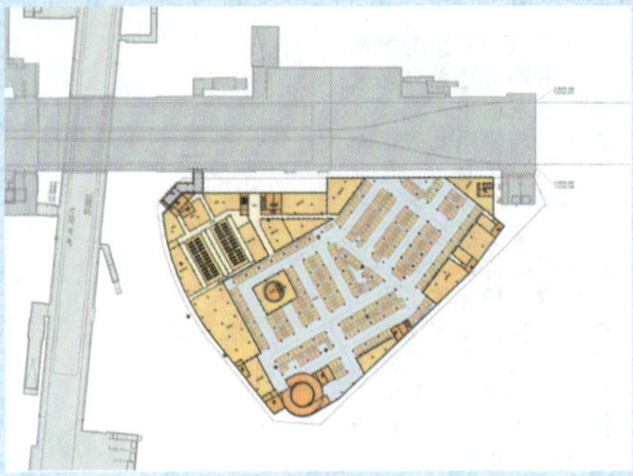

地下三层平面图

通州瓮城遗址博物馆及公共服务中心项目

1.因该项目的建设用地超出了传统的用地红线，故需要明确该项目土地所有权取得形式。

2.鉴于该项目中间地带、瓮城遗址博物馆与09地块行成统一整体并进行一体化建设，各部分的建筑功能是不可分割的整体，因此立项、规划、国土、消防等手续办理已突破了传统的审批模式，需要用一体化的审批模式对该项目进行审批。

3.鉴于09地块的设计理念，该项目为非实土绿化，在园林绿化审批手续办理过程中，恳请区园林局给予大力支持。

截至2016年年底，区规划分局分别向区发改委、区国土、区园林局发出征求意见函，待取得以上三家单位回复意见后方可办理选址意见书。

（通州区新城建设管理委员会提供）

2016年通州区大事记

1　月

4日　市委常委、政法委书记张延昆带领市党风廉政建设责任制第11检查组听取通州区党风廉政建设责任制落实情况汇报。

7日　市委常委、常务副市长李士祥，市委常委、宣传部部长李伟等到通州区调研。

▲　杨广馨特级教师工作站揭牌仪式在通州区教师研修中心举行。

12日　通州区教育系统劳模工作会议在运河中学召开。会上为张佳春、李银环2个劳模创新工作室授牌。

▲　通州区花木协会荣获第七届北京菊花文化节暨世界花卉大观园第六届擂台赛最佳组织奖。代表通州区选送的菊花品种国华小章被评为大赛一等奖。

▲　北京农联服务中心通州合作社裕群生鲜超市开业。

15日　通州区教委新版网站正式上线运行。

21日　区文联、区文明办、区文化委、台湖镇党委等单位联合举办的“丹青意韵——京津书法、美术、摄影名家通州、宝坻作品邀请展”在台湖国画院举办。

26日　全国政协常委、提案委副主任、九三学社中央副主席赖明带队到通州区调研公共自行车运行系统。

27日　通州区国家税务局与永顺镇政府在通州区机动车检测场举行车购税征收厅揭牌仪式，将车购税业务前移至通州机动车检测场，将税收服务前移至纳税人的身边，切实打通了服务税户的“最后一公里”。

本月　通州区完成2015年保障性住房供地任务。供地总面积62.6公顷，其中，公租房20公顷，限价房14.6公顷，定向安置房28公顷（不含计划外项目）。

2　月

1日　市委常委、教育工委书记苟仲文到通州区调研教育工作发展情况。

6日　运河小学扩建工程正式开工建设。该工程新建一座综合教学楼及附属设施，增建建筑面积6232.85平方米，总投资3460.6万元，资金由市区两级财政支持，建成后增加12个教学班扩充学位480个。

17日　北京环球主题公园项目国、地税联合办公室成立。

19日　由北京市政府和中国农业银行共同发起设立的北京城市副中心建设发展基金启动。

▲　通州区举行“榜样的力量——2015通州榜样”授奖活动。

20日　北京二中通州校区新学期教职工大会召开，北京二中承办原北京二中通州分校，改名为北京二中通州校区，纳入北京二中教育集团，真正实现“同一法人、一体化管理”。

22日　通州区国家税务局第九税务所成立，标志着通州区首个个体工商户全职能税务所正式开始对外服务，主要负责全区有形市场和个体工商户的税收征收工作及税源管理工作。

23日　宋庄镇小堡画家村地方税源管理办公室正式成立。为全市首家村级代征点，也是全国首个以发挥社会协税护税作用而设立的村级地方税源管理办公室。

25日　通州区人大常委会召开第三十二次会议，任命陈少敏为通州区人民政府副区长。

29日—3月21日　永乐店地区林业管理站新西庄规模化苗圃种植结尾工作完工。

3　月

1日　通州区国家税务局办税服务厅“国际税收”窗口正式进行业务受理，标志着区国税局国际税收扁平化管理改革工作正式启动，更好地服务于通州非居民企业，特别是为国际环球影城项目的整体规划和建设提供便捷高效的服务。

2日　通州区举行志愿服务先进典型表彰暨2016年学习雷锋志愿服务活动推动月启动仪式。

22日　由国家卫生计生委和北京市人民政府共同主办的世界防治结核病日主题宣传活动在文化旅游区10片区农民安置房建筑工地举行。世界卫生组织结核病/艾滋病防治亲善大使彭丽媛应邀参加活动，并发放健康包，慰问现场参加义诊的医务人员和进城务工人员。

25日　市委副书记、市长王安顺，市委常委、常务副市长李士祥等到通州区调研。

26日　2016年共和国部长义务植树活动在通州区举行。

▲　中共中央直属机关、中央国家机关各部委、单位和北京市委、市政府的领导，通州区四套班子领导以及其他单位领导350人，在通州区台湖镇文化旅游区绿化地块参加义务植树活动。

27日　国信办和区委宣传部组织干部职工300余人，在通州区东郊森林公园进行义务植树活动。

28日　农发行(中国农业发展银行)北京市分行、市金融局干部职工100余人在通州区东郊森林公园进行义务植树活动。

29日　市委常委、组织部部长姜志刚就重大拆迁任务中开展群众工作情况和村委会换届工作到通州区调研。

30日　区园林绿化局携手区总工会在东郊森林公园内（宋庄镇草寺村）组织通州区劳模义务植树。

4　月

1日　通州区国家税务局“营改增”临时办税服务厅正式启用。

2日　区园林绿化局、区人力社保局、宋庄镇政府、社会单位和个人400余人在东郊森林公园（宋庄镇草寺村）内开展义务植树活动。

7日　市人大常委会副主任、党组副书记牛有成等一行8人到于家务回族乡调研。

8日　市政协主席吉林到通州区视察北京城市副中心建设情况。

14日　北京市人大常委会主任、党组书记杜德印到文化旅游区建设现场进行调研并考察指导工作。

15日　全国政协副主席卢展工率提案委员会调研组就“加强城市规划工作”到通州区考察北京城市副中心规划建设情况。

19日　通州区北京专平林下农业专业合作社等七家专业合作社荣获市级示范社。

▲　北京市通州区金桥科技产业基地知识产权保护服务工作站成立。

20日　通州区法院刑二庭与北京市通州区贡院小学签订法制共建协议，并举行揭牌签约仪式。

21日　2016年“运河神韵　书香通州”全民阅读活动启动。

26日　通州区教育系统2016年第一场劳模标兵进校园先进事迹宣讲会在张家湾中学举行，会上，区总工会副主席朱京萍为李文凤、祁京生、马九林、曹春浩4个劳模创新工作室授牌。

27日　北京市教委在通州区召开推进北京城市副中心教育发展专题座谈会。北京市教委主任线联平，区委副书记、区长岳鹏共同为首都师范大学附属中学（通州校区）、北京市第二中学（通州校区）、中国人民大学附属中学（通州校区）、北京理工大学附属中学（通州校区）揭牌。

28日　区总工会举行“人民创造历史　劳动开创

未来”通州区劳模名录揭幕暨劳动奖状、劳动奖章颁奖仪式。

29日 通州区召开各界青年纪念五四运动97周年暨北京市通州区志愿服务联合会成立大会。

5 月

1日 通州区第一张“营改增”增值税发票在太阳花酒店开出，标志着新中国成立后开征66年的营业税正式告别历史舞台，增值税全面覆盖通州各行各业。

▲ 通州区开出的第一份二手房销售增值税发票和第一份出租房屋增值税发票，标志着通州区“营改增”后国税委托地税代征工作正式拉开序幕。

5日 通州区林政执法稽查大队完成3轮代征绿地巡查，全区移交代征绿地86块，占地160余万平方米。

10日 全国妇联副主席、书记处书记焦扬一行到通州区专题调研家庭建设工作。

▲ 北京理工大学附属中学通州校区揭牌仪式举行。

11日 市人大常委会副主任、市总工会主席牛有成到通州区调研工会工作。

14日 2016北京·通州运河绿道骑游周活动举行。

18日 通州区花卉产业服务中心在2016世界月季洲际会展中，参展月季品种“金凤凰”获得铜奖。

19日 韩国首尔特别市九老区代表团到通州区，就教育、文化、医疗、招商引资、城市建设等方面进行友好城市交流。

20日 天津经济开发区工委书记许红星调研通州区文化产业发展和园林绿化工作。

▲ 通州区地下管线基础信息普查工作领导小组成立，小组下设普查办公室，办公室设在市规委通州分局。

22日 北京市通州区乒乓球运动协会成立。

24日 院士通州行活动在通州区举行。来自中国科学院、中国工程院的21位院士针对通州区高层次人才创新创建平台建设、医疗卫生系统人才培养、农业结构调整及智慧城市建设等开展战略咨询和合作交流。

▲ 通州区国家税务局向通州区人工耳蜗培训学校捐助20台电脑，改善学校硬件条件。

26日 第五届北京现代种业博览会在通州国际种业科技园区开幕。

▲ 北京中医药大学东直门医院东区王珂全国基层名老中医药专家传承工作室正式启动并举行拜师仪式。

27日 北京新城职业学校与河北省三河市职教中心“携手同行，共创一体”合作办学签约仪式在北京新城职业学校举行。

本月 通州区国地税局、团委联合在通州房地产开发公司成立全区第一个国地税青年干部教育实践基地。

6 月

1日 通州区国家税务局第十税务所召开成立大会，正式揭牌启动。

2日 市委书记郭金龙，市委副书记、市长王安顺到通州区调研。

3日 通州区第一届职工足球联赛开幕式在健龙森青鸟盛地绿茵场举办。

▲ 北京五中通州校区新建工程正式开工建设。该工程占地面积110004平方米（约165亩），总建筑面积约7万平方米，总投资3.5亿元。计划开设66个班教学班，预计招收学生2760人。预计2017年底建设完成。

6日 市委常委、常务副市长李士祥，副市长林克庆到通州区调研水务工作。

8日 北京方和正圆科技企业孵化器有限公司的方和正圆众创空间和英特华云（北京）电子商务股份有限公司的英特华云全境电商空间成为第三批北京市众创空间。

13日 市委常委、统战部部长戴均良到通州区调研城市副中心建设及统战工作。

15日 “京津冀”三省市在河北省三河市召开

京东片区林业有害生物协同防控联动指挥部成立大会，通州区园林绿化局参加首次“京津冀”林业有害生物应急防控演练。

16日 北京市乡情村史陈列室建设工作现场观摩会在张家湾镇乡情村史陈列室举办。

18日 张家湾镇红学文化季启动仪式暨中国古典文学名著——红楼梦（二）特种邮票首发式举行。

19日 北京市通州区射箭运动协会成立。

21日 通州·玉田战略合作暨项目集中签约活动在唐山市玉田县举行。通州区委常委、副区长于世疆参加签约仪式并讲话。

▲ 区政府正式授权批复北京建工国通建设工程有限责任公司作为文化旅游区基础设施项目建设主体。

▲ 北京同仁医院与通州区7家基层医院签署医联体合作协议。

28日 国家大宗淡水鱼体系北京综合试验站在通州区永乐店镇小务村开展生态菌调节水体水质技术示范推广活动，发放生态菌200公斤。

本月 通州区玉带河（梨园南街—萧太后河段）清淤整治工程基本完成。

7 月

6日 市政协常务副主席赵文芝、副主席李长友到通州区调研北京城市副中心建设情况。

7日 文化旅游区2.8平方公里地块公开招拍挂竞价结束，顺利成交，由北京首寰文化旅游投资有限公司以87亿元的底价摘得。该地块建设用地面积207.1万平方米，建筑控制规模为164.3万平方米；用地性质为F3其他类多功能用地、B31娱乐用地、B4综合性商业金融服务业用地、B14旅馆用地、S41公用停车场用地和U12供电用地。

▲ 通州区总体规划领导小组及办公室成立，全面负责通州区总体规划工作。

18日 国务院妇儿工委副主任、全国妇联副主席、书记处第一书记宋秀岩等一行12人到于家务回族乡仇庄村、花仙子及卫生服务中心就妇女儿童“两刚”工作进行专题调研。

20日 《通州区总体规划编制工作方案》通过区委常委会审议，为通州区推进北京城市副中心各类规划编制工作打下坚实基础。

▲ 通州区国家税务局第十一税务所揭牌成立。该所位于通州区机动车检测场内，主要职能为负责通州区辖内车辆购置税申报征收服务。第十一税务所的成立标志着通州区车辆购置税征收服务正式走近纳税人身边，购车手续“一条龙”式服务正式开启，为通州区机动车销售企业和车购税纳税人带来办税便利。

26日 浦发银行北京通州宋庄支行正式开业。

29日 第二届中国智慧城市博览会在北京展览馆开幕。通州区委常委、常务副区长崔松光出席活动并发表《智慧通州——让城市更爱你》主题演讲。

8 月

2日 中共北京市通州区第五届委员会第九次全体会议召开。区委常委、组织部部长付晓辉就《关于召开中国共产党北京市通州区第六次代表大会的决议（草案）》进行说明；区委副书记、政法委书记杨静慧宣读《关于召开中国共产党北京市通州区第六次代表大会的决议（草案）》。全会审议并表决通过《关于召开中国共产党北京市通州区第六次代表大会的决议》。区委书记杨斌主持。

▲ 北京市社会科学院院长王学勤到通州区调研历史文化工作。先后参观了潞河中学红楼建筑群、韩美林艺术馆、漕运码头和“运河清风”廉政文化主题公园。

4日—5日 市委副书记、市长王安顺，市委常委、常务副市长李士祥，市委常委、副市长陈刚等到通州区各乡镇、街道，调研通州经济社会发展和北京城市副中心规划建设情况。

5日 “情定运河 圆梦七夕”第四届北京七夕文化节在通州区开幕。

8日 通州区举办“情定运河 圆梦七夕”第四届北京七夕文化节之“最美夫妻传家风”道德讲堂

专场活动。

18日 通州区与湖北省黄冈市举行缔结友好城市战略合作框架协议签约仪式。

▲ 全市无照无证餐饮单位治理现场会在通州区召开。

23日 通州区政府与深圳市招商局集团签署《关于共同建设台湖镇项目的合作框架协议》。

▲ 通州区教委与人大附中联合学校总校联合主办2016年暑期新教师培训在人大附中通州校区举行。

29日 北京城市副中心交通规划国际专家研讨会在通州区召开。邀请英国、美国、法国、德国四家国际知名设计专家团队对副中心的交通现状进行调研。

▲ 在中央人民广播电台“中国乡村之声”特约宣传顾问、特约合作单位授牌仪式暨对农传播座谈会上，通州区法院被授予“中国乡村之声”特约合作单位。

31日 通州区政府与北京教科院签署教育事业发展合作框架协议。

▲ 运河中学2016—2017年度开学典礼在运河中学新校区——南校区举行。

9　月

1日 市委常委、常务副市长李士祥，市委常委、副市长张工，副市长林克庆到通州区调研农村地区“煤改清洁能源”工作。

▲ 通州区法院官方微信订阅号“通法信言”正式上线。

2日 英国剑桥市市长杰瑞米·本斯特德代表团到通州区考察。在参观商务中心区、北京小学通州分校、后南仓小学后，就城市规划建设、文化教育、人才引进等问题与区领导座谈。

6日 通州区与匈牙利布达佩斯市第二十三区签署《建立国际友好城市关系意向书》。

▲ 通州区知识产权教育课程全面进入中小学启动仪式暨知识产权专题培训在潞河中学举行。

7日 于家务乡北辛店村科普体验厅纳入市科委科普之旅站点。

8日 通州区“情系北京城市副中心”百姓宣讲团巡回宣讲启动式暨区委理论中心组专场报告会举办。

12日 2016年第十七届“我爱祖国的海疆”全国青少年航海模型教育竞赛总决赛中，北京育才学校通州分校斯鹏宇同学在中国海警船航行赛项目中获得金牌。

14日 “通州‘文明北京 蓝天行动’主题宣传实践活动成果展暨北京市‘V蓝北京’二期功能发布会”在区图书馆举行。

18日 市委常委、常务副市长李士祥，副市长林克庆、张建东到通州区，就全市汛后防洪排涝相关水利工程建设、环球主题公园项目推进情况、通州区公共服务建设项目投资审批改革试点工作以及重大项目推进情况进行督查。

22日 通州2016年金秋社区节暨“弘扬好家风 传递正能量 做文明诚信社区人”系列活动开幕式在教师研修中心举行。

▲ 区环保局与河北省环保厅、廊坊市环保局联合编制完成《潮白河(通州—廊坊段)水体达标方案》。通过京津冀协同联防联控、排污口整治、流域污染全面防控、强化水体修复和严格环境执法等措施，保证水质达标。

23日 2016年北京·通州运河艺术节开幕式举行。

▲ 通州区法院与首都经贸大学法学院签订合作共建协议。

24日 通州区观赏鱼在北京市举办的观赏鱼大赛中再创佳绩，分别在锦鲤20部、25部、35部、45部、50部其他类获得冠军，在锦鲤45部红白类荣获冠军，在锦鲤55部综和类包揽冠亚军。

27日 北京市“我们爱诗词”活动展示现场会在通州区举行。中国关工委主任顾秀莲对通州区关心下一代工作及在“我们爱诗词”活动中取得教育成果给予充分肯定。

▲ 通州区科委与建设银行通州支行在经略天则

举办科技金融框架合作协议签约仪式。区科委主任李霞、建行北京市分行副行长王新立出席签约仪式。

28日 于家务中学举办“纪念孔子诞辰2567年——中华家风家道论坛与中华师道传承公益巡讲启动仪式”。

29日 2016中国艺术品产业博览会在通州区宋庄镇开幕，为期7天。主会场位于宋庄小堡村环岛，包括核心交易区和13个特色交易馆，核心交易区面积达3万平方米。本届艺博会除主会场设在宋庄文化创意产业集聚区之外，还在金福艺农、佳合产业基地、中国书画100名家艺术中心和天津、河北等地设立5个分会场。

30日 通州区烈士公祭活动在在运河森林公园周文彬塑像广场举行。区委、区人大、区政府、区政协领导，以及老战士和烈属代表，部分区人大代表和政协委员，驻通州部队官兵代表，区属各单位及乡镇街道党政主要领导，劳模代表、妇女代表、师生代表和共青团员代表参加公祭活动。

10　月

8日 由全国政协常委吴江，全国政协委员陈建国、张国俊、刘金虎、汤亮等人组成的中共中央统战部建言献策小组到宋庄镇疃里村，就“如何丰富老年人文化生活”进行调研。

9日 八里桥棚户区改造项目（一期）搬迁启动会在永顺镇政府召开。

10日 八里桥棚户区改造项目（一期）住宅签约工作正式启动，截至10月底，签约完成100%。

▲ 地税五所和国税十所联合办税服务厅正式启动“融合服务窗口”，将联合办税服务厅升级为深度融合办税服务厅。

11日 市委书记郭金龙，市委副书记、市长王安顺到通州区调研副中心建设情况。

12日 通州区科普惠民体验季暨科普宣教展览展示活动在新华街道国防广场举行。

13日 通州区人大常委会召开第三十七次会议，任命张力兵为通州区人民政府副区长，决定由张力兵代理区长职务；洪家志为通州区人民政府副区长。

14日 通州区政府分别与中央美术学院视觉艺术高精尖创新中心、北京建筑大学未来城市设计高精尖创新中心和北京林业大学林木分子设计育种高精尖创新中心签订全面合作协议。

▲ “创新引领发展，科技成就未来”2016年通州区科技成果展在宋庄上上美术馆开展。

18日 广州市南沙开发区调研团到通州区考察学习，并就城市规划建设等方面工作进行交流讨论。

▲ 通州区召开“六五”普法总结暨“七五”普法启动大会。

20日 市委常委、副市长陈刚，市人大常委会原主任张健民等20余名市级老干部到通州区调研。

▲ 北京市通州区教育委员会与加拿大高贵林市教育局友好学校合作意向书签约仪式在运河中学举行。加拿大不列颠哥伦比亚省高贵林市教育局长Patricia Gartland代表高贵林市5所中小学，与通州区运河中学、永乐店中学、玉桥中学、贡院小学与芙蓉小学校长签订友好学校合作意向书。

21日 法国圣康坦市代表团到通州区进行友好访问。

23日 “走进通州，为北京三大球加油”2016（第三届）北京徒友嘉年华暨第六届“京都球侠”评选启动仪式、通州区第三届徒步运动大会在运河奥体公园举行。

24日 市人大常委会主任杜德印到通州区检查指导区、乡镇人大换届选举工作。先后到马驹桥镇大白村和新海南里社区，实地查看换届选举选民榜和宣传栏，详细了解村、社区换届选举宣传、选民登记和推荐代表候选人情况。

28日 北京环球主题公园及度假区项目举行场地土方填垫工程开工仪式。这是继该项目获得国家发改委核准、签署合资协议、全面启动配套基础工程建设后的又一重要里程碑，标志着环球项目进入全面建设阶段。

本月 地税局检查一科与通州国税局检查二科

联合稽查全面启动。

10月 完成通州区农业应急指挥系统建设项目，通州区投入资金63.5312万元，实现与市重大动植物疫情应急指挥部的统一调度和高度协同职能。

11 月

1日 通州区环保局与意大利SOGESID-S.P.A公司正式签订第一阶段《通州区域水环境综合治理方案优化项目技术服务合同》。

3日 百名市级挂账村村书记到马驹桥镇小周易村和台湖镇董村观摩学习综合整治工作。

4日—5日 市委副书记、代市长蔡奇到通州区调研北京城市副中心规划建设情况。

8日 “科技资源通州行——北京城市副中心创新创业对接会”系列活动在通州区启动。

▲ 京华书画院写生创作基地授牌仪式在通州区宋庄玺达生态农庄举办。

9日 通州区举办第三届“勤廉之星”事迹报告会。

18日 中共北京市通州区第五届委员会第十次全体会议召开。区委书记杨斌主持，区委副书记、政法委书记杨静慧作《中共北京市通州区第六次代表大会筹备工作报告》。会议审议并通过了《中共北京市通州区第五届委员会工作报告（讨论稿）》《中共北京市通州区第五届纪律检查委员会工作报告（讨论稿）》；作了关于新一届区委委员、候补委员和区纪委委员候选人预备人选名单的说明。通过大会主席团成员、主席团常务委员会委员和大会秘书长人选名单。

22日 2016首都非公经济金融服务推进会暨城市副中心建设项目推介会举行。

▲ 北京市通州区妇幼保健院儿童早期发展中心通过国家级儿童早期发展示范基地验收工作。

25日 “互联网+”助力通州区教育全面深化综合改革暨北京市中学教师开放型在线辅导计划试点启动仪式在通州区举行。

▲ 通州区检察院组织区地税局、国税局、工商分局及食药局4家行政执法单位举行“两法衔接”工作机制会签仪式。

26日 北京通州鑫淼水产总公司国家级锦鲤良种场提升改造项目基建工程基本完成。

本月 玉带河（京秦铁路段）清淤除臭工程完成。

12 月

1日 北苑街道“非公共志愿联盟”党委成立大会在通州万达广场召开。

2日 市委常委、宣传部部长李伟到通州区调研宣传思想文化工作及东部运河文化带建设情况。

3日 副市长林克庆等到通州区调研水环境建设情况并检查安全生产工作。

7日—9日 中共北京市通州区第六次代表大会召开。

9日 中共北京市通州区第六届委员会第一次全体会议召开。

10日 梨园中学扩建工程正式开工建设。该工程在原校址内增建一栋教学楼、一栋食宿楼并建一个地下风雨操场。增建建筑面积6636平方米，总投资3515.65万元，资金全部由区级财政解决，建成后可以增加学位500余个。

14日 区委书记杨斌主持召开六届区委常委会第一次会议，传达学习《中共北京市委办公厅关于深刻汲取吕锡文严重违纪违法案件教训 进一步深入学习贯彻党的十八届六中全会精神的通知》，听取关于六届区委常委分工、《通州区政府绩效考评暂行办法》制定情况、通州区治理违法用地违法建设工作情况的汇报，研究《中共北京市通州区第六届委员会常务委员会关于加强自身建设的意见》《中共北京市通州区第六届委员会常务委员会工作规则》《区委全会工作制度》《书记专题会议工作制度》《关于加强通州区纪委派驻机构建设的实施意见》《关于成立中共北京市通州区第六届人民代表大会第一次会议临时党组的请示》《关于成立中共政协北京市通州区第六届委员会第一次会议临时党组的请示》《关于中共北京市通州区纪律检查委员会立案呈批报告》。

15日 通州区2016年金秋社区节闭幕式暨“好家风好家训”作品征集颁奖典礼活动在区文化馆举办。

19日 中央环保督察组到通州区调研。视察了八里桥市场、城西5号锅炉房、市行政办公区工程建设指挥部、商务中心区、潞城镇小豆各庄村，并听取相关情况汇报。

▲ 地下管线数字化管理系统（二期）补测建设项目通过验收。补测范围东至东部发展联络线，西至通州区界，南至京沈高速，北至潞苑北大街，共计155平方公里，管线长度约4000公里。

21日—24日 政协通州区第六届委员会第一次会议举行。会议选举产生新一届区政协主席、副主席、秘书长、常务委员。区政协主席赵玉影代表新一届政协常委会作表态发言。大会通过政协通州区第六届委员会第一次会议政治决议；通过关于政协通州区第五届委员会常务委员会工作报告的决议，通过关于政协通州区第五届委员会常务委员会提案工作报告的决议。

22日—26日 北京市通州区第六届人民代表大会第一次会议举行。会上表决通过关于设立北京市通州区第六届人民代表大会专门委员会的决定，表决通过大会选举办法，表决通过《关于表决北京市通州区第六届人民代表大会专门委员会组成人员的办法》。大会选举新一届区人大常委会组成人员、区“一府两院”领导人员。新当选的通州区人民政府区长张力兵作表态发言。大会表决通过关于通州区人民政府工作报告的决议；关于通州区2016年国民经济、社会发展计划执行情况和2017年国民经济、社会发展计划的决议；关于通州区2016年财政预算执行情况和2017年财政预算的决议；关于通州区人民代表大会常务委员会工作报告的决议；关于通州区人民法院工作报告的决议；关于通州区人民检察院工作报告的决议。

22日 通州区通过北京市慢病综合防控示范区考评专家组验收。

27日 种业园区研发中心开工。

本月 公共自行车全区455个租赁站点实现无线Wi-Fi全覆盖。市民在各租赁站点可通过手机连接My-beijing无线Wi-Fi，站点对市民开放免费上网，每天每用户最高累计2小时使用。

注：“▲”表示“同日”

综 述

地情概况

【地理位置】 通州区位于北京市东南部，京杭大运河北端。区域地理坐标北纬39°36′～40°02′，东经116°32′～116°56′。东西宽36.5公里，南北长48公里，面积905.95平方公里（土地面积数据为2009年全国第二次土地调查数）。西邻朝阳区、大兴区，北与顺义区接壤，东隔潮白河与河北省三河市、大厂回族自治县、香河县相连，南和天津市武清区、河北省廊坊市安次区交界。

【地貌】 全区地处永定河、潮白河洪冲积平原，地势平坦，平均海拔高程20米。分布13条河流，总长245.3公里，主要河流有北运河、潮白河、凉水河、凤港减河。

【气候】 气候属暖温带大陆性半湿润季风气候区，2016年，日照2396.0小时，年平均气温12.6℃，降水702.0毫米。

【建置沿革】 通州区历史悠久，早在新石器时期，境域内即有人类活动。西汉高祖十二年(公元前195年)始建路县，先后改称通路亭、潞县、通州、通县。1948年12月通县解放，分置通县、通州市。1958年3月县市由河北省划归北京市后，合并为北京市通州区。1960年复称通县。1997年4月撤销通县设立通州区。通州区辖10个镇、1个回族乡、4个街道。

【人口】 2016年，户籍人口74.7万人，其中，非农业人口47.5万人、农业人口27.1万人。年内人口出生率7.69‰，死亡率5.03‰，自然增长率2.66‰。

（张亚昆）

2016年国民经济和社会发展

【概　况】 2016年，地区生产总值650.3亿元，同比增长8.7%。其中一、二、三产业增加值分别为16.5亿元、297.1亿元和336.7亿元，同比分别增长-14.1%、8.3%和10.5%。三次产业构成为2.5∶45.7∶51.8。税收总额250.8亿元，同比增长19.8%；地方公共财政预算收入实现76.5亿元，同比增长8.1%；全社会固定资产投资939.9亿元，同比增长17.4%；实现社会消费品零售额388.1亿元，同比增长9.2%；城镇居民人均可支配收入40845元，农村居民人均可支配收入23538元，同比分别增长8.6%和8.7%。全区金融机构人民币各项存款余额2619.4亿元，比年初增加490.1亿元。其中，个人存款1206.1亿元，比年初增加152.2亿元。

2012年至2016年，通州区围绕城市定位的提升与明确，主动调整思路，积极破解难题，搭建起统筹综合的规划体系。围绕非首都功能与人口疏解，推动编制了北京城市副中心建设行动计划，明确了以行政办公、商务服务、文化旅游为重点的城市空间与功能布局。围绕“四个城市”和“三个示范区”建设，系统开展基础数据清查，针对城市管理、基础设施、生态环境等方面组织15个专家课题组，逐项突破各类深层次问题。聘请国际顶级设计团队，与市规划国土委共同组织方案征集以及编制通州区总体规划，开展了北京城市副中心总体城市设计和6个重点地区详细城市设计，进一步完善提升了17项专项规划，为打造“千年城市”绘制蓝图。

功能区建设持续提速。连续实施大规模搬迁改造和土地一级开发，为承接主导功能预留空间。行政办公区完成15平方公里、3947宗宅基地、9300户的拆迁任务，安置人口1.8万人，全程“零滞留、零诉讼”。商务中心区标志性项目梯次推进，东关大道、北环环隧、能源中心等重点基础设施取得重大进展，市政管网全线贯通。文化旅游区核心区域实现供地，环球主题公园实现开工。环渤海高端总部基地、宋庄文化创意产业集聚区各项工作稳步推进。

区域统筹发展态势逐步显现。城区155平方公里、全境905.95平方千米及临津冀周边协同发展思路逐步明确，政务服务、综合配套、生态屏障、产业聚集、区域合作等大范围功能布局初步展开，城乡统筹迈向区域统筹。永顺、梨园地区基本实现城市化，台湖、于家务、潞城新型城镇化综合试点取得初步成果，宋庄、台湖统筹利用集体建设用地试点稳步推进。西集中心区等5个重点中心镇开发建设持续推进，小城镇聚集效应和辐射带动作用不断增强。与河北廊坊、天津武清达成框架合作协议，在水系治理和园林绿化等方面开展合作。

【农　业】　全区实现农林牧渔业现价总产值42.4亿元，比上年下降15.4%。其中，农业产值21.9亿元，比上年下降3.8%；林业产值5.7亿元，下降27.8%；牧业产值12亿元，下降23.8%；渔业产值1.8亿元，下降33.5%；农林牧渔服务业产值1亿元，增长0.2%。

全年设施农业收入13.8亿元，下降3.4%。设施农业实际利用面积2297公顷，下降10.6%。其中，温室占地面积1639公顷，下降11.9%；大棚占地面积601公顷，下降0.3%；中小棚占地面积57公顷，比上年下降47%。

【工　业】　全年实现工业增加值202.1亿元，比上年增长6.2%。全区规模以上工业企业443家，完成规模以上工业总产值（现价）643.9亿元，增长4.1%。其中，现代制造业271.2亿元，增长4.6%；高技术制造业97亿元，下降2%。规模以上工业主营业务收入797.8亿元，增长5.6%。其中，现代制造业310.2亿元，增长11.1%；高技术制造业97.9亿元，增长2.5%。规模以上工业利润总额61.9亿元，增长20.4%。其中，现代制造业实现利润43.8亿元，增长25%；高技术制造业实现利润32.2亿元，增长38.6%。

【建筑业】　2016年，全区有资质的建筑业企业212家。其中，施工总承包企业和专业承包企业207家、劳务分包企业5家。全区实现建筑业增加值95.1亿元，比上年增长13.1%。

全区完成建筑业总产值1064.6亿元，比上年增长4.7%，其中，在外省完成产值965.9亿元，增长3.5%，占总产值比重为90.7%；在北京完成产值98.6亿元，增长18.6%。签订合同额3789.2亿元，增长14.4%。其中，本年新签合同额1618.3亿元，增长16.7%。房屋建筑施工面积10423万平方米，比上年增长4.9%，竣工面积2161万平方米，增长25.1%。

【商业 对外经贸】 全年实现社会消费品零售总额388.1亿元，比上年增长9.2%。其中，限额以上单位实现零售额285.7亿元，增长8.9%；限额以下单位实现零售额为102.4亿元，增长10%。

全年新批“三资”企业21家，比上年减少4家。其中，外商独资企业17家，中外合资企业4家。全年注册资本5.2亿美元，下降54.6%；合同利用外资3.8亿美元，下降63.1%；实际利用外资3.6亿美元，增长18%。

从海关统计数据看，2016年，全区进出口贸易总额24.5亿美元，比上年增长18%；出口创汇总额9.1亿美元，比上年下降0.6%；进口付汇15.4亿美元，比上年增长32.6%。

【旅游业】 2016年，全区农业观光园56处，比上年减少1处；全年接待游客134.7万人次，比上年增长70.4%；实现观光园总收入2.5亿元，增长28.6%；民俗旅游总收入1608万元，增长44.4%，接待游客4万人次，比上年增长46.5%。

【城乡建设与管理】 2016年年末，全区公路里程2370公里，比上年年末增加25公里。其中，乡道1255.1公里；专用公路53.5公里；村道553.5公里。

2016年，以道路交通为重点的基础设施建设取得长足进展。累计实施70余条重点道路建设和30余处道路微循环改造，新开通、调整公交线路68条，新增114辆电动微公交，投放公共租赁自行车2万辆，完成玉带河大街等慢行系统建设，方便群众绿色便捷出行。

年末全区民用机动车保有量29.6万辆。其中，私人汽车23.4万辆，私人汽车中轿车15.5万辆。年末全区郊区客运汽车486辆；营运出租汽车2087辆；人力客运三轮车113辆。郊区客运线路60条；郊区客运线路总里程1421公里，比上年末减少33公里。

全区货运汽车拥有量达到2.7万辆，比上年年末增加1504辆。货运户数5203家，比上年年末减少87家。年末水域游船141艘，其中，自航船29艘。

全区有邮政局所35个。其中，农村27个。实现邮政业务总量1.6亿元，比上年增长11.8%。订销杂志60.1万份，增长2%；出口包裹快递107.6万件，增长152%，进口包裹快递164.6万件，增长81.5%。邮政储蓄年末收储余额60.8亿元，比上年末增长16.1%。

全年电信业务收入8.7亿元，比上年增长24.3%。其中，固网业务收入4.9亿元，移动业务收入3.8亿元。年末普通电话用户达到24.5万户，下降19.4%。年末固定互联网宽带接入用户数达到22.2万户，增长7.8%。

【科技 教育 文化 卫生 体育】 2016年，全年累计专利申请量5922件。其中，发明专利1086件，实用新型专利3680件，外观设计专利1156件。全年专利授权量3284件。其中，发明专利284件，实用新型专利2279件，外观设计专利721件。

2016年，全区有幼儿园141所，比上年增加3所。全部幼儿园在园人数30371人，有专任教师2618人；有小学82所，招生人数11064人，在校生63568人，毕业生8021人，专任教师3704人；全区初、高中学校41所。其中，初中招生人数5840人，在校生16639人，毕业生4803人；普通高中招生人数3000人，在校生8377人，毕业生2191人。初高中有专任教师3620人。

公共文体设施不断完善，群众文体活动丰富多彩，区文化中心建成使用。深入挖掘运河文化，大运河申遗成功，科学保护历史文化遗存，推进“通州味儿”传统文化圈建设。

2016年，全区专业电影院12个，电影放映队16个；艺术表演场所21个，基层文化中心15个，文化演出场次2630场；审批文化市场经营单位545家。

全区有公共图书馆1个，总藏书60万册。拥有区级以上文物保护单位33处，博物馆2座，韩美林艺术馆1座。年末实有有线电视接收用户48.3万户。

2016年，全区有卫生机构609个。其中，医院22所，社区卫生服务中心（站）98个。全部卫生机构实有床位3651张，卫生技术人员9436人。其中，执业医师3593人，注册护士3609人。

2016年，全区有各类体育场馆19个，其中，露天灯光篮球场6个，面积3420平方米。体育运动学校

1所，在校学生41人。举办全区性各类竞赛83次，举办镇（局）级各类竞赛45次。参加市级各类竞赛获得奖牌144枚。其中，金牌57枚，银牌39枚，铜牌48枚。2016年全区体育活动经费投入达到4793万元。

【社会服务管理和社会保障】 2016年，城镇登记失业率为2.29%；失业人员参加培训686人。城镇登记失业人员就业率达到80.72%，失业人员实现就业20725人；参加职业技能培训人数达1.5万人。

社会救助体系不断完善，城乡低保在全市率先实现统筹并轨。养老服务发展步伐加快，养老机构实现“医养结合”新模式。2016年全区城乡居民养老保险参保人数达22.3万人，续保率达99.2%。参加基本养老、基本医疗、失业保险人数分别为47.4万人、50.3万人和36.6万人；参加工伤保险人数34.9万人，领取工伤保险金额6684万元。

社会救助水平不断提高，城乡低保标准上调至每人每月800元。全区有21个社会捐赠接收工作站接受捐赠款2740.6万元，比上年增长203.2%。全区有收养类社会服务机构19个，收养人数1518人。

全年城镇最低生活保障的城市家庭1134户，城市居民最低生活保障1564人；农村居民最低生活保障家庭3095户，最低生活保障4755人；享受定期补助4071人，享受定期抚恤金73人；安置志愿兵、转业干部人数289人。

【精神文明建设 综合治理】 2016年，通州区以全国文明城区创建工作为总抓手，扎实开展了一系列创建活动，市民文明素质和社会文明程度得到全面提升。建立“区领导问题清单制度”，区领导定期根据“问题清单”亲自督查督办、调度解决重难点问题。不断强化“一把手”工程意识，建立27家重点单位、地区主要领导每月带队督查制度，及时发现、推动解决存在问题。2016年3次委托第三方专业调查公司开展实地拉网式排查，利用“暗访组在行动”网站实现问题点位数据化和信息化，每月根据整改情况对各单位、各地区排名打分。由五位区人大常委会副主任、区政协副主席挂帅，精心挑选20名处级领导干部和25名“两代表一委员”，成立五个创城督查组，对全区128个单位、地区开展10次专项督查。制定并实施《关于建立健全精神文明创建工作先进单位日常管理机制的通知》等指导性文件，根治“牌子到手、创建到头”问题，树立“以评促创”理念，充分激活了文明创建细胞。

创建全国文明城区工作在广泛开展对标达标过程中，探索出了服务外包、发展PPP项目、联合执法等改革举措解决环境秩序中存在问题，真正实现了“以创城标准为全区各项工作的标准，通过创城提升各项工作的水平”的工作目标。调整了大量的落后产能，清退低端企业2000多家，强力推行清洁空气行动计划，大气环境改善率居全市前位。完成117个社区规范化建设工作，打造22个市级规范化建设示范社区，打造精品楼门文化社区60个。积极寻找破解难题的新途径，对6家农贸市场进行升级改造；选取4个老旧小区作为试点，探索提高老旧小区物业管理水平的方法和途径；积极推动解决校园周边秩序问题，在违章停车现象严重的点位加装100套监控设备；组织全区开展无证照餐饮集中整治行动，取缔无证餐饮2380家。

成立通州区志愿服务联合会，开展“互联网+志愿家庭”活动，截至2016年年底，全区注册志愿者接近23万人，服务时长累计达到百万小时。全区涌现出一批志愿服务品牌，如创新开展的“等灯等灯”文明交通劝导志愿服务活动，以公益歌曲、手语操、广场舞等形式，引导市民文明出行，北京电视台《北京您早》栏目对该活动进行了直播报道，创作的广场舞在北京市“舞动北京”大赛中获得金奖。成立通州区社会信用体系建设领导小组，建立信用惩戒“黑名单”，发布产品质量“红黑榜”，有效促进了区域信用体系建设的整体发展。开展“身边好人”和“北京榜样”评选工作，深入推进道德讲堂建设，截至2016年年底，建成八类道德讲堂200余所，评选了首批16个示范讲堂；制定实施《关于帮扶生活困难道德模范和给予道德模范崇高社会礼遇的实施办法》，隆重表彰“通州道德模范”和“通州榜样”，推动各界形成崇尚模范、“好人好报”的社会价值导向。建成爱国主义教育基地、青少年校外教育基地、乡村学校少年宫等各类未成年人教育阵地182个，建成区级乡村学校少年宫12所。深化持续了12年的领导干部爱心助学活动，全区739名领导干部分别与家庭经济困难学生结为助学对子；深化持续了8年的“六小”道德实践活动，活动被评为首都未成年人思想道德建设工作十大品牌活动之一；深化持续了20年的“中华传统文化教育”活动和持续了30年的通州区关心下一代工作，品牌影响和引领作用不断加大。

2016年，向全社会征集公益广告，收到视频、平面广告等1000余件作品，推出以核心价值观、中国梦、道德规范、文明创建、志愿服务、市民文明行为为主题的系列公益广告，利用主要大街、工地围挡、公交站台等进行公益广告宣传，并运用电子书、微博、微信等形式，把公益广告展示到群众面前。不断加强宣传阵地建设，建成471个创建全国文明城区宣传栏、2000余块“遵德守礼”提示牌、精神文明宣传视屏58块。聘请第三方机构以入户和随机访问等形式，广泛开展市民满意度问卷调查，查找工作弱项。着力加强军（警）民共建，为部队官兵解决实际困难，组织丰富多彩志愿活动、文艺演出等广泛宣传共建共享理念，切实增强军警官兵知通州、爱通州、建通州的强烈愿望。

2016年，全方位开展大气污染治理。细颗粒物($PM_{2.5}$)年均浓度值每立方米80微克，比上年下降13.5%。大力推进能源结构调整，三河热电替代供热面积1796万平方米，拆改燃煤锅炉5455.3蒸吨，基本建成燃煤锅炉禁燃区。完成农村地区5万余户煤改清洁能源工程，累计压减燃煤52.2万吨。累计淘汰老旧机动车5.6万辆，配置电动出租车500辆、清洁能源公交车745辆。持续加强扬尘污染防治，绿色规模工地达标率100%，扬尘治理达标率95%以上。持续加大环境监管和综合执法力度。

2016年，建设温榆河等健康绿道100公里，完成公路河道绿化150公里、屋顶绿化5.8万平方米，代征绿地建设43万平方米。全区森林面积25804.6公顷，本年造林面积674公顷，林木绿化率32.44%，森林覆盖率28.47%。2016年，城市绿化覆盖面积5790.8公顷，城市绿地面积5392.4公顷，城市绿化覆盖率达到58.15%。

2016年，全区总用水量38602万立方米，其中，生产用水11917万立方米；生活用水9140万立方米；生态环境用水17545万立方米。

通州地区全年用电量达到57亿千瓦时，比上年增长9.8%。其中，生产用电42.7亿千瓦时，增长8.3%；城乡居民生活用电14.3亿千瓦时，增长14.4%。

（张亚昆）

党　派

9月14日，“通州区‘文明北京 蓝天行动’主题宣传实践活动成果展示暨北京市‘V蓝北京’二期功能发布会”在区图书馆举行　（文明办提供）

中国共产党北京市通州区委员会

概　述

五年来，在市委、市政府的坚强领导下，通州区委认真学习贯彻习近平总书记系列重要讲话精神，团结和带领广大党员干部群众，创造性地落实中央、市委对通州发展的一系列新决策、新部署，完成区第五次党代会确定的各项目标任务，北京城市副中心建设开局良好。

（一）深入学习贯彻中央建设北京城市副中心的一系列重大决策部署精神，扎实主动做好谋划。继中央制定京津冀协同发展战略后，中央政治局专门召开会议，研究部署了城市副中心建设工作，这是通州建设发展史上一件具有里程碑意义的大事。市委先后多次召开会议，对城市副中心建设作出安排部署。区委把学习贯彻中央、市委决策部署精神作为首要任务。组织全区党员干部认真学习，努力吃透精神实质，广大党员干部学出了信心，学出了思路，学出了干劲，以更大的担当精神投身到城市副中心建设的伟大事业中。对通州的发展思路和工作重点进行了再梳理和再认识。明确提出未来一段时期工作的主要思路是“补短板、强基础，调布局、留空间，重管理、优环境，高水平、谋发展”，工作的重心是围绕城市副中心这一新的功能定位做好全方位、高标准的服务，在承接功能疏解和履行服务职责中谋求更好的发展。把规划工作放在首要位置精心组织谋划。对中央、市委的指示要求进行分解，邀请国内外知名专家教授共同研究城市副中心规划建设工作，聘请了12支国际顶级设计团队开展城市副中心总体城市设计及重点地区详细设计，花最大心血努力配合专家团队做好规划设计工作，全力推进城市副中心建设起好头。

（二）全力以赴拓空间、补短板、强功能，城市副中心的综合承载力大幅提升。全力以赴腾退承接空间，补齐发展短板，努力增强城市副中心的吸引力。一是集中力量推进潞城棚户区改造。坚持利民惠民、公开透明的原则，以群众工作为统领，创新运用棚改政策，调集精干力量，日夜兼程、连续作战，完成潞城棚户区两期17个村1.8万人的拆迁安置任务，创造了“零滞留、零诉讼”的和谐拆迁安置氛围。二是大规模开展基础设施建设。提前谋划，主动争取和实施了一大批重大基础设施项目。严控质量，抓进度，提效率，一批水电气热等市政基础设施先后建成投入使用。完成了一批主次干路的新建和改扩建工程，全区路网结构更加科学合理，区内循环有所改善，对外联络更加便捷。公共自行车和电动出租车投放量在全市排名前列，绿色出行水平大幅提升。三是努力提升教育、医疗等公共服务设施水平。坚持造血与输血相结合，新建和改造提升了一大批区属中小学校和幼儿园，积极引进市级优质教育资源，人大附中等一批市级名校正式挂牌招生，全区学校办学条件显著改善，教育质量稳步提升。四所区域医疗中心基本建成，中心城区优质医疗资源整建制转移工作取得重大突破，基层卫生机构软硬件建设不断加强，全区医疗卫生服务水平得到明显提升。

（三）以更大的决心、更有力的措施推进生态环境建设和秩序治理，城乡环境持续优化。把绿色发展作为一条主线贯穿于城市副中心建设全过程。一是大规模开展森林、湿地、公园和绿廊绿带建设。以创建国家生态园林城市为契机，建成了一批郊野公园、水系路网林带。着眼为居民身边建绿增绿，建成了一批高品质生态公园和健康绿道。高标准实施平原地区造林工程，造林面积位居全市首位。全区森林覆盖率和林木绿化率显著提升，生态空间和环境容量进一步扩大。二是下大力气抓好大气和水污染治理。研究实施了全市最严格的清洁空气行动计划，突出抓好“减煤换煤”工作，全区主要污染物指标逐年下降，大气环境改善率居全市前列。以截污治污为重点，制定了区内河道治理和污水处理设施建设的时间表、路线图，在全市率先实施水环境乡镇跨界断面考核及补偿办法，完成了一批污水处理设施建设工程，河道治理和水质还清工作取得重要进展。三是以创建全国文明城区为统领，狠抓城市环境和秩序治理。全民动员，打响了创建全国文明城区的攻坚战。坚持问题导向，加强城市环境和公共秩序综合整治，加强市民文明行为引导，城市环境形象越来越好，群众满意度大幅提升，荣获了全国文明城区提名城区荣誉称号。积极创新城市管理方式方法，在城市管理的市场化、社会化、专业化方面迈出了重要步伐。

（四）坚持疏解功能谋发展，全区经济发展总量和质量显著提升。坚定不移地推进疏解和发展双重责任的落实。一是功能疏解全面发力。聚焦重点领域，分类施策，制定并实施了一系列硬措施，啃下了一批硬骨头。一批不符合环保要求、无证无照企业实现关停清退，一批不符合功能定位的企业开始有序向津冀地区转移，各类区域性专业市场实现关停或改造升级。二是发展动力加快转换。文化旅游区环球主题公园及度假区项目落地并实现开工建设，商务中心区全面开工建设，一批高端城市综合体全面建成投入使用，一批金融机构相继落户，楼宇经济初步形成规模。高新技术产业成为园区增长的新动力。国际种业科技园成为独具特色的农业品牌。三是改革不断深化，发展活力进一步增强。医联体建设、“三证合一”审批、安全生产监管体制、“一会三函”审批模式等改革走在了全市前列。全区经济继续保持平稳较快发展的势头，国内生产总值、固定资产投资、社会消费品零售额、公共财政收入等主要经济指标平均保持两位数以上的高速增长。

（五）坚持把社会建设摆到更加重要的位置，民生事业和社会治理水平不断提高。围绕解决群众切身利益问题，努力在保基本、兜底线上下功夫。一是以民生为重点的社会建设全面推进。城镇登记失业率持续控制在较低水平。社会保险城乡统筹实现了由制度全覆盖向人群全覆盖的转变。城乡居民最低生活保障在全市率先实现统筹并轨。超额完成保障房建设任务和老旧小区综合整治任务，群众住房条件大幅改善。城乡居民收入水平持续提高。基本实现三级公共文化设施全覆盖，形成了“书香通州”、运河艺术节等一批特色群众文化活动品牌。体育设施实现全覆盖，全民健身活动蓬勃开展。未成年人思想道德建设形成特色品牌，“通州公德之星”“通州榜样”等先进模范人物的事迹得到大力弘扬，形成了鲜明的价值导向和良好社会风尚。二是社会保持安全稳定。深入推进“平安通州”建设，加大了矛盾排查化解和疏导稳控工作力度，开展了重点地区综合整治，提前完成大图像前三期建设任务，社会治安防控体系建设走在全市前列。完成了一系列重大活动的安保维稳任务。完成人口规模调控任务。网格化社会服务管理系统建成开始投入运行，社会服务管理精细化水平进一步提高。社区规范化建设基本完成。在全市率先建成社会组织信用体系平台，形成了一批社会组织特色品牌。

（六）坚持总揽全局，协调各方，维护了团结和谐、法治有序的良好局面。分别召开了区委第四次人大工作会议和政协工作会议。积极支持人大履行法定职能，通过人民代表大会形成决议，将城市副中心建设作为全区的共同目标和任务，为加快城市副中心建设奠定了坚实的政治基础。积极支持政协履行职能，围绕城市副中心建设广泛调研、献计献策，充分利用社情民意恳谈会等形式广泛听取社会各界的意见建议，不断凝聚推动城市副中心发展的强大合力。“六五”普法工作完成，重大任务的法律服务保障工作成效显著。积极创新新形势下统战工作，民主党派、工商联、无党派人士作用得到充分发挥，民族、宗教、对台、侨务等工作取得新进展。坚持党建带工建、带团建、带妇建，工会、共青团、妇联等人民团体桥梁纽带作用更加突出，军政、军民团结的局面更加巩固。

（七）坚持党要管党，从严治党，党的建设全面加强。认真落实管党治党主体责任，牢固树立一把手抓党建的责任意识，把从严治党的各项措施切实落到实处。一是思想理论武装和作风建设更加深入。广泛深入开展习近平总书记系列重要讲话精神学习宣传，全区人民团结奋斗的思想基础更加牢固。加强了对意识形态阵地的管理，意识形态责任制得到有效落实。党的群众路线教育实践活动、“三严三实”专题教育和“两学一做”学习教育扎实开展，成效显著。开展了“建设副中心，向前站一步”主题教育实践活动，党员干部积极投身城市副中心建设的热情更加高涨。二是领导班子和干部队伍建设持续加强。坚持德才兼备、以德为先选好干部、配强班子，五年来，调整任免干部1600余人次。实施领导干部能力素质提升计划，选派了一批干部到发达地区、艰苦地区、区重点难点工作一线挂职锻炼，干部队伍的整体素质明显提升。从严管理干部，建立完善了干部监督联席会议制度，全面开展换届风气监督、超职数配备、“庸懒散”行为和“为官不为”专项治理等工作。实施了高层次人才队伍建设五年行动计划，推动了京津冀区域人才的合作交流，人才对城市副中心发展的推动作用日益凸显。三是党的基层组织建设活力持续提升。在全市率先制定实施了基层党建三年规划。强化党建责任落实，建立了“联述联评联考”制度，实现了全区各级党组织书记述职评议考核全覆盖。完成乡镇、村和社区换届选举工作。农村三级联创工作继续排名全市前列。注重党建创新，培育出了“四评机制”“微型党课”“双向积分”等一批特色党建品牌。四是党风廉政建设和反腐败斗争持续加强。坚决贯彻全面从严治党要求，层层传导压力，党委主体责任和纪委监督责任得到有力落实。聚焦作风建设，落实中央八项规定精神，常抓不懈纠“四风”，卡住源头，紧盯节点，狠抓专项治理，严厉查处顶风违纪行为，全区“三公经费”支出逐年下降，干部作风持续向好。围绕城市副中心建设，坚持把纪律挺在前面，对重点工作严明纪律要求，加强监督检查，保障了各项任务廉洁高效推进。全区电子监察平台、农村“三资”监管信息系统建成运行，廉政风险防控水平不断提升。加大执纪审查力度，保持惩治腐败的高压态势，严厉查处了一批违纪腐败案件，形成了强大的震慑作用。

积极推进城乡一体化发展，以发展高端精品农业、改善农村环境、促进农民增收为导向，深入推进了农业结构调整，全面启动了美丽乡村建设，加快了京哈高速以北农村地区和中心镇、产业园区周边的城市化进程，推进了基础设施和公共服务设施向农村地区倾斜，妥善解决了征地农转非历史遗留难题，农村发展和农民生活水平进一步提升。

（蔺　艳）

重要会议和活动

【领导调研与考察】 2月1日，市委常委、教育工委书记苟仲文到通州调研教育工作发展情况。视察了北京财贸职业学院、北京新城职业学校、通州区第三中学、市行政办公区地块及人民大学选址地块，并听取相关情况汇报。

3月25日，市委副书记、市长王安顺到通州调研。视察了环球影城项目、市行政办公区建设现场并听取相关情况汇报。3月29日，清华大学党委书记陈旭到通州调研。先后到张家湾博物馆、“运河清风”廉政文化主题公园、市行政办公区建设现场参观考察。3月29日，市委常委、组织部部长姜志刚就重大拆迁任务中群众工作开展和村委会换届情况到通州调研。先后到通州文化旅游区、市行政办公区建设现场、潞城镇留庄村进行实地考察。

4月8日，市政协主席吉林到通州视察北京城市副中心建设情况。视察了运河核心区大光楼、市行政办公区建设现场，并听取相关情况汇报。4月14日，市科委主任闫傲霜到通州调研。参观了台湖国际矿业城、宋庄文化创意产业集聚区，并听取相关情况汇报。

5月10日，全国妇联副主席、书记处书记焦扬一行到通州区专题调研家庭建设工作。先后到于家务乡仇庄村和玉桥南里南社区，参观村史馆、孝道馆、文化墙及“和谐美德家庭楼门”“十姐妹工作室”。5月11日，市人大常委会副主任、市总工会主席牛有成到通州调研工会工作。视察了大运河森林公园漕运码头劳模名录墙、蒙牛乳业北京公司、潞城镇工会服务站，并听取相关工作汇报。

6月2日，市委书记郭金龙，市委副书记、市长王安顺到通州调研。视察了碧水污水处理厂、人大附中通州校区和市行政办公区建设筹备情况，并听取行政办公区棚户区改造二期拆迁准备工作汇报。6月6日，市委常委、常务副市长李士祥，副市长林克庆到通州调研水务工作。视察了潞城镇临时污水治理设施场地、潮白河白庙橡胶坝管理所并听取相关情况汇报。6月13日，市委常委、统战部长戴均良到通州调研城市副中心建设及统战工作。听取相关工作汇报，并到北关清真寺、市行政办公区建设现场实地调研。

8月4日至5日，市委副书记、市长王安顺带领市委常委、常务副市长李士祥，市委常委、副市长陈刚，市政府秘书长李伟及市政府办公厅、市发改委、市规划和国土资源管理委、市交通委、市水务局、市园林局等部门主要负责人，利用一天半时间走遍通州各乡镇、街道，深入系统调研通州经济社会发展和北京城市副中心规划建设。

9月1日，市委常委、常务副市长李士祥，市委常委、副市长张工，副市长林克庆到通州调研农村地区“煤改清洁能源”工作。9月18日，市委常委、常务副市长李士祥，副市长林克庆、张建东到通州，就全市汛后防洪排涝相关水利工程建设、环球主题公园项目推进情况、通州区公共服务建设项目投资审批改革试点工作以及重大项目推进情况进行督查。

10月11日，市委书记郭金龙，市委副书记、市长王安顺到通州调研城市副中心建设情况。视察了广渠路二期、北环环隧工程、国家大剧院舞美基地和大运河森林公园，并到潞城镇棚改指挥部察看拆迁腾退进展情况。

11月4至5日，市委副书记、代市长蔡奇调研北京城市副中心规划建设情况。视察了新通车的广渠路二期、环球主题公园、市行政办公区项目工地等。5日上午主持召开座谈会，听取市规划国土委、市发改委、通州区等单位关于副中心规划建设工作的汇报和意见建议。

12月2日，市委常委、宣传部部长李伟到通州调研宣传思想文化工作。实地查看五河交汇处七孔桥、大运河森林公园观景平台、潞城镇路县故城遗址、市行政办公区建设现场，并听取相关情况汇报。12月3日，副市长林克庆到通州调研水环境建设并检查安全生产工作。实地查看延芳淀湿地工程、北运河甘棠闸工程建设情况、市行政办公区水系规划建设情况。

【通州区领导干部大会】 1月19日，通州区召开领导干部大会。区委副书记、区长岳鹏全文传达了习近平总书记在中央政治局“三严三实”专题民主生活会上的重要讲话。区委书记杨斌主持，要求区级四套班子和各处级单位在全面学习的同时，对照讲话要求对专题民主生活会召开情况进行细致梳理，在此基础上，组织开展专题学习研讨，班子成员要就学习贯彻习近平总书记重要讲话进行交流发言，并对遵守廉洁自律有关规定及个人事项进行说明；要树立更高标杆，以善做善成的精神狠抓整改落实，使“三严三实”切实成为推进副中心建设的强大动力，以副中心建设的实际成效检验专题教育的成果，确保实现“十三五”良好开局。

1月29日，通州区召开领导干部大会。区委副书记、区长岳鹏主持。区人大常委会主任李玉君传达市委书记郭金龙，市委副书记、市长王安顺在市

“两会”通州团关于副中心建设的重要讲话精神。区委书记杨斌强调，要牢固树立机遇意识、使命意识、首都意识、大局意识、改革意识，谋划抓好统筹、理念、标准、管理四方面工作，以更严更实的作风全力以赴推动各项工作落地。杨斌还就做好春节期间“送温暖”活动、安全生产工作、各项服务保障工作以及党风廉政建设提出明确要求。

5月26日，通州区召开领导干部大会。区委书记杨斌，区委副书记、区长岳鹏分别传达了市委书记郭金龙在市委全会上的讲话精神和市委副书记、市长王安顺对《中共北京市委 北京市人民政府关于全面深化改革提升城市规划建设管理水平的意见》所作的说明。区委书记杨斌指出，要充分认识北京城市副中心在首都发展中的地位，进一步增强城市副中心建设的使命感，将全会精神宣传贯彻好；全力以赴抓落实，集中力量建设北京城市副中心。

6月3日，通州区召开领导干部大会。区委书记杨斌传达市委书记郭金龙，市委副书记、市长王安顺调研通州重要讲话精神，要求深刻领会中央和市委对副中心建设战略意义的重要阐述，主动作为，加快推进基础设施、配套设施、环境建设等方面工作；加强统筹，有序推进，衔接好生产、生活、生态等各方面工作，统一规划道路、水电气热等基础设施；弘扬正能量，主动做好舆情工作，为城市副中心建设营造良好的氛围。

7月27日，通州区召开领导干部大会。区委副书记、政法委书记杨静慧主持。区委书记杨斌就严肃换届纪律、营造风清气正的换届环境同区级领导班子成员及各乡镇、区直单位主要负责人进行专题谈心谈话，强调要严格按照中央、市委关于换届风气监督工作的相关要求，选出忠诚干净担当的好干部，配出结构优能力强的好班子，换出心齐气顺劲足的好面貌，为推动北京城市副中心建设，高质量完成“十三五”经济社会发展目标任务做出更大贡献。

9月28日，通州区召开领导干部大会。区委副书记、政法委书记杨静慧主持。区委常委、市公安局通州分局局长李耀光通报了全区维稳形势，并部署下一步工作。副区长张德启部署全区安全生产工作。区委书记杨斌指出，要切实增强政治责任感和政治敏锐性，高度重视全区安全稳定工作，树立强烈的政治意识、大局意识、核心意识、看齐意识、首善意识，以一流的工作标准抓好全区安全稳定工作；要突出重点，狠抓落实，营造安定和谐的社会环境；要做好突发事件的应急处理，做好安全生产、公共安全等工作；要严明纪律，坚决抵制不正之风。

11月7日，通州区召开领导干部大会。区委书记杨斌传达市长蔡奇调研通州重要讲话精神，强调要切实把讲话精神落到实处，抓紧抓好各项工作；要积极主动地做好规划编制工作，进一步加强基础设施和配套设施建设，狠抓环境秩序建设，坚持改革创新，做好安全稳定工作，确保完成全年各项指标任务。

【专题会议】 1月20日，区委常委班子召开专题会议，学习研讨习近平总书记在中央政治局“三严三实”专题民主生活会上的讲话。班子成员就学习习近平总书记重要讲话的体会逐一发言，并紧密联系遵守党的政治纪律和政治规矩的实际，联系贯彻执行中央八项规定精神的实际，进一步对照检查自身存在的问题与不足，并对遵守廉洁自律有关情况和家庭住房、办公用房、公务用车等个人事项进行说明。区委书记杨斌要求，要严格强化主动看齐意识，做政治上的明白人；要严格坚持坚定的政治方向，做忠诚可靠的追随者；要严格贯彻中央市委决策部署，做服务大局的实干家；要严格统筹抓工作带队伍，做政治生态的看护员；要严格慎独慎微慎初，做见贤思齐的干净官。要切实增强政治意识和责任担当，把“三严三实”的要求始终融入方方面面，长期坚持下去，把全面从严治党各项任务落到实处，以实际行动为全区各级领导班子和广大党员干部带好头、做表率，把副中心建设更好地推向前进。5月30日，区委召开“四套班子”领导专题会，学习“5·27”中央政治局会议精神。区委书记杨斌就学习贯彻会议精神及推进城市副中心建设提出具体要求，强调要营造好环境氛围，结合学习，广泛宣传副中心建设的重大机遇和美好前景，积极引导广大干部群众投身副中心建设；要抓紧抓好“两学一做”学习教育，提高干部队伍执行力、战斗力，发扬“工匠精神”，精心打造国际一流和谐宜居之都示范区、新型城镇化示范区、京津冀区域协同发展示范区。

【区委常委（扩大）会议】 8月8日，通州区召开区委常委（扩大）会。区委书记杨斌传达了市委副书记、市长王安顺到通州调研的讲话精神，要求全区各单位、各部门认真学习贯彻市领导来通调研讲话精神，谋划好北京城市副中心的规划、建设和管理，用改革创新精神破解副中心建设中遇到的重点难点问题；强调建设北京城市副中心是千年大计、国家大事，要以更加饱满的热情和良好的精神面貌，不辱使命，向人民和历史交出一份满意的答卷。

11月15日，通州区召开区委常委（扩大）会。区委书记杨斌传达市委十一届十一次全会精神和市委书记郭金龙讲话精神，并就学习贯彻党的十八届六中全会精神和市委全会精神提出要求：要自觉拥护习近平总书记在党中央、在全党的领导核心地位，切实增强四个意识，特别是核心意识、看齐意识；要严格贯彻落实《准则》和《条例》，坚决把党要管党、全面从严治党要求落实到位，为北京城市副中心建设提供组织保障和纪律保障；各级领导干部要发挥好示范表率作用，带头加强和规范党内政治生活，带头落实监督责任；要把学习宣传贯彻六中全会和市委全会精神作为当前和今后一个时期的重要政治任务抓紧抓好，进一步营造学习宣传十八届六中全会精神的浓厚氛围，切实把中央市委的指示要求和部署落到实处。

【上半年经济形势分析会】 7月28日，通州区召开2016年上半年经济形势分析会暨区政府第七次全体（扩大）会议。区委副书记、政法委书记杨静慧主持。区委常委、常务副区长崔松光通报了2016年全区上半年经济社会发展情况。区委副书记、区长岳鹏指出，下半年各级部门要全面落实中央和市委、市政府关于建设北京城市副中心的重大战略部署和具体标准要求，突出重点，做到北京城市副中心建设必须全力以赴打造示范；生态文明建设必须抓出更大成效；基础设施建设必须迈出更大步伐；公共服务发展必须实现新跨越；经济发展必须实现质的提升；社会建设必须取得更大进展。区委书记杨斌强调，要积极主动参与规划研究，真正形成符合实际、接地气、可操作的规划；要解决好老城区和副中心的关系，功能配套和产业的关系，以及传统文化和现代文明的关系；要大力推进供给侧结构性改革，补齐基础设施和功能配套的短板，坚持改革创新，推动城市建设管理水平不断提高；要加大生态文明建设，在水环境治理、绿化上下功夫；要加强统筹协调，形成合力，确保全区和谐稳定，同时要抓好“两学一做”学习教育和换届工作，确保副中心建设乘势而上。

【全区务虚会】 10月24日，区委书记杨斌主持召开2016年全区务虚会。区政府各副区长围绕学习贯彻中央政治局“5·27”会议精神和市委市政府关于北京城市副中心建设的系列部署要求，重点研讨2017年和未来五年城市副中心建设的思路目标和具体举措。区委副书记、代区长张力兵指出，要树立历史自信、成果自信、人文自信、体制自信，以向上的精神状态，不断实现新的突破；要在执行规划上坚定不移，共同参与、完善规划编制，并将之付诸实施；在改革创新上坚定不移，主动研究政策，创新体制机制；在标准上坚定不移，志在一流推进各项工作；要把副中心建设与服务人民群众结合起来，把统筹推进和重点突破相结合，在推进大的建设的同时在重点难点工作上取得突破，把盘活资本与广开投融资渠道相结合，创新投融资模式，吸引更多社会资金投入副中心建设。区委书记杨斌对各位区领导提出的思路和举措表示肯定，强调要将副中心建设的最高标准与下一步工作结合起来，真正善于学习，勇于作为，拓展学习的深度和范围，学习理论知识及先进的理念，并将学到的知识尽快与副中心规划、建设、管理相结合，不断提升规划管理水平；要敢于担当，充满激情、自信，以完成国家重大战略、为人民谋幸福的责任感，迎接各项挑战，勇于攻坚克难，全面、深入、扎实推进副中心各项工作。区人大常委会主任李玉君，区政协主席赵玉影，区委副书记、政法委书记杨静慧分别讲了意见。10月25日，区委书记杨斌继续主持召开2016年全区务虚会。区委副书记、政法委书记杨静慧，区委常委、组织部长付晓辉，区委常委、市公安局通州分局局长李耀光，区委常委、统战部长洪波，区委常委、宣传部长查显友，区委常委、纪委书记郑宇，分别围绕各自分管工作，阐述了2017年及未来五年思想和举措。区委副书记、代区长张力兵指出，要围绕核心，始终坚持“四个意识”、首善意识、副中心意识。始终坚持区委对副中心建设的绝对领导，严格落实区委各项部署，把各项工作与区委部署要求紧密联系，促进政府工作再上一层楼；从严从实，深入开展好“两学一做”学习教育，坚持学习教育和本职工作两手抓、两不误、两促进，进一步增强思想自觉和行动自觉。勤政为民，努力让全区人民共享发展成果，结合全区发展实际在综合普惠上再上一个档次。区委书记杨斌强调，要重点抓好干部队伍建设，进一步统一思想，凝聚共识，以党的工作统揽全局，推进各项重点工作；要抓好过程，在实现明年和今后五年阶段性目标的过程中发扬“工匠”精神，精工细作；要高度重视宣传舆论工作，以创城为抓手，推动城市管理工作再上新台阶；要树立服务意识和红线底线意识，廉洁、阳光地推进副中心建设；要下大功夫研究明年和今后五年工作，加大改革力度，按照处处做示范、事事要争先的标准，重点围绕疏解非首都功能、区域协同发展、探索人口经济密集区优化开发模式几个方面加大研究力度，为推动京津冀协同发展贡献力量。区人大常委会主任李玉君，区政协主席赵玉影，区委副书记、政法委书记杨静慧分别讲了意见。

【区委五届九次全会】 8月2日，中共北京市通州区第五届委员会第九次全体会议召开。区委常委、组织部部长付晓辉就《关于召开中国共产党北京市通州区第六次代表大会的决议（草案）》进行说明；区委副书记、政法委书记杨静慧宣读《关于召开中国共产党北京市通州区第六次代表大会的决议（草案）》。全会审议并表决通过《关于召开中国共产党北京市通州区第六次代表大会的决议》。区委书记杨斌主持，强调要正确处理好换届与保持正常工作秩序的关系，做到两不误、两促进；要以换届工作为契机，推动全区经济社会各项事业取得新成绩、再上新台阶，以优异的工作业绩迎接区第六次党代会的胜利召开。

【区委五届十次全会】 11月18日，中共北京市通州区第五届委员会第十次全体会议召开。区委书记杨斌主持，区委副书记、政法委书记杨静慧作《中共北京市通州区第六次代表大会筹备工作报告》。会议审议并通过了《中共北京市通州区第五届委员会工作报告（讨论稿）》《中共北京市通州区第五届纪律检查委员会工作报告（讨论稿）》；作了关于新一届区委委员、候补委员和区纪委委员候选人预备人选名单的说明。通过大会主席团成员、主席团常务委员会委员和大会秘书长人选名单。

【区第六次党代会】 12月7至9日，中共北京市通州区第六次代表大会召开。张力兵、付晓辉分别主持开幕式和闭幕式。会议审议并通过了杨斌代表中共北京市通州区第五届委员会所作题为《不辱使命 主动作为 为全面建设北京城市副中心而努力奋斗》的工作报告和郑宇代表中共北京市通州区第五届纪律检查委员会所作的工作报告。讨论并通过《中共北京市通州区第六次代表大会关于中共北京市通州区第五届委员会工作报告的决议》和《中共北京市通州区第六次代表大会关于中共北京市通州区第五届纪律检查委员会工作报告的决议》。选举产生六届区委委员40名、候补委员8名和区纪委委员29名。杨斌代表新当选的六届区委委员、候补委员和纪委委员作表态发言。

【区委六届一次全会】 12月9日，中共北京市通州区第六届委员会第一次全体会议召开。杨斌主持。

经选举，杨斌、张力兵、付晓辉、洪波、韦江、洪家志、查显友、崔松光、郑宇、刘贵明10人当选中共北京市通州区第六届委员会常委。杨斌当选中共北京市通州区第六届委员会书记。张力兵、付晓辉当选中共北京市通州区第六届委员会副书记。会议通过了中共北京市通州区第六届纪律检查委员会第一次全体会议选举结果。新当选的中共北京市通州区第六届委员会书记杨斌代表新一届区委领导班子要求新一届区委、区纪委必须强化核心意识、坚定政治方向；必须坚持以人为本、增进民生福祉；必须坚持求真务实、不断开拓创新；必须点燃工作激情、勇于担当作为；必须维护精诚团结、促进和谐民主；必须保持廉洁自律、始终克己奉公。

（蔺　艳）

组 织 工 作

【概　况】 2016年，全区组织系统在区委的坚强领导下，围绕城市副中心建设大局，主动适应，积极作为，各项工作取得重要进展和积极成效。

强化思想引领，理论武装扎实深入。坚持把学习贯彻习近平总书记系列重要讲话精神作为重中之重，组织开展处级领导干部学习贯彻五大发展理念集中轮训，各系统、各部门广泛开展轮训培训，教育引导广大党员干部全面学习领会党中央治国理政新理念新思想新战略，推动党员干部用党的理论创新成果武装头脑，提升了党员干部队伍的思想政治素质。围绕全区中心工作开展精准化专题培训，区委组织部直接举办各类培训班次32期，培训干部6015人次，其中，处级干部913人次。

主动站位履责，扎实推进“两学一做”学习教育。把学习教育作为党建工作的龙头任务，按照基础在学、关键在做、核心在改、根本在干的要求，全力以赴统筹谋划、组织协调、推动落实。坚持分类指导，构建全区“三级督导网络”，建立“1+6”指导体系。坚持以上率下，区委和区级领导干部率先垂范，主动带头以普通党员身份参加所在党支部学习研讨，主动上讲台讲党课。坚持问题导向，督促广大党员干部查摆整改了一批突出问题。坚持示范引领，创新开展“建设副中心，向前站一步”主题教育实践活动，引导广大党员干部主动亮明身份、担当作为。以纪念建党95周年为契机，开展了“两优一先”评选表彰，使广大党员学有榜样、做有标杆。通过学习教育，在全区形成了从基础工作抓起、从基本制度严起、把全面从严治党落实到每个支部每名党员的鲜明导向。

精心组织实施，完成区、乡镇、村三级换届。以高度负责的政治态度，精心组织、周密部署，统筹抓好三级换届工作。认真做好“两代表一委员”人选考察审查，从严把握资格要求。为每个乡镇班子至少各配备1名30岁左右和35岁左右的干部；至少配备1名全日制硕士以上学历的干部。调整后乡镇领导班子平均年龄为43.5岁，其中，37岁以下干部配备36人，远超出市委要求的22人标准，大学本科以上学历的达到98%，乡镇领导班子结构和整体功能均实现了新的提升。在全市率先完成村委会换届选举工作，换届后书记、主任“一肩挑”的村有348个，占74%；村“两委”交叉任职的有1118人，达到了74.1%，农村基层组织的创造力、凝聚力、战斗力明显提高。全面开展换届风气监督，通过学习宣传、谈心谈话、巡回督查等方式，营造风清气正的换届环境。

围绕选优配强，着力加强领导班子和干部队伍建设。制定实施《2016—2018年通州区处级领导班子建设意见》，推进领导班子知识结构、专业结构和年龄结构优化提升。开展领导班子建设专题调研，对全区处级领导班子运行、整体结构、优化方向、干部储备以及班子成员情况等逐一进行综合分析研判。结合乡镇换届，统筹抓好全区处级班子配备，2016年，任免调整干部460人次，选配了一批专业素质高、敢于担当、群众认可的优秀干部。实施了干部能力素质提升计划，选派200余名干部到潞城棚户区改造、创建全国文明城区等一线实岗锻炼，分批选派近百名干部到中心城区、发达地区和艰苦地区以及中央金融机构挂职锻炼，切实提高了干部的能力素质。

突出长管长严，切实加强干部管理监督。坚持干部选拔任用监督关口前移，坚决落实“凡提四必”要求，防止干部“带病提拔”。2016年，对780余名干部的个人有关事项进行查核比对，对填报不属实的人员进行相应处理。多措并举推进超职数配备专项治理。加强对领导干部的日常监督，加大与区纪检、检察、审计等相关部门联动力度，建立信息月度沟通机制，增强干部监督合力。坚持抓小抓早抓预防，对140余名干部进行提醒、函询、诫勉。

注重固本强基，持续推进基层党组织建设。三级“联述联评联考”制度不断完善，实现了全区各级党组织书记述职评议考核全覆盖。试点开展创建五星级服务型党组织工作。加大社区领域基层党建工作力度，成立非公志愿服务联盟党委，社区基层党建活力不断提升。非公企业和社会组织“两个覆盖”集中推进，党组织覆盖率分别达到83.8%和61.4%。积极选派“第一书记”，建立完善基层后备干部培养选拔机制。从严党员发展和教育管理，全面开展党员组织关系集中排查、党费收缴专项检查等基层党建重点工作。设立基层党建专项扶持资金，党建经费保障不断强化。持续推进基层党建创新，探索创新了“五单一体式”、党员志愿服务联盟等基层党建工作模式，推动形成“双向积分”区域化党建品牌。开展精品党员电教片观摩交流和优秀作品展播，远程教育终端站点设备更新完成。

着眼高点定位，不断加快区域人才改革步伐。对人才工作做出顶层设计和制度安排，制定出台《通州区加强高层次人才队伍建设五年行动计划》《通州区高层次人才享受政府特殊津贴和购房补助的若干规定》《通州区人才公寓管理办法》等。加强与天津武清、河北廊坊互动沟通，推进了三地人才和项目的合作交流。协调有关部门，引进副中心紧缺各类人才6600余人，全区入选“千人计划”“海聚工程”达到5人，人才与产业融合发展势头显现。开展通州杰出人才奖、首席技师工作室等评选活动。农村实用人才协会、博士联谊会等人才组织作用持续发挥。积极落实市区相关政策，区域人才服务保障水平不断增强。

【基层党建述职评议考核】 1月18日上午、19日上午，召开2015年乡镇党委、街道党工委书记抓基层党建工作述职评议考核会议。4月5日，召开区属城口单位党委（党工委）书记抓基层党建工作述职评议考核会议。区委常委、区委党的建设工作领导小组各成员单位主要负责人、部分“两代表一委员”及基层干部群众代表现场进行评议考核。

【全区组织工作会议】 2月26日，召开通州区组织工作会议。会上传达学习了2016年全国、全市组织部长会议精神。区委书记杨斌出席会议并讲话，区委副书记杨静慧主持会议。区委常委、组织部部长付晓辉作《开拓创新，奋发有为，为副中心建设提供坚强组织保证》的报告。

【选派干部到中心城区挂职锻炼】 3月，启动通州区干部到中心城区挂职工作。全年选派两批共40人到东城区、西城区和朝阳区开展为期三个月的挂职锻炼。

【村委会换届】 3月2日—5月20日，开展第十届村民委员会换届选举工作。全区470个村全部完成换届任务。

【优秀中青年干部培训班】 3月14日，2016年优秀中青年干部培训班开班，全区40名优秀中青年干部接受为期3个月的脱产培训。6月7日，举办“谈理想、抒感悟、话成长”中青年干部培训班学员座谈会，对前一阶段培训工作进行系统总结。6月24日，在潞城镇召开通州区中青年干部赴潞城镇棚户区改造实践锻炼工作部署会，选派30名参训学员到潞城镇棚户区改造项目进行为期6个月的实践锻炼。7月6日，选派8名参训学员到通州区总规办开展为期6个月的实践锻炼。

【选派干部参加北京大学第十九期现代公共管理高级研修班】 3月16日—6月3日，选派10名干部到北京大学参加第十九期现代公共管理高级研修班。6月22日，举办学员座谈会，组织参训学员交流学习体会。

【选派优秀社区党组织书记挂职锻炼】 4月8日—10月22日，分三批组织全区36名优秀社区党组织书记赴朝阳区先进社区和区内先进社区挂职锻炼。

【第一次人才工作领导小组（扩大）会议】 4月13日，召开2016年第一次人才工作领导小组（扩大）会议。会议通报了2015年市人才工作领导小组对通州区人才工作调研检查反馈意见和市委农工委对通州区农村实用人才工作考核评估反馈意见，对2015年人才工作折子工程完成情况进行了总结，审议通过了《通州区人才工作领导小组2016年重点工作安排》《通州区人才工作领导小组2016年折子工程》《通州区加强高层次人才队伍建设五年行动计划》和各系统“十三五”时期人才分规划、《通州区2016年度人才导向目录》以及第五批享受政府特殊津贴和购房补助的31名紧缺适用人才名单。会议还听取了2016年通州区人才公寓配租工作有关情况的汇报和区人力社保局关于赴上海调研人力资源服务产业园区建设情况的汇报。各成员单位主要领导签订2016年度《人才工作目标责任书》。

【第三届通州杰出人才奖评选】 4月15日，启动第三届通州杰出人才奖评选表彰活动。12月14日，区委、区政府授予刘志欣等8人第三届通州杰出人才奖荣誉称号。

【人才公寓配租工作】 4月15日，启动2016年度人才公寓配租工作。经过申报、资格核查、公开摇号、领导小组会议审议、公示等程序，最终有86户人才公寓申请家庭成功进行配租。

【第二届通州区首席技师工作室评选】 4月15日，启动第二届通州区首席技师工作室评选表彰活动。12月29日，北京汽车动力总成有限公司申报的任喜祥发动机装调首席技师工作室等11家单位被批准成为第二届通州区首席技师工作室。

【开展换届纪律宣传教育】 5月—12月，区委组织部在《通州时讯》、通州电视台、政务信息网、“通州干部监督”微信公众号等媒体发布换届纪律信息100余期，通过组工信息平台发送提示短信10万余条次。

【处级领导干部进修班】 5月9日、9月5日，分别举办了第二十三期、第二十四期处级领导干部进修班开班仪式。重点围绕党性教育、理论武装、素质提升、区域发展等内容，对全区80名处级领导干部进行为期一个月的脱产培训。

【倡议党员亮明身份】 5月12日，通过公众媒体向全体党员发出《亮明党员身份，凝聚先锋力量》的倡议书，下发《关于组织党员佩戴党徽主动亮明身份的通知》，要求全区各级党组织通过佩戴党徽、挂牌上岗、设立党员示范窗口、开展党员承诺等多种方式亮明党员身份、发挥模范作用。

【学习贯彻“五大发展理念”集中轮训班】 5月17日—6月1日，在区委党校连续举办4期处级领导干部学习贯彻“五大发展理念”集中轮训班，采取点名调训的方式，对全区处级领导干部进行轮训。在此基础上，依托干部在线学习平台举办网上专题班，对全区处级及以下公务员进行轮训。

【乡镇领导班子换届选举】 5月23日，召开2016年乡镇换届工作暨换届风气监督工作部署会，启动乡镇领导班子换届工作，区委书记杨斌出席会议并讲话。5月—11月，开展乡镇领导班子换届选举工作，全区11个乡镇领导班子全部顺利完成换届任务。

【“向先进学习，为先锋点赞”网络宣传】 5月27日—7月31日，通过政府门户网站建立了“向先进学习，为先锋点赞”网络宣传窗口，对各单位推荐的优秀共产党员、优秀党支部书记和先进基层党组织表彰对象事迹进行了广泛宣传，吸引党员群众50万人次参与点赞。

【全市远程教育终端站点管理员示范培训班】 6月16日—17日，由市委组织部主办、区委组织部承办的全市远程教育终端站点管理员示范培训班在北发大酒店举办，全市160名终端站点管理员参加培训。

【基层党组织书记集中轮训】 6月20日—22日，举办通州区“两学一做”学习教育基层党组织书记专题培训班，分三期对全区1600余名基层党组织书记进行全覆盖集中培训，使基层党组织书记进一步明确学习教育的重要意义、具体要求和职责任务，为全区开展学习教育提供保障。

【村党组织书记、村委会主任培训班】 6月23日—7月2日，分四期举办2016年村党组织书记、村委会主任培训班，每期培训2天。区委书记杨斌，区委副书记、区长岳鹏，区委副书记、政法委书记杨静慧，区委常委、组织部部长付晓辉分别为新一届村干部讲授了党课。

【纪念中国共产党成立95周年暨表彰大会】 6月30日，在通州区文化馆剧场举行通州区纪念中国共产党成立95周年暨表彰大会，对全区评选出的105名优秀共产党员、20名优秀党支部书记、53个先进基层党组织进行命名表彰，通过视频短片、现场采访等形式，深入挖掘表彰对象的先进事迹，打造了党员经常性教育的生动教材。

【社会治理创新专题研修班】 7月11日—15日，区委社会工委等部门46名负责人前往上海复旦大学参加城市副中心社会治理创新专题研修班。9月13日，在区委党校举办了成果交流会，组织参训学员与各乡镇街道、相关单位负责人进行交流研讨。

【换届风气监督专题培训班】 7月13日—14日，区委组织部举办通州区2016年换届风气监督专题培训班,采取集中学习、分组研讨、纪律测试等形式，对全区150余名换届相关人员进行培训。

【“不忘初心、继续前进”主题党日活动】 7月14日—31日，在全区党员中开展“不忘初心、继续前进”主题党日活动。各单位党委（党工委、党组）书记围绕主题，结合自身入党故事、成长经历讲授了专题党课。

【区级换届严肃纪律谈心谈话会】 7月28日，召开区级换届严肃纪律谈心谈话会。区委书记杨斌围绕带头严守换届纪律，与200余名区级及处级领导干部进行谈心谈话，营造了风清气正的换届环境。

【领导干部领导力提升高级研修班】 7月18日—8月12日，选派4名处级领导干部到清华大学参加领导干部领导力提升高级研修班。这是通州区第八年与其他区县合作，在清华大学联合举办领导力提升高级研修班。

【人才发展体制机制改革和政策创新专题研修班】 8月17日—19日，举办2016年人才发展体制机制改革和政策创新专题研修班。邀请国内人才知名专家做专题讲座，组织学员到天津市武清区、北京市朝阳区实地参观学习，并详细解读了《通州区加强高层次人才队伍建设五年行动计划》。区人才工作领导小组各成员单位主要领导、人才工作主管领导，各乡镇党委副书记、组织委员，各街道党工委副书记、组织部长参加培训。

【第十一期专家理论读书班】 8月29日—9月1日，通州区第十一期专家理论读书班在遵义市委党校举办。通过现场教学、实地参观和交流研讨等方式，对全区29名优秀人才代表进行了培训，进一步增强人才的责任感使命感，全力助推北京城市副中心建设。

【“建设副中心，向前站一步”主题教育实践活动】 8月31日，印发《关于在“两学一做”学习教育中开展“建设副中心，向前站一步”主题教育实践活动的方案》的通知，在全区范围内开展“建设副中心，向前站一步”主题教育实践活动，通过大讨论、明职责、找问题、践承诺，引导党员干部主动担当作为。集中利用1个月时间，在《通州时讯》、通州党员教育微信公众号刊发全区党员干部群众开展“建设副中心，向前站一步”大讨论情况100余篇。

【北京市农林科学院选派9名年轻干部到通州区挂职锻炼】 9月2日，北京市农林科学院到通州区挂职干部座谈会在区会议中心召开。9名年轻干部分别到9个乡镇进行为期一年的挂职锻炼，挂职期间担任乡镇长助理，兼任所在乡镇的农村实用人才总辅导师。

【“通武廊”第二次人才工作联席会议】 10月14日，“通武廊”（通州区、武清区、廊坊市）第二次人才工作联席会议在天津市武清区行政中心召开。会议听取了“通武廊”区域人才合作进展情况、《“通武廊”人才一体化发展示范区建设研究报告》编制情况，审议通过了《“通武廊”人才一体化发展示范区建设宣言》《“通武廊”区域人才互认标准》《“通武廊”区域人才挂职交流工作管理暂行办法》《“通武廊”区域创新平台共享共用目录》等文件。“通武廊”三地组织部部长出席会议并讲话。

【“通武廊”人才一体化发展示范区建设启动仪式】 10月15日，“通武廊”人才一体化发展示范区建设启动仪式暨“通武廊”人才联合招聘会在天津市武清区举办。通州区、武清区、廊坊市联合发布了《“通武廊”人才一体化发展示范区建设宣言》。京津冀省市组织部门相关负责人、武清区领导、“通武廊”三地组织部部长出席启动仪式。国内著名人才发展研究专家吴江、陶庆华出席活动，并为“通武廊”人才一体化发展示范区揭牌。启动仪式后，由三地共同组织的“通武廊”人才联合招聘会在武清区文化中心广场举行。

【智慧城市与交通一体化专题研修班】 10月24日—28日，区住建委、经信委等部门48名负责人前往上海复旦大学参加城市副中心智慧城市与交通一体化专题研修班。

【军转安置工作】 10月底开始，按照市委组织部、市人力社保局工作部署，积极稳妥做好了25名团级军转干部安置工作。

【第二次人才工作领导小组（扩大）会议】 11月8日，召开通州区2016年第二次人才工作领导小组（扩大）会议。会议审议通过了《“通州区海外高层次人才引进计划”和“通州区高层次人才发展支持计划”实施细则》《通州区高层次人才认定标准》《通州区高层次人才享受政府特殊津贴和购房补助的若干规定》《通州区人才公寓管理办法》，审议通过了第四届通州区人才工作创新项目奖拟表彰项目名单、第二届通州区首席技师工作室拟认定名单和通州区2015年度科技创新人才拟资助与奖励人员（项目）名单，并听取了2016年通州区人才公寓配租工作有关情况的汇报。会议对第三届通州杰出人才奖初步候选人进行了综合评议。会议还听取了关于“通武廊”人才一体化发展示范区建设情况和关于在通州区建设中国北京人力资源服务产业园区调研情况的报告。

【选调生培训班】 11月16日—18日，区委组织部、区人力社保局和区委党校联合举办选调生培训班，通过课堂教学、实地考察、分组讨论相结合的方式，对2016年全区19名选调生进行集中脱产培训。

【基层党建创新工作】 12月10日，召开基层党建创新项目评审会，邀请市委党校、《北京支部生活》杂志社等8名专家对全区30个优秀创新项目进行评审，评出8个一类项目，10个二类项目，12个三类项目。12月14日，召开通州区基层党建创新工作经验交流暨工作部署会，全面总结2014—2016年度基层党建创新工作经验，部署2017—2019年度基层党建创新工作。

（张可强）

宣 传 工 作

【概　况】 2016年是“十三五”开局之年，全区宣传思想文化战线坚持贯穿“一条主线”，即中共十八大、十八届三中、四中、五中、六中全会，市委十一届十次、十一次全会和习近平总书记系列重要讲话精神；围绕“一个中心”，即北京城市副中心建设；落实“一个制度”，即党委（党组）意识形态工作责任制；抓好“一个载体”，即全国文明城区创建，凝聚全区广大党员干部群众精神力量，深入开展社会主义核心价值观和中国梦宣传教育，积极构建强有力的全媒体宣传文化平台，把握态势、抓住大事、破解难事、讲好故事，唱响主旋律，传播正能量，不断提升理论宣传、社会宣传、新闻宣传、网络宣传、精神文明建设和文化繁荣发展的影响力和传播力，为通州区实现“十三五”良好开局，推进北京城市副中心建设，提供强大思想保证、精神动力、舆论支持和文化条件。

坚持以学习贯彻习近平总书记系列重要讲话精神为首要任务，不断强化理论武装。充分发挥区委理论中心组学习的重要作用，采取集中学习、交流研讨、讲座报告等多种形式开展学习，不断增强学习的主动性、针对性、实效性。创办《通州党员学习参考》、通州党员学习手机报及通州党员学习微信公众号，设立要言要论、理论参考、先进事迹等多个栏目，将前沿理论、社会热点、优秀党员的先进事迹传递到普通党员身边，服务基层开展理论学习。

加强社会主义核心价值观建设，不断增强主流思想价值的吸引力。以通州典型人物感人故事为素材，推出《温暖2016》电视专题和《平凡的感动 暖暖的通州》报纸专栏，讲述身边人的身边事，积极倡导社会正能量。开设核心价值观网络宣传平台，举办核心价值观公益广告大赛征集、“最美通州”摄影大赛、“情系副中心”百姓宣讲等一系列主题活动，凝聚全区人民建设副中心的信心和决心。以纪念中国共产党建党95周年和中国工农红军长征胜利80周年为契机，广泛宣传和深入推进社会主义核心价值观和中国梦教育，先后举办“童心向党”歌咏活动、“传承中华美德 弘扬核心价值观”优秀童谣进校园展演活动、爱国主义教育基地参观等，传播核心价值观理念。举办周末社区大讲堂、“我们的节日”、文化科技卫生“三下乡”系列活动等，引导广大市民深入践行社会主义核心价值观。

构建新闻宣传新格局，营造良好舆论氛围。启动《运河之源话通州》专题新闻片制作，依托北京电视台《这里是北京》文化品牌栏目，传播通州悠久的历史文化。传播北京城市副中心城市品牌，与中央电视台在国庆期间进行了《江山多娇》直播活动，通过对通州运河两岸的直播，展现运河源头的壮丽美景以及悠久的运河文化，进一步提高城市的知名度和美誉度。

认真贯彻落实意识形态工作责任制，牢牢掌握意识形态工作主动权。进一步加强和改进全区意识形态工作，制定印发《通州区落实党委（党工委、党组）意识形态工作责任制的实施意见》和《通州区党委（党工委、党组）意识形态工作责任制考核办法》，建立全区意识形态工作研究报告、会商研判、情况通报等七项工作机制，召开四个季度全区意识形态领域分析研判会，及时了解掌握全局性、苗头性、倾向性问题。开展意识形态工作责任制专项督查考核，督促各级各部门党委（党工委、党组）抓好落实。开展意识形态专项课题研究，为区委区政府的科学决策提供依据。

增强网络舆论引导力，坚决维护网络空间安全。构建良好的副中心建设网络环境，全面展示城市副中心新形象。探索新兴媒体整合机制，建立“通州发布”微信公共服务平台，形成新媒体发布矩阵，在副中心建设重大政策解读、重大公共事件等方面，实现网络宣传全方位、全向度、全覆盖。在全市率先开展“新媒体走改转”宣传报道20次，形成新媒体宣传报道200余篇，阅读量超过500万次。全年形成通州区舆情日报226期，累积处置行政办公区建设、环境治理等热点问题炒作，以及各类突发公共事件120余起。协调公安网监等部门，重点对微博等新型信息传播渠道进行监管，集中整治利用弹窗、搜索引擎、云存储、电视盒子等新载体传播涉及意识形态和违法政治信息行为。

提升文化服务水平，打造文化通州名片。大力加强对基层文化阵地的投入力度，投资5300万元，对全区36个基层文化设施进行改扩建和设备配备。举办弘扬时代主旋律的文艺演出活动，先后组织“星火工程”公益惠民演出、“文化一脉 协同发展”京津冀运河沿线城市文化交流季等各类文艺演出1300余场。成功举办2016年北京 通州运河艺术节，2016中国艺术品产业博览会等品牌文化活动。挖掘和传承“通州味”传统文化，编辑出版《通州历史文化丛书》，打造反映“通州味”的驻场演出《盛世运河》。完成通州区博物馆升级改造并重新对外开放，使城市副中心更具文明特色，更有人文韵味，更有文化魅力。

以创建全国文明城区为载体，全面提升市民文明素质和城市文明程度。始终坚持利民惠民的创城宗旨，研究制定并全面部署了全国文明城区创建工作长效机制，促进城区内39条道路、20条胡同和120多处路面的翻修整治，完成全区港湾式公交停靠站的建设和改造；推动《通州区老旧小区治理办法》制定，探索提高老旧小区管理水平；开通监督电话和网络投诉，督促责任单位及时解决百姓反映强烈的问题。组建519人的网络文明传播志愿者队伍。建成471个创建全国文明城区宣传栏、2000余块“遵德守礼”

提示牌。开展创城公益广告征集活动，推出以核心价值观、中国梦、道德规范、文明创建、志愿服务、市民文明行为为主题的系列公益广告，运用电子书、微博、微信等形式，把公益广告展示到群众面前。

【“三下乡”集中示范活动暨新春慰问演出】 1月29日，2016年文化科技卫生“三下乡”集中示范活动暨新春慰问演出在于家务回族乡东垡村举行，活动吸引了400余名群众，送出春联700余副，为10户农民拍摄了全家福，义诊接待90人次，受到广大农民朋友的欢迎。

【创办《通州党员学习参考》、手机报】 3月，区委宣传部与前线杂志社合作，创办具有通州特色的《通州党员学习参考》、通州党员学习手机报以及微信公众平台，设置要言要论、理论参考、支部课堂等栏目，将前沿理论、社会热点、优秀党员的先进事迹传递到普通党员身边，打造全区各级基层党组织理论研讨、经验交流、典型引导、疑难解答的学习平台。

【共和国部长到通州植树专题报道】 3月26日，共和国部长和市委市人大市政府市政协领导150多人，到通州台湖镇集体植树。区委宣传部协调组织市级媒体和通州电视台、通州时讯报社进行报道。

【“我们的节日——清明节主题”活动】 3月30日，区委宣传部举办2016年通州区“我们的节日——清明主题诗会”活动，活动以缅怀与展望为主题，通过诗朗诵的形式，缅怀革命先辈先烈，展望了北京城市副中心建设的美好未来，引导市民正确认识和理解中华民族优良传统和革命传统。

3月30日，区委宣传部举办2016年通州区“我们的节日——清明主题诗会”活动　　（宣传部提供）

【百姓宣讲骨干培训班】 4月7日，区委宣传部举办百姓宣讲骨干培训班，邀请市委讲师团百姓宣讲专家张长征老师，通过授课、互动提问等方式，详细讲解了百姓宣讲素材的挖掘、宣讲稿撰写、宣讲员培训等内容。培训会上，北京市“共话‘十三五’”百姓宣讲团作了示范宣讲。

【清洁空气在行动专题报道】 5月26日，区委宣传部协调《北京日报》、北京电视台、北京广播电台等13家市区级新闻单位，对通州区开展清洁空气在行动进行集中采访报道，区委副书记、区长岳鹏作了发布，介绍了通州相关工作，并接受了媒体采访。

【“情系副中心”优秀百姓宣讲团评选】 5月26日—28日，区委宣传部举办2016年“情系副中心”优秀百姓宣讲团评选活动。来自全区各乡镇、街道和委办局的29个百姓宣讲团参加。经过为期3天的激烈角逐，区老干部局的“炫夕阳”老干部宣讲团获得特等奖，区公共文明协调办“运河畔上的柠檬黄”宣讲团和玉桥街道“幸福家园”百姓宣讲团获得一等奖。

5月26日—28日，区委宣传部举办2016年“情系副中心”优秀百姓宣讲团评选活动　　（宣传部提供）

【建设城市副中心专题报道】 6月1日，区委宣传部协调《人民日报》、新华社、中央电视台、《北京日报》、北京电视台、北京广播电台等21家中央、市级媒体，对通州区落实中央政治局会议精神，建设城市副中心进行集中采访报道，区委常委、副区长崔松光作了发布，介绍了通州相关工作，并接受了媒体采访。

【“浓情运河粽香飘”端午节主题活动】 6月7日，区委宣传部举办2016年“我们的节日——端午节”主题活动，以人与自然和谐相处为主题，策划了空竹表演、端午知识问答、诗朗诵《屈原的诗》、包粽子比赛、剪纸等节目，让群众深刻感受中华优秀传统文化的底蕴和魅力。

6月7日，区委宣传部举办2016年“我们的节日——端午节”主题活动 （宣传部提供）

【庆祝建党95周年、红军长征胜利80周年系列文化活动】 区委宣传部、区文化委于6月—10月组织开展系列文化活动，内容包括主题征文、爱国影片展播、长征组歌演唱会等六大活动，旨在以文化活动的形式，全面展示中国共产党艰苦卓绝的奋斗历程、团结带领全国各族人民开创党和国家事业发展新局面以及革命先辈先烈的光荣事迹，为北京城市副中心建设和全国文明城区创建凝聚强大的精神力量。

【“北京通州发布”官方微信公号开通】 8月，通州区官方微信公众号“北京通州发布”正式上线，内容立足副中心、放眼京津冀，分为“副中心”“服务大厅”“微信矩阵”三大版块，“副中心”版块设置了建设动态、政策指南、京津冀等栏目；“服务大厅”版块设置了医院挂号、公交查询、小客车摇号查询等功能；“微信矩阵”版块集合了通州区部分委办局、乡镇、街道的微信公众号，以及《通州时讯》、大运通州网、通州小兵、通州八通网、《北青社区报》等微信公众号。

【第四届北京七夕文化节】 8月5日，“情定运河 圆梦七夕”第四届北京七夕文化节开幕，本届七夕文化节策划推出七夕文化节主题演出暨“最美夫妻”表彰活动、道德讲堂、相亲大会、爱情歌曲大赛、爱情影片展播等活动，活动突出爱情忠贞、乞巧勤劳、婚姻伦理的主题，以培育和践行社会主义核心价值观为主线，融合运河文化精髓，充分展示通州独特的文化魅力。

（一）七夕主题活动。“情定运河 圆梦七夕”第四届北京七夕文化节主题活动，于8月5日下午在通州区文化活动中心举办，活动主要表彰了2016年通州区评选出的6对“最美夫妻”和94对“最美夫妻”提名，以此弘扬执子之手、与子偕老的婚姻观、爱情观。主题活动项目组在活动前，深入挖掘了“最美夫妻”的典型事迹，制作并现场播放了他们的感人视频，将“最美夫妻”的事迹展现给观众，通过身边人、身边事的形式感动人、教育人，活动中还穿插了舞蹈《七夕文化开场秀》和《明月几时有》《知心爱人》《爱，永远在》等歌曲及诗朗诵《最美夫妻》等节目，进一步倡导忠贞不渝、不离不弃的婚姻理念，弘扬文明和谐的社会风尚。首都文明办副主任卜秀均、通州区委副书记杨静慧、副区长李亚兰及市委宣传部、首都文明办和通州区有关部门领导参加了主题活动。

（二）七夕道德讲堂。8月8日下午“最美夫妻传家风”道德讲堂七夕专场活动在通州区成教中心开讲，黄青松、李翠霞夫妻，王耀武、史晓慧夫妻，二山、张萍夫妻等3对通州区“最美夫妻”现场讲述他们的感人故事，促进家庭和谐，促进亲人相亲相爱，注重家庭、注重家教、注重家风，不断发扬中华民族家庭美德。首都文明办主任滕盛萍、区委副书记杨静慧等领导参加了活动。

（三）七夕鹊桥会。北京七夕文化节大型交友活动主题为“遇见你 勇敢爱”鹊桥会，旨在进一步拓宽青年男女沟通交流方式，为广大市民提供一个交友的平台，活动分为8月6日网络专场和8月7日科技、妇联、工会专场，通过网站、微信等渠道吸引了2000余人参与报名，经过身份核实、筛选等环节，有1000名来自社会的适龄青年男女参加本次鹊桥会活动，活动策划了走红毯、座位轮换、才艺展示、幸运抽奖等互动小游戏，进一步拉近青年男女的距离。据不完全统计，在活动现场有23对青年男女相亲成功。

（四）七夕爱情影片展播。8月6日至9日，组织开展了“爱的记忆　经典再现”爱情影片展播活动，活动分为三种形式进行，一是依托通州区电影院资源优势，安排四天8个场次的院线影片放映，《致青春2》《我最好朋友的婚礼》等四部电影呈现给广大市民。二是发挥流动电影放映车的灵活性，在运河文化广场免费放映《爱情银行》《非诚勿扰2》等四部经典爱情影片。三是利用村、社区数字影厅的覆盖面广的特点，安排200个村、社区播放爱情影片《云水谣》。此外，在通州区电影院制作了“示爱宣言版”，运河文化广场和各村、社区制作了七夕主题展板、易拉宝等宣传品，努力营造浓厚的节日氛围。

（五）七夕爱情歌曲大赛。第四届北京七夕文化节爱情歌曲大赛主题为“唱响七夕　有爱相伴”，歌曲大赛决赛是本届七夕文化节的闭幕式，活动自5月启动以来，得到了广大市民的积极响应，200余名群众报名参加了本次大赛，经过初赛、复赛的比拼，最终有18名选手入围决赛，《敖包相会》《草原之夜》《当你的秀发拂过我的钢枪》等一批经典爱情歌曲相继传唱，活动评选出一等奖2名、二等奖4名、三等奖6名、优秀奖10名，并颁发了奖杯和证书。

（六）七夕分会场活动。8月5日至10日，张家湾镇、于家务回族乡分别举办了本届七夕文化节分会场活动，张家湾镇以“七夕鹊桥会　爱在瑞正园”为主题，策划了特好看：最爱情侣装；特优惠：摘葡萄送大礼；特好玩：闯关鹊桥会三条主线活动，安排了穿针引线、抛绣球、默契大拷问等游戏环节。于家务回族乡以“浓情七夕节，相约第五季——香蕉园浪漫情缘”为主题，策划了相亲长廊、鹊桥相会、香蕉园派对、露天电影、篝火晚会等丰富多彩的节目，让游客体验一个乐趣与知识的七夕文化节。

【百姓宣讲团巡回宣讲启动式】　9月8日，区委宣传部举办通州区“情系北京城市副中心”百姓宣讲团巡回宣讲启动式暨区委理论中心组扩大学习专场报告会。8名来自基层的普通干部群众，为全区领导干部讲述自己为副中心建设奉献的感人故事。启动式后，宣讲团深入全区各乡镇、街道和部分委办局开展巡回宣讲。

9月8日，区委宣传部举办通州区“情系北京城市副中心”百姓宣讲团巡回宣讲启动式暨区委理论中心组扩大学习专场报告会　（宣传部提供）

【“最忆中秋　家风永传”中秋节主题活动】　9月14日，区委宣传部举办“最忆中秋　家风永传”中秋节主题活动，活动以团圆、团结、庆丰收为主题，通过组织群众展示个人才艺、制作和品尝美味佳肴、书法、讲家风、猜灯谜等形式，策划了评剧《报花名》、歌曲《北京的金山上》等12个精彩节目，大力弘扬传统文化，倡导邻里和睦的传统美德，营造团结、和谐的社会氛围。

【对外宣传工作】　10月1日—7日，区委宣传部配合中央电视台，协调区水务、园林等部门，在大运河森林公园进行了中国梦“江山多娇”直播活动。与中国散文协会合作，出版《繁体的大运河》一书，并下发全区各单位及星级酒店。与中国旅游文化杂志社合作，出版通州特刊，重点宣传推介通州。

【“九九重阳节　浓浓敬老情”重阳节主题活动】　10月9日，区委宣传部在梨园镇敬老院举办“九九重阳节　浓浓敬老情”重阳节主题活动，策划开展了诗朗诵《大运河的呼唤》、独唱《父亲》、萨克斯独奏《最美不过夕阳红》等12个精彩节目，为老人送去节日的祝福和问候。

【纪念红军长征胜利80周年主题活动】 10月26日，区委宣传部、区文明办、区文化委、区老干部局联合举办“史诗与丰碑”纪念红军长征胜利80周年主题活动，通过《山丹丹开花红艳艳》《拥军秧歌》《十送红军》等节目，以多样化的艺术形式弘扬和传承长征精神，引导广大群众为实现中华民族伟大的中国梦而奋斗，全区党员干部群众400余人参加了活动。

【“一把手谈改革”专题采访活动】 11月13日，区委宣传部组织《人民日报》、新华社、中央电视台、《北京日报》等23家中央、市级媒体，围绕“一把手谈改革”到通州区集中采访，区委书记杨斌作了发布，介绍了潞城棚改精神、生态建设、教育医疗公共服务提升等方面工作，并接受媒体采访。

【十八届六中全会精神巡回宣讲】 11月28日—12月2日，区委宣传部会同区纪委、区委组织部、区委研究室、区直机关工委、区委党校等相关部门领导，组成了区委学习贯彻中共十八届六中全会精神宣讲团，深入全区各乡镇、街道、区级直属工委进行宣讲20场，深入宣传中共十八届六中全会精神。

（马学武）

精神文明创建工作

【概　况】 2016年，通州区精神文明建设工作始终以培育和践行社会主义核心价值观为主线，围绕全国文明城区测评指标，扎实推进公民思想道德建设、群众性精神文明创建和公共文明引导行动，进一步加强未成年人思想道德建设工作，精神文明建设工作在改进中加强、在创新中提高，实现跨越式发展，为建设北京城市副中心提供了强大精神动力和道德支撑。

（谢　晶）

【“榜样的力量——2015通州榜样”颁奖典礼】 2月19日，通州区举办“榜样的力量——2015通州榜样”颁奖典礼，表彰马忠武等10名“2015年度通州榜样”和40名提名奖。首都文明办主任滕盛萍、宣教处处长奚立龙、宣教信息中心主任宋黎明，区领导及各相关单位主要领导及主管副职，首都文明单位代表、历届“通州道德模范”和“通州榜样”，以及网络文明传播志愿者、公共文明引导员、创城工作者等450余人参加活动。活动现场，通过视频小片、故事讲述、现场采访等形式，生动再现了榜样人物的先进事迹，话语真挚、场景感人，打动了在场的每一位观众，整场活动掌声不断。颁奖仪式最后，在《通州榜样》主题歌声中，市、区领导亲切接见榜样，并合影留念。

（王梦茜）

2月19日，通州区举办“榜样的力量——2015通州榜样”颁奖典礼，表彰马忠武等10名“2015年度通州榜样”和40名提名奖获得者　　（文明办提供）

【开展“文明通州”社区宣传日活动】 年内，在全区9个创城重点区域的所有社区和重点小区设立150个“文明加油站”社区宣传站点，3月—10月，分别以弘扬志愿精神、守护健康生活、倡导文明旅游、践行低碳环保、关爱青少年、学习道德榜样、深化“四进社区”为主题，定期开展“文明通州”社区宣传日活动。8期主题活动得到30余万名志愿者和社区居民热情参与，“网上加油站”信息关注量达到近120万人次。此项工作经验做法刊登在2016年第八期《精神文明导刊》，在全市宣传推广。

（王　栋）

【学雷锋志愿服务推动月活动启动】 3月2日，通州区志愿服务先进典型表彰暨2016年学习雷锋志愿服务推动月活动启动仪式在区文化活动中心举行。市志愿服务联合会领导、区领导和全区各单位、各地区分管领导，各类文明单位和社会各界代表500

余人参加活动。仪式中，通过视频短片回顾了全区2015年志愿服务工作，播放了志愿服务优秀集体和个人的感人事迹。与会领导分别为志愿服务优秀队伍、优秀组织、优秀社区、优秀个人代表颁奖。区委副书记杨静慧宣布2016年学雷锋志愿服务推动月活动正式启动。

（李 硕）

3月2日，通州区志愿服务先进典型表彰暨2016年学习雷锋志愿服务推动月活动启动仪式在区文化活动中心举行 （文明办提供）

【加强乡情村史陈列室、农村精神文明宣传视屏建设】 3月15日，召开2016年精神文明宣传视屏和乡情村史陈列室建设工作部署会，对2016年精神文明宣传视屏和乡情村史陈列室建设工作进行全面部署。全年新建乡情村史陈列室6个，精神文明宣传视屏18个。

（王 栋）

【举办道德讲堂——“寄语人生”入职礼专场活动】 4月8日，通州区举办道德讲堂——“寄语人生”入职礼专场活动，区领导及各单位主管领导、新入职员工300余人参加活动。活动现场，大家共同聆听了东直门中医医院针灸科主任逯俭、区人力社保局劳动争议仲裁院副院长曹惠、区广电中心播音员吴小强爱岗敬业、无私奉献的动人事迹；来自通州区教育、医疗、公安系统和党政机关的新入职员工代表现场宣读了入职誓言；“2015通州榜样”、扎根农村教育40年的于家务中学校长孟繁信为新入职员工提出了希望寄语，勉励他们走好人生之路。

（王梦茜）

【健步走活动】 4月23日上午，由通州区总工会、区文明办、区体育局共同开展的“全民健身、文明职工、健康生活”通州区职工健步走活动在运河森林公园举办。来自通州区各行各业的3500多名职工代表参与活动。广大职工以单位为行进队伍，从奥体公园体育场南口出发沿运河步道进行5公里、10公里健步走。此次健步走活动激发了通州广大职工践行文明、绿色、健康生活的热情，决心为建设北京城市副中心和创建全国文明城区做出积极贡献。副区长李亚兰以及区总工会、区文明办、区体育局、区国资公司等单位领导参加活动。

（林 森）

【开展“2016通州榜样”主题教育活动】 5月至9月，区文明办在全区广泛开展“2016通州榜样”主题教育活动，以此宣传树立一批奋发向上，崇德向善的“通州榜样”。全区社会各界推荐候选人554人，包含机关干部、部队官兵、学校教师、企事业单位职工以及普通市民等各类人员，具有广泛的代表性。区活动组委会严格按照推荐标准，对候选人进行分类评审，评选出“通州榜样”月度人物榜50名（5月至9月，每月10名），授予区教委、区卫计委、区城管执法监察局、永顺镇、西集镇、宋庄镇、永乐店镇、于家务回族乡、北苑街道、玉桥街道等十个单位为“2016通州榜样”主题教育活动优秀组织单位，择优向“2016北京榜样”活动组委会推荐549人，其中，10人荣登“2016北京榜样”周榜及月榜，5人荣获“2016北京榜样”提名奖，推荐人数居全市第一，入选人数居全市第一。同时，广泛开展“为榜样点赞”活动，动员广大市民通过专题网页和创新设计的H5页面，为榜样留言、礼赞榜样。该活动在社会上引起深刻反响，网页和H5页面点击率达8.3万余人次，收到网友及市民群众留言1100余条。

（王梦茜）

【“互联网+志愿家庭”志愿服务活动启动仪式举行】 5月8日上午，通州区在芙蓉小学报告厅举行“互联网+志愿家庭”志愿服务活动启动仪式。活动由区文明办、区妇联、团区委和区教委联合主办。市志愿服务指导中心主任、市志愿服务联合会副会长兼秘书长郭新保，市妇联家庭儿童部部长尤筠，区委常委、宣传部长肖志刚等领导出席活动。各成员单位主管领导、志愿家庭代表、在校师生和家长代表500余人参加活动。

（李　硕）

【开展“我们的节日”活动】 6月7日起，区文明办分别在端午节、中秋节、重阳节、清明节等重要中国传统节日期间，统一设计相关主题海报通过政府平台下发，供各单位宣传使用，并向各单位征集相关主题活动资料，将亮点信息报送至首都文明办。

（王梦茜）

【志愿服务助力2016高考】 6月7、8日两日，通州区多领域开展了志愿服务活动助力高考。一是区文明办携手北京新通惠捷区域电动小客车出租有限公司联合开展“2016爱心送考”志愿服务活动。二是区总工会联合区教委开展“暖心伴考”志愿服务活动。三是北苑城管执法队、潞河交通大队等对高考周边环境秩序和交通秩序的保障服务，以及为考生和家长提供免费的饮用水和雨伞等服务。

（李　硕）

【开展“诚实做人、守信做事”社区宣传日活动】 8月20日上午，举行通州区“诚实做人、守信做事”主题社区宣传日活动。本次活动以罗斯福广场为主会场，同时在新华街道、中仓街道、玉桥街道、北苑街道、永顺镇、梨园镇、潞城镇等7个创城重点区域的150个社区设立分会场，旨在传播诚信理念、提高诚信意识和信用水平，促进形成履约践诺、诚实守信的社会氛围。区文明办、区经信委、区行政服务中心等多家诚信示范窗口单位，通过发放宣传折页、有奖问答等形式，向市民宣传政务诚信、商务诚信、社会诚信和司法公信，解答市民疑问的同时倡导市民签名承诺，提升诚信体系建设的知晓率和参与度。

（霍　媛）

【制定下发新版测评体系操作手册】 9月，召开通州区争创全国未成年人思想道德建设工作先进城区工作会，下发并解读了2016年版《全国未成年人思想道德建设工作测评体系操作手册》。操作手册细化为29项测评标准、75条测评内容。其中，网上申报项目53条、实地考察11条、问卷调查11条，涉及规范文件21个、说明报告30个、实景图片63个、统计表格3个。

（张　桐）

【举办“文明北京　蓝天行动”主题宣传实践活动成果展示暨北京市“V蓝北京”二期功能发布会】 9月14日，联合首都文明办在区图书馆举办通州区“文明北京　蓝天行动”主题宣传实践活动成果展示暨北京市“V蓝北京”二期功能发布会。首都文明办副主任韩龙彬，通州区委副书记、政法委书记杨静慧，区委常委查显友，副区长李亚兰出席活动。区环保局、区发改委等有关部门主管领导、各乡镇街道宣传部长，以及通州区市区两级优秀绿色环保公益组织负责人和绿色生活好市民代表等近200人参加活动。活动由腾讯大燕网、大运通州网等进行全程网络直播，北京市“V蓝北京”微信公众号二期功能面向全市市民正式上线。会上通过专题片的形式回顾展示了近年来通州区开展活动的成果，表彰了通州区市级优秀绿色环保公益组织和市级绿色生活好市民、“低碳生活　绿动你我”绿色生活新方式优秀征文，现场抽取了“环保先锋”。发布会后，与会领导参观了通州区“文明北京　蓝天行动”主题宣传实践活动成果展。

（王　栋）

【“文明通州”社区宣传日主题活动】 在9月20日第十四个全国公民道德宣传日来临之际，区文明办会同区科委、区卫计委、区投资促进局、区科协、区工商联、建行通州支行、移动通州分公司、盛仁堂药店以“重品行、树形象、做榜样”为主题，在全区150个“文明加油站”宣传站点开展9月“文明通州”社区宣传日主题活动。在玉桥街道万春园街心公园主宣传站点，来自全区的道德模范、“通州榜样”、医务工作者、个体工商户、首都文明单位职工以及公共文明引导员、各类社会公益团体，为市民提供了理发、修脚、义诊、义卖、日常用药咨询、科普宣传、金融知识宣传、通讯业务咨询等形式多样的志愿服务，弘扬了道德模范精神，充分发挥了社会公众人物践行社会主义核心价值观、自觉履行社会责任的示范引领作用，有力助推了全国文明城区创建工作。

（王梦茜）

【2016年网络文明传播志愿者工作培训会】 11月16日，通州区召开2016年网络文明传播志愿者工作培训会。区内各级文明单位、各乡镇街道网传志愿者工作负责人、网络文明传播志愿者及2016“北京榜样”通州区候选人等180余人参加了会议。首都文明办宣教信息中心主任宋黎明、新华社舆情监测分析室特聘专家田惠明、北京日报评论部主任毛晓刚担任此次会议的授课老师。

（李　硕）

【童谣进校园活动】 11月29日，通州区传承中华美德弘扬核心价值观童谣进校园活动在张家湾镇中心小学举办。此次展演的节目是由张家湾镇中心小学及下辖的五所完小组成，包括合唱、音乐剧、诵读、快板、舞蹈、独唱等表演形式十个节目。参加本次活动的有来自乡镇街道、各中小学、幼儿园主管德育工作的相关领导、家长代表、各媒体人员以及参与演出的师生400余人。传承中华美德弘扬核心价值观活动以学习宣传“中国梦”、推进社会主义核心价值观建设为根本，以弘扬长征精神、传承中华美德为主题，充分展现通州区未成年人健康向上、积极进取的良好精神风貌和思想道德素质。活动收集未成年人组作品1107首，成人组作品496首，评选出120首优秀作品和8家先进单位。

（张　桐）

【开展“红绿灯”文明引导志愿服务活动】 年内，区文明办、区创城办、区协调办在北苑街道、新华街道、玉桥街道、中仓街道辖区内4个主要交通路口，联合开展“红绿灯”文明引导志愿服务活动。文明引导员、志愿家庭等100余名志愿者走上街头，对行人、非机动车停车越线、闯红灯等不文明行为进行引导。此次活动还引入“小手拉大手”的志愿家庭服务模式，18名文明引导小使者积极参与活动，宣传文明出行。通过宣传引导，主要路口的交通秩序得到明显改善，行人和非机动车的文明行为进一步规范。为保障活动效果，使文明出行成为通州市民的良好习惯，该活动将常态化开展。

（李　硕）

【开展“微承诺、微行动、微志愿”和绿色生活好市民推荐评选活动】 年内，评选表彰北京市优秀绿色环保公益组织8个，北京市绿色生活好市民17个，通州区优秀绿色环保公益组织10个，通州区绿色生活好市民40个。

【开展“低碳生活　绿动你我——绿色生活新方式”主题征文活动】 年内，开展“低碳生活　绿动你我——绿色生活新方式”主题征文活动，评选表彰了绿色生活新方式优秀征文120篇。

【开展“文明北京　蓝天行动——绿色驾驶我参与”主题活动】 年内，开展“文明北京　蓝天行动——绿色驾驶我参与”主题活动，评选表彰了绿色驾驶员140名、绿色驾驶分享家70名。

【扎实推进文明旅游工作】 年内，联合区旅游委下发了《关于开展2016年文明旅游工作的实施意见》，对全区文明旅游工作进行安排部署，确保文明旅游工作持续稳步推进。

【全面推广文明北京智慧宣传平台建设】 年内，按照全市分期分批建设计划，完成党政机关、重点窗口单位、部分社区村、首都文明单位等53个点位的建设工作。

【开展节俭养德全民节约行动】 年内，广泛开展节俭养德全民行动，设立“节俭养德全民行动”——铺张浪费曝光台，曝光铺张浪费的典型案例。

（王　栋）

【组织开展文体教科界人士及企业家“重品行、树形象、做榜样”主题活动】 年内，区文明办组织各相关单位通过文化引领，丰富广场文化、校园文化、军营文化；组织名家、新乡贤讲座活动，通过道德讲堂、公益大讲堂、乡村学校少年宫等开展书法、美术、文学、艺术、音乐、舞蹈、礼仪、全民健身项目等辅导讲座；组织书法家开展新春写春联，礼遇道德模范、“通州榜样”，慰问困难群众等活动。通过号召社会公众人物规范自身言行、强化个人修养、提升道德境界、履行社会责任、争做“通州榜样”，大力弘扬道德模范精神、发挥公众人物引领示范作用。

【组织开展规范守则教育实践活动】 年内，区文明办下发《关于制定、完善、张贴社区居民公约、村规民约、学生守则、行业规范、职业规则、团体章程的通知》。督促各单位制定、完善、张贴村规民约、社区居民公约，广泛开展规范守则教育实践活动。组织各村、社区通过文化墙、宣传栏、益民书屋、道德讲堂等多种载体和渠道，广泛宣传村规民约、社区居民公约，开展“学规则、讲规范、见行动”“学文明公约，做文明居民”等主题实践活动。教育系统在全区中小学校统一更换2015年8月新修订的《中小学生守则》，并通过主题班队会、升国旗仪式、撰写心得体会等形式对学生守则进行宣传学习，并规范学生言行。卫生系统以改善就医环境、端正服务态度、规范执业行为为目标，开展规范守则教育实践活动，通过完善制度、学习培训、典型引领示范等手段，有效提升了医生职业道德水平。区文联发动摄影家、作家、书法家、画家、演员等文艺工作者修订各协会章程，并以“重品行、树形象、做榜样”主题活动为载体，引导文艺工作者遵规守章、做出表率。邮政、银行、电信等窗口单位进一步确立并广泛张贴宣传行业标准及规范，并通过签订承诺书等形式，引导窗口行业从业人员注重文明礼仪、规范服务。通过突出现代文化引领，深入开展教育实践活动，不断增强广大市民价值判断和道德责任感，提升市民道德水平和道德境界。

【举办“德耀运河——通州道德模范”主题展览】 年内，区文明办以“德耀运河”为主题，设计制作了40组通州道德模范主题展板，在全区重点窗口单位、机关、企事业单位进行长期展览，宣传模范事迹，传递向上向善正能量。

【开展乡贤文化建设工作】 年内，区文明办结合《全国文明城区创建指标体系》，深入研究乡贤文化内涵和建设方法，初步形成于家务回族乡示范引领、各乡镇参照实施、各职能部门协同配合的“新乡贤”文化建设工作格局。

【树立文明乡风】 年内，区文明办围绕“美丽乡村”建设，以文明村镇创建为载体，着眼于民风民俗、祭祀祭奠、民族文化活动中存在的铺张浪费、攀比享乐等问题，充分发挥宣传引导作用、创新文明实践载体、创建文化教育阵地，扎实推动农村地区移风易俗，带动村民通过实际行动破旧立新，树立了勤俭节约、互助友爱、文明高尚的文明乡风。

【推进道德讲堂建设工作】 年内，下发《关于2016年道德讲堂建设工作的实施方案》《关于进一步加强示范道德讲堂管理工作的通知》，提出提高道德讲堂覆盖面和影响力的更高要求。全区227所道德讲堂以社会公德、职业道德、家庭美德、个人品德为主要内容，针对各类人群接受特点和生活习惯，以“我听、我看、我讲、我议、我行”为主要形式，全年开展活动700余场次。活动重点宣传助人为乐、诚实守信、孝老爱亲、敬业奉献、见义勇为事迹，道德模范、通州榜样、“身边好人”、最美人物、美德少年等先进典型登上讲台，亲述先进事迹、参与互动交流、激发群众道德共鸣，受众群众近3万人次，覆盖社区居民、农民、公务员、学生、部队官兵、企业职工等各类人群，营造了讲道德、做好人、树新风的浓厚氛围。

【组织开展“身边好人”推荐投票活动】 8月，晋怡入选“中国好人榜”。截至2016年年底，通州区组织开展的“我评议，我推荐身边好人”活动向首都文明办推荐报送候选人33名，已有19人登上“中国好人榜”。

【开展道德模范帮扶礼遇工作】 年内，通州区着力完善道德模范帮扶礼遇制度，通过提高社会礼遇、给予物质奖励、开展针对性帮扶等形式，对荣获“道德模范”“中国好人”“北京榜样”“通州榜样”等荣誉称号的先进典型、道德模范318人给予礼遇帮扶，投入资金总计140余万元。区文明办分别与电影院、台湖图书城、区卫计委协调沟通，为道德模范办理免费观影卡、购书卡、体检卡；编辑印刷《“通州榜样”事迹汇编（三册）》，收录“通州榜样”感人事迹；通州电视台、《通州时讯》、中国文明网联盟网站·通州站、通州文明网、大运通州网、八通网以及“文明通州”微信、微博分别开设“通州榜样”“好人365”“平凡的感动 暖暖的通州”等专题专栏，宣传模范事迹；分领域开展“我身边的道德模范”主题征文活动，邀请道德模范、“通州榜样”参加道德讲堂、百姓宣讲、社区宣传日等活动，推崇模范行为；在全区40个窗口单位、中小学校举办“德耀运河——道德模范在身边”道德模范事迹展览，营造敬模范、帮模范、学模范、争当模范的浓厚氛围。

（王梦茜）

【围绕重要节点开展未成年人思想道德建设主题实践活动】 年内，围绕清明节和“五一”“六一”“七一”“十一”等重要时间节点，坚持网上网下相结合、继承创新相结合，开展“我的中国梦”主题教育实践系列活动，叫响做实社会主义核心价值观，引导未成年人扣好“人生第一粒扣子”。开展清明网上网下祭英烈活动，全区6万名未成年人参与其中，参与率超过80%。开展网上网下“清明祭英烈”主题教育实践活动。利用清明节契机，各中小学分别组织名人公墓祭扫参观、缅怀烈士追思会、追忆历史诗歌朗诵会、环保祭扫宣传等活动，部分学生以个人名义向英烈公墓敬献花圈、扫墓。2016年，全区有49143人参加中央文明网“网上祭英烈”签名寄语活动，在全市各区县中排名第三。开展百名“美德少年”评选活动，以“六一”国际儿童节为契机，征集“最美少年”故事，评选“百名通州最美少年”，大力宣传美德少年事迹，引导未成年人崇德向善、见贤思齐，培养良好道德行为习惯。开展“童心向党”歌咏活动，在纪念中国人民抗日战争暨世界反法西斯战争胜利71周年之际，引导未成年人传唱歌颂党、歌颂祖国、歌颂中国梦的歌曲，贡院小学、育才学校、于家务中心小学、第二小学的MV作品分别在首都文明网和中央文明网上进行展播；开展“向国旗敬礼”活动，网上进行签名寄语抒发爱国情怀，网下以诗歌绘画、班队会等形式增进爱国情感，活动参与率达80%以上。年内，全区有45521人参加中央文明网“向国旗敬礼”签名寄语活动，在全市各区县中排名第二。

【领导干部爱心助学活动】 自2003年开始，通州区领导干部爱心助学活动已经持续了13年。2016年，新增助学对子125对，“两节”期间、“六一”期间集中开展助学走访慰问活动，至2016年年底全区739名区级、处级领导干部分别与家庭经济困难学生结为助学对子。

（张 桐）

纪检 监察

【概 况】 2016年，区纪委认真贯彻落实中央、市委、区委关于党风廉政建设和反腐败工作的部署要求，围绕廉洁高效推进北京城市副中心建设，强化监督执纪问责，全区党风廉政建设和反腐败工作取得了新的进展。

【落实“两个责任”】 健全完善制度。建立领导干部落实党风廉政建设主体责任全程记实工作制度，明确记实内容，建立工作机制，构建清单化明责、痕迹化履责、台账化记责的工作路径。深化处级单位党委主要负责人向区纪委述责述廉工作制度，将对象拓展到处级单位行政正职和纪检组织负责人。年内，有18名处级干部向区纪委进行现场述责述廉，并接受提问质询，有效推动了各级党组织全面从严治党主体责任的落实。织密责任网络。实行签字背书，实现责任的区、处、科（村、社区）、党员四级传导，年内，全区签订各级各类党风廉政建设责任书6093份。首次将普通党员纳入责任范围，广泛开展党员廉洁自律公开承诺活动，签订承诺书50406份，占党员总数的87.6%，实现了在职党员全覆盖。推动主体责任向下延伸，横到边、纵到底、全覆盖的责任体系进一步健全完善。严格责任落实。区纪委先后七次专题向区委常委会汇报党风廉政建设工作，为区委分析研究部署工作提供依据。协助区委采取现场检查、日常工作评估、“三公”经费专项检查、社会满意度调查等多维度相结合的方式，对全区96家处级单位党组织和纪检监察组织落实“两个责任”情况进行覆盖检查考核。考核结果向全区通报，作为区委、区政府绩效考核的重要依据，并向组织人事部门备案。严格执行末位约谈制度，对2015年度责任制检查考核排名靠后的两家单位党政正职、纪委书记进行了重点约谈。各处级单位坚持每半年向区委、区纪委报告党风廉政建设“两个责任”落实情况；每半年听取班子成员专题汇报、班子成员每季度听取分管部门汇报制度得到较好的执行，进一步推进了“两个责任”的落实。

【作风建设】 强化监督。注重源头治理，加强对全区各单位“三公”经费及会议费、培训费支出情况的监督检查，实现了全区“三公”经费支出逐年下降。坚持盯节点，抓住元旦、春节、“五一”、端午、中秋、国庆等重要时间节点，做到节前提醒、节中明察暗访、节后查处通报，着力整治各类“节日病”。坚持抓专项，针对违规公款吃喝转入内部食堂或隐蔽场所、利用电子礼品卡收礼送礼、私车公养等“四风”问题隐形变种的新形式、新表现，保持高强度、高频率的监督检查。纠正“四风”。持续加大对违反中央八项规定精神行为的查处力度，全区查处作风类案件12件，给予纪律处分7人。加大通报曝光力度，点名道姓通报曝光典型案件6起、6人次，释放越往后执纪越严的强烈信号，推动党风政风持续好转，群众满意度不断提升。

【监督检查】 创新监督方式。区纪委坚持问题导向，积极探索同级监督方式，拓宽对下监督路径，系统总结规律，提出解决措施。针对政府投资工程招投标工作中存在的违规行为和涉农领域骗取支农惠农补贴款等问题，先后向区政府发送两封监督建议函，指出问题，分析成因，提出具体、可操作的监督建议，得到区委、区政府领导的充分肯定。针对张家湾镇、永乐店镇、宋庄镇等村级干部较为典型的违纪问题，下发了纪律审查监督意见书，对基层单位起到了很好的警示提醒作用。同时，开展村级党组织设立纪检委员试点工作，有效延伸了乡镇纪委的监督“手臂”。严明纪律约束。强化对区委、区政府重大决策部署落实情况的监督检查。继续狠抓潞城棚户区改造“五公开、十严禁”纪律要求的落实，有力推进了潞城棚改二期廉洁高效完成，11个村、9平方公里范围内的住宅和大田仅用19天时间就实现100%的签约率。在此基础上，专门研究制定《严明纪律进一步加强对政府重点工程开展监察工作的意见》和《通州区治理违法用地违法建设责任追究办法》，针对文化旅游区拆迁、落后产能退出、环境治理、违法用地违法建设治理等重点工作提出明确纪律要求，强化对重点环节的监督检查，严控廉政风险，有力促进了全区重大工程、重点工作廉洁高效推进。抓专项治理。深入开展为官不为、为官乱为，侵害群众利益不正之风和腐败问题专项治理，加大对庸懒散问题的治理力度。聚焦北京城市副中心建设重点任务开展专项监督检查。针对发现的问题，严肃行政问责，先后约谈处级干部25人次，给予党纪政纪处分11人、组织处理2人，一批突出问题得到有效解决，保证了区委、区政府各项决策部署的有效落实。

【纪律审查】 坚持挺纪在前。针对苗头性、倾向性问题，综合运用约谈、函询、组织处理等方式，用纪律的尺子管住全体党员。制定出台《关于对党员领导干部谈话、函询的工作办法（试行）》《关于对党员领导干部批评教育、诫勉谈话、通报批评的工作办法（试行）》和《关于在纪律审查工作中规范和加强通报曝光的工作办法（试行）》等，并在实际工作中落实。2016年，约谈提醒干部1607人次，函询50人次，组织处理98人次，有效地防止了小错酿成大错。针对乡镇纪内信访量大、重信重访多、初核查处质量和效率不高等问题，集中开展了纪内信访举报排查化解专项行动，有效化解了一批矛盾和问题，为把问题解决在基层、化解在萌芽状态起到了良好的促进作用。保障换届工作。区纪委认真履行监督责任，加强对换届风气的监督。严把党风廉政意见回复关，防止“带病提拔”，严格各类提名人选的资格审查，先后为区、镇、村三级换届工作审核各类人员资格9006人次。抽调纪检监察干部组建监督小组，对三级换届纪律、换届风气情况进行多轮次的监督检查，为全区换届提供了坚强的纪律保障。严格执纪审查。2016年，全区纪检监察组织受理纪内信访876件次；立案审查203件，同比增长48.2%；给予党纪政纪处分157人，同比增长72.5%；移送司法机关处理2人。充分利用通州电视台、《通州时讯》、“运河清风”网站、“通州发布”微信客户端、村（社区）公开栏等平台，先后4次集中向社会曝光为官不为、为官乱为和群众身边腐败问题等典型案件39起、39人次，进行全方位、横到边、纵到底的通报曝光，形成了强势震慑警示作用，营造了不敢腐的氛围。

【宣传教育】　结合“两学一做”学习教育，在全区开展“知规守纪　筑牢防线”主题教育活动。在区属媒体开辟宣传专栏，广泛宣传党内法规，并组织1万余名党员干部参加党纪条规测试。强化典型教育，深入开展“勤廉之星”选树活动，命名表彰10名第三届“勤廉之星”，通过举办事迹报告会、学习先进典型事迹等形式，引导党员干部以“勤廉之星”为榜样，齐心协力为副中心建设贡献力量。开展警示教育，加大对典型案件通报曝光力度，用身边事教育身边人，党员干部廉洁自律意识进一步增强。加强廉政文化建设，组织开展了“纪律教育在身边”“说家事、传家风”征集宣传等活动，进一步营造了浓厚的廉洁氛围。

【队伍建设】　配强纪委班子。以区、乡镇换届为契机，优化纪检监察干部队伍。认真落实区委《关于进一步加强基层纪检监察组织建设的意见》，规范纪检监察干部选拔任用程序，把握好初始提名权，严格执行资格准入制度,选优配强区、乡镇纪委班子。结合换届调整充实区纪委常委会领导班子，新任、交流纪委书记（纪工委书记、纪检组长）25人，监察科长4人，区、乡镇两级纪委的凝聚力、战斗力进一步增强。提高履职能力。研究制定《关于加强通州区纪委派驻机构建设的实施意见》，全面完成派驻机构改革，组建12个联合纪检组、5个单独派驻纪检组，实现了对66家单位的全覆盖，充分发挥“派”的权威和“驻”的优势，初步形成“工作一盘棋”和落实“两个责任”常态化工作机制。坚持纪委委员向全委会述职制度，有效促进了纪委委员充分履职。先后选派20名纪检监察干部参加上级举办的各类业务培训，进一步提升了综合素质和工作能力。建立纪律检查工作笔记制度，实现了专本专用、每天记录、全程记实，反思分析、感悟体会，定期检查、随时还原，在实践思考中提升工作能力。

（潘丽丽）

统战　对台工作

【概　况】　2016年，全区统一战线工作在区委、区政府的坚强领导下，贯彻落实党中央关于统一战线重大决策部署，以中央、市委统战工作会议精神为指导，围绕区委的工作部署，着眼研究新情况、解决新问题，以凝聚人心、汇聚力量为主线，充分发挥统一战线的优势作用，探索具有通州特色的大统战格局，推动解决非公有制经济发展中的困难和问题，维护社会和谐稳定，推进统战工作创新，为实现“十三五”良好开局和建设北京城市副中心提供更广泛的政治共识、智力智慧和力量支撑。

【召开区委统战工作会】　1月14日，通州区委统战部组织召开通州区委统战工作会。会上邀请四家单位做经验做法交流，分别是区委组织部就加强党外干部培养使用，区工商联就加强非公经济领域统战工作，区民宗侨办就全区民族、宗教、侨务工作，宋庄镇党委就发挥统一战线在推动区域经济和社会发展中的作用做大会发言。

【统战工作领导小组成立】 年内，成立区委统战工作领导小组，区委书记杨斌担任组长，副书记担任常务副组长，统战部长和一名副区长任副组长，区属相关单位、参照市里23家为成员单位，领导小组的成立为加强党对统战工作的领导，构建大统战工作格局提供了体制机制保障。

【联谊活动】 9月13日，区委统战部牵头承办2016年通州区各界人士中秋联谊会。区人大常委会主任李玉君、区政协主席赵玉影，区委常委、统战部部长洪波，区委常委、常务副区长崔松光，区人大常委会副主任罗明光，区政府副区长雷晓宁、区政协副主席季志会等领导与全区七个民主党派主委，工商联班子成员，无党派代表人士，少数民族和宗教代表人士，非公经济代表人士，新的社会阶层代表人士，台资企业代表，海外联谊会等代表人士欢聚一堂，共迎佳节，共叙友情，共谋发展。联谊会由区委常委、统战部部长洪波主持。会上，区委常委、常务副区长崔松光通报了2016年以来全区主要工作及各项事业发展情况，向关心和支持通州区经济和社会各项事业发展的全区各界人士致以节日的问候和衷心的感谢。联谊会后，区领导和各界人士代表180多人共同欣赏了精彩的文艺节目。

【民族宗教工作】 7月6日是信仰伊斯兰教的我国10个少数民族的传统节日“开斋节”。区委副书记杨静慧，区委常委、统战部部长洪波等领导专程到通州清真寺，与穆斯林群众共度开斋节，并送去慰问金，带去了节日的问候和良好的祝愿。12月24日，区委副书记付晓辉，区委常委、统战部部长洪波等领导先后到位于永顺镇杨庄村的通州基督教堂、潞城镇贾后疃村天主教堂、西集镇牛牧屯村天主教堂和漷县镇龙庄村天主教堂进行慰问，与广大信教群众共度圣诞节，并为他们送去慰问金，希望他们一如既往支持区委、区政府工作，为北京城市副中心建设做出贡献。

【为民族宗教人士办实事】 5月5日，区委统战部组织区内民族宗教代表人士40余人进行健康体检；为北苑街道社区送去10台办公电脑改善其社区居委会的办公环境；继续继承与完善节日送问候，生日送祝福，生病送关怀，困难送温暖的活动内容，开展好民族宗教传统节日走访慰问活动，送去慰问金30余万元，进一步密切了与统战人士的情感交流。

【专题培训】 4月11日，区台办邀请区发改委发改研究中心高勇为全区二十余家台资企业负责人解读通州区“十三五”规划，从宏观背景、发展思路、产业定位、京津冀协同发展等角度，为台商立足大局，依据副中心定位谋划企业未来发展指明了方向，受到台商们的一致好评。11月底，区委统战部组织部分党外代表人士、非公经济代表人士、民族宗教人士40余人赴湖北红安，深入开展以“践行红安精神、坚定理想信念、凝心聚力建设北京城市副中心”为主要内容的专题教育活动，引导非公经济人士精准定位企业发展，快速形成事业共同体、利益共同体、责任共同体、价值共同体，用市场的力量和统战代表人士的智慧参与到“京津冀”一体化战略的伟大实践中来。

（李　晶）

【工作交流】 5月9日下午，应北京市台联的邀请，由会长徐久福率领的台北市台澎金马同乡总干事联谊会一行16人到通州宋庄参访交流。参访团一行在中国人民大学画院观看了通州城市副中心建设宣传片和中国宋庄宣传片，并参观了元亨利红木家具厂和伯揆美术馆。

6月15日，台北市立西松高中、内湖高中、松山高中三所学校的校长及教师一行35人到通州区潞河中学参访交流。参访团一行参观了校园环境，感受了校园文化，并走进课堂，与学生共同听课，亲身感受大陆高中教育形式。课后，双方进行交流座谈。座谈会后，潞河中学与台北三所学校签订友好校协议。

6月24日上午，以“交流共融　合作共赢”为主题的2016通州区京台社区大讲堂在仇庄村举办。北京市台办区县联络办公室副处长迟静谭，通州区委常委、统战部长洪波，区台办，区社会工委，台湾高雄弥陀区里长联谊会会长吴凤庆以及来自两岸的50余社区代表参加活动。

8月23至24日，台湾高雄市凤山区里长联谊会主席杨弼胜一行十人在区台办孔庆媛主任陪同下到通州区考察基层社区建设情况。参访团一行在区社会工委周庭桂主任的带领下参观了玉桥东里社区楼门建设情况，并与玉桥、北苑街道的社区主任交流座谈，双方就社区管理与建设、社区公共服务等情况进行探讨。

10月21日下午，通州留创园项目专场路演活动在通州区光机电管委会举行。CloudFusion—混合云融合管理平台、MR.HELP!即救超人、金字塔智能光电温室系统、智慧能源云平台、纳米孔早期癌症筛查等十家来自台湾等地的创业项目进行项目路演，多家投资机构莅临现场和路演项目展开现场对话和讨论。通州留创园由光机电基地管委会与中关村科技园海淀园创业服务中心共同合作建设，旨在吸引海外留学归国人员以及港澳台同胞和海外华侨华人入园创业。

12月26日，新北市副市长叶惠青率团一行18人在市台办副主任黄塞溪、联络处处长李岳震、经济处副处长张磊的陪同下到通州区回访，考察通州区城市副中心规划及建设情况。参访团一行参观了通州市政综合配套服务中心和城市副中心规划沙盘，之后，双方进行座谈交流。

（张　静）

调 查 研 究

【概　况】 2016年，区委研究室坚持深入学习贯彻中共十八届四中、五中全会和市委十一届七次、八次全会精神，以习近平总书记视察北京重要讲话精神为行动指南，深刻领会和落实市委、市政府贯彻《京津冀协同发展规划纲要》的意见和市委书记郭金龙通州调研重要讲话精神，按照“补短板、强基础；调布局、留空间；重管理、优环境；高水平、谋发展”的要求，围绕综合承载能力提升、绿色发展、城市管理体系智慧高效、疏解中求发展等方面，突出调研重点，提高调研质量和效率，努力通过调查研究促进科学决策。全年由区委研究室牵头或独立承担起草包括区第六次党代会工作报告，区委向市委、市政府关于北京城市副中心建设工作汇报等40余篇重要文稿，在全面推进北京城市副中心建设进程中，较好地发挥了参谋助手作用。

【调研课题完成情况】 2016年，报市重点调研课题2个，完成2个，完成率100%。全年编发《通州调研》41期，其中，《通州调研（领导参阅）》14期，有17篇调研文章在市级以上刊物刊发，其中，有9篇在市委的《北京调研》上刊发，有7篇在市政府的《工作研究》上刊发，有1篇在《北京农村经济》上刊发。

【起草市委、市政府主要领导到通州调研时的情况汇报】 5月，为全面做好市委、市政府主要领导来通州调研时的各项工作，区委研究室对通州区经济社会发展情况开展调研，结合区委主要领导的要求，形成《通州区工作情况汇报》。此汇报全面总结了通州区在推进北京城市副中心建设中的主要工作情况，明确了围绕贯彻落实市委十一届十次全会精神谋划工作的方向，提出下一步在生态文明建设、产业承接与疏解、城市建设与管理、安定稳定、从严治党等方面的思路和具体措施，为市领导调研通州提供了重要的参考。

【起草通州区领导干部大会上的讲话】 6月，按照区委要求，区委研究室深入学习贯彻市委、市政府主要领导调研通州重要讲话精神，并在此基础上形成《在全区领导干部大会上的讲话》。此讲话全面传达学习、贯彻落实市委书记郭金龙调研通州重要讲话精神，从进一步增强建设北京城市副中心的责任感和使命感、谋划落实好北京城市副中心建设的各项工作以及如何努力做好北京城市副中心建设的各项工作等方面深入阐述如何贯彻落实市委书记郭金龙重要讲话精神、建设好北京城市副中心，并对全区的领导干部提出要“深入学习，提高认识；远谋近施，抓紧抓实；抓好重点，主动作为；凝聚力量，营造氛围”的要求，全区人民建设北京城市副中心的思想更加统一、热情更加高涨。

【起草通州区上半年工作会上的讲话】 7月，按照区委的要求，区委研究室对通州区上半年经济社会发展情况开展调研，并在此基础上形成《在通州区上半年工作会上的讲话》。此讲话充分肯定上半年工作，并对下半年工作提出把规划工作做好、扎实推进供给侧结构性改革、城市管理上新台阶、推进生态环境建设等方面的要求，为全区干部建设北京城市副中心指明了方向，为打赢城市副中心建设这场攻坚战奠定了信心。

【开展城市副中心城市管理调研】 8月初，区委研究室结合通州区实际，对北京城市副中心城市管理情况开展调研，并在此基础上形成《新形势下加快提升北京城市副中心城市管理水平的研究》调研报告。此调研报告阐述通州城市管理取得的成效，分析通州城市管理存在的差距和问题，深入剖析原因，提出了坚持规划先行、超前谋划，坚持以人为本、精细管理，坚持政府主导、社会协同，坚持高端示范、分区分类的总体思路，并进一步提出加强顶层设计，完善城市建设管理统筹机制；突出智慧引领，积极推进城市管理数字化、精细化、智能化；扩大社会参与，激发城市管理新活力；完善制度标准，推动城市管理标准化、长效化；着力解决好几个突出问题，实现城市管理水平的快速提升等具体建议，为通州区提升城市管理水平，服务北京城市副中心建设提供了重要的参考。

【起草在全区重点工作推进会上的讲话】 9月，按照区委要求，区委研究室对全区重点工作推进情况开展调研，并在此基础上形成《在全区重点工作推进会上的讲话》。此讲话围绕贯彻落实市委书记郭金龙的重要讲话精神，紧扣“认识意义”和“明确责任”，提出进一步提高对城市副中心在国家战略中的重要性的认识，并对加强规划、创城、城市管理等重点工作提出明确要求，要求全区领导干部在推进北京城市副中心建设中决不能松懈，必须更加扎实，更加努力，进一步激发了全区领导干部的干事创业的斗志。

【起草市委、市政府主要领导调研通州工作情况汇报】 10月，为全面做好市委、市政府主要领导年度第二次来通州调研时的各项工作，区委研究室对州区经济社会发展情况开展调研，结合区委主要领导的要求，形成《通州区工作情况汇报》。此汇报突出强调全面深入学习领会、贯彻落实中央政治局会议精神和市委有关精神，把规划工作放在更加突出位置的重要性，进一步明确加快推进规划编制、行政办公区二期拆迁工作、中低端产业调整退出、功能配套建设、城市管理、挖掘运河文化等城市副中心建设重点工作以及扎实做好“两学一做”学习教育和换届选举工作思路和具体措施，为市领导调研通州提供了重要的参考。

【起草通州区第六次党代会报告】 按照区委要求，区委研究室在前期查阅大量资料和充分调研的基础上，在10月中旬开始启动第六次党代会报告起草工作。在报告起草过程中，起草组多方听取意见，认真研讨分析，形成了《不辱使命 主动作为 为全面建设北京城市副中心而努力奋斗——在中共北京市通州区第六次代表大会上的报告》。报告全面回顾了通州区五年来的主要工作，对取得成绩的经验和今后发展面临的问题做了深入的阐述，并提出全面开启建设北京城市副中心的新征程——建设活力之城、生态之城、智慧之城、人文之城、幸福之城的美好愿景蓝图，对今后五年的工作做了全面部署，提出六个方面的工作任务，即：按照国际一流标准规划建设城市基础设施和公共服务配套设施，全面提升城市副中心综合承载能力；全力以赴推进生态文明建设，促进人与自然和谐共生，建设绿色低碳、宜业宜居的生态示范城市；全面落实承接疏解双重责任，推进产城融合、职住平衡，在疏解中谋求更大发展；坚持以人民为中心，保障基本民生，不断提高人民生活水平，使发展成果惠及全体人民；加强文化事业发展，推进文化融合，不断提升城市文化软实力；全面深化改革，增强内生动力，积极探索人口经济密集地区开发建设新模式。

（陈 莹）

保密工作

【概　况】 2016年，通州区保密工作围绕区委、区政府的中心工作，深入学习贯彻中共十八大和十八届三中、四中、五中、六中全会和习近平总书记系列重要讲话精神，贯彻落实中央、市委领导关于进一步加强新形势下保密工作的重要指示，认真执行《中共北京市委关于加强和改进保密工作的实施意见》，贯彻落实市委保密委员会和区委五届八次全会精神，围绕“四个全面”战略布局，围绕北京城市副中心建设这个核心，深入学习、宣传、贯彻《中华人民共和国保守国家秘密法》，加强保密管理，坚持依法行政，围绕中心，服务大局，扎实工作，确保了党和国家秘密安全。在全区各单位的共同努力下，完成全年各项工作任务，为城市副中心建设做出了新贡献。全年全区各单位没有发生泄密事件。

【国家秘密事项管理】 1月6日，对2015年全区各单位产生的国家秘密事项汇总统计，完成国家秘密事项动态管理工作。

【保密工作督查考评】 1月8日，对2015年区委、区政府各部门、各人民团体及乡、镇、街道办事处考核中发生重大失泄密事件一票否决考评项的保密工作进行督查考核，2015年全区各单位均未发生重大失泄密事件。

【保密工作自查自评】 2月1日—24日，全区各单位开展保密工作自查自评。自查自评从严格落实领导干部保密工作责任制、加强保密制度建设、加强保密宣传教育、加强对涉密人员的管理、规范定密工作、规范国家秘密载体管理、规范信息系统和信息设备保密管理等16个方面进行，自查符合工作规则，自评100分。5月25日，北京市国家保密局专项督查组对通州区保密工作自查自评情况进行了检查。

【保密宣传教育】 5月1日—31日，开展《中华人民共和国保守国家秘密法》宣传月活动，采取在区政府门户网站宣传保密法律法规知识，在大运通州网“保密知识园地”登载保密知识，在《通州时讯》登载“通信及办公设备自动化管理保密技术常识”，在区电视台连续5天播放保密宣传教育口号，向全区发放3万份宣传报纸的形式宣传保密法。每月向全区领导干部和涉密人员有针对性的发送保密警示彩信1500条，全年发送2.1万条，制作保密宣传教育台历5000册发放到全区各单位。全年订阅《保密工作》杂志537套，《保密科学技术》读本114套。保密宣传教育成效显著。

【保密干部全员培训】 5月4日—5日，举办通州区保密干部全员培训班。培训班针对中外保密法实务、保密行政执法及应注意的问题、新形势下的保密政策与导向、依法定密工作知识进行详细解读，全区108个单位208名涉密人员参加培训，通过考试取得通州区保密干部培训证书，具备了保密干部上岗资格。10月15日—16日，全体专职保密干部参加了市国家保密局举办的保密干部依法行政培训班。

【各类考试保密管理工作】 5月—12月，加强对高考、高自考、成人高考、中考、高中会考和英语四、六级考试的保密管理工作，2016年各类考试考务人员签订保密承诺书1032份。保密工作贯穿于考前、考中、考后的全过程，全年没有发生考试泄密事件。

【涉密人员保密管理】 7月28日，根据北京市国家保密局等七部门转发国家保密局等八部门《关于进一步加强涉密人员保密管理的通知》要求，区委保密办召开了由区委组织部等五部门参加的协调会议，制订了贯彻落实实施方案，对涉密人员进行了摸底调查。10月18日，区委组织部、区国家保密局、区公安分局、区财政局、区人力资源和社会保障局、区经济和信息化委员会等五部门联合印发了《关于进一步加强涉密人员保密管理工作的通知》，从规范确定涉密人员、严格涉密人员审查、培训、日常管理、认真抓好组织落实、推进涉密人员权益保障等方面提出了具体工作要求。

【通信与网络管理】 2016年，健全计算机及门户网站基础数据；完成“三个平台”保密建设，并开展动态监管工作；开展保密技术防护设备建设管理；开展涉密信息系统审批工作；开展信息公开保密管理工作；开展互联网门户网站保密检查工作；完成涉密网络的测评监管工作；加强涉密网络安全保密员、系统管理员和安全审计员“三员”管理，加强保密技术装备和基础设施建设和泄密案件报告查处工作，发挥泄密案件查处协调机制、计算机及网络信息系统保密管理组织协调工作机制作用，有效防止了通信与网络保密管理工作泄密事件的发生。

【特殊行业保密管理】 2016年，加强通州区域内的2家国家秘密载体定点复制单位、11家武器装备科研生产单位的日常监管工作，同时完成7家武器装备科研生产单位、1家国家秘密载体定点复制单位审核工作，认真做好全区各单位国家秘密载体销毁工作，全年销毁5吨涉密文件、资料、磁介质等。

【规范行政执法基础工作】 年内，完成行政执法权力清单、责任清单编制入库工作，梳理行政执法岗位信息、岗位目录；明确行政执法处罚程序、责任。

（郭立针）

社会建设工作

【概　况】 2016年，在市社工委的关心指导下，在区委区政府领导下，全区社会建设领域深入贯彻落实党的十八大，十八届四中、五中、六中全会和习近平总书记系列重要讲话精神，加快推进社会治理体制改革和各项基础工作建设，较好完成了社会建设各项工作。

【人才队伍建设】 年内，提出“一壮大、一增强、三优化”的中长期目标，力争到2020年，实现每万人平均拥有社工8名以上，社工持证率达50%以上；2016年，全区社区工作者应发工资额同比2015年增长40.5%。社区正职、副职、一般工作人员的月工资平均涨幅分别约为1300元、1200元、1100元，人均月工资应发额约为5000元；夯实队伍管理的基础数据支撑，截至年底，有社区工作者1396人，其中，街道社区工作者829人，乡镇社区工作者567人。其中，获得社会工作师、助理社会工作师职业资格证书的分别为124人、350人，持证率为34%，92%的社区工作者都拥有大专以上学历；2016年，新注册10家专业社工机构，为13家新建社工事务所申请市扶持资金。

【社会动员和志愿者队伍建设】 年内，为17名社区志愿者申报北京市五星志愿者，12个社区、2个专业社工机构、3个非公企业、1个楼宇志愿服务项目经培育成为市级社会领域志愿服务示范项目；截至年底，社区志愿服务站累计招募志愿者1.6万余人，组成志愿服务队431支；给予“玉桥益家O2O”等具有地区特色、社会效益明显的项目重点支持，带动志愿服务项目化开展、品牌化建设；引导专业志愿服务队伍和社区对接，通过提供专业志愿服务活动及社区督导，提升玉桥东里社区“五老带六小”等9个对接志愿服务项目的服务水平；开展“八个让”社会领域志愿服务活动，以“微志愿”“志愿家庭”等多种形式提升社区服务水平。

【社会心理服务】 2016年，北京市心理联合会通州委员会作为市心联首家区级分支机构正式运行，同时引进5家专业心理服务机构；将《通州区社会心态分析报告》作为全年的重点调研课题并以建立社区心理服务站试点等形式拓转化调研成果；启动“心美通州”心理健康节暨社会心理高峰论坛，开展心理咨询进委办局、进街道社区、进农村的“三进”活动，开展心理咨询、“一沙一世界”沙盘游戏治疗、心理讲座等活动50余场，服务人群1.5万余人次；选派20名二级以上心理咨询师以“一村一岗”的形式参与潞城行政办公区二期10个村的拆迁工作，为群众和参与拆迁的工作人员提供专业心理疏导、减压、矛盾预警等服务，累计完成心理服务案例1484例，服务群众2137户，形成了有通州特色的心理服务助力拆迁工作新模式。

【社会组织建设】 社会组织孵化培育工作。年内，孵化基地各项基础设施和办公设备等准备完毕，保障了通州区社会组织骨干系类培训顺利开展；社会组织孵化培育工作体系基本形成，制定《社会组织孵化手册》；连续开展5期社会组织能力建设项目管理培训、2期政府购买服务项目指南培训和2次沙龙活动；5月初，孵化基地正式开启孵化招募通道，有近30家符合条件的社会组织提交申请书，经专家评估小组审核，最终选定10家首批入壳孵化的社会组织。截至年底，10家组织基本完成孵化内容，下一步将协助其完成民政局登记注册。社会组织公益行活动。全年计划开展4场公益主题活动，已开展2次活动，“玉桥益家”志愿服务中心梳理出10个志愿服务微项目，和北苑街道、春晓心理工作室合作举办社会志愿服务公益行暨“心美通州”心理健康节；全年计划开展社会组织公益活动421场次，其中，社区社会组织开展350场次，截至2016年底，开展292场次。政府购买公共服务项目工作。申报74家社会组织的155个服务项目，涉及社会建设决策研究、信息咨询服务、社会管理服务、社区便民服务、社会公益服务、社会基本公共服务5大类项目，总资金4890.7万元；2016年，通州区有27个项目入围，获得市级资金支持243万余元。

【社区建设】 规范化建设。通过购置、租赁、整合资源等多种手段，推进社区管理服务用房规范化，确保达到350平方米。2016年，市、区累计投入资金4312万元，用于全区社区管理服务用房规范化建设；区社会办牵头，区规划、国土、住建委及各街道乡镇配合，围绕北京城市副中心建设高标准需求，研究通州区未来新建社区建设标准，包括社区规模、公共服务与配套社会服务设施；严格按照市要求的7个方面22条创建标准，开展社区规范化试点建设，2016年，完成5个市级社区规范化示范点建设任务。楼门文化建设。通过建立楼门文化建设台账、规范楼门文化建设队伍，打造楼门文化建设品牌等措施，不断提升全区楼门文化建设水平；推进“孝德文化”进楼门，制作1000块“孝德文化”展板及宣传海报等宣传品进楼门，重点完成全区30个精品楼门文化建设，按照月度实地走访的方式进行跟进；利用网格平台实现楼门文化建设的动态管理，将楼门基本情况、楼门长、楼门服务队伍等信息入网格，加强楼门信息动态管理；投入资金100万元，试点建设200块楼门电子屏，实现政务信息及时推送，同时为居民提供自我展示平台。一刻钟社区服务圈建设。巩固完善基本公共服务全覆盖，深化通州区“六有一全+六支队伍”的特色模式。对全区111个社区，按照建设标准，梳理划分50个一刻钟社区服务圈，进行精品打造，充分整合辖区资源，按照10大类服务项目进行不断完善提升；试点深化服务圈建设，聘请专业机构对北苑街道辖区社区分类采集服务商资源，与网格平台对接，实现服务资源动态管理，建立志愿服务积分兑换平台；试点推进社区养老服务项目，通过信息化平台建设和开通呼叫热线，为辖区老人提供订餐、送餐、急救、家政等贴心服务。老旧小区自我服务管理。在总结通州区老旧小区自我服务管理成效的基础上，不断探索解决不同类型老旧小区存在的突出问题。北苑街道长桥园社区完成对小区进行局部改造，解决老旧小区停车难的问题。重点支持中仓街道“专业服务+志愿服务”的方式，试点打包解决老旧小区环境卫生问题，逐步实现“四有”标准。开展社区节系列活动。以一年一度的城乡社区节为平台，以社会组织公益行，邻里和谐、守望相助，文明社区、你我同行为主题，在全区城乡社区深入开展社区节系列活动，开展文明示范小区创建活动，在全区形成文明、和谐、共享的良好社会风尚，让城乡居民共享社区建设成果。2016年，通州区社区节的活动主题是弘扬好家风，传递正能量，做文明诚信社区人，在全区范围开展优秀家风家训作品征集活动。

【网格化体系建设】 不断夯实硬件基础环境，支撑全区全网运行。截至年底，全区网格系统初步构建起由1个区级指挥中心平台、15个街乡镇指挥分中心平台、587个社区（村）电脑平台，以及为全区1809个网格配备的2050部网格手机终端组成的三级平台、四级服务管理的工作框架，实现区、街道乡镇、社区（村）三级网格化体系全面覆盖，在区、街乡镇、社区（村）、网格四个层面，实现上报处置事件的闭环工作流程；软件系统开发进一步拓展延伸。在市资金的大力支持下，2016年上半年完成基于网格平台的三网融合应用系统升级改造项目，初步实现网格划分、标准规范、网格员队伍、工作流程融合、信息系统、一体化统计分析、一体化考核评价的融合目标；推进“网格化+”行动计划。包括“网格化+”治安维稳。区公安分局利用网格体系下沉工作力量，开展“一格一警”建设工作；“网格化+”环境保护。区环保局制订《通州区环境保护网格化管理实施方案》，充分利用网格平台开展环保工作，新招聘的300名专职环境监察员将统一下沉到网格，依托网格系统做好环境事件上报处置工作；“网格化+”社会服务。网格化平台采集录入枢纽型社会组织、一刻钟社区服务圈、楼门服务队伍、商务楼宇等基本信息，建立社会建设数据库。1月至10月，网格平台上报有效事件187,855件，结案数177,314件，结案率94.39%。

【社会领域党建工作】 年内，建立全区社会领域党建工作联席会，统筹协调指导全区社会领域党建工作；选派36名社区书记分三批赴朝阳和区内先进社区挂职锻炼；组织26名社会组织党组织书记代表赴深圳进行为期5天的异地培训；组织32名非公企业党组织书记代表赴苏州进行为期5天的培训；选聘35名非公企业党建指导员对全区非公企业党建工作进行指导；动员、督促非公企业和社会组织党的组织和工作覆盖，全区316家社会组织均建立党建台账，15个街道、乡镇均建立非公企业党建台账。

【召开通州区网格化体系建设专题培训】 1月15日，在通州区成教中心运河讲堂举办第一期通州区网格化体系建设专题培训，15个街道、乡镇及19个委办局的科室负责人及工作人员百余人参加培训。

【“心美通州”心理健康节启动仪式】 7月15日，“心美通州”心理健康节启动仪式暨2016年通州区社会心理服务高峰论坛在通州万达广场举行，这是通州区首次举办以心理健康为主题的社会志愿服务公益活动。通州区委社会工委、区社会办组织春晓心理社工事务所、北京众合社工事务所、德仁心理社工事务所等19家驻通州专业社会工作机构，用心理剧、音乐、绘画等多种形式，开展社会心理服务，进行社会柔性治理模式的尝试和探索。

【金秋社区节开幕】 9月22日，通州2016年金秋社区节暨“弘扬好家风 传递正能量 做文明诚信社区人”系列活动开幕式在通州区教师研修中心举行。开幕式通过家风家训展示板、播放社区居民自编自演的家风家训公益宣传短片、宣读倡议书等多种形式突出社区节的主题和中心思想。

【联合反家暴宣传公益活动】 11月25日，在通州区成人教育中心运河讲堂举办“携手反家暴，建设新通州——2016北京通州联合反家暴宣传”公益活动。本次活动由通州区委社会工委、区妇联、区民政局、区司法局、团区委、区文明办主办，中仓街道办事处、区成人教育中心、北京市众合社工事务所、北京红枫妇女心理咨询服务中心承办，区社会组织联合会、区社会工作者联合会、区社会创新发展园、北京市源众性别发展中心协办。

【社会组织注册流程培训会】 12月26日下午，为推动通州区社会组织的健康发展，同时也是应通州区各社会组织的现实需求，在通州区社会管理服务中心四层会议室举办由北京市通州区社工委主办，北京市通州区社会创新发展园承办的北京市通州区社会组织注册流程培训会。

（张　键）

老干部工作

【概　况】 2016年，全区老干部工作牢牢把握为党和人民事业增添正能量的价值取向，坚持稳中求进工作总基调，深入学习《关于进一步加强和改进离退休干部工作的意见》等中央、市委对老干部工作的系列重要指示精神，充分发挥老干部在北京城市副中心建设中的独特优势作用，加快老干部工作转型发展步伐，努力开创老干部工作新局面。

【离退休干部基本情况】 截至2016年年底，老干部局服务管理的离退休干部1042人。其中，区属离休干部220人，区县级退休干部42人，处级退休干部780人。另有在通州居住需接受“四就近”（就近学习、就近活动、就近得到关心照顾、就近发挥作用）服务的区外离退休干部205人。

【积极搭建平台弘扬正能量】 2016年，老干部局撰写报送的《收藏的乐趣》（孙文宽）和《走出健康 走出快乐》（李思文）两篇征文入选市老干部局和《北京老干部》杂志社编辑出版的《传播正能量》一书；“炫夕阳”老干部宣讲团在区委宣传部组织的情系副中心优秀百姓宣讲比赛中获特等奖，离休宣讲员李永庆、李杜分别获得区级优秀宣讲员称号。

通州区委老干部局“炫夕阳”老干部宣讲团在区委宣传部组织的优秀百姓宣讲比赛中荣获特等奖（老干部局提供）

【老干部迎新春团拜会】 2月3日，2016年通州区老干部迎新春团拜会在通州区会议中心举行。区领导杨斌、岳鹏、李玉君、赵玉影、杨静慧、付晓辉、崔志成等与区县级离退休老干部们欢聚一堂，喜迎新春佳节。

2月3日，通州区2016年老干部迎新春团拜会在通州区会议中心举行（老干部局提供）

【老干部工作会】 3月11日，通州区2016年老干部工作会在区委老干部局二楼报告厅召开，传达《关于进一步加强和改进离退休干部工作的意见》等文件精神，区委组织部常务副部长赵志刚出席会议并发表讲话，来自全区70余家单位的老干部工作主管领导、离退休干部党支部书记与基层老年活动站站长参加会议。

【文化养生系列活动】 2016年，以13个老年群团组织为依托，组织多次各具特色的活动，丰富了离退休干部的业余生活。老年书画研究会承办的坚持依法行善，共建和谐通州大型慈善书画展和“通州赋”书法邀请展成功举行，引发广泛关注；老干部艺术团先后赴贵阳、广州等地参加文艺会演，成绩斐然；老干部大学陆续成立玉桥、北苑等7所分校，为广大离退休学员提供便利。

【离退休干部参观考察】 5月至11月，老干部局先后组织区县级离退休干部参观延安革命老区；组织部分离退休党支部书记参观房山区龙门生态园；组织400余名处级退休干部参观昌平区乐多港奇幻乐园。接待北京市老干部局部分离退休干部参观北京城市副中心建设。

（崔 益）

党校工作

【概 况】 年内，通州区委党校举办各级各类培训班次56期、培训4943人次。其中，处级干部学习贯彻五大发展理念集中轮训班4期，培训483人次；处级领导干部进修班2期，培训81人次；优秀中青年干部培训班1期，培训40人次；30周岁以下优秀青年干部培训班1期，培训55人次；公务员大规模轮训培训班4期，培训775人次；通州区2016年公务员初任培训班2期，培训95人次；通州区2016年村党组织书记、村委会主任培训班4期，培训635人次；事业单位科级干部培训3期，培训119人次；通州区2016年换届风气监督专题培训班1期，培训132人次；通州区2016年选调生培训班1期，培训19人次；通州区2016

年大学生“村官”岗前培训班1期，培训42人次。培训班次涵盖主体班、专题班、进修班、公务员班等类型。

【教学培训】 突出主课地位，把党的最新理论成果以及最新指示精神作为理论教育的中心内容，开设习近平系列重要讲话精神、中共十八届六中全会精神、五大发展理念等专题辅导。年内，完成50个核心课程建设，确保党的理论教育和党性教育不低于总课时的70%；每个班次均安排党性教育内容，在主体班中设置专门的党性教育单元，确保党性教育课不低于总课时的20%；丰富培训手段，分别选址遵义、中国抗日纪念馆、毛主席纪念堂等红色教育基地，市党员干部党性教育基地，未来科技城、太阳能汽车生产基地等现代科技示范教育基地开展现场教学；进一步完善《新专题开发项目制管理办法》，严格执行“三方”评估工作制度，全年完成23个新专题的开发，授课教师主课开发率达100%；强化课堂政治纪律意识，将政治纪律作为教学测评重要内容，从测评反馈看，学员对于教师遵守政治纪律的满意率为100%。

【领导干部讲党课】 年内，村党组织书记、村委会主任培训班上，区委书记、区长、区委副书记、组织部长首次走进党校为学员讲党课。同时，区纪委、区发改委、潞城镇等部分乡镇主要领导相继到主体班授课，落实领导干部到党校授课不低于总课时20%的要求。

【校外培训】 年内，配合组织部完成全区1600余人三个班次的党组织书记“两学一做”专题培训班的培训任务；完成与环保局、漷县镇、张家湾镇等乡镇深度培训、合作培训项目，实现系统宣讲20讲。

【科研资政】 年内，完成10个市、区级科研课题工作。其中北京市党校系统协作课题“通州区人口规模调控路径研究”、区委宣传部课题“通州区意识形态工作问题与对策”、决策参考基地课题“通州城镇化进程中农业转移人口市民化的实现机制研究”和“通州区农村社区党建问题与对策研究”、校重点课题“关于新形势下从严治校的思考”等课题成果为区委、区政府相关工作及党校建设发展提供了有效参考；6位教师的12篇研究成果分别被《北京调研》《执政党建设研究》《中国党政干部论坛》《北京市社会主义学院学报》等期刊刊登；在全市党校（院）系统科研工作表彰会上，通州区委党校荣获2014—2015年度优秀科研工作组织奖；党校教师7人次分别荣获市委党校及区级奖励，包括市委党校科研工作管理者奖、科研成果奖，以及通州区政府科学技术奖、通州区杰出人才奖等。

【学历教育】 2016年，市委党校2013级在职研究生国学专业研究生班毕业；完成市委党校2016级在职研究生国学专业研究生班招生工作；市委党校2014级在职研究生国学专业研究生班工作有序开展。

【师资队伍建设】 年内，首次实现高端对接工作指导，2次聘请市委党校及区研究室相关专家、领导对党校教师的调研科研工作进行指导；选派教师40人次参加了中国人民大学继续教育学院培训班、市委党校师资班、“两学一做”专题辅导班、十八届六中全会精神学习班等班次学习，总计学习336天，2688学时；选派1名教师到漷县镇进行挂职锻炼；4名教师作为指导教师参加区委组织部组织的区外专题培训班；组织教研组校内校外各项观摩、调研等教研活动25次。教师传帮带工作成效显著，青年教师年内开发新专题2个，完成调研课题3个。

【宣讲工作】 2016年，推进“百讲党课进基层”品牌工程，以“两学一做”学习教育理论宣讲为重点，实现宣讲217场。

（邢新源）

区直机关工作

【概　况】 2016年，在区委、区政府的领导下，区直机关工委围绕副中心建设的大局，以党的“两学一做”教育为主线，结合工作实际，创新工作机制，扎实推进机关党的思想、组织、作风、制度、反腐倡廉和精神文明建设，进一步提升党建工作水平。

【走访慰问困难党员】 2016年，机关工委在重大节日期间开展走访慰问困难党员活动。向困难党员发放各类党内帮扶关怀资金近20万元。切实从思想、工作、生活上关心党员、帮扶党员，增强党员的归属感、光荣感、责任感，激发党员服务群众内在动力。

【开展“知规守纪 筑牢防线”主题教育活动】 年内，机关工委联合纪检组组织各成员单位的党员开展了“纪律教育在身边”征文活动，收到征文40余篇。《“永远在路上”观看心得体会》36篇，通过活动的开展调动了党员干部积极性。

【庆祝建党95周年文艺演唱会】 6月27日，机关工委举办纪念建党九十五周年暨红军长征胜利八十周年文艺演唱会。此次活动机关工委系统有17个单位，272人参加演出。

【机关工委党代表会议】 11月10日，机关工委召开党代表会议，132名代表出席会议，选举出席通州区第六次党代会代表46人。

（苏东跃）

民主党派

【概 况】 2016年，通州区民主党派成员705人。其中，中国国民党革命委员会通州支部86人，中国民主同盟通州区工作委员会123人，中国民主建国会通州区工作委员会126人，中国民主促进会通州区工作委员会97人，中国农工民主党通州区工作委员会71人，中国致公党通州区工作委员会96人，九三学社通州区工作委员会106人。

【参政议政】 2016年，各民主党派围绕中共区委、区政府的工作大局，就全区经济社会发展中的重要问题和人民群众普遍关注的热点问题，展开深入调查，进行理性分析，提出了许多建设性的意见和建议，在推动北京城市副中心建设、保障和改善民生、促进社会和谐等方面发挥了积极的作用。年内，民革通州区支部提出的《关于加强通州区网格化服务管理体系建设的提案》被区政协评为优秀党派团体界别提案。民盟通州区工委提出的《关于尽快规划兴建通州区综合性体育场馆和体育设施的提案》《关于新形势下做好通州区产业定位的提案》被区政协评为优秀党派团体界别提案。民建通州区工委提出的《关于加快推进北京行政副中心“智慧城市”建设的提案》，被区政协评为优秀党派团体界别提案。民进通州区工委提出的《关于在北京城市副中心建设中传承“通州味”，编写地方教材的提案》，被区政协评为优秀党派团体界别提案。农工党通州区工委提出的《关于在“十三五”期间让通州区全体居民家庭都能使用天然气的提案》，被区政协评为优秀党派团体界别提案。致公党通州区工委提出的《关于进一步推进通州区医养结合养老服务发展的提案》《关于打造通州文化旅游产业带的提案》，被区政协评为优秀党派团体界别提案。九三学社通州区工委提出的《关于加强区域辐射，提升通州旅游服务管理的提案》，被区政协评为优秀党派团体界别提案。民建通州区工委、民盟通州区工委、九三学社通州区工委联合提出的《关于“十三五”期间将于家务地区开发利用地热资源，打造智慧低碳新型城镇化试点的提案》被区政协评为优秀党派团体界别提案。

【社会服务】 2016年，各民主党派围绕北京城市副中心建设和社会事业发展，结合自身特点，主动发挥优势，积极开展服务社会活动。民盟通州区工委盟员们配合盟市委联合北京四中网校开展网络教育与新课改实验项目在通州区的开展；利用各自的专业知识对北京春苗儿童救助基金会相应领域开设的课程给予指导；坚持“文化下乡”活动，组织艺术家们深入村中，写春联，送福到家；到位于宋庄的“随手公益”北京总仓参与爱心公益活动，捐助御寒棉衣等，并参与总仓的分拣打包工作。民建通州区工委会员闫学飞捐出善款5.5万元，帮助多名身患重病的幼童；刘建勇出资2万元认养大运河森林公园的树木、林地。民进通州区工委全体会员捐资帮助北苑办事处辖区家庭经济相对困难又品学兼优的学生，2007年开始到2016年结束，共十年，有十几位学生得到捐助；筹集1800元善款送到宋庄疃里新村的365晨光宝贝脑瘫儿童之家；捐赠1000余件衣物，为贫困地区的人们送去温暖；组织骨干会员去永乐店中学支教，帮助青年教师参加教学大赛的准备工作。农工党通州区工委组织党员建立农工系列科普大讲堂，让各位专家从不同层次、不同角度介绍疾病的防治知识、慢病管理的科学理念，倡导健康的生活方式。组织送医药送健康的宣传教育及义诊相结合的活动40余次。致公党通州区工委组织部分致公党员医生，发挥党员群体专业优势，服务社会，提供全科义诊服务，义诊人数200余人次；与通州区红十字会在西集郎府敬老院联合举办关爱老人献爱心活动，委员林发钏向孤寡老人免费发放老花镜100副、眼镜票200张，价值2万余元。从1997年开展至2016年年底，这项活动已坚持近20年，每年向通州区老年人发放老花镜约1.2万副。九三学社工委组织义诊和健康讲座服务社会；医疗支社到位于通州区宋庄镇的徐辛庄敬老院开展义诊活动，这也是医疗支社连续第4年在重阳期间到这家敬老院为老人们义诊。

【自身建设】 年内，各民主党派通过学习文件、专题授课、座谈交流、实际考察和参加培训等各种形式，学习中共中央统战会议精神，进一步夯实共同思想政治基础，进一步提高党派班子成员参政议政水平。坚持积极稳妥的原则，培养和吸收符合条件的优秀人才加入党派组织队伍，围绕调研材料拟写、社情民意信息反馈等方面对新进入成员进行专题培训，进一步增强新加入成员的参政议政意识。民盟工委以纪念北京市民盟组织成立七十周年为契机，组织盟员参与纪念书画展、《我与民盟》征文、纪念大会和纪念座谈会等系列活动；根据民盟市委的安排，民盟通州工委成员参加2016年暑期学习班。学习习近平总书记“七一”重要讲话精神，总结了与中共和衷共济的“民盟的初心”；根据区统战部的安排，12月初，民盟通州工委成员参加党外人士培训班，赴湖北红安接受革命传统教育。11月5日，组织2016年民盟通州工委理论学习班，近60名盟员参加，系统学习了中共五代领导人与民盟的关系，重温民盟通州工委的发展历程，新老盟员畅谈“我是民盟人”。民建工委为了更好地推进支部和会员工作，履行参政党职能，经主委会议讨论研究，决定将原基本以年龄划分的工委一、二支部所有成员打乱重新安排，调整到新组建的综合一、二支部，原一、二支部中临界退休年龄的会员，调整出来与原老年支部的会员一起组建新的综合三支部，以增强综合三支部的组织活动能力。支部班子成员中，既有工委会成员，也有具备会务工作经验的老会员和近几年入会的有会务工作热情的年轻会员，形成老中青阶梯干部队伍，积极培养后备干部；研究《民建通州区工委组织发展工作暂行规定（草案）》，讨论通过了《民建通州区工委理论中心组学习制度》《民建通州区工委领导班子民主生活会制度》。民进工委根据民进中央关于组织发展工作的新要求和参政议政工作的实际需要，本着守住老阵地，开辟新领域的原则，积极发展和主动争取转入了几名优秀会员。农工党通州区工委调整组织结构，完善组织建设，加强合作与实践，2016年为农工党通州区工委的换届年，为做好换届工作，通州区工委严格遵照市委干部选拔标准，组织全体党员进行民主投票，成功选取支部及工委班子领导成员，新旧领导班子按组织程序进行政治交接，增进政治共识，完成组织换届。有3名医疗界中青年业务骨干入党，转入1名。开展业务相关的义诊、讲座、培训，发挥党派专业优势，打破医院间的界限，鼓励党员跨医院协作，增强了党员间的业务交流，促进了党员医疗技术水平的进步和发展。致公党通州工委加强领导班子建设，努力建设成为一个学习、团结、求实、进取的领导班子。新任领导班子在换届完成后，创新性地采用AB角的配置方式，对领导班子工作做了更加细致的分工与调整，进一步明确了各自的责任与义务。九三学社工委加强制度建设和建档立志，利用微信群、邮件、短信等形式加强沟通交流，每年工委班子成员必须至少参加一次其他支社活动，每年探望80岁以上老社员。

【党派换届】 2016年，通州区有七个民主党派基层组织，涉及到本次基层组织换届工作的有五个区工委：民盟、民建、农工党、致公党、九三学社。民革为支部，民进工委2013年成立，本次为届中调整。本次换届工作涉及人选64人，其中，领导班子人选25人，涉及主委5人：致公党通州区工委主委张晓燕由于超过提名年龄、民建通州区工委主委杜少勋因为任期已满两届，不再继任主委，分别由致公区工委副主委吴涛、民建区工委副主委金文岭提名改任主委；民盟通州区工委主委池雪斌、农工党通州区工委主委胥振阳、九三学社通州区工委主委赵静3人提名继任主委。副主委人选20人，新提名5人，继任及改任提名15人。委员人选39人，新提名29人，继任及改任提名10人。人选中的人大代表1人、政协委员23人，工商联会员5人，新社会阶层人士2人。

【获奖情况】 2016年，民盟通州工委荣获先进基层组织；民盟通州工委第四支部荣获先进支部；白静宜、金璧、嵇立平、王金华、韩德正、邓占平等人荣获先进盟务工作者。民建工委委员闫学飞被评为民建全国社会服务优秀会员。农工党工委张树才《埃克替尼治疗肺癌》获得国家科技进步一等奖（排名9），王丽娟获得北京市总工会职工心灵驿站优秀心理项目推助奖。九三学社工委在社市委成立65周年纪念大会上多人获得奖励，赵静、乔梦虎、徐君华、巴彦布、丁路等获得先进社务干部称号；王合兴、吴非、冯禹、赵艳梅、薛秀清、吴俊获得先进个人。社员通州区次渠卫生服务中心大夫曹健为避免无辜群众受伤，在商场与手持铁棍的凶手英勇搏斗，并多处受伤，在北京市委宣传部、首都文明办主办的“2016年北京榜样”大型主题活动中，作为提名人选。

（王雪丽）

政权·政治协商

4月28日，安监局局长曹树常（右二）代表安监局接受区长岳鹏（右一）颁发的首都劳动奖状　　（安监局提供）

通州区人民代表大会常务委员会

【概　况】　2016年，是通州发展极其重要的一年。面对新形势、新任务，区人大常委会在区委的坚强领导下，全面贯彻中共十八届四中、五中、六中全会和以习近平同志为核心的党中央治国理政的新理念、新思想、新战略，坚决落实市委、区委的重大决策部署，认真执行区五届人大六次会议决议，围绕建设北京城市副中心的伟大实践，切实履行各项法定职权。

全年召开8次常委会会议，审议18项议题。其中，听取和审议区政府专项工作报告13项，依法作出决议、决定13项。召开12次主任会议，听取“一府两院”专题工作报告18项；督办代表建议、批评和意见110件；开展专题调研6项。全面贯彻区第六次党代会精神，深入开展“两学一做”专题教育，人大工作取得新的进展。

2016年常委会主要做了以下工作：一是完成区、乡镇两级人大代表换届选举工作。选举产生264名区人大代表、741　名乡镇人大代表。二是筹备人民代表大会会议。依法召开区六届人大一次会议，选举产生新一届区人大常委会组成人员、专委会组成人员和国家机关领导人员。三是推进北京城市副中心建设。常委会主动融入通州发展的伟大事业中，做到年度有重点、阶段有目标、进展有形象，持续推动城市副中心建设。四是尽职尽责，有效推动经济社会协调发展。常委会把履行监督职权，充分体现在促进经济社会科学发展之中。谋全局、议大事、抓重点、重实效，加大监督力度，增强监督实效。五是规范程序，依法行使重大事项决定权和人事任免权。常委会认真行使重大事项决定权，对关系全区发展的重大事项依法作出决议、决定。大力推动“十三五”规划的编制实施，专题听取和审议编制“十三五”规划进展情况的报告。常委会严格任免程序，全年任免国家机关工作人员108人次，其中，任免区政府副区长2人次，区人大常委会工作机构人员16人次，区政府工作部门负责人17人次，法检“两院”工作人员75人次，决定代理区长1名、代理院长1名、代理检察长1名，从组织上保证了国家机关的正常运转。六是创新方式，服务和保障代表履行职权。常委会努力提高为代表履职服务的水平，支持和保障代表依法行使职权，认真督办代表议案，提高代表建议办理质量，代表作用得到充分发挥。七是与时俱进，提高履职能力和水平。常委会及工作机关着力抓好自身建设，不断提高工作质量和实效。

【第三十二次常委会会议】　2月25日，北京市通州区第五届人民代表大会常务委员会召开第三十二次会议。会议传达了北京市第十四届人大四次会议精神，审议通过了《通州区人大常委会2016年工作要点》和《通州区国家工作人员宪法宣誓工作规定》。会议进行了人事任免，决定任命陈少敏为北京市通州区人民政府副区长。会议免去王连勇北京市通州区人民法院张家湾人民法庭庭长职务，免去张静北京市通州区人民法院民事审判第二庭庭长职务，免去李士刚北京市通州区人民法院民事审判第四庭庭长职务，免去刘秉浩北京市通州区人民法院民事审判第三庭庭长职务，免去杨少青北京市通州区人民法院执行二庭庭长职务，免去马辉北京市通州区人民法院漷县人民法庭庭长职务，免去张萍北京市通州区人民法院执行三庭庭长职务，免去曹越北京市通州区人民法院张家湾人民法庭副庭长职务，免去张硕果北京市通州区人民法院立案庭副庭长职务，免去李迎新北京市通州区人民法院宋庄人民法庭副庭长职务。会议决定任命王爱农为北京市通州区人民法院审判委员会委员，张静为北京市通州区人民法院民事审判第四庭庭长，李士刚为北京市通州区人民法院宋庄人民法庭庭长，刘秉浩为北京市通州区人民法院张家湾人民法庭庭长，张涛为北京市通州区人民法院　县人民法庭庭长，马辉为北京市通州区人民法院执行二庭庭长，曹越为北京市通州区人民法院马驹桥人民法庭庭长，石彦孝为北京市通州区人民法院执行三庭庭长，刘梅为北京市通州区人民法院民事审判第二庭庭长，朱璟为北京市通州区人民法院民事审判第三庭庭长。

【第三十三次常委会会议】　4月21日，北京市通州区第五届人民代表大会常务委员会召开第三十三次会议。会议听取和审议了区政府关于加大重点项目协调推进工作力度，提升城乡建设水平的报告，听取了区人大常委会关于加大重点项目建设工作力度，推进副中心建设步伐的调研报告。会议免去刘学力北京市通州区人民代表大会常务委员会办公室主任职务，免去张玉震北京市通州区社会建设工作办公室主任职务，免去朱长军北京市通州区人民法院刑事审判庭庭长职务，免去张连峰北京市通州区人民法院审判监督庭副庭长、审判员职务。会议决定任命姚华峰为北京市通州区人民代表大会常务委员会办公室主任，何海龙为北京市通州区社会建设工作办公室主任，朱长军为北京市通州区人民法院副院长。

【第三十四次常委会会议】　6月16日，北京市通州区第五届人民代表大会常务委员会召开第三十四次会议。会议听取和审议了区政府关于通州区2015年财政决算的报告、关于通州区2015年预算执行和其他财政收支的审计工作报告、关于通州区卫生计生事业发展情况的报告，听取了区人大常委会关于通州区2015年财政决算和2015年预算执行及其他财政收支审计工作的审查报告、关于通州区卫生计生事业发展情况的调研报告。会议作出了关于批准北京市通州区2015年财政决算的决议。

【第三十五次常委会会议】　8月3日，北京市通州区第五届人民代表大会常务委员会召开第三十五次会议。会议听取和审议了区政府关于通州区创建全国文明城区工作情况的报告，听取了区人大常委会关于通州区创建全国文明城区工作情况的调研报告。会议免去黄春来北京市通州区人民代表大会常务委员会城乡建设环保工作委员会主任职务、免去马克生北京市通州区人民代表大会常务委员会农村工作委员会主任职务、免去贾立军北京市通州区人民代表大会常务委员会代表联络室主任职务；免去薄立军北京市通州区市政市容管理委员会主任职务、免去刘雪峰北京市通州区农村工作委员会主任职务、免去刘青松北京市通州区人民政府法制办公室主任职务、免去张玉和北京市通州区民防局局长职务。会议接受了区政府副区长崔志成、区人民法院院长焦慧强提出的书面辞职申请，通过了《关于接受崔志成辞去通州区人民政府副区长职务请求的决定》《关于接受焦慧强辞去通州区人民法院院长职务请求的决定》，报区人民代表大会备案。会议决定任命张德启、雷晓宁为北京市通州区人民政府副区长；任命杨东莲为北京市通州区人大常委会代表联络室主任、徐佩松为北京市通州区人大常委会农村工作委员会主任、徐波为北京市通州区人大常委会城乡建设环保工作委员会主任；任命程卫民为北京市通州区市政市容管理委员会主任、刘庆生为北京市通州区农村工作委员会主任、张琴琴为北京市通州区人民政府法制办公室主任、杜彤为北京市通州区民防局局长；任命刘丹丹、佘亚妮、郭明伟、姚玮东、王晓艳、孔范宇、井龙、张金孝、薛德胜、陈明山、王晓杰、龚莉婷、王迪、张璐、张博、刘文、周艳娟、智耀军、丁素娟、陈佳蓉、何婉如、兰雅丽为北京市通州区人民法院审判员。会议作出了由陈立如代理通州区人民法院院长职务的决定。

【第三十六次常委会会议】　8月18日，北京市通州区第五届人民代表大会常务委员会召开第三十六次会议。会议听取和审议了区政府关于2016年上半年工作情况的报告、关于通州区2016年国民经济和社会发展计划上半年执行情况的报告、关于通州区

2016年上半年财政预算执行情况的报告，听取了区人大常委会关于通州区2016年上半年国民经济和社会发展计划及财政预算执行情况的调研报告；听取和审议了《关于在全区开展法制宣传教育的第六个五年规划》实施情况的报告和《关于在全区开展法治宣传教育第七个五年规划》制定情况的说明，作出了北京市通州区人民代表大会常务委员会关于开展第七个五年法治宣传教育的决议；通过了通州区人民代表大会常务委员会关于区、乡镇人民代表大会换届选举有关事项的决定、关于任命通州区选举委员会组成人员的决定、关于任命乡镇选举委员会组成人员的决定、关于授权主任会议接受选举委员会组成人员辞职请求的决定。会议免去张德启北京市通州区住房和城乡建设委员会主任职务，免去王巍北京市通州区人民代表大会常务委员会办公室副主任职务，免去徐波北京市通州区人民代表大会常务委员会城乡建设环保工作委员会副主任职务。会议决定任命孙奎亮为北京市通州区住房和城乡建设委员会主任；任命王巍为北京市通州区人民代表大会常务委员会农村工作委员会副主任、李智敏为北京市通州区人民代表大会常务委员会城乡建设环保工作委员会副主任、王文兵为北京市通州区人民代表大会常务委员会财政经济工作委员会副主任、曾智豪为北京市通州区人民代表大会常务委员会办公室副主任；任命孙红枫、彭燕芬、魏警晖、刘军为北京市通州区人民检察院检察员。

【第三十七次常委会会议】 10月13日，北京市通州区第五届人民代表大会常务委员会召开第三十七次会议。会议听取和审议了区政府关于通州区2016年农村地区“煤改电”工作情况的报告，听取了区人大常委会关于通州区2016年农村地区“煤改电”工作情况的调研报告；听取和审议了区政府关于提请调整2016年财政预算的报告，作出了关于批准通州区2016年财政预算调整的决议；听取和审议了区人大常委会关于北京市公安局通州分局拟对通州区人大代表李某某采取刑事强制措施的报告，通过了关于许可对北京市通州区人大代表李某某采取刑事强制措施的决定。会议通过了关于接受岳鹏辞去北京市通州区人民政府区长职务请求的决定、关于接受于世疆辞去北京市通州区人民政府副区长职务请求的决定，报区人民代表大会备案；通过了关于接受李华辞去北京市通州区人民检察院检察长职务请求的决定，报北京市人民检察院检察长提请北京市人民代表大会常务委员会批准。会议免去何志强北京市通州区民政局局长职务；免去康健、周媛、黄山、孟坤、王静、林智斌、彭津金北京市通州区人民检察院检察员职务。会议决定任命张力兵为北京市通州区人民政府副区长，作出了张力兵代理通州区人民政府区长职务的决定；任命洪家志为北京市通州区人民政府副区长、于立东为北京市通州区民政局局长；任命祁治国为北京市通州区人民检察院副检察长，作出了祁治国代理通州区人民检察院检察长职务的决定，报北京市人民检察院和北京市人民代表大会常务委员会备案；任命王林、崔鸿伟、刘相斌、王玉、曹慧、赵程宇、高楠、周婷、齐松、王薇、秦玲、徐明祺、李宏印、张伟营、李炎铎、陈素培、夏璐、邓张恒一为北京市通州区人民法院审判员。

【第三十八次常委会会议】 11月18日，通州区第五届人民代表大会常务委员会召开第三十八次会议。会议听取和审议了区政府关于通州区2016年财政预算执行情况和2017年财政预算（草案）的报告，审议通过了关于通州区第六届人大代表的资格审查报告，作出了关于召开区六届人大一次会议的决定。

【第三十九次常委会会议】 12月10日，通州区第五届人民代表大会常务委员会召开第三十九次会议。会议听取和审议了区政府关于区五届人大六次会议代表建议、批评和意见办理情况的报告，听取了区人大常委会关于区五届人大六次会议代表建议、批评和意见督办情况报告。会议通过了北京市通州区第六届人民代表大会第一次会议主席团、秘书长名单（草案），国民经济、社会发展计划和财政预算审查委员会主任委员、副主任委员、委员名单（草案），议案审查委员会主任委员、副主任委员、委员名单（草案）。会议通过了法定列席人员名单、决定了列席人员，审议了区人大常委会工作报告（审议稿）。会议免去郭磊北京市通州区人民代表大会常务委员会研究室副主任职务，免去陈国庆北京市通州区经济和信息化委员会主任职务，免去张小艳北京市通州区旅游发展委员会主任职务，免去张军林北京市通州区人民检察院检察员职务。会议决定任命杜伟为北京市通州区经济和信息化委员会主任，任命纪万成为北京市通州区旅游发展委员会主任。

【区六届人大一次会议】 12月22日至26日，区第六届人民代表大会第一次会议举行。会议听取并审议了北京市通州区人民政府工作报告；审议了北京市通州区2016年国民经济、社会发展计划执行情况和2017年国民经济、社会发展计划的报告，审查和批准了通州区2016年国民经济、社会发展计划执行情况的报告和2017年国民经济、社会发展计划；审议了北京市通州区2016年财政预算执行情况和2017年财政预算的报告，审查和批准了通州区2016年财政预算执行情况的报告和2017年财政预算；听取并审议北京市通州区人民代表大会常务委员会工作报告、北京市通州区人民法院工作报告、北京市通州区人民检察院工作报告，并对上述报告分别作出了决议。会议选举产生北京市通州区第六届人民代表大会常务委员会主任、副主任、委员，北京市通州区人民政府区长、副区长，北京市通州区人民法院院长，北京市通州区人民检察院检察长，决定设立北京市通州区第六届人民代表大会各专门委员会，选举产生北京市通州区第六届人民代表大会各专门委员会主任委员、副主任委员、委员。

【推进依法治区进程】 年内，常委会高度重视人民代表大会会议。一是认真做好筹备工作。积极研究提出会议方案，及时就召开会议的有关事项提请区委常委会研究决定；依法审议关于召开人民代表大会会议事项。二是认真准备提交大会审议的常委会工作报告。三是认真组织开展代表会前活动。组织开展代表会前集中视察全区经济社会发展情况；以代表组为单位组织会前代表活动，讨论会议议程、各项名单草案及工作报告；组织部分区人大代表与区政府领导沟通座谈，促进一些问题在会前得到较好解决。四是扎实做好各项会务工作，做到依法、规范、严谨、细致，保障人民代表大会会议的顺利召开，保障有效发挥人民代表大会的职能作用。

【区、乡镇人大换届选举工作】 2016年，常委会始终把区、乡镇两级人大换届选举作为首要任务，超前谋划、精心组织、统筹协调、稳妥推进。264名区人大代表、741名乡镇人大代表顺利选举产生，换届选举取得成功。一是优化了代表结构，提高了代表素质。针对区人大代表名额、常委会组成人员数额增加，设立专门委员会等新要求，常委会超前运筹代表资源摸底，放开视野，广泛涉及，形成了非常丰富的代表资源库。二是增强了广大选民的民主参与意识。把换届选举作为社会主义民主政治建设的一次生动实践，深入广泛宣传动员，充分调动选民主动参与的热情，积极开展选民登记。三是提高了依法办事的能力和水平。常委会掌握主动权，创造性开展工作。常委会主任带队，组织大规模的调研摸底，深入到所有乡镇、街道，实地了解情况，解决存在的困难问题。在换届选举的各个阶段，坚持一个阶段一部署，一个阶段一培训，一个阶段一总结，做到熟练掌握法律规定、政策要求、工作程序、操作方法。四是维护了和谐稳定的社会局面。把维护安全稳定作为重要一环，超前排查化解各种不稳定因素，把握维稳的主动权。

【推进北京城市副中心建设】 北京城市副中心的新定位，标志着通州迎来了千载难逢的重大历史性机遇。年内，常委会主动融入通州发展的伟大事业中，做到年度有重点、阶段有目标、进展有形象，持续推动城市副中心建设。一是着力推动城市基础设施建设。把重点工程、民生工程作为重点，常抓不懈，持续监督。采取多种形式，持续加强对重点工程建设项目、核心区建设、建筑工程质量管理的监督。二是着力推动全国文明城区创建工作。2016年，“创城”进入关键时期、攻坚阶段。常委会继续加大推进力度，确定104项督导重点，全面推动“创城”工作。三是着力推进城市管理水平提升。对城市管理开展为期半年的专题调研；对市政道路微循环改造、路网建设等开展视察调研。

【推动经济社会协调发展】 年内，常委会把履行监督职权，充分体现在促进经济社会科学发展之中，依法运用多种监督形式，认真执行区人民代表大会决议，有效推动各项任务的完成。一是围绕有效推进经济平稳健康发展开展监督。针对通州区经济运行情况、安全生产等问题进行重点监督。二是围绕推进生态环境建设开展监督。抓住环境建设这个重头戏，积极回应人民群众的关切，大力推进环境建设。重点对大气污染防治、农村地区“煤改电”、水污染防治、平原造林等工作开展监督。三是围绕有效推进民生改善和社会事业发展监督。持续关注教育、卫生事业发展。加强对养老服务业发展、就业和社会保障、文化建设、群众体育等工作的监督，推动民生工作不断发展。四是围绕推进依法行政、公正司法开展监督。以推进治理体系和治理能力现代化为重点，对推进依法行政、加快法治政府建设等加强监督。以促进公正司法为主线加强监督。有效推进依法行政，促进公正司法。

【服务和保障代表履行职权】 年内，常委会不断创新方式，加强代表工作，保障代表依法履行职权，充分发挥代表主体作用。一是加强代表学习培训。新一届区人大代表选举产生后，常委会及时开展集中培训。邀请人大理论专家进行系统培训，就如何履职开展经验交流，介绍北京城市副中心规划情况，并组织代表视察全区经济社会发展。二是继续推进代表联系选民制度化建设。常委会全面落实《关于建立代表联系网络机制，进一步加强人大代表联系选民工作的意见（试行）》，深入开展代表联系选民工作。三是努力为代表履职提供服务保障。认真组织开展代表视察、检查、调研活动，发挥代表在闭会期间的作用。

【办理代表议案、建议】 区五届人大六次会议期间，代表提出建议、批评和意见110件，全部依法办复。常委会高度重视建议办理工作，加大建议督办力度，形成建议督办新格局。一是坚持依法督办。严格法定程序和时限，及时分类、及时转交。二是坚持主任、副主任督办制度，推动重点建议的办理。三是坚持多方联动、分类督办。常委会各工作机构分口督办，代表参与督办，市区代表联动，提高办理质量。四是坚持统筹协调，进行综合分析，把握办理进度，督促复查补办。五是全程跟踪督办。录制建议办理专题片，广泛开展宣传。代表提出的建议、批评、意见全部办复。其中，农村地区“煤改电”，加强新型诊疗模式改革，建立“河长制”、加大污水治理力度，实施老旧小区市政配套设施升级改造，加强农村地区文化设施建设等一大批建议，都得到有效落实，代表和群众给予高度好评。

【加强基层民主政治建设】 2016年，常委会党组注重发挥领导核心作用，坚持重大事项向区委请示、报告制度。坚持常委会党组研究人大重要工作、重大事项制度。常委会组成人员不断加强学习，全面掌握、深刻理解人大制度理论，丰富法律法规知识，不断提高思想政治素质和履职能力。巩固和扩大群众路线教育实践活动成果，着力开展制度化、规范化建设。深入开展“两学一做”专题教育，进一步强化作风、提升素质。在常委会机关开展“建设副中心，向前站一步”主题教育实践活动，强化机关能力建设，锻造忠诚灵魂，彰显担当精神，培育干净品格。认真落实党风廉政建设责任制，层层签订责任书，抓好常委会领导班子和干部队伍的风险防范。认真做好人民群众来信来访工作，促进了有关问题的解决。常委会通过多种方式，切实加强对常委会街工委和乡镇人大的领导与指导，推动完善工作制度，规范工作程序，乡镇人大工作质量不断提高。

【宣传工作】 年内，加强对区人民代表大会会议和区人大常委会履行职权的宣传报道。进一步完善人大门户网站的运营维护工作，继续做好人民代表大会网站专题报道工作，保证人大网站信息的及时更新。认真办好《通州人大信息》编辑工作，全年编发人大信息45期，编发换届选举简报41期，为宣传人大工作，自觉接受群众监督，营造了良好的宣传舆论氛围。

（吴晓蕊）

通州区人民政府

概　述

2016年是区政府领导班子的换届之年。五年来，区政府在市委、市政府和区委的正确领导下，在区人大、区政协的监督和支持下，深入贯彻习近平总书记系列重要讲话精神，紧抓京津冀协同发展和城市副中心建设的历史性战略机遇，锐意进取、勤奋履职，完成了历次人代会确定的各项目标任务，实现了城市副中心建设的良好开局。

抢抓机遇把握大局，北京城市副中心建设迈出坚实步伐。聘请国际顶级设计团队，与市规划国土委共同组织方案征集及编制通州区总体规划，开展了北京城市副中心总体城市设计和6个重点地区详细城市设计，进一步完善提升了17项专项规划，顶层设计不断完善。实施大规模搬迁改造和土地一级开发，行政办公区完成15平方公里、3947宗宅基地、9300户的拆迁任务，全程“零滞留、零诉讼”。商务中心区标志性项目梯次推进，文化旅游区环球主题公园实现开工，环渤海高端总部基地、宋庄文化创意产业集聚区各项工作稳步开展，区域统筹发展态势逐步显现。

围绕重点持续发力，生态文明建设取得突出成果。大气环境治理力度空前。突出压煤、控车、降尘、治污四大关键领域，累计拆改燃煤锅炉5455.3蒸吨，基本建成燃煤锅炉禁燃区，完成农村地区154个村煤改清洁能源工程。累计淘汰老旧机动车5.6万辆。扬尘治理达标率95%以上。细颗粒物年均浓度降至72微克/立方米。水环境建设成效显著。在全市率先实施水环境乡镇跨界断面补偿办法，碧水污水处理厂升级改造等工程顺利推进，城区污水处理率达到90%以上。全面启动城北片区、两河片区及北运河综合治理工程。完成11条河道163公里的治理任务，基本完成建成区19条段黑臭水体治理。城乡环境面貌持续改善。高标准实施平原造林19.3万亩，建成东郊森林公园等一批大型郊野公园，建设温榆河等健康绿道100公里，全区森林覆盖率达到29.3%，较2011年提高9.6个百分点。提前3年实现城区垃圾无害化处理率100%的目标，通过国家卫生区复审。人口规模管控实现增量与增速双下降。

基础设施加快推进，城市承载力和管理水平不断提高。以道路交通为重点的基础设施建设取得长足进展。累计实施70余条重点道路建设和30余处道路微循环改造，路网总里程达到2593公里。地铁M6号线二期实现通车，地铁M7号线东延开工建设。以能源供应为重点的市政设施体系日趋完善。集中供热总面积达到4817.3万平方米，铺设燃气管网1500公里，管道燃气用户达到35万户。液化石油气下乡实现全覆盖，开户总数15万户。实施运河220千伏等一批变电站工程建设，南水北调通州水厂一期竣工调试。以数字化精细化为方向的城市管理模式不断优化。初步建成网格化管理体系，实现“三级平台、四级服务管理”的运行模式。完成大图像管理信息系统建设，主要大街、繁华场所、治安乱点等重点部位实现视频巡控全覆盖。扎实开展非法运营、无照经营、非法小广告和露天烧烤专项整治。

坚持内涵式可持续发展，经济转型升级持续加快。经济发展基础进一步夯实。2016年年底全区地区生产总值实现650.3亿元、一般公共预算收入实现

76.5亿元、全社会固定资产投资额实现939.9亿元、社会消费品零售额实现388.1亿元，分别是2011年的1.6倍、1.9倍、2.3倍和1.7倍，城乡居民人均可支配收入分别达到40845元和23538元。落后产能大规模调整退出。累计清退各类低端企业2000余家，完成234家市级上账工业企业的调整退出，关停八里桥市场一期等低端市场18处，清理再生资源回收站点1009家，京哈高速以北地区基本完成工业大院和工业污染企业清理整治。经济结构优化步伐不断加快。以环球主题公园为代表的文化旅游产业正在形成，苏宁集团等总部型项目加速聚集，国际种业科技园成为科技农业、园区农业发展的龙头。

完善与提升并重，社会民生建设稳步推进。社会事业全面发展。5年来，新建、改扩建各类中小学校和公立幼儿园87所。人大附中、首师大附中等市级名校在通州挂牌招生，高标准打造了永乐店中学、贡院小学等一批本地优质学校。建设了新华医院等4个区域医疗中心，妇幼保健院等专科医院有序推进。全区三级医院达到3所，二级以上医院全部与市级以上医院建立合作关系。区文化中心建成使用。科技、体育旅游、广播电视、新闻、气象、地方志、档案、保密、民防、地震、红十字、残疾人、慈善等各项事业发展呈现新局面。民生状况持续改善。5年新增就业10.5万人次，城镇登记失业率始终控制在2%左右的较低水平。社会保险城乡参保人数达到87.6万人，新型农村合作医疗基本实现全覆盖，城乡低保在全市率先实现统筹并轨，养老机构实现“医养结合”新模式。5年完成13.1万套市、区保障房建设，开工量居全市前列。社会治理体系不断完善。累计完成117个社区的规范化建设，打造22个市级示范社区。“一刻钟社区服务圈”覆盖率达到80%以上。建成院士专家工作站等创新基地，累计引进各类人才3.3万人。食药安全、应急管理、人民武装、双拥共建、宗教、侨务及对台工作健康发展，社会保持和谐稳定。正式获得全国文明城区提名城区称号。

（简晓虹）

政务工作

【为民办实事】 2016年，全区大力治理店外经营、无照经营、“早餐车”等非法运营行为，严格露天烧烤、道路遗撒、施工扬尘管理。提升生活性服务业品质，全区新增便利店（超市）、菜店等生活性服务业规范化、连锁化、品牌化网点56个。新建、改造提升6个垃圾分类精品小区，累计达到90个。实施滨惠北二街及周边道路、滨惠南二街、宋庄疃里新村路、四海公寓东侧路街巷改造，开展怡乐中路中修、玉带河大街上跨北运河桥桥梁加固、重点区域路侧停车监控、公共停车设施建设等一批项目。优化调整21条公交线路，方便百姓出行。利用潞城安置房、靓景明居等7处人防工程建设2064个停车位。加大食品药品安全监管力度，进一步在食品生产、流通和药品零售环节推进量化分级管理；继续完善食品药品检验检测室，增建社区监测点并配置检验检测设备，更好地为市民提供食品药品快速检测服务。规范建设30家区级农民专业合作社示范社，并培育5家市级农民专业合作社示范社，为市场提供安全农产品。建设气象预警信息发布接收系统，及时发布气象预警信息，加强气象防灾减灾，扩大预警信息受益人群和覆盖面。建立健全社会心理服务机制，将社会心理研究、心理健康促进、心理危机干预等作为常态化工作，通过引进社会心理服务这一“柔性治理”，创新通州区社会治理工作。实施重点区域公共服务设施提升整治、桥梁夜景照明改造、道路更换LED路灯及智能建设工程。为全区有需求的空巢老年家庭配备和安装具有火灾探测报警等功能的安全服务设备，为70周岁以上有需求的失智老年人配备防走失手环。按照新一轮低收入户及低收入村的标准开展调查摸底，重新确定通州区低收入扶持对象；对确定的低收入户和低收入村开展精准扶贫。建立督导员制度，对全区现有困境儿童开展精准帮扶工作，推动儿童福利由补缺型向适度普惠型转变。推进学校建设，完成北京五中（通州校区）和运河小学改扩建工程主体建设。5所幼儿园通过一级一类验收。与中心城区合作，引进建设3所市级名校，实施一体化管理，同时开工建设1所市教委直属学校。实现东直门医院东区和第四医疗中心新建工程竣工，开工建设潞河医院后续工程及妇幼保健院，启动一批乡镇卫生院改造。继续探索与市级优质资源合作的路径。加强院前急救体系建设，合理规划“120”急救站点布局，探索与“999”合作机制，大力开展院前急救和危重症知识培训，畅通医联体内急救绿色通道，提升整体院前急救水平。加强通州区爱婴社区创建工作，全区所有地段保健科建立哺乳喂养室，为辖区需母乳喂养的母亲提供哺乳地点及相关哺乳知识。建设六环路增彩延绿科技示范项目，通过选用新优彩叶树种及常绿树种，打造绿期长、色彩丰富的带状绿地，为周边居民提供优美的绿色空间，提升城市观感。启动永乐国学公园、宋庄文化公园、于家务中心公园建设，进一步改善生态环境。实施通州区污染源普查性监测，建立有数据支撑的污染源排放清单，为科学决策划定生态红线、评估环境承载力和制定有针对性的污染防治措施提供支持。继续推进农村地区“减煤换煤、清洁空气”行动，实施煤改电4.6万户，减煤换煤9万吨；实现茶炉大灶动态清零；8月底前完成所有剩余燃煤锅炉拆除改造任务。采用多种方式改善中低收入群众家庭住房条件，开工建设棚改定向安置房5000套，竣工各类保障性住房7922套。对城区范围内9个集中供气小区实施市政管线天然气置换工程。为乡镇更新60套全民健身工程器材项目；购置一批室内健身器材，建设50个室内健身中心；为乡镇建设19个篮球场、15个足球场。丰富百姓文化生活，完成各类文艺演出1313场，完成数字电影放映1.8万场。开展“书香通州”全民阅读活动，引领阅读时尚及阅读风气。

（曹丽斌）

【市领导到通州区调研】 1月7日，市委常委、常务副市长李士祥，市委常委、宣传部部长李伟等到通州区调研。视察了环球影城规划地块、国家大剧院舞美基地施工现场和上合组织活动中心规划地块。3月25日，市长王安顺，市委常委、常务副市长李士祥等到通州区调研。视察了环球影城项目、北京东方永宇高分子制品有限公司和北京城市副中心机关办公区工程建设现场，并听取相关情况汇报。6月2日，市委书记郭金龙，市委副书记、市长王安顺到通州区调研。视察了碧水污水处理厂、人大附中通州校区和市行政办公区规划建设筹备情况，并听取潞城棚户区改造二期拆迁准备工作汇报。下午，市委书记郭金龙主持召开座谈会，在听取相关工作汇报后，就加快北京城市副中心建设工作提出要求。6月6日，市委常委、常务副市长李士祥，副市长林克庆到通州区调研水务工作。在视察潞城镇临时污水治理设施场地、潮白河白庙橡胶坝管理所和听取相关情况汇报后，提出要求。8月4日—5日，市委副书记、市长王安顺，市委常委、常务副市长李士祥，市委常委、副市长陈刚等到通州区各乡镇、街道，调研通州经济社会发展和北京城市副中心规划建设情况。视察了东郊森林公园、南水北调水厂、马驹桥镇姚辛庄村、凤港减河综合治理工程和国际种业园区等地，并围绕副中心规划建设、发展思路相关问题进行座谈。9月1日，市委常委、常务副市长李士祥，市委常委、副市长张工，副市长林克庆等到通州区调研农村地区“煤改清洁能源”工作。在视察了西集镇陈桁村村民家中“煤改电”设备设施、使用情况和听取相关情况汇报后，市委常委、常务副市长李士祥对通州区煤改电、煤改气工作给予肯定并提出要求。9月18日，市委常委、常务副市长李士祥，副市长林克庆、张建东等到通州区，就全市汛后防洪排涝相关水利工程建设、环球主题公园项目推进情况、通州区公共服务建设项目投资审批改革试点工作及重大项目推进情况进行督查。在对萧太后河河道改道工程现场和环球主题公园内长输管道原址进行现场察看后，召开加快北京城市副中心基础设施与环境建设项目调度会。10月11日，市委书记郭金龙，市委副书记、市长王安顺到通州区调研副中心建设情况。考察了广渠路二期、北环环隧工程、国家大剧院舞美基地和大运河森林公园，并到潞城镇棚改指挥部察看拆迁腾退进展情况，随后召开座谈会。在听取相关工作汇报后，市委书记郭金龙，市委副书记、市长王安顺分别就加快副中心建设工作提出要求。10月20日，市委常委、副市长陈刚，市人大常委会原主任张健民等20余名市级老干部到通州区调研。视察了大运河城市段整体情况和市行政办公区建设工程进展情况，并听取相关情况汇报。11月4日—5日，市委副书记、代市长蔡奇到通州区调研北京城市副中心规划建设情况。视察了广渠路二期、环球主题公园项目工地、大运河森林公园、商务中心区等民生基础设施和市行政办公区项目工地、潞城镇棚改指挥部。12月3日，副市长林克庆等到通州区调研水环境建设情况并检查安全生产工作。在视察延芳淀湿地工程、北运河甘棠闸工程建设情况、北京城市副中心行政办公区水系规划建设情况和听取相关情况汇报后，对通州区水环境建设取得的成绩给予肯定并提出要求。

【义务植树活动】 3月26日，来自中直机关，中央国家机关各部委和北京市的150名部级领导干部，到通州区参加2016年共和国部长义务植树活动。市委副书记、市长王安顺，市委常委、常务副市长李士祥，区领导杨斌、岳鹏等参加植树活动。

【全国政协副主席卢展工到通州区调研】 4月15日，全国政协副主席卢展工率提案委调研组就“加强城市规划工作”到通州区实地考察北京城市副中心建设规划情况。首先到运河核心区大光楼，查看通州商务中心区建设情况。随后召开调研座谈会，听取城市规划及北京城市副中心相关工作情况汇报。座谈会由市政协副主席闫仲秋主持，市委常委、副市长陈刚，区领导杨斌、岳鹏、赵玉影、崔松光参加调研。

【韩国首尔特别市九老区到通州区进行友好城市交流】 5月19日，韩国首尔特别市九老区代表团到通州区，就教育、文化、医疗、招商引资、城市建设等方面进行友好城市交流。区长岳鹏，区委常委、常务副区长崔松光与代表团进行座谈。

【通州区与湖北省黄冈市签署战略合作框架协议】 8月18日，通州区与湖北省黄冈市举行缔结友好城市战略合作框架协议签约仪式。区委书记杨斌致辞，区长岳鹏与黄冈市代市长肖伏清签订友好城市协议书。黄冈市委书记刘雪荣，通州区副区长李亚兰、王岩石、陈少敏出席签约仪式。

【通州区政府与深圳市招商局集团签署合作框架协议】 8月23日，通州区政府与深圳市招商局集团签署“关于共同建设台湖镇项目的合作框架协议”。区委常委、副区长于世疆与招商蛇口董事总经理徐永军签署合作框架协议。区领导岳鹏、崔松光、刘贵明出席签字仪式。

【通州区政府与北京教科院签署合作框架协议】 8月31日，通州区政府与北京教科院签署教育事业发展合作框架协议。签约仪式由副区长李亚兰主持，区长岳鹏与北京教科院院长方中雄签署教育事业发展合作框架协议。市教委副主任付志峰、市政府教育督导室副主任刘莉，区领导杨斌、宋京璋、贾君刚参加活动。

【通州区与匈牙利布达佩斯市第二十三区签署意向书】 9月6日，通州区与匈牙利布达佩斯市第二十三区签署《建立国际友好城市关系意向书》。区长岳鹏致辞并与匈牙利布达佩斯市第二十三区区长盖伊盖尔·费伦茨签署友好城市意向书。副区长王岩石，布达佩斯市第二十三区副区长魏茵曼·安陶尔、欧尔班·捷尔姬出席签约仪式。

【2016中国艺术品产业博览会开幕】 9月29日，2016中国艺术品产业博览会在通州开幕。区委副书记、政法委书记杨静慧致辞，副区长李亚兰与天津市武清区、河北省廊坊市负责人签署文化产业协同发展战略合作框架协议。文化部党组成员、部长助理于群，市委副秘书长郭广生，区领导张力兵、洪波、查显友、郑宇、张德启、陈少敏出席开幕式。

【通州区政府与三所高校签署合作协议】 10月14日，通州区政府分别与中央美术学院“视觉艺术高精尖创新中心”、北京建筑大学“未来城市设计高精尖创新中心”和北京林业大学“林木分子设计育种高精尖创新中心”签订全面合作协议。代区长张力兵分别与三所高校校长签订《战略合作框架协议》。市委副书记、教育工委书记苟仲文出席签约仪式并讲话。区委书记杨斌，副区长刘贵明、雷晓宁出席签约仪式。

（王文秀）

【《通州区农村土地承包经营权确权登记颁证工作实施方案》出台】 1月15日，为深入贯彻落实2015年中央1号文件，全面推进通州区农村土地承包经营权确权登记颁证工作，根据市委办公厅、市政府办公厅《关于认真做好本市农村土地承包经营权确权登记颁证工作的意见》以及市农委等五部门联合下发的《北京市农村土地承包经营权确权登记颁证工作实施方案》精神，区政府制定了《通州区农村土地承包经营权确权登记颁证工作实施方案》。

【《通州区社会信用体系建设工作方案》出台】 2月23日，为贯彻落实《北京市人民政府关于加快社会信用体系建设的实施意见》《北京市人民政府办公厅关于印发〈北京市社会信用体系建设三年重点工作任务（2015—2017年）〉的通知》等文件精神，着力推动《通州区创建全国文明城区测评体系指标任务分解台账》有关推进诚信建设制度化指标的落实，深入推进通州区诚信建设制度化、规范化、长效化，不断提升全区的诚信水平和文明程度，为北京城市副中心建设营造良好的信用环境，结合本区实际，区政府制定订了《通州区社会信用体系建设工作方案》。

【《通州区水污染防治工作方案》出台】 5月17日，为切实加强通州区水污染防治力度，保障水环境安全，改善水环境质量，实施“京津冀”优势互补协调发展和绿色可持续发展。根据《北京市人民政府关于印发〈北京市水污染防治工作方案〉的通知》的具体要求，紧密结合通州区功能定位、“十三五”发展规划和水资源、水污染现状，按照水环境质量“只能更好、不能变差”的原则，区政府制订了《通州区水污染防治工作方案》。

【《通州区产业调整退出工作实施方案》出台】 6月14日，加快实施《北京市2013—2017年清洁空气行动计划》（以下简称《市清气行动计划》）、贯彻落实《北京市工业污染行业、生产工艺调整退出及设备淘汰目录（2014年版）》（以下简称《市淘汰目录》）、《北京市新增产业的禁止和限制目录（2015年版）》（以下简称《市禁限目录》）及《通州区进一步强化大气污染防治持续改善空气质量的工作意见》（以下简称《区大气防治意见》）、《通州区新增产业的禁止和限制目录（2015年版）》（以下简称《区禁限目录》）、《通州区低端种养殖业退出方案》，到2017年年底，通州区将全面完成不符合首都功能定位、不符合北京城市副中心建设的产业调整退出任务，区政府制订了《通州区产业调整退出工作实施方案》。

【《通州区工业调整退出工作奖励暂行办法》出台】 为加快调整退出工业污染企业，加强工业调整退出奖励资金管理，根据《北京市大气污染防治条例》和《工业污染企业调整退出奖励资金管理办法》（以下简称《市调整退出奖励办法》），以及北京城市副中心建设需要，结合通州区实际，区政府制定了《通州区工业调整退出工作奖励暂行办法》。

【《通州区粮食安全区长责任制实施方案》出台】 7月27日，为贯彻落实《北京市人民政府关于全面落实粮食安全市长责任制的实施意见》，切实落实粮食安全责任，提高通州区粮食安全保障能力和水平，区政府制订了《通州区粮食安全区长责任制实施方案》。

【《通州区机关事业单位养老保险制度改革实施方案》出台】 8月23日，为认真贯彻落实党中央、国务院和北京市委、市政府关于机关事业单位工作人员养老保险制度改革的决策部署，积极稳妥推进通州区机关事业单位工作人员养老保险制度改革的实施工作，区政府制订了《通州区机关事业单位养老保险制度改革实施方案》。

【《通州区集体土地房屋拆迁工作管理规定》出台】 9月9日，为了规范通州区房屋拆迁工作，明确工作程序，理顺机构职责，切实维护拆迁双方合法权益，依据《北京市集体土地房屋拆迁管理办法》、市国土局《关于印发〈北京市集体土地房屋拆迁管理办法〉实施意见的通知》等文件，借鉴通州区潞城镇棚户区改造项目的成功经验，区政府制定了《通州区集体土地房屋拆迁工作管理规定》。

（东　滨）

【政府信息工作】　2016年，收到各单位报送信息8338条，采用2538条；编辑《昨日区情》252期，其中，特刊7期，《今日媒体热点》3期；向市政府办公厅报送信息1280条，被采用660条，舆情信息620条，已采用信息236条。受到市、区领导批示29条，其中，中央领导批示1次，市长蔡奇批示1次，市长王安顺批示4次。被评为市政府信息系统优秀单位。

（张晓燕）

【便民电话工作】　2016年，通州区非紧急救助服务中心（以下简称分中心）工作人员牢固树立心系群众、服务群众、方便群众的服务宗旨，克服诉求办理任务量大、疑难问题多、人员紧张等困难，按照市非紧急救助服务中心诉求办理标准和要求，认真做好群众诉求办理工作。全年受理群众各类来电6300余件，办理区长信箱电子信件1014封；办理市非紧急救助服务中心转交通州区办理的群众诉求（网上派单）63576件，较往年有明显上升，诉求总量比2015年的40263件增长57.9%；比2014年33877件增加1倍；是2012年12160件的近5倍。通州区连续多年受理总量在全市十六个区中排名第四，并始终居远郊区县之首。7月以来，通州区每月受理市中心转交通州区办理的网上电子派单均在6000件以上，工作日日均300件，11月为8029件，每位工作人员每日需要处理群众诉求上百件。全年排查群众反映的复杂疑难诉求39件、重复重点诉求13件、重点关注和不稳定因素问题77件。办理环保专项交办13件，办理市领导批示农民工反映拖欠工资、工程款专项交办110件，向相关单位派发《市长电话值班专报》6期，向区领导报送《便民电话专报》《群众电话诉求办理情况通报》12期，区领导批示6件次。群众诉求的问题涉及城市规划与管理、环境保护、社会治安、文化教育、劳动和社会保障、农村管理等各个方面，群众投诉问题除少数因政策、财力不允许和部分不合理诉求外，经全区各部门共同努力，群众大部分诉求问题得到有效解决。

（李梦玲）

【建议、提案办理工作】　2016年，市“两会”交由通州区政府研究办理的市人大代表建议、市政协委员提案22件，闭会期间建议1件。按照市有关规定，23件建议、提案全部在法定期限内办复。

2016年，区政府研究办理区人大代表建议和区政协委员提案271件，办理区政协常委会建议案4件。办理区人大代表建议109件。其中，区五届人大六次会议交区政府办理107件，闭会期间区人大常委会交区政府办理2件。内容涉及副中心建设与管理方面36件，占33%；城乡一体化方面35件，占32%；社会事业与民生方面28件，占25.8%；综合经济方面5件，占4.6%；其他方面5件，占4.6%。区政府按照分级负责、归口办理、重点督办的原则，分别交由49家单位研究办理，全部按期办复。办理区政协委员提案162件。其中，区政协五届五次会议交区政府办理161件，闭会期间1件。内容涉及社会事业与民生方面70件，占43%；副中心建设与管理方面58件，占36%；城乡一体化方面13件，占8%；经济发展方面8件，占5%；其他方面13件，占8%。全部在法定时限内办复。

（刘　宁）

【应急管理工作】　2016年，接报各类突发事件320余件，有效应对了西集镇禽流感病毒感染、六合桥交通事故、朝阳北路东延路雨水泵站事故、潞城镇辛安屯村火灾等突发事件。在全国两会、G20峰会、中共十八届六中全会等重大会议和活动期间，下发通知13次，发布预警预测信息20余条。应急管理工作有序开展。编制下发《通州区“十三五”时期应急体系发展规划》。下发《北京市通州区值守应急工作管理制度》。重新修订《通州区应急办值守应急工作制度》《突发事件处置记录单》《查班点名记录单》《零报告记录单》等文件。制定并下发《2016年度通州区应急演练工作计划》。完成绿道骑游、艺博会、健步走等12项大型活动应急预案的备案、审核工作。扎实开展“5·12”防灾减灾活动周科普宣传活动，宣传活动期间，全区开展各类宣传活动、应急演练、专题讲座100余次。制作通州区应急管理工作宣传片。全年上报北京应急网1340条，采用率96%以上。下载市《值班快报》311期、《值班快报》（专刊）16期、《应急管理动态》9期。初步完成CIS地图和公安图像整合研发工作，初步实现系统调用、快速定位功能，其他功能仍在进一步完善中。先后与廊坊市应急办、武清区应急办签订《通州区、廊坊市应急管理合作协议》和《通州区、武清区应急管理合作协议》，初步完成与周边县市应急管理合作协议签订工作。

（张　聃）

【政府信息公开工作】 2016年，主动公开情况：政府信息10533条（累计达到69720条），其中，全文电子化率达100%。在主动公开的信息中，机构职能类信息197条，占总体的比例为1.87%；法规文件类信息715条，占总体的比例为6.79%；规划计划类信息235条，占总体的比例为2.23%；行政职责类信息82条，占总体的比例为0.78%；业务动态类信息9304条，占总体的比例为88.33%。依申请公开情况：申请情况。截至2016年12月31日，全区申请总数为1793件（不含垂直管理单位），其中，2016年新增依申请348件。其中，当面申请103件，占总数的29.6%；通过互联网提交申请有9件，占总数的2.60%；以传真形式申请0件，占总数的0%；以信函形式申请236件，占总数的67.8%。从申请的信息内容来看，申请法规文件类信息占75.11%，申请规划计划类信息占18.34%，申请行政职责类信息占6.55%。答复情况。本区348件申请涉及申请事项366项，已到答复期的359项申请事项全部按期答复，其余未到答复期的按照《条例》时限规定在2017年答复。已经答复的359项申请中，“同意公开”的138项，占总数的38.44%；“不予公开”的8项，占总数2.22%；“信息不存在”的122项，占总数的33.98%；“非本机关掌握”的29项，占总数的8.07%；“申请内容不明确”的24项，占总数的6.68%；“告知通过其他途径办理数”的10项，占总数的2.78%；“已主动公开”的28占项，占总数的7.79%。行政复议、诉讼情况：行政复议本区2016年因政府信息公开产生行政复议35件。其中，维持具体行政行为的25件，被依法纠错的8件。行政诉讼本区2016年因政府信息公开产生行政诉讼案件23件。其中，维持具体行政行为或驳回原告诉讼请求14件，被依法纠错的8件。

（姚彤旭）

人事管理

【概　况】 2016年，通州区人力资源强区战略不断发展。加大人才智力引进力度，加快完善公共服务体系，全面优化人才环境，统筹人才资源和社会事业协调发展，切实把创新、服务、精品、规范的思路贯穿于人事人才工作的始终，努力为经济社会又好又快发展提供强有力的人事人才保障。

【公务员招录工作】 2016年，两次招录共发布职位96个，招录公务员109人（首次招录80人，补充录用29人）。

【公务员培训】 2016年，组织14期、5906人次公务员培训。包括2期93人次的初任培训，4期773人次的大规模轮训，1期2000人次的公共知识培训，1期200人次的科学素质大讲堂，1期70人次的科级任职培训，2期69人次的面试考官培训，2期99人次的组织人事干部培训班，1期2602人次的公务员在线学习培训。

【事业单位公开招聘工作】 年内，对事业单位新进工作人员进行公开招聘，通过实行单位招考和全区统一联考的方式，招聘工作人员1085名。

【事业单位岗位聘任和备案管理工作】 年内，完成全区541个事业单位、2万余人的岗位聘任和登记备案。

【完善高端人才服务平台建设】 2016年，在中关村科技园区通州园管理委员会博士后科研工作站增设北京中丽制机工程技术有限公司、北京中科信电子装备有限公司2家分站；为高层次人才发放政府特殊津贴和购房补贴126.7万元；为高端产学研基地及在站高层次人才发放扶持资金26.3万元。

【人才引聚工作】 2016年，引进各类人才6995人，其中，高端人才引进20人，解决夫妻分居25人，办理工作居住证2059个。

【全区人事考试工作】 2016年，组织完成市、区级下发的全国职称外语、一级建造师、中央公务员等22个科目的考试工作，1425场，91258人次参加考试；组织完成北京地区全国专业技术人员计算机应用能力考试5次，132场，6134人次参加考试；完成北京市选调生、通州区选调生、专职安全员等14个科目的面试工作，1731人参加面试；发放各类资格证书11979个；完成专职安全员、一级建造师和经济师等考试的资格审核工作。

【全区晋级晋档、增长薪级审批工作】 2016年，工资福利与退休科完成全区机关事业单位在职人员晋级晋档、增长薪级审批工作，累计审批2.5万余人。

【组织机关健康体检】 5月，按照政策要求，工资福利与退休科组织党政群机关工作人员赴北京市干部度假疗养中心进行健康体检，全区有151名考核优秀人员、业务骨干、组织人事干部以及离岗、离退休人员参加活动。

【调整机关事业单位基本养老金】 9月，为配合养老保险入库工作要求，工资福利与退休科为全区机关事业单位审批调整了基本养老金，审批9000余人。

【选聘大学生“村官”到基层工作】 年内，根据选聘原则和选聘程序，经过面试、体检、签订就业协议等程序，选聘40名大学生“村官”到基层工作。

【接收安置军转干部工作】 2016年，接收军队转业干部49名，其中，接收计划安置团职干部26名、营连排职及专业技术干部23名；自主择业干部40名；计划安置军转干部实际报到人数39名（团职干部25名，营连排职及专业技术干部14名）；2016年，有14名随军家属安置到事业单位。组织开展通州区2016年随军家属专场招聘会，23家用人单位为随军家属提供192个就业岗位，80余名随军家属参与招聘洽谈活动，32名随军家属现场与用人单位达成初步就业意向。

【人才服务平台建设】 年内，做好人才服务中心档案管理等工作，集体存档户3091家，存档量为104558份，其中，个人存档92788人，集体存档11770人。同时，充分发挥人才市场在人才资源配置中的基础性作用。年内，举办现场招聘会253场，参会单位2464家次，提供职位48392个次，求职人才达78487人次，初步达成意向20519人次。

（何媛媛）

劳动就业

【概　况】 2016年，通州区人力社保局积极推进京津冀就业资源共享，实施积极的就业政策，确保就业局势持续稳定。加强劳动力资源信息与企业岗位的匹配，努力提高就业成功率。加强就业服务，努力提高服务质量与效率。积极推动创业带动就业工作。加强就业援助，帮助困难人员实现就业。强化职业技能培训，提高劳动者就业能力。

【就业情况保持稳定】 年内，全区新增就业2.5万人，完成任务指标的174%；城乡劳动力就业2.22万人，其中，登记失业人员就业20725人，农村劳动力转移就业1475人，完成任务指标的193%，城镇登记就业率达到80.72%；期末实有失业人员4549人，城镇登记失业率为2.29%，低于控制指标0.21个百分点，同比增加0.15个百分点。

【城乡就业困难人员就业工作】 年内，全区城乡就业困难人员就业13451人，完成任务指标的254%，就业困难人员就业率达到76%。

【落实各项促进就业政策】 2016年，为210家（次）用人单位招用的994人（次）符合政策的就业困难人员申请享受岗位补贴267.6万元、1217人（次）符合政策的就业困难人员申请享受社会保险补贴728.2万，合计申请995.8万元。社区公益性就业组织累计安置319名就业困难人员，申请市、区两级岗位补贴1283.8万元。新增11432名自谋职业（自主创业）、灵活就业人员，累计享受补贴24338人，累计享受补贴金额1.34亿元。受理533家企业稳定岗位补贴申报材料，批复资金1354.3万元。

【创业促进就业工作】 年内，开展创业培训17期，培训各类学员包括失业人员及农村转移就业劳动力等431人。培训后取得工商营业执照可持续经营的176人，创业成功率为40.8%。直接带动就业539人。开展特色创业一体化见习培训13期，包括北京环球主题公园就业培训行动计划创业培训项目的特色培训班、“互联网+”商务创业培训班以及大学生“村官”创业培训班等，涉及学员362人。

【职业技能培训工作】 2016年，开展城乡劳动力培训14609人，其中，城镇失业人员技能培训686人，农村劳动力技能培训1088人；外省市来京务工人员3235人；在职职工培训9600人。开展创业一体化见习培训17期，452人，完成培训任务200人的226%，培训合格率为100%。组织专场职业资格鉴定考试32场次，涉及4个工种，有2368人参加初级工鉴定考核，1951人取得证书。加大高技能人才的培养力度，认定第二届通州区首席技师工作室11家。

【退休审核工作】 2016年，核准退休9764人，较上年同比增长75%。其中，正常退休3857人，较上年同比增长112%；特殊工种提前退休551人，较上年同比降低21%；因病提前退休（退职）176人，较上年同比增长8%，领取一次性养老金846人，较上年同比降低3%。

【工伤认定工作】 2016年，接待工伤来访11375次人，同比增长4.8%；认定工伤1221件，（由于副中心建设部分企业外迁）同比下降11.8%；其中，个人申请工伤认定73件，同比下降25%；工伤康复66人。

【劳动能力鉴定人次增加】 2016年，组织劳动能力鉴定46场，外出鉴定10场，鉴定人数886人次，其中，工伤评残鉴定716人次（含配置辅助器具），病退鉴定170人，结论改变率零，组织医疗专家培训2次。

劳动能力鉴定　　（人力社保局提供）

【集体合同覆盖工作】 年内，全区执行期中的集体合同户数3350户，覆盖职工12.8万人。其中，2016年新增备案企业175户，涉及职工26068人。

【严格特殊工时审批许可】 年内，为137家企业16305名职工申请综合工时和不定时工作制度进行行政许可。

【加强劳务派遣审批管理】 年内，全区审批经营劳务派遣企业52家，变更劳务派遣许可16家，延续6户；转入1户；注销1户。年度报告审查108家。

【加大监察执法管理力度】 2016年，接待劳动者来信、来访咨询万余件。其中，立案202起，同比下降50%，结案194起，结案率为96%，为217名劳动者追讨工资150.39万元。处理群体讨薪突发案29起，追补工资314.3万元。

【劳动人事争议调解工作】 2016年，区劳动人事争议案件受理量达9606件。其中，劳动人事争议仲裁委员会受理7212件，同比上升42.3%，集体争议案件3223件，同比上升85.4%，涉及劳动报酬的案件4666件，同比上升58.1%；请求金额合计约为4.8亿元，同比上升23.1%，其中，劳动报酬约为2.14亿元，同比上升1.4%。各级调解组织调处2394件，同比上升152%；其中，集体争议调处1817件，同比上升197.4%。仲裁委受理案件中审结6944件，同比上升44.8%，其中，审结集体争议3241件，同比上升93.6%，审结涉及劳动报酬的案件4358件，同比上升60.2 %；支持总金额9233.5万元，其中，涉及劳动报酬6588.4万元；结案率为96.3%，调解率为64.6%。各级调解组织成功调处2078件，同比增长147.4%。

【基层调解工作】 2016年，会同区综治办联合印发《关于加强专业性劳动争议调解工作的实施意见》，并在通州区的15个街乡矛盾纠纷调解工作平台全部设立劳动争议调解窗口，从机制上保证专业性劳动争议调解工作在基层有效开展。

（何媛媛）

社 会 保 障

【概　况】 2016年，区人力社保局注重加强社保行政部门与经办部门间的协调配合，通过整合优势资源、强化基础管理，构建起社会保险基金管控体系、内控监督体系和综合管理体系，提高了社保业务经办效能。年内，各项社会保险制度改革顺利推进，社会保障范围不断扩大，待遇标准和水平逐步提高。全区各项社会保险参保单位达2.72万家，参保人数达88.49万人，各项基金收支规模达156.62亿元。

【城镇五险扩面征缴工作】 年内，辖区城镇五险参保规模进一步扩大，参保单位2.72万家，参保人员50.26万人，同比分别增长21.1%和4.9%。基金累计收缴90.93亿元，同比增长63.1%，完成全年任务指标的100.8%。其中，基本养老保险、基本医疗保险、失业保险、工伤保险和生育保险累计收缴分别为53.89亿元、31.38亿元、3.34亿元、0.90亿元和1.42亿元。

【城乡居民养老保险续保率达99.2%】 年内，全区城乡居民养老保险累计参保22.28万人，续保率达99.2%。累计收缴基金4.42亿元，有4.98万人享受居民养老保险待遇。

【社会保险待遇水平不断提高】 年内，及时上调养老、失业、工伤等社会保险待遇标准。其中，全区6.77万名企业离退休人员月人均领取养老金达3285.2元，同比增长8.6%；城乡居民养老保险待遇人员基础养老金调整为每人每月510元，同比增长8.5%；无保障老年人福利养老金调整为每人每月425元，同比增长10.4%；一至四级工伤职工伤残津贴发放标准每人每月分别上调410元、390元、370元和350元；工亡人员供养亲属抚恤金标准每人每月上调180元。

【机关事业单位养老保险制度改革】 8月8日，全面启动区机关事业单位养老保险制度改革。年内，符合参保条件且具有法人资格的404家机关事业单位全部完成单位登记及人员信息采集入库工作，涉及27736人，其中在职20158人、退休人员7578人。

【转非人员安置工作】 按照区政府工作部署，年内，完成历史遗留建设征地已转非劳动力和文化旅游区未进行征地转非劳动力社会保险补缴工作，为潞城、梨园、台湖、于家务、宋庄、张家湾等9个乡镇、136个村、20227名转非劳动力补缴并趸交社会保险费28.5亿元。

【完成新农合机构移交接收工作】 按照市、区两级政府关于新农合管理机构移交接收工作的统一部署和“先理顺管理体制、后进行制度整合”的工作要求，及时研究制定移交接收工作方案，于8月31日前按时完成了机构、人员、资产、基金、档案等接收工作。

【强化社保待遇多支追退管理】 年内，制定工作方案，印发《关于强化社保待遇多支追退管理的通知》，从区、街镇两个层面落实责任，同时建立按月通报制度，将新形成的待遇多支数据和已经追退的数据进行汇总，及时反馈至各社保所，并将追退情况作为各街道、乡镇社会保险重点工作，纳入年度考核。2016年，累计追回各项多支社保待遇5981.9万元，其中，社保所追退5695.45万元。

【加强定点医疗机构协议管理】 完成2016年“两定”服务协议续签工作，与100家医保定点医疗机构、3家工伤定点医疗机构、4家定点零售药店分别签订服务协议书，并依托协议管理，加大对医药机构的监督检查力度，将其管理执行行为纳入医疗保险诚信管理体系；完成首批20家医疗机构的专项检查工作，通过检查，发现11家医疗机构存在问题，涉及违规费用全部追回；按照北京市基本医疗保险个人账户持卡实时结算工作要求，年内完成全区100家定点医疗机构和4家定点零售药店的现场检查验收。

【优化社保经办服务效能】 年内，为全区15家社保所接通VPN端口，将缴费情况查询、扣款情况查询、个人权益查询终端密码重置等业务权限下沉至街道、乡镇，既方便社保所实时掌握辖区内单位及个人参保动态，也为群众就近查询社保权益记录提供便利；按照即时受理、即时审批的原则，为肾透析等9种特殊病人员开通审批绿色通道，尤其对低保等特殊情况审批予以即时办结；充分发挥微信服务传播快、受众广的功能优势，开通“通州社保”微信公众号，面向社会开辟“经办业务”“通知公告”和“服务平台”三个栏目，定期向全区用人单位和广大群众发送最新业务经办流程、社保政策业务、缴费及待遇标准等信息；推行网上预约服务，为办事人员提供网页版和手机客户端两种预约途径，极大缓解了业务大厅的经办压力。

【构建社会保险大内控工作格局】 2016年，在年度内控监督计划中，将医保内控纳入社会保险大内控工作格局，建立由内控监督科牵头组织实施，医保相关业务科室紧密配合，邀请局相关行政部门参与的医保内控监督工作机制。修改并完善《通州区社保中心业务流程汇编》和《通州区社保中心财务流程汇编》，对上年完成的10大类247项业务流程进行调整和完善，重新核定财务流程8项，调整城乡居民基本养老、城镇职工基本医疗、工伤、失业、生育保险等业务办理流程12项。

【开展“对内+对外”双轨培训】 年内，对内部工作人员开展政策业务、党风廉政等培训30期，培训1504人次；对参保单位和社区（村）居民，通过采取“社保知识大讲堂+微型课堂”的培训形式，开展参保缴费、社保卡办理、医药费报销等专题培训37期，参培人数达2760人次，进一步提升了社保政策的知晓率，得到辖区群众的好评。

（何媛媛）

机关事务服务工作

【概　况】 2016年，区机关事务服务中心围绕区委、区政府建设北京城市副中心的工作大局，按照围绕中心工作、全面履行职能、实施精细管理、提升保障能力的工作思路，创新发展、主动作为，努力开创机关事务服务工作新局面。

【推进办公用房管理工作经常化】 年内，完善全区办公用房管理项目库，对区委相关部门、统计局、司法局等12个单位办公用房进行核定调整。7月、11月，分两批对全区八十二家单位包括对500多名处级干部在内的1020间办公室的规范使用情况进行全面检查。组织实施全区二十四家行政事业单位1.5万平方米办公用房及附属设施改造修缮工程，并完成农机服务中心、交通支队白庙检查站、觅子店检查站燃煤锅炉清洁能源改造项目。12月，完成全区2017年度办公用房大修、中修、专项维修项目统计及财政经费申报工作。

【实物资产管理工作】 年内，配合区委、区政府完成临时性重大活动资产保障任务，配置办公设备、耗材等2300余件。优化中心仓库资源，提升资产利用效率，全年吸纳资产2000余件，调出可使用资产100余件，临时周转资产100余件次。建立集中办公区资产管理平台，初步形成中心本级、公务用车管理、公用资产平台、协调办四大部分，22个层级的资产管理模式。

配合区委、区政府完成临时性重大活动资产保障任务
（机关服务中心提供）

【公务用车管理工作】 6月，建成通州区应急调研公务车辆管理调度平台，全年出车1100余车次，保障全区领导调研和重大应急事项的公务出行。

公务用车集中统一管理、统一调配
（机关服务中心提供）

【机关节能降耗工作】 2月，拟定《通州区行政事业单位节能降耗管理规定》，该规定于3月以区政府办名义印发全区执行。6月，在区委区政府机关开展主题为“绿色环保副中心，节能低碳我先行”的节能培训宣传活动。11月，起草《节能降耗考核办法》，并拟定《节能节水考评细则》，该项工作已纳入区属行政事业单位绩效考评指标体系。

【后勤管理和服务保障】 3月，完成区委等七家单位办公区搬迁、东关办公区接管等大项工作。12月，完成市委派驻换届考察组、区党代会、区人代会、区政协会等重大保障任务。2016年，完成中央领导、市委市政府领导集中调研等大型接待任务57次，完成各类区级会议保障4726场次，近8万人次，完成各类维修6100余项次，有力保障了各办公区的正常办公秩序，并高标准完成创建全国文明城区和“创卫”工作有关任务。

（宋海京）

信访工作

【概　况】 2016年，全区信访干部按照区委区政府的工作部署，主动作为，敢于担当，勇于“向前站一步”，完成全年信访工作任务。2016年，全区信访总量为1978件，与2015年的1979件基本持平。其中，群众来信1397 件，同比上升26.2%；群众来访581批/4326人次，同比批次下降33.4%，人次下降19.3%。到市信访办上访1234批/2537人次，同比批次上升21.5%，人次上升6.9%；集体访98批/1209人次，同比批次下降7.5%，人次下降5.5%。2016年，完成《在维稳闭环体系中信访部门和职能部门的作用》的专题调研一篇。

【提高信访干部能力素质】 年内，通过开展“三严三实”教育活动，全区信访干部认真落实区委、区政府领导有关要求，工作积极、扎实，把减少积案、重复访作为检验学习效果的重要指标，加大工作的推进力度，取得明显成效，与上年同期相比，通州区区内重复访批次下降35.1%，人次下降52.9%。并且，实现网上无积案、无过期督办案件的工作目标。信访工作全面进入规范化的轨道。

【拓展信访渠道】 年内，各级领导干部坚持领导接待信访群众，阅批群众来信。全年各级领导干部接待群众1223人次，阅批群众来信1785件，区级领导批示信访件233件；信访渠道不断拓宽。在来访、来信、来电的传统信访渠道中，网上信访呈现大幅增长，人民建议不断增加；领导干部包案下访不断加强。全年各级领导干部包案31件，带案下访23次，推动一批重点信访问题得到化解。

【制度建设】 年内，信访工作程序更加规范，强化初信初访的办理，初信初访全年下降25.6%，初信初访化解率达到99.3%，推动逐级走访，基层受理、处理信访问题占比不断增大；信访干部队伍建设围绕责任展开，全年信访干部化解矛盾、解决问题严格按照制度规范进行，未发生违规、违纪、违法行为；复查复核工作实施答复意见备案制度，压实责任，依法行政。

【依法行政】 年内，各级信访部门依法行政意识不断提高。依法分类处理信访诉求是信访工作依法行政的基本要求，各级信访干部依法处理信访诉求的本领不断提高；各行政职能部门依法行政的能力不断提高，权力清单及时公布，责任更加明晰，依法行政工作更加规范，从源头上减少矛盾的发生；

加强涉法涉诉信访问题的处理，聘请律师参与信访接待、矛盾纠纷调解等工作，取得良好效果。

【复查复核工作】 2016年，区信访事项复查复核办公室接待复查群众314人/167批，案前调解56件，复查案件立案45件，同比下降8%，全部办结。

【信访干部业务培训班】 12月19日，区信访办举办了基层信访干部业务培训班，重点围绕矛盾排查、来访接待、群众来信办理、信访事项复查复核以及重点信访事项督查督办等业务展开，聘请北京市信访办相关领导进行业务培训，同时区信访办相关科室负责人对业务工作进行交流指导。全区各乡镇、街道办事处、重点委办局专兼职信访干部100余人参加培训。

【信访宣传工作】 2016年，根据国家信访局和市信访办有关工作安排，开展信访宣传工作两次，发放宣传材料3.5万余份，引导群众依法逐级走访，理性表达诉求，维护信访秩序，社会效果明显。

（赵　波）

对外及对港澳事务

【概　况】 2016年，通州区外事工作在区委、区政府的领导和市政府外办的指导下，围绕北京城市副中心建设，认真贯彻落实北京市和区委、区政府的各项要求，汇聚国际高端资源与要素，加强对外交流与合作，全区外事工作取得了新进展。

【外事管理】 年内，坚决贯彻中央从严规范管理外事工作的新精神、新要求、新规定，强化外事部门的战略谋划能力，努力实现外事工作的战略转型发展。科学统筹外事资源，全面提高工作水平，实现由“办外事”向“谋外事、统外事”转变。加强涉外管理的统筹协调，健全涉外维稳机制。进一步加强外事、公安、宣传等部门涉外协调管理联动机制建设。妥善处理了韩国使馆提出的关于北京城市副中心限制性产业退出涉及韩资企业等敏感涉外事件，及时消除各类涉外不稳定因素，为各项事业发展营造了良好的涉外环境。

【因公出国（境）工作】 年内，从严制定实施全区外事计划，坚决落实中央要求，做好制止公款出国（境）旅游专项治理工作常态化管理，严格执行因公出国管理要求。对于批准的出国和赴港澳团组，切实做好行前筹备、行中指导监督和行后总结工作。行前会签订《通州区因公出国（境）人员承诺书》，实现“带着任务去、带着成果回”，积极促进因公出访成果转化。

【对外友好交往】 2016年，服务中央总体外交，搭建高水平对外交往平台，整合资源，积极推动上海合作组织中心项目建设。配合国家总体外交，完成上级交办的外事任务。3月，来自通州区运河小学的同学参加北京国安足球俱乐部青少年代表队，参加捷中友协为欢迎习近平总书记对捷克共和国进行国事访问而举办的国际青少年足球比赛，并受到了国家主席习近平与捷克总统泽曼的共同接见。落实国家外交战略，全方位建立发展国际友好城市关系。5月，为落实习近平总书记提出的“深化中俄全面战略协作伙伴关系”的外交思路，区长岳鹏亲自带领相关负责人赴俄罗斯访问，并先后与莫斯科东北区区长、圣彼得堡瓦西里区区长签订《建立友好城市关系谅解备忘录》。加强与丝绸之路经济带国家的友城交流与合作，与“一带一路”沿线重要国家斯洛伐克签署《缔结友好城市关系协议书》，正式缔结友好城市关系。截至年底，通州区已逐步形成了在美洲、欧洲、亚洲、非洲、大洋洲知名地区都拥有国际友好城市，并开展全方位交流合作的良好对外交往局面。

【重要外事活动】 年内，主动开展公共外交和民间外交，大力宣传北京城市副中心，树立良好国际形象。宣传推介2016年中国艺术品产业博览交易会，通过艺博会的国际化发展，建设世界艺术博览中心、国际艺术品交易中心、世界艺术衍生品设计发布中心；组织俄罗斯俄中商务园、意大利莱切市对外文化交流机构到通州区艺博会合作策展；以宋庄文化创意产业集聚区为载体，积极组织实施文化创意产业国际交流与合作，开发适应海外市场的文化产品。5月，支持宋庄艺术家的“一带一路”全球文化交流欧洲行活动。通州宋庄艺术家们以房车形式历时3个月，赴欧洲16个国家，与沿途主要城市开展艺术交流。该项民间文化交流活动，有效促成了通州区与意大利莱切市等“一带一路”沿线城市发展国际友好城市关系，为文化、经贸等领域合作打下坚实的基础。与法国上法兰西大区及圣康坦市多次进行友好互访，与大区主席深入探讨在上法兰西大区和北京城市副中心的高度上加强双方交流合作事宜，进一步扩大通州区在巴黎的政治影响。与韩国首尔特别市九老区进一步加深友好城市关系，九老区区长率政府代表团访问通州区，双方探索开展中韩技术合作，引进首尔智慧城市发展理念。

【重要外事成果】 2016年，引进世界各国先进的发展理念及经验，汇聚国际高端资源与要素，高标准推进北京城市副中心建设，不断提升全区经济社会发展水平。吸引国际高端资源，高标准助推美国环球影城主题公园项目，组织了相关人员赴友城实地研究奥兰多环球影城项目的商业配套、综合开发及属地服务，掌握其开发管理模式。另一方面，主动与国外该项目方加强交流合作，引进先进经验和理念组织相关部门负责人赴日本、新加坡与大阪环球影城主题公园项目方和新加坡环球影城项目方建立国际人才交流合作机制，为通州区该项目的建设、运营和管理提供有力支撑。与新加坡环球项目管理方新加坡建设局建立合作机制，两次组织在通州区举行交流合作会。引导区内重点国有和民营企业积极拓展国际市场，参与全球经济竞争。落实《通州区企业人员申办APEC商务旅行卡实施细则》，为企业“走出去”提供便利。组织区经信委、商务委、投促局、园区管委会等单位，以及各乡镇、街道宣传推广，向全区1000多家重点企业及外向型企业发放宣传手册、申办指南。全区APEC商务旅行卡申办数量连续两年翻两番。推动国际合作学校和国际教育合作项目发展。发展国际化教育，强化教育国际合作，打造与城市副中心相适应的国际教育环境。5月，在通州区举办2016通州区国际教育研讨会暨境外知名教育专家系列讲座。区教委主任与加拿大不列颠哥伦比亚省高贵林市教育局局长Gartland签署了教育合作意向书，双方将利用自己的优势和资源，合作培养人才。8月，通州区和九老区开展了第6次高中生交流活动，双方各自选拔高中生，到对方国家学习语言、体验文化和交流思想，旨在进一步增进通州区与友好城市九老区青少年之间的互相了解，同时也为双方的青年学生提供一个开阔视野、提升综合能力的锻炼机会。通州区安排韩国学生体验了书法、皮影戏、杂技等中国传统文化艺术，并在中国学生家进行家庭生活体验活动。通过青少年深层次交流、亲身体验，有效传播了中国文化，促进中国文化走出去。

【国际语言环境建设工作】 年内，开展形式多样的国际语言环境建设工作，创新市民讲外语活动形式，组织丰富多彩的社区外语大课堂活动。向全区所有外语角及英语爱好者发放了1万余份外事宣传资料及市民讲外语系列学习材料。针对国际会议、赛事培训近1000人次外语志愿者。

【外事宣传】 年内，认真做好外事对内对外宣传工作。一是健全信息公开上报工作细则，确保信息及时准确的上报到上级主管部门，并公开发表于市政府对外宣传刊物上。二是积极推进外事办网站的设计、更新及维护工作，及时更新页面信息，确保通州区外事信息的时效性和准确性，加强对通州区建设北京城市副中心的宣传力度，维护通州区良好国际形象。

（傅世聪）

投资促进工作

【概　况】 2016年，全区促成千万元以上签约项目72个，意向投资总额232.21亿元，同比增长18.4%。其中，亿元以上项目29个，意向投资总额221.65亿元。签约项目按产业划分：文化旅游4个，医疗康体3个，高端商务61个，高端制造3个，金融服务1个。12月28日，通州区投资促进局被北京市投资促进局评为2016年北京市项目促进工作综合考核优秀单位、北京市项目促进工作（重大项目促进）考核优秀单位。区企业联合会获列为通州区诚信企业第一期红榜名单。

【重点区域项目引进情况】 年内，文化旅游区北京环球主题公园项目用地实现全部上市交易。商务中心区产业项目取得新进展。京杭广场、绿地竣工，运河国际商务中心项目全部封顶。华夏保险总部正式进驻商务中心区世界侨商中心，交通银行与区投资促进局签署交通银行北京分行入驻通州战略合作协议。宋庄文化创意产业集聚区中国艺术品交易中心项目正式纳入市政府扩大内需重大项目绿色审批通道，力争年底前开工建设，建成后将成为中国最大的国家级艺术品交易中心。环渤海总部基地国家车联网产业基地项目正在有序进行立项、水评、环评等前期准备工作。

【重点功能型项目引进情况】 年内，加大教育、医疗等功能型项目引进力度。人大附中、首师大附中、北理工附中、北京二中等市级名校通州校区实现挂牌招生，北京五中通州校区开工建设，景山学校、史家小学国际部、北京二中国际部等学校加快推进，推动安贞医院、友谊医院、首都儿科研究所引进。

【乡镇园区项目引进情况】 年内，物流基地苏宁易购项目投产运营，投资总额9316.53万元。北京罗克佳华信息技术有限公司正式落户光机电基地，注册资金1000万元。台湖镇国家大剧院舞美基地建设项目预计2017年6月封顶并交付使用；中国煤炭文工团签约落户。光机电基地天使街项目投入运营，新四板开启投资。通州口岸项目开工建设，项目位于马驹桥镇物流基地，总占地846亩，建设用地593亩，建筑规模63万平方米，预计总投资40亿元。项目分三期建设，建成后将成为北方最大的内陆口岸，具有仓储、配送、保税、加工等多种功能。马驹桥镇与天安数码城集团签订合作框架协议，将启动建设北京天安数码城天安世创园。项目占地约3300亩，总建筑面积约291万平方米，总投资额约550亿元，分四期建设。宋庄镇与北京牛庄文化创意产业有限公司签订战略合作协议，以“北京牛庄”品牌和文化创意产业链为主体，整合北京的特色元素、宋庄艺术资源与牛庄独有的牛文化相结合，将北京牛庄打造成国际化文艺小镇。

【楼宇（园中园）项目台账】 年内，全区具备招商条件的楼宇及园中园资源47个，占地面积420.66万平方米，规划面积1300.14万平方米，建成面积435.06万平方米，出租面积16.4万平方米，出售面积141.13万平方米。核心区楼宇项目18个，园中园项目29个。

【闲置资源项目台账】 年内，全区闲置资源30个，占地面积245.35万平方米，建筑面积84.64万平方米，其中，厂房面积25.94万平方米，办公面积58.70万平方米，闲置空地15.46万平方米，一级开发未完成的土地166.50万平方米，等待上市挂牌的土地9.19万平方米。

【“走进通州”系列活动】 1月29日，新加坡国际企业发展局中国司司长王俐恩一行到通州实地考察，了解北京城市副中心进展及相关规划情况。区投资促进局领导对北京城市副中心的规划和核心区项目进展等情况进行详细介绍。新加坡国际企业发展局领导表示非常重视通州作为北京城市副中心的未来发展，希望在餐饮、国际医院、国际幼教等方面与通州区展开合作，也希望为两地企业搭建合作的平台，共同举办招商主题论坛活动，实现两地经济更加密切的交流与合作。9月5日，由中国侨联主办，北京市侨联、天津市侨联、河北省侨联共同承办的“创业中华、牵手京津冀——第十六届海外侨界高层次人才为国服务团”一行30余名海外侨界高层次人才到通州考察。考察团在北京市侨联党组副书记、副主席马坚的带领下考察了通州商务中心区和行政办公区。区委常委、统战部部长洪波等领导参加座谈会，会上，区投促局和区委组织部分别介绍了通州区情况及通州区人才工作情况。洪波表示欢迎广大高层次人才充分发挥企业优势和行业影响力，关注并参与通州建设，在北京城市副中心这一广阔的平台上，实现深入合作、优势互补。9月30

日，“发挥侨务资源优势，助力首都转型发展”考察团一行百余名海外华侨齐聚北京城市副中心，此次考察团汇聚来自30多个国家的中外企业家、知名学者和海外商会代表。考察团参观了北京城市副中心规划沙盘，了解商务中心区项目建设情况，之后又参观了第三届中国艺术品产业博览会，欣赏了主展馆“大国工匠”展示区、原创艺术品展示区、艺术衍生品展示区，并与艺术家互动交流。北京市政府侨办副主任李长远，通州区副区长雷晓宁参加活动。北京市侨办副主任李长远表示，未来将积极发挥侨务资源优势，积极参与和支持北京城市副中心建设和发展，引智促贸，探索更多合作共赢空间。

【通州区参加第十九届科博会】 5月19日—22日，第十九届中国北京国际科技产业博览会在中国国际展览中心举行。本届科博会以“推动科技创新，引领产业转型”为主题。区投资促进局、开发区东区、环渤海总部基地、经略天则和台铭国际园中园等单位参加，累计参会100余人次，整理包装楼宇和园中园招商项目，对接电子信息、光机电一体化、物联网、智慧城市建设、生物医药、智能制造等高新技术企业500余家。

【通州区参加第八届投资北京洽谈会】 9月6日，由市发展改革委、市科委、市经济信息化委等13家单位主办，市投资促进局承办的第八届投资北京洽谈会在北京歌华开元大酒店举行。本届京洽会以“推进供给侧结构性改革 大力促进民间投资发展”为主题，解读北京市重大创新政策，发布重大引资项目，促进社会资本在京投资以高精尖为主体的首都功能产业项目。通州区金桥基地的北京国泰星航电动汽车技术服务中心项目，北京通州物流基地能源生态泛能项目在开幕式上签约。

【华夏保险总部正式进驻商务中心区】 10月20日，亚洲500强金融集团华夏人寿保险与富华集团签订合同，购买通州运河核心区世界侨商中心项目3号楼整栋，商务办公面积2.65万平方米。华夏保险总部办公正式进驻通州商务中心区，落户世界侨商中心，这是区投资促进局依托运河核心区招商联合体招商引资取得的重要成果。

【举办通州区企业家高端研讨培训班】 10月25日—27日，区投资促进局联合开发区东区管委会、中共北京市通州区委党校举办“提内涵、强素质、助推副中心建设”通州区企业家高端研讨培训班。

通州本土的30名企业负责人齐聚通州党校。本次培训，特邀北京大学经济学专家、安邦智库经济学专家、京杭大运河研究专家、通州区委组织部领导、通州区发改委领导。培训内容涵盖通州区“十三五”规化、区域经济发展、“京津冀”一体化发展、通州历史文化等方面。培训期间，组织学员进行座谈交流，实地参观三教庙、燃灯塔、七孔桥（五河交汇处）、会展中心。通过这次培训，让企业了解北京城市副中心发展建设的同时更深层的了解通州区的历史文化。使企业结合自身发展需要，制订出更好的、更适合通州区发展的规划，共建北京城市副中心。

【参加项目推介会】 11月22日，由北京市工商联、北京市金融局联合主办，通州区政府支持的2016年首都非公经济金融服务推进会暨北京城市副中心建设项目推介会在北京举办。会上，通州区区委常委、副区长洪家志介绍了北京城市副中心建设国家战略的整体规划、发展环境、产业导向、发展方式等，并对吸引民间投资的重点项目进行推介。两个北京城市副中心重点项目交通银行北京分行、北京牛庄文化创意产业园签约。

【交通银行与区投资促进局签署战略合作协议】 11月25日，交通银行总行批复同意成立北京分行事宜，并成立北京分行建设专项工作筹备组，正在与商务中心区楼宇资源对接洽谈合作事宜，税收迁户也开始同步进行。

【北京城市副中心金融机构集聚效应初显】 12月20日，银监局审批通过恒丰银行在通州区设立二级分行机构。进入筹备开业状态。上海银行总行通过审批在通州区设立二级分行，报银监部门审批。广发银行上报总行在通州区设立机构，后续分行部门陆续办理相关事宜。

（皮丽莉）

国有资产监督管理

【概　况】 2016年，区国资委以服务城市副中心建设，服务民生，增加经济贡献度为工作目标，大刀阔斧搞改革，开拓创新促发展，区属国有企业经营活力不断增强。截至年底，区国资委一级监管企业9户，全部独立法人单位57户。监管企业资产总额593亿元，同比增加70亿元，增长率13%；净资产总额230亿元，同比增加44亿元，增长率23%；平均资产负债率61%。监管企业利润总额6851万元，缴税金4.01亿元。

【国企战略重组】 年内，通州国有资本运营有限公司作为副中心建设的战略功能平台和融资保障平台，国资公司全面聚焦城市建设，启动一批重点工程项目，并通过与各大金融机构加强合作，进一步拓展副中心建设融资渠道。

【混合所有制改革】 年内，区属国企积极探索跨区域、跨层级、跨所有制的经营合作方式，在多个项目中进行混合所有制实践。混合所有制企业已达到18户。其中，国资公司与中信集团、北京建工、北京城建等企业就重点建设项目展开合作，全力推进副中心建设。大运河水务公司积极拓展与央企和市属国企的项目合作，相继启动碧水污水处理厂、张家湾再生水厂、乡镇再生水厂、南水北调通州水厂、延芳淀湿地等一批水资源项目。此外，城市副中心水环境治理PPP项目全面启动。新城基业公司与北控集团合作，推进漷县镇棚户区改造项目，已成立合作公司。

【制定国资国企改革方案】 年内，依据中央和北京市国企改革的相关精神，结合副中心建设和通州区国企改革实际，区国资委起草了全面深化区属国资国企改革方案，包含一个指导意见和15个分项实施意见。其中，《关于全面深化国资国企改革的意见》是此次改革方案的核心，包括七个主要方面，二十二条具体内容，确定了本次改革的总体思路、目标、主要任务及相应措施。

【参与副中心建设】 "彩虹之门"项目。一级开发工作完成，取得区园林局和区水务局规划意见复函及项目建设用地规划许可证，以信用贷款的形式置换项目前期资金54.1亿元。

文化旅游区项目。该项目前期拆迁工作进展顺利，完成一级开发项目12平方公里地上物的拆除工作。08片区安置房入住基本完成，正在协调办理移交。10片区安置房18栋楼主体结构、二次结构施工完成。环球影城项目。

环球主题公园及度假区实现开工，预计2019年建成开园。

副中心重点代建项目。新华医院、东直门医院二期即将竣工，区养老院实现单体建筑物结构封顶，青少年宫、档案馆、公共卫生大厦等新项目陆续进入规划。

【民生保障】 保障房项目稳步推进。截至年底，区属国企完成12个保障性住房项目建设，对接房源近1.3万套。交通运营环境不断优化。通盛达公司累计购置电动出租车500辆，新增100辆电动微公交短途接驳。年内，按照区政府折子工程的要求，213辆柴油车将全部更新为350辆电动车。更车方案由区政府审批，车型已经选定，并与中标车企签订购车合同，第一批更新车辆将于2017年一季度投放运营。煤炭保供工作到位。区煤炭公司积极落实"减煤换煤、清洁空气"惠民工程，2016年年底完成燃煤配送19.5万吨。

【资产经营】 年内，区属国企通过资源整合、横向联合、深度挖潜等方式，按照将有限的土地资源转化为多种业态经营性资产的发展思路，成功筹划了运河商务中心、品艺园等一批重点工程项目。各企业进一步挖掘资源，区供销社开发了郎府、渠头等新的商业项目，并在宋庄投资建设文化产业园；金通公司加大资产开发盘活力度，资产创收能力得到新的提升。

【资本经营】 年内，通过高端资本嫁接、项目融资、品牌融资、参股并购、债务重组等多种方式，寻求资本收益最大化，是区属国企重要的发展方向。其中，国润新通与中信集团、台湾富邦合作，按现代企业制度组建融资租赁公司，截至年底，累计投放资金23.96亿元。区供销社自加入北京市供销社投资平台以来，累计实现投资收益突破1.3亿元，注册资金1亿元筹建小额贷款公司，资本收益水平稳步提升。

【自主经营】 打造国有商业品牌。区商业资产运营公司积极挖掘传统品牌市场价值。小楼饭店作为通州非遗文化代表，2016年继续加大清真餐饮序列开发力度，同时完成店内多项装修改造；烟酒公司新设立5家品质生活超市，同时承接区政府“菜篮子”进社区工程，有43家“品农果蔬”店开业。创建旅游服务品牌。运河公园获得首都文明风景旅游区称号。“运河游”全年接待游客近20万人次，成功举办草莓音乐节、七夕文化节、运河文化庙会、冬季冰雪节等项目，不仅带来了旅游收入，而且大幅提升了通州的文化品牌影响力。创新经营运作模式。通盛达公司拓展汽车租赁业务，并根据副中心发展需要，投资建设便民立体车库；商资公司积极筹建托老所，并利用农机公司库区，规划改造高端国际双语幼儿园，计划于2017年3月开园。开发电子商务平台。区属国企中的煤炭公司、商资公司、供销社积极探索“互联网+”业务，以大数据平台为基础，充分结合自身业务特点，拓展电子商务领域，实现了良好的经济效益。

【国资监管机制建设】 综合绩效评价工作成效明显。根据中央和北京市国企改革精神，区国资委研究拟定通州区国企负责人履职待遇和薪酬制度改革意见，促进企业发展的导向功能更为突出。审计管理功能有力增强。区国资委在完善合规性审计的基础上，更加注重任中审计，通过审计手段有效强化国资监管力度。产权管理工作进一步规范。区国资委对经营性房屋土地的管理更加严谨规范，有力提升了资产运营效益和风险防控能力。

【党建工作】 企业领导班子建设扎实推进。调整直属企业负责人10人次，企业班子结构进一步优化；按照“柔性引进、刚性培养”工作思路，持续加强后备干部的培养选拔工作，年内，19名企业年青中层骨干补充进后备干部库；举办国有企业负责人培训班和国有企业后备干部及青年骨干培训班，78名企业干部参加培训，成效显著。党建工作基础不断巩固。严格落实党建工作责任制，全面推行党建工作述职考评机制；成功举办庆祝建党95周年系列活动；集中抓好党委换届工作及区党代会代表选举工作；五星级基层服务型党组织创建工作试点先行，全面预热，取得初步成效；强化组织管理，有效开展党员组织关系集中排查工作，及时足额完成在职党员的党费补缴；坚决完成创城攻坚工作，全力加强老旧小区的排查整治和移动广告宣传工作，为创建工作贡献力量。党风廉政建设常抓不懈。扎实开展“两学一做”学习教育，形成《国资委系统合格党支部建设规范》和《合格党员行为规范》；巩固和拓展“三严三实”专题教育活动成果，紧盯节点，弛而不息地加强对中央八项规定精神执行情况的监督检查。根据年度党风廉政建设和反腐败工作意见，系统各级党组织、纪检监察组织明确责任清单，逐级签字背书，层层传导压力，有效增强履行“两个责任”的自觉性。

（张新蕊）

国有资本运营工作

【概　况】 通州区国有资本运营有限公司以北京城市副中心为主要投资、经营和服务区域，公司定位为副中心建设的战略功能平台和融资保障平台，主要承担副中心建设的投融资、开发建设等各项任务。

公司所属企业5家，分别为北京通州房地产开发有限责任公司、北京新城基业投资发展有限公司、北京新城投资运营有限公司、北京国润新通投资发展有限责任公司、北京通政国有资产经营公司，注册资本金97.88亿元。

在治理结构上采用集团管控模式，国资公司为国有独资企业，由区国资委出资并管理，各子公司由国资公司出资（独资或实际控制）并进行管理。

国资公司设立党委、董事会、监事会、总经理办公会及纪委、工会等相应职能部门。职能定位为战略管理型总部，发挥集团资源优势，获取战略性资源，为所属企业在发展方向、产业布局、资产调整等方面提供支持与指导。对资产、资金、人才等核心资源进行统一管理与优化配置，提高资源使用效率，依法建立合规的法人治理体系与风险防范系统，建立责权明确的考核体系，注重安全、维护社会稳定。

【业务板块及承担“四大工程”建设任务情况】

按照区委、区政府产业发展思路，结合各重组企业业务特点，提出并进行公用事业与基础设施、房地产开发、文化旅游及投资运营四大板块的整合工作。

2015年和2016年，国资公司分别在区委、区政府“四大工程”建设项目中承担21项和33项重点任务，先后参与文化旅游区、彩虹之门、核心区2号地、漷县镇中心区、八里桥棚户区改造、南大街棚户区改造等项目，文化旅游区安置房、区养老院、青少年宫组团、医疗卫生系统工程、档案馆等代建项目，帅府小区二期、运河国际商务中心、铝材厂地块开发等房地产开发项目，以及环球主题公园及度假区、核心区有轨电车等文化旅游项目。同时，在投资运营上，组织与北京建工、北京建筑技术发展有限公司、北控置业、文旅区管委会等单位就文旅区市政基础设施、海绵城市及智慧城市研究、建筑垃圾资源化处置、园区封闭管理等项目进行投资合作。并继续为区重点项目开展融资担保工作。

【对外合作项目】 国资公司利用地区资源优势，与大型国企、知名民企广泛开展合作，借助他们在经营、资产、品牌和人才等方面的优势，提高企业的竞争能力和盈利能力，增强融资平台的资本实力，带动区域经济和企业的发展。截至年底，已经成立或正在筹备成立合作企业10余家。

（赵书昊）

安全生产监督管理

【概　况】 2016年，通州区安全生产监管工作定位为北京城市副中心安全生产服务的高度，高标准、严要求贯彻落实国家、市、区各项决策部署，同心同德促发展、凝心聚智谋创新，完成危险化学品经营（有储存）企业退出“一号工程”、文化旅游区乙烯等长输管线拆除、城乡结合部综合整治及违法违规生产经营行为清理整治等时间紧、任务重、难度大的安全监管重点工作，以坚强有力的执法检查、扎实有效的宣传教育和敢为人先的创新精神，有效保障通州区全年安全生产形势持续稳定，先后荣获全国安全生产月活动先进单位、首都劳动奖状、北京市安全生产监管体制机制综合改革创新奖和乡镇（街道、园区）安全生产检查队规范化建设创新实践创新奖等荣誉。

（李鹏飞）

【完成危化企业退出“一号工程”】 1月—10月，通州区60家危险化学品经营（有储存）企业全部完成退出工作。该项工作先后投入人力260人次，车辆120台次，组织召开各种退出工作会议20余场，与企业负责人开展一对一谈话32次。

（辛晋峰）

【启动专职安全员招聘工作】 1月，通州区面向社会招录197名专职安全员。通过报名、考试、体检、政审、公示、岗前培训等环节，新招录的190余名专职安全员于7月1日正式上岗。

（李　璇）

【开展春节期间督查检查】 2月2日，通州区委书记杨斌、区长岳鹏分别带队，区委、区政府领导班子成员以及安监局、商务委、旅游委等有关部门领导陪同，对烟花爆竹零售网点、宾馆酒店、商市场、加油站等场所进行春节前安全生产督查检查。2月2日夜间至2月3日凌晨，区安全监管局出动6个巡查督导组，会同各乡镇街道对全区55个烟花爆竹零售网点进行全覆盖检查，查处安全问题15处。春节期间，区安全监管局出动检查人员3494人次，检查各类生产经营单位3098家次，查处安全隐患573处，下达文书495份。节日期间全区未发生生产安全事故，实现了通州区春节期间安全生产形势的平稳有序。

（杨镜坡）

对人员密集场所进行隐患排查　　（安监局提供）

【举办猜灯谜学安法活动】 2月22日，区安全监管局联合于家务乡政府在于家务乡东垡村举办“十进万家”启动暨猜灯谜学安法文艺汇演活动。本次活动以弘扬安全文化为主旨，采取歌舞、戏曲、灯谜竞猜、安全标识认知等形式进行。通过举办此次宣传教育活动，使社区群众更好地理解了安全生产所包含的内容和意义，提高了人民群众的安全意识和安全防护技能。

（杨　非）

2月22日，区安全监管局联合于家务乡政府在于家务乡东垡村举办“十进万家”启动暨猜灯谜学安法文艺汇演活动　　（安监局提供）

【区安全生产协会成立专家组】 3月10日，区安全生产协会召开安全生产专家组第一次工作会，有42名安全生产领域专家成为通州区安全生产专家组成员。专家组主要职责是协助政府部门进行执法检查、专项评定，为政府执法部门提供技术支撑；参加协会秘书处及工作站组织的便民宣传、为会员单位做技术服务；对社会企业的技术需求给予指导等。

（辛晋峰）

3月10日，区安全生产协会召开安全生产专家组第一次工作会，有42名安全生产领域专家成为通州区安全生产专家组成员　　（安监局提供）

【完成隐患排查治理清单编制】 3月—8月，通州区完成隐患排查治理“一企业一标准、一岗位一清单”编制工作。从不同行业领域挑选300家企业，开展“一企业一标准，一岗位一清单”编制试点工作。经过与中介服务机构多轮对接，通州区建立7家中介服务机构、120名专家与各乡镇街道的50名专职安全员之间具体对应关系，形成了周总结、月调度的工作机制，实现通州区300家试点企业全部超前完成清单编制任务目标。

【开展“双百”活动】 3月—9月，区安全监管局开展百名安监干部与企业主要负责人对话谈心活动和百名安全生产专家服务万家企业活动。区安全监管局领导干部分8个组，分赴通州区重点行业领域的600家企业与企业负责人开展对话谈心活动。同时，由区安全监管局组织安全生产专家对全区部分小微企业进行安全生产帮扶服务。通过对话谈心活动和专家帮扶服务活动，引导生产经营单位主要负责人牢固树立“红线”意识，遵守安全生产法律法规，提高企业推进标准化建设的内生动力和主动改善企业安全生产条件的自觉性。

（杨镜坡）

【开展主题读书交流活动】 4月20日—5月4日，以世界读书日和“五四”青年节为契机，区安全监管局开展以“读书励志，岗位成才”为主题的读书活动。活动面向局机关和各乡镇街道（园区）专职安全员，推荐书目为《致加西亚的信》和《第五项修炼》两本书。通过自学、分组讨论、媒体宣传报道、专题辅导讲座、演讲竞赛、读后感评选等形式交流学习成果，提升了广大安监工作者的综合素质和履职能力。

（张建伟）

5月4日，区安监局在永顺镇与专职安全员开展读书交流活动（安监局提供）

【开展用电安全专项执法检查】 4月下旬至5月上旬，区安全监管局组织各乡镇街道安全科分别采取普查、抽查和联合执法等方式，开展重点行业领域用电专项执法检查。出动检查人员1586人次，检查各类生产经营单位570家，其中，综合楼宇25家、工业企业299家、建筑施工19家、商（市）场135家、宾馆饭店90家、其他生产经营单位2家，查处电气安全隐患920项，下发执法文书380份，约谈主要负责人55次，立案处罚3起。

（张　伟）

【举办安全生产月活动】 6月，以全国第15个安全生产月为契机，区安委会办公室以“筑牢安全基础，坚守安全红线，建设安全通州”为主题，分用电安全警示教育周、事故隐患集中排查治理周、法制宣传周、特色活动展示周，开展一系列宣传教育活动。6月16日，在宋庄镇小堡村翰墨大地艺术中心举办主题为“筑牢安全基础，坚守安全红线，建设安全通州”的大型安全生产咨询日活动，活动采取知识竞赛、主题演讲、技能竞赛、现场咨询等形式，重点宣传《中华人民共和国安全生产法》及相关法律法规、安全科普知识、应急救援知识、职业健康知识等，强化企业职工的安全生产“红线”意识和科学发展、安全发展理念。据统计，全区45家安委会成员单位、乡镇街道、企业近3000人参与安全生产宣传咨询活动。活动悬挂横幅1920条，摆放展板1408块，发放各类宣传资料365种15万份，受教育人数80万人次。

（杨　非）

【开展有限空间“大比武”竞赛活动】 6月—9月，区安委会办公室牵头组织，协调区应急办、区发改委和区水务局等行业主管部门，严格按照组织、报名、培训、考核、参赛等阶段，通过理论考试与实际操作考试，高质量完成“大比武”活动。

（杨钦然）

【开展城乡结合部专项整治】 6月—12月，分动员部署、集中整治、检查验收和成效巩固几个阶段，在全区开展城乡结合部重点地区安全生产专项整治暨清理整治违法违规生产经营行为专项行动。出动检查人员5500余人次，开展各类联合检查、专项检查400余次，查处各类隐患7000余处。整治合格企业928家，关闭取缔、停产停业251家，立案76起，隐患整改率100% ，实现了年度工作目标。

（汪泓溢）

【完成文旅区长输管线拆除工作】 7月，完成文化旅游区乙烯等长输地下管线拆除工作。通过约谈地下危险化学品管线权属企业负责人，制订管线拆除相关安全保障工作措施和具体拆除方案，组织行业专家和执法人员进行安全评价等过程，聘请具备危险化学品管线拆除资质的企业对总长约4.5公里的3条地下管线进行明挖拆除，并于7月19日全部安全稳妥地完成了拆除工作，确保环球影视城项目的顺利进行。

（辛晋峰）

7月，对文化旅游区乙烯管线进行封堵

（安监局提供）

【完成“安责险”试点工作任务】 7月—12月，实现全区“安责险”年度新增投保企业1900余家，完成市安委办下达的1500家新增任务指标，超额完成26.7%。通州区安责险制度试点工作取得新成效。

（贾　铮）

【开展木器加工行业专项检查】 8月，区安全监管局在全区组织开展木器加工行业安全生产专项检查行动。检查范围涵盖全区所有家具制造、木制品加工、人造板制造等木材加工企业。检查内容包括落实国家安监总局《严防企业粉尘爆炸五条规定》情况、作业场所职业病危害因素评价情况、职业健康体检情况、用电情况、存储易燃易爆物品场所情况、个人防护用品情况、危害警示标识、机械设备防护措施等。

（汪泓滋）

【举办“安康杯”知识竞赛活动】 8月—10月，区安全监管局与区总工会联合举办“安康杯”知识竞赛活动。活动以“普及公共安全健康知识，提高职工自救互救能力”为主题，采取笔试初赛、现场决赛等形式，内容涵盖安全生产、职业健康、职业病防治、消防安全等方面的安全生产知识。此项活动全面彰显了全区广大职工和人民群众的安全生产意识，形成了浓厚的安全生产文化。活动累计参与2万余人次。

（杨　非）

10月26日，安康杯知识竞赛决赛现场
（安监局提供）

【开展标准化技能“大比武”活动】 10月，区安委会办公室在西集镇北京首建钢结构有限责任公司组织开展了安全生产标准化技能“大比武”暨现场检查比武竞赛活动。来自全区各乡镇街道的15支代表队，60名专职安全员同场竞技，比拼安全监管业务技能。比赛主要考核了机械、电气、劳动防护、职业卫生、特种设备安全标准和安全规范的掌握情况及隐患排查治理能力。

（张　伟）

【开展安全监管干部培训】 11月16日—25日，分两期（每期3天）对全区安全生产监管干部进行封闭培训。邀请各领域安全生产专家开展有针对性授课，内容包括安全生产相关法律法规、安全社区创建及标准、企业安全文化创建、安全生产突发事件的处置和舆情引导、安全检查知识要点、廉政警示教育和文明执法等。安委会成员单位主管领导及相关科室负责人、各乡镇街道主管安全生产主管领导、安全科长以及安全检查人员200余人参加培训。

（杨　非）

11月16日，安监干部培训班开班　（安监局提供）

【举办专职安全员专题培训】 12月14日—31日，区安全监管局分4期对全区680名安全生产专职安全员进行专题培训。培训内容包括安全生产法律法规体系建设、安全生产检查礼仪规范、乡镇街道安全监管检查要点、廉政警示教育、公文写作等。通过培训，全面提升了通州区专职安全员的专业知识水平和履职能力。

（李　璇）

12月14日，通州区专职安全员培训现场
（安监局提供）

【完成安普动态更新任务】 2016年，通州区完成11个乡镇、4个街道的安全生产条件普查数据动态更新任务。全区总计核查单位93288家，核查比例占底册总数的138.6%。其中，在经营单位35814家（法人单位16686家，个体工商户15183户，综合楼宇3888家，在建工程57家），核销单位57474家（法人单位15548家，个体工商户41907户，在建工程19家）。在安普数据抽查验收工作中，区级抽查实现了普查数据完整率100%、准确率97.8%；市级抽查达到99.4%的综合达标率，超线完成考核标准。

（盛　洁）

档 案 工 作

【概　况】 2016年，通州区档案局（馆）在区委、区政府的正确领导下，在北京市档案局（馆）的监督指导下，认真学习贯彻落实习近平总书记系列重要讲话精神，深入开展“两学一做”教育活动，围绕北京市城市副中心建设大局，有序推进各项工作，档案事业稳步发展。

【档案馆新馆建设】 截至年底，档案馆新馆的地块控规工作已经报批规划分局，“一会三函”的前期工作函已经办妥，按区发改委的要求新馆的建筑面积重新向市档案局上报并进行重新核定：建筑面积为4.51万平方米，预计投资3.6亿元，2017年9月开工建设，2019年12月竣工。

【档案数字化】 启动全区各立档单位档案数字化工作，截至2016年年底，成教中心等22个立档单位完成数字化工作并向档案馆移交了数据。9月，区财政局对区档案局2015年馆藏档案数字化项目进行绩效考评，得分90.44，考评结果为优秀（优秀率仅为3.4%），至此，2014年、2015年馆藏档案数字化项目的绩效考评结果均为优秀。

【宣传活动】 年内，同全区各立档单位多方式开展档案文化宣传活动，如悬挂横幅、利用单位滚动屏宣传、张贴档案法制挂图等，同时借助各种培训和业务指导工作契机，开展档案法制和工作规范宣传。2016年，区档案局荣获2011—2015年北京市档案系统法制宣传教育“六五”普法先进单位。

【社区档案试点工作基本完成】 3月，拟定出《社区档案管理办法》，档案局组成调研组，对全区5个城市社区进行调研。根据调研情况修改并制定适合本区情况的《社区档案管理办法》，并在2个社区进行试点。截至年底，试点工作基本完成。

【加强重点工程和项目档案监管】 4月，与市档案局二处到北京城市副中心建设现场指挥部调研，了解工程进展以及档案工作的开展情况。5月，到新奥集团潞城棚改现场指挥部对棚改一期A片区拆迁档案数量及管理情况、声像档案的收集情况摸底调研，为下一步工作的开展做好充分准备。

【业务培训】 5月16日—20日，举办为期5天的档案业务培训班，50余名档案人员参加；先后对区国税局等立档单位、土地确权颁证工作人员分别开展专题培训，培训人数200余人次；组织全区300余名专兼职档案人员开展网上学习，完成50余名新上岗档案人员网上学习教育的注册工作。

【开展新农村建设档案测评工作】 9月13日，由市档案局、市农委以及昌平、丰台、顺义三个区档案局工作人员组成的北京市新农村建设档案工作第三测评组对通州区2014—2015年度新农村建设档案工作进行测评，得分97.5（满分100）。

【机关档案测评及行政执法检查】 2016年，区史志办、区委党校2家单位档案管理工作通过验收晋升为市级优秀，区档案局对满三年通过测评验收的区人保局等28家单位进行复查并和1个随机抽查单位同步进行档案行政执法检查，依据《企业文件材料归档范围和档案保管期限规定》，对国资委系统下属的6家企业档案工作开展专项执法检查。

【指导检查平原造林档案】 自平原造林工程启动以来，区档案局与区造林办相互配合，多措并举，对通州区平原造林工程档案业务的监督、指导与检查，为项目档案规范化管理打下坚实基础。2016年底，通过自验、预检和验收三个阶段的工作，区平原造林2012年工程建设项目档案通过北京市重大建设项目档案专项验收。通州区成为北京市首家通过平原造林工程建设项目档案专项验收的区县。

【档案接收】 2016年，接收原城管监察大队等单位文书档案319卷、778件；接收政府信息公开文件纸质文本396件，并完成整理编目工作。

【爱国主义教育基地活动】 2016年，先后举办雷锋文献资料展、通州区名人展展览、“面塑传天下 艺术永留存”座谈会等活动，基地全年接待团体参观共21批次，千余人次。

【采集全区重大活动档案资料】 年内，累计拍摄全区重大活动30次，记录照片2070张。两广路东延通州段、副中心建设水系改造、果园环岛改造前照片150张。

【做好档案开放鉴定工作】 2016年，区档案局对形成满30年的馆藏档案进行档案开放鉴定工作，全年完成2102卷25440件档案的开放鉴定初审工作。

【科研课题通过验收】 2016年，经过市局审核及专家评审，《艺术家档案建立与管理》科研课题获得北京市档案科技优秀成果二等奖并报送国家档案局档案科技优秀成果评选。

【编研成果】 年内，编辑完成《档案利用效果实例汇编》：从2013—2015年的利用实例中选取具有典型性和代表性的实例汇编成册；《档案馆指南》正式成书，内容涉及档案132个全宗、17万卷（件）、资料7000余册和馆内7个名人文库；出版《艺术家档案汇编 第1卷》，收录馆藏60位艺术家的个人档案及其艺术作品，展示艺术家档案成果；《通州区档案事业“十三五”规划》编制完成，并列入《北京市通州区“十三五”规划纲要》。

【档案征集】 2016年，为著名大写意花鸟画家齐辛民、雪域山水画家陆天宁等23位艺术家建立个人档案，征集艺术家个人档案176件，代表性艺术作品67件；与区住建委联系，征集清代、民国地契320张，时间跨度从雍正元年（公元1723年）至1988年，将馆藏档案的年代由乾隆五十六年（公元1791年）提前69年。年内，区档案馆征集区内各类档案资料576件，电子文件13.7G。

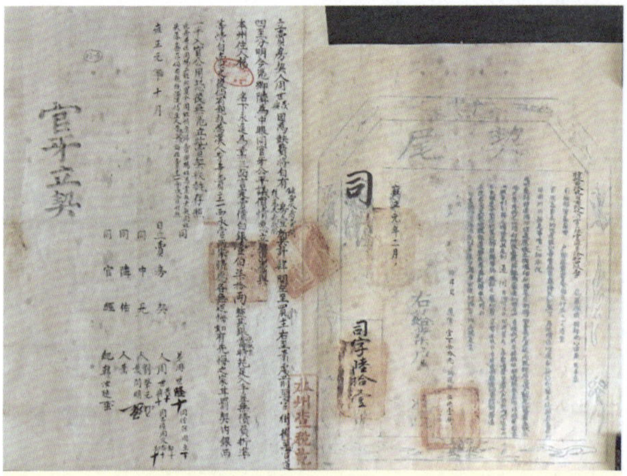

区档案局征集的雍正年间地契　（档案局提供）

【“档案馆日”活动】 年内，开展第八届“档案馆日”活动，举办以“弘扬档案法制，促进社会和谐”为主题的档案法制宣传活动、“捏小面人，看大世界”面塑教学活动、现场为群众提供农村宅基地档案咨询服务等活动。接待参观者200余人，发放档案法律法规宣传册、档案文化书籍等各种资料2000余份，接待各种档案咨询人员30余人。

【档案利用服务】 2016年，接待利用者18373人次，同比增长82.4%，利用档案资料19375卷，同比增长66.8%。为简化服务流程，提高服务效率，与区民政局婚姻登记处协调，提供各乡镇准确详实的婚姻登记档案年度和范围，对不在馆藏档案范围的婚姻登记情况，直接由婚姻登记处负责证明和补办工作，方便了群众。

（陈艳霞）

史志工作

【概　况】 2016年，通州区史志工作把存史、资政、教化作为根本任务，不断创新工作思路和工作方法，完成了各项工作任务。年内，《北京通州年鉴2016》出版，《中共北京市通州区历史》编写工作继续推进，《北京市通州区志》的征求意见和初审修改情况评估工作完成；制订党史工作五年规划草案，征集党史资料数百万字，编辑《纪念建党95周年党史知识问答》在《通州时讯》报纸和大运通州网上刊登，完成北京市农业文化遗产资源普查部分项目的资料收集工作，分别为北京年鉴编辑部和北京农村年鉴编辑部提供通州区基本情况和通州区农村基本情况资料稿。2016年，在第二届北京市年鉴综合质量评比活动中，《北京通州年鉴2015》获得区县综合年鉴二等奖。

【推进《中共北京市通州区历史》编写工作】 2015年年底，启动《中共北京市通州区历史》编写工作，制订编写方案，成立编委会和编辑部，落实编写人员，并按历史时期将编写任务分解到人。草拟大纲，组织编辑多次研讨，反复修订，四易其稿，最终于2016年9月通过市委党史研究室的审核，形成定稿。各位编辑根据分工继续搜集资料，全面展开编写工作。截至年底，第一稿编撰任务完成近半。

【完成《北京市通州区志》征求意见和初审修改情况评估工作】 2016年，《北京市通州区志（征求意见稿）》完成，开始征求意见工作，涉及93个单位，其中，55个单位不同程度提出修改意见。编辑人员分工修改，并把修改情况及时反馈有关单位。修改工作历时3个多月，至10月中旬全面完成，涉及修改意见300余条，涉及文字10万余字。年内，北京市地方志办公室派专家组，对通州区落实初审修改意见情况进行评估，认为《北京市通州区志》具备复审的基本条件，并提出调整建议。经过多次编目调整和审查，将原来《北京市通州区志》26编中的10编进行调整，总编数调整为25编。同时，对部分内容进行压缩或补充。调整后的《北京市通州区志》，近100万字，300余幅照片。

【指导基层修志工作】 2016年，对西集镇完成的《西集镇志（征求意见稿）》进行全面审读，并提出具体修改意见，包括志书体例问题、记述方法问题、篇章归类问题、资料问题、观点问题、语言问题等12个方面、近百条。及时向西集镇反馈审读意见，后续对该志编修多次进行具体指导，提供有关资料。

【《北京通州年鉴2016》出版】 12月25日，《北京通州年鉴2016》正式出版，这是通州区自1999年连续出版的第18部年鉴。本卷年鉴翔实记载了2015年全区政治、经济、文化、社会等各方面的重大事件和新的情况，并用专文的形式记述了市委书记郭金龙调研北京城市副中心建设的情况。全书97万余字，大16开，图文混排，全彩印制，版面更加活泼，可读性增强。

（肖姗姗）

中国人民政治协商会议北京市通州区委员会

【概　况】　2016年，在中共通州区委的领导下，区政协常委会认真贯彻中共十八大和十八届三中、四中、五中、六中全会精神和习近平总书记系列重要讲话精神，全面贯彻中共中央关于加强人民政协工作的部署和要求，高举爱国主义、社会主义旗帜，坚持团结和民主两大主题，坚持服务大局、服务社会、服务委员，广泛团结参加人民政协的各党派团体和各族各界人士，发挥政协优势推进协商民主，强化能力建设提高履职实效，为推进北京城市副中心建设和全区经济社会发展做出了新的贡献。常务委员会主要做了以下几个方面的工作：一是聚焦城市副中心建设，履职水平进一步提升。二是把握政协特点，统一战线组织作用得到有效发挥。三是着力改革创新，经常性工作取得新进展。四是注重加强自身建设，政协工作不断开创新局面。年内，组织全体会议1次，常委会议6次，主席会议11次。截至12月31日，通州区政协第五届委员会有委员251人，常务委员会组成人员47人。

【第四十三次主席（扩大）会议】　3月17日召开。讨论研究《2016年区政协常委会工作要点》《2016年区政协常委会议题计划》《2016年区政协专题协商议题计划》《2016年区政协工作任务分解》。审议通过《2016年区政协主席会议议题计划》。听取2015年委员履职情况汇报。

【第三十五次常委（扩大）会议】　3月18日召开。研究通过《2016年区政协常委会工作要点》《2016年区政协常委会议题计划》《2016年区政协专题协商议题计划》。听取2015年区政协委员履职情况通报。

【第四十四次主席（扩大）会议】　4月7日召开。视察六环西辅路绿化工程、东郊森林公园树木园建设工程进展情况，听取区园林绿化局局长禹学河介绍《城市副中心（通州区）园林绿化三年行动方案》及2016年园林绿化终点项目建设情况。

【第四十五次主席（扩大）会议】　6月24日召开。听取政协通州区五届五次会议提案分析情况汇报，讨论确定2016年驻会主席督办提案、重要委员提案和备选优秀提案。讨论关于学习贯彻落实通州区第四次政协工作会议精神的意见。

【第三十六次常委（扩大）会议】　6月30日召开。听取区纪委、监察局关于通州区开展党风廉政建设和反腐败工作情况的通报，讨论关于学习贯彻落实通州区第四次政协工作会议精神的意见，并对区政协机关“两学一做”学习教育开展情况及区政协近期工作安排进行通报。

【第四十六次主席（扩大）会议】　7月20日召开。视察碧水污水处理厂升级改造工程、南水北调通州水厂工程和凉水河清淤整治工程进展情况，听取区水务局局长房亚军介绍通州水环境建设情况。

【第四十七次主席（扩大）会议】　7月29日召开。学习区委书记杨斌在区级换届严肃纪律专题谈心谈话会议上的讲话、区长岳鹏在上半年经济形势分析会暨区政府第七次全体（扩大）会议上的讲话。

【第四十八次主席（扩大）会议】　8月4日召开。听取区法院、区检察院上半年工作情况汇报。研究通过增补王岗、韩朴、高巍、杜宏谋、王梓夫、曹一楠、陈喜波、刘宗永8位区政协文史和学习委员会特邀委员名单；研究通过区政协文史和学习委员会专家评审委员会名单。

【第三十七次常委（扩大）会议】　8月5日召开。视察玉桥街道“等灯等灯”文明交通活动、高楼金市场、土桥中街及沿途道路等创城工作开展情况，听取通州区创建全国文明城区工作情况通报。

【第四十九次主席（扩大）会议】 10月21日召开。审议通过《关于评选表彰先进承办单位的暂行办法的建议》《关于在北京城市副中心规划建设中传承弘扬运河文化体现中华文化基因的建议案》《关于打造北京城市副中心文化高地的建议案》《关于科学有序开发利用地热资源，打造绿色生态城市副中心的建议案》《关于推进北京城市副中心智慧城市建设的建议案》《关于高标准规划建设北京城市副中心的建议案》。

【第五十次主席会议】 10月31日召开。研究决定相关人事任免。区委决定刘宝明任区政协党组成员，免去纪万成区政协党组成员职务。刘宝明任区政协副秘书长、办公室主任，皮联仿任区政协研究室主任，程行利任区政协专委会工作二室主任，李雅静任区政协专委会工作五室主任，杨广文任区政协专委会四室主任，刘飚任区政协专委会工作六室副主任，卢雪静任区政协专委会工作二室副主任，李瑞红任区政协办公室副主任，毛瑞霞任区政协专委会工作四室副主任，免去纪万成区政协副秘书长、办公室主任职务，免去杨广文区政协研究室主任职务，免去赵振华区政协专委会工作二室主任职务，免去吕咸生区政协专委会五室主任职务，免去刘飚区政协专委会工作三室副主任职务，免去卢雪静区政协研究室副主任职务。

【第三十八次常委（扩大）会议】 10月31日召开。区文化委、区发改委、区社会办、区政府园区管委会相关负责人分别通报《关于在北京行政副中心建设中大力传承和发展"通州味"的建议案》《关于推进通州区新型城镇化建设建议案》《关于通州区产业园区转型升级的建议案》《关于加强通州区社会组织建设管理的建议案》的办理情况。

【第五十一次主席会议】 11月8日召开。审议通过关于表彰2016年度优秀提案、先进信息单位和优秀信息员、优秀文史撰稿人的决定（草案），听取关于召开五届区政协总结大会有关事宜的汇报，听取有关《委员履职管理手册》编制情况的汇报。

【第五十二次主席会议】 11月18日召开。审议通过关于召开区政协六届一次会议的决定、会议议程、会议日程、主席团成员建议名单、主席团常务主席建议名单、大会秘书长建议名单、大会副秘书长建议名单、秘书处下设机构及负责人名单等区政协六届一次会议的有关事宜，审议通过第六届区政协委员建议名单。

【第三十九次常委（扩大）会议】 11月18日召开。审议通过主席团成员建议名单（草案）、主席团常务主席建议名单（草案）、大会秘书长建议名单（草案）、大会副秘书长建议名单（草案）、秘书处下设机构及负责人名单（草案），第六届区政协委员建议名单，关于召开区政协六届一次会议的决定（草案）、会议议程（草案）、会议日程（草案），听取区委、区政府2016年提案办理工作情况的通报和区政协提案委员会2016年提案工作的汇报。

【第五十三次主席会议】 11月29日召开。审议通过区政协六届一次会议各次大会主持人建议名单（草案）、提案审查委员会委员建议名单（草案）、决议起草委员会委员建议名单（草案）、委员分组办法及各组召集人，各界别活动组组长、副组长建议名单（草案），审议通过区政协六届一次会议选举办法（草案），总监票人、监票人建议名单（草案），讨论五届区政协常委会工作报告、关于提案工作情况的报告。

【社情民意恳谈会】 12月12日召开。各民主党派、人民团体负责人和各界委员代表着眼大局、心系群众，围绕城市副中心规划建设管理、产业转型升级、保障改善民生等问题向区委、区政府领导坦诚建言，积极献策，区委、区政府领导给予高度评价。广大委员反映社情民意的意识不断增强，信息的数量和质量有了很大提高。推动了热点难点问题的有效解决，政协社情民意信息"直通车"作用得到进一步体现。

【第四十次常委（扩大）会议】 12月13日召开。审议通过区政协六届一次会议各项事宜：各次全体会议主持人建议名单、提案审查委员会委员建议名单、决议起草委员会委员建议名单、委员分组办法及各组召集人，各界别活动组组长、副组长建议名单、选举办法（草案）、总监票人、监票人建议名单（草案）；讨论五届区政协常委会工作报告、提案工作情况的报告；审议通过关于授权主席会议审议决定常委会议未尽事宜的决定（草案）。

【六届一次会议】 12月21日至24日在北京阳光国际会议中心召开。出席会议委员应到251名，实到241名。听取并审议主席赵玉影作的常委会工作报告和常务副主席张振泉作的关于提案工作情况的报告；听取并讨论区政府工作报告，讨论通州区2016年国民经济社会发展计划执行情况和2017年国民经济社会发展计划草案的报告、2016年财政预算执行情况和2017年财政预算草案的报告，区法院和检察院的工作报告。通过了大会政治决议、关于政协常委会工作报告的决议和关于提案工作报告的决议。会议听取了大会主席团常务主席、提案审查委员会主任季志会关于提案征集情况的报告。选举赵玉影为政协北京市通州区第六届委员会主席，季志会、贾君刚、石宝玉、王子江、田春华、吴涛为副主席，杜德耕为秘书长，常务委员39人。市政协副主席王永庆，市政协人事联络室主任杨静慧，区委书记杨斌，区委副书记、代区长张力兵，区人大常委会主任李玉君，区委副书记、组织部部长付晓辉等区委、区人大、区政府班子成员，政协原主席王玉辉及现任副区级以上干部，区人民法院代理院长、区人民检察院代理检察长出席大会。区委、区政府各部、委、办、局、公司、中心，各人民团体，各镇(乡)、街道及有关单位的党政正职，部分双管单位、中市属单位和企业代表，驻通州市政协委员，区政协文史特邀委员列席了大会。区委书记杨斌在大会开幕会、闭幕会均作了讲话。

【提案委员会（一室）】 2016年，收到提案190件，经审查立案186件，未立案4件，立案率97.8%。立案的提案中，党派提案17件，界别提案6件，委员地区活动组提案1件，委员提案162件。186件立案提案全部办复完毕。党派团体界别提案办理满意率100%，委员提案办理满意率100%，提案建议采纳率80%。组织驻会主席督办提案工作，促进10件提案落实。选取15件提案与承办单位进行扩面协商，委员参与率超过80%。与区政府有关部门开展“传承‘通州味’编写地方教材”专题协商。刊发《重要提案摘报》20期，精选主要内容呈送区委、区政府领导决策参考。形成《政协通州区五届五次会议提案分析报告》，从中归纳出提案的主要特点和存在的共性问题，提出改进意见和建议。评选表彰优秀党派团体、界别提案15件，优秀委员提案32件。制定《关于评选表彰提案办理先进单位的暂行办法》，评选出五届政协提案办理先进单位27家。

【文史和学习委员会（二室）】 年内，发动全体委员和社会各界人士撰写文史资料，聘请44位文史特邀委员，成立由5位文史专家组成的评审委员会，积极做好文史资料征集抢救工作。大力推进文史资料数字化和数据库建设，拓展文史资料保存、查询、利用的新途径。面向社会，在广泛征集建国以来通州区有关文史资料的基础上，重点征集新华街道、西集镇等地区的“三亲”史料。全年收集整理各类文史资料247篇、81.5万字，图片资料600余张。编辑出版《文化通州》系列丛书之九《检粹新华》专辑，较好地发挥了文史资料存史、资政、团结、育人的作用。

【教育文化卫生委员会（四室）】 年内，探索新的有效的政治协商形式，通过政协网站、邮箱、电子报等形式向委员通报教育、文化、卫生、体育等相关部门工作情况和年度重要工作部署，广泛征集委员的意见、建议。参与完成高标准建设城市副中心专题调研，为高标准规划建设北京市城市副中心建言献策。开展食品药品安全民主监督组活动，多角度参与食药安全民主监督，召开食品生产领域具体约谈会，旁听对16家违法违规企业的通报和集体约谈，监督16家企业签订食品质量安全责任书。举办学前教育专题协商会，就学前教育工作进行协商，建言献策。组织书法艺术家委员开展“文化进基层·新春送祝福”活动，为村民写春联、送祝福，受到村民们的热烈欢迎。举办医疗下乡送健康大型义诊宣传和用药安全知识讲座活动，受到当地群众百姓的一致好评，产生良好的社会反响。

【城建环保委员会（五室）】 年内，听取相关部门工作情况通报活动，为委员寄发区住建委、市政管委、规划委等10多个政府职能部门关于2015年工作完成情况和2016年工作计划，征求委员对这些单位的意见、建议。召开提案分析会，对39件城市建设管理与环境保护方面的委员提案和22件党派提案进行分析研究，分析提案特点，找出存在的问题，对今后提高提案质量提出建议。召开交通堵点疏解座谈会，区交通局通报通州区治理交通拥堵工作情况，委员们对加强治理交通拥堵工作提出意见建议。协助办公室组织召开政协第44次主席会和第46次主席会，积极做好会议筹备、对接等相关事宜。组织机关干部、部分政协委员和智慧城市调研组的全体成员到润泽国际信息港进行视察。组织科技界委员视察通州区机动车停车管理情况，先后视察通州北苑P+R停车场、区交通局停车场、区妇幼保健院停车场，并进行座谈交流。召开城市副中心交通战略规划和交通设施布局规划专题协商会，与交通局进行专题协商。积极开展专题调研，报送《关于推进北京城市副中心智慧城市建设的建议案》。

【社会法制与民族宗教委员会（六室）】 2016年，通州区社会法制与民族宗教专委会围绕区政协常委会、主席会议的工作部署，围绕大局，抓住关键，突出重点，切实履行职能。春节前组织民族宗教界委员视察清真食品安全；组织法制民主监督组部分委员参与“七五”普法活动，助推通州法治建设；协调区检察院、九三学社共促“观护基地”建立；开展专题调查研究，为通州区智慧城市建设建言献策；参与主席督办提案活动，参与主席赵玉影就“三庙一塔”相关提案的督办活动，视察、座谈“三庙一塔”有关问题，由文化委牵头就有关问题按照近期、中期、长期置顶解决方案，文化委表示抓紧落实。在副主席季志会的带领下，与区委、区人大、区政府等相关部门的领导进行对接，争取各级领导对政协工作的支持；走访所联系的界别组、地区活动组负责人及政协委员、企业、宗教场所，了解委员的工作、生活情况及企业现状等；同时深入基层与法院、检察院、司法局、民政局、工商局、食药局、社工委等单位进行面对面的沟通交流，既增进了双方互信了解与合作，又争取了各部门对工作的支持。做好提案分析工作。召开专题提案分析工作会议，组织有关委员针对涉及民族宗教及其他方面的16件提案及22件党派提案进行深入分析，完成了提案分析报告。

【专题调研】 年内，围绕城市副中心建设和人民群众普遍关注的热点难点问题，持续调研、接力建言。开展高标准规划建设城市副中心、智慧城市建设、城乡环境治理等专题调研，形成《关于在北京城市副中心规划建设中传承弘扬运河文化体现中华文化基因的建议案》《关于打造北京城市副中心文化高地的建议案》《关于科学有序开发利用地热资源，打造绿色生态城市副中心的建议案》《关于推进北京城市副中心智慧城市建设的建议案》《关于高标准规划建设北京城市副中心的建议案》5份建议案。

（张俊国）

社 会 团 体

第一届"京津冀"职业学校创新创业大赛开幕仪式　　（科协提供）

通州区总工会

【概　况】　通州区总工会所属乡镇、街道总工会、委局、公司、行业、开发区及直属基层工会66个，基层工会1899个，职工人数116948人，会员人数113326人。2016年，在区委和市总工会的正确领导下，在区政府、区人大、区政协的关心支持下，全区各级工会组织认真贯彻区委和市总工会的工作部署和要求，围绕中心，服务大局，认真贯彻中央、市、区委党的群团工作会议和区委五届八次会议精神，围绕“京津冀”协同发展战略、推进北京城市副中心建设这个中心，始终坚持工会组织的政治性、先进性、群众性，以奋发有为的精神状态和求真务实的工作作风，全面履行工会组织的各项社会职能，团结动员全区职工为北京城市副中心建设和创建全国文明城区工作做出了积极贡献。

【“两节”送温暖活动】　“两节”期间，市、区总工会筹集119.7799万元，为全区286名困难职工发放1000元慰问金，500元临时生活补助，1800元基本医疗补助，医疗专项救助87人138699元。区总工会主席、副主席分别带队到6户困难职工家中走访慰问，为他们每人送去2550元慰问金和慰问品，总计1.53万元，走访慰问一线职工550人，发放15万元慰问品。为职工发放免费逛庙会门票11318张。向全国劳模、市级劳模发放“三金”（春节慰问金、生活困难补助金、特殊困难帮扶金）113.2万元。

【召开四届四次委员（扩大）会议】　1月13日，区总工会召开四届四次委员（扩大）会议。会上，区总工会主席王振良代表通州区总工会第四届常委会作了题为《全面贯彻党的群团工作会议精神　团结动员广大职工在北京城市副中心建设中发挥主力军作用》的工作报告。区总工会常务副主席吕庆申、副主席徐淑兰，区工会四届委员会委员、经费审查委员会委员、女职工委员会委员，各乡镇、街道、委局公司、产业、事业及直属基层工会主席、副主席、专职工会干部、专职工会工作者和区总工会机关全体人员150余人参加会议。

【就医免挂号费服务项目】　3月4日，区总工会与潞河医院举行通州区工会系统在职工会会员持“京卡”就医免普通挂号费的签约仪式。通州区总工会通过与潞河医院多次沟通与协商，本着全心全意为广大职工服务的宗旨，在做好“五位一体”工作的同时，不断积极探索延伸服务。此项目签订后，将面向通州区工会系统已经办理工会会员互助服务卡（京卡）并参加北京市医保的在职工会会员，使用工会经费为其支付除医保报销挂号费以外的，由职工自付的2.5元普通挂号费用。通州区总工会此举，预计惠及通州区“京卡”会员职工约14万人，总投入达70余万元。潞河医院投入专门的人力、物力开设方便“京卡”会员的专用“绿色通道”，并免费向14万“京卡”会员发放与“京卡”配套使用的就诊卡。区总工会党组书记尚祖国、潞河医院院长纪智礼和书记纪福民参加签约仪式。5月13日，通州工会会员持“京卡”到潞河医院就医免挂号费项目正式启动实施。

【举办《北京市实施〈中华人民共和国工会法〉办法》培训班】　3月14日，通州区总工会为深入落实中央、市委党的群团工作会议精神和《北京市实施〈中华人民共和国工会法〉办法》，进一步加强工会法制化建设，提高全区各级工会干部立足本职做好工会工作的能力和素质，进一步统一依法办会的思想，举行第一期培训班开班仪式，此次培训进行两期、每期1周，基层的工会主席和机关干部参加培训班。

【为全区女职工筑起抵御疾病风险的防线】 在“三八”节来临之际，结合《通州区“五位一体”帮扶救助制度体系》的实施，建立多层次、广覆盖的会员帮扶救助体系。区总工会继续免费为全区在职女会员参保“在职女职工特殊疾病互助保障计划”。该险种专门针对女性多发的子宫颈癌、输卵管恶性肿瘤、卵巢癌等8种特殊疾病制定，一旦被确诊患上述疾病的，被保险人可得到1万元的保险赔付款。在全区各级工会共同努力下，截至年底，为5万余名女职工办理参保手续，投保金额达200余万元。

【职工健步走活动】 4月23日上午，通州区职工健步走活动在运河森林公园举办。本次活动由通州区总工会、通州区精神文明委员会办公室、通州区体育局联合举办，来自全区各行各业的3500多名职工代表参与活动。

【举行劳模名录揭幕暨首都劳动奖状、劳动奖章颁奖仪式】 4月28日下午，通州区劳模名录揭幕暨劳动奖状、劳动奖章颁奖仪式，在运河森林公园漕运码头举行。北京市总工会副主席潘建新，区委书记杨斌，区委副书记、区长岳鹏，区政协主席赵玉影，区委常委、组织部部长付晓辉，区人大常委会常务副主任罗明光及区各委办局领导出席仪式。全区历届劳模代表、职工代表600人参加活动。全国“五一“劳动奖章获得者赵明，代表新劳模做了发言。北京市总工会副主席潘建新与区委书记杨斌一起为劳模名录揭幕。

【“五月的鲜花”职工歌咏比赛】 5月26日，由通州区总工会主办、通州区教师研修中心协办的“五月的鲜花”职工歌咏比赛落幕并举行颁奖典礼。通州区“五月的鲜花”歌咏比赛，旨在弘扬职工文化，用通州的“好声音”，唱响“中国梦·劳动美”，展示北京城市副中心广大职工的综合素质和创新能力；活动立足职工，做属于职工们自己的节目，丰富职工生活，展现劳动者的风采。区委副书记、区政法委书记杨静慧出席颁奖典礼并与区总工会主席尚祖国一起，为获得一等奖的选手颁奖。

【通州区第一届职工足球赛】 6月3日，由通州区总工会主办，北京丰运佳体育文化传播有限公司承办的通州区第一届职工足球联赛举行开幕式。通州区副区长李亚兰出席了开幕式并宣布第一届职工足球联赛开幕。通州区总工会主席尚祖国和国安队前教练、著名足球名宿金志扬共同为联赛开球，来自基层的工会干部和各参赛会代表300余人参加开幕式。此次联赛有33个单位参加。10月12日，经过5个多月的比赛，来自台湖镇的北京新福润达公司代表队夺冠，马驹桥镇的华东电气公司代表队夺得第二名。

【开展工会助理员业务培训班与青年职工拓展训练】 6月12日至6月16日，通州区总工会为提高工会助理员工作能力和业务水平，提升工会服务站的服务质量，进一步增强团队凝聚力和协作力，按照市总职工素质建设工程相关要求，利用一周时间对工会助理员和全区从事工会工作的青年职工，进行3天的业务培训和2天的拓展训练。

【心理咨询师培训班开班】 6月24日，为深入贯彻落实市总工会“1+15”方案，健全服务体系，适应职工需求，拓展服务功能，培养一支具备职业资格、素质优良的工会心理咨询师队伍，切实加强对职工的心灵关爱，帮助职工疏导情绪，缓解压力，塑造积极健康阳光的心态，区总工会举办了三级心理咨询师培训班。本期培训班历时6个月，全国统一考试成绩合格者将获得“中华人民共和国心理咨询师三级职业资格证书”。

【为一线建筑工人“送清凉”活动】 7月14日上午，通州区总工会主席尚祖国、副主席朱京萍，潞城镇党委宣传部部长、总工会主席潘玉霞，带领区总工会帮扶中心和潞城镇工会服务站的工作人员，来到潞城镇A1项目部建筑工地，为在高温下奋战的北京建工集团和北京新奥集团的1000余名一线建筑工人们，送去藿香正气软胶囊、清凉包、矿泉水、洗发水和沐浴露等价值25万元的防暑降温物品并向大家表示亲切的慰问。7月22日上午，“送清凉”活动到梨园镇通州10片安置房项目工程工地，为一线建筑工人们送去藿香正气软胶囊、清凉包、矿泉水等防暑降温物品并向大家表示亲切的慰问。由潞河医院劳模组织的区职工志愿“白衣天使”小队为工地的400名一线工人进行义诊活动。

【工会经费税务代收宣传培训会】 8月22日,为进一步贯彻落实《北京市实施〈中华人民共和国工会法〉办法》和北京市总工会2016年工会经费税务代收工作的部署和要求，按照通州区总工会经费代收宣传培训活动的整体安排，首场通州区工会经费税务代收宣传培训会在台湖镇正式启动。辖区70家企业，120名企业的法人、工会主席、财务人员参加培训会。

【“金秋助学”救助金发放仪式举行】 8月23日下午，区总工会召开通州区职工帮扶专项资金暨2016年“金秋助学”救助金发放仪式。区工会与北京市温暖基金会正式签订捐赠协议书，并向“金秋助学”大学生代表赠送了助学金和“爱心成长”牛奶。蒙牛集团北京有限责任公司专职工会副主席郭利峰及各基层工会主席、工会干部100多人参加启动仪式。

【举办基层工会经审干部培训班】 10月26日，总工会经审办在区委党校举办了为期一天的通州区基层工会经审干部培训班，就《新形势下工会经费的规范化使用》和《工会经费审计的思路和方法》进行培训，来自45家城口直属基层工会的经审干部和代管本级工会财务人员100余人参会，培训后实名颁发“结业证书”。

【通州区“安康杯”职工安全卫生知识竞赛】 10月26日，区总工会和安监局共同主办的通州区“安康杯”职工公共安全卫生与消防应急知识竞赛决赛，在教师研修中心举行。本次知识竞赛历时两个半月，从2万多名职工中产生23支代表队，经过层层筛选，最后有6支代表队进入决赛阶段。比赛结束后，区总工会主席尚祖国、区安监局局长曹树常，市总工会经济技术部副部长岳喜桥，区文明办副主任禹晓峰，区总工会常务副主席吕庆申、副主席张慧敏共同为获奖选手和单位颁奖。

【劳模志愿服务队义务植树活动】 11月14日,区总工会与区园林局联合举办通州区劳模义务植树活动，全区在职、部分退休的劳动模范、工会干部、职工代表等，在通州东郊森林公园参加此次活动。此次活动由100名市级以上劳动模范和600余名企业职工共同参加，种植树木1000多株。

（屈丽军）

共青团北京市通州区委员会

【概　况】 2016年年底，全区有团员47710人，基层团组织中团委57个，基层团工委8个，团总支56个，团支部1644个，团区委直属团组织65个。针对增强副中心青年工作的向心力，提升青年对副中心的归属感，让副中心青年更有获得感三大任务目标，围绕中心，服务大局，打造“走心、入脑、有用”的共青团，团结带领广大通州青年，为建设北京城市副中心凝聚青春力量。

【党建带团建工作】 年内，坚持党建带团建，推动非公团建，新建园区团组织7家、非公团组织65家。深化区域化团建，完善区域联动，围绕思想引导、组织建设、就业创业、社会融入、困难帮扶等青年需求开展特色团建项目660个。坚持全团带队，加强少先队组织建设，支持学校开展少先队活动近百项。推进“共青云”网上团建体系，57个基层团委、8个基层团工委、56个团总支、1644个团支部建立网上团建。发挥社区青年汇平台服务作用，开展活动1200余次，联系服务青年2万余人。

【青春助力全国文明城区创建】 2016年，助力全国文明城区创建，统筹推动志愿服务法制化、制度化、常态化发展，深入推进“志愿+”体系建设，城市建成区注册志愿者人数达132784人，占建成区常住人口比例16.5%，活跃度76.8%，人均志愿服务活动时间35.6小时。整合志愿服务资源，形成志愿服务团体4200个、志愿服务项目6705个。主动服务重大活动，做好志愿服务保障，开展和参与“3·5”学雷锋志愿服务嘉年华、“三下乡”、七夕文化节、中国艺术品产业博览会、红绿灯文明引导、“12·5”志愿服务月等志愿服务活动，百姓对志愿服务的参与率和满意率得到明显提升。

【北京市通州区志愿服务联合会成立】 4月29日，通州区召开各界青年纪念五四运动97周年暨北京市通州区志愿服务联合会成立大会。团市委副书记王洪涛，市志愿服务联合会副秘书长陈光，区领导洪波、罗明光、李亚兰出席会议，大会由副区长李亚兰主持。市志联、区委办、区政府办等相关部门负责人、各单位分管共青团或志愿者工作的领导、团组织负责人、优秀志愿者代表以及通州区志愿服务联合会会员代表出席会议。会议审议通过《北京市通州区志愿服务联合会章程（草案）》和《北京市通州区志愿服务联合会第一次会员代表大会选举办法（草案）》，选举产生第一届理事会、监事会，总结回顾了通州区志愿服务工作成绩，发布“青春通州”信息平台和官方微信公众号并启动《通州区志愿服三年行动计划》。

【儿童节慰问活动】 5月31日，区领导杨斌、李玉君、赵玉影、杨静慧、崔松光、罗明光、李亚兰、张振泉等区领导在团区委、区教委、街道等相关人员的陪同下，分别到潞城镇中小学、七零九零幼儿园、芙蓉小学和区教工幼儿园进行慰问，向全区少年儿童和少儿教育工作者致以节日的问候。全区各中小学校少先队根据本学校特点，开展主题鲜明、形式多样的庆祝活动。

【开展“青年眼中：这里是副中心”活动】 6月21日、7月22日先后开展2期“青年眼中：这里是副中心”活动，团市委、市直机关百余单位的团干部及青年近300人来通州参观调研，全面了解行政办公、教育、医疗、生态、商业、文化等，感受通州人文、历史、文化、环境气息，体验并宣传副中心建设成果。

6月21日，团区委举办“青年眼中：这里是副中心”活动，图为团市委百余青年干部参观潞河中学
（团区委提供）

【共青团爱心公益项目】 年内，推动共青团送温暖活动常态化，共青团“两节”送温暖活动覆盖全区低保重残青少年，农民工子女，中华人民共和国成立前老党员、服刑人员未成年子女，“五需”青少年，社区矫正青少年等6类特需群体321人，送去慰问品和慰问金20余万元；开展爱心公益活动，希望之星“1+1”为63名家庭贫困青少年发放奖学金7.17万元；“温暖衣冬”和西部计划项目捐赠书籍500本、冬衣11841件；爱心市场活动为8所农民工子女学校捐赠学习用品1.6万元。助力生活困难家庭青少年精准帮扶，针对572名青少年量身定制帮扶计划，开展帮扶活动3716次。助推教育事业均衡发展，协调对接团中央中国青少年发展服务中心180余万元，在南部4乡镇建立“手拉手红领巾书屋”，中小学所有年级教辅读物全覆盖，惠及学生1万余人。

【青年人才培养工程】 年内，通过走访调研充分了解全区青年人才的组成及现状，出台《通州区关于加强青年人才队伍建设的意见》。完善青年人才平台建设，建立通州区青年人才库。深入开展青年人才培养工程，5月16日至20日，联合区委组织部、区人力社保局在区委党校举办了区30周岁以下优秀青年干部培训班；10月17日至21日在区委组织部、区人力社保局的支持指导下，与清华大学继续教育学院联合举办区35周岁以下优秀科级干部训练营。协调对接团市委，就高端人才与市级和国家资源对接，形成3大类6项人才工作项目。

【共青团网上思想引导工作】 2016年，适应“互联网+”发展趋势，推进“网上共青团”工程，加强网络新媒体阵地建设，“青春通州”微信公众号上线8个月推送信息73期，阅读量5万人次，新浪微博发布微博144条。推动“1+100”团干部直接联系青年，拓展团干部直接联系、服务、引导青年的渠道，280名专兼职团干部联系服务青年36092人，开展线上、线下互动交流480次。推动“青年之声”建设，回应青年关切，平台浏览量1738260人次，青年互动交流、提问17723次，获得青年点赞11863次。营造积极正面的网络舆论环境，组建超4000名青年的网络文明志愿者队伍，引导广大青年明辨是非、向上向善。推进网络舆情监测，网络舆情月报12期，加强对通州热点、青年关注网络舆论的收集和引导。

【预防青少年违法犯罪和未成年人保护工作】 年内，全区154名法制副校长深入学校授课658讲，参加法制主题宣传活动50余次，覆盖青少年近十万人次。成立合适成年人专业队伍，全年派出合适成年人参与涉罪未成年人刑事案件审讯93次，进行个案帮扶、开展成长小组活动56次，参与人员72人次，为推进全区涉罪未成年人“帮教一体化”工作奠定了良好基础。形成综合性观护基地与模块性观护基地双轨并行的运行机制，建立6家未成年人附条件不起诉观护基地，开展对涉罪未成年人的教育感化挽救工作。全年开展涵盖重点青少年活动42场次。

【青年创业就业】 年内，协调对接区工商局、人社局、地税局等举办9期创业政策讲堂，培训青年450人次。发掘创新创业人才，3个项目荣获第三届“创青春”中国青年创新创业大赛北京地区银奖、铜奖和优秀组织奖；3位青年获得北京市郊区青年致富带头人。开展共青团与人大代表、政协委员面对面活动，通过1200份问卷、39个访谈，形成加强城乡青年电商创业人才培养调研报告。

【青年交流合作】 年内，搭建团青资源分享和优势互补平台、深化交流合作，与内蒙古翁牛特旗共青团开展帮扶合作助力扶贫攻坚；与宁波市、鄞州区共青团开展交流合作。促进军地青年交流，开展西沙十佳天涯哨兵进通州活动，共植军地友谊林；“八一”与陆航装备仓库、电子对抗六团开展军地青年手拉手活动，共建军营青年图书室。

（何　晶）

通州区妇女联合会

【概　况】 2016年，是全面推进落实从严治党、巩固党的执政地位的标志年，是市区两级“十三五”妇女儿童发展规划的发布实施的第一年，也是通州区在换届选举后经济和社会全面发展的一年。通州区妇联在市妇联和区委、区政府的正确领导下，学习和贯彻妇联改革方案和中共十八届六中学会精神，充分运用“互联网+”思维实施工作模式转型，围绕“京津冀”一体化和北京城市副中心建设的战略布局，加大助力通州区创建全国文明城区的中心任务，自觉在思想上政治上行动上同党中央保持高度一致，确保各项工作始终沿着正确的方向前进，开创了新形势下妇女、儿童和家庭工作的新局面。

【保障妇女参与决策和管理】 年内，区妇联与相关部门就市、区“十三五”时期妇女发展规划对新一届女代表、女委员及村“两委”女性比例的指标要求进行沟通协商，保障妇女参与决策和管理的权利。经过多方努力，新一届“两代表一委员”均达到“十三五”妇女发展规划的指标要求。村委会选举中女性进村“两委”比例达到100%。完成村妇代会换届选举工作，妇代会主任进入村“两委”班子的比例为80.85%。为了增强新当选妇女干部的政治意识和大局意识，区妇联举办了基层妇联干部素质培训班，统一了干部的思想，增强了妇联组织的凝聚力。

【组织建设】 年内，各基层妇联组织将求真务实，切实转变工作作风与完成全年重点工作任务相结合，持续开展下基层、访妇情、办实事活动，建立区妇联干部基层“蹲点”工作制度，为所帮扶的乡镇（街道）、村、社区妇联组织申请项目支持，帮助妇女儿童解决实际困难和问题，完成调研报告30篇，为群众办实事累计150余件。47名区妇联执委发挥行业特点和资源优势，帮助基层妇女组织和个人解决实际问题32件次。为提升团队能力和素质，区妇联通过开展女子书院系列活动，面向妇联组织干部，系统性地开展国学、礼仪美学、心理学、长征故事会等文化教育培训10余期。突破传统妇联工作局限，推行建立新媒体妇联干部的理念，深入30余个社区，用三个月的时间巡回开展新媒体时期女干部素质提升系列课程，将微信企业号的使用，微信群的创建和使用，新媒体稿件的采编和传播等新媒体工作模式传递到基层。让妇联干部深刻认识当前面临的新形势、新机遇、新挑战，切实增强大局意识、责任意识和效能意识。

【促进妇女就业】 年内，区妇联联合区人力社保局、工会、残联等部门，开展“春风行动”专场招聘会3次，并在北京物资学院体育馆开展专场女性招聘会，面向物资学院、北京工业大学等高等院校，提供就业岗位500余个，有200余人达成就业意向。通过发挥女能人、女企业家的资源优势，带动失业下岗妇女就业。年内，为8家“妇字号”基地争取项目资金110万元，用于培训、购置原材料等项目支出。新培育北京金晖养殖场、北京睿扬通源商贸有限公司等市级妇女创业就业基地5家，直接带动妇女就业120余人。

【创建“五元联盟”】 年内，立足城市副中心建设工作大局和“联”字工作职能，进一步整合社会组织资源，充分发挥妇联作为枢纽型社会组织的作用，于2016年年初开始创建“五元联盟”。“五元联盟”就是妇联联合政府、企业、社会组织、学校、媒体等行业中的佼佼者，共同策划和开展公益项目。“五元联盟”不仅扩大了妇联的影响力，还在基础设施、资金、人力和脑力等方面，都给妇联提供了很大的帮助。自2016年3月起，有17家经过审核考察的企业、9家社会组织与妇联签约，全区39个委办局，90余所学校、幼儿园，8个主流媒体都与妇联建立了合作关系。线下发展联盟成员、定期召开座谈会，合作开发各类线下活动；线上通过网站、微信企业号、微信群完成联合策划、创新融合和宣传推广。“五元联盟”成员还在“我来约课”“家长学校”“通州女性电台”“创城”等多个领域深度参与合作。

【提升女性生产技能和生活质量】 年内，区妇联联合区人力社保局、区农委，以第四届职业技能大赛为契机，开展插花、陶艺等八大类手工艺技能大赛，并选拔8人参加市级决赛，取得一银一铜的好成绩。区妇联联合区农委开展插花技能大赛，225名选手参加比赛。利用区妇联官网“我要约课”版块，组织舞蹈、太极、“多肉植物”养殖、面包花粘土花艺、插花、布艺等各项技能课程20余次，受益妇女3000余人。婚姻家庭辅导室不仅在社区开展20余场“执子之手 与子偕老”婚姻宣讲活动，还迎接了全国妇联权益部部长高莎薇的调研和指导。与律师协会女律师联谊会继续开展合作，为17支亲情服务队进行普法宣传和法规培训30场。区妇联还延伸了工作“手臂”，共同在中仓街道悟仙观社区创建毕金仪心理辅导工作室。此外，2016年市妇联旗下的“益家筑梦”服务项目将芽苗菜养护、健康知识讲座、绿洲安全知识等90个培训项目送到基层群众身边。

【传播巾帼正能量】 年内，继续投入专项资金开展“两癌”妇女公益救助、精准扶贫等活动，向全区700户贫困单亲母亲、“两癌”妇女送去慰问品和慰问金合计110万元。连续第六年开展社会“爱心妈妈”关爱贫困家庭结对帮扶活动，开展“恒爱行动——亲情一线牵”活动，招募“爱心妈妈”用巧手为孤残儿童编织毛衣、毛裤。区妇联与安琪妇产医院、通州区慈善协会联手创建的旨在帮扶弱势妇女、儿童、家庭的“微爱基金”于2016年底正式启动。2016年通州区巾帼志愿服务总队将“相望·相助”巾帼主题志愿服务贯穿全年，制定下发《2016年志愿服务工作方案》，并在每个季度发布一次具体实施方案。截至年底，总队旗下有注册分队19个，服务时长2210小时，正式成员5426人，运作项目近200个。

【妇女儿童发展工作】 7月18日，国务院妇儿工委副主任、全国妇联党组书记宋秀岩率国务院两纲督导组深入通州教育、卫生、司法、人力社保、社区、村、企业及居民家中，实地考察《中国妇女/儿童发展纲要》中期落实情况，在反馈意见中，对通州工作给予高度评价。北京市妇儿工委在对全市“十二五”妇女儿童工作评估中，对通州的工作也给予了充分肯定。“十二五”时期，通州区妇女儿童38项规划重点指标中，达标35项，达标率92.1%，其中妇女规划指标达标率89.6%，儿童规划指标达标率100%。9月，区委常委会审议并通过《通州区“十三五”时期妇女发展规划》和《通州区“十三五”时期儿童发展规划》。两个规划的正式发布标志着通州区的妇女儿童发展事业翻开了新的篇章。

【启动通州区家庭建设工作实施方案】 通州区家庭建设工作计划自8月启动，在今后两至三年内，分三期进行。第一期（2016年8月—2017年3月），从家庭建设内涵入手，在全区社区（村）级以上干部家庭、机关事业单位工作人员家庭、从事妇联工作专兼职工作人员家庭中，开展包括家庭美德培育、家教科学养成、家风营造优化、家业兴建有方、家国情怀展现等方面的一系列深入、持久活动。2016年全区评选出1645户街镇级最美家庭，100户区级最美家庭，其中，有13户家庭获选市级首都最美家庭称号。

【搭建区妇联的新媒体矩阵】 3月上线的区妇联官方网站和微信企业号发挥着通州区妇联系统对外宣传和内部服务沟通的作用。网站在线实名注册会员1.6万人，企业号成员数达2000人。通州区“网上家长学校”和区妇联微信服务号进入测试阶段。

【推广自有品牌的新媒体产品】 年内，通州妇联原创的通州女性电台“与你同行”，发布40期，累计收听次数过万，并在原有7名值班主持的基础上，签约7名兼职主持人；拍摄视频40余部，累计点击量超过20万。充分展现建网、用网、占网的实力，满足更多妇女、儿童和家庭的需求。

（张燕栩）

通州区工商业联合会

【概　况】 2016年，在区委、区政府的正确领导和市工商联的精心指导下，在班子成员及全体机关干部的共同努力和广大会员企业的支持配合下，工商联完成区委、区政府赋予的各项任务，团结和带领机关干部，深入贯彻落实中共十八大和十八届三中、四中、五中、六中全会精神，围绕通州区中心工作，全面提升服务质量，认真履行工商联各项职能，充分发挥工商联组织的桥梁、纽带、助手作用，围绕中心，服务大局，为北京城市副中心建设做出了积极贡献。

【通州区民间商会光机电园区分会成立】 通州区民间商会光机电园区分会是通州区非公领域组建的第一家园区商会组织。3月21日，通州区民间商会光机电园区分会在光机电园区管理委员会召开筹备成立大会。通州区民间商会光机电园区分会会员企业40家参会。会上，全体会员审议表决了章程草案、明确民间商会光机电园区分会业务范围、告知会员企业权利和义务、表决通过光机电园区分会领导班子和理事会。区委统战部部长洪波、区工商联党组书记曹恒永为商会揭牌。

【举办“双创”主题沙龙活动】 4月25日，通州区工商联、通州区委党校联合召开“双创”主题沙龙活动。通州区青年创业者协会会员代表，2016年干部培训班师生等60余人参加。来自北京云锐集团、北京年年教育、北京东六元物流的青年企业家们及中青年干部分享了自身创业心得、企业经营管理理念以及在经济新常态下对“双创”工作的理解。

【促进非公经济健康发展】 2016年，区工商联围绕“两个健康”主题，搭建服务非公经济发展的平台，不断推动全区非公经济发展环境的进一步优化。建体系。工商联高度重视商会建设，2013年以来，组建商会组织24家，实现乡镇、街道商会组织全覆盖，初步形成通州区商会组织架构体系。打基础。形成《通州区加强和改进新形势下工商联工作意见》《通州区关于全面加强非公有制经济服务工作的意见》两个区级文件，为各部门进一步做好非公经济的服务工作夯实了基础。优服务。与相关委办局加强沟通，及时向会员企业提供产业政策、经贸、法律、金融、科技等信息咨询服务，为非公经济健康发展营造良好软环境。拓空间。围绕国家重大战略布局和市副中心的产业定位，重点加强与津、冀两地的工作对接，与周边8个市县签订友好工商联协议，为企业转移退出与外出发展创造条件。促成长。成立青年创业者协会，开展企业家理想信念教育活动及创业交流活动，帮助青年企业家快速成长，为副中心经济发展积极贡献力量。抓党建。结合非公经济党建工作，每年开展会员企业党支部书记交流活动。通过在商会中建立党组织，协助属地党委加强党建工作的覆盖，使统战工作向商会组织有效延伸。

【破解企业“用人难”问题】 2016年，区工商联发挥桥梁纽带助手作用，采取多项措施，着力破解会员企业“用人难”问题。深入企业调研，了解用工需求。通过深入会员企业开展调研，了解企业在用人方面的想法和需求，并将各企业的具体用人需求进行统计，及时掌握企业用工动向。加强部门合作，提供招聘服务。区工商联与区人社局等单位加强沟通协作，依托联东优谷园区，组织40余家企业，共同开展大型招聘活动，为会员企业选择适用人才提供平台。建立合作机制，搭建长效平台。区工商联与区人社局建立合作机制，帮助用工企业解决用人问题。对于有用工需求的企业，每月可与职介中心进行沟通，职介中心根据企业需求，组织求职者应聘。构建和谐劳资关系。针对部分企业存在的人员流动性大的问题，建议会员企业改善用工环境，营造良好的工作氛围。通过工商联工会，进一步维护会员企业职工的合法权益，促进和谐劳资关系的建立。

【推进“通武廊”人才工作】 5月18日，通州区工商联应邀组织10名青年企业家代表团赴河北廊坊参加国际经济贸易洽谈会。此次洽谈会由廊坊市人民政府主办。洽谈会介绍了廊坊的投资置业环境、区位优势、产业布局等情况，让与会的企业家对廊坊有了更加深入的了解和认识。洽谈会现场，随团的企业家们根据各自行业和投资意向，与会场人员进行深入洽谈交流。

【通州区为老服务行业协会成立】 6月23日，通州区为老服务行业协会成立，区工商联、区老龄办、区民政局民管办相关领导出席成立大会，近50名会员企业代表参加会议。大会审议《筹备工作报告》，通过《为老服务行业协会章程》《会费收缴管理办法》等，选举产生第一届会长、副会长、秘书长、理事会理事、监事会监事。

【举办会员企业党支部书记培训班】 8月25日，通州区工商联在区会议中心举办会员企业党支部书记培训班。会员企业党支部书记及党务负责人30余人参加培训。培训班邀请通州区委党校教授涂清华，作题为五大发展理念与城市副中心建设的专题报告。报告对创新、协调、绿色、开放、共享五大发展理念的提出背景、现实要求、如何贯彻落实，及当前的北京城市副中心建设和京津冀协同发展热点问题进行详细讲解。

【“通武廊”人才创业主题论坛活动】 9月7日，举办了青年创业者走进北京城市副中心暨大众创业·万众创新主题论坛活动。通州、武清两地企业家在运河核心区参观了富侨水乡项目，工作人员对运河核心区未来的规划建设及配套设施规划建设做了详细的讲解。在主题论坛活动中，双方青年企业家对自己创业方面的经验和感受进行发言交流。

【重阳节庆祝活动】 在九九重阳节到来之际，由通州区老龄办、工商联主办，通州区怡康居家养老助残服务中心承办的庆祝重阳节活动在通州台湖华丽空中四合院举办。本次活动的主题是“金秋重阳 相聚华丽 爱在怡康”。庆祝活动邀请永顺南里社区、新华联锦园等社区100多位老人代表参加。活动现场，主办单位的领导为老年人送上了重阳节礼品和字画，老年人相聚在一起有说有笑，使活动更加温馨。

（王雅旌）

通州区文学艺术界联合会

【概　况】 通州区文学艺术界联合会围绕中心，服务大局，坚持党的文艺方针政策，坚持以人民为中心的创作导向，创新开展各类文化艺术活动，以百名艺术家下基层、送欢乐下基层、运河风采·文联公益大讲堂等品牌活动为载体，丰富人民群众文化生活，弘扬社会主义核心价值观。

区文联下设1个综合科，下辖北京市通州区作家协会、北京市通州区美术家协会、北京市通州区书法家协会、北京市通州区摄影家协会、北京市通州区戏剧家协会、北京市通州区舞蹈家协会、北京市通州区民间艺术家协会、北京市通州区文艺志愿者协会。会员人数800余人。

【文艺慰问活动】 1月15日上午，通州区文联、区书协邀请北京书法家协会、北京民间文艺家协会的12

位艺术家为通州区台湖镇的村民们送去新春祝福。为百余位村民创作200余幅春联、剪纸作品。1月28日，由北京市文联、通州区委宣传部、通州区文联、通州区文明办、通州区文化委联合主办的“宣传贯彻党的十八届五中全会精神 深入生活 扎根人民首都艺术家走进通州区慰问演出”在通州区文化馆举行。来自市文联的艺术家们各展绝活，用舞蹈、曲艺、音乐、魔术等各种形式为通州地区百姓送来节日的问候。区文联特邀300余名公共文明引导员，身边好人、道德模范、通州榜样、创城工作者及志愿者参加活动，用文艺的形式感谢他们的辛勤劳动和无私奉献。2月1日，由北京市文联、市民协、市美协、市书协主办，通州区文联、通州区西集镇党委、政府承办的“‘迎新春·送祝福’轻型文化民俗庙会”在西集镇举办。北京市文联组织11个艺术门类的民间艺术家、著名书法家、美术家、摄影家来到活动现场。举行了太狮点睛祈福仪式，进行精彩的北京太狮、中幡、小车会、花会、踩高跷等表演。各位艺术家送出民间工艺美术作品1600余件，春联800余幅，“福”字500多个。

【通州、宝坻两地文联艺术作品联展】 1月21日，由北京市通州区文联、区文明办、区文化委、区财政局、台湖镇党委政府与天津市宝坻区文联等单位联合举办“丹青意韵——京津书法、美术、摄影通州、宝坻作品联展”。参展的210幅优秀作品较为集中地展现了两地区美术、书法、摄影的较高艺术水准，获得了观展者的好评。

1月21日，北京市通州区文联、文明办、区文化委、区财政局和台湖镇党委政府与天津市宝坻区文联等单位联合举办的“丹青意韵——京津书法、美术、摄影通州、宝坻作品联展”在台湖国画院举办

（文联提供 唐建/拍摄）

【百名艺术家下基层活动】 春节期间，通州区文联参与区委宣传部主办的“三下乡”活动，组织23名艺术家，为村民书写“福”字、对联400余幅，并为10户村民拍摄全家福。清明节前夕，组织朗府中学学生代表、区作协代表30余人参加祭扫刘绍棠之墓活动，共同纪念刘绍棠逝世19周年。5月27日，在梨园学校举办书画进校园活动，区文联邀请5位书法家讲授书法基础知识并对同学们带来的作品进行点评。7月28日，区文联、区民政局举办“翰墨丹青情系官兵——首都书画艺术名家‘八一’走进陆军总医院慰问活动”。8名书法家为那里的官兵战士现场书写书法作品，表达艺术家对人民子弟兵的崇高敬意和一片深情。9月14日，通州区文联、通州区书法家协会、通州区美术家协会联合举办“桃李芬芳 翰墨飘香” 通州区书画名家进校园暨教师节慰问活动。

5月27日，由通州区文联、通州区梨园学校共同举办书画进校园活动。图为华敬俊教授为学生讲课

（文联提供 崔琪/拍摄）

【文艺志愿服务系列活动】 组织文艺志愿者开展“运河风采——文联公益大讲堂”活动，先后在台湖、张湾、中仓、玉桥等地区进行公益讲课，该项目被北京市社工委评为北京市公益活动铜奖。3月4日，通州区文联、通州区中仓街道办事处联合举办志愿文化服务大讲堂舞蹈培训班，邀请专业舞蹈讲师为80多名基层舞蹈队队长及骨干讲授专业的舞蹈团队建设课程。5月18日下午，通州区文联在玉桥办事处柳馨园社区开展“‘互联网+’文艺志愿家庭文艺志愿服务进社区”活动。区文

联邀请文艺志愿者讲授篆书基础及五彩葫芦雕刻知识。5月24日，通州区文联、通州区作协举办纪念“《在延安文艺座谈会上的讲话》发表74周年暨运河乡土文学公益讲座”。活动中，区作协主席刘祥以“讲话”为重点，结合通州区文学现状与发展，为会员们梳理了运河乡土文学的创作思想和脉络。7月16日，由清华大学美术学院、北京市教育学会书法教育研究会、北京市通州区教育委员会、北京市通州区文学艺术界联合会主办，北京市通州区教师研修中心、北京市通州区书法家协会、北京市通州区梨园学校承办的“清华大学美术学院全国中小学书法教师高研班暨通州艺术名家公益大讲堂”在通州区梨园学校开课。100多名书法教师、通州区书法家协会会员，以及各界书法爱好者前来参加。

5月18日下午，在玉桥办事处柳馨园社区举办通州区文联开展“互联网+”文艺志愿家庭文艺志愿服务进社区活动。区文联邀请文艺志愿者讲授篆书基础及五彩葫芦雕刻知识。图为窦万兴老师授课　（文联提供　崔琪/拍摄）

【举办《通州赋》书法邀请展】　9月29日，由中共北京市通州区委组织部、中共北京市通州区委宣传部主办，北京市通州区老干部局、北京市通州区文学艺术界联合会承办，北京市通州区书法家协会、北京市通州区老年书画研究会协办的《通州赋》书法邀请展在通州区宋庄镇一耕美术馆拉开帷幕。此展览作为艺博会分会场，荣获艺博会优秀展览奖。

此次活动邀请60余位书法家及书法爱好者，全部以《通州赋》为内容进行创作。或书写全篇，或局部节选。主办方还展示了《通州赋》首幅书法作品——已故书法家张世光所写的长卷，也有多名市级书法家的作品参展。百余幅作品中不同书体兼备，展示形式多样。为这部文学经典提供了另一种塑造和解读的方式，是文学艺术相互融合，相互借鉴，相互提升的良好范例。

（张丹妮）

9月29日，由中共北京市通州区委组织部、中共北京市通州区委宣传部主办，北京市通州区老干部局、北京市通州区文学艺术界联合会承办，北京市通州区书法家协会、北京市通州区老年书画研究会协办的“《通州赋》书法邀请展”在通州区宋庄镇一耕美术馆拉开帷幕。图为领导观看展览　（文联提供　孙振山/拍摄）

通州区科学技术协会

【概　况】 2016年，区科协围绕区委、区政府的中心工作，夯实基础，搭建平台，在提高全区公众科学素质、服务基层科技工作者、推助科技企业发展和科技宣传推广等方面做出了积极贡献，科协的服务体系、组织体系、科学传播体系、荣誉体系建设取得新突破，“党建强会”创新进一步加强。区科协下设11个乡镇科协、4个街道办事处科协和66个企业科协、5个园区科协，负责对全区27个科技类社会团体进行服务、指导和管理。

【2016通州区“科普之春”活动启动】 3月23日上午，由区科协主办、永乐店镇政府承办的2016通州区“科普之春”暨全民科学素养提升行动首场科普讲座在临沟屯村启动。活动内容包含生命警钟——燃气消防与安全宣传、科协微信平台宣传、农民科学素养问卷调查及科普宣传资料发放等。当地群众100余人参加活动。

【举办通州区十三五规划解读报告会】 3月25日，区科协在碧海园举办通州区十三五规划解读报告会，邀请区发改委政研中心高勇就通州区“十三五”规划重点任务、2016年城市副中心建设情况以及行业发展方向等进行详细的讲解。来自全区各乡镇、园区企业科协和部分科技社团共百余名负责人听取了报告并就产业发展方向与建议进行互动交流。

【通州区在第16届北京青少年机器人竞赛中获佳绩】 3月25日—27日，区科协组织通州区的18支参赛队参加以“诚信伴我成长，科技创造未来”为主题的第十六届北京青少年机器人竞赛。获得竞赛项目中的3个一等奖、2个二等奖、2个三等奖。潞河中学荣获中鸣科技奖，潞河中学附属学校荣获未来技术精英奖，第三中学杨淼荣获北京市十佳教练员称号，区科协荣获优秀组织奖。

【举办第一届“京津冀”职业学校创新创业大赛】 4月24日，由区科协与北京财贸职业学院共同承办的第一届“京津冀”职业学校创新创业大赛决赛在北京财贸职业学院举行。

本次大赛有来自“京津冀”的35所职业院校的218件学生作品参加竞赛，产生特等奖14项、一等奖38项、二等奖43项、三等奖40项。该项赛事的成功举办，搭建了京津冀大众创业、万众创新的新平台。

【2016年科技周活动】 5月27日—29日，区科协、区科委等单位在上上国际美术馆共同举办2016年通州区科技周活动。本届科技周活动主题为艺术之乡·科技之梦，主要分为机器人互动体验区、中国现代科学家主题展区、通州区科技企业互动展览区等多个展区。活动集平面展示、实物展示、互动体验、有奖答题、专家咨询等多种形式于一体。来自市、区企业近五十家参展单位参加活动，向现场观众展览展示了创新创造成果。

5月27日—29日，区科协、区科委等单位在上上国际美术馆共同举办2016年通州区科技周活动　（科协提供）

【组织示范基地参加高峰论坛】 7月4日，区科协组织北京三宝香农业公司、北京伟浩农业科技公司、北京达毅农业种植中心等新型玉米种植基地参加2016中国（武清）北方鲜食玉米大会暨中国玉米产业高峰论坛。本次活动加强了种业的交流与合作，更好地推动了“京津冀”科技产业协同发展和科技创新驱动发展。

【培训基地授牌】 8月5日下午，区科协在北京开宝投资管理有限公司举办通州区科学技术协会培训基地授牌暨2016年双创科技信息推广应用服务签约仪式。活动的开展推动了企业科技创新与成果转化。

【科技创新成果展】 10月14日—17日，区科协在宋庄上上美术馆举办2016年通州区科技创新成果展。展览主题为“创新引领发展 科技成就未来”，分为民生科技、节能环保、新材料、信息技术、现代制造业、现代农业科技、大众创业万众创新、科技创新人才八个展区。展览征集参展展品585件、展项121项。其中，6个项目曾荣获国家自然科学基金支持，59个项目曾荣获市级以上资金支持。参展展品、展项中获得国家专利的有324项，其中，发明专利127项。展览以展示通州区本土自主创业创新为原则，智能立体车库、煤改电设备、地热能开发、航天育种、空气质量监测等展项深受群众欢迎。

区科协在宋庄上上美术馆举办2016年通州区科技创新成果展 （科协提供）

【组织“双选会”】 11月12日和16日，区科协组织区属企业科协分别参加北京物资学院和北京工业大学通州分校的大型“双选会”活动，两所院校700多名应届毕业生参加，多名毕业生与用人单位达成初步就业意向。

【科技组织、科技人才的举荐推优】 年内，区科协推荐1名科技工作者为全国优秀科技工作者、1个企业科协为北京市科普工作先进集体、1名科技工作者为北京市科普工作先进个人；推荐7名科技工作者为市科协九大代表、8名科技工作者为区政协委员；推荐3个农村专业协会、2个农村科普示范基地、1名农村科普致富带头人、1名专业技术指导员荣获北京市科普惠农兴村计划专项资金奖补支持；推荐6个优秀科普社区、1个优秀基层科普场馆、7名优秀社区科普宣传员荣获北京市社区科普益民计划专项资金奖补支持；推选3个企业科协创新项目荣获北京市金桥种子资金奖励支持。

【发挥科协枢纽型社会组织作用】 年内，区科协支持区理科学会开展通州区智能机器人教学及创客教育活动，推进全区智能机器人项目发展。完成通州区智创科技发展中心科技社团的成立和登记工作，搭建社团科技人才公益服务平台。支持区老科协、区消防协会举办健康通州人——学雷锋志愿服务、通州区应急避险和消防演练进校园等系列活动，科协的学协会组织优势得到有效发挥。

【参与“京津冀”区域协同发展】 年内，区科协深化“通武廊”科技交流与合作，邀请武清、廊坊两地科协参加通州的学术交流、研讨和科技周等活动；组织企业科协参加三地举办的节水农业示范研讨、玉米新品种交流推广和大数据云平台建设观摩研讨等活动，推动三地科协组织间产学研结合。搭建三地学术交流平台，促进科技需求与服务供给有效对接。

（耿宏纲）

通州区残疾人联合会

【概　况】　2016年，通州区残联深入学习贯彻习近平总书记重要讲话精神，以中共十八大和十八届三中、四中、五中、六中全会精神为指导，以开展“两学一做”学习教育活动为主线，以满足残疾人基本需求、提升残疾人生活品质为目标，围绕城市副中心建设的历史任务，加强协调，促进融合，团结一致，攻坚克难，以改革的精神和法治理念，高质量的完成了残疾人事业各项工作任务。

【强化残疾人工作者队伍建设】　一是按照市残联《关于进一步加强和规范基层残疾人组织建设的实施意见》中“村、社区残疾人协会每届任期三年，由区残联统筹安排换届工作”的指示精神，组织村、社区残疾人协会的换届工作，由区残联成立村、社区残疾人协会换届工作办公室，统筹指导全区的换届工作。各乡镇、街道成立由主管残联工作的领导任组长的换届工作领导小组，制订本辖区《村、社区残协换届选举实施方案》，并具体负责换届选举的组织协调和指导工作。换届工作于12月15日完成。二是参照社工待遇在全区公开招聘43名残疾人专职工作者，派到适当的岗位，以保证残疾人工作的正常开展。同时将残疾人专职委员每人每月300元的补贴标准，上调至每人每月1800元，以调动广大残疾人专职委员的工作积极性。

【数据动态更新工作】　年内，673名信息采集员深入到588个社区、村，对23983名残疾人进行残疾人基本服务状况和需求的信息数据动态更新，完成通州区的数据动态更新工作；应更新24247人，实际更新23983人，完成更新任务的98.91%，未完成更新的264人中80%为死亡人员，高标准完成了市动态更新办的各项指标。

【落实残疾人各项社会保障政策】　2016年，严格规范审核流程，精准落实残疾人各项政策，为8355名残疾人累计发放生活补助金3270.27万元；为6246人累计发放养老助残券624.66万元；为8096名残疾人发放护理补贴1300.66万元；完成残疾人入住福利机构个人补贴的审核和发放工作，为22名符合政策的残疾人发放补贴14.08万元。

【残疾人就业工作】　完成2016年安排残疾人就业单位审核征缴工作，审计单位711家；发放城镇个体就业残疾人、灵活就业残疾人保险补贴3.16万元；与区人力社保局联合，指导全区15个乡镇、街道残联残疾人就业服务机构扎实开展残疾人失业登记工作，登记残疾人求职者16人，招聘残疾人企业5家；大力宣传个体就业、灵活就业的各种优惠政策，为4名残疾人补贴城镇个体就业、灵活就业保险补贴3.2万元；完成5家盲按机构企业年检、16家机构扶持、2家企业社保补贴申请审批工作，扶持资金19万元，社保补贴资金14528.27元。完成通州区盲按机构网上录入工作。

【康复服务】　2016年，以“先行一步，挽救一生”为理念，全面细致开展残疾儿童筛查工作，筛查有康复救助需求的残疾儿童26人，并为他们申请办理了每月2000元的救助服务卡；“六一”儿童节慰问残疾儿童88人，投入资金2.8万元；审批各类残疾儿童机构康复96人，康复经费209.7万；举办家庭康复培训班71期，培训残疾人及家属3010人；培训、指导盲人定向行走训练48人；接受辅具服务229人；完成肢体残疾人康复训练1463人；智力残疾人社区及家庭康复训练496人；精神残疾人康复训练256人；贫困精神残疾人接受免费服药402人；完成康复服务档案24533本；精心组织指导第六届残疾人辅助器具“金点子”创意发明，上报作品6件。

【文体活动】　年内，组织参加第七届北京市体育大会暨北京市残疾人象棋比赛，获得个人组第四名的好成绩；组织参加北京市和谐杯乒乓球比赛，取得肢体个人第二名、聋哑第三名的好成绩；举办通州区残疾人象棋比赛；精心组织开展第二十六次全国助残日活动；在通州电视台滚动播放助残日宣传口号，协调《通州时讯》对助残活动进行专版报道，大运通州网登载多篇助残报道新闻，充分利用媒体，加大残疾人事业宣传，为残疾人群体融入社会，为残疾人事业发展营造良好的社会氛围。

5月5日，通州区第二十六次全国助残日系列活动启动仪式　（残联提供）

【法律维权工作】　年内，严格办证程序，做好残疾人证办理工作，发放残疾人“一卡通”24259张，新办、补办、变更残疾证2140个；配合市残联对2015年的无障碍改造进行审计，完成2016年518户残疾人家庭无障碍改造评估和网上录入工作；认真做好三个温馨家园购买服务项目的对接工作并签订协议，引入社会力量参与残疾人温馨家园建设；接待残疾人信访203人，电话612个，信件13封，网上办信1封，均已回复，并对残疾人群众的诉求与困难及时予以协调、解决。各个乡镇、街道组织普法宣传教育20次，参加人数700人；为707人发放燃油补贴；认真做好政府购买服务工作，申报项目资金达1727.8万元；每月月底给城管报表，查处无照经营24起，非法营运34起；及时为申请经济保障房的重残人开具重残证明26份。

（芦忆楠）

通州区红十字会

【概　况】　2016年，区红十字会围绕城市副中心建设大局，深入开展“两学一做”学习教育，践行人道、博爱、奉献的红十字精神，认真履行各项工作职责，城市副中心建设的人道服务保障作用得到充分发挥。年内，接收募捐611.56万元；投入救助款物356.54万元，救助困难家庭4216户；组织应急救援队代表北京市红十字会，先后参加了“京津冀”三地和中国红十字会举行的供水和大众卫生应急救援队演练；举办应急救护培训班42期，培训初级急救员3300人；开展急救健康知识进社区、进农村活动，举办讲座23场，受益4100人；播放器官、干细胞捐献宣传短片362场、受益25770人；在永顺、中仓等乡镇、街道安装了急救亭62个。

【创新募捐模式】　年内，以企业为重点开展募捐工作，主动联系辖区内具有社会责任感的大企业和有实力、有爱心的企业家。每年捐款1万元对接一个学生。截至年底，有5名爱心人士参加捐款29万元。

【善款募集工作】　2016年，在全区各级党政领导的大力支持下，在爱心企业、爱心人士的热情参与下，在区红十字系统专兼职干部的不懈努力下，累计接收募捐87笔、6115562.71元。

【各项救助工作】　2016年，区红十字会救助失火家庭14户，房屋倒塌、意外烧伤等突发事件10起，困难家庭84户，失独家庭35户，各种癌症、尿毒症及心脏病等大病患者203人，发放救助款272.27万元；发放米、面、油、衣物等日常救助品12.38万元，受益家庭658户；资助低保家庭大学生57人次，发放助学款17万元；及时将54.89万元的两节送温暖救助款、米、面、油等生活必须品送到孤寡老人、低保家庭、大病致残家庭，救助困难家庭3155户。

【安装急救亭】 为弘扬“人道、博爱、奉献”的红十字精神，倡导惠民、便民理念，区红十字会计划近2年内在全区社区、公园、学校等公共场所设立100个红十字急救亭。2016年，在梨园、永顺、中仓、玉桥、北苑等乡镇、街道安装62个急救亭，其他乡镇、街道的急救亭正在筹建中。

【形象提升工作】 通过举办世界红十字日、世界急救日等宣传活动，向群众传授心肺复苏、外伤包扎等急救知识技能，并发放红十字知识、急救手册等宣传材料。年内，发放器官、遗体、造血干细胞捐献宣传品、白色简易急救包、急救手册家庭版、无纺布袋等7万余份，10万余人次受益。各项活动均邀请市区报刊、电视台等新闻媒体，大力开展宣传。同时依托通州区红十字会网站，积极宣传红十字知识和区会的工作动态，不断扩大红十字工作的影响力。

（李朝飞）

法治

12月15日，举行执法办案管理中心揭牌仪式　（检察院提供）

概 述

2016年，全区政法系统围绕城市副中心建设大局，主动担当，积极作为，全面深化平安通州、司法公信和过硬政法队伍建设，全力服务保障城市副中心建设，政法各项工作取得新成绩，为实现“十三五”良好开局、促进通州经济社会发展做出了新贡献。

通州和谐稳定大局的进一步巩固。围绕中共十八届六中全会、全国“两会”、“涉南海仲裁”、潞城棚户区改造等安保维稳工作精心谋划部署，妥善处理各类事件，完成各项重大安保维稳任务。专群结合的反恐工作机制不断健全，国家安全反间谍宣传和对各类意识形态阵地的管理不断加强，反恐、反渗透、反策反、反窃密斗争成效显著。

社会治安综合治理全面加强。深入开展“平安通州”建设，持续提升治安防范薄弱环节，社会治安防控体系建设走在全市前列，开展重点地区综合整治，提前完成大图像前三期建设任务，网格化社会服务管理系统建成开始投入运行，社会服务管理精细化水平进一步提高。社区规范化建设基本完成。在全市率先建成社会组织信用体系平台，形成一批社会组织特色品牌。在全市大综治考评中，名列全市第8名、环五区第3名，再次荣膺全市先进区县称号。

司法体制机制改革取得重大进展。贯彻落实市级司法体制改革工作部署，推行速裁速执机制、涉案财物随案移送试点改革等一系列改革举措，深化执法司法规范化建设，推进执法司法公开，办案质量和效率不断提高，执法司法公信力进一步提升。区检察院落实速裁机制改革在内的各项改革，办理速裁案件232件，平均审限6.28天。区法院先后开展两批法官入额工作，员额法官数109名；按照市高院要求，筹备成立速裁庭，将婚姻家庭案件、追索物业费、供暖费等标的不大、案情简单的案件适用速裁程序，实现案件繁简分流。

政法保障职能充分发挥。区公安分局累计破案3231起，刑拘2588人，打击系列抢劫、入室盗窃团伙58个，快速侦破“10·23”贩卖枪支、赵某盗版侵权等全国大案，命案破案率连续四年保持100%。全年拘留涉毒人员、缴获毒品同比分别上升21.2%和42%，破获食药、假冒商标等经济案件67起。坚持内捆外联、多管齐下，抓获黄赌违法犯罪人员同比上升59.7%，黄、赌、“黑车”、盗销自行车四类警情两位数下降，市、区挂账的3个高发案重点派出所和18个重点地区全部摘牌。区检察院审查批捕366件420人，审查提起公诉800件936人，依法决定不批捕203件292人，不起诉100件117人，促成轻微刑事案件当事人和解164件；受理群众信访451件、集体访9批次，全部实现息诉罢访；制发检察建议15份并跟踪监督纠正；切实履行查办和预防职务犯罪职能，持续加大诉讼监督力度。区法院年内受理各类案件55092件，同比增长55.14%，位居全市法院第三名；法官年人均结案数达369.79件，接近全市平均值的三倍，连续五年位于全市第一。区司法局深入棚改一线开展人民调解和律师服务工作，走访入户800余户，累计提供法律咨询3990余人次，制作调解书146份，出具法律意见书39份，在每个拆迁村建立综合调解室，制定形势分析例会制度和重大矛盾纠纷集体会商制度，法律服务能力逐步提升；在《通州时讯》刊出普法专栏35期，播放《普法园地》电视栏目8期，考察验收并授牌第四批6个法治文化精品村（社区），组建法治文艺队伍到基层巡回开展活动，法宣阵地建设逐步巩固；开展社区矫正六项试点工作，特殊人群管理逐步加强。

政法队伍建设取得新成效。年内，协助区委组织部考察任命区法院、区检察院正副处级干部3批8人，开展“党建论坛”在内的学习活动35次，制定《重大事项报告制度》和《全区政法系统党风廉政建设和反腐败工作要点》，签订党员干部《“一岗双责”责任书》《党风廉政建设责任书》及《廉洁自律承诺书》43份，区检察院1名干警被北京市总工会授予首都五一劳动奖章。政法机关履职能力进一步提高。

（付彩霞　戴婧婧）

政 法 委

【确保重点敏感时期社会稳定】 “两节”、“两会”、中共十八届六中全会、区乡镇两级人大换届选举等重大政治、节庆活动期间，以及“七五”“南海仲裁案”“G20峰会”等重点时间节点，适时启动战时维稳工作机制。坚持战时每日下午14时前上报涉稳综合情况制度；适时组织战时会商，启动战时会商10次，召开会商会30次，解决突出不稳定矛盾纠纷13件，稳控重点信访矛盾25件。

【强化战时督导检查】 围绕重大政治活动、重大节庆及重点日，区委政法委成立4个督查组对各街乡镇和各成员单位落实维稳工作情况进行督导检查，对存在的不稳定隐患限时整改、复查反馈，形成每日督查情况专报，并及时报告区委区政府，通报全区各单位。年内，督查组开展督导检查50次，发现整改漏洞隐患30余处。

【推进重大事项社会稳定风险评估工作】 制定出台重大决策社会稳定风险评估简易程序，研究推出社会稳定风险责任追究办法，拓宽第三方评估工作适用范围。开展以重大决策社会稳定风险评估工作为切入点的专项调研，梳理问题、分析原因、找准症结难点，提出切实可行的解决方法，推动社会稳定风险评估工作深入开展。年内，围绕市行政办公区建设、再生资源处理、水环境治理、疏解清退低端产业等重点领域，梳理报备重大决策事项57项，其中，市级以上7件，区级13件，街乡镇级37件，完成风险评估报告14件；组织召开专项联席会议10余次，民众广泛参与的座谈会、通气会以及专家评审会30次，各重大决策事项基本达到广泛评估的要求。

【妥善处置影响稳定的突出矛盾纠纷隐患】 年内，坚持属地管理、分级负责和谁主管、谁负责的工作原则，推动各项化解稳控制度的落实。强化周排查、月调度制度，加强重大涉稳矛盾纠纷隐患督查督办力度，督促指导各级依法履职，及时就地化解矛盾。年初，梳理出区级重点群体矛盾纠纷9件，重点个人上访9件，督促责任单位落实领导包案、定期接访制度，有效防止了大规模群体性上访和个人极端信访行为的发生。

【织严织密视频天网】 在大图像前三期建立三级视频巡控和图侦队伍基础上，推动健全“人机结合”机制，广泛应用于城管、文化等14家单位。年内，协助抓获违法犯罪人员500余名，为群众提供服务350余次。同时，建立车辆特征分析系统，加强对车辆的区域布控、区域搜索、轨迹追踪和实时掌控，进一步提高视频智能化水平。

【构建大巡逻机制】 组建区、镇两级的“千人警辅巡逻队”，发动整合内保干部、小区保安、群防群治力量2.7万人，因地制宜设置巡区，加强社会面全时空、全地域控制。年内，街头发案和社区可防性案件同比分别下降11.8%和13.4%；火灾起数、财产损失同比分别下降1.5%和47.5%。

【外围查控工作】 外围防线17处治安站点坚持24小时“常态化”查控，确保将各类危险因素阻截在京门之外。年内，累计查获违法犯罪人员556人，缴获违禁物品110件、毒品153克。

（付彩霞　朱　静）

社会治安综合治理

【概　况】 2016年，全区综治系统深入贯彻中共十八大、十八届三中、四中、五中、六中全会精神和中央政治局关于规划建设北京城市副中心的战略部署，以深入推进平安通州建设为主线，以完善立体化社会治安防控体系为载体，以群众需求为导向，深入开展社会治安综合治理，最大限度地提升群众安全感和满意度，进一步筑牢维护社会和谐稳定的根基。

【群防群治】 年内，健全反恐防暴群防群治工作体系，加强反恐防暴宣传教育，加大群众举报涉恐涉暴奖励力度，营造全民反恐的良好基础；采取多种方式对全区1600余名安全稳定信息员逐一培训到位。有效管控各类重点人群，实现敏感期零滋事、零聚集、零采访；对195名重点精神病人严格落实入院收治和社区看控措施，联合出台关于加强重点精神病人看护补贴实施意见，确保看护到位，补贴发放到位；坚持高标准动员、组织、保障，完成春节、全国“两会”、“七五”、“涉南海仲裁”、六中全会等重要时间节点安保维稳工作，实现“五个坚决防止”和“大事不出、小事也不出”的工作目标。

【综合治理水平】 年内，组建区、镇两级“千人警辅巡逻队”，因地制宜设置巡区，完善勤务模式，实现社会面防控的全时空、全地域、大联动、大整合，2016年，全区街头警情同比下降7.6%。依托村（社区）综治中心规范化建设，固化“一村一警（律师）”工作机制，在重大安保和村委会换届选举等工作中发挥重要作用。强化外围11个检查站常态化查控，累计抓获拘留以上违法犯罪嫌疑人481人，查获管制物品78件、毒品91克。

【重点地区综合整治】 年内，固化重点地区整治工作长效机制，在市级挂账重点地区，全面推进服务外包工作，涉黄、涉赌、盗销自行车警情同比分别下降58.78%、20.1%和45.8%，抓获黄、赌违法犯罪嫌疑人同比分别上升11.2%和14.1%，针对地铁八通线和六号线，固化联合执法机制，全区秩序类警情同比下降13.4%。实施常态化检查、滚动式排查、项目化整治，2016年，及时发现消除各类火灾隐患5625件，火灾起数同比持平，因灾损失同比下降32%。加强对27家枪、爆、剧毒、放等涉危单位的集中清查，落实450家物流寄递企业安全管控措施，有效降低了安全风险。配合全区“煤改电”空气清洁计划，区综治办牵头，在各街道乡镇分别成立打击整治小分队，开展联合执法34次，排查并关停13处违法销售点，没收车辆55辆、劣质散煤150余吨。

【流动人口规模调控和出租房屋管理】 年内，高效推进12个市级、6个区级挂账整治重点村的整治工作，牵头制定《通州区2016年度流动人口总量调减任务表》，与各街乡镇主要领导签订《2016年度人口规模调控责任书》。按照“来有登记，走有核销”的原则，对流动人口信息进行核销，及时准确录入信息平台。加强流动人口动态监测工作，完善工作机制，确保违法群租房得到有效遏制。建立信息公示共享、宣传发动机制，努力营造全社会共同抵制违法群租房的良好氛围。全面推动基层流管站和流管员队伍规范化建设工作，2016年，全区保留、新建、合并各类社区村流管站342个，覆盖全区673个社区村，配备专兼职流管员2752人，配备比例达3.9‰。

【铁路护路联防】 年内，进一步加强护路联防队员规范化建设，健全完善理论学习、业务训练、内务管理、巡逻值勤、考核奖惩等管理制度。加大奖励力度，先后及时消除安全隐患2处，4人被市护路办通报表彰。整合社会力量，以“网格化”管理治安巡逻模式，大力开展护路联防工作。协调属地街道乡镇和园林局、环境办等部门，砍伐危树300余棵，清理垃圾400余吨，有效净化了铁路周边环境。深入开展铁路护路进校园、进社区（村）等“六进六宣讲”活动，张贴宣传画5000张，发放宣传材料2万余份，营造铁路护路广泛参与的良好氛围。

【夯实综治基层基础】 年内，对涉及9个乡镇的老旧小区实施安防改造，全面提升老旧小区的安防水平和群众安全感。以争创全国公共区域视频监控建设示范区为契机，加大公共区域视频监控的建设、联网、应用，9月，通州区被确定为全国首批雪亮工程示范城市（区）之一。以区两办文件印发关于加强基层综治中心建设的实施意见，进一步筑牢固全区安全稳定工作根基。围绕可能影响发展稳定的突出社会矛盾和群体性问题，进一步加强非正常访的处置和稳控力度，初步形成矛盾纠纷件件有调解的工作局面。

（汪立宏　金　岭）

法治政府建设

【概　况】 2016年，围绕区委、区政府中心工作，以建设职能科学、权责法定、执法严明、公开公正、廉洁高效、守法诚信的法治政府这一目标，加强政府法治建设，规范行政行为，提高行政执法能力和水平，有效化解矛盾纠纷，全面推进依法行政工作，法治政府建设工作取得明显成效。

【出台推进法治意见】 3月，以区委和区委办的名义分别印发《关于全面推进法治建设的意见》《全面推进法治建设责任分工方案》，从通州区法治建设的目标任务、坚持依法行政、建设法治政府、建设高素质法治队伍等方面出台指导性意见，明确通州区法治政府建设的具体责任单位的职责及完成任务的时限，理清法治政府建设的工作思路。

【落实学法制度】 2016年，在区政府常务会、区长办公会上组织领导干部会前学法4次。3月，举办行政执法培训班和依法履职与信息公开培训班。3月31日，区长岳鹏到北京市第四中级人民法院出庭应诉，带头落实行政机关“一把手”出庭应诉制度，并组织30多家行政“一把手”旁听。通过组织依法行政培训、行政诉讼旁听等依法行政专题教育活动的开展，领导干部、公务员法治思维、法治能力进一步增强。

【规范性文件审查】 2016年，审核以区政府名义、区政府办名义制发的各类文件、规范性文件126件，提出意见和建议45条；完成市政府各种规章、草案、修正案征求意见稿等13件，提出意见、建议2条；按照市政府有关规定，完成以区政府、区政府办名义印发的规范性文件备案工作3件，区政府所属部门及乡镇政府报送区政府法制办备案的规范性文件3件，备案率达到100%。同时，为区属各单位回复各种发文征求意见函93件，提出意见和建议71条，进一步提高了规范性文件的审核、备案质量。

【政府合同协议审核】 年内，认真执行《通州区政府合同管理规定》，审核以区政府名义、各委办局名义签订的重大合同、协议74件，提出建议意见116条，保障了国有资产、财政资金的安全和自然资源、公共资源的有效利用。

【建立行政处罚裁量基准制度】 依据《关于行政处罚裁量基准统一公示工作的通知》要求，各行政执法单位于2016年3月底，以本部门规范性文件的方式，将行政处罚裁量基准在各单位门户网站“政务公开”栏目进行公示。通过行政处罚裁量基准的统一公示，进一步规范了行政处罚自由裁量权的行使，增强行政执法的公信力。

【加强行政执法资格管理】 依据《通州区关于推行行政执法岗位目录制度的通知》，8月底，通州区在全市范围内率先完成行政执法岗位目录制度，通过行政执法岗位目录的编制、系统录入、岗位人员关联等工作，加强了行政执法资格管理，实现一人一岗，避免职责交叉，促进了通州区依法行政工作。

【重大行政执法备案】 年内，严格审核强制拆除违法建设案件38起，重大行政处罚备案案件50起。对每起强制拆除违法建设案件审核和重大行政处罚案件备案，从实体和程序上认真审查，及时有效地监督行政机关的依法行政。其中，审核强制拆除违法建设案件，因违法建设面积计算不准确、时间顺序倒置、诉期错误等原因发回重新上报案件7起。

【开展行政处罚案卷评查】 11月，在区委党校组织为期3天的行政处罚案卷集中评查，抽调74本行政执法机关在2015年7月1日至2016年6月30日期间结案的行政处罚案卷。通过集中评查的方式督促检查各单位的行政处罚案卷规范落实情况，重在发现问题，旨在规范全区行政执法机关行政执法行为。

【行政执法情况】 全区32个行政执法单位设置各类行政执法岗位289个，岗位核定人数1037人。2016年，办结行政处罚案件18305件，较2015年增长29.44%；年人均处罚量为17.65件，增长29.4%。行政执法检查总量为46660件，人均执法检查量为45件，首次实现全区行政检查量的统计；全区行政机关有行政处罚职权8215项，实施1560项，职权履行率为18.99%，较2015年提高12.5%，但是仍有81.01%的行政处罚职权处于“冬眠”状态。

【完成政府自身建设制度清理工作】 年内，会同区政府办研究部署政府自身建设制度清理工作。梳理了各部门的依法履行职能、推进依法行政、创新治理方式、提高行政效能、转变政府工作作风等方面的175项制度，其中，决定保留的制度140项，决定新制定制度17项，决定废止制度7项。对决定新制定制度，明确了文件名称、制定责任单位以及完成时间。通过严格的制度清理，进一步理顺各部门依法履行职能的关系，完善政府自身建设。

【行政复议案件】 年内，改变单一书面审理方式，提高案件审理中公开听证和实地调查比例，全年实地调查案件占到30%，提高了行政复议案件办案质量。全区受理行政复议案件132件，审结117件。从受理案件的类别来看，行政不作为33件占25%，信息公开40件占30%，行政强制9件，行政处罚6件，其他案件44占33%；从案件的审理结果来看，驳回申请43件占31%，决定维持35件占26%，不予受理4件，终止审查13件，确认违法2件，决定撤销14件，补证过期4件，送市政府2件；从被申请人方面来看，复议乡镇人民政府26件占40%，复议工商分局12件占28%，复议食药局9件占14%，复议住建委7件占11%，复议公安分局6件占9%，复议梨园工商所2件占3%，发改委、交通支队各1件共占2%。复议区政府案件10件，其中，2件维持,5件驳回;责令履职3件。

【行政诉讼案件】 2016年，区法院受理案件219件，审结132件。从被告的情况来看，区住建委39件、乡镇人民政府68件、人保局11件、公安分局18件、工商分局16件、城管局5件、市规委6件、食药局2件、交通支队1件、北京市国土资源局6件、其他部门47件；从结案方式来看，判决全部撤销3件、判决确认违法或无效3件、判决履行法定职责6件、判决驳回诉讼请求40件、裁定驳回起诉35件、原告主动撤诉39件、其他6件。

（邹跃辉）

公 安

【概 况】 2016年，通州分局把握城市副中心的战略定位，防风险、促发展、惠民生、保安全，全力维护全区社会大局持续稳定，群众安全感逐年上升，群众满意度始终保持全市前列，在市局执法质量考评中连续五年保持优秀行列，向打造国际一流警务的战略目标迈出了坚实一步。坚持把公安工作放在推动“京津冀”协同发展、建设北京城市副中心的大局中，以行政办公区为核心，全面强化商务中心区、环球影城等全区重点项目的安全保障，完成运河文化庙会、七夕文化节等41场大型活动安保工作。围绕用最先进的理念，打造国际一流警务的总体定位充分调动局内外资源，聚焦通州、凝心聚智，扎实推进城市副中心警务建设。以创建全国文明城区为载体，全力服务和保障民生，推出在线申请、异地办理等便民举措，全年办理居住证、户籍、出入境业务48.9万件，收到锦旗105面、表扬信60件。深入推进平安行动、年底破案会战等专项工作，严厉打击各类违法犯罪活动，强化矛盾隐患排查化解和妥善处置，坚决维护政治安全和社会稳定。把现代科技手段与传统公安工作有机融合，打造智慧警务，制定科技发展“十三五”规划，积极开展公共安全视频监控建设联网应用项目规划，入围全国示范城市。立体化治安防控体系成效显著，优化街面大巡逻，警辅巡逻队作用凸显，社区网格化建设扎实推进，驻村格民警累计化解矛盾306起，解决困难642件，健全完善中小幼、建筑工地等重点要害单位安全防范长效机制，加强行业场所监管，全年街头发案、社区可防性案件、内部单位发案，同比全部下降；强化人员、车辆、物品盘查检查，筑牢首都东部安全屏障。全面加强执法规范化建设，推进执法办案管理中心建设，深入开展执法突出问题集中整治活动，看守所连续七年被评为全国一级看守所，开展各类专项培训42期，有效提升民警的执法水平和实战能力。狠抓党建带队建，打造忠诚干净担当的过硬队伍。配齐配全基层领导班子，成立分局巡视组，建立党建工作述职评议等机制，“身边典型”覆盖、政治生日等工作法获评市局优秀党支部工作法，推树先进典型，表彰奖励先进集体25个、个人360名，营造了风清气正的警营生态；全面推进警营文化建设，在市局和区合唱、足球、篮球等多项比赛活动中连获佳绩。全面加强基础设施建设，完成梨园派出所分所工作，九棵树派出所实体运行，新建办公大楼和勤务指挥大厅投入使用，执法办案中心、赃证物管理中心以及派出所、检查站改扩建工作相继完成，办公环境实现历史性飞跃，副中心公安机关崭新形象全面显现。

【推进居住证办理工作】 年内，通州分局有序推进居住证办理工作。其间，召开会议部署落实，制定工作方案明确职责任务，强化岗位人员培训、系统数据监测、业务指导、实地督导检查、全面规范办证工作，热情服务辖区群众。自10月1日分局正式对外办理居住证以来，办理居住证81305个。

【防范电信诈骗】 年内，通州分局依靠党委政府，强化组织牵动，对防范电信诈骗工作进行全面宣传部署，形成全区上下齐抓共管的良好工作格局；同时建立发案会商、高发案银行网点看护等系列工作机制，全面防范电信诈骗案件，取得良好成效。全年辖区虚假信息诈骗案件比上年同期下降23.1%，有力维护了辖区群众财产安全。

【打击涉黄涉赌违法犯罪】 年内，通州分局坚持以“春夏平安行动”、重点地区公共安全隐患问题综合整治为牵动，坚持把打击涉黄、涉赌违法犯罪作为维护副中心形象、解决突出治安问题的重要工作来抓，严打严整高压震慑，全年接报涉黄、涉赌警情分别下降46.96%和25.24%，拘留涉黄、涉赌人员同比分别上升53.16%和91.47%。

【出入境服务】 年内，通州分局全面提升出入境服务水平，全力打造服务形象亲民化、服务标准规范化的一流示范窗口。其间，针对城市副中心建设和出入境办证工作需要，在宋庄、台湖、胡各庄等三个派出所增设出入境证件办理业务；推行岗位轮换制，培养多面人才，为办证群众提供专业化服务；创新推出“勤务化模式”，综合考虑天气状况、时间节点等因素，科学安排窗口开放数量，缩短群众办证时间；建立矛盾化解专室处理、专人负责、专业化解工作机制，全面提升群众的满意度。2016年，累计办证11.5万本，接待群众30万人次。

【开展“群众的‘110’携手筑平安”主题活动】 1月10日，通州分局在通州区家乐福超市组织开展“群众的‘110’携手筑平安”宣传日主题活动。活动中，分局功模代表与群众互动，宣讲“110”报警、预防煤气中毒、养犬、防范电信诈骗等安全防范知识，展示消防、特警装备，解答群众咨询等活动，发放宣品3800余份，设立展板10余块。分局还组织中仓、玉桥、新华社区群众代表参观“110”指挥中心，展现民警的良好素质，赢得广大人民群众对公安工作的支持。

【开展《中华人民共和国反恐怖主义法》主题宣传活动】 2月2日，通州分局在梨园镇文化广场和中仓、玉桥、焦王庄、宋庄、胡各庄、张家湾派出所辖区内集中开展《中华人民共和国反恐怖主义法》主题宣传活动。活动现场，通过发放宣传品、广场LED屏展示、设置宣传展板等形式，介绍恐怖活动的危害，普及防恐反恐法律知识和救助常识，提高市民防恐反恐意识，推进全民反恐工作的开展，发放宣传材料1200余份，受教育群众1500余人次。

【完成除夕烟花爆竹燃放秩序维护工作】 2月7日，通州分局严密全区主要大街、重点路口的巡逻防控，组织群防群治力量2万人，上街面、下社区，逐级落实看护责任，全面强化社会面控制力度；对烟花爆竹销售点、水电气热、易燃易爆场所及歌舞娱乐、宾馆饭店等人员密集场所开展安全大检查，及时消除各类安全隐患，完成除夕烟花爆竹燃放秩序维护工作。

【完成通州区2016运河文化庙会安全监管工作】 2月7日至15日，通州分局以防大人流、防拥挤踩踏为重点，强化人流监测、安全检查、巡逻防控、应急处突、清理整治等安全监管措施，完成运河文化庙会安全监管工作，投入安保力量2038人次，累计接待游客13余万人次。

【完成全国“两会”安保工作】 3月1日至16日，通州分局完成全国“两会”安保任务。其间，分局突出坚持严打严整，严密立体防控，强化安全监管，有效维护了全区政治稳定和社会安定。全区接报刑事类警情同比下降29.3%，街头警情同比下降23.8%；累计发现整改各类隐患问题1584处，外围累计查获各类违法犯罪嫌疑人138人，查缴违禁物品116件、毒品21.43克。

【加强电子游艺场所管控】 4月至6月，通州分局加强电子游艺场所管控。按照“春夏平安行动”工作部署，分局强化电子游艺场所管控，坚持以打整开道、以打促防，营造从严从紧态势。以警情高发部位为重点，组织规模性彻查，对无证照经营、硬件设施不达标、安全管理制度不健全、设置赌博功能的场所从严查处。其间，检查电子游艺场所317次，取缔电子游艺场所27家、停业整顿3家、责令整改6家，收缴赌博机93台，抓获违法犯罪人员51人。

【推进春夏平安行动专项工作】 4月21日至5月5日，通州分局坚持问题导向，专项牵动，落实清理整治、社会面防控等系列工作机制，高压严打各类违法犯罪活动，消除各类安全隐患，深入推进春夏平安行动专项工作。专项工作开展以来，破获侵财案件209起，抓获黄赌违法人员113人，检查场所1100家次，关停32家，取缔黑开场所27家，检查车辆61.3万车次，查获违法犯罪嫌疑人80人，收缴管制刀具等违禁物品38件。

【强化旅馆业阵地控制】 5月至8月，通州分局立足辖区实际，通过规模性走访宣传、从业人员集中培训、日常监管与专项督导相结合，全面强化旅馆业阵地控制，有效消除各类安全隐患。其间，分局集中培训考核从业人员260余名，累计检查旅馆1200余家次，整改问题隐患144处，关停存在违规违法问题旅馆6家，行政处罚86起，取缔黑开旅店21家，在抓获网逃13人、其他违法犯罪人员51人。

【开展缉枪治爆宣传活动】 6月22日，通州分局组织开展缉枪治爆宣传活动。其间，设置宣传点24处，通过民警现场讲解、发放宣传品、悬挂横幅标语等方式向市民普及民用爆炸物品、枪支弹药、管制刀具等常识及相关法律法规，发放宣传材料2万余份，设置展板115块，受教育群众4万余人。

【开展“警营开放日”活动】 6月25日，通州分局开展“警营开放日”活动，在中仓派出所设立主会场，向群众展示防暴武器、防暴车、消防、破拆等装备；介绍各类毒品类型及其危害，邀请专业开锁公司技术员现场演示安全锁芯及盗窃防范知识。其间，展示各类装备20余件，悬挂横幅2条，设立展板10个，发放宣传材料2000余份，解答群众咨询30余条。

【开展“6·26”国际禁毒日宣传活动】 6月26日，通州分局在通州万达广场开展了以“拒绝毒品诱惑、拥抱阳光生活”为主题的“6·26”国际禁毒日宣传活动。活动中，摆放展板12块，条幅12幅，发放宣传材料6000余份，播放《与死神共舞》《无助篇》禁毒宣传教育片，受教育的群众达到近1万人。同时，通州区妇联、食药局等委办局及15个街道、乡镇设立宣传点，共同开展禁毒宣传，发放宣传材料及宣传品4万余份，摆放展板130块、条幅34条，受教育群众达4万余人。

【完成第三届中国艺术品产业博览会安保工作】 9月29日至10月5日，第三届中国艺术品产业博览会在通州区宋庄镇举行。通州分局精心组织、周密部署，严格落实各项安保措施，确保艺博会展馆以及参观游客的绝对安全，完成第三届中国艺术品产业博览会安保工作。

【开展“户口政策下基层”活动】 11月，通州分局开展“户口政策下基层”活动。其间，户政窗口为民服务关口前移，将市局对外公开的户口政策定制成册，下发至各村居委、街道办事处等基层组织；公布全区23个户籍派出所办公时间、电话、地址，普及户籍政策规范，强化法律意识，方便群众办理各项业务，把便民服务推广到基层。活动开展以来，印发户口政策6000余份、各类便民条2000余份，深入基层组织走访宣传15次。

【开展“筑城”专项行动】 11月至12月，按照市局“筑城”专项工作部署，通州分局以强化基层基础工作为主线，深入开安全隐患排查、侵财案件防范等工作，有力维护岁末年初辖区社会治安秩序稳定，为北京城市副中心建设保驾护航。自“筑城”专项行动开展以来，分局检查出租房屋4000余间，核查流动人口2万余人，发现整改安全隐患85处，打击处理违法犯罪人员35人。

【开展校园安全管理工作培训】 11月8日，通州分局联合区教委在运河中学组织开展校园安全管理工作培训。其间，以个人安全管理、应对校园暴力、防范性骚扰等方面进行题为“我的安全我做主，我的生命我负责”的安全讲座，从法治安全教育、学校日常管理等方面提出要求。全区中小学、幼儿园、职业学校、成人学校、直属单位主管安全的领导干部及教委专职安全员200余人参加培训。

（高凤霞）

消防工作

【概　况】　通州区公安消防支队是通州区消防工作行政管理部门和公安机关行政执法机构的组成部分，执行中国人民解放军“三大条令”（内务条令、纪律条令和队列条令）和兵役制度，纳入武警序列，同时又作为通州区防火安全委员会办公室和通州区消防安全应急指挥部，接受通州区委区政府、通州区公安分局和北京市消防局的双重领导，主要承担《中华人民共和国消防法》及其他相关法律法规赋予的火灾预防、消防行政审批、监督执法、灭火和应急救援等社会管理、公共服务职能。通州区公安消防支队为正团级编制。支队机关下设的司令部、政治处、后勤处、防火监督处为副团级，所辖各业务科（室、中心）为正营级。支队下辖8个执勤消防中队，分别为新华街、玉桥、马驹桥、西集、梨园、商务园、潞县和北京城市副中心行政办公区中队，执勤消防车辆49部。2016年，通州消防支队以服务保障北京城市副中心建设为工作重心，以抢机遇、抓基础、保安全、促发展为工作思路，全面推进消防基础设施建设，不断提高火灾防控和灭火救援能力，完成了全年各项消防安全保卫任务。

【火灾总体形势稳定】　2016年，全区火灾形势相对平稳，没有出现较大以上及有影响的火灾。消防支队全年接警4271起，其中，火警2923起，抢险救援531起，社会救助817起。2016年发生火灾351起，比2015年364起减少13起，下降3.6%。

【构建消防安全格局】　年内，推动区政府出台消防安全责任制管理规定，联合区安委会共同建立党政同责、一岗双责、失职追责的安全责任体系，完成全区“十三五”消防事业发展规划，潞县、永乐店、宋庄、张家湾、马驹桥、西集等6个镇完成消防专项规划。建立完善消防业务每月指导、工作进展定期报告、隐患问题督办移送、责任落实月度通报等长效制度。推进515家消防安全重点单位落实消防安全报告备案制度和季度安全自评自查制度，及时录入“户籍化”系统。建立派出所消防业务定期指导培训机制，举办4期业务培训班和3次工作推进会，现场指导派出所开展日常检查工作。

【夯实消防基础工作】　年内，全区15个街镇消防工作站全部实现实体化办公，575个中网格、985个小网格全面建成，培育620名网格巡查骨干。全区消防安全重点单位全部建成微型消防站，4个街道（乡镇）建立微型消防站，70个社区、村庄建立微型消防站，投资1000余万元购置配备78部微型消防车、200余套消防器材装备，提高了初期灭火能力。推进乡镇、街道在老旧居民楼和“空巢老人”住宅以及养老院、福利院、残疾人服务机构等场所安装火灾探测报警器3.1万个。

【服务保障行政办公区建设】　年内，编制《北京城市副中心消防规划（2016—2030）》，按照“一年、五年、十五年”三个阶段科学系统地规划北京城市副中心消防建设格局。通州全域内远景实现“1中心2基地50站”的规模。在行政办公区成立城市副中心消防服务保障办公室，上门服务行政办公区消防行政审批、消防监督检查，实现消防审核“零”时间，完成对8个重大项目的审核批复。办公区消防中队投入执勤，进驻官兵25名，消防车辆5部，贴身护卫办公区建设工程消防安全工作。

【加强执勤备战工作】　2016年，出动3920人次、284车次对辖区内的515家重点单位以及道路水源等基础情况进行调研，开展演练563次。强化支队全勤指挥部靠前指挥，出动次数比2015年提高50%。8人参加总队组织的水域救援队培训，持有潜水证的官兵达到15人。12人到国家地震局紧急救援训练基地参加地震救援培训。组织各基层中队对全区重点单位、社区微型消防站人员开展业务培训89次，调集微型消防站参加灭火救援出动275次。以梨园、商务园中队为基础实名制建立30人反恐处突机动力量，加强特种器材装备操作训练，做到人与装备最佳结合，模拟爆炸、毒气、化学等灾害实景进行实装演练。成功处置“1·20”潞城镇南刘各庄村厂房火灾、“4·9”张家湾镇苍头村仓储库房火灾，“9·4”永顺镇金海街17号居民楼火灾、“12·18”东六环液化天然气槽车泄漏等多起较大灾害事故。

【消防宣传培训】 2016年，悬挂消防宣传挂图、海报10万余份，在户外视频、楼宇电视等播放宣传标语20万余次，设立消防宣传栏和消防公益广告牌110余块，开展集中咨询宣传活动280余次，创办《通州消防报》，宣传防火自救知识，曝光隐患单位及处理情况，消防支队官方微博、微信关注人数达到4.4万人。在市级、区级新闻媒体刊播消防专题和新闻稿件200篇（条）。在通州电视台开设1个消防专栏，每日分三个时段，早、中、晚滚动播出消防安全提示，刊播消防安保动态节目，播出消防公益宣传片、消防安全提示字幕5000余条。依托8个人防工程建立消防科普教育基地，开展宣传活动100余次，联合教委开展消防进军训、消防演练200余场，发放消防光盘教材100套。

【消防队站建设】 年内，漷县、北京城市副中心行政办公区中队投入执勤，永乐店、宋庄、潞城、张家湾4座消防站完成主体结构建设，新海和台湖2座消防站前期手续基本完成，城市副中心消防指挥中心及特勤消防站选址基本确定。

（王琪华）

检 察

【概　况】 2016年，通州区人民检察院（以下简称通州检察院）受理公安机关提请批准逮捕案件587件736人，审查批准逮捕366件420人；受理移送审查起诉案件937件1069人，审查提起公诉800件936人。坚决贯彻宽严相济的刑事政策，依法决定不批准逮捕203件292人，不起诉100件117人，促成轻微刑事案件当事人和解164件。突出打击生产销售伪劣产品、有毒有害食品、破坏金融管理秩序等侵害民生民利的案件38件40人，妥善办理了涉案金额11亿余元的陈某某、于某某非法吸收公众存款、非法持有枪支案，并针对涉众型经济犯罪集中高发现状，制定《非法集资案件办理意见》；办理了全市首例依据异常位置更新来认定伪基站影响用户数的贾某扰乱无线电通讯管理秩序案。强化公益诉讼履职，制定内部公益诉讼案件线索发现、移送工作规定，立案审查行政公益诉讼线索3件。全力做好检察环节矛盾化解工作，受理群众信访451件、集体访9批次，全部实现息诉罢访。加强对区域内特殊和重点人群的管理，联合司法局开展社区服刑人员脱管专项检察。针对区域内涉案单位存在的问题，制发检察建议15份并跟踪监督纠正。深化未成年人保护，与金福艺农农业有限公司、通州区光荣院等6家单位建立通州区未成年人观护帮教基地，强化京津冀跨区域检务合作，与河北张家口两区（县）院建立异地协作帮教机制。

突出查办涉农惠民、拆迁安置、通信行业等重点领域小官贪腐案件，截至10月，立案侦查贪污贿赂犯罪12件14人，其中，大案9件。立案侦查滥用职权犯罪1件1人。查办的民政系统窝串案被北京市反贪部门评为“十大精品案件”。认真落实市法院“积压线索清理工作”，清理2016年之前积压线索25件。充分发挥信息技术对职侦办案的支撑作用，在依托情报信息系统进行公共信息查询基础上，与区公安分局情报中心建立快速查询反馈机制，运用公安情报资源提高侦查效率。深入基础设施建设、环境资源、国有资产等重点领域单位调研，就涉城市副中心重大工程项目建立廉洁共建、职务犯罪预防跟踪监督等机制，开展同步预防、专项预防和个案预防工作，确保政府投资安全。进一步规范行贿犯罪档案查询，办理查询4607次，促进社会诚信体系构建。深入机关、企事业单位、乡镇街道开办警示教育案例展、法制讲座、廉政约谈等宣传教育169次。

加大诉讼监督力度，受理立案监督线索6件11人，依法追加逮捕5人、追加起诉12人。针对公安侦查活动存在的不规范问题，发出纠正违法通知书1份，制发检察建议3份。受理“两法”衔接案件线索3件3人，建议区食药监局移送公安机关立案1件1人，参与协办市院督办的案件1件。加强羁押必要性审查，提出变更强制措施建议15件，全部被采纳。针对监管活动和社区矫正工作中的问题发出纠正违法通知书4份。积极开展集中清理判处实刑罪犯未执行刑罚专项活动，筛查出3名判处实刑尚未收监执行罪犯。开展财产刑执行专项检察活动。加强刑事审判监督，提请刑事抗诉案件3件。加强民事审判监督，受理不服法院民事判决裁定申诉案件70件，建议提请抗诉3件，其中，2件获市法院支持。受理民事执行监督案件3件，审判人员违法行为监督1件，办结行政执行监督案件1件，向通州法院制发检察建议2份。扎实落实基层民事行政检察工作推进年专项活动，完成高检院拟定的“十个一”工作计划中的6项。

认真落实司法体制和检察改革。细化实施“权限清单”和“履职清单”，将权限和履职情况明确到岗位和层级，突出检察官主体地位。优化检察职权配置，实现司法资源向办案一线倾斜和回流，将原来24个内设机构优化整合为17个，新增监督部门3个。推进以审判为中心的诉讼制度改革，围绕“两主”强化履职，以侦查监督点大数据为抓手，拓展监督线索，通过制发综合检察建议，帮助侦查机关完善制度机制。依托量刑数据库，提出量刑建议558人，采纳率94.81%。继续深化检务公开，公开案件程序性信息1928件，法律文书794份，公开率88.81%。通过邀请人大代表、政协委员观摩庭审，通报查办职务犯罪案件情况，组织开展座谈研讨等方式，自觉接受监督。深入开展刑事案件速裁程序试点工作，办理速裁案件537件557人，平均审限压缩至6天以内。

7月26日，举行首批计入员额检察官宪法宣誓仪式
（检察院提供）

【电子卷宗系统上线运行】 1月4日，按照高检院、市检察院电子卷宗应用专项工作的统一部署，通州检察院积极开展完备硬件设施、加强专业人员培训和制定规章制度等前期准备工作，保证电子卷宗系统正式上线运行，并成功向统一业务应用系统上传第一份电子卷宗。

【监督监外执行罪犯病情鉴定】 2月17日，通州检察院派员前往潞河医院依法对罪犯谷某病情鉴定过程进行监督。检察人员通过向主治医生咨询、查阅病历和检查记录、与家属谈话等，了解其在社区矫正期间的病情和治疗情况，保障了病情鉴定过程的真实性、合法性，维护了当事人的合法权益，深化了检察监督工作。

【开展电子证据培训】 3月21日，通州检察院技术处开展电子证据鉴定人员培训活动。会上，来自美亚柏科公司的培训讲师重点围绕手机取证、话单分析系统、硬盘修复系统、现场快速复制设备等内容进行详细讲解。

【开展职务犯罪警示展览】 5月9日，通州检察院与通州区国资委联合开展国有企业预防职务犯罪警示教育展览。本次展览将进一步增强全区国有企业从业人员廉洁自律和防范意识，营造全区国企领域廉洁文化氛围。

【开展“关爱宝贝”活动】 6月3日，通州检察院联合共青团通州区委员会、北京市东城区助人社会工作事务所，在通州区新未来实验学校开展了以关爱外来务工人员子女为主题的“关爱宝贝，助力成长”活动。该院未成年人刑事检察处检察官向孩子传授基本法律知识和自我保护常识，并赠送预防犯罪书籍。

【签署《预防职务犯罪工作共建协议》】 年内，通州检察院与通州区公路分局签署《预防职务犯罪工作共建协议》，建立联合预防职务犯罪工作长效机制。副检察长田长江、区公路分局党组书记王沛才、局长李金钟以及全部班子成员和中层干部出席签字仪式。双方表示要坚持以有力遏制犯罪、有效降低腐败机会为工作追求，把预防工作落到实处。

【开展未成年人帮教工作】 年内，通州检察院对涉嫌抢劫罪的两名未成年犯罪嫌疑人李某、武某作出附条件不起诉决定，并对二人进行异地考察、帮教与监督。该院以此案为契机，探索建立异地考察帮教工作机制，解决非京籍涉罪未成年人适用附条件不起诉的困境。

【推动“两法衔接”】 11月25日，通州检察院与区食药监局、区国税局、区地税局、区工商局举行“两法衔接”工作机制会签仪式，通州区副区长洪家志出席会议。通州检察院围绕副中心建设中征地拆迁、城市建设、生态环境、食品药品等重点领域，强化举措、落实责任、建章立制，加速转变工作模式，积极推动“两法衔接”。

【举行派驻检察室揭牌仪式】 12月15日上午，通州检察院在通州分局执法办案管理中心举行派驻检察室揭牌仪式。派驻检察室主要承担立案监督、侦查活动监督，以及应公安机关请求，介入重大、疑难、复杂案件等职责。

（丛　源）

法　院

【概　况】 2016年，通州法院围绕服务保障副中心建设这一中心和司法为民公正司法这一主线，努力完成审判执行任务，积极探索改革创新，全面提升队伍素质，为“京津冀”协同发展战略的顺利实施和北京城市副中心建设的有序推进提供了坚强的司法保障。全年受理各类案件60078件，结案56082件，同比分别增长60.58%、53.53%，结案率88.24%，法官年人均结案数连续五年位居全市法院第一位，效率指数和综合质效指数均在全市法院排名第一位。其中，依法审结各类危害社会秩序和人民群众生命财产安全的犯罪1017件，判处罪犯1192人；审结所有权确认、分家析产、继承纠纷、劳动争议、破产清算、电子商务类、网络购物类、金融衍生产品类等民商事案件44861件，依法审结行政诉讼案件447件；执结各类案件9736件，执行到位标的金额近8.4亿元。

2016年，通州被定位为北京城市副中心后，通州法院及时调整工作思路，将助推副中心建设整体方案的顺利实施作为法院工作重点，积极优化副中心建设司法保障体系，重点开展了以下几方面的工作：一是坚持“三个主动”，全力服务城市副中心建设。主动作为，制定《服务和保障北京城市副中心建设实施办法》，统领和指导全院审判执行工作。主动协作，构建多级联动协调机制，主动向区委、区人大报告立审执情况，及时与市高级法院和三中院沟通，积极与区法制办、住建委等相关部门召开执法联席会议，稳妥处理多起疑难复杂涉副中心建设案件，保障了区重点项目的顺利推进。主动优化，优化审判资源配置、专业人才培育和信息技术保障，为涉副中心建设类案件的妥善处理提供强有力的人才、技术支撑。二是创新科学管理，通过细化审判任务，规范审判流程，加强积案清理，优化完善制度体系，使审判管理更精细。推行简案快审全面化，类案审判专业化，院、庭长办案制度化，科学破解司法难题。搭建立体服务网络，打造诉讼服务平台、司法服务平台、视频集控平台便捷司法服务，打造创新融通的“智慧法院”。三是坚持文化引领，深入开展创先争优活动，挖掘和宣传先进典型，推出了以杜鹏、晋怡等为代表的先进人物，带动整个队伍形成勇于担当、积极向上的良好风貌，打造健康蕴润的“绿色法院”。四是着重锤炼队伍，打造人才济济的“森林法院”。通过思想先行，着力加强思想政治建设、司法形象建设和司法规范化建设，打造公正清廉的法院队伍；科学育人，倡导学习之风，加大应用调研力度，强化司法实践能力，打造专业高效的法官群体；锐意改革，积极推行法官员额制改革，探索审判权运行机制改革，推行涉诉信访改革，打造创新务实的审判团队。五是积极开门纳谏，自觉接受人大、政协监督，主动接受媒体监督，加大司法公开力度，让司法更公正、更透明、更公信，打造兼容并蓄的“海绵法院”。

【开展集中送达工作】 年内，为进一步提高外出送达效率、提升审判质效，在经过前期充分的调研论证、人员培训、试运行、实习总结等工作后，通州法院制定了《北京市通州区人民法院关于开展集中送达工作的实施意见》（以下简称《实施意见》），正式开展集中送达工作。《实施意见》对集中送达工作的主责部门、案件范围、送达流程、送达期限等进行详细规定。通州法院党组高度重视集中送达工作，多次召开党组会专题研究集中送达工作，院长就集中送达人员的培训、如何提高送达效果等工作作出具体指示；面对人员紧张的问题，积极与相关部门协调，招聘专门的送达人员，组成专业送达组；通过优先调度3辆固定车辆及1辆机动车辆用于集中送达工作，保障集中送达工作顺利进行。通州法院集中送达工作走在了全市法院送达改革的前列，吸引了海淀法院等单位前来交流学习。

【推行法官员额制】 年内，根据《北京市法院法官首批入额工作实施方案》安排，通州法院109名同志通过资格审查、考试、考核、考察、公示等程序，经北京市法官、检察官遴选委员会全体委员审议通过，先后分两批进入员额法官序列。法官员额制是推进司法改革的基础性制度，它涵盖了法官员额配比、入额条件和方式、领导干部入额问题、员额法官退出机制等问题，通过法官遴选委员会遴选进入员额序列的法官，必须具备品行操守良好、业务水平精湛的职业素养，真正满足法官队伍的职业化、精英化的职业要求。5月30日和10月8日，通州先后组织两批员额法官举行宪法宣誓活动，以此来增强法官的责任感和尊荣感，所有的入额法官都要终身牢记誓言，倍加珍惜法官的职业荣誉，忠实履行宪法和法律赋予的职责。

【接待韩国中央大学法学专门大学院代表团】 6月28日，韩国中央大学法学专门大学院院长李钟英率学生代表团到通州法院参观访问。双方就两国的司法制度、案件管辖范围、法院机构设置、法官选任、法院信息化建设、司法体制改革、落实繁简分流重点举措等相关问题进行深入的交流和探讨，并就司法为民、民主法治等司法价值观达成一定共识，同时强化了两国法律理论与实践的合作与交流。

6月28日，韩国中央大学法学专门大学院院长李钟英率学生代表团到通州法院参观访问　　（法院提供）

【审理本市首例婚内申请撤销监护权案】 7月27日，通州法院适用特别程序公开开庭审理本市首例婚内申请撤销监护权的案件，并当庭进行宣判。申请人程某与被申请人李某系夫妻关系，婚后育有一子乐乐。2015年6月13日，李某因琐事与程某发生口角并将程某赶出家门，因两个多月大的乐乐哭闹不止，李某在吸毒后用手扇打乐乐头面部，致其重伤二级。2016年7月7日，李某被通州法院判处有期徒刑七年。申请人程某将李某诉至法院，要求撤销李某的监护人资格，并指定中华少年儿童慈善救助基金会为乐乐的辅助监护人。经过开庭审理，法院认为，李某作为乐乐的父亲，未尽到对孩子的关怀照顾义务，反而在吸毒后将不足三个月的幼儿乐乐打伤至重伤二级，严重侵害了未成年人的合法权益，现乐乐的母亲申请撤销李某对乐乐的监护人资格，符合法律规定，应予以支持。中华少年儿童慈善救助基金会在筹集善款，及时救治乐乐的过程中，起到积极的作用，其行为应当得到表彰和肯定，但基金会并不在法定的监护人主体范围内，且中国法律法规中并无所谓辅助监护人的概念。因此对于程某要求基金会担任辅助监护人的诉讼请求，不应予以支持。故判决：撤销李某为乐乐监护人的资格，驳回程某的其他申请。

【与首都经贸大学法学院签订合作共建协议】 9月23日，通州法院与首都经贸大学法学院签订合作共建协议，通州法院党组书记、院长陈立如，首都经贸大学党委常委、副校长孙昊哲等人出席签约仪式。法学院院长喻中、通州法院副院长张朝阳分别代表首都经贸大学法学院和通州法院在合作共建协议书上签字。

【《焦点访谈》播出通州法院执行案例】 9月27日晚7点38分，中央电视台综合频道、新闻频道《焦点访谈》栏目播出《一处失信处处受限》节目，通州法院执行的汪某申请执行北京某房地产经纪公司一案，作为唯一选取的具体案例进行重点介绍。汪某等人申请执行北京某房地产经纪公司案立案执行后，通州法院及时对被执行人财产进行查询，前往公司注册地现场勘查后，未发现被执行人公司名下财产、且该公司不在注册地经营。针对被执行人存在规避、躲避执行的情形，法院认为该公司法人代表唐某应承担法律责任，依法决定对唐某采取司法拘留，限制出境等措施，依法将唐某列入一级临控名单，同时向出入境管理部门送达限制出境决定书。在采取一级临控、限制出境措施两个多月后，唐某被首都机场出入境边防检查站控制，后执行法官将唐某带回法院。次日，唐某向法院交纳全部案款及迟延履行利息，涉案的十六件案件顺利执行完毕。

【发布《产业调整退出企业员工安置法律问题指引》】 10月26日，通州法院制定了《北京城市副中心产业调整退出企业员工安置法律问题指引》（以下简称《指引》）。该《指引》是以调整退出的方式（整体退出、环节退出）为基础，将员工转移方案（变更/继续履行劳动合同）、停工待岗的过渡方案、解除/终止劳动关系的裁员减员方案等各种员工安置方案进行细化，并对企业安置员工过程中常见的经济补偿金、代通知金的支付问题进行解读。供相关部门、企业参考。

【发布《服务和保障北京城市副中心建设实施办法》】 12月13日，通州法院召开新闻发布会向社会发布《北京市通州区人民法院服务和保障北京城市副中心建设实施办法》（以下简称《实施办法》）。通州定位为北京城市副中心后，通州法院及时调整工作思路，围绕服务和保障城市副中心建设大局，采取了一些措施：一是加强保障，主动为副中心服务；二是积极联动，确保审执效果；三是开通绿色通道，快速审理执结案件；四是优化资源，整合团队力量。在此基础上，通州法院经过长期实践和深入调研，制定出台《实施办法》，就服务保障副中心建设的基本原则、组织机构、具体职责、案件处理程序、司法职能延伸、奖励与责任追究等进行了制度设计和详细的规定。这是通州法院全力服务和保障城市副中心建设推出的一项重要举措和统领指导立案、审判、执行工作的纲领性文件，将对进一步服务和保障城市副中心建设、助推京津冀协同发展具有重要现实意义。

（秦运瑞　刘乙璞）

司法行政

【概　况】　2016年，通州区司法局下设8个科室，分别是：法律援助指导科、法制科、法制宣传科、政工科、办公室、基层工作科、监察科、社区矫正和安置帮教科。下辖15个基层司法所和3个事业单位。3个事业单位分别是：通州区法律援助中心、北京市潞洲公证处和通州区阳光中途之家。

人民调解工作。充分发挥人民调解三级调解网络维护稳定作用，坚持敏感时期重点排查，日常矛盾定期排查。在重大节日、重大会议、敏感期以及5月、9月矛盾纠纷排查调处月等时间节点组织开展专项排查调处活动，最大限度将纠纷化解在基层，避免纠纷激化升级，并在敏感期实行矛盾纠纷排查情况日报告制度，有效维护了社会稳定。在潞城棚改二期工程中，组建潞城镇棚户区改造工程人民调解服务团，抽调20名业务骨干深入潞城棚改一线提供人民调解、法律咨询、法治宣传等服务。为期两个多月的工作中，调解团解答法律咨询968件1694人次，达成调解协议82份，代书116份，收到棚改村村委会及群众自发制作的锦旗35面，有效地促进了区域和谐稳定，维护了村民合法利益，保障了棚改工程的顺利推进。作为通州区社会矛盾多元调解专项组牵头的重点单位，司法局积极发挥牵头协调作用，认真履行办公室各项职责。根据本区实际，及时制定并向专项组各成员单位、各街（镇）多元调解专项组下发“工作要点”“考核办法”等文件。在巩固、深化已有的检调对接、公调对接等机制基础上，配合区法院推进人民调解进立案庭工作。2016年，全区各级调解组织共调处各类纠纷22535件，成功22518件，成功率达到99.9%以上。

社区矫正和安置帮教工作。落实社区矫正管控措施，做好元旦、春节、“两会”“五一”和中共十八届六中全会等重要时期特殊人群的管控教育；对“两类”人员进行分类教育和解矫前教育，开展心理辅导、就业指导以及集中开展社区服务和轮训等工作，确保管控的社区服刑人员100%受教育的要求；全面组织和指导社区矫正工作，全年开展3次集中督察、2次专案督察、3次专项督察，确保社区矫正工作程序规范有序；运用北京市社区矫正信息管理系统平台，全面启动指纹+面部识别双重认证机制，推行指纹报到功能，实现社区矫正智能化管理。发挥共青妇等团体、退休干部、社会热心人士、志愿者开展社区矫正社区评议工作，确保司法所及时掌握矫正人员情况。全年聘请1200余名评议员，发放评议经费90余万元。加强安置帮教和社区矫正工作，定期通报情况，强化衔接管理，做到衔接到位、帮教到位、安置到位。全年组织两次集中帮教活动，8次个别帮教，1次“三无”衔接帮教活动，累计帮教100余人次。召开三次特殊人群个案协调会，明确撤缓各单位职责，确保收监工作有序执行。加强监所结对帮扶，与监狱签订衔接帮教协议，开展超前帮教、集中帮教等活动，实现特殊老病伤残以及“三无”释放人员衔接帮扶到位。利用春节等特殊时期对个别困难“两类”人员进行临时救助，发放救助金2万余元、救助物品200余份。

法治宣传教育工作。8月18日，区五届人大常委会第三十六次会议审议通过《关于在全区开展法治宣传教育的第七个五年规划》。10月18日，召开区“六五”普法总结暨“七五”普法启动大会，标志着通州区“七五”普法正式启动。在三八妇女节、“3·15”消费者权益日、“5·12”防灾减灾日、六一儿童节、八一建军节、“12·4”国家宪法日等重大节点，针对妇女儿童权益保护、消费者公益保护、防灾减灾等主题，组织开展多种形式的主题法治宣传教育活动。累计开展各类法治宣传教育活动40余场，发放各类普法宣传材料4万余份，服务群众1.2万余人次。在《通州时讯》上开办“我要对您说”普法专栏、在通州电视台开办每月一期的《普法园地》专题栏目和每周一期的《法治通州》新闻栏目，在通州广播电台播放每周一期的固定普法栏目。全年登载报刊普法专栏52期、播出《普法园地》栏目12期。结合当前“互联网+”形势要求，打造法治宣传教育普法专栏升级版，将大运通州网普法专栏升级改版，丰富栏目形式，及时发布法治动态，推动服务型普法模式，在大运通州网上公示“一村一居一法律顾问”名录，方便居民寻求法律服务。加强“一网两微”建设，开通“法治通州”微信普法公众号，充分利用网络时代新媒体宣传的便捷性，将普法阵地的建设实现广播、电视、报纸等传统媒体与网络、手机短信、微信等新型媒体全面覆盖。

5月5日，通州区司法局开展“关爱残疾人，法律援助身边行”活动 （司法局提供）

法律服务保障工作。加强区“12348”法律服务热线平台建设。针对房产买卖、赠与、过户、继承等咨询数量不断增长的现象，为适应群众需求，通州区法律援助中心建立公益律师值班制度，为群众提供专业的法律咨询。同时在公共场所安排法律宣传活动，向群众宣讲房产交易中应注意的法律问题。2016年，法律援助中心受理案件524件，案件数量较上年翻一番。潞洲公证处大力推行六项利民、便民、惠民措施，全年累计办理公证23435件，其中，国内20558件，涉外2869件，港澳8件，收到表扬信6封。

基层建设工作。织严织密区、乡镇（街道）、村(社区)三级调解网络，在村委会换届选举后协助组建村人民调解委员会，并开展全区基层调解组织和调解员清查统计工作，形成调解组织名册。按需加强培训，组织开展人民调解业务培训1次，各司法所对本辖区调解员开展培训不少于2次。

【完成“2016零点报告行动”】 1月1日零时，区司法局完成市司法行政系统2015年零点报告行动，标志着通州区2015年社区矫正工作实现无脱管、无漏管，社区矫正工作质量稳步提升。

【举办中小学生网络法律知识答题】 1月23日—2月21日，举办第三届中小学生假期网络法律知识答题，1万余名学生参与网络答题，带动1万个家庭参与普法。

【举行法治文化精品村授牌仪式】 3月11日，在区会议中心召开通州区2016年法宣工作会。会议对2015年全区法治宣传教育工作进行全面总结，对2016年工作进行动员部署。会上，对漷县镇草厂村等6个全区第四批创建的法治文化精品村（社区）进行授牌。

【公共法律服务中心建设启动】 4月中旬，启动区公共法律服务中心建设，选址在车站路48号东方宾馆C座。区公共法律服务中心将是通州区法律服务体系的核心和枢纽，截至年底，公共法律服务中心正在建设中，办公用品采购工作完成。

【开展主题法治宣传活动】 10月21日，制定并下发《关于进一步推进“尊法、学法、守法、用法，创建文明城区”主题法治宣传教育活动的通知》，于

11月—12月在主要城区范围内开展“尊法、学法、守法、用法，创建文明城区”主题法治宣传教育活动。在各社区、人流密集的繁华地带等场所广泛张贴以“尊法、学法、守法、用法，创建文明城区”为主题的法治宣传海报600余张，张挂相关主题的法治宣传横幅100余条，开展律师以案释法活动80余场。

【开展“以案释法”活动】 11月11日，制发《通州区关于开展以案释法活动的通知》。活动发挥普法讲师团、普法志愿者、法律顾问的作用，通过举办法治讲座、法治报告会和送法进课堂、送法进社区、送法进企业等形式宣讲法律；定期编辑、推出各类典型案例，开展以案说法、以案释法活动，发挥典型案例的教育警示作用。活动开展以来，律师深入村（居），选取具有重大典型教育意义、社会关注度高、与群众关系密切的案件，进行现场宣讲。据统计，以案释法已开展80余场，发放宣传资料1000余份、接受群众法律咨询2400余人次。

【开展“12·4”国家宪法日宣传活动】 12月2日，区法宣办、区司法局在通州万达广场举办主题为“弘扬宪法精神 共筑文明通州”的“12·4”国家宪法日主题宣传活动。区委副书记、政法委书记杨静慧，区政府副区长雷晓宁以及区法宣办成员单位代表、普法志愿者代表和社区群众代表百余人参加活动。活动现场分为法治嘉年华互动区、宪法普及区、普法成果展示区和法律咨询区等四个区域。同时区法院、区检察院、区公安分局、司法局以及北苑街道的工作人员现场向群众发放普法宣传材料，普及法律知识。

【开展“金证合作”对接会】 12月，区司法局、区金融办联合驻区23家银行机构及6家小贷公司召开“金证合作”对接会。潞洲公证处与区属29家金融机构建立合作机制，实现业务承接、信息对接、资源衔接、优势转接，同时探索建立金融公证电子信息系统，共享关联案件信息查询，开展查证核实工作，提升金融公证效率。建立预警研判会商制度，对可能影响金融业健康发展的风险点、关键点进行预警研判，将风险控制在最小范围。

【“鸠占鹊巢”保姆反讨劳务费】 赵某，北京人，系三级智力残疾人，无劳动收入。王某，曾是赵某的保姆，后被辞退。赵某父亲在赵某年仅9岁时就离世了，此后赵某就与母亲乔某相依为命。因为智力残疾，赵某没有上过学。母子二人居住在贡院x号院，平时靠母亲的微薄收入勉强维持生活。2010年4月，贡院5号院拆迁，乔某与拆迁公司签订《拆迁补偿协议书》及《房屋安置协议书》后，便与赵某一起搬到通州区潞城镇胡各庄市场租房居住。后王某得知赵某家拆迁，便和丈夫找到赵某，要求回迁房分下来后和赵某母子一起居住，并要求照顾两母子。赵某和母亲不同意，王某便经常来骚扰乔某母子。2012年12月，赵某和母亲一起迁居至通州区梨园镇新城小区某室居住，才居住几天，王某就和丈夫、儿子也一起搬到赵某家居住。2013年12月31日乔某去世，此后王某一家就和赵某一起生活，但并未对赵某生活进行照顾，赵某居住的地方甚至没有床，只睡在床垫上，盖着破旧的被子。2016年，在民警的帮助下，居委会联系到赵某的舅舅，因赵某生活条件太差，舅舅要求王某搬走未成，只得将赵某接到自己家居住，现在王某一家仍然霸占着赵某居室。2016年3月1日，王某反而起诉赵某要求其支付劳务报酬114000元。

赵某及舅舅来到通州区法律援助中心接待大厅，法援中心工作人员详细了解情况并分析案情，提示赵某家属应做的诉讼准备事宜，并迅速指派北京市致宏律师事务所参与公益法律服务，承办法律援助案件的裴镒律师承办此案。

2016年8月9日，裴律师与赵某亲属见面，听取案情介绍。随后裴律师进行深入的调查工作。因为案件情况特殊，赵某是智力残疾人，语言表达能力有限，加之长期遭受王某家人长期的不好影响，心理上对王某丈夫、儿子很恐惧，提及此事就默不作声。为了全面掌握案件基本事实，裴律师分别联系新华大街贡院居委会的刘书记和新城小区居委会的杨主任，对赵某拆迁前的生活情况和搬迁至新居后的生活情况进行了解。因为新城小区是新建小区，新城小区居委会是在2015年7月成立的，9月贡院居委会与新城小区居委会接触，才了解到有赵某这么个特殊情况的残疾人。新城小区居委会对赵某的了解是从2015年9月开始的，而贡院居委会在赵某与母亲自2012年拆迁搬走后对其情况也不是很了解，中间刚好有三年的空档期。赵某与乔某经历了怎样的生活，王某一家又是如何住到赵某家的，王某为什么要起诉赵某要劳务费呢？裴律师有太多的事实需要查清。唯一的线索就是赵某本人了。裴律师约赵某和其二舅到律师事务所进行多次谈话，慢慢对赵某进行引导，让其回忆、讲述这三年的生活。结合赵某所述，裴律师又到新城小区走访部分居民，居民们称经常看到赵某在垃圾箱中翻找食物，偶尔看到赵某在车棚子、锅炉房午休、过夜，赵某穿的衣服总是脏兮兮，没人管的样子。裴律师结合赵某陈述及多方取证，终于全面、清楚的掌握案件事实。

随后律师进行调查、取证。律师耐心周到的服务态度、无微不至地关心、娴熟的专业理论知识和诉讼技巧使当事人权益得到保护，维护了残疾人群体的利益，从而维护了法律的尊严与社会的和谐稳定。

2016年8月31日，通州区人民法院作出判决：驳回原告王某的诉讼请求。领取判决后，赵某其舅舅对法援中心和裴律师万分感激。

【搬马桶砸伤手反被要赔偿】 2016年9月，董某与朱某达成口头约定：朱某驾驶自己的货车为董某运送一批马桶至董某指定存放的仓库并搬至仓库里。搬运过程中，朱某的右手不幸被马桶砸中，事故发生后，董某及时将朱某送至医院进行治疗，并垫付1400元的医药费。经过一段时间的治疗，朱某右手基本痊愈。遂找到董某商谈后续补偿问题，岂料董某反诉自己的委屈，说因为朱某找了一个喝酒的工人来搬马桶，因为那个工人手不稳才导致朱某没接住把马桶摔坏了，朱某还得倒赔钱呢。双方各持己见，于是来到司法所要求调解。

工作人员热情的接待了双方当事人，在了解相关情况后，司法调解员详细的为当事人讲解了《侵权责任法》第三十五条“个人之间形成劳务关系，提供劳务一方因劳务造成他人损害的，由接受劳务一方承担侵权责任。提供劳务一方因劳务自己受到损害的，根据双方各自的过错承担相应的责任”，和《中华人民共和国合同法》第一百零七条“当事人一方不履行合同义务或者履行合同义务不符合约定的，应当承担继续履行、采取补救措施或者赔偿损失等违约责任”。调解员明确表示双方都负有一定的责任，这是意外事故，谁也不愿意发生，朱某的手确实需要休养，一段时间内不能正常工作，希望双方互谅互解，友好协商此事。

经调解最终达成一致意见：1.董某支付朱某医药费等国家法律法规规定的全部费用壹仟伍佰元（1500元）整，一次性以现金方式结清。2.朱某在接受上述补助费后，再无其他补偿要求并自行处理后续事宜。协议签订后，董某当场将1500元现金交与朱某，二人也尽释前嫌，表示还会继续合作。

（肖　珂）

流动人口和出租房屋管理工作

【概　况】 2016年，区流管系统扎实推进流动人口和出租房屋基础调查、城乡结合部重点地区综合整治、违法群租房专项治理、基层流管站和管理员队伍规范化建设各项工作，流动人口服务管理水平得到进一步提高。与此同时，以严控人口规模为重点，全面推进人口调控各项工作，完成人口调控年度目标。

【健全完善流管体制机制】 年内，成立由区委副书记、政法委书记杨静慧为主任，37家成员单位党政一把手组成的区流管委。形成各司其职、各负其责、齐抓共管的工作格局；全区所有街乡镇流管办均配备1名专职主任（或副主任）和3～5名专职工作人员；全区保留、新建、合并基层流管站348个，配备专兼职流管员2884名，配备比例达4.1‰。完善压力传导机制，将流管职责任务和工作目标纳入区委区政府考核体系和综治年度考核，通过逐级签订责任书，形成一级抓一级、层层抓落实的工作机制；完善基础调查奖励机制，将流动人口和出租房屋基础调查奖励经费纳入区级财政预算，实行每新增1条人房信息奖励1元的政策措施，确保准确掌握人房底数及变化情况。

【开展流动人口和出租房屋基础调查】 年内，牵头制定《关于开展流动人口清查工作的实施方案》，重点对较难入户的楼房小区，中央和市属企事业单位和驻通州部队住宅小区，权属不明的平房小区的流动人口信息进行全面补登，同时对已拆迁的村庄、已搬迁的企业、已腾退的工业大院中的流动人口信息进行全面核销，新登流动人口信息0.56万人，核销流动人口信息2.2万人，为通州区经济社会发展提供了强有力的数据支撑，为党委政府科学决策提供了基础性支持和服务。

【开展城乡结合部重点地区综合整治】 年内，确定台湖镇董村、玉甫上营村等12个市级挂账整治重点村和潞城镇八各庄村、南刘各庄村等6个区级挂账整治重点村。围绕人口、秩序、环境三大问题，采取加强领导、落实责任、联勤联动、加强督导、强化保障、推树标杆、宣传引导等多项措施，全力推动综合整治各项工作深入开展。截至年底，市、区两级挂账重点地区拆除各类违法建设19.6万平方米，整改各类安全隐患2万余处，疏解人口1.28万人，群众安全感和满意度得到大幅提升，年度综合整治任务完成。

【推进违法群租房专项治理】 年内，确定梨园镇新城嘉园、永顺镇珠江丽景、北苑街道日光清城3个挂账治理小区。坚持属地负责、部门尽责，规范管理、消除隐患的原则，采取成立现场指挥部、实施“三七二一”工作法、社区律师司法介入、动员发动群众广泛参与、召开中介机构警示大会、建立五项长效治理机制等多种有效措施，持续推进违法群租房专项治理工作，截至年底，全区治理违法群租房233户，拆除隔断532间，劝离居住人口1389人，挂账治理小区全部销账，全年未发生一起涉及违法群租房的安全事故、重大案事件，未发生一起涉及违法群租房的新闻媒体负面炒作。

【推动人口规模调控各项工作】 按照年初制定的“流动人口总量比上年减少5%以上”和“将流动人口总量控制在70万人以内”的调控目标，划定城区、城乡结合部地区、偏远地区三类人口调控指标，逐级签订人口调控责任书，确保完成全年人口调控目标；加强统筹协调，成立区人口规模调控工作领导小组，建立健全相关工作制度，形成上下衔接、部门联动，条块结合的人口调控工作格局。配合全区工业大院治理、商市场改造、两违治理等各项重点工作，加大流动人口摸排力度；加强流动人口动态监测，连续刊发23期《流动人口基本情况动态分析报告》，实时掌握全区人口数量、结构、分布及增减变化趋势情况，重点加强对人口倒挂地区、人口增长过快地区的监测评估和工作指导。截至年底，全区流动人口总量降为69.25万人，年度人口调控目标完成。

【基层规范化建设工作】 年内，对全区基层流管站和流管员队伍基本情况进行详细摸底，确定23个居住证办理点和100个居住登记卡办卡点，确保居住证制度顺利实施；抽调精兵强将全力配合公安机关做好居住登记卡和居住证办理工作，在全力确保居住证制度稳步实施的基础上，全面开展规范化建设各项工作。与此同时，全面贯彻落实京政办字〔2016〕40号文件精神。与区公安分局一道扎实做好前期各项准备工作，对通州区流管体制再次进行调整。

（欧阳宇）

军　事

7月28日，由中国人民解放军陆军总院、北京市通州区文联、北京市通州区民政局主办，北京市通州区书法家协会承办的“翰墨丹青 情系官兵——首都书画艺术名家‘八一’走进陆军总医院慰问活动”　　（文联提供　张丹妮/拍摄）

人民武装

【概　况】　2016年，通州区人民武装部在北京卫戍区和通州区委、区政府的坚强领导下，坚持以中共十八届四中、五中、六中全会和全军政治工作会议精神为统揽，深入学习习主席系列重要讲话精神，坚决贯彻卫戍区党委决策部署，着眼举旗铸魂、聚焦打赢、依法治理、强基固本、创新驱动、坚强核心的建设目标，坚持政治建部，团结兴部，实干强部的工作思路，突出制度建设与执行，狠抓各项工作落实，完成以国防后备力量建设为中心的各项任务，人武部的全面建设取得新的发展进步。

【民兵政治教育】　注重理论武装，深入学习中共十八届四中、五中、六中全会精神、全军政治工作会议精神和习主席系列重要讲话精神，扎实开展通州民兵忠于党系统教育和驻通州、爱通州、建通州主题教育实践活动，采取刊授教育、集中授课等形式重点抓了民兵的理想信念、职能使命、国防观念等主题教育，铸牢了民兵预备役人员忠诚于党的思想根基。民兵应急分队训练期间，利用训练间隙，认真开展通州民兵忠于党系统教育，并组织民兵学唱红色经典歌曲，较好激发了民兵的参训热情和吃苦精神。组织民兵预备役人员参观中国民兵武器装备陈列馆、民兵三战指挥中心，学唱红色经典歌曲，增强国防意识和使命意识。

【民兵整组工作】　3月，通州区人武部针对现在“有编无兵”和“在册不在位”等实际，在编组时，本着压缩规模、调整结构、确保质量的思路，扩大在科研院所、高等院校、非公有制企业、高新技术开发区等科技人才密集单位的编组规模，突出抓好3种队伍建设，努力提高民兵队伍的专业对口率和复转军人比例，通过合理调整组织布局，民兵组织结构更加优化，重点分队建设更加规范，防空分队、应急分队编组更加合理。2016年，完成基干民兵的整组任务。

【军事训练】　按照军事训练计划，为抓好人武干部军事基础性科目训练，1月，组织干部职工进行冬季适应性野外训练，重点开展防空袭、快速救援、卫生防护等科目的应急指挥演练，较好地提升了部党委机关的组织指挥能力。10月，组织现役干部先后对军事理论、地图标绘、想定作业、手枪射击、通信器材、体能等科目进行学习训练，参加卫戍区军事训练考核，所有人员考核合格，成绩整体较上年度提升显著。上半年，分两批组织通州区乡镇武装部长参加北京卫戍区组织的专武干部业务培训，突出强化业务知识、专业技能和指挥技能训练，进一步提高专武干部业务素质和任职能力。9月，结合装备换季保养，组织民兵进行队列和高炮实际操作训练，民兵的防空能力和应急处突能力得到大幅度提高。11月，组织专武干部和骨干民兵进行轻武器实弹射击训练。

【全民国防教育活动】　年内，通州区人武部按照《中华人民共和国国防教育法》《北京市国防教育条例》和卫戍区有关要求，以国防教育街和国防教育广场、中国民兵武器装备陈列馆等国防教育基地为载体，以媒体宣传、基地宣传、活动宣传等多种方式进行全民国防教育宣传。通过武器装备实物、各种挂图、文字介绍和灯箱宣传等形式，使全民国防教育做到基地化、经常化，增强教育效果。年内，通州区人武部投入经费10万余元改造和更新国防教育街、国防教育广场设施和宣传内容，印刷发放10多万份宣传材料，购买下发《首都国防教育读本》和《神圣的职责、光荣的义务》宣传挂图，制作宣传横幅、展板，组织协调区广播电台、电视台和《通州时讯》进行跟踪报道，增强全民国防教育效果。

【民兵安保执勤】　年内，指导乡镇、街道成立民兵应急分队、治安巡逻队。根据维护社会面安全稳定需要，“两会”期间，组织民兵配合公安部门开展北京东部外围防线的治安查堵，全天24小时守护在全区18个治安检查站点和城区重要街道，确保“两会”期间首都东大门的安全稳定，多次受到上级领导和检查工作组表扬。

【征兵工作】 8月9日，召开通州区征兵工作动员大会。会上总结了2015年夏秋季征兵工作，部署2016年征兵任务，表彰2015年征兵工作先进单位和先进个人，宣布《通州区人民政府2016年夏秋季征兵命令》。组织开展征兵宣传周教育活动，制定《关于进一步加强征兵工作的有关措施》，严格落实义务兵定向招聘、提高优待金标准等政策，有效激发了广大适龄青年参军报国的热情，聘请群众监督员，设立意见举报箱，公布24小时举报热线电话。围绕2016年的征兵任务，各级各单位及时调整工作重心，紧贴任务抓重点，集中力量办大事，全力以赴做好征兵工作。通过认真组织，扎实工作，完成征集任务。

【“双拥”共建工作】 年内，通州区人武部围绕区委、区政府提出的构建和谐新通州、建设一流首都城市副中心的发展规划，把践行北京精神，争创“双拥”模范城活动与驻通州、爱通州、建通州教育实践活动紧密结合，组织协调驻通部队和广大民兵预备役官兵，投入到通州区首都城市副中心建设工作中，并结合自身优势，充分发挥好桥梁纽带作用。利用春节、八一等节日，协调区四套班子领导走访慰问驻通部队；部党委委员参加爱心传递助学帮困行动，分别资助家庭有实际困难的中小学生；协调有关部委办局帮助解决随军家属就业、子女入学、转业干部安置等实际问题。与区防汛办公室配合，协调13家驻区部队，组建1400人的专业抢险队伍和450人的民兵应急分队，现地勘察防汛地段，部署防汛任务，确保遇有险情能及时出动，完成防汛任务。协调组织驻区部队400余人次，出动车辆20余台次，较好地完成区委、区政府及相关部门赋予的植树造林、防汛演练、环境整治、铲冰扫雪等工作任务，进一步增强和巩固了军政军民团结。

（马　骏）

人民防空

【概　况】 2016年，在区委、区政府正确领导和市民防局精心指导下，通州区民防局围绕区委、区政府中心工作，坚持民防为民，走融合发展之路，完成各项工作任务，促进了民防事业健康发展。

【人民防空改革发展意见】 年内，结合当前北京城市副中心定位以及“十三五”规划愿景，贯彻落实第七次全国人民防空工作会议精神，牵头起草了《关于深入推进通州区人民防空改革发展实施方案》和《通州区民防局“十三五”规划纲要》，为民防今后发展指明了方向。

【公共安全宣传教育】 年内，分别在北苑国泰广场、苏荷时代广场组织国际民防日、“5·12”防灾减灾日、国防教育日、新中国人民防空创立日宣传活动。制作悬挂宣传标语60余条，《通州时讯》头版报道宣传活动情况。完成警报试鸣的相关宣传工作。制作宣传标语180条，下发政府通告8000余份，相关新闻媒体进行宣传报道。在张家湾中学开展校园宣传活动，组织师生观看民防知识宣传展板，发放《防空防灾知识手册》《防灾减灾应急避险民谣作品集》600余册。5月11日上午，在通州区四中组织应急疏散演练。5月8日，5月11日下午，分别在天时名苑、玉桥东里组织宣传演练活动。

【“平安生活”讲师团授课】 年内，“平安生活”讲师团分别在通州区二中、官园小学、玉桥东里、天时名苑、运河湾、宋庄疃里、于家务、区科委等学校、社区、机关单位进行防空防灾公共安全知识讲座培训，开展讲座培训80余场，培训3000余人次。

【制作电教片】 年内，制作30集防空防灾公共安全知识系列短片，截至年底，制作60集，保证每周播出1集。结合季节特点，通州电视台在每天早8:10分固定栏目播出防空防灾公共安全知识系列短片。

【民防宣教中心建设】 年内，完成永顺民防宣教中心建设，移交永顺商务园管理使用。对需要维修的梨园民防宣教中心进行摸底预算，组织进行维修，对保质期满的新华街道民防宣教中心进行验收。同时，根据季节特点，对已建宣教中心进行一次安全检查，了解掌握防汛和日常管理使用等情况。

【指挥通信建设】 年内，完成短波电台升级改造，完成双极天线架设等工作，安装民防大厅宣传电子显示屏，新装防空警报器及升级改造。定期互联测试全区4个街道、11个乡镇指挥调度系统及市、区IP视频会议系统，定期维护指挥中心、卫星地面站、应急指挥车、防空警报器及高点监控设备，保证设备运行稳定。完成16区县应急指挥车驻训演练任务。完成9月17日警报试鸣任务，全区警报器100%鸣响。启动通州区防空袭拟制修定方案。完成市区应急办以大雪封路为背景的紧急拉动演练工作。增强了广大市民群众的国防观念和人防意识。

【人防工程管理服务】 年内，加大人防工程安全管理力度，开展日常检查和专项检查，采取领导带队，全体安全员分三组不间断的对辖区内的人防工程进行检查、抽查或网上监控巡查，全年出动3212人次，检查人防工程1606处次。其中，网上监控巡查988处次。查出安全隐患26起，查出渗漏水现象24起，处理投诉举报38起，下发整改通知书12份。移交行政处罚2起。责令追回东亚一品阁项目非法出售车位81个，出租期限20年，退还车位款486万元，避免了国有资产流失。

【人防工程维护维修】 年内，分三组对需维护工程进行普查，确定工程量并逐一进行核对。加强对维护维修工程的过程监督和留痕管理，对维护不到位、未按维护要求或维护标准进行维护的及时返工，会同监理、施工单位对维护维修工程进行抽查，并通过验收，确保维护维修达标。

【防汛工作】 年内，重新修订防汛应急预案、防汛抢险预案及防汛责任制，召开会议进行部署并签订防汛责任书。 6月15日下午3点通州区民防局在金帅府园小区地下车库举行防汛应急疏散抢险演练，演练内容包括：发生雨水倒灌报告、疏散工程内部车辆、用封堵板和沙袋封堵车库口部、抽水、应急指挥车信号传输、展示应急防汛抢险设备等环节，并现场再一次组织召开防汛部署会。年内，人防工程抢险8起，确保了汛期安全。

【科技创安】 年内，对永顺人防工程技防设备安装进行普查，确定工程量，制作完成施工预算及施工图，经财政评审，6月27日开标，确定施工单位，签订施工合同开始施工。加强对技防设备工程的过程监督，对摄像机、水位报警、烟感的安装位置、光纤线路的走向进行抽查，定期组织召开监理、施工单位、歌华、物业公司协调会，解决施工、连接等相关问题，该工程按期完工，并通过专家验收。

【为民办实事工程】 年内，组织召开有关乡镇、街道办事处和7处为民办实事工程单位负责人会议，明确所提交的材料、施工要求和施工工期。加强对为民办实事工程的过程监督，利用7处人防工程建设2064个停车位项目全部完工，并通过验收。3月30上午，区人大常委会副主任刘卉带队视察了通州区民防局为民办实事工程之一靓景明居地下车库，对此项目建设给予充分肯定 。

【人防工程建设】 年内，协调市民防局、北京市测绘院，解决数据上传调用等问题，使北规院能够及时提取数据，开展城市副中心规划编制现状研究工作。开展通州区2016年计划新建公共服务类项目、工业项目、二三产业项目、房地产及旧村改造项目的调研，主动联系建设单位提前跟踪服务。严格落实“放管服”工作，针对教育、医疗等公共服务类事项审批权限下放工作，协调市局及区发改委、审改办等多部门研究制定承接方案，形成联动机制，会商研究人防工程建设方案。截至年底，受理审批人防工程建设方案咨询7项，受理审批人防工程建设标准审查10项，受理审批人防工程施工图备案4处；受理审批人防工程竣工验收备案70处。 （杨 絮）

经济管理

通州国、地税联合举办“聚焦营改增试点 助力供给侧改革”八通网在线答疑活动

（地税局提供）

综合调控

【概　况】　通州区发展和改革委员会（简称通州区发改委）是负责本区国民经济和社会发展统筹协调、经济体制改革综合协调的工作部门。主要职责是：根据职能，全委设有办公室、投资科、经济科、综合科、稽察科、社会科、节能科、价格科、煤炭电力科、国民经济和装备动员办公室等10个科室、辖1个副处级单位（物价检查所）和4个事业单位（经济和社会发展政策研究中心、投融资服务中心、投资代建服务中心、价格认证中心），并代管区金融办。

2016年，通州区发改委紧随北京城市副中心定位的明确与深化，围绕副中心建设，开拓进取，各项工作取得积极进展。研究编制完成《通州区政府投资项目咨询评审管理办法（试行）》；配合市副中心办认真梳理完成《北京城市副中心重大工程建设行动计划（2016年本）》的编制工作，计划安排350项工程，投资4347亿元；深入推进新城建设融资模式创新，狠抓金融机构引进集聚工作，培养区域经济增长新亮点；落实中央各项宏观调控政策措施，进一步加强价格监督检查，截至2016年年底，对13类、近440个品种商品进行日常价格监测；组织开展以“绿色环保副中心，节能低碳我先行”为主题的节能宣传周活动，并组织召开2016年全区节能工作培训会，组织各部门、各街道、乡镇政府和2000吨以上重点用能企业约150人参加培训；制订《通州区“十三五”时期及2016年度节能目标分解方案》，区政府依据该方案确定的能源消费总量与各乡镇及街道办事处签订《节能目标责任书》；以控制流动人口规模过大、增速过快为重点，督促有关部门和地区加紧落实棚户区改造，根据安排，全面完成行政办公区二期10个村的搬迁任务，合理挤压低端租住人口的生存空间，减少人口聚集；按照控规模、优布局、调结构的思路，督促工业大院治理、商品市场改造、“两违”治理、群租房治理、无证无照治理、产业清退疏解、低端业态清整；围绕建设国际一流和谐宜居之都示范区、国家新型城镇化示范区和“京津冀”协同发展示范区三大示范区出发，提出行政审批机制创新、投融资机制创新、土地管理机制创新、集体土地集约利用、创新“京津冀”协同发展载体等6个方面，提出17条、24项具体政策建议；结合通州区实际情况，做好《通州区新增产业的禁止和限制目录（2015年版）》发布后的解读与协调工作，将非首都功能增量的禁限与有序疏解存量、淘汰落后产能结合起来，进一步优化升级通州区产业结构，加强构建与现代化国际新城相适应的产业体系；完成季度经济社会运行情况监测分析，坚持月度适时跟踪监测、季度全面综合分析，完成运行监测分析工作，提出合理化建议和措施，为区领导科学决策提供参考；做好下一年计划报告的起草工作，及早动手、及早谋划，立足长远，从长计议，稳扎稳打开展各项工作，广泛展开财税、投资、项目建设等各方面情况调研，全面总结2016年工作，认真分析2017年形势，科学提出重点工作任务及措施安排。

【区金融部门运行情况】　2016年，渤海银行、天津银行正式营业，通州区入住银行机构达24家，还有宁波、恒丰、浙商等多家银行正在筹备。9月，新华联控股集团财务有限责任公司正式开业，该公司是近五年来唯一一家民营财务公司，弥补了通州区非银金融机构的空白。10月，华夏保险整栋签约侨商中心，成为运河商务区首家入住金融机构。此外，新开业乡镇艺术银行，成为全市首家专业服务于艺术家群体的银行。新成立世欣通达小贷公司，全区小贷公司数量达7家。继工行、中行、农行、国开等北京分行表达入驻意向后，邮储银行也表示正研究迁址工作，拟将分行迁到通州。截至年底，农业银行选址工作完成，正在办理内部手续。中国银行完成运河商务区相关项目的考察，相关手续已报总行。

【“煤改电”实施情况】 年内，随着“煤改电”工程深入开展，通州区发改委与市发改委沟通，及时修编电力规划。其中，涉及500千伏项目3项：2座新建、1项扩建；220千伏项目9项：新建运河、潞城、梁各庄、梨园、大台、环渤海、创意园、亦庄北变电站及一项三联供永久并网工程；110千伏项目37项：20座新建、7座升压、9座扩建及一项再生能源发电厂并网工程。“煤改电”配套规划包括1个500千伏、2个220千伏和10个110千伏输变电站。并已将2017年10月份须竣工投产的4个110千伏变电站和1个220千伏变电站工程情况及时上报市政府扩大内需办，申请纳入绿色审批通道。在获得批准后，通州区发改委已完成审批权限下放试点的4个110千伏变电站核准批复工作。

【节约能源】 年内，研究制订《通州区2016年节能目标分解方案》，并以政府办名义印发，提出实施“三级双控”节能工作机制，将能耗强度下降率和能源消费总量控制目标下达至15个乡镇街道、8个重点行业领域主管部门以及25家重点用能单位。完成“十三五”时期及2016年市政府下达通州区节能目标的指标任务（即“十三五”时期万元地区生产总值下降16%，能源消费总量控制在355万吨标准煤以内；2016年万元地区生产总值下降4%，能源消费总量控制在309万吨标准煤以内）。

【市政道路基础设施项目建设】 通州区11个乡镇，其中台湖、西集、漷县、永乐店四个镇是北京市42个重点小城镇，享受重点镇支持政策。2016年，各乡镇市政道路确定重点推进的市级政府投资项目14条，其中，永乐店镇3条道路获市发改委批复，总投资1.4亿元，市级批复资金近1亿元，到位1500万元。台湖镇、永乐店镇等9条道路的前期工作函获市发改委批复，总投资约14亿元。其他在建项目到位市级资金1.9亿元。

【通州区与福建泰禾投资有限公司签协议】 2016年，通州区与福建泰禾投资有限公司签订《关于共同发展医疗卫生事业的战略合作框架协议》。协议内容为：1.在通州区域内选址用于国际医院的建设，尽快落实用地范围。2.将泰禾投资的国际医院建设项目列为区重点工程。3.在各项行政审批环节，开通绿色通道。4.打造国际一流水平的综合性国际医院，引入国际领先的诊疗技术和多学科联合治疗的手段，引入JCI标准和国际先进的护理流程。5.与世界顶级的医疗伙伴合作。泰禾投资将与由七家哈佛医疗体系医院构成的PHI一起将哈佛医疗体系的优质医疗资源移植到国际医院，确保在医疗技术及学科建设上真正达到国际领先水平。6.打造国际医疗交流培训平台，推动通州区其他医疗机构更好地开展国内与国际的合作、培训，实现共同可持续发展。

【代建服务中心】 5月，代建服务中心在通州区发改委挂牌成立。8月，《通州区关于在公共服务领域推广政府和社会资本合作（PPP模式）的实施意见》印发实施。10月，经区政府同意，区发改委通过公开招标的形式，组建通州区政府投资建设项目代建单位备选库进行公开招标。12月，区发改委通过公开招标的方式组建完成通州区PPP项目专业咨询机构库。

【编制专项规划】 年内，起草《通州区“十三五”规划纲要任务分工方案》，梳理出7大板块、366项任务，并对重点任务进行细化，形成包括5大类189个项目的重大项目表，该方案在全区印发；做好“十三五”规划纲要的宣传和解读，编印规划文本的单行本，向全区各单位发放；统筹推进专项规划的发布实施，截至年底，消防、安全生产、妇女儿童等专项规划已与区发改委联合对外发布。

【项目审批服务工作】 2016年，完成各级各类项目审批事项122个，完成减河公园、甘棠橡胶坝、曹园南大街、南部城区外环路污水及再生水管线等19个政府投资权限外项目批复；完成朝阳北路绿化景观提升、碧水再生水厂升级改造、运河220千伏变电站外电源沟道等21个政府投资权限内项目审批；完成潞城棚改二期22个地块的立项批复工作，涉及10个村，投资估算约196.2亿元。完成60个房地产开发项目立项及年度投资计划初审上报工作。

（马文杰）

财　政

【概　况】　2016年，通州区地方财政收入完成122.1亿元，同比减少477.8亿元，降低28.1%。其中，一般公共预算收入完成76.5亿元，同比增长8.1%；政府性基金预算收入完成45.5亿元，同比降低54%；国有资本经营预算收入完成442万元，同比降低44%。2016年，通州区地方财政支出完成416.8亿元，同比增加78.2亿元，增长23%。其中，一般公共预算支出338.4亿元，增长70%；政府性基金预算支出78.4亿元，同比降低44%。

【聚财组收】　2016年，通州区财政局加强聚财组收工作，完成增收目标。全区以项目建设为载体，优化全区发展环境，大力发展与城市副中心相匹配的“高精尖”产业，努力形成高端引领、创新驱动、绿色低碳的产业发展模式，加大税源建设。完善组收联动机制，落实组收责任，强化非税收入管理，实现应收尽收。密切关注全区房地产市场调控、“营改增”等财税政策变化对重点行业、重点税源的影响，积极引导乡镇（园区）、街道办事处科学涵养财源。认真研究上级政策，有针对性的做好政策项目衔接工作，多渠道筹集资金，保障了副中心建设资金需要。

5月31日，区财政局组织召开2016年度经济形势分析会　（财政局提供）

【优化支出】　年内，全区收入分配政策全面落实，支出结构逐步优化，财政保障能力不断提高，有力促进了全区重点项目建设和各项社会事业的全面发展。全年教育投入323521万元，用于提高基础教育公用经费补助，推动教育基础设施建设，保障基础教育各级各类办学条件达标；吸引优质教育资源，人大附中、北京二中等4所学校的通州校区正式挂牌招生。全年科技创新投入9268万元，围绕构建“高精尖”产业，对重点产业建设和发展中的科技创新给予重点支持、奖励科技创新人才、推进全民科学技术普及。全年文化体育事业投入24934万元，用于文化活动中心以及体育生活化社区建设，支持文物保护、文物藏品征集、打造运河文化品牌、推进全民健身工作、加强社区及乡镇的体育设施建设等。全年医疗卫生投入158794万元，加大卫生基础设施建设，4个区域医疗中心建设工程加快推进，潞河医院门诊综合楼全面投入使用，提高城镇居民医保和新农合基金筹资水平，改善群众就医条件。全年社会保障和就业投入86521万元，用于退役安置、残疾人事业、困难群体接济救助、福利机构建设，支持居家养老服务工作、落实社会办非营利养老服务机构资助、开展政府购买服务、推进养老照料中心建设等项目，实施春风行动、高校毕业生、特殊人群就业促进计划，支持各项就业政策落实。全年保障性安居工程建设投入73097万元，支持老旧小区综合整治改造以及保障性住房建设。全年城乡统筹发展投入33680万元，推动农业综合开发，落实农业政策性保险补贴及农机具购置补贴、绿色环保基本农田建设，推进新农村基础设施建设和维护养护，开展村级公益事业建设“一事一议财政奖补”工作，促进少数民族乡村及经济薄弱地区经济发展。全年大气污染治理投入131287万元，用于保障燃煤锅炉清洁能源改造，年底实现全区“无燃煤锅炉房”目标，推进农村“减煤换煤”，完成优质燃煤替代工作，落实“三高一低”工业企业退出政策补贴，促进环保部门执法工作开展，保障扬尘污染控制任务落实到位，安排尾气检查治理专项资金，以空气质量监测子站为重点，强化对周边污染源的精细化管理，确保全区大气环境不断改善。全区水环境建设投入320913万元，用于海绵城市建设、城北水网、南水北调通州水厂工程建设、雨水泵站改造，小城镇污水处理市场化配套管网、河东再生水厂及管网配套工程、张家湾再生水厂配套管网工程、中小河道清淤整治等水利工程。全区美化城市环境投入75303万元，用于城市垃圾处理、推动垃圾分类收集，支持市区两级环境脏乱点治理，加大城市维护养护投入，推动构建全覆盖一体化大环卫服务体系，形成城区道路清扫、垃圾收运、道路交通设施清洗等一体化综合服务。全区绿化工程投入593360万元，用于平原造林工程、东郊森林公园建设、大运河森林公园维护养护、城市绿地建设养护、城市绿色景观提升。全区改善交通出行环境投入160271万元，全力保障朝阳北路、通朝大街等路网体系建设和微循环道路工程建设，完善公共自行车租赁服务系统；继续支持区内小公共低票价，提升交通运输承载能力。全区城市维护管理及安全运转投入79526万元，用于创建全国文明城区、推动“平安北京”建设、普法宣传、保障安全监管、城管执法等部门履职经费、保障自然灾害突发事件等支出。

【财政管理】 年内，深化预算制度改革。认真贯彻新《中华人民共和国预算法》要求，研究出台《通州区财政预算资金使用和管理办法》《通州区加强盘活存量资金管理办法》等规章制度，确保财政资金依法依规使用。打通“三本预算”统筹使用通道，加大一般公共预算与政府性基金预算、国有资本经营预算之间的统筹力度。设立预算稳定调节基金，研究建立将政府性基金预算中应统筹使用的资金列入一般公共预算的机制。采取有力的措施，盘活部门沉淀资金，统筹用于全区重点项目和政策性增支需求。加强财政支出管理，健全预算执行动态监控机制，提升预算执行的均衡性和效益性。深化国库集中支付制度改革。全区区级预算单位全部实行国库集中支付制度。持续推进公务卡改革工作，强化公务卡的规范使用，进一步细化《通州区公务卡改革强制消费目录》，逐步扩大动态监督范围，实现加强监控、促进管理、服务决策的工作目标。深化政府采购制度改革。制定实施《通州区政府采购项目工作程序》，加强政府采购程序和资金管理，贯彻施行《政府采购法实施条例》，稳步推行政府采购，不断扩大采购规模和范围，提高政府采购预算管理水平。积极推进乡镇财政改革。规范乡镇财政收支行为，有效的缓解了乡镇财政困难，防范和化解了乡镇债务风险，增强了乡镇财政保障能力。对全区11个乡镇的市级专项、区级专项及体制资金全部纳入国库集中支付范围。对乡镇体制资金预算编制更加科学、精细。加强评审“节流管家”作用。制定实施《通州区财政投资评审工作程序》，建立“先评审、后拨款”工作机制，评审的监督作用得到明显加强，确保了财政资金的科学使用。强化绩效管理工作。突出项目事前、事中、事后绩效评价，加强评价与预算挂钩，强化资金使用效益。加大项目的事前评审，推进全过程预算绩效管理试点部门预算绩效管理，开展部门整体预算支出绩效评价。加强行政事业单位国有资产管理。完成全区全部符合产权登记要求的事业单位和事业单位所办企业产权登记工作，持续做好行政事业单位资产的处置工作，严格执行资产审批程序。强化政府性债务管理。进一步开展政府存量债务清理甄别工作，准确反映政府债务规模，建立政府存量债务统计台账，及时反映政府债务变动情况。认真落实《国务院关于加强地方债务管理的意见》，积极做好地方政府债券置换工作，合理选定置换项目，积极化解政府债务风险。

【加强监督】 年内，树立财政“大监督”理念，整合监督力量，提高财政科学化、精细化管理效能，加大财政资金监督检查力度，建立健全内部控制和审核的长效机制，完善财政资金运行的效益追踪和责任追究制度，重点加大对重点工程、大额专项资金、“三公”经费、会计信息质量等检查力度，确保财政资金安全、规范运行。推进财政法制建设，在加大法律法规宣传和培训力度、增强财政干部依法行政、依法理财理念和全面提高干部队伍综合素质的基础上，把党风廉政建设和反腐败与财政职能有机结合，构成法制监督、行政监督和群众监督的立体监督体系。

（李亮亮）

税　务

国家税务

【概　况】　通州区国税局位于通州区运河西大街111号，有干部职工411人，内设12个科室，1个直属单位（稽查局），3个事业单位，11个派出机构，另设机关党委办公室和离退休干部科。2016年，面对区域经济低速运行、“营改增”结构性减税、房地产限购政策、非首都功能企业清退等严峻的组收形势和区政府追加的财力任务，国税局坚持任务必完、指标必保的决心，统筹运用风险管理、稽查查补、堵漏增收、税源监控等举措，建立“一把手”负责、实行四个绑定、全局上下联动工作机制，全年累计组织税收收入152.42亿元，同比增加43.23亿元，增长39.59%，税收收入首次突破150亿元大关，形成区财力27.6亿元，同比增长13亿元，增幅接近翻番，多项税收指标刷新记录，创历史之最。获得区长张力兵“国税局在危急关头豁得出去，关键时候站得出来”的高度肯定。

【服务城市副中心建设】　一是助推区域经济优化升级有新进展。充分发挥税收在“疏解瘦身”中的杠杆作用。聚焦“两高一低”企业，会同工商、地税核实清退3055户“僵尸户”，对八里桥等15家低端类有形市场进行有序疏解，疏解面积3.58万平方米，清除商户500余户，疏解人口3500余人。二是服务环球主题公园项目取得阶段性成果。通过设立“国、地、园区”联合办公室，邀请第三方中介机构进驻，组建英语服务团队，建立高端接待区，推出“绿色通道”等个性化服务，2016年，环球主题公园项目实现税款1.4亿元。三是助力文化创意产业发展持续提速。联合宋庄镇小堡村成立税源管理办公室，参考区地税局经验做法，协调区工商局，探索“以村定址形式”，累计办理临时税务登记69户，签署委托代征协议，建立代开发票管理制度，推行定期定额核定。四是贯彻大众创新、万众创业政策落实到位。为通州区小微企业和高新技术企业减免税款8273.75万元，释放大众创新、万众创业政策红利。

【服务“京津冀”协同发展】　年内，走访天津武清、河北廊坊国税局，召开经验交流会，建立微信群，编发宣传专刊，在围绕非首都功能疏解、税收资质互认和产业升级转移等方面开展密切协作。建立协同发展税收工作长效机制、定期信息共享机制和稽查工作信息交换机制，实现信息共享、联合监管，力促京津冀税收协同发展。

【“营改增”工作】　年内，组建“营改增”临时办税服务厅，举办京津冀、区人大政协、国地税青年“营改增”论坛，成立领导小组，召开三次国地税联席会议，采取全员、行业、重点、入户等四层次开展培训，利用自身、志愿者、政府、公共场所、社会媒介五种宣传媒介，制作宣传视频、展板、“易拉宝”等近200份，发放资料76650份，走访企业599户次，培训近1.3万人次，完成通州区8114户“营改增”企业推行工作，推行率达100%。5月1日凌晨开具首张“营改增”发票，6月1日实现纳税人首次“营改增”申报。做好93户“营改增”样本企业确认和税负分析工作，确保培训率、审核率、分析率达到“三个百分百”。

4月29日，举办通州、武清、廊坊“营改增”论坛

（国税局提供）

【深化国地税合作】 年内，以《深化国税、地税征管体制改革方案》，与区地税局联合制定联席会议制度、序时推进制度和文件会签制度3项长效合作机制，65项区级合作项目均已全面开展，完成共建办税服务厅、联合开展媒体宣传等合作项目49项，特别是国地税联合共建大厅“线上和线下融合+国税和地税融合+自助和人工融合”的服务模式，被多家主流媒体报道，受纳税人点赞，被评为全国百佳国税、地税合作县级示范区单位，打造了可复制、可推广的示范效果。

【税收征管】 一是合理完善机构设置。成立车购税所，将车购税缴纳前置到4S店和汽车检测厂；成立个体管理所，实现税源专业化管理；成立国地税联合办税服务厅，建立与副中心定位相匹配的征收架构。二是优化风控管理举措。依托“大数据+风险管理”模式，通过部门协同、扎口管理、快速发现、及时应对、有效制止，堵塞了征管漏洞。2016年，累计完成风险核查任务110批，完成风险管理全流程户数7362户，有问题户数6086户，风险分析识别命中率达82.67%，入库税款及滞纳金合计9.51亿元。三是全力推行全市通办。作为办税事项同城通办项目的首批试点单位，对税务登记、发票办理、申报纳税等7大类375个同城通办事项全面开放，将办税便利化措施引向纵深，为北京市推行办税事项同城通办做出了突出贡献。

2月22日，召开第九税务所（个体所）成立大会

（国税局提供）

【税务稽查】 对内加压，落实税务稽查随机抽查制度，搭建项目式管理、团队化作业格局，分级分类应对不同案源；向外联手，开展“京津冀”联合办案，与地税开展联合执法整合，整顿环球主题公园项目重点国有企业涉税经营活动，围绕票、货、款严厉打击发票违法行为。2016年，承接案源109件，累计入库税款0.83亿元，增长13.84%。

【纳税服务】 年内，对10类31项便民措施倒排工期，及时通报、快速反馈、按项销号。持续开展问需求、优服务、促改革专项活动，通过调查问卷方式收集纳税人需求，针对重点企业、重点行业采取上门走访，筛选纳税信用等级A、B级企业1.38万家，重点培训便民税收政策，培训内容涵盖网上办理增值税优惠备案新增事项、网上办理“外出经营活动税收管理证明”“票e送”等，为纳税人送上便民税收政策大礼包。在各管理所和办税服务厅安装自助代开发票机8台，自助办税终端20台，纳税人可就近代开增值税专用发票、认证发票、报税、清卡等，打通便民办税“最后一公分”。与通州地税局、中国工商银行通州支行、建设银行通州支行之间深度合作，将纳税信用A级企业名单3655家推送到银行，召开5次银税互动，助力小微企业见面推介会，480余家优质纳税企业作为企业代表参会，累计为18家企业贷款9070万元。

8月19日，通州区国地税银深化合作研讨会
（国税局提供）

【税收法治】 一是强化监督管理，规范依法治税实践。做到紧盯"营改增"关键点，确保基础信息不出错。关注税务稽查风险点，确保执法行为零失误。回应行政处罚争议点，确保执法程序未脱轨。及时处理疑似执法过错点，确保事后处理无死角。2016年，审结重大税务案件2件，查补税款1463万元，罚款20.7万元，在以审促查、以审促管方面取得明显成效。二是发挥部门优势，提升服务大局能力。建立税务干部学法机制，分级分类对税务干部进行普法教育。三是落实法律救济，化解税企矛盾纠纷。主动适应行政复议案件快速增长的新常态，积极应对行政复议案件，全力做好行政诉讼应对工作。2016年，审结4起税务行政复议案件，全部撤销被申请人的处理决定。

【大企业税收服务和管理】 年内，实行"以所代科"的大企业扁平化管理改革，有效减少管理环节、压缩管理层级，将大企业税收服务与管理职能前移。依托"互联网+"平台，为大企业开辟"大企业绿色办税通道"，让大企业切实享受到预约延时服务、办税免排队等个性化服务，全面提高服务质效，提高大企业获得感。

【国际税收管理】 一是非居民收入实现新增长。累计征收入库非居民企业所得税33893万元，同比增长215%，非居民增值税完成7110万元，同比增长159%。二是反避税工作取得新突破。在同期资料审核中，实现补缴税款、滞纳金，加收利息共计152万元；企业自行调整应纳税所得额5683万元。三是税收协定管理突出新重点。将做好政策指导和宣传解释，作为申报受理前置，并将重点转向协定后续管理，尽量杜绝滥用税收协定的风险。四是"走出去"管服实现新提升。完成"走出去"企业清册建立，累计采集信息200余条次；开展境外税收风险管理，提高了"走出去"企业自主申报和风险防范意识。

【电子税务管理】 年内，将金税三期作为"一把手"工程，成立专项领导小组，制定特色工作方案。累计清理15836项数据，完成406项1293条事项的系统测试。大双轨期间，采用"一窗两人两机双系统"办税模式，累计录入13771项涉税事项，录入比例高达95%，报送13类系统功能缺陷问题，位居全市第一名。针对"金三"上线后业务压力，梳理岗责体系，制定业务衔接规范，明确登记等4类9项39个业务流程，自主集成发票风险提示"一页平台"，自主拓展虚拟机技术自动化办理常规业务，获得区委区政府领导和市国税局领导的肯定性批示。

（宋　雪）

地 方 税 务

【概　况】 通州区地方税务局位于通州区玉桥中路136号，全局有干部职工376人（363名公务员，13名工人），设置14个内设机构，1个直属机构（稽查局，含4个科室），13个派出机构（税务所），1个后勤服务中心。截至2016年12月底，地税局正常税源户数达107468户，按产业划分：第一产业3314户，占比3.1%；第二产业12163户，占比11.3%；第三产业91991户，占比85.6%。其中，按具体行业划分：农林渔牧业3314户，占比3.08%；制造业6598户，占比6.14%；建筑业5447户，占比5.07%；交通运输、仓储及邮电通讯业1667户，占比1.55%；批发和零售贸易、餐饮业45209户，占比42.07%；金融、保险业240

户，占比0.22%；房地产业1998户，占比1.86%；科教文卫业19573户，占比18.21%；服务业21605户，占比20.1%；其他行业1817户，占比1.7%。

【完成税收收入任务】 年内，坚持依法组收原则，充分考量税种税源特点和区域税源差异，科学合理分解收入目标。调研“营改增”和产业疏解退出对区域税收收入的影响，摸清土增税、印花税、房土税源基础信息及税源规模，跟踪固定资产投资、重点项目进展及楼宇经济动态，挖潜增收。税收预测准确率达98%。落实市、区、所三级收入目标责任制。全年累计完成各项税费收入124.17亿元，剔除营业税27.1亿元后，同口径增长23.82%，其中，地方公共财政预算收入97.53亿元，同口径增长24.65%；区级公共财政预算收入43.54亿元，同口径增长23.07%，为推动区域经济稳步健康发展提供坚实财力保障。

【服务区域经济发展】 年内，助力非首都功能疏解，全面落实疏解产能政策，联合国税、工商部门清理“僵尸企业”3055户，关停取缔无证照经营2109户。跟踪服务环球主题公园项目。与园区联合成立税政支持办公室，建立税企高层对话机制、一线涉税业务指导机制、国际税收协同管理机制和税收风险推送防控机制。发挥以税咨政职能。围绕城市副中心重点建设项目、功能疏解重点产业，加强信息直报、联报，政务信息考核位列区属委办局第一名；开展税源结构性分析、税收与经济深层次关联分析，为各级领导决策提供高质量税收分析报告十余篇，获区领导肯定性批示。

5月24日，通州国税、地税与园区联合成立税政支持办公室，建立税企高层对话机制，开展环球主题公园项目六方座谈会，进行税收业务指导　　（地税局提供）

【税收管理效能全面加强】 年内，全面落实《全国税收征管规范》，梳理税源管理所工作清单，明确税收管理员工作边界。规范退税、减免税和欠税管理，持续加强税收文书档案零差错管理；夯实数据质量管理基础，数据差错率降低为21%。完善日常检查工作机制，规范、简化日常检查和税务约谈工作流程，日常检查有问题率达87.8%，查补入库1.8亿元。开展申报未入库联合清理，核销837户次，涉及金额177万元。有力发挥稽查职能作用，开展对房地产中介、“三定三限”房地产开发等行业专项检查，全年结案142件，查补入库8926万元。加强存量房交易税收征管，推行区域通办，与公安经侦部门联合查处二手房交易违规行为。

【完成全面“营改增”工作】 年内，成立地税局全面推开“营改增”督促落实领导小组，做好通州区辖区2.2万户纳税人营业税改征增值税。创新形式开展“营改增”宣传与培训，在八通网上开展“营改增”在线答疑活动。多维度开展“营改增”实务培训，召开通州区金融企业、房地产企业、建筑业等行业“营改增”培训会5次。建立国地税信息共享平台和业务科室对接机制，做好征管信息、发票管理、代征工作、纳税服务的有效衔接。5月1日，开出通州区“营改增”后首张增值税发票。

【“金税三期”系统上线】 年内，实现“金税三期”系统成功上线和平稳运行，各项运行指标在区局中排名第一。上线前，对外召开纳税人端培训会25场7500多户次；对内制作12个“金税三期”常用业务教学短片。单轨运行中，成立“金税三期”单轨运行应急指挥中心，增设18个临时服务窗口。上线后，强化调查研究，开展《关于完善金税三期系统功能的思考与建议》课题调研，为系统上线后的功能完善做好决策支持。

【纳税服务水平整体提升】 年内，创新服务融合模式，在2015年成立系统内首个国地税银联合办税服务厅基础上，对服务厅进行优化升级，通过拓展配置国地税自助终端机和实施“一窗通办”，真正实现纳税人“进一家门，办三家事”。助力小微企业发展，联合国税、区工商银行开展税银互动，共享A级小微企业纳税信用评价结果，切实缓解小微企业融资难问题，为小微企业搭建健康发展新平台。初步建立以“一个中心、两个平台”为支撑的纳税服务体系。

【探索后“营改增”时代征管方式】 年内，努力构建社会协同、公众参与的税收共治格局。加快推进中小税源网格化管理。设立梨园镇地方税源管理办公室，将199户中小税源户作为税源网格化管理试点主体，嵌入梨园镇网格化社会服务管理平台，实现税源户税源状况可视化展示。深入推进宋庄画家村税源管理，成立宋庄画家村地方税源管理办公室，与小堡村委会签署委托代征协议，赋予集贸市场和个人出租房屋“双代征”职能，村委会设置专职协税员开展协税护税工作。

【国地税征管体制改革】 年内，与区国税在深化改革中践行“一二三四”思路。建立“一”套机制。共同成立深改领导小组，推动合作规范化、常态化。细化“两”项规范。双方基于《国地税合作规范（3.0版）》和北京市深改实施方案，确定8大类22项合作项目。互通“三”项创新。双方就自助缴税机推广应用、税源网格化管理、青年干部教育实践三方面创新经验相互借鉴应用。深化“四”项合作。一是深入实践国地税银联合办税服务厅建设，打造国地税服务合作“通州样本”。二是联合开展税源调查和日常管理，实现非正常户同步查找、欠税户同步清缴、走逃户同步认定。三是共同建立风险管理团队，联合开展征管数据协同分析和税收风险共治。四是联合开展税收违法案件案源推送和税务检查，坚持协同入户、协同审理、协同执行和结果互认。

【国际税收工作】 年内，进一步加强组织领导，提升站位，增强新形势下做好国际税收管理工作的紧迫感和责任感。认真做好非居民税收管理、税收协定执行、境外税收管理、税收服务“一带一路”战略、国际税收情报交换等工作。加强外籍人员个人所得税零申报管理。认真做好非居民纳税人享受协定待遇事项及后续管理工作。积极服务环球影城主题公园项目。

（王　烨）

统　计

【概　况】 通州区统计局围绕统计服务于北京城市副中心建设的中心任务，突出数据质量和统计服务两大主题，狠抓统计改革创新，加强数据质量控制，严把统计分析和信息质量，致力于统计产品开发，提升统计工作整体质量和服务水平。

【统计分析管理】 年内，通州局队立足城市副中心新定位，结合新形势对统计服务工作的新要求，重新修订《通州局队统计分析考核管理办法》和《通州局队信息工作考核管理办法》，在考核任务“量”（文章撰写量）的同时更注重“质”的测评（文章采用量、批示情况、获奖情况等方面），同时规范工作流程，明确部门职责，健全奖惩措施，推动统计分析管理的规范化。

【统计产品质量不断提高】 通州局队加强经济形势调研工作，提高统计分析的敏锐性、及时性和针对性，拓展专题分析研究的广度和深度。2016年，局队撰写统计分析240篇、编发各类信息820条，被市统计局及区政府网站采用信息420条（篇），被国家级刊物采用9篇，有6篇调研分析被区领导批示。在2015—2016年度全市优秀统计分析报告评比中，各区及北京经济技术开发区局队组中，通州局队的《经济运行缓中趋稳下行压力仍需关注》获形势类二等奖；《新形势下对通州区传统商业的认识与思考》获专题类二等奖，《北京城市副中心与第三产业增效升级》《城市副中心建设背景下通州产业定位及布局研究》获专题类三等奖。

【完成《“十二五”时期通州区经济社会发展统计资料》】 年内，通州局队立足区域管理决策需要，收集整理“十二五”主要经济社会指标数据，多视角、多维度、深层次分析研究“十二五”时期数据，深度剖析通州经济发展的新特征、新面貌、新动力，汇总形成分析材料20余篇，13篇收录到《“十二五”时期通州区经济社会发展统计资料》，与数据合并编印成书，发放给区内各级政府部门，作为部门和区领导科学决策的参考资料，进一步发挥统计服务职能。

【开展第三届统计论坛】 通州局队进一步加强课题调研工作制度体系建设，成立统计课题调研工作领导小组，制订《2016年度通州区统计课题研究工作计划》《统计课题研究工作考核管理办法》。2016年，局队开展26项调研课题，同时以“数据做支撑 服务副中心 向前站一步”为主题，举办第三届统计论坛。从局队课题中精选13项在论坛上予以展示，鼓励多角度、多方向、多思路的分析研究问题，提升了统计分析调研深度和广度。

【实现通州区域统计站（室）全覆盖】 年内，通州局队狠抓基层基础工作，在11个乡镇建成村级统计站475个，在4个街道办事处建成社区统计室108个，统计站（室）全部达到“五到位”的建设标准。实现区域统计站（室）建设全覆盖，进一步拓展统计站业务职能，实现基础数据信息整合化，推动基层统计工作规范化建设进程。

【完成入户统计调查项目审批工作】 年内，为高起点规划、高水平建设好城市副中心提供科学准确的数据信息支撑，通州区全面开展人口、产业、房屋、车辆、土地等相关调查，进一步整合各部门数据资源。通州局队完成对人口、产业、房屋、车辆4项入户统计调查审批，与调查单位反复多次沟通讨论，力求调查表式规范、指标设置合理、指标解释明晰、调查范围准确、调查方法科学，从而便于调查对象理解填报，保障源头数据质量。

【专项调查】 2016年，通州局队完成专项处部署的5项调查：节能减排补贴追踪调查、大学生创业创新调查、“互联网+”政务调查、北京市落实网约车新政调查、国企党风廉政建设民意调查；完成监测处部署的2项调查：新设立小微企业和个体经营户跟踪调查及实地调研（季报）、企业人才发展状况调查；完成1项本地区自主调查项目：2016年度通州区群众全区安全感调查。

【完成北京市3%人口抽样调查】 年内，按照《北京市人民政府办公厅关于开展年度人口抽样调查工作的通知》和《北京市人民政府办公厅关于印发〈北京市人口动态监测工作方案〉的通知》文件精神，通州区局队周密计划，精心组织，稳步有序完成北京市3%人口抽样调查工作。

【开展2016年通州人口清查】 年内，通州局队会同区发改委、区住建委、区交通局等25个部门开展全区人口、产业、房屋、车辆等相关情况清查。通州局队牵头人口清查组，借助电视、网络、社区“三个平台”积极营造清查氛围，根据《北京市统计局关于同意开展通州区人口清查的批复》开展2016年通州人口清查，为北京城市副中心人口调控、城市发展建设提供数据支持和服务保障。同时通州局队作为产业清查组的成员单位，加大对现有数据整合力度，完成责任分工下产业清查报告，并协助区发改委汇总、整理、加工产业清查数据，扎实有序推进产业清查工作。

【开展第三次全国农业普查】 为全面了解“三农”发展变化情况的重大国情国力调查，根据《全国农业普查条例》和《北京市人民政府关于开展第三次全国农业普查的通知》，组织开展通州区第三次全国农业普查工作，领导小组办公室设在区统计局和国家统计局通州区调查总队，负责农业普查日常工作的组织和协调。普查的标准时点为2016年12月31日，时期资料为2016年度资料。农业普查查清全区农业、农村、农民基本情况，反映农业发展新趋势、农村发展新面貌和农民生活新变化，对科学制定“三农”政策、促进农业现代化和城乡发展一体化意义重大。

【取消统计人员从业资格认定】 年内，根据《国务院关于第二批取消152项中央指定地方实施行政审批事项的决定》，取消统计人员从业资格认定。

【统计执法工作】 2016年，通州局队完成执法检查任务232家，其中，集中执法检查15家，常规执法51家，专项执法89家，督导检查35家，催报42家。对违法行为轻微的66家单位做出简易处罚处理，并拟对检查中发现统计违法行为较为严重的25家单位进行立案处理。

（董可静）

审　计

【概　况】 按照市审计局、区委和区政府的工作要求，区审计局年内完成审计项目37个，查出违规金额271万元，管理不规范金额4444万元，非金额计量问题43个，提出审计建议58条。正在进行跟踪审计的政府投资项目117个。

【预算执行审计】 1月至4月，区审计局对2016年区财政预算执行和其他财政收支情况及2015年审计意见的落实情况进行审计。审计一级预算单位16个，涉及26个部门，延伸单位50多个，进一步扩大了审计覆盖面，取得良好的审计效果。预算执行审计坚持问题导向的原则，着力发现倾向性、苗头性问题，提出可行性建议，进一步促进预算管理水平的提高。发现主要问题涉及金额1.2亿元，对存在的财政预算管理的质量和效率不高、预算编制不科学、擅自扩大开支范围、存量资金消化不及时等问题提出针对性建议，被审计单位进行整改。

【政策跟踪审计】 根据审计署和市审计局的工作安排，对2016年区政府财政存量资金统筹盘活、实施“放管服”相关政策的落实和地方债券资金使用等情况进行跟踪审计。对区财政局等6个相关单位及使用债券资金的西小马庄居住地块、运河核心区市政配套工程等7个项目的整体进展情况进行延伸审计和调查。针对通州区落实2016年国家重大政策落实情况，提出加快财政存量资金的清理，及时结转消化政府性基金借款，加强对债券资金和部门存量资金使用的跟踪检查，对优化公共服务流程方便基层群众办事创业等相关“放管服”政策执行的跟踪检查，促进各项工作健康有序推进等建设性审计建议。

【政府投资项目跟踪审计】 年内，开展政府投资建设审计项目117个，其中，以前年度结转84项，本年度增加33项。117个项目中土地一级开发项目29项，安置房建设项目16项，其他重点工程建设项目68项，征地拆迁项目3项及房屋征收项目1项。审计工作重点围绕基本建设程序履行、资金管理使用、概（预）算执行、项目单位投资控制等管理职责履行情况。

【经济责任审计】 2016年，处级领导干部经济责任审计完成7项，其余12个项目完成审计报告征求意见稿。审计发现问题金额1188.96万元，发现的主要问题是：专项资金管理不规范、预算管理不科学、应缴未缴税金、固定资产管理不规范等。针对审计发现的问题，提出健全和完善相关的财务制度，严把审批关，确保支出的规范化等审计意见和建议。

【专项审计调查】 年内，开展领导干部自然资源资产离任审计、基本医疗保险基金和医疗救助资金审计、中小河道治理等重点水务工程审计等市区联动审计项目。开展“五河十路”绿色通道生态林用地及管护资金、农业综合开发资金、政府债券使用情况等6个专项审计调查。对通州区征地补偿费管理和使用情况进行专项调查。对永顺镇、宋庄镇、马驹桥镇、永乐店镇4个乡镇的财政财务收支情况进行审计。

【审计管理】 依据《中华人民共和国政府信息公开条例》《北京市政府信息公开规定》和其他有关法律法规规定，认真做好2016年度政府信息公开工作，在区政务信息公开网上主动公开信息40条。完成权力清单的公示工作，增强行政执法工作的透明度，更好的接受社会和群众监督。加强审计项目管理，规范审计执法行为，将所有的审计项目纳入三级复核范围，对38个审计项目进行审理，并对审计报告中存在的问题定性不够准确、事实不够清楚、引用法律法规依据不够准确、审计意见不够恰当、审计证据不够充分、应出审计决定未出审计决定的问题出具审理意见书。同时，坚持审计业务会议制度，对重大审计事项进行集体讨论，通过加强审计管理，提升审计决策的民主性、科学性和正确性，保证审计工作的质量。

【完善相关制度】 一是起草《通州区审计局关于政府信息公开的暂行办法》，二是出台《通州区园林绿化重点建设项目审计监督办法》和《通州区水务重点建设项目审计监督办法》，三是印发《通州区财政资金、国有资产监督协调办法（试行）》，四是印发《通州区审计局审计项目流程及质量要求》，五是修订《北京市通州区审计局协审中介机构考评办法》，六是起草了局《合同管理办法》，七是印发了局《督查工作制度》，通过制度建设，促进审计局各项工作的规范开展。

【内部审计】 一是强化岗位培训。开展三次内审人员业务培训班，就《新常态下的内部审计思路和方法》等内容对全区内审人员进行不同内容和形式的审计培训，培训人员363人。二是提供高效服务。对马驹桥镇等单位的年度的财务收支情况进行合规性检查和指导，全年为内审部门电话业务咨询和服务达20次。三是进行广泛交流。定期组织内审部门召开专题研讨会，通过交流学习活动，提高内审人员工作的水平。

（李树为）

物价管理

【价格管理】 根据国家发展改革委、财政部《关于取消收费许可证制度加强事中事后监管的通知》文件规定，区县发展改革委不再核发、变更“收费许可证”，不再开展年审工作。结合通州区的实际情况主要工作如下：建立行政事业性收费网上公示制度，建立行政事业性收费情况报告制度，建立行政事业性收费抽查制度。自2016年1月1日除占道、驻车换乘停车收费由北京市统一定价外其他停车场收费标准一律放开。放开后，区发改委召开20家停车场负责人参加的告诫会，要求做好明码标价，禁止价格欺诈等价格违法行为发生。核准备案项目管理方面，为1家占道停车场、12所民办幼儿园、6所培训机构办理收费项目和标准的备案登记手续。

【价格监测】 2016年，做好通州区主要副食品零售价格日报、周报、月报、旬报等各类监测报表数据的采集和上报工作。对13类、近440个品种进行监测。扩大监测行业范围，增设医疗、药品的监测项目。潞河医院、北京蓝山医药有限公司为通州区设立的两个医疗网点，监测潞河医院每日门诊量，每日8种单病种的手术情况以及每季度的住院费用等，监测包括中成药、中草药、西药223个品种的药品价格及市场情况。

【价格认证】 2016年，价格认证中心受理涉案物品价格认定案件2100余件，涉案总金额3700万余元。案件总量与上年同期相比基本持平，涉案总金额增长4.2%。经审查不符合认定条件退回案件290余件，解答公、检、法及当事人咨询质询560余次。贯彻遵循客观、公正、科学、及时的工作原则，严格工作流程，加强案件内部管理，完善询价机制、集体讨论机制、内部复核机制、疑难案件咨询机制，按照法定要求出具认定结论，实现全年无一起复核、无一起错案的目标。通州区认证中心在2016年被评为全国价格认证系统优秀先进单位。

【价格检查】 2016年，检查机动车停车场422家次，对13家违规收取机动车停车费的停车场给予处罚，罚款金额6500元。处理群众举报投诉件311件，其中，价格举报较多的是停车场收费126件，物业（小区停车、电费、充电桩）70件，教育30件（幼儿园、小学）责令退款42660元。医疗药品17件，其他举报宾馆、邮局、网吧等68件。

（马文杰）

工商行政管理

【概　况】 2016年，通州工商分局按照抓基础、促监管、抓履职、促服务的指导思想和补短板、严管理、重创新、勇争先的总体要求，以“四个围绕”为着力点，积极履行工商职责，为维护首都市场秩序、服务北京城市副中心建设和京津冀协调发展做出了巨大贡献。

【市场主体发展情况】 截至2016年12月底，全区实有市场主体144978户，同比增长7.05%，其中，企业81703户，个体工商户62884户，农民专业合作社367户，外商企业代表机构24户。2016年，全区新设市场主体11925户，同比降低24.05%，其中，企业10479户，同比降低17.49%，个体工商户1444户，同比降低51.61%；其他2户。

【落实“五证合一、一照一码”登记制度】 在前期推行“三证合一”试点基础上，9月26日，通州区正式实施“五证合一、一照一码”登记制度，新设企业由工商部门统一核发加载注册号、组织机构代码证、税务登记证号、社会保险登记证号和统计登记证号的营业执照，分局从硬件设施保障、开展业务培训、加强政策宣传、强化部门衔接、畅通办理渠道等方面，推进制度落实，确保改革顺利实施。截至年底，全区办理发放“五证合一”营业执照53634张。

【出台“商十条”】 年内，工商分局重点围绕支持城市副中心建设，从推行登记改革、加强住所管控、疏解市场业态等方面制定十条具体服务措施，出台了《服务北京城市副中心建设的意见》并认真抓好落实。

【支持产业结构优化升级】 年内，工商分局严格执行市、区两级新增产业禁限目录，严把市场准入关，全年驳回禁限行业登记申请990次。分局严格控制住所登记，暂停乡镇园区招商地址登记，严控大型商业楼宇登记注册。结合工作实际，暂停乡镇园区招商地址登记，为规范招商引资工作、服务非首都功能疏解起到积极作用。严控大型商务楼宇登记注册，通过前期名单备案及后期实地核查等措施严格控制大型商务楼宇登记注册及特殊住所的登记，对于符合地址“黑名单”条件的一律暂停登记。

【服务“京津冀”协同发展】 依托上年9月工商分局牵头搭建的服务“京津冀”协同发展合作联席会平台，围绕服务产业转移和消费维权、执法协作等领域全面启动协作对接。分局制定了《推进服务“京津冀”协同发展工作的指导意见》和《落实服务“京津冀”协同发展工作的实施意见》，以信息共享、消保维权和执法协作为重点加强日常联系。分局与“京津冀”接壤地区工商所，主动联系接壤地区基层局、所，围绕风险防控、交界地区日常监管和协同执法进行座谈研讨，建立日常沟通协作机制。

【编制通州区有形市场资料汇编】 年内，工商分局在前期多次调研的基础上，绘制通州区有形市场“图谱”（北京市通州区有形市场资料汇编）。“图谱”收录95家有形市场（市场业态企业）实景图片223张，效果图片76张，统计图表6张，并辅以市场简介、市场特色、市场奖惩情况等简要文字说明，通过图文并茂、图片为主的形式，直观展现通州区有形市场的发展和现状，为政府开展有形市场规划，制定低端市场清退和转移升级政策，外来人口调控等工作，提供更加直观的数据支撑。

【开展诚信示范市场创建】 年内，工商分局组织首都图书城、五色土、华源发苗木等7家市场主办单位申报创建2015年度北京市诚信示范市场的申报工作，申报创建市场数是自2011年诚信示范市场创建活动开展以来最多的一年。分局联合通州区文明办对2016年申报诚信示范市场的四家农贸市场设计、制作1.2万份商品价签，其中包括2000份星级商户专用价签，得到市场主办单位、市场内商户及消费者的一致好评，加强了有形市场诚信经营意识。

【服务创建全国文明城区】 年内，工商分局按照“创城”工作要求，对指标任务进行梳理汇总，对照牵头部门和责任部门指标，进行逐项分解，重点开展商品交易市场打击假冒伪劣专项整治及“创城”区域内的无照经营行为查处工作，对全区城区范围内18家农贸市场进一步规范，对每个市场安排专人进行驻点检查，对发现的问题立即要求市场整改。同时，分局会同食药局重点检查市场内现场制售和销售直接入口食品的商户，关停市场内无证无照小餐饮94户。

【开展有形市场“限塑”行动】 年内，工商分局制订《通州区有形市场“限塑”工作责任书》，严格规范有形市场内购物塑料袋的销售及使用，并与53处正常营业的有形市场签订“限塑”责任书。分局要求辖区有形市场向依法设立的塑料购物袋生产厂家或批发商采购塑料购物袋，采取专项检查与日常巡查相结合的方式，严厉打击市场使用、销售不合格塑料购物袋的行为。截至年底，14处市场在工商分局进行生产厂家的资质材料备案。对相关违法行为立案900件，查扣不合格塑料袋1.4万个。

【设立机动车工商验证窗口】 年内，工商分局在通州机动车检测场服务大厅设立机动车工商验证窗口。通州机动车检测场自2010年起开通办理新车注册登记检验业务，每年为近2万辆机动车办理新车检验。此前，该检测场仅办理新车上牌业务，通州区市民办理工商验证须到其他有条件的区县检测场。新车工商验证窗口设立后，可为通州区新购置机动车提供一站式服务。

【开展市场清理】 年内，工商分局依法要求未营业市场限期办理变更登记或注销登记手续并开辟登记快速通道，疏解排查未正常营业市场24家，其中，转型商贸公司、综合超市10家；对纳入关停清退范围的49家有形市场停止新入场商户登记注册，驳回商户设立申请95件。截至年底，调整退出北京二道闸农贸市场有限公司、北京张家湾三间房广路兴农贸市场有限公司、北京西小马农贸市场中心等有形市场10家，总面积3.58万平方米，清退市场商户1350个，疏解从业人员2117人。

【开展防范和处置非法集资专项整治行动】 年内，工商分局以乡镇、街道综合治理体系为依托，与公安、金融、法院、城管等多部门联合加强执法协作，对重点行业开展排查治理。分局在全区范围内暂停投资类企业登记注册，对涉及相关行业的高风险企业进行摸底和统计。对存超出核准事项擅自开展需要审批的经营项目的，责令其停止违法行为，并及时函告相关主管部门。联合公安、城管、综治等部门对以投资咨询、贷款中介、资金周转、信用担保、典当名义等发布的集资和变相集资活动的牌匾广告、宣传信息、横幅进行集中清理整治，拆除非法广告牌匾。截至年底，分局拆除非法广告牌匾3块，对10家投资公司进行责改，并列入异常经营名录，立案查处2起，约谈11家金融投资公司负责人。联合公安、金融、法院、城管等加强执法协作，开展整治行动5次。暂停名称或经营范围中包含投资、资产等描述字样的类金融主体设立登记，暂停该类企业迁入通州，驳回该类登记申请63条。

【保护知识产权打击假冒伪劣专项工作】 年内，工商分局以生产、销售、仓储、运输四个重点领域，新城建设区域内、八通轻轨沿线、农村集期市场等五个重点区域，农资、建材、服装箱包等六种重点商品为执法重点，使分局执法检查和规范打击目标更具针对性。开展了保护“迪士尼”注册商标专用权专项行动、假冒牛栏山白酒开展专项整治等一系列专项行动。全年，分局查处商标侵权案件74件，罚没款115.24万元。

【推进商标品牌战略】 年内，对成规模、有效益、能够拉动地方经济发展的相关企业进行大力宣传。多次在中关村金桥产业基地、光机电产业园区、种业园区、通州经济开发区等地开展讲座。深入落实商标富农工作。重点帮扶北京瑞正园农业科技发展有限公司的“瑞正园”商标。“瑞正园”商标在2016年被评定为北京市著名商标，该商标是通州区第一个涉农著名商标。截至年底，通州区有注册商标18041件，其中，中国驰名商标12件，北京市著名商标26件。

【整治虚假违法广告】 年内，工商分局根据市局文件精神开展互联网金融广告及以投资理财名义从事金融活动风险专项整治，集中对300余户线下投资理财企业进行筛查。会同区卫计委、食药局、城管执法局、人力社保局等单位对通州区医疗机构进行检查。对检查中发现的部分医疗机构夸大、美化医院规模、医师队伍、治疗能力等问题的予以责令改正，避免给消费者造成误导。开展大型户外房地产广告专项检查，重点对房地产广告“不限购”“自由购”等宣传语的违法行为进行查处。建立通州区广告监管联席会议制度，开展清理“小广告”，整治“号贩子”“网络医托”，禁止非医学需要胎儿性别鉴定和选择性别人工终止妊娠，以及严厉查处肉毒毒素广告等专项整治行动。2016年，查处广告类案件73件，罚没款75.47万元。

【疏解非首都功能】 年内，工商分局以整治低端业态为重点加快疏解非首都功能，加快低端产业退出。充分发挥区无证无照经营治理工作联席会议平台作用，组织协调属地政府和各职能部门，结合大气污染防治、拆除违建及工业产业调整退出等工作，开展无证照经营治理。通过开展生产加工类无证无照经营治理、无证无照餐饮专项整治、城乡结合部地区安全检查、煤炭销售行业清理整治等工作，对无证照经营行为加大查处力度。牵头开展了生产加工类无证无照经营治理。截至年底，关停取缔无证无照经营3229户，关停取缔率52.5%，查办无证无照经营案件1003件，罚没款275.86万元。

【推进企业信用体系建设】 年内，工商分局大力宣传年报制度，采取各种形式指导市场主体依法年报，2015年度内资企业年报公示率为90.5%。按照“双随机”要求，开展企业和个体年报信息抽查工作，并及时将问题主体纳入经营异常名录。全年开展8次定向抽查，涉及相关企业3765家，将707家违法企业引入企业信用信息网异常名录。制订《通州工商分局信用体系建设工作方案》和《通州工商分局严重失信违法企业专项整治行动方案》，从加强政务诚信建设、加快推进企业信用体系建设、加大对严重失信违法企业的惩罚力度等方面着手开展诚信体系建设工作。年内，以区政府办公室名义印发《通州区加强企业信用体系建设第二阶段行动计划（2016—2018年）》。经区政府批准，由通州工商分局牵头成立通州区企业信用体系建设联席会议平台。

【建立联合“清虚”机制】 年内，工商分局结合年报的开展，在区政府支持下，联合区国、地税建立长效工作机制，对年报和现场检查等方式排查出的大量市场主体虚数共同开展清理工作。排查未办理税务登记的“虚户”主体6009户，同时积极引导拆迁区域内未经营的个体工商户主动注销执照。

【组建新科室及工商所】 8月22日，工商分局根据市工商管理局文件精神新设立网络交易监督管理科和商品质量监督管理科。12月23日，市工商局批准分局新设立新城核心区工商所、台湖工商所。调整后，分局工商所总数由8个增加至10个。

【落实“清洁空气行动计划”】 年内，工商分局严格执行市、区两级新增产业的禁止和限制目录相关规定，严把准入关，禁止高污染工业项目的主体登记注册，为淘汰、转型企业建立快捷退出通道。开展成品油市场及无照煤炭经营主体专项整治工作，抽检263批次车用汽、柴油样品（包括分局自行抽检41批次），超额完成全年抽检任务的31.5%，其中，发现不合格柴油样品1组，已进行立案处罚，罚没款295634.74元。建立通州区成品油企业台账。对辖区内每个成品油企业基础信息逐一进行登记，全区有成品油企业98家。

【强化网络交易市场监管】 年内，工商分局开展网络市场监管专项行动，以网络交易平台和网络商标侵权、销售假冒伪劣商品、虚假宣传等突出违法问题为整治重点，依托北京工商网络经济监管系统，对系统内的涉网企业进行排查。按照市工商局的统一工作安排，开展网络交易平台和团购网站专项整治活动、打击北京非法主体商务网站专项整治，以及第一批网络交易平台中标称北京网店的相关信息核查工作，加强网络交易市场监管。全年查办涉网经济违法案件187件，同比增长142.86%；罚没款366.29万元，同比增长76.95%。

【强化农资市场监管】 年内，开展红盾护农工作，与区农委、区农业局、区质量技术监督管理局、区农药管理站等部门开展联合执法，着重检查证照是否齐全、农资检验合格证是否齐全，强化索证索票制度，规范进货渠道。加强农资商品监测工作，狠抓农资违法案件的查处，及时把不合格农资产品清除出市场。年内，抽检农膜样品7组，检验结果全部合格。分局自行抽检化肥样品80个，立案6件，罚没款37953元。

【强化无证照经营排查和治理】 年内，工商分局结合“创城”、拆除违建、环境治理和城乡结合部重点地区违法经营专项整治等工作，对无证照经营行为加大查处力度。通过开展生产加工类无证无照经营治理、城乡结合部地区无证照经营治理、散煤销售行业清理整治、住宅内非法违法生产检查等工作，加强日常排查，强化风险防控。全年，分局关停取缔无证无照经营3229户，关停取缔率52.5%，查办无证无照经营案件1003件，罚没款275.86万元。关停生产加工类无证无照经营797户，关停率达100%。关停城乡结合部重点地区取缔无证无照经营1451户，关停率95.52%。

【服务企业动产抵押融资】 年内，工商分局会同北京通州国开村镇银行信贷部和通州区绿化种植协会组织区100余户绿化种植企业召开通州区园林绿化产业银企对接会，搭建“银企”融资金桥，指导北京亿赤达园林绿化有限公司和北京东方绿鑫园林绿化有限公司办理动产抵押登记融资1000万元。实行动产抵押网上申报审核、当场审查办结和电话预约以及邮件发送表格样表、一次性告知等一系列服务措施，减少企业往来成本，提高登记效率。全年办理动产抵押登记47件，帮助企业融资6.48亿元。

【严厉打击传销、规范直销】 年内，工商分局会同公安等部门，集中整治清剿涉传窝点。以通州、武清、三河工商局打击传销联防联动区域合作机制及东城、西城、朝阳、通州四区工商打击传销工作联动机制作为保障，对辖区重点地区、重点行业、重点企业进行排查。全年，查处涉传行为35起，教育驱散外来涉传人员17人。开展无传销社区、无传销村创建工作，如意社区无传销社区、漷县镇漷县村无传销村相继挂牌成立。利用“3·15”国际消费者权益保护日、“5·15”打击和防范经济犯罪宣传日，进村庄、进社区、进学校，深入开展打击传销宣传，提高群众防范意识，发放各类宣传材料1万余份，现场接待咨询260余人次。

（陈瑞捷）

私营个体经济

【概　况】 2016年，通州区私营个体经济协会围绕区委、区政府的中心工作和市协会的折子工程、重点工作，坚持服务政府、服务会员、服务社会的方针，以促进私营个体经济发展为重点，以营造良好市场生态环境，促进区域经济发展为目标，严格按照年度工作目标考核责任制狠抓落实，通过搭建融资服务平台、完善商品配送服务等工作，充分发挥桥梁纽带作用，服务私营个体经济发展。

【缓解企业融资难】 年内，区私营个体协会充分发挥融资服务平台的资源优势，深入会员企业，了解企业生产经营情况，面对小微企业缺少流动资金现状，通过星展银行、广发银行、民生银行、渤海银行、小额贷款公司、典当行等多家融资部门为43家企业融资1.26亿元，为会员企业缓解融资问题起到推动作用。

【受理会员咨询投诉】 年内，区私营个体协会围绕会员在生产经营中遇到的问题，解答会员咨询投诉，截至2016年底，接待会员来电来访57人次，对反映集中的拆迁补偿和年报程序等方面问题，全部通过市法学会进行回复和解答。

【做好商品配送服务】 年内，区私营个体协会围绕食品放心工程，拓宽商品配送渠道，加强对商品配送服务中心的指导和监督管理，完善商品配送服务的各项规章制度和措施，从源头把握进货渠道，确保配送商品的质量，降低会员进货成本，确保食品安全。2016年，全区3家商品配送站为全区300余家会员商户、9家连锁超市，配送优质廉价的商品。由于从源头把握进货渠道，确保配送商品的质量，降低会员进货成本，确保食品安全。

（陈瑞捷）

消费保护与监管

【概　况】 2016年，工商分局和区消协以营造良好消费环境，提升服务民生水平为目标，以构建多元化消保维权体系为着力点，按照市工商局和市消协工作部署和区委区政府要求，努力提升消保维权工作水平，积极贯彻落实新消法，营造安全放心消费环境，消保维权工作水平得到有效提升。

【消费者申诉举报工作】 年内，工商分局“12315”系统接收消费者投诉2110件，同比上年增长21.26%，为消费者挽回经济损失99.3万元。接收群众举报1538件，比上年增长35.51%。

【打造全区“大消保”格局】 年内，工商分局秉持“三位一体”（即政府监管、企业自律、社会监督）的工作主线，积极牵头整合社会资源，探索创新维权机制，制定《通州分局关于建立消费纠纷快速解决机制的意见》，为着力提升多元消费纠纷和解能力，实现行政调解与协商调解、人民调解的有效衔接提供了制度保障。

【组织“3·15”主题宣传活动】 “3·15”活动期间，区消协、工商分局以“新消费 我做主”为主题，通过进社区、进学校、进企业、进商城、进市场等形式开展宣传活动，发放宣传材料18种5660余份，制作宣传横幅12个，展版15块，并会同食药、司法、农业、社保等部门联合开展宣传活动，宣传新《中华人民共和国消费者权益保护法》等法律法规。

【消费争议解决绿色通道建设】 年内，工商分局加强与各园区管委会、市场主办单位的合作，进一步扩大绿色通道成员单位规模，缩短消费争议解决的时间，降低消费维权成本，提高维权效能。截至年底，全区绿色通道成员单位达到168家，绿色通道联盟7个，基本实现重点业态、重点企业的全覆盖，全年绿色通道成员单位处理消费纠纷1813件，自行和解率为100%。

【推行经营者首问和赔偿先付制度】 年内，工商分局深入推进两项维权制度，强化经营者消费维权第一责任人意识。以辖区重点业态规模企业、绿色通道成员单位、投诉举报数量较大的经营单位为重点，深入推进经营者首问责任制和赔偿先付制度，组织8期两项维权制度专题培训，涉及电商平台、房地产经纪、商场零售业等重点业态，进一步提升经营者主体责任意识，促进诚信规范经营，有效降低消费维权成本，提升维权效能。

【深化消费纠纷诉调对接制度】 年内，工商分局会同区消协加强消费纠纷人民调解委员会的机制建设，截至年底，在全区各街乡镇建立13个消费纠纷人民调解委员会，全年为消费者解决各类消费纠纷190件，为消费者挽回经济损失13.9万元，实现消费纠纷的行政调解与人民调解、司法调解有效衔接。

【强化消费教育引导】 年内，工商分局充分借助电视、广播、报纸、网络等形式载体，围绕新《中华人民共和国消费者权益保护法》《侵害消费者权益处罚办法》等法律法规，在“五一”“十一”“双十一”等重要时间节点，全方位、多层次的开展宣传活动，营造良好舆论氛围。全年组织现场宣传咨询活动17次，消费教育精品课堂7期，发放宣传资料9000余份，制作播出《消费维权在身边》电视专题节目12期，微视频课堂5期，及时发布消费教育提示。

【开展消费志愿者活动】 年内，工商分局加强与中纺协、北京洗染协会、北京装修协会等专业机构合作，建立专家援助机制，定期为消费者提供检测鉴定、专业咨询、技术援助等服务，协助工商部门做好消费纠纷调解工作。通过开展消费知识精品课堂、“通乐农”流动工商工作站进乡村、绿色通道企业开放日等多种活动，让新《中华人民共和国消费者权益保护法》和消费知识真正走到百姓身边。

【强化流通领域商品质量监管】 9月，工商分局按照市局要求，调整内设机构，组建商品质量监督管理科，出台《通州工商分局流通领域商品质量监管工作规范》，结合保护知识产权、打击假冒伪劣专项整治行动，围绕消费投诉热点、百姓关注焦点，加强流通领域商品质量抽检工作，查办一批厂外店、商品库房、经销商的典型案件，工商分局结合城市副中心建设的自身特点，深入学习运用28863标准，有针对性的开展商品质量抽检工作。全年抽检28种，313组商品，其中落实市工商局抽检263组商品，区工商分局自检50组。办理商品类案件110件，结案92件，罚没款224.54万元。

（陈瑞捷）

质量技术监督

【概　况】 2016年，通州区质监局在市局和区委、区政府正确领导下，深入贯彻中共十八届三中、四中、五中全会精神和习近平总书记系列重要讲话，牢固树立副中心意识，主动适应通州发展新形势，以“两学一做”学习教育为契机，立足工作目标责任制，充分发挥质监职能作用，全面服务北京城市副中心建设。

2016年，制定出台《绩效考核管理办法》，全面提升工作管理水平。年内，出动执法人员3817人次，检查企业1657家，查处案件126起，罚没款85.9万元。受理投诉举报763件，办结率100%。完成锅炉定期检验871台、压力容器683台、电梯8641台、起重机894台。水表首检器具8万块、自检计量标准器363台、强检计量器具12616台、电能表1.5万台。

【质量强区】 组织召开2016年通州区质量工作会议，牵头起草通州区质量强区领导机构系列文件，建立健全质量工作联席会议机制。制定《质量安全考评细则》，深入15个乡镇街道开展质量工作考核。制定下发《通州区知名品牌培育工作通知》，推进北京展辰新材料有限公司等12家企业知名品牌培育工作。深入宋庄、西集等乡镇开展质量工作专项调研，督促乡镇落实质量工作属地管理责任。

【首都标准化战略】 研究制定《2016年北京市通州区标准化工作要点》，7月，组织召开首都标准化战略纲要实施及新型城镇化标准化试点工作会，推进首都标准化战略实施。

【新型城镇化标准化试点】 在《北京市通州区新型城镇化标准化框架建设工作方案》基础上，根据城市副中心建设需求，结合通州区“十三五”规划，从公共服务、基础设施、资源环境、公共交通四大领域中，选定就业服务、社会保险、市容环境建设、综合管廊设施、水资源管理、海绵城市建设等六个要素，开展国、行、地标准梳理，经与市质监局、通州区委、区政府和区发改委多次对接，确定海绵城市和综合管廊标准化作为推动城市副中心建设的两大重要抓手。6月，组织通州区新型城镇化标准化试点工作领导小组成员单位对江苏省苏州市综合管廊和浙江省嘉兴市海绵城市建设情况进行考察调研，进一步完善海绵城市和综合管廊现行标准。年内，完成《通州区海绵城市评价标准》和《通州区综合管廊运营维护技术规范》标准立项工作，着手开展标准编制工作。

【农业标准化】 年内，完成北京金福艺农农业科技集团有限公司第八批全国农业标准化国家物联网农业园综合标准化示范区项目验收。做好张家湾葡萄第四批地理标志产品的检验、标志使用申报，5家单位7个产品通过批准，1家单位1个产品通过申报审查。

【养老标准化】 年内，做好养老机构星级评定，为1家养老机构进行二星级评定，组织1家养老机构开展三星级体系建设。

【标准化基础管理】 年内，完成企业标准备案104家，备案企业产品标准390份，登记注册单位16家，登记注册产品标准39份。为北京蒙草节水园林科技有限公司等3家企业6项标准申报标准制修订资金51万元。

【特种设备安全监管】 年内，组织召开全区特种设备生产和电梯维保两个源头单位年度工作会议，对49家特种设备生产单位和58家电梯维保单位进行培训。8月，完成涉及通州区127台老旧电梯检测和风险评估工作。制定阶段性保障方案和突发事件应急预案，开展“两节”、国际电影节等重点时期特种设备专项检查。会同区市政市容委对11家石油液化气充装站开展专项检查，组织充装质量安全自我声明和承诺、超期特种设备专项整治、电梯维保企业服务承诺等活动。

【产品质量安全监管】 年内，监督抽查工业产品生产企业212家，合格191家，合格率90.1%，处置产品质量安全风险107起。5月，对110家强制性认证产品获证企业和15家生产许可证新取证企业集中培训。11月，组织34家食品相关产品获证企业召开监管培训会。评价65家生产企业主体责任落实情况，约谈并督促4家问题突出企业整改。加大对高风险以上企业管理力度，4次邀请专家深入企业进行现场审核。及时向乡镇有关部门通报情况，4次联合梨园镇、永乐店镇开展监督检查。年内，结合“打四黑除四害”“质检利剑”等七个专项整治活动，重点开展对汽车配件、儿童用品等13类产品的专项检查行动，查处无证违法生产案件8起，办结涉产品质量群众举报投诉84起。对17家消防产品生产企业开展监督检查，完成国务院对通州消防工作考核任务。组织开展建筑外窗、学生装、散热器产品质量大讲堂和检测室开放活动。

11月22日，通州区质监局产品科执法人员（右一、右二）对马驹桥工业园消防产品开展检查

（质监局提供）

【清洁空气计划】 年内，制订《通州区质监局2016年清洁空气行动计划》，组织煤炭生产加工企业签订《燃煤生产加工企业责任义务告知书》。开展现场检查53家次，抽检煤炭356个样品，合格率100%。深入通州区煤炭公司3次座谈调研，帮助企业建立煤炭生产和煤炭产品可追溯体系，联合区农办、区环保局等部门在农村集贸市场开展“减少大气污染 共建绿色家园”主题宣传活动。开展全区车用氮氧化物还原剂、车用汽柴油清净剂和生产领域成品油生产企业调查摸底和监督检查，建立企业质量档案3家。

12月16日，通州区质监局特检所检测人员检测梨园5号锅炉房

（质监局提供）

【民生计量】 年内，开展出租车行业计价器专项检查，检查6家出租车公司750台计价器。开展农贸市场公平秤专项检查，制作公平秤统一标志牌并监督挂牌上墙，查处农贸市场商户使用未经检定电子秤1起。对25家加油站392台加油机开展计量专项检查。组织物流行业计量法律法规宣贯，与33家快递企业签订《邮政物流快递行业守法经营告知书》。开展定量包装商品净含量计量专项监督抽查，抽查漆、涂料、速冻食品、酸奶等8家定量包装商品生产企业47批次商品，合格率100%。开展月饼和茶叶过度包装监督检查，抽查4家月饼生产企业、1家茶叶生产企业23批次样品，合格率100%。

【计量行政许可】 年内，办结12家次制造计量器具核准，1家最高标准器核准和1家修理计量器具核准。完成3家部门企事业最高标准器核准、15家制造计量器具许可证核准和8家实验室资质认定核准的考核复审。监督检查33家计量器具生产企业在用强制检定计量器具1840件。检查17家检测机构及实验室在用强制检定计量器具1005件，完成33家检验机构年度检验检测服务业统计。

【能源计量】 年内，开展重点用能单位能源计量器具配备专项监督检查，对2家重点用能单位进行约谈和能源计量培训。

【法定计量单位监督】 年内，开展使用法定计量单位情况监督检查，抽查2015年《通州新闻》新闻稿件和视频资料1800份、广告播出单57份，查出使用非法定计量单位行为3次并督促整改。

【开展“双随机一公开”工作】 年内，试点开展随机抽取企业、随机抽取执法人员，实施综合执法检查，公示检查结果“双随机一公开”检查工作。研究制定“双随机”检查工作计划，开展执法人员“双随机”专项培训。年内，出动执法人员362人次，开展“双随机”检查181家次，公开全部检查结果，查处案件1起。

【检验检测】 年内，计量所试点开展水表产品抽查检测，完成全市11家水表生产企业抽样检验。通过法定计量检定机构考核和节能计量、水表抽查项目计量认证。参加市质监局加油机、水表项目比对，加油机项目比对结果处于全市领先水平。特检所申报50万元特种设备检验检测技术改造项目，提高检验检测质量，通过质检总局16个检验检测项目资质认证核准。

【窗口服务】 落实“三证合一、一照一码”登记制度改革，做好证照改革衔接工作。受理行政许可事项3071项，业务量居系统前列。年内，3次被区行政服务中心评为流动红旗窗口，邢立新等3人被评为微笑服务标兵。

【信息宣传】 年内，上报市、区两办信息229条，网站主动公开政府信息300余件，受理网上咨询55起。

（陈海涛）

规划管理

【概　况】 2016年是“十三五”规划的开局之年，也是确保北京城市副中心建设取得显著成效的关键之年。按照北京市规划委员会和通州区政府的工作部署，区规划分局认真学习贯彻中共十八届三中、四中、五中全会及习近平总书记系列讲话精神，以“两学一做”专题教育实践活动为主线，主动作为、统筹协调、勇于担当，以工匠精神扎实推进副中心规划管理各项工作。年内，区规划分局受理行政许可及其他审批事项702件（比上年减少20件，下降2.7%）；校核、制作、核发规划审批决定710件，（比上年增加68件，增长4.1%）；接待各类信息公开咨询500余人次，接待业务咨询近600余人次，接待档案查询100余人次；办理人大代表、政协委员建议、提案40件。

【通州区总规修编】 年内，区规划分局按照市规划国土委、通州区委、区政府工作安排，成立区总体规划工作领导小组及办公室，委托30个国内外优秀设计团队，开展通州区总体规划、17个专项规划和15个专题研究工作；挑选全球规划设计行业顶尖的12个联合设计团队，开展城市副中心155平方公里总体城市设计及6处重点地区详细城市设计工作，并于年内取得阶段性成果；配合中外设计团队、市级部门及研究单位集中现场踏勘100余次，接待调研人数700余人；从全区52家单位收集数据资料800余份，约30万字。

【推进市、区重点项目建设】 年内，区规划分局坚持依法合规，严格高效审批，协助区政府开展重大项目选址以及规划调整，围绕几大功能区规划编制及土地一级开发、上市工作，做好相关规划前期服务。完成运河核心区上市地块包括富华水乡南区、绿地葛洲坝、保利、富力、绿地集团、富华侨商总部、上营组团内复地等10个项目的方案复函及工程审批工作；华业新北京中心核发方案复函，并核发部分工程证。同时，加快通州运河核心区九号地公共服务中心项目、新城中央休闲公园及梨园体育中心项目和北京景山学校通州分校项目的工作进程，核发梨园体育中心项目选址意见书、景山学校通州分校核发建设项目规划条件，其他规划手续亦将有序推进落实。

【落实各项民生实事工程】 年内，区规划分局进一步坚持落实保民生，促和谐理念，加紧规划研究，办理规划手续。一是高效落实保障性住房建设工作。截至年底，完成潞城镇棚户区改造B、C、D三区22个地块的规划意见复函及建设项目规划条件（土地储备整理）的核发工作，并有序推进后续规划工作；加快推进八里桥棚户区改造工作，核发B、C地块建设项目规划条件（土地储备整理）。二是进一步完善教育、医疗及公共服务。配合相关部门落实人大附中通州校区、史家小学通州校区的引进工作和玉桥中学、玉桥小学的改扩建项目，协调相关规划指标调整工作，有序推进规划手续办理。

【落实无障碍设施管理】 年内，区规划分局作为通州区无障碍工作牵头单位，建立以主要领导牵头，主管领导负责，具体责任科室落实的工作机制。切实做到领导重视，工作计划制定到位，工作职责明确到位，具体工作落实到位，有序推进无障碍环境建设各项工作。2016年，区规划分局组织区属相关委、办、局、街道办事处及乡镇政府对无障碍设施实地考察工作做了详细部署，不断排查问题，对通州区无障碍设施管理工作进行详尽的总结，并将梳理情况上报市无障碍设施建设和改造工作联席会议办公室。

【推进市政交通基础设施建设审批】 年内，区规划分局主动服务，重心前移，着力整合部门资源，打破沟通瓶颈，缩短审批周期。一是重点功能区市政建设稳步推进。截至年底，分局完成核心区南环环隧建设工程规划许可证，完成华业、富华、富力等上市项目公共空间的审批手续，完成运河220千伏变电站设计方案审查；争取市规划国土委领导支持，提前审查安排文化旅游区环球影城相关市政、交通项目，开展文化旅游区综合管廊有关问题研究，初步形成综合管廊规划方案；加快完成宋梁路北延、广渠路东延、通州大外环线等行政办公区交通通廊与各区属部门的方案对接和前期推进，为市级部门搬迁做好准备。二是完善轨道交通、缓解交通拥堵。配合市级部门推进通州区规划M7东延、M17、城际铁路联络线、平谷线、八通线南延等轨道交通和京唐城际铁路方案与区政府及各部门的对接，推进轨道交通站点一体化建设和接驳方案的提前研究。三是加强市政专项工程审查力度。为解决好区域发展过程中能源与环境之间的矛盾，结合全市清洁空气行动，分局完成全部2016年通州区锅炉

“煤改气”上账项目的天然气外线工程审查，协调市规划院市政所完成10座新建变电站选址方案编制，大力推进全区“煤改电”“煤改气”工作。

【非首都功能疏解】 年内，区规划分局开展通州区工业企业用地情况摸底及清退工作。借助通州区全面清查工作，逐步摸清工业大院位置、布局、数量等，以部分园区作为工业调整退出及土地梳理工作试点，为全区范围工业清退和产业转型积攒经验。推进有形商品交易市场调整升级。按照《关于加快推进全区商品交易市场调整提升工作的实施意见》，严格把控清退名单上的市场翻改建项目。盘活存量土地，优化城乡空间结构。梳理新城范围内的存量土地及全区现状用地情况，摸清底数，逐步优化城乡功能布局。

【规划监督】 年内，区规划分局办理规划验线23件，建筑面积总计947420.01平方米。办理规划验收167件，验收面积5187017.15平方米。在市规划委督查督导工作中，规划监督件未出现不合格卷，保证了合格率100%。

【规划执法】 年内，区规划分局加大巡查、协查工作力度，出动执法调查、巡查60余次，向区城管执法局出具协查认定函190余份，向各乡镇人民政府出具协查认定函30余份；累计向各相关责任单位发送违法建设案件移送函49件。向违法建设单位及个人下发责令停止建设通知书1份。

【测绘工作】 年内，区规划分局完成多项重点项目的测量任务，其中有市政府搬迁安置工作的重点项目——潞城镇通州新城0604街区定向安置房项目；服务于文化旅游区建设的环球影城规划用地项目；服务于保障房建设的八里桥棚户区改造项目；服务于核心区建设的通州绿地中央广场项目；服务于市政基础设施工程的颐瑞中路管线探测等。

【信息化建设】 年内，区规划分局联合委科技信息处与市测绘院，完成通州新城中心区（155平方公里）三维模型数据、影像数据、截至2015年规划审批数据的更新以及通州新城14个街区控制性详细规划（深化方案）及通州新城60余个地块控规的数据更新工作；在“数字通州”地理信息平台数据库中完成通州新城14个街区控制性详细规划（深化方案）及通州新城60余个地块控规的数据更新工作；三维规划辅助决策系统中新增广渠路二期、源头岛以及华业项目的三维模型；并对新城中心区155平方公里范围内现状三维模型进行外业核查，发现80余处与三维规划辅助决策系统存在明显差异的建筑。截至年底，市测绘院依据区规划分局提交的外业核查成果完成三维模型数据的修补工作。

【地名工作】 年内，区规划分局开展道路命名6件、居住区命名1件，建筑物名称核准8件，办理标准地名使用手续70余件。

【城建档案管理】 年内，区规划分局完成工程竣工档案登记175件（其中，建安工程88件、市政工程87件）；完成工程竣工档案预验收93项、778栋，开具预验收合格意见153件（其中，建筑安装工程133件、市政工程19件、自管项目1件）；完成工程竣工档案接收37项、424栋，编制图文材料2545卷；各类档案利用442人次、4485卷，出据证明136件；其中，配合市规划和国土委调研借阅工程竣工档案586卷，配合区政府调研借阅规划审批档案459卷），配合区政府房屋清查工作提供借阅相关规划审批档案1199卷；组织开展规划管理档案数字化专项整理工作，通过区财政局绩效考评和预算申请；继续做好声像档案的拍摄入库工作，整理充实电子文件数据，推进电子档案建设。

（杨明雪）

国土资源管理

【概　况】 通州区总面积为90579.21公顷（由于调查手段和技术手段不同，所得数据与统计局数据有出入，统计局数据为905.95平方公里）。其中，耕地面积为33532.86公顷，占全区总面积的37.02%；园地面积3450.26公顷，占全区总面积的3.81%；林地面积7811.69公顷，占全区总面积的8.62%；草地面积120.37公顷，占全区总面积的0.13%；城镇村及工矿用地面积30270.97公顷，占全区总面积的33.43%；交通运输用地面积4812.64公顷，占全区总面积的5.31%；水利及水利设施用地面积8580.03公顷，占全区总面积的9.47%；其他土地面积2000.39公顷，占全区总面积的2.21%。

【土地利用总体规划】 2016年，完成5个项目的规划动态维护工作，项目总用地面积41.33公顷，使用区级城乡建设用地机动指标0.93公顷，使用区级特交水建设用地机动指标0.88公顷，同时收回规划城乡建设用地机动指标0.83公顷，特交水建设用地机动指标0.01公顷。

【建设项目用地预审】 2016年，建设项目用地预审办理50件，总用地面积597.01公顷。以上项目中包括：基础设施类27个143.26公顷，棚户区改造9个330.06公顷，土地一级开发类4个63.87公顷，商业、居住类5个43.34公顷，科教文卫类2个5.7公顷，工业类3个10.78公顷。

【征占地及农用地转用项目管理】 2016年，有12个征地项目获得市政府批复，全部为通州区文化旅游区土地一级开发项目，总用地面积294.437公顷，其中，农用地面积134.4491公顷，涉及占用耕地66.3138公顷。

【土地入市交易】 2016年，通过土地市场供应，经营性用地1宗，总用地面积207.08公顷，建设用地207.08公顷，建筑规模164.27万平方米，成交总额87亿元，政府土地收益21.75亿元。

【划拨供应建设用地】 2016年，通州区划拨供应建设用地8宗，建设用地面积31.5935公顷。按照用途分类，科教用地4宗，面积2.52公顷；医卫慈善用地1宗，面积0.32公顷；经济适用房用地1宗，面积22.8566公顷；公租房用地2宗，面积5.8969公顷。

【不动产涉房登记】 2016年，完成各类房屋登记业务101781件。其中，完成房屋登记发证87099笔，发证面积2020.51万平方米，登记金额1909.96亿元，收取登记费及其他各项费用合计8275.07万元。其中，商品房办理23049件，发证面积206.65万平方米，登记金额323.32亿元。

【不动产涉地登记】 2016年，办理不动产涉地登记业务718件，面积2034.52公顷。办理国有建设用地使用权登记211件，面积414.42公顷，其中，办理初始、变更、转移登记107件，面积306.81公顷，办理注销登记104件，面积105.61公顷。办理抵押权登记507件，面积1622.1公顷，抵押金额1376.1亿元。其中，办理抵押权初始、变更、转移登记247件，抵押面积537公顷，抵押金额705.8亿元，办理抵押权注销登记260件，注销抵押面积1085.1公顷，注销抵押金额670.3亿元。

【征地结案办理情况】 2016年，办理征地结案13宗。

【永久基本农田划定】 10月起，依据国土资源部、农业部《关于全面划定永久基本农田实行特殊保护的通知》和市规划国土委、市农委、市农业局《关于开展全域永久基本农田划定工作的通知》文件要求，组织开展通州区永久基本农田划定工作，结合通州区实际，编制完成《通州区区乡永久基本农田划定方案》，并通过市规划国土委、市农委、市农业局的论证审核。

【土地执法工作】 2016年，执法卫片涉及违法用地438宗，占地面积1828.4亩，其中，耕地面积1416亩。通过市级年度卫片执法检查验收工作，问责比例为5.78%。下发行政处罚决定书266份，收缴罚款2616.71万元，履职到位率达到100%。

【涉地信访和违法举报线索办理情况】 2016年，接待受理信访举报事项77批次154人次，其中，受理信访事项12批次29人次（集体访1批次6人次），受理违法举报事项65批次125人次；受理来信170件次，其中，按人信访程序办理90件次，按举报事项办理80件次。受理信访举报事项247件，其余正在办理当中。受理信访举报事项总量与上年同期相比上升54.4%。国土部及市国土局转办12336举报电话反映违法线索283件，与上年同期相比下降5%，全部按时办结。局长信箱来信210封，全部办结。受理电话举报事项120件；受理北京市非紧急救助电话280件，全部办结。

【土地储备开发】 2016年，在施项目36个，总占地面积约3557公顷，其中，联储项目3个，用地面积约2384.52公顷，包括运河3号地、环渤海高端总部基地、文化旅游区项目；分中心为主体项目20个，用地面积约666.68公顷；社会企业为主体项目13个，用地面积约505.95公顷。

【“一会三函”项目】 2016年，回复“一会三函”项目来函4件，其中，涉及潞城棚户区（行政办公区）综合管廊项目及通州区煤改电工程梁各庄220千伏和潞城110千伏变电站等重点工程，深入推进副中心重点项目建设发展。

【土地清查工作】 年内，根据《通州区人口、产业、房屋、车辆、土地等全面清查工作方案》要求，国土分局作为土地组牵头单位，负责全面清查全区范围约906平方公里、城市化范围约420平方公里、城市副中心范围约155平方公里、行政办公区范围约6平方公里土地权属、现状等基本情况。截至年底，外业核实、数据汇总工作已经完成，根据获取的基础数据情况，在通过二级检查确认无误后，进行数据分析及报告编写，并在规定时间内完成报告的审核修改及成果整理上报。为高起点规划、高水平建设好北京城市副中心提供科学准确的数据信息支持。

（王庆娇）

行政服务工作

【概　况】 2016年，区行政服务中心（以下简称“中心”）接待咨询313414人次，比上年同期下降13.9%；受理审核、审批事项144614件，比上年同期增长8.5%；核发各种证照47960件，比上年同期下降29%；受理行政服务事项51245件。受理新开办企业10487户，比上年同期下降17.1%，注册资本（金）1128亿元，比上年同期增长43.7%。注册资本（金）在100万元以上的企业7948户，比上年同期下降22%，其中，100万元以上至500万元的4242户，比上年同期下降24.8%，500万元以上至1000万元的1992户，比上年同期下降18.5%，1000万元以上的1714户，比上年同期下降18.7%。

【推出“一码查询下载”业务】 年内，中心以公共服务平台为基础，整合服务资源，推出二维码表格下载查询功能，手机扫描二维码即可获取13个驻厅委办局窗口办理业务所需的信息。

【优化周边审批环境】 年内，中心协同通州工商分局、永顺镇政府等有关部门，对中心周边行政服务环境进行综合治理，清理非法中介机构广告牌匾、小广告，制止非法中介招揽业务，疏导乱停、乱放车辆，设置宣传横幅，开展宣传，消除各类环境、交通安全隐患。

【提升大厅整体环境】 年内，中心统一更换办公设备，在一楼大厅设立总服务台和帮办服务区，增加业务引导人员，负责为办事人咨询、导办、查询、投诉等业务，并同时调整窗口工作人员的办公方向，更加便于与办事人进行工作沟通，零距离、全流程、人性化服务办事人。

【推进北京市投资项目审批监管平台监管工作】 年内，中心建立平台运行保障机制。制定《北京市投资项目在线审批监管平台通州分平台管理办法》《通州区投资项目在线审批监管平台督查管理办法》《通州区投资项目在线审批监管平台档案分类管理制度》，建立《市区两级部门联系人联络机制》《通州区投资项目在线审批监管平台大厅运行流程图》《通州区投资项目在线审批监管平台项目审批预警提醒流程图》，有效保障平台稳定运行。中心还建立市区两级联络沟通服务体系，确保与市级平台运行管理部门和区级业务部门沟通顺畅。2016年，中心组织专项培训2次，上门服务40余次，通过微信、电话等方式解决各类问题200余条。通过组织培训、上门答疑、电话回访、微信交流等多形式及时处理、上报和解决平台使用、应用中的问题，提升监管平台审批项目的办理水平。协调区发改委完成通州区重点项目梳理工作，其中，立项投资项目10项，赋码率达到100%。中心督促各成员单位运用项目代码，推进区投资项目审批用码工作。协调市经济信息中心和区内成员单位完成通州分平台中三次投资项目补录工作，共计179件。

【分中心建设】 年内，中心按照《2016年区政府折子工程》工作要求，与各相关乡镇进行联系沟通，先后到西集镇、潞城镇、于家务乡、马驹桥镇、张家湾镇进行走访，对分中心办公选址实地调研，制定《2016年行政服务中心乡镇分中心建设工作方案》，并根据各乡镇实际情况及建设条件制定《乡镇分中心建设进度表》，截至12月底，在西集、张家湾、潞城、马驹桥、于家务5个乡镇的协调配合下，行政服务分中心建设任务全部完成，有效推进了方便快捷、高效廉洁、规范透明的基层行政服务体系建设。

【构建全区行政审批“一张网”】 2016年，中心依托统一行政审批管理系统，搭建市区统建共用的行政审批内网和网上政务服务大厅，实现各成员单位共用“统一审批系统”、共享行政审批数据，构建全区行政审批“一张网”。此项工作进一步完善了审批机制，简化审批流程，提高项目推进效率，为办事人提供便捷的网上政务服务统一入口，实现行政审批事项预约、查询、办理的“一口进”，让群众、企业办事更方便。充分运用互联网和大数据等技术，实现各成员单位的行政审批业务系统与“统一审批系统”互联互通，审批数据实时共享。利用“统一审批系统”功能，根据各成员单位网络审批实际运行情况，逐步有序推动各成员单位实现行政审批事项一口受理、网上办理、规范透明、限时办结，缩短申请人办事时间，提高政务服务质量。

（肖黎明）

12月20日，推进统一行政审批管理系统统建共用工作会在通州会议中心召开　　（行政服务中心提供）

金 融

工商银行通州支行新华分理处

（中国工商银行股份有限公司北京通州支行提供）

中国工商银行股份有限公司北京通州支行

【概　况】　中国工商银行股份有限公司北京通州支行位于通州区新华西街47号，全行现有在职员工近400人，全行设9个内设部室，15个营业网点，代理人民银行国库业务和发行基金保管库业务。2016年，通州支行坚持以科学发展观为指引，开拓市场，推进结构调整，转变发展方式，加快改革创新，加速提升竞争能力，提高风险控制水平，加强党建和队伍建设调动积极性和增强战斗力，有效提高服务管理水平和服务效率，各项工作取得显著成绩。截至2016年年末，支行累计实现拨备前利润67,744万元，排名通州区5大行首位；计划完成率107.26%；利润较2015年增加4,937万元，增长7.86%，较2011年增加23,322万元，增长52.50%。

【渠道建设工作】　在渠道建设上，自2011年以来，支行累计启动网点微改造项目近30个，覆盖全部网点，大型迁址扩建或装修改造项目合计14个，改造总面积合计7,555.5平米，客户体验得到显著改善。2016年，支行继续强化渠道建设工作力度，不断延伸服务触角，填补潜力巨大的真空区域，占据副中心建设的有利地形，并对存量网点进行升级改造，提升网点综合竞争力。截至2016年末，支行建成宋庄支行以及潞通大街支行，初步完成副中心潜在增长点的战略布局；完成武夷花园支行的轻型化改造，辖内理财+自助轻型网点达到3家，轻型网点占比达到20%，渠道创新建设显见成效；完成玉桥、梨园、通马、中仓以及武夷5家网点的智能化改造，辖内15家网点智能化覆盖率达到100%，其中，5家建成E-ICBC体验区，智能化改造速度大幅提升。

【风险防控】　2016年，支行认真落实总行内控合规基础强化年以及分行案防工作的要求，不断完善案防工作机制，加强对重点领域的风险防控。组织员工学习《内控合规典型案例集》《员工行为禁止规定（2016年版）》，深入一线开展《操作风险案例》巡展。以“践行合规、从我做起”为主题，开展内控合规大家谈活动。邀请分行专业部室领导到行进行案防知识专题讲座，进一步提升管理人员的案防履职水平。开展防范打击非法集资宣教活动，不断强化员工异常行为管理，防止可能引发的输入性风险。开展外部欺诈的培训和防火防抢演练，实现和总行报警平台的视频联网，外部风险防范能力得到进一步加强。在此基础上，支行开展了扎实有效的信用风险防控工作；建立保单集中传递、客户回访、三方人员信息登记等一系列的风险防控体系，杜绝三方人员到店，从源头上减少风险点；深入开展“一加强两遏制”专项检查及“回头看”工作，狠抓私售“飞单”问题整治工作。着力加强市场及流动性风险、声誉风险、洗钱风险等各类风险的统筹管理，始终保持对各类重大风险事件和案件的高压态势，保证全行的平稳运营。

【服务质态持续提升】　年内，在服务管理上，通州支行以打造副中心客户满意银行和首选银行为目标，持续加强厅堂管理工作力度，通过全员皆大堂、全员皆营销、全员皆服务、厅堂服务动线管理等一系列措施的实施，实现服务温度、服务水平的双提升。2016年，支行四个季度的服务考核在北京分行排名分别为第4名、第3名、第2名、第3名，持续稳定在分行前五名，获评分行2016年度服务先进支行；其中，四季度末的服务考核排名较2015年年末提升8名，较2011年年末提升25名，实现了由服务督导行到服务先进行的转变。其中，新华分理处保持“五星级网点”创建的良好状态，获评中银协千佳网点，成为全行11家获此殊荣的标杆网点之一，充分展现出通州支行的优良服务形象，是支行几年来持续提升服务品质的一个代表，在通州区银行业树立起一面优质服务的旗帜。

（高　博）

中国建设银行股份有限公司北京通州支行

【概　况】　中国建设银行股份有限公司北京通州支行隶属于中国建设银行股份有限公司北京市分行，位于北京市通州区玉带河西街25号，下设8个部室（含营业部），14个营业中心，1个个人金融中心。营业中心为：潞河支行、运河支行、光谷支行、财满街支行、瑞都国际支行、群芳中三街支行、玉桥东路支行、玉带河东街支行、云景里支行、鱼市口支行、汇鸿家园支行、杨闸支行、物资学院路支行、杨庄路支行。2016年，在岗中长期劳动合同人员371人，平均年龄34.2岁，其中，本科及以上学历人员268人，党员120人。

2016年，通州支行全体员工凝心聚力服务副中心建设，坚持稳健经营，着力夯实基础，深入推进转型，抓紧机遇，把握重点，朝着做区域内最好的金融服务供应商的目标继续努力前行。

年内，支行荣获全国金融五一劳动奖状称号、北京金融五一劳动奖状称号；支行党委荣获总行级先进基层党组织称号；支行荣获总行颁发的全行企业文化建设先进单位称号；支行荣获第二届总行企业文化建设示范单位称号；荣获2015—2016年全国金融系统企业文化建设先进单位称号；荣获分行级企业文化建设示范单位称号等。

【主要经营指标】　支行全年实现利润6.01亿元，全年实现中间业务收入2.35亿元，比上年增加0.22亿元。年末，本外币全口径存款时点余额326.18亿元；本外币各项贷款时点余额76.74亿元；五级分类不良贷款余额791万元，不良率0.1%。

【服务副中心建设】　在重大项目落实工作中，支行围绕副中心核心区棚改、水务、能源、电力等重点行业，打破业务条线限制，以综合服务模式提质增效，不断取得重大突破，建行的服务在区政府、项目承办方和居民三方都树立了良好口碑。

【转型发展】　围绕总行“五大转型”方向和分行“一轴两翼”战略，支行转型发展成效显著。一是实践“双大”战略，新兴业务初具规模。二是持续深耕网点综合化转型，培育复合型人才。三是以智慧柜员机为契机，网点智能化转型加快。四是锁定区域特色，面向未来抢占先机。

（余美霞）

中国农业银行股份有限公司北京通州支行

【概　况】 中国农业银行股份有限公司北京通州支行位于通州区八里桥南街1号院9号楼，内设7个部门，下辖19家营业网点，在职员工411人。2016年，全行上下应对各种困难和挑战，全力以赴抢抓副中心建设历史机遇，在把控风险的前提下，围绕全区规划及重大投资项目展开持续营销，取得初步成效：外部方面，抓住园林绿化、水环境治理、棚户区改造等副中心重大项目，有力支持了地方经济社会建设，地区形象得到显著提升；内部方面，在抓好党建党廉、业务经营、不良资产清收和其他管理提升等方面，采取一系列措施，收到较好成效。到年末，本外币大口径资金402亿元，比上年增加123亿元，创历史新高，增量列分行第二位。其中，各项存款余额332亿元，比年初增加82亿元，余额列地区同业第三，增量列地区同业第一；本外币各项贷款余额55亿元，列地区同业第六。2016年，在各类级别的比赛中都涌现出支行员工的身影，其中，获得全国金融系统一等奖1个，获得总行级二等奖1个，获得分行级团队荣誉2个、个人荣誉3个，另有2名员工撰写文章在总行内刊发表。

【为通州区重点项目提供资金支持】 2016年，支行服务城市副中心建设，为通州区重点项目提供资金支持。为通州区生态环境建设指挥部园林绿化分指挥部开立基本账户，该账户将用于副中心80多个生态建设项目，约200亿元资金结算；支持棚改建设，为潞城镇棚改项目二期代发资金50.72亿元；向通州区八里桥集体土地腾退项目提供5亿元资金投放。

（王　晗）

中国银行股份有限公司北京通州支行

【概　况】 中国银行股份有限公司北京通州支行位于通州区车站路44号，内设七个部门，下辖9个营业网点。分别是通州九棵树支行、通州新华西街支行、通州果园支行、通州梨园支行、通州马驹桥支行、通州光机电支行、青年路支行、朝阳北路支行、广渠东路支行。通州支行努力践行分行党委战略方针，紧抓北京城市副中心建设机遇，真抓实干，团结拼搏，取得较好的经营业绩，实现各项工作协调发展。

【主要经营范围】 人民币结算业务：对公对私结算业务，代缴税费，电子银行服务，企业代发薪，工商验资帐户开立，单位客户集中收款，对公现金汇集通，中央财政非税收收入收缴，军保卡、银医卡等特色联名卡等。公司银行服务：账户服务，国际结算业务，人民币/外币理财，远期结售汇，养老金等。个人银行服务：传统存款服务，联名账户存款，信用卡服务，国际汇兑服务，投资理财服务，私人银行服务，出国留学金融服务。传统/特色贷款融资：住房贷款，个人抵（质）押循环贷，公积金贷款，“工薪贷”“益农贷”，综合贷款额度，固定/流动资金贷款，房地产企业贷款，中小企业贷款，项目融资，供应链融资等。利用海外分支机构众多的优势，为客户提供旅行支票、外币汇票等票据的购买及兑付和美元、欧元、等多种外币的小额零钞兑换服务，为老百姓出国提供了更加便捷、安全、省钱的外币携带方式。

【推进业务发展】 年内，支行响应总、分行号召，秉承担当社会责任，做最好银行的经营理念，以强责任，转作风，重服务，促效能作为提升干部履职能力，推进内生动力机制的四个抓手，以基层支部为核心，确立明确一个活动目标，解决一个发展短板，提升服务能力，提高盈利水平的基层活动主题，组织各网点、部室，锁定客户基础差、业务较单一的发展短板，下大力气拓展、壮大支行的公司、个人、授信客户群体，着力拓展行政事业客户、中高端私人客户、中小授信客户，并对新增客户、目标客户“穷追不舍”，力求见到成效。

【拓展网点建设】 2016年，支行整合网点资源，加大网点建设。完成朝阳北路支行的装修改造，并在土桥地区增设新网点。同时，支行继续加强智能化银行建设，在电子银行、自助设备等渠道上加强推广，大力推进网银、手机银行等客户群体拓展，以高度的自助化设备服务通州百姓，提升效率，不断提升客户满意度。

（雷　欧）

中国农业发展银行北京市通州区支行

【概　况】 2016年，中国农业发展银行北京市通州区支行围绕北京市分行提出的奋发进取履好职，精准发力快发展，从严立行谋长远的工作思路，不断加强党风廉政建设，夯实基础管理，强化企业文化建设，有效防控各类风险。支行发挥农业政策性银行金融职能，进一步加强对粮油贷款的发放和管理，2016年，发放地方储备粮贷款1.07亿元，为确保首都粮食市场的安全和稳定发挥了积极作用。支行还大力支持国家核心制造业建设和区域城镇化发展，为国家重点项目建设和区域建设提供了有力的资金保障。

【支持国家核心制造业发展和北京城市副中心建设】 2016年，为支持国家确定的“看得准、有回报、不新增过剩产能、不形成重复建设、不产生挤出效应”的重点领域项目建设的投资主体，支行向中国船舶工业集团、中国中材股份有限公司、中材节能股份有限公司投放基金22亿元，涉及13个项目，覆盖4个省市地区，成功解决企业短时间内项目资本金的筹措问题，推动了国家重点项目、政府项目和民族工业等实体经济的发展。在支持北京城市副中心建设方面，支行为“轻轨L2线通州段次渠站、垡渠站、亦庄火车站土地一级开发”项目提供金融支持，在2016年年末与多家银行共同签署银团贷款协议，为该项目提供10亿元资金支持，为进一步推动副中心建设和改善人居环境做出了积极贡献。

（张钰培）

北京银行股份有限公司通州支行

【概　况】　北京银行股份有限公司通州支行成立于2004年4月，在2016年2月成立通州管理部，截至2016年末有员工169名，在通州区设有6家营业网点，4家社区支行。6家营业网点分别为北京银行通州支行，位于新华西街59号（通州西门世纪联华超市底层）；北京银行瑞都支行，位于九棵树大街165号（果园环岛家乐福超市南侧）；北京银行运河支行，位于通胡大街11－1号（水恋晶城小区底商）；北京银行光机电园区支行，位于通州区台湖镇次二村南6号美达大厦一层；北京银行马驹桥支行，位于马驹桥镇245号院12号商业楼105号（兴华嘉园小区底商）；北京银行国际新城支行，位于通州区梨园南街326号。4家社区支行分别是，新华联家园社区支行，位于通州区杨庄南里8号楼－1（新华联家园小区）；怡乐北街社区支行，位于通州区怡乐北街92号1层B－通州区怡乐北街92号；玉桥西里社区支行，位于通州区玉桥西里72号院21号楼商8号（新通国际小区）；梨园西里社区支行，位于通州区梨园西里27号楼1层1单元01。截至2016年年底，北京银行通州管理部本外币各项存款时点余额122.34亿元，总贷款规模52亿元，本外币资产总额244.56亿元，实现利润7600万元，全年累计向通州区上缴税收1700余万元。

【网点建设】　2016年，北京银行通州管理部在总行的大力支持下，根据通州区的经济发展特色及客户需求，对辖内各网点的地理分布、服务设施进行优化，完成多个网点的装修、改造工程，提升了硬件服务水平及客户体验。另有3家支行正在处于积极筹建阶段。

【支持副中心建设】　2016年，根据北京市政府东迁政策及“京津冀”一体化发展的政策指引，北京银行通州管理部加大与区内各职能部门和机构的合作力度，搭建中小企业金融服务平台，大力支持北京城市副中心建设，为通州区的重点项目提供金融支持，通过贷款、投行与结构化融资，为通州区重点企业提供融资，支持通州基础设施项目建设和文旅区以及环球主题公园配套基础设施建设等重点项目建设。

【工会卡业务】　北京银行通州管理部与北京市总工会合作面向在京工会会员发行工会会员互助服务卡已满7年时间，普惠在京430万工会会员，6万余会员单位，为工会组织与工会会员之间搭建和谐、关爱、便利的服务平台，社会反响良好。

【支持“三农”发展】　2016年，北京银行通州管理部持续加大对“三农”领域的金融支持力度。截至2016年12月31日，通州管理部涉农贷款余额6467万元，较年初增加764万元；涉农贷款户数17户，较年初增加2户。金融服务覆盖通州区于家务乡、张家湾镇、台湖镇、宋庄镇等乡镇，满足农村的多层次、多元化的金融服务需求，取得良好的效果。深化与通州区社保所合作，支持小额担保贷款。2016年，通州管理部累计发放涉农小额贷款175万元，共计5户，直接为农村个体工商户解决融资需求，推动居民增收致富。

（杜立春）

北京农村商业银行通州支行

【概 况】 截至2016年年末，北京农商银行通州支行有营业网点51个，其中，物理网点36个；在职员工588人；资产总额达到556.02亿元，各项存款余额552.66亿元，占通州区存款市场份额22.27%；各项贷款余额59.05亿元。

【支持城市副中心建设】 随着京津冀一体化的不断推进和城市副中心建设的加速进行，北京农商银行通州支行加强与政府机关的沟通，提高区域内金融服务力度，全力支持潞城地区拆迁工作，同时介入水务、园林、基础建设等重点项目，为潞城镇拆迁项目代发拆迁资金52亿元，为通州区乡镇再生水厂项目授信3.6亿元。

9月23日，北京银监局与通州支行携手开展“金融知识进万家”宣传教育活动 （农商行提供）

【服务渠道多样】 北京农商银行通州支行不仅拥有区域内数量最多的物理营业网点，还提供包括网上银行、手机银行、微信银行等电子服务渠道，具备全天候、方便、快捷的服务能力和水平，客户可以自助办理账户管理、网上购物、转账支付、自助缴费、投资理财等业务，确保“足不出户、完成支付”，同时“96198”电话银行客服为客户提供7×24小时365天的咨询服务，及时解决使用中遇到的各种问题。农商行的300余台ATM机、自助终端、网银体验机、存折补登机等自助设备为广大百姓提供服务，方便客户办理业务，有效支持了区域经济建设。

【助农惠农到基层】 惠农、便民始终是农商银行的主要工作，通州支行代理发放农村地区各项政策性资金，包括农村地区无保障人员养老金、城乡居民养老保险、民政部门各项低保金、抚恤金等30余项政策性资金，涉及城乡居民达20余万人，每年发放金额超过23亿元。

【金融服务村村通】 面对农村地区金融服务渠道匮乏的实际现状，结合市政府金融服务村村通工程，北京农商银行通州支行创新服务模式，按照农村地区客户特点量身打造了全新的“乡村便利店”农村金融服务模式。截至年底，开通运行36家“乡村便利店”，覆盖辖内各乡镇。

（岳俊磊）

中国人民财产保险股份有限公司北京市通州支公司

【概　况】 中国人民财产保险股份有限公司北京市通州支公司（以下简称“人保财险通州支公司”）历经33年的风雨历程，在通州区内始终保持行业首位。2016年，公司继往开来，不忘初心，持续打造城市标杆、行业典范的发展愿景，认真贯彻落实上级公司“十三五”规划纲要，深入对标、主动作为，实现发展与盈利“双超双优”的跨越式发展，保费收入近3亿元，向地方缴纳税金1347万元。

【推动转型升级】 上半年，公司深入推进以商业车险费率改革为标志的车险市场化改革，将主要竞争形式转变为公司品牌、销售渠道、风险定价、成本控制、理赔服务、人才培养等全方位、多层次的竞争，车险发展始终保与市场相适应的发展速度，实现保费收入2.78亿元，同比增加3999万元。下半年，公司推广车险电子保单及增值税普通电子发票，体现保险创新、协调、绿色、开放、共享的发展理念，使人保财险改革发展事业迈上新台阶。

【销售渠道建设】 年内，公司搭建农网、电网、直销、代理、银保、交叉互动等多元化的保险销售网络，拥有遍及全区城市乡镇的代理网点103家、下辖3个四级机构、个代营销及协保人员80名，形成强大的保险服务体系。近年来，随着通州区经济的快速发展，公司将发展农村及城镇保险市场作为主攻目标，深入推进上级公司“县域长青”行动计划，持续提升以品牌为核心的竞争力，通过加快产品、平台和技术等方面的创新，以“互联网保险+服务”的方式引领行业的创新发展。

【承保政策性农业保险】 人保财险通州支公司借助“新国十条”颁布契机，坚持践行“普之城乡、惠之于民”的普惠金融服务理念，把支持“三农”健康发展作为重要使命，承办政策性农业保险，认真落实好各项惠民政策，2016年，承保小麦、玉米等农作物6531亩，承保果树、温室大棚等经济作物面积9870亩，承保奶牛、生猪、种猪等牲畜12.5万头，累计承担农业保险责任2.89亿元，补偿农户经济损失1071万元。

【提升服务品质】 人保财险通州支公司一直致力于打造保险业第一服务品牌，以实现超越期望的客户体验为目标，一方面，公司通过建立服务评价机制、加强投诉管控，将优质服务贯穿到承保、查勘、理赔等各个环节，以服务的心态为客户提供有价值的服务。另一方面，积极整合理赔服务资源，通过线上线下服务相结合，全面优化理赔服务客户界面，重点突出“极简”“极速”“智慧”服务，营造具有人保特色的服务体系。2016年，公司深入推广“拇指理赔”，家庭自用车客户可通过微信等方式便可体验从出险报案到收取赔款的极致理赔服务。

（刘立娟）

农　业

“三夏”收获现场　　（农机中心提供）

概　述

2016年，全区实现农林牧渔业现价总产值42.4亿元，比上年下降15.4%。农民人均纯收入达23538.1元，同比增长8.7%，“三农”工作取得较好成效。区农委从实际出发，强化政策研究和贯彻执行，新出台《通州区基本菜田生产补贴实施方案（试行）》《2016年蔬菜种苗补贴实施方案》《通州区低端养殖业和种植业调整退出工作意见》《通州区关于开展低收入农户和低收入村精准识别及建档立卡工作实施方案》等多个政策文件，这些政策完善了通州区强农惠农富农政策体系，为推动城市副中心建设中的“三农”工作营造了良好的环境，注入了强大的动力。

坚持绿色发展，农业农村发展方式加快转变。一是部门联动，政策集成推动蔬菜产业健康发展。为实现稳面积、提产量、保安全的目标，制定《通州区基本菜田生产补贴实施方案（试行）》《2016年通州区蔬菜集约化育苗场优化提升扶持奖励办法》《通州区工厂化食用菌生产企业综合生产能力优化提升扶持奖励办法》《2016年蔬菜种苗补贴实施方案》，为通州区蔬菜生产规模化、设施化、质量安全化发展提供政策保障。重点保障蔬菜生产能力，发展工厂化蔬菜生产，提升蔬菜集约化育苗场综合生产能力。二是推进漷县节水示范镇建设。漷县镇制定了农业节水实施方案及用水收费标准、管护机制等措施，管水员经过培训，全部上岗，各村开始水费征收工作。开展农业节水示范，在漷县镇黄厂铺村推进家庭粮田农场滚移式喷灌，完成农田节水灌溉面积245亩；在后地村和柏庄村蔬菜大棚内安装微喷节水设施，完成菜田节水灌溉面积210亩。三是助推产业转型，开展低端落后产能清退工作。制订《通州区低端养殖业和种植业调整退出工作意见》《通州区低端种植业清退工作意见》。指导各乡镇政府加快推进低端种植业清退工作，引导养殖户和草坪种植户调整生产规模和种植茬口，开始退出。四是完成“两田”划定工作。根据全市“两田”划定工作部署，划定14万亩农业生产空间，其中，6万亩粮田，8万亩菜田，完成实地测绘和数据上报工作，将粮田、菜田落实到乡镇、村、地块，实现“两田”上图入库和数字化管理。五是创新农业保险工作，保障基础农业生产。2016年，通州区进一步规范农业保险市场环境，将辖区内11个乡镇分成4各片区，并将四个片区作为四个标段通过政府采购平台分别进行政府采购招标，每个标段的第一名作为本片区的政策性农业保险服务机构。招标工作历时两个月的时间，确定新一年进行服务的4家保险公司，为后续开展工作奠定了良好基础。六是坚持共享发展，持续推进农村民生改善。大力推进低收入农户精准帮扶工作，在前期制订《通州区关于开展低收入农户和低收入村精准识别及建档立卡工作实施方案》并完成精准识别工作的基础之上，针对已识别的876户低收入农户及3个低收入村建立低收入农户、低收入村监测系统；研究制定区级政策《通州区关于进一步推进低收入农户增收及低收入村发展的指导意见》开展精准帮扶工作。七是支持种业科技园区打造国家种子硅谷，创建国家现代种业创新试验示范区。实施通州区国际种业园区种业高端服务平台示范等项目，重点支持园区基础设施建设和公共服务平台建设，提高园区科技水平。园区新入驻企业1家——北京凯蒂尔农业科技发展有限公司，累计注册企业126家。举办第五届现代种业展博会，邀请35家企业及科研院所参展。

农村地区“减煤换煤清洁空气”行动。年内，按照“五个一批”的方式推进农村地区“减煤换煤”工作，制定并出台《通州区2016年农村地区“减煤换煤清洁空气”行动实施方案》。优质煤替代方面：在2015年基本实现优质煤替代全覆盖工作的基础上，对未进行“煤改清洁能源”改造的住户全部进行优质煤替代，订购优质煤约20万吨，实现优质煤替代全覆盖。“煤改电”方面：在试点村改造经验的基础上，2016年全区对9个乡镇138个村实施“煤改电”改造，完成改造约4.8万户。同时，在全市“煤改电”工作中创建“通州模式”，创新“四早、四快”“三级调度”等多种工作机制，规范流程，严格管理，为“煤改电”工作的推进奠定了坚实的组织保障。此次“煤改电”工作在不增加农村居民负担的前提下，切实保障了农村居民供暖，生活品质和居住环境得到提升。

“煤改电”安装现场　　（农工委提供）

深入破除发展障碍，农村改革有新突破。一是完成“一事一议”、筹资筹劳、财政奖补项目41个，通过“一事一议”财政奖补项目争取财政奖补资金4703万元。给百姓带来真正实惠。二是加强农民专业合作社规范化建设。截至2016年年底，通州区有国家级示范社11家，市级示范社19家，区级示范社30家。启动2017年市级示范社动态监测及市农联星级会员评选推荐工作。三是指导农村土地承包经营权规范、有序流转。推进农村土地确权颁证工作，通州区累计有372个村启动农村土地承包经营权确权登记颁证工作。其中，完成全年任务的有281个村，涉及确权土地面积31.92万亩，占全区确权土地总面积的65%。21个村完成权属调查，70个村正进行基本信息登记和外业测量。截至2016年年底，全区农村集体土地承包经营权流转面积42.6万亩。四是建立健全农村产权流转交易服务体系，完善相关管理制度和交易规则，强化定期检查和动态监管，及时查处违规交易行为，妥善解决矛盾纠纷，保障农村产权依法自愿公开公正交易。截至年底，通州区产权交易市场完成农村产权流转交易事项119宗，成交总金额1.47亿元，增收节支2018万元。

大力培养农村实用人才，农村发展有新支撑。通州区农村实用人才开发培养工作自开展以来，通过狠抓开发培养、系统培训、基地建设、搭建平台等手段，有效调动和利用各方资源和力量，使农村实用人才队伍不断壮大，整体工作稳步提升，有效推进了农村实用人才队伍建设。

一是统筹谋划，加强监督，巩固实用人才工作格局。北京城市副中心的定位，给通州区农村实用人才工作带来新的形势和任务。通州区着力发挥农村实用人才工作领导小组作用，充分调动各成员单位和11个乡镇的工作积极性，加强“十三五”人才工作统筹谋划，不断提升实用人才工作应对新形势新任务水平。

二是精准培养，强化师资，加大实用人才开发力度。近年来，通州区将工作重心向提升现有农村实用人才能力素质转移，逐步减少农村实用人才开发数量，调整开发培养类别和比例，提高开发培养工作精细化水平。

三是搭建平台，凝聚合力，打造实用人才培养主阵地。通州区通过打造区级农村实用人才实训示范基地，发挥实用人才协会引领作用等方式，为农村实用人才发展提供平台。

四是精准培养，强化师资，加大实用人才开发力度。加大实用人才指导老师奖励支持力度。年初，为参与上一年度开发培养工作的指导老师发放补贴。以先进典型为引路标，引领农村实用人才共同成长。截至2016年年底，全区新增农村实用人才247名，农村实用人才总数达到5104名。

（刘　静）

种植业

粮食及其他作物种植

【概　况】 2016年，随着北京城市副中心建设不断推进和低端产业退出，通州区粮食种植面积比上年有较大幅度下降，粮食总产量大幅降低，亩平均单产除薯类作物外，其他各类作物均有不同幅度增加。全年粮食种植面积111934亩，比上年减少38729亩。夏粮小麦种植面积35249亩，比上年减少11817亩；总产量1371.65万公斤，比上年减少455.77万公斤。秋粮种植面积76685亩，比上年减少26912亩；总产量3341.31万公斤，比上年减少1013.29万公斤。秋粮中玉米种植面积75212亩，比上年减少24243亩；总产量3300.26万公斤，比上年减少942.17万公斤。经济类作物种植面积1473亩，比上年减少2509亩；总产量25.05万公斤，比上年减少65.57万公斤。

【春季管理及备耕工作】 年内，组织协调各业务站对冬小麦墒情、苗情、生长情况进行调查，下发《关于做好2016年冬小麦春季田间管理技术意见的通知》，以及《通州区小麦春季管理意见》和《通州区小麦春季植保工作意见》，为农户搞好冬小麦春季管理提供技术保障。准确掌握春种和备耕工作情况，对全区春白地面积和各乡镇农资准备情况进行摸底调查，种子、化肥、农药等农资准备充分，满足了农户所需。

【“三夏三秋”服务工作】 年内，制定“三夏三秋”工作意见，对“三夏三秋”工作进行安排和部署，成立“三夏三秋”工作协调小组。召开各业务站工作会议，分片包乡，制定并下发冬小麦、夏玉米生产技术规程和植保工作意见。做好收、种、管情况调查及各项技术服务工作，建立“三夏三秋”工作情况通报制度和各种自然灾害调查统计上报工作机制，及时沟通情况，解决“三夏三秋”期间各种技术问题。“三夏三秋”收种工作，完成小麦收获面积30259.4亩，平均亩单产389.1公斤，与上年基本持平；收秋面积51538.8亩，玉米平均亩单产595.9公斤；完成冬小麦播种面积24385亩。

【部、市、区相关业务工作】 农业部、北京市农情信息报送工作。累计上报农业部《春播农作物种植意向表》《夏季粮油生产情况调查表》《全年主要农作物优质（专用）品种推广面积预计表》等各类农情报表150套，农情信息85条，统计并上报市农业局春耕生产进度调查表及三夏三秋生产进度报表35套，完成农业局粮经种植档案网上调查统计汇总5次，为农业部、市农业局全面掌握我区粮食生产情况提供了基础数据。

做好粮食基本农田划定的数据统计汇总工作。根据市农委、市农业局工作要求，下发了《关于做好粮食基本农田划定工作的通知》和数据统计报表，督促各乡镇准确地填报数据，对上报的粮食基本农田地块图和数据进行认真核对、汇总，并按时上报。

开展全区粮经产业清查工作。根据区发改委等单位的工作部署，对全区11个乡镇的小麦、玉米、经济作物以及流通销售、经营主体、从业人员等情况进行摸底调查，为全区制定农业产业发展规划提供可靠的参考数据。

（白秋梅）

蔬菜种植

【概　况】 通州区蔬菜面积8万亩，其中，设施蔬菜5万亩，露地蔬菜3万亩。播种面积16万亩，播种面积较大的品种分别为芹菜（2万亩）、生菜（1.6

万亩），番茄（1.5万亩）。蔬菜年产量40万吨，前三位分别为芹菜（10万吨）、番茄（6万吨）、生菜（3.2万吨），蔬菜产值14亿元。75%蔬菜产品进入市场（批发、零售），25%蔬菜产品用于配送、农超对接、采摘等。蔬菜生产经营主体6760个，其中，蔬菜生产企业84个（50亩以上75家），从业人员1.38万人。

【老旧设施改造】 为稳定蔬菜生产面积，提高设施蔬菜生产能力和水平，2015—2016年进行老旧设施升级改造工作，改造重点是老、危、旧日光温室及竹木结构、严重损毁的塑料大棚。改造设施面积763亩，其中，日光温室443亩，钢架大棚320亩，补贴资金1952.95万元。

【蔬菜专业村建设】 按照《北京市蔬菜专业村建设规范》的总体要求，分别在于家务乡果村、漷县镇柏庄村开展蔬菜专业村建设，本着突出集约技术优势，落实高产、高效、高辐射的目标原则，开展规模化种植、标准化生产、商品化处理、品牌化销售、产业化经营的“五化”建设。通过核心示范区的建设、集约化育苗场建设（商品苗使用），统一蔬菜品种，引进先进适用的病虫防控、水肥管理、植株调整等技术，完善农药使用、田建档案管理、产品准出等各项制度，卷帘机等农机具的安装使用降低了劳动强度，农药残留检测室的建立，解决了蔬菜产品采摘上市前的农残定性检测问题，农田废弃物的处理与基地环境得到有效的改善，商标的注册推动蔬菜的品牌化销售，提升蔬菜产品的综合竞争力。项目的示范带动作用成效显著。

【示范推广新品种、新技术】 年内，采用培训、观摩、示范、农民田间学校等多种有效手段，推广引进名、特、优、新蔬菜品种，满足不同生产群体的需求，示范推广病虫害绿色防控、测土配方施肥、水肥一体化、集约化育苗等关键生产技术，集成、捆绑、配套应用于通州区蔬菜生产，提高蔬菜生产能力和生产水平，促进种植户节支增效，推动产业升级发展。引进、示范推广蔬菜品种50余个，示范推广先进应用蔬菜生产技术20余项。

【农业面源污染防控】 年内，落实《通州区防治水污染工程》，开展农业面源污染防控工作。通过实施测土配方施肥技术，调整化肥使用结构，实现精准施肥；通过推广水肥一体化、新型肥料（缓释肥、水溶肥、生物菌剂、二氧化碳吊袋肥等），减少化肥使用量；通过推广秸秆还田、种植绿肥等多项替代化肥技术，在降低化肥使用量的同时，改善土壤结构，使土壤理化性状向良性方向发展；完成2016年度化肥使用强度较2015年降低为10%既定工作目标。

通过提高病虫害预警准确性、及时性，科学开展防控，降低农药使用的盲目性和使用频次；通过项目带动建立专业化防治队伍，扩大统防统治工作覆盖率；通过建立病虫害绿色防控基地、跑冒滴漏药械置换、农药废弃包装回收等有效措施，提高农药利用率，减少化学农药使用量，完成2016年度化学农药施用量较2015年减少8%（实际减少9.18%），全区农作物病虫害统防统治面积覆盖率较2015年递增10%（实际递增11%）的既定工作目标。

【强化监管力度】 年内，加强农药残留检测力度。检测范围覆盖通州区9个乡镇的生产基地、园区、种植大户，在重大节日及生产关键时期开展专项检测，建立10个蔬菜产品质量风险监测点，查找农药残留超标的风险点，及时进行通报，降低风险点，全年累计检测样品1663个，定性、定量合格率稳步上升，其中，定性合格率达到99.8%。

加大农业投入品执法力度。一是在日常监督检查基础上，进行春耕生产、生产基地库房整治、高毒、禁用农药专项检查等专项执法检查，通州区农业生产投入品质量水平有很大提高，如农药标签合格率稳定在96%以上，净化了全区农产品生产环境。二是抓源头，发挥规模效应。执法过程中，注重控制生产企业、连锁配送源头，发挥规模效应，降低不合格投入品在市场占有额度。

强化服务意识。在农业生产关键环节，专业技术人员深入田间，开展技术培训，指导农民科学、合理用肥、用药、用水，确保安全生产。

（张　迪）

果树和花卉种植

【果树产业】 年内，全区发展果树面积505亩，其中，新发展高效现代化果园210亩，更新改造295亩，品种为樱桃、苹果、梨，涉及潞城、西集、台湖、漷县、永乐店5个镇7个村。果树产业实现年产值4.1亿元。

【花卉产业】 年内，全区花卉种植面积0.62万余亩，20余家花卉企业实现年产值1.2余万元。完成2016世界月季洲际大会通州室外展区布展工程，并荣获参展金奖。

（黄晶晶）

养殖业

【概　况】 2016年，农业局以科学发展观为指导，以改革创新为动力，以转变农业发展方式为主线，以提升质量安全为路径，以可持续发展为方向，扎实做好农产品质量安全监管、重大动物疫病防控等各项工作的落实，稳步推进农业工作。2016年，全区养殖业总产值达14.5亿元，其中畜牧总产值12亿元、渔业总产值2.5亿元。截至年底，全区各类备案登记畜禽养殖场136家，家畜总存栏28.5万头（只），累计出栏家畜49.6万头（只），奶牛累计产鲜奶8.8万吨。全区累计存栏各类家禽104.5万（只），累计出栏各类家禽397.7万（只），累计产鲜蛋6775吨；全区现有渔业水域总面积54434亩，其中，自然生态养护水域面积40732亩，渔业养殖面积13702亩。全区现有渔业养殖户786户，其中，食用鱼养殖444户，观赏鱼养殖274户，垂钓场户68户。全区渔业养殖中成鱼养殖面积3224亩，鱼种养殖面积3609亩，观赏鱼养殖面积6173亩，休闲垂钓面积696亩。2016年，全区食用鱼成鱼总产量6809吨，鱼种产量7100吨，休闲垂钓量1014.96吨，观赏鱼商品鱼产量3亿尾。全区放养食用鱼水花鱼苗31800万尾，其中，草鱼25200万尾、白鲢3400万尾、花鲢2300万尾、鲤鱼400万尾，鲫鱼400万尾，鲂鱼100万尾，观赏鱼自孵鱼苗6亿尾。

【禁养区划定工作】 根据《北京市水污染防治工作方案2016年重点任务分解》的要求，拟定《通州区畜禽养殖禁养区划定范围》，结合通州区实际情况，制定《通州区关于禁养区规模化畜禽养殖场退出工作实施方案》，并由区政府办正式发文实施。截至年底，通州区禁养区内15家规模化养殖场全部关停。

【畜禽规模养殖场相关项目】 2016年，开展规模化畜禽养殖场粪污治理减排、畜禽规模养殖场节水改造、畜禽规模养殖场提升改造、种畜禽提升改造、市级大气污染治理专项资金清洁能源改造及能繁母猪与后备母牛补贴六个畜牧业重点项目，总投资2109.06万元。项目经过市、区财政或相关部门严格评审，并依照农业产业化项目实施要求，实行招标制、监理制、合同制管理；补贴类项目均做到“四见”，即见畜、见人、见标、见榜。

【观赏鱼良种体系建设】 年内，继续完善通州区“良种场+苗种繁育基地+养殖户”的观赏鱼三级良种繁育体系，提高观赏鱼良种覆盖率。鑫淼水产良种场作为国内首家观赏鱼国家级良种场，具备观赏鱼品种改良、优质种鱼、后备种鱼与苗种供应的能力。全年，鑫淼良种场孵化优质锦鲤水花1000万尾，作为观赏鱼苗种繁育基地之一的西集镇马坊村孙高起养殖场孵化观赏鱼鱼苗2.37亿尾，其中，龙睛、红狮、红头、琉金等宫廷金鱼鱼苗2亿尾，红草金鱼鱼苗3000万尾，锦鲤鱼苗700万尾。全年，全区苗种繁育场孵化观赏鱼苗5亿尾，全区观赏鱼良种覆盖率达到80%以上。

【休闲渔业发展情况】 截至年底，通州区有休闲垂钓户68户，开展休闲垂钓水面696亩，全年接待垂钓游客13万余人次，垂钓量1014.96吨，产值2200余万元。作为全国首批休闲渔业基地的马驹桥松海垂钓园转变思维，先后开展路亚钓、竞技钓等多种休闲垂钓方式，并通过建立钓友微信订阅号、QQ钓友交流群等宣传方式加大企业宣传推广力度，效果显著。2016年，该场先后承办各类大中型垂钓比赛90余场，接待垂钓游客2万余人次，垂钓量5万余公斤。

【标准化基地建设】 2016年，备案农业标准化基地102家，其中，种植类基地52家、畜牧类44家、水产类基地6家。在畜禽、水产、种植行业，择优遴选22家区级农业标准化生产基地，强化产前、产中、产后各环节的管控能力，进一步提高农产品质量。北京中农富通园艺有限公司建设市级全程农产品质量安全标准化示范基地，完成专家评定。

【“三品一标”认证工作】 年内，完成无公害认证申报39家，包括种植业：申报企业25家，认证产品107个，认证规模523.67公顷；畜牧业：申报企业10家，认证产品8个，认证规模1.9325万头；肉类认证产量2932.25吨，生鲜乳认证产量4654吨；水产业：申报企业4家，认证产品5个，认证规模17.93公顷，年产量445吨。

【农产品监督抽查及专项整治工作】 2016年，在对养殖和屠宰环节采集尿液、生鲜乳、动物组织等的检测中，检测样品56918个，合格率100%。另由有资质第三方定量检测样品180份，均未发现阳性样品。抽取蔬菜样品1185个全部进行蔬菜农药残毒快速检测，合格率为99.75%。农药残留定量检测464个，合格样品有454个，97.64%；开展水夏花检测，20个样本，全部合格；水产品监督检测50个样品，合格率100%；快速检测水产品样品340个，合格率100%。截至年底，检查农产品生产、经营企业1518次，查处违法行为489起，一般程序案件20起，简易程序案件29起，罚没款94474元，未出现行政复议和行政诉讼案件。

【普法宣教工作】 年内，高度重视普法宣教工作，每季度组织一次法制宣传活动，并以“3·15”消费者权益保护日、放心农资下乡进村宣传周、“5·12”防灾减灾日为契机，组织7个执法单位开展各类农业法制宣传活动。全年发放宣传材料5.6万余份，摆放宣传展板24块，解答群众疑问900余次。

【梳理权力清单与责任清单】 根据《北京市人民政府关于公布全市行政处罚权力清单的通知》，在市农业局行政处罚职权清理的基础上，进一步对法定的各项行政职权及其依据、实施主体、运行流程等进行认真的梳理。根据梳理情况，承担行政职权544项，其中，行政处罚360项，行政许可23项，行政强制9项，行政检查15项，行政确认4项，行政裁决4项，行政奖励2项，其他职权127项。已将各项职权以清单形式明确列示出来，向社会公布，接受社会监督。

【动物卫生监督执法】 2016年，产地检疫各种动物486万头（只），其中，禽类461.3万只、生猪20.3万头、牛3603头，其他动物5万余头（只），报检受理率100%；屠宰检疫生猪100.6万头，牛2166头，家禽479.2万只。监督养殖环节检出并无害化处理病死猪56332头；屠宰环节检出并无害化处理不合格动物2.3万头（只），病害组织及有害腺体356吨。全年检疫监督各类动物272.2万头（只），动物产品24万吨，副产品1145吨，消毒车辆6.14万辆，实现检疫监督率100%，有效保证了进京畜禽产品的质量安全。

【病死动物无害化处理收集暂存体系建设】 按照国务院及北京市政府办公厅、市农业局相关文件精神，结合通州区自身情况，9月中旬开始病死动物无害化处理收集暂存点建设工作，截至年底，建设工作全部完成。投资294万元，建设暂存点95个，包括区动监局11个基层派出机构、35家规模猪场、10家规模禽场和39家动物诊疗机构。11月初，通州区与北京市一清百玛士绿色能源有限公司进行对接与试运行，11月15日完成全部暂存点建设，12月1日起全面投入运行，各环节试运行衔接顺畅，完成城乡全覆盖的病死动物无害化处理收集暂存体系的建设，为通州区动物源性食品安全和公共卫生安全提供了有力保障。

【牛炭疽疫情应急防控工作】 7月，怀柔区发生1起牛炭疽疫情。按照市农业局要求，迅速部署各项应急防控措施。要求各乡镇派出机构对全区牛养殖场户进行入场入户调查，并每天上报核查结果，及时掌握相关情况；同时全区暂停活牛调运，并及时开展牛饲养场户存栏数量变化及死亡情况核查。防控期间未发生牛异常死亡情况。组织全区包片兽医和牛养殖场户负责人、技术人员召开通州区动物炭疽及其防控知识专题培训会，该培训由区动物疫控中心专家主讲，进一步强化基层工作人员和监管企业负责人对炭疽的防控意识。成立检查组，通过听汇报、查档案、入场户等方式，对11个乡镇派出机构炭疽防控工作进行全面督查，确保各项防控措施落实到位。

【加大水产养殖环节监、检测力度】 2016年，坚持上级主管部门例行检测和全区食用鱼抽样普检两手抓，继续开展水产品药残普检专项整治行动，在全区范围内，分组分片对食用鱼苗种、成鱼进行抽样普检。全年累计完成各类抽检样品568个，其中，通州区普检定性检测200个，定量检测50个，水、夏花苗种检测样品20个，养殖户自检自测样品140个。配合农业部产地检测样品10个。配合市渔政站完成定性检测样品80个、定量检测样品6个。配合市水产技术推广站定量检测样品62个。加大鱼病、水环境监测力度，建立鑫森等11家、总水面656亩养殖水环境监测点，对氨氮、总磷等8项指标定期检测，完成水环境样本监测77个，检测合格率100%。建立西永和屯观赏鱼专业合作社等13家水产养殖病害监测点，定期开展鱼病监测，完成各类病害检测样品78个。

【落实各项补贴政策】 2016年，根据农业部和北京市有关文件精神，继续落实能繁母猪补贴、后备母牛补贴政策。据统计，对全区18798头能繁母猪发放补贴资金187.98万元；对全区5800头优质后备母牛发放补贴资金290万元。

【基层农技推广体系改革与建设补助项目】 严格按照市级农业部门对2016年基层农技推广改革与建设补助项目的工作要求，制订《通州区2016年基层农技推广体系改革与建设补助项目实施方案》，把项目实施工作作为深入推进农技服务创新，大力发展高效生态农业的重要任务来抓，强化组织领导，成立补助项目工作领导小组，各项目承担单位细化分工，层层落实责任。在通州区遴选出羊、观赏鱼两大农业主导产业，2名首席专家和12名农业科技指导员，以1：10的比例对接120名农业科技示范户，使每户都能得到专人指导。

【低端养殖业清退工作】 年内，根据区政府的统一部署，配合区农委对通州区低端养殖业基本情况进行调查摸底，完成2次摸底调查工作，并进行数据汇总；根据摸底情况制订《通州区养殖业退出工作实施方案（草案）》和《通州区畜禽养殖业退出补助暂行办法（草案）》。

【信息进村入户工作】 截至年底，签约并建立专业型益农信息社56家。在完成建设既定目标的同时，邀请北京农林科学院、中国农大等众多专家组织农场职业经理人培训，主办2016第一届京津冀高端农场主周末私享会，做好北京市农场智能化应用与示范服务项目通州农场的确定工作，为应季种植、养殖企业、合作社做文案策划，并在各大平台进行发布和推广。

【档案数字化工作】 10月，完成对2008年至2015年所有档案材料的数字化工作，并不断完善档案信息系统安全管理制度，确保档案信息系统安全。在管理上建立电子归档制度和文件管理的记录系统，严格执行保管制度，从技术要求和管理措施两方面有效地保证了农业局档案信息的安全管理。

（宋　玥）

林 业

【概　况】 北京市通州区园林绿化局（简称区园林绿化局），挂北京市通州区绿化委员会办公室牌子（简称区绿化办）。区园林绿化局（区绿化办）负责本区园林绿化工作，设6个内设机构和北京市通州区园林绿化局森林公安处（简称森林公安处），以及18个局属基层单位。2016年，完成温榆河—北运河健康绿道、平原造林工程、组织实施了全民义务植树活动，林业产业实现年产值4.1亿元。年内，启动实施平原造林工程、温榆河—北运河健康绿道、代征绿地移交建设、屋顶绿化等建设项目，开展首都绿化美化创建工作。围绕中央军委义务植树、首都全民义务植树日，组织义务植树活动23次，参加义务植树17.88万人次，完成义务植树73.1万株。年内，林业产业持续健康发展，果树、花卉、种苗、林下经济呈现良好的态势，促进了农民就业增收。年内，严格落实森林防火责任制，健全完善林木有害生物防控机制，依法履行林木伐移和征占用林地审批程序，严厉打击破坏森林资源和野生动物的违法犯罪活动，切实维护景观完整和生态安全。

【平原造林】 年内，全区完成平原造林2911.01亩（194.07公顷），完成土地流转腾退工作1728.18亩（115.21公顷），栽植各类苗木12.5万余株。自2012年以来，通过实施平原地区造林工程，全区森林覆盖率从19.17%提高到29.3%。2012年平原造林档案通过验收，位列北京市第一。

【代征绿地工作】 年内，代征绿地移交13个地块，17.57公顷。建设代征绿地17.01公顷，项目总投资6557.26万元，7个地块，工程涉及永顺镇、梨园镇、潞城镇和宋庄镇。

【健康绿道工程】 年内，完成通州区北运河健康绿道建设工程和运潮减河健康绿道建设工程的竣工验收。运潮减河健康绿道建设工程西起通胡大街与芙蓉西路交汇处，东至运潮减河与潮白河交汇处，绿道全长22.94千米，建设面积59.75公顷。北运河健康绿道建设工程位于北运河沿线，起点为武窑桥，终点为通香桥，绿道选线长度30.52千米，建设面积61.64公顷。

【种苗产业】 年内，发展规模化苗圃572.07公顷，共计16家，涉及漷县、于家务、永乐店、张家湾、马驹桥5个乡镇。兴各庄与德仁务苗圃出圃苗木6944株，包括银杏、白腊、国槐、栾树等12个品种，育苗面积3.29公顷，育苗31961株。

【蜂产业】 年内，对全区蜂产业进行调查，现有养蜂户17户，蜂群1048群，养蜂专业合作社1家。

【林下经济】 年内，全区林下经济以林药、林菌、林粮、林苗四种发展模式为主，种植面积6202亩，种植品种包括大麦若叶、油用牡丹、苜蓿、板蓝根等10余个，总产值1787.2万元。

【食用林产品安全监管】 年内，完成樱桃、桃、葡萄、梨、苹果5个品种，162个果品抽样调查工作，抽样合格率98.8%。完成5家果园申请无公害认证工作，申请认证面积702亩，认证果品包括：蓝莓、樱桃、葡萄等。完成6家无公害基地的复查换证上报工作，复查换证率达100%。

【森林防火】 年内，发放各类宣传品5万余份，在重点防火区域安插宣传警示牌90块，清理各类可燃物2万多公顷，排查整改火险隐患30处。12月22日，召开全区森林防火工作会议，会上签订森林防火工作责任书16份。各乡镇人民政府与下辖村、平原造林的各个养护单位签订责任书500份。

【林木有害生物检疫】 年内，签发产地检疫合格证90份；签发植物检疫证书400份、木材运输证60份；签发植物检疫要求书56份，涉及9个省、自治区和直辖市。检疫的苗木主要有白蜡、银杏、油松、国槐、垂柳等50余种；抽检的木材达到5000多立方米，产地检疫率达到100%。

【林木有害生物测报】 年内，设置美国白蛾诱捕器750套、国槐小卷蛾诱捕器1260套，梨小食心虫、双条杉天牛、松梢螟等诱捕器1020套，获得有效监测材料30份。测报准确率达95%以上。

【林木有害生物防治】 年内，向各乡镇下发各类药品及防治物品9批次，包括多频式黑光灯459盏，除虫脲、吡虫啉、苦参碱等无公害杀虫剂5.5万千克，打药机及熏烟机36台等。全年累计实施飞机防治作业3次486架次，防控区域以村庄周边片林、干线公路和主要河流为重点，覆盖11个乡镇、6条主干道及5条河流两侧林带。全区未发生重大林业有害生物疫病疫情。

【森林资源管理】 年内，受理审批林木伐移申请980件，其中，采伐871件，移植109件，采伐林木472072株，移植林木52531株，采伐立木蓄积113955.78立方米。受理审批树木砍伐申请20件，砍伐树木115株；受理审批树木移植申请10件，移植树木184株。受理审批临时占用林地申请8件，涉及林地面积31.7899公顷，上缴植被恢复费635.798万元。受理占用四级林地备案申请2件，涉及占用四级林地3.4729公顷。

【林政执法稽查】 年内，检查林产品运输车辆426车次，其中，检查合格运输车辆422车次，不合格运输车次4车次；劝返补证车辆4车次。开展主题宣传月3次，分别为严格森林植物检疫，维护生态环境安全；保护陆生野生动物、保护美好家园；保护森林资源，合法运输木材，发放宣传材料5000余件。开展非法侵占林地绿地清理排查和“天网行动”“雷霆行动”等专项行动，严厉打击破坏野生动物资源违法犯罪活动，立案查处涉林案件9起。

【种苗生产经营许可证审批】 年内，受理并审批林木种子生产经营许可证41件，其中，新办26件，延续13件，变更申请2件，涉及苗圃地888.66公顷。

【野生动物保护】 年内，救助各类野生动物95只，其中，北京市重点保护动物33只，其他动物62只。

【古树名木保护】 年内，对全区长势濒危的古树进行巡查，制定抢救复壮计划，对城区范围内古树进行枯枝死叉修剪和越冬养护工作。

【园林行业安全管理】 年内，举办安全知识培训2次、社会面宣传5次、安全知识答题活动1次，发放包括宣传册、手提袋等各种宣传材料9500余份。制定各项活动方案、总结等10余项。组织开展防汛、消防演练5次。

【义务植树】 年内，全区参加义务植树17.88万人次，完成（折合）植树73.1万株，发放各类宣传纸质材料9万份，新增纪念林1处，造林面积4公顷，认建认养绿地3处、认养林木1952株。

【首都绿化美化创建】 年内，开展群众性绿化美化创建活动，启动并完成2个花园式社区、2个花园式单位、4个首都绿色村庄创建工作。

【市花月季进社区】 年内，在潞城镇紫荆雅园社区开展市花月季进社区工作，栽植月季2.2万余株。

【城乡共建新农村】 年内，有18家单位与18个村庄结对子，投入资金124万元。

【规划编制】 年内，配合市园林局开展绿地系统规划编制工作；完成通州区绿地系统规划研究。

【人员培训】 年内，围绕果树修剪、树木移植、养护管理、病虫害防治、林业执法等内容，举办各类培训班200余次，培训人员6200余人次。

（黄晶晶）

农 机

【概 况】 2016年，区农机服务中心按照区委、区政府的总体要求，围绕全面推进城市副中心建设目标，认真贯彻落实中央、北京市及通州区农业政策精神，开拓进取，顽强拼搏，认真履职，扎实工作，完成各项工作目标。

截至2016年年底，全区拥有农机总动力13万千瓦，农机原值2.16亿元，农机净值1.26亿元；万亩小麦拥有联合收割机24台，万亩玉米拥有收获机19台，万亩耕地拥有总动力0.27万千瓦，拖拉机595台，拖拉机配套农具1144台（件、套），其中，大中型配套农具895台件；小型配套农具249台件。收获机械178台，植保机械7828台，农副产品加工机械76台，渔业机械5035台，林业机械160台。

【落实国补机具政策】 按照通州区农业产业结构调整和城市副中心建设要求，区农机服务中心贯彻落实国补机具政策，加大购机补贴政策的实施力度，加快提升农业重点产业机械化水平，发展都市农业急需的农业机械与设备，推进落实市农业局各项农机补贴工作。2016年，争取国补机具261台,其中，大中型拖拉机83台；骑乘式割草机9台；卷帘机72台；田园管理机95台；果业机械秸秆粉碎还田机2台。

【农机年度检验与老旧农机注销退出工作】 农业机械超期服役，带来能耗高、安全性差、效率低、排放超标、污染环境等诸多问题，还迟滞了农机装备的发展和技术进步，影响农机年检率，给安全监理工作造成很大隐患，因此建立老旧农机注销、退出机制，在新形势下做好农机安全生产工作，具有十分重要的意义。区农机服务中心生产经营科加强与中心推广科、各乡镇农业办公室、农业服务中心、综合治理办公室、安办等部门的协作，摸清辖区内在册农机底数，给重点村队、农机服务组织、农机专业合作社及农业机械所有人下发老旧农机注销、退出、年检工作通知，广泛宣传发动，2016年，区农机服务中心生产经营科集中对符合年检条件的拖拉机和联合收割机进行逐台催检、补检。截至年底，检验合格农业机械378台。

农机中心生产经营科对“三夏”机具进行检查
（农机中心提供）

【淘汰低速货车】 根据市政府办公厅《关于北京市清洁空气行动计划重点任务分解2016年工作措施》的要求，结合通州区重点任务督查工作第六工作小组专项督查方案，区农委、区农机服务中心承担空气清洁行动计划专项中低速货车淘汰工作。各乡镇农机主管部门高度重视此项工作，根据农机服务中心提供低速货车信息档案把闲置不用的和已经灭失的统计上来，做好节能减排宣传工作，让机主主动办理注销手续。对于尚在使用，车况老旧、有危险性的低速货车，让机主进行报废更新。

【农机安全生产联合行动】 按照《2014—2016年通州区农机安全生产联合行动实施方案》的部署，通州区安全生产监督管理局、通州区工商分局、通州区质量技术监督局、通州交通支队，根据各自职责，有针对性地对农业机械及农机维修、维修企业开展专项集中整治，并定期通报工作信息，形成农机安全生产管控常态化。

【安全隐患排查工作】 年内，狠抓农机安全生产，在宣传教育、规范管理、从严整治上下功夫，没有发生一起伤亡事故，确保安全生产形势总体平稳。成立农机安全监督领导小组，全面落实安全生产责任，农机安全和监管得到加强。在“三夏三秋”期间成立3个巡查组，出动车辆136台次，执法人员408人次，对投入的各类农机具进行安全技术状态检查，保障安全生产。采取送检下乡，服务上门的工作方式，为农民机手提供主动服务，对所有在册的符合年检条件的，特别是国补机具逐台进行预约上门年检，消除农机安全隐患。

【推行农机政策性保险】 年内，推进北京市农机政策性保险，提高农民机手防险抗灾能力，让农民群众真正得到实惠，确保农村社会和谐稳定和农机安全监理工作健康发展。2016年，通州区新注册的拖拉机、小麦联合收割机、玉米收获机全部参保农机政策性保险。

【农机安全与秸秆禁烧工作】 年内，区农机服务中心在区农委、农业局、区环保局和乡镇政府等相关部门的通力协作下，形成多部门统筹协调，齐抓共管的工作格局。一是建立联合督查机制。成立由专门人员组成的禁烧联合督查队伍，对乡镇禁烧工作开展定期与不定期的巡查检查，并在春耕、“三夏三秋”重要农时季节组织开展禁烧督查专项行动。二是建立禁烧工作交流和信息互通机制。工作交流每季度开展一次，重点总结上一季度联合工作成果及存在问题，研究下一季度联合工作计划。信息互通每月1次，主要沟通各单位禁烧工作现场巡查督查情况、环境卫星遥感监测情况、电话举报受理情况，媒体曝光焚烧事件情况等。三是建立焚烧事件定期联合通报机制。对乡镇禁烧联合督查结果、热线电话受理举报情况、媒体曝光焚烧事件情况等，每月进行汇总，经区级禁烧联合工作小组会议研究确定后向各乡镇政府进行情况通报。对环境卫星遥感监测发现着火点的乡镇、同一区域连续3次以上受到举报的乡镇以及对焚烧现象和焚烧事件没有及时妥当处理的乡镇，约谈禁烧工作主要负责人。2016年，通州区小麦收获面积为3.1万亩，玉米收获面积为5.6万亩，全部实现禁烧，农作物秸秆利用率达到100%。

【土地深松工作】 4月，区农机服务中心对全区的农机服务组织进行重点调查摸底，并结合上年实际情况，将2016年6000亩深松任务分配给两个乡镇的三个农机服务组织，深松项目涉及漷县镇和永乐店镇的18个村、50多户农户，补贴资金30万元。

【农机培训工作】 2016年，农机服务中心联合农业机械学校采取主动送教下乡的方式，在全区十个乡镇巡回对农机驾驶操作人员进行农机安全生产知识以及法律法规的培训教育，据统计，全年开展培训班五期，培训农机从业人员141人次。经过专业的教育培训，受训学员遵纪守法的自觉性增强，安全意识提高，懂得了必要的机械常识，掌握娴熟的驾驶操作技术，从源头消除了农机事故隐患。

（董　洁）

国家补贴机具培训　（农机中心提供）

气 象

【概 况】 2016年，是“十三五”规划的开局之年，是全面深化改革的关键之年，也是气象建设的攻坚之年。2016年，区气象局按照城市副中心建设的要求，打造智慧气象，落实区委、区政府、北京市气象局各项安排部署，把握“京津冀”协同发展重要机遇，为充分发挥气象工作在城市副中心建设过程中的支撑保障作用奠定了坚实基础。

认真贯彻落实全面从严治党要求。深入学习中共十八届六中全会精神和习总书记重要讲话精神并加以贯彻落实；开展“两学一做”学习教育，抓好各项任务的落实；稳步推进廉政风险防控工作，认真进行党风廉政建设宣传教育，通过党课、微党课、参观爱国主义教育基地、反腐倡廉教育展等形式开展活动，加强党的建设。

尽心竭力，落实重点工作。“建设气象预警信息发布接收系统”项目纳入通州区2016年为民办实事工程，通州区气象局于6月建设完成。建设“通州区预警信息一键式发布平台”，联合区应急办共享社会资源，达到及时发布气象预警信息，扩大预警信息受益人群和覆盖面。

开展“争创活动”引领文明新风尚。设立党员示范岗，党员佩戴党旗徽章亮身份，树党员模范形象，使一个党员成为一面旗帜，自觉接受群众监督。通过组织弘扬气象精神活动、道德讲堂等，树立正面典型，宣讲道德模范，对职工进行广泛的典型示范教育和岗位教育，取得良好成效。开展“建设副中心，向前站一步”主题教育活动，举办“争先锋、做表率、创一流——弘扬气象精神”演讲比赛，组织以“大美通州”为主题的摄影比赛，多角度发现通州的美。结合“两学一做”学习教育，以“争做城市副中心建设排头兵”为主题，就如何做好城市副中心建设排头兵开展讨论。以“弘扬女排精神”“传承长征精神”等为主题，举办三次道德讲堂，在全局营造“崇德尚善”的浓厚氛围。发挥工会、群团组织和志愿者队伍工作主动性，建设走廊文化，建立职工图书馆、活动室，倡导绿色餐桌，开展志愿者活动，参加“文明过马路 诚信通州人”志愿服务。

（苏丽爽）

【气候评价】 本年度的气候特点：气温偏低，降水量偏多，日照时数接近常年。

本年度平均气温为12.6℃，比常年13.4℃偏低0.8℃。8月、12月平均气温与常年同期接近；1—2月、5—7月、9—11月平均气温比常年同期均偏低，其中，1、11月平均气温比常年同期明显偏低−2.7℃和−2.5℃；其他各月偏低−1.9～0.5℃之间。3—4月月平均气温比常年同期分别偏高1.2℃和0.7℃。年极端最高气温为36.2℃，出现在6月26日。年极端最低气温为−17.1℃，出现在1月24日。

年降水量为702.0毫米，比常年512.4毫米偏多近4成。年内降水分布不均：2月、6—7月、9—11月降水量比常年同期偏多，其余各月降水量比常年同期均偏少。其中，2月降水量比常年同期分别明显偏多1.5倍，9—10月偏多近1倍，6月、11月偏多4成，7月偏多8成，其余各月降水量比常年同期偏少1～8成，1月、3月仅微量降水。年度最长连续无降水日数59天；日最大降水量151.7毫米，出现在7月20日；最大小时降水量36.6毫米，出现在7月25日。

年日照时数为2396.0小时，接近常年2399.7小时。其中，5月、9月接近常年同期，7月、10—12月较常年同期偏少，其余各月日照时数比常年同期均偏多。

本年度出现雾112天，出现霾181天。据北京市环保局空气质量日报统计，本年空气质量状况达到重度和严重污染的累计有46天，12月16日—21日持续6天的重度污染（或严重）的天气，给人体健康、交通安全、设施农业带来不利影响。

（赵　岩）

【气象宣传】　年内，利用“3·1”国际民防日、“3·23”世界气象日、“5·12”防灾减灾日、“12·4”国家宪法日等纪念日进行一系列气象科普、气象法制进社区、进农村、进学校的宣传活动，通过多种形式宣传气候变化、防灾减灾知识及气象法律法规。开展融入式科普宣传，以永顺镇永顺小学为基地开展气象科普知识大讲堂活动，宣讲雷电危害及防御措施；邀请农业气象专家为通州区潞城镇中国农大富通科技园的工作人员、农业技术人员近200人开展气候与农业相关性的讲座。强化中小学气象科普工作，为全区中小学校订阅《气象报》《气象知识》等报纸、刊物。以气象信息服务站和气象安全村（社区）建设推进气象科普进乡镇、街道，进农村、社区，为乡镇、街道更新配备宣传栏、宣传展板。3月20日，通州气象科普展厅正式建设完成，展厅设有观测仪器、沙盘模型、宣传展板、科普互动等多种形式的气象科普展品。该馆于12月被中国气象学会评选为全国气象科普教育基地。

（李　硕）

【气象服务】　年内，为“全民广场舞”、七夕文化节等活动提供预报预警及短时临近预报等服务工作，为活动的顺利进行提供有力的气象服务保障。2016年，向区委、区政府、区防汛办、区应急办等部门发送常规天气预报366期，预警信号137期，天气实况70期，天气快报及天气情况19期，重要天气报告3期，气象周报52期，气象旬月报48期，一氧化碳指数152期。政府网更新发布天气预报732期，区气象局官网更新发布天气预报1098期，向通州区电视台提供天气预报366期，各项手机短信气象服务累计达984419人次。

（张永楠）

【气象行政】　年内，深入推进防雷减灾体制改革，履行社会管理职能，建立健全政府引导、行业牵头、部门联动的防雷减灾监管体系。针对防雷装置投入使用后的危险化学品行业、重点防火单位和人员密集场所等，加大检查力度和抽查权重，明确企业主体责任，强化预防，跟踪监督。重大活动和节假日期间，做好辖区内施放气球安全监管及应急值守工作。落实防雷装置设计技术评价等4项行政审批中介服务的清理规范及相关行政审批程序调整工作，公开权力清单和责任清单，完成行政许可、行政处罚信息“双公示”，推进社会信用体系建设。坚持法治宣传教育与依法治理有机结合，创新普法方式，营造良好法治环境。2016年，开展气象行政执法检查120次，与12个乡镇、街道建立联合执法，办理气象行政许可30件，做出行政处罚3次。

（宋　明）

农村经济管理

【概　况】　2016年，围绕农村“新三起来”工作，区经管站完成农村集体经济体制改革和“三资”管理等工作任务，农村审计和农民负担“两项监督”得到进一步强化。

【农村土地承包经营权确权登记颁证工作】　年内，坚持土地集体所有权，稳定农户承包权，放活土地经营权，推进农村土地承包经营权确权登记颁证工作。继续扩大确权登记颁证试点，为明年全面完成此项工作奠定基础。2016年，全区累计有372个村启动农村土地承包经营权确权登记颁证工作。其中，完成任务的有281个村，涉及确权土地面积31.92万亩，占全区确权土地总面积的65%。21个村完成权属调查，70个村正进行基本信息登记和外业测量。

【农村土地经营权有序流转】 2016年，进一步规范土地流转合同档案管理，拓宽土地流转服务范围，发挥于家务、永乐店、宋庄、漷县等4个乡镇土地流转管理服务中心的职能作用，引导农民以多种形式流转土地。截至年底，全区农村集体土地承包经营权土地流转面积39.6万亩。

【农村土地承包经营纠纷调处机制基本健全】 年内，进一步加强区级仲裁机构建设，加强区仲裁委与区法院的沟通联动，充分发挥区、镇、村三级调解体系作用，逐步建立起乡村调解、区级仲裁、司法保障的农村土地承包经营纠纷调处工作机制。本年度，处理信访案件39件，其中，群众走访32件，市、区信访办转发7件。

【农村产权流转交易市场】 年内，建立健全农村产权流转交易服务体系，完善相关管理制度和交易规则，强化定期检查和动态监管，及时查处违规交易行为，妥善解决矛盾纠纷，保障农村产权依法自愿公开公正交易。在中央农村工作领导小组办公室组织召开的专题调研座谈会上，通州区农村产权流转交易市场试验模式和工作做法得到领导小组的充分肯定。2016年，全区产权交易市场完成农村产权流转交易事项119宗，成交总金额1.47亿元，增收节支2018万元。其中，工程类71宗，中标总价6496万元，溢价76万元；场地出租类35宗，中标总价5866万元，溢价1580万元；房屋出租类8宗，中标总价2180万元，溢价348万元；实物资产类2宗，中标总价 84万元，溢价10万元；购置类3宗，中标总价110万元，溢价4万元。

【农村城市化与城镇化改革】 按照市区工作要求，2016年区经管站承担通州区国家新型城镇化综合试点工作的6项任务，对其中涉及会同各乡镇政府组建乡镇土地联社和联营公司的工作，认真研究制定相关工作意见和管理办法。在前期学习、调研和专家咨询的基础上，结合全区实际，形成工作方案和章程的草案，文件内容征求有关部门意见，将在下一步工作中继续深化。

【新型集体经济组织规范化建设】 年内，进一步提高新型集体经济组织的市场化经营水平，健全法人治理结构，完善民主管理、监督和决策机制，完善收益分配制度，提高按股分红比例。理顺现行农村集体经济组织机构代码管理体制机制，加快推进农村经济组织统一社会信用代码制度建设，切实做好农村集体经济组织存量登记证换发工作。2016年，全区完成在政府登记的371个社区股份合作社的信息比对及管理系统测试和赋码结果核对工作。

【推进村级产权制度改革】 年内，与有关乡镇沟通未完成产权制度改革村的相关工作。本年度，完成2个重难点村（永顺镇龙旺庄村、张家湾镇里二泗村）的改革任务。

【农民合作社】 2016年，加强农民专业合作社规范化建设。继续推进示范社建设工作，培育产业基础好、带动能力强、示范效应明显的市级、区级示范社，并实施动态监测和运行分析，实现优胜劣汰，发挥示范社的规范引领作用，激发示范社建设活力和内在动力。本年度，有3个乡镇5家合作社申请市级示范社规范化建设，7个乡镇30家合作社申请区级示范社规范化建设。推动农民专业合作社创新发展。以推进农业供给侧结构性改革为主线，依托村级主导产业、优质资源，因地制宜，引导农民专业合作社拓宽服务领域，发展多种形式的农民专业合作社联合发展，以适应北京城市副中心的功能定位，探索北京农联农产品展销服务中心——裕群生鲜超市合作模式，根据各合作社产业特色和品种布局，支持农民专业合作社打破组织界限，实现跨区域合作发展模式，将低端种、养业生产外移。探索“互联网+”合作社市场营销模式，指导北京聚牧园养殖专业合作社、北京专平林下经济合作社、北京绿蜻蜓种植专业合作社等5家电子商务实体店，拓宽合作社产品销售渠道。指导区级农民专业合作社联合会规范发展。建立健全联合会组织机构，组织召开第二届换届选举大会，将联合会还于合作社，推动联合会完成工作人员竞争上岗，不断优化管理层结构。此外，加强联合会信息化建设，通过网站建设搭建全区合作社电子商务公共服务平台。

【规范农村财务管理和集体经济合同管理】 年内，完善村级会计委托代理制度，规范账户设置、印章管理。研究制定《关于村集体经济组织资金支出管理的补充规定》，进一步规范村集体的经济活动。特别是对征地补偿费的监督管理，配合区审计局，围绕实行专户存储、专账管理、专款专用等主要方面对相关乡镇进行专项审计。严格落实《北京市农村集体经济合同管理办法》，加强对新签订农村集体经济合同的规范管理，重点对合同条款、签订程序、履行情况等环节进行监督检查。

【加强审计监督和民主监督】 年内，在做好各项常规审计的基础上，建立健全《专项资金使用管理制度》《下拨项目资金备案制度》，加强对下拨专项资金的阶段性审计，确保财政资金规范合理使用。协助区委组织部对11个乡镇923名人大代表、政协候选人及第六次党代会代表资格进行审核，确保选出真正合格的代表候选人，营造风清气正的选举环境。

【强化农民负担事项监督管理】 年内，强化涉及农民负担事项监督检查，继续做好春秋两季农民负担执法检查工作，切实加强村级组织负担监管。以农村集体“三资”监管信息系统为载体，拓展监管范围，创新监管思路，健全政策措施，实现对涉及农民负担事项的全程、实时、动态监管。

【“一事一议财政奖补”项目】 年内，完善和规范村级公益事业建设“一事一议财政奖补”各项工作。本年度，助建项目41个，涉及7个乡镇41个村，工程投资总额5221万元，其中，财政奖补资金4703万元。项目主要涉及村内排水、路面硬化及村庄绿化等工程。

【深化农经统计制度改革】 年内，在市级指导下，按照采集更便捷、数据更精准、统计更有效的原则，从指标体系、报表频率、调查方式和成果应用四个方面对农经统计制度进行改革，使农经统计内容更加聚焦“三资”，统计成果更加规范可用。

【完善农村集体“三资”监管信息系统建设】 年内，深化建设农村集体“三资”监管信息系统。指导乡镇完成村级年度账务数据的结转，监督各村制定财务预算方案，运用系统组织各乡镇进行村级财务网上互查。截至2016年年底，系统监管大额资金使用15673笔，金额205.3亿元，否决不合理资金使用665笔，金额12.7亿元；监管资产处置94笔，否决不合理资产处置6笔；监管经济合同签订1186份，否决不合理经济合同140份。

【低收入户、村专项监测工作】 年内，按照精准扶贫工作要求，对低收入村、户的监测工作进行系统调整，并启动新一轮低收入村、户精准识别、建档立卡及动态监管工作。按照家庭人均可支配收入低于11160元的标准，监测识别低收入农户876户、低收入村3个，涉及10个乡镇（无梨园镇）79个村，家庭人口数2004人。

【农经统计分析工作】 年内，加强对历史数据资料的分析利用，做好农经统计各阶段报表和全国农村固定观察点监测统计工作。

（颜丽丽）

工业·信息化·建筑业

4月7日，由通州区政府主办，中关村通州园管委会承办的通州区产业转移对接会在台湖镇北发酒店举行　（园区管委会提供）

工业

概述

2016年，深入贯彻落实习近平总书记视察北京重要讲话精神和《京津冀协同发展规划纲要》，落实北京城市副中心战略定位，推动京津冀协同发展；贯彻落实中央规划建设北京城市副中心和京津冀协同发展等有关工作会议精神，攻坚克难，扎实推进工业和信息化各项工作。坚持以疏解带动协同发展，以创新驱动提质增效，以信息化改善城市治理。

2016年，工业经济稳步发展，区域工业完成总产值770.0亿元，同比增长1.7%；营业收入881.8亿元，同比增长0.5%；增加值206.0亿元，同比增长1.8%；利润总额61.5亿元，同比增长10.3%；上缴税金57.0亿元，同比增长9.2%。其中，全区规模以上工业企业完成总产值630.2亿元，同比增长2.2%，低于全市平均增速0.6个百分点，占全市工业总量的比重为3.6%。

区域工业经济运行主要特点：一是区域总体运行平稳，主要指标止跌回升。受国内外市场需求动力不足、城市副中心功能区开发拆迁、淘汰落后产能、个别龙头企业产量下降等因素综合影响，自2015年以来全区工业企业产值增速持续回落。2016年上半年继续呈现下行态势，但降幅比上年逐渐收窄。下半年以来，由于个别行业、个别重点企业生产形势好转，当月产值增速实现正增长。1—11月区域工业产值增速实现0.5%，近两年来首次由负转正。至年底，工业五项主要经济指标全部实现正增长。二是都市、汽车与交通设备、生物与医药、装备产业发展形势较好。由于北京二商大红门肉类食品有限公司生产形势较好，带动都市产业完成产值203.4亿元，同比增长3.2%，拉动全区规模企业产值增速提高1.0个百分点。汽车与交通设备产业由于北京汽车动力总成有限公司产量大幅增加，完成产值119.6亿元，同比增长19.9%，拉动全区规模企业产值增速提高3.1个百分点。生物与医药产业总体趋好，完成产值42.6亿元，同比增长17.3%，拉动全区规模企业产值增速提高1.0个百分点。装备产业产值增速由负转正，微增0.4%。三是个别重点行业产值下降对全区影响较大。由于通州区不断加大结构调整力度，高耗能行业涉及的工业企业出现退出及减产等情况，致使产值大幅下降，全年完成产值92.9亿元，同比下降10.2%，下拉全区规模企业产值增速1.7个百分点。行业龙头企业百纳威尔科技有限公司2016年继续减产步伐，致使电子通信行业全年完成产值16.7亿元，同比下降40.9%，下拉全区规模企业产值增速1.8个百分点。四是北京城市副中心建设、工业结构调整形成一定规模减量。北京城市副中心功能区建设致使部分企业停产退出，部分乡镇受影响较大。其中，梨园镇全年产值增速比上年回落52.5个百分点；永顺镇全年产值增速比上年回落13.2个百分点；永乐店镇由于部分化工企业退出，全年产值增速比上年回落18.4个百分点；工业总量明显萎缩。

【疏解退出和清理整治】 2016年，通州区以高于国家和北京市现行产业禁限标准制定北京城市副中心产业禁限目录，以《中华人民共和国环境保护法》《中华人民共和国水污染防治法》《中华人民共和国大气污染防治法》等法律法规为依据，将全区5022家一般工业企业、950家非工业类“散乱污”企业列为疏解重点，通过加快淘汰落后产能、清理退出低端产业等措施，多部门联动联合执法、京津冀协同转移承接，为北京城市副中心的建设创造了良好的条件。截至2016年年底，全区有1937家工业企业实现停产，其中，1450家企业通过调整退出验收（含市级下达调整退出42家企业），设备已拆除，无生产能力；43家镇村产业集聚区的整治工作达到验收标准（含市级8家整治任务）；完成1251家“散乱污”企业的清理整治工作。

【产业转移对接工作】 年内，坚持政府主导、市场运作、精准对接的原则，引导社会力量参与企业外迁转移工作。鼓励支持中介组织开展企业外迁转移对接服务工作，搭建企业外迁转移对接平台，通过市场运作的方式，加速外迁企业与外省市园区的精准对接。截至年底，通州区与河北、天津、山东、内蒙、江苏等14个省市160余个园区进行产业转移对接工作。同时，通过中介机构先后组织百余次、500余家企业参加的赴外地开发区实地免费考察活动，有400余家企业与对接地签订项目落地意向协议，进一步调动退出企业向外地转移的积极性，营造京津冀协同发展的良好氛围。

【产业升级】 年内，通过开展生态园区建设，全力打造产业升级平台，引导企业向绿色化、智能化、服务化升级。北京佩特来电器有限公司、北京潞电电气设备有限公司、北京黎马敦太平洋包装有限公司等企业的技术中心通过第十九批市级认定，中关村通州金桥科技产业基地、中关村通州园（东区、西区、南区）等园区通过第二批市生态工业园区认定。

【推进“两化”融合发展】 年内，大力推动“工业云”企业服务平台的推广运用。通过促使企业与云服务商的联合，形成联盟模式的“互联网+”制造，提高企业市场应变能力，促成8家企业与工业云联盟达成合作。不断推进企业信息化标准化的普及。广泛宣传信息化标准化建设，树立标准化建设规范标杆，通过推进“两化”融合对标工作在区内企业的开展，促进企业认知，推动企业改造转型。截至2016年年底，有156家规模企业完成“两化”融合网上对标工作，6家企业成为北京市“两化”融合试点企业，其中，李宁（中国）体育用品有限公司成为国家级“两化”融合试点企业。

【社会信用体系建设】 2016年，通州区社会信用体系建设工作在区委区政府的领导下，在区社会信用体系建设领导小组的直接指挥下，自觉牢固树立政治意识、大局意识、核心意识、看齐意识，遵循创新、协调、绿色、开放、共享的五大理念，坚持建设副中心、向前站一步的思想，按照开局抓谋划、活动做牵引、创新解难题、全程抓落实、绩效严标准的工作思路，较好地完成了全年的社会信用体系建设工作任务。一是加强顶层设计，搞好谋篇布局。制定《通州区社会信用体系建设工作方案》，作为全区社会信用体系建设指导性文件，开展社会信用体系建设工作的基本依据和遵循，下发全区执行。二是召开信用大会，全面布置工作。3月24日，组织召开通州区社会信用体系建设工作大会，观看商务诚信建设录像，下发《通州区社会信用体系建设工作方案》《通州区2016年推进诚信建设制度化工作意见》等一系列文件材料，表彰第一批116家诚信“红榜”企业，全面安排布置全年的社会诚信体系建设工作。三是组织联席会议，布置“双公示”工作。为贯彻落实《北京市社会信用体系建设联席会议办公室关于印发〈北京市行政许可和行政处罚等信用信息公示工作方案〉的通知》精神，3月24日，通州区召开2016年第一次社会信用体系建设联席会议，下发《通州区社会信用体系建设联席会议办公室关于印发〈通州区行政许可和行政处罚等信用信息公示工作方案〉的通知》，根据落实情况又相继下发《“双公示”工作补充事项通知》《通州区社会信用体系建设联席会议办公室关于督促各有关单位落实双公示工作的通知》等通知。在区政府门户网站上建立通州区行政审批行政处罚信用信息公示专栏，归集整理通州区49家委办局的行政许可和行政处罚目录，归集整理公布了归集“双公示”信用信息数量10189件，其中，行政许可信息5101项，行政处罚信息5088项。四是公布“红黑名单”，开展宣教活动。根据区政府印发的

《通州区诚信“红黑名单”制度》《通州区守信示范企业评定与激励实施办法》和《通州区企业失信行为联合惩戒实施办法》，公布三批诚信“红黑名单”，并在区行政服务中心大屏幕上滚动播出，在《通州时讯》、大运通州网上刊登发布。“红榜”名单上榜事由包括诚信经营示范点、市级诚信经营市场等；“黑榜”上榜事由包括环保检查失信企业、拒不执行法院判决企业等。曝光一批失信典型企业，推进各部门联合惩戒失信企业。五是精心筹划组织，开展“3·15”等诚信主题实践活动。印发《关于加强通州区诚信建设新闻信息工作的通知》，对联席会成员单位的诚信信息上报工作进行量化考核。印制政务、商务、社会、司法四大诚信主题海报，制作通州区诚信建设知识手册等，扩大诚信体系建设社会面宣传。开展以诚信为主题的文明加油站等活动，制定“市民诚信公约”签字墙，利用通州电视台、《通州时讯》、微信短信平台等宣传报道通州区诚信建设推进情况，提升百姓对诚信体系建设的知晓率和满意度。六是筹划信用信息平台，搞好顶层设计。研究制定《通州区公共信用信息服务平台建设方案》。在通州文明网建立通州区信用信息专题网页，汇总诚信建设工作动态，更新政策法规，发布三期诚信“红黑名单”信息等，宣传诚信建设新闻信息240余条。筹建全区信用信息数据库，推进通州区社会信用信息平台建设。七是组织对标调研，确保指标达标。2016年4月，对通州工商分局、区国税局、区地税局、区安监局、区质监局、区食药监局、区住建委、区环保局、区交通支队、区交通局等8个重点领域推进自身信用信息系统建设、开展从业人员信用记录征集的情况进行调研；对通州工商分局、区质监局、区食药局、区环保局开展失信突出问题专项整治进行调研。八是制定下发文件，开展企业诚信主题实践活动。着眼四大行业，开展诚信主题实践活动。在生产企业、流通企业、窗口行业和食品药品行业四大行业，制定下发《通州区生产企业2016年开展“质量第一 诚信做产品”主题实践活动方案》《通州区商贸流通企业2016年“百城万店讲诚信”主题实践活动方案》《通州区窗口行业2016年开展诚信主题实践活动工作意见》，布置安排区煤炭公司诚信主题实践活动的试点工作，总结试点经验向全区推广。九是树立诚信典型，诚信经营市场环境进一步优化。全面推进诚信示范点单位建设工作，推出百城万店无假货示范街，大力提升窗口服务形象。截至年底，通州区诚信经营示范窗口71家，诚信经营示范店26家；7家市场入围北京市诚信市场评选，其中，台湖图书城被评为国家级诚信市场。3家企业荣登全国守合同，重信用企业名录。

【固定资产投资】 2016年，全区投资1000万元以上的在建工业项目35个，计划投资总额12.8亿元；其中，亿元以上项目16个，计划总投资9.6亿元。2016年，完成投资8.9亿元。所有项目达产后预计可新增产值118.5亿元、税收14.4亿元。

【工业固定资产投资项目管理】 2016年，完成非政府投资工业固定资产投资项目90件（含两年到期未投资的重新备案项目），总投资91.37亿元。

【节能降耗】 2016年，完成366家工业企业1314.2蒸吨、369台燃煤锅炉压减燃煤工作，基本实现全区工业企业“无煤化”。

【工业领域空气重污染应急工作】 按照《通州区2016年清洁空气行动计划》和《任务分解》要求，在启动预警二级（橙色）、预警一级（红色）时，涉及通州区市级7家限产企业和325家区级停产企业。一是召开工作会议，进行动员部署。明确分工，成立各级应急领导小组；编制《通州区空气重污染应急工业分预案》《通州区空气重污染应急响应经信委内部工作体系及工作流程》。二是分工明确具体。按照《通州区空气重污染应急工业分预案》和《通州区空气重污染应急响应经信委内部工作体系及工作流程》，委内组成的总体组、应急启动组、督查组、宣传组、车辆保障组等五个工作小组，按照职责分工各司其职，督查期间经济和信息化委员会出动130人次、车辆46台次。三是督查落实到位。启动应急预案以来，11个乡镇每日出动73

个督查组，共计出动督查人员1280人次，车辆350台次，每日现场检查332家企业停产限产措施落实情况，332家企业均按要求落实停产限产措施。委内督查组在委领导的带领下分别深入到市级7家限产企业和区级停产325家企业进行实地督查，并与乡镇、街道和企业签定《工业企业停限产工作督查确认单》三联单，以确保此项工作的有效落实。通过市、区两级的共同努力，完成市级7家限产企业和区级325家停产工业企业停产限产任务，为北京的环境治理工作作出了应有的贡献。

【减轻企业负担】 一是协调、监督检查和宣传评估工作，定期进行协调调度；组织各有关部门开展专项督查，重点督促各部门建立实施涉企收费目录清单制度和清理行政审批前置服务项目及收费；对企业反映强烈，社会影响恶劣的乱收费行为予以曝光，协调相关部门进行严肃查处。二是会同区发展改革委、区财政局等部门举办减轻企业负担政策宣传周等活动，组织新闻媒体、专家进行政策宣传解读，跟踪报道各部门落实情况。三是完成通州区中小企业服务平台的建设，完善企业负担调查平台。

【帮扶企业】 年内，利用经信委官方网站、区中小企业服务平台网站、通州中小微信公众号等多种手段宣传国家级、市级、区级中小企业政策。一是根据每季度征集的中小企业培训需求，联合各类服务机构组织新三板、四版上市培训、人才引进相关政策培训、专利相关政策培训、产业对接转移培训服务企业等，组织4次培训，培训企业103家次，培训人员130人次。二是为鼓励企业创新，为中小企业争取北京市中小企业发展专项资金创新融资贴息项目资金支持。截至2016年12月，申请创新融资贴息项目11项，融资总额1.1亿元。

（朱宝刚）

【金通公司概况】 2016年，公司以中共十八大、十八届三中、四中、五中、六中全会和习近平总书记系列重要讲话精神为指导，把握改革、发展、稳定这一总的工作基调，以“两学一做”教育要求化作求实创新、干事创业的强大动力，按照区国资委制定的国有经济发展新思路，金通公司全系统大力实施创新驱动发展战略，努力创造自身条件，适应发展新常态，乘势而上，深化改革，加快发展。经过全公司系统广大干部职工共同努力，各项工作稳步推进，经营业绩显著提高，完成年初预定的各项工作目标。截至2016年年底，公司总资产7.78亿元，总负债7.75亿元，净资产300万元，全年总收入2729.27万元，总支出4173.25万元，扣除不可比因素后，盈利14.62万元。

2016年，公司继续以发挥资产优势为举措，以提升资产收益为目标的经营思路，进一步改善资产结构，提高收益水平。下属企业北方亿立工贸中心对厂区内闲置2年的危旧建筑物实施危房改造，改造后面积为7500多平方米。危旧电力设备建于1949年以前，供电设备严重老化，存在重大安全隐患。借助国网北京电力公司通州分公司迁址，北方亿立抓住这个有利时机，结合自身实际情况，通过与该公司多次深入沟通达成协议，将闲置的电站租给该公司使用，其他老旧电站由通州分公司一次性无偿改造完成。通过这次北京电力公司迁址，盘活了国有资产，同时彻底解除电站存在的重大安全隐患。

协调有关部门做好原先明日用化工厂搬迁补偿工作。金通公司下属单位先明日化厂改制后坐落于通州区梨园镇东小马村南，占地面积3万平方米，而地上建筑物由改制后企业购得。2015年，通州区政府规划发展通州文化旅游区项目，该地块被列入征收范围之内。为了配合通州文化旅游区项目工作，金通公司协商梨园镇政府和先明日化厂，共同配合签订《征收补偿协议》。

推进冷冻小区危旧简易楼改造项目。2016年，冷冻小区两栋简易楼改造项目全面进入实施阶段。项目一期将完成218户居民的搬迁周转安置及危旧楼拆除；项目二期将进行工程建设。按照规划最终设计方案，冷冻小区在原址将新建两栋14层居民楼，建筑面积约9250平方米；商业服务面积720平方米；附属设施配套面积870平方米，并设有部分绿地和停车场。5月，区住建委对冷冻小区《简易住宅楼周转安置方案》正式批复，8月1日至9月11日正式启动居民搬迁安置工作，11月9日，按照《周转安置方案》第6项，对拒不腾退的部分承租户，金通公司向区法提起诉讼，要求解除双方租赁关系。年内，对4家租赁户提起诉讼，案件正在审理中。

改善老旧小区居民的生活环境。公司管理非经营性资产44万平方米，分布在38处不同地方，全部为原改制破产企业遗留下来的老旧小区。年内，为使这些老旧小区的居民安稳地生活，公司本着轻重缓急，整体安排的原则，投入维修资金240余万元，进行小区各项设施维修、修缮。其中，20万元用于防水工程，面积达4600多平方米；其他用在为老旧小区平整路面、铺设渗水砖、疏通水管道等。另外，联系玉桥办事处，将水泥厂平房路面工程列入政府老旧小区基础设施改造项目，截至年底，该小区路面改造工程实施完毕，涉及硬化面积1260平方米。按照区政府“创城”的工作总体要求，公司加大力度整治小区环境，制作安装各类宣传牌140块，维修照明6处，对老旧小区的小广告进行全部清理，配合属地政府有关职能部门进行联合执法，清除永顺南街304号院内违建房屋，为居民提供一个整洁居住环境。

做好离退休人员服务管理工作。金通公司管理的离退休职工5114人。因历史原因，他们的待遇标准不同，经常出现一些矛盾，给日常管理带来很大困难。2016年，离退办通过改进服务态度、提高服务质量，保证离退休队伍的稳定。及时准确发放各种福利费用。通过核实、制表和审批，全年发放洗理费、生活补贴、丧葬费及抚恤金等1233.3万元。热情、认真对待每一位咨询、求助的离退人员。以热线联系和现场答复相结合，对离退休人员提供优质服务，从政策层面认真解答问题，努力化解矛盾，全年接待办理各项事宜的人员达6000余人次。解决困难，方便群众。为了离退休人员就地看病方便，全年离退办为系统内716名退休职工申请变更定点医疗机构，为402名职工变更个人信息。公司多次看望和慰问离退休困难职工，把企业和政府的关怀及温暖带到他们的心里，在社会上收到了良好的反响。

2016年，公司将信访接待工作做为重点进行开展，以化解企业改制后职工与企业和社会的矛盾。公司劳动人事部和发展改革部全年接待改制后职工300余人次，为他们解决工龄认定、社保金断缴及特殊工种提前退休等事宜。公司劳动人事部通过社保局和法律咨询，化解了矛盾纠纷。

（陈文清）

园　区

概　述

2016年，园区系统以党的“两学一做”教育活动为契机，切实加强和改进作风建设，认真贯彻落实“京津冀”协同发展战略部署要求，围绕通州建设北京城市副中心这一中心任务，全面深化园区工作改革创新，各项工作取得新成绩。全年十一个园区(商务园，光机电基地，金桥基地，物流基地，开发区东区、西区、南区、北区，永乐开发区，聚富苑，星湖科技园)完成工业总产值436.7亿元，同比增长4.36%；总收入1183.2亿元，同比增长8.81%，工业企业收入536亿元，同比增长4.62%；税收合计77亿元，同比增长6.19%。

做好园区项目的引退工作。大力发展培育“高精尖”产业，全年园区引进企业111家，协议投资总额125.07亿元，投资亿元以上企业14家。其中，实体占地企业2家，协议投资总额3亿元，占地面积3.3公顷；购买标准厂房企业34家，协议投资总额109.74亿元，建筑面积11.25万平方米；租赁标准厂房企业75家，协议投资总额12.33亿元，建筑面积8.51万平方米。

加快产业调整退出步伐。通州园管委会与河北省邢台经济开发区、河北唐山市高新技术开发区、内蒙古赤峰市翁牛特旗等7个县市及开发区签订战略合作协议，庆云—通州产业园、通州邢台产业园等共建园区正在加快建设。梳理整合园区迁出企业资源和周边承接地资源，推动疏解转移工作，通州园管委会接待河北省、天津市等县级以上承接地单位107家，梳理出园区内需要调整退出企业151家，其中，整体退出企业90家，环节退出企业23家，停产企业38家。园区转移企业名单内已迁出在外地选址的企业21家，签署停产协议保证书的企业42家。对承接地单位进行实地考察，建立企业疏解平台，与北京开宝投资管理有限公司、北京盈汇通投资管理有限公司两家平台公司建立战略合作关系，平台内的企业联盟企业数超过2000家，通过平台组织赴外地开发区实地考察达百余次。

加快推进重点产业项目建设。年内，通州园50余个建设项目。博海升药品包装生产基地工业厂房及附属设施用房项目、北京乔治费歇尔管路系统有限公司二期工业厂房项目等14个项目竣工，总投资额162.78亿元，总建筑面积216.89万平方米；嘉林药业有限公司一期项目、北京京奥珅投资管理有限公司工业厂房及附属设施项目等35个项目复工建设，总投资额393.41亿元，总建筑面积576.87万平方米；永乐佳地科技公司项目、7速双离合（DCT）变速器工厂项目等17个项目开工建设，总投资额154.09亿元，总建筑面积175.98万平方米。

完善基础设施配套设施建设。年内，园区环科东二路道路工程（景盛北三街—景盛中街）、杜望路、农业综合开发项目——高标准农田建设等35个基础设施项目开工建设，总投资额17.5亿元，其中，光机电基地兴光一街、金桥基地景盛北一街、种业园区基础设施及种苗基地建设项目、景盛北一街道路工程（环科中路至环科东路二路）等24个项目竣工。生态园区建设加快推进。金桥科技产业基地、通州经济开发区西区、通州经济开发区东区、通州经济开发区南区4个园区入选第二批北京市生态工业园区名单，累计有5个生态工业园区。

提升园区科技创新能力。年内，园区企业专利申请1095件，专利授权751件。北京方和正圆科技企业孵化器有限公司的“方和正圆”和英特华云（北京）电子商务股份有限公司的“英特华云全境电商空间”入选第三批北京市众创空间；北京市医疗器械检验所和北京清洁能源成套设备工程实验室入选2016年中关村开放实验室；通州国际种业科技有限公司等7家企业入选2016年中关村科技型企业创业孵化集聚区；甘李药业股份有限公司等4家企业入选2016中关村信用“双百”企业；北京宝克测试系统有限公司等15家企业入选2016年“瞪羚”重点培育企业；北京万生药业有限责任公司等61家企业入选“瞪羚企业”；北京华强京工机械制造有限公司等6家企业入选2016年“展翼计划”；北京四环制药有限公司等4家企业入选第一批G20企业；北京凌天世纪控股股份有限公司等7家企业的21项产品入选第四批北京市新技术新产品（服务）名单；北京佩特来电器有限公司“基于柴油高效清洁燃烧的M系列大功率起动机产业化项目”等3家企业的3个项目入选2016年北京市高新技术成果转化项目；北京凯德石英股份有限公司等15家企业的15个项目获通州区科学技术奖。

做好园区及企业服务工作。做好园区高新技术企业纳入中关村高新技术企业统计范围工作。年内，新认定的中关村高新技术企业47家，累计中关村高新技术企业275家。协助北京高新利华科技股份有限公司、北京凌天世纪控股股份有限公司等6家企业在“新三板”挂牌。通过集中培训和送政策到园区等方式，对中关村高新技术企业认定、人才引进、中关村高端领军人才资格评价等政策进行培训，为企业申报各级有关政策资金提供帮助。完成29家企业98项发明专利2项中国专利奖、2家企业5项技术标准、7家企业11项商标的支持资金申报。帮助中际联合、中丽制机等4家企业申报中关村标准化试点示范单位，潞电电气1家企业申报中关村知识产权局专利创业资助项目，种业园区获得中关村特色产业孵化平台称号。走访园区创新创业工作。联合区科委走访光机电基地、金桥基地，就园区及企业创新创业工作进行访谈，编制印发《中关村政策简介（2015年）》。

11月9日，通州园管委会在东方宾馆会议中心召开中关村先行先试政策通州园宣讲活动

（园区管委会提供）

加强高端人才引进培育。年内，通州园管委会新增设2家博士后科研工作站分站，累计博士后科研工作站分站6家；新引入2人进入中关村通州园博士后科研工作站；向市人力社保局推荐申报6名专业技术人才，其中，2人获北京市高级工程师（教授级）专业技术资格；1人入选北京市第十二批“海聚工程”，被认定为北京市海外高层次人才；2人获2016年度北京市优秀人才培养资助资金共9万元；中关源（北京）科技有限公司获得“2016年度中关村雏鹰计划专项扶持资金”支持30万元；“国际种业科技园区人才集聚环境优化工程”和“通州区博士后(青年英才)创新实践基地科研成果转化率提升项目”2个项目获通州区人才工作创新项目奖三等奖；北京汽车动力总成有限公司的“任喜祥发动机装调首席技师工作室”等3家企业工作室入选通州区首席技师工作室。

（郭庆云）

北京通州经济开发区西区

【概　况】 2016年，开发区西区坚持以服务城市副中心建设为目标，围绕年初制定的工作计划，团结协作，开拓进取，落实园区发展建设各项工作，取得新的成效。一是认真完成工业企业调整退出任务。根据通州区关于工业调整退出工作的总体部署，结合开发区企业特点和工作实际，多方采取措施，有针对性的开展协调督促工作，全力推进不符合首都功能定位的工业企业调整退出。二是积极培育新的经济增长点。在抓好经开智汇园、宏泰旸恒基云谷等重点项目建设，确保项目建设进度的同时，充分利用现有资源，吸引建工国通、大唐国投、君品建材等一批注册资金1亿元以上的企业在开发区落户，为园区经济培育和储备新的增量。三是实现园区经济平稳增长。克服工业企业调整退出、入驻企业数量持续减少等影响，深入挖掘发展潜力，保障园区经济平稳运行。全年实现税收总额8.5亿元，同比增长10%。

【北京互融吉商贸有限责任公司项目签约】 1月27日上午，开发区西区与北京互融吉商贸有限责任公司签署入园协议。根据协议，项目方拟在开发区西区建设总部基地，打造以社区为中心的，结合批发、零售、配送、店内体验、“o2o”于一体的移动互联网创新落地平台。该项目总投资9亿元，总部基地占地面积22亩，建筑面积2万平方米。将在北京市建成200家便民服务店，既可以有效带动劳动力就业，又为实体零售业添砖加瓦，同时整合移动互联网的资源优势，将开启新的商业模式，成为开发区西区经新常态下产业转型升级中的一环。

【举行“春风行动”大型现场招聘会】 3月16日上午，开发区西区管委会联合张家湾镇社保所在广源路开展“春风行动”大型现场招聘会。招聘会现场气氛热烈，过千名求职者入场寻找合适岗位。据统计，开发区属的北京万生药业有限责任公司、吉林森林工业股份有限公司北京门业分公司等8家大中型企业进场设点招聘，提供就业岗位31个，实际应聘人数达300多人，其中，技术类岗位竞争最为激烈。

【韬盛科技参加展览会】 3月9日，由中国模板脚手架协会主办的2016中国国际建筑模板、脚手架施工技术及产品设备展览会在中国国际展览中心举行，北京韬盛科技发展有限公司附着式升降脚手架（TSJPT9.0）及铝合金模板亮相展会。此次参展，韬盛科技展示的全新产品：附着式升降脚手架（TSJPT9.0）及铝合金模板备受关注，由企业工程师现场讲演，配有详细的解说，细致的介绍了产品的优点及特点，让现场观众不仅能看到产品的实体外观，更能感受到韬盛科技产品的高科技、高性能。

【万生药业参加第16届日本药妆展】 3月18日—20日，在日本千叶县幕张展览馆举行的日本第16届药妆展被称为是亚洲药妆行业的风向标，其规模和影响力在健康和美容行业位居亚洲第一。此届展会容纳348家展商，1320个展台，约13万名观众到场，展品主要为药品（OTC）、化妆品、日用品等。北京万生人和自主开发研制的“霾星人”系列产品是唯一一款中国独立研发和制造的健康类产品。“霾星人”系列产品，以其独特的外形和过硬的质量，成为展会明星产品。展会期间，约有1万人关注，500余人与参展人员互动，100多人试戴，并与近100家来自日本当地、韩国、中国香港、中国台湾的经销商和贸易商洽谈合作，受到极大关注和好评。

【“一企一标准，一岗一清单”试点编制工作】 开发区西区有11家入区企业纳入“一企一标准，一岗一清单”试点编制工作。自3月28日起，由专业机构对日超工程塑料（北京）有限公司、北京万生药业有限责任公司、北京四环制药有限公司、奥托博克（中国）工业有限公司等8家入区企业进行前期培训指导及现场调研工作。编制工作以《北京市企业事故隐患排查治理实施导则》为重点，旨在解决企业隐患排查“不愿查、不会查、不治理”等问题，提升企业隐患排查治理主体责任落实能力，进一步创新安全监管机制，强化和落实企业安全生产主体责任，更好地把握隐患治理、事故防范的主动权，促进安全生产形势持续稳定好转。

【北京万生药业参加学术论坛】 4月25日，由北京市中医药学会、天津市中医药学会、河北省中医药学会、北京中医医院共同主办；北京中医医院、天津市中医药研究院附属医院、河北省中医院共同承办；北京市科协支持的第二届“京津冀”一体化脾胃病学术论坛——北京论坛在北京会议中心举行。此次论坛着重围绕在“京津冀”协同发展中，在医院分级诊疗的医改中，脾胃病专业如何实施等7个问题进行讨论。北京万生药业有限责任公司参加会议，并展示“重量级”产品——耐特安匹维溴铵片。此款药品为全国首仿，国内独家药品。主要对症治疗与肠道功能紊乱有关的疼痛、排便异常和胃肠不适；对症治疗与胆道功能紊乱有关的疼痛；为钡灌肠做准备。在展示及讲说中备受关注、得到专家们的高度评价。

【北京四环制药集团入围百强企业】 2016中国化学制药行业年度峰会11月15日在湖北武汉举行，峰会期间发布2016中国化学制药行业优秀企业和优秀产品品牌榜，北京四环制药集团入围2016中国化学制药行业工业企业综合实力百强企业，排名22。

【韬盛科技通过评审】 12月27日，韬盛科技通过北京市2016年高新技术企业评审，这是韬盛科技连续3次9年荣获国家高新技术企业认定。依据科技部、财政部、国家税务总局《高新技术企业认定管理办法》《高新技术企业认定管理工作指引》的规定，北京市科创委、市财政委、市国税局、市地税局经组织专家评审，经过严格的层层审查，韬盛科技凭借过硬的研发实力和创新能力，连续第三次通过国家高新技术企业证书的认定。韬盛科技一直将技术创新作为公司生存和发展之本。研发中，立足长远，始终站在客户立场，将安全、便捷及经济作为产品研发的根本，不断吸收国际最前沿技术，结合国家产业政策动向，将智能和低碳概念融入产品设计当中。同时，以技术为依托，韬盛科技避开传统脚手架的“红海”竞争，专注于提供新型、集成式、智慧化模板、脚手架产品。

【搭建产业升级新平台】 年内，在持续推进工业企业调整退出的同时，开发区西区围绕副中心建设加快实施园区创新发展。一是支持北京方和正圆科技企业孵化器有限公司响应大众创业、万众创新号召，主动顺应创新2.0时代需求，在清退完成7家企业的基础上，重新整合科技、金融、办公场地等资源，着力引进科技含量高、创新性强、发展前景好的企业，全面扶持企业创业创新，被北京市科学技术委员会、北京市众创空间联盟授予北京市众创空间称号。二是利用“经开·智慧园”一期建成的8万平方米商务楼宇，与北京经开张湾置业有限公司联合搭建产业升级服务平台，全力吸引高端商务、总部研发、科技创新、文化创意、都市服务等高精尖企业入驻，集中发展新的产业形态，全面提升开发区西区整体形象。

【落实环境保护和污染防治工作】 2016年，根据上级有关部门关于加强环保工作的各项部署，多次专题研究开发区环保工作。结合冬季空气污染形势，制定开发区空气重污染应急预案和空气污染防治工作方案，责成各相关部室相互配合，按照职责分工严格抓好落实。一是抓好企业停产。根据通州区红色、橙色预警停限产目录，要求挂账企业坚决执行停产。二是抓好工地停工。空气污染期间根据预警级别坚决停止工地施工，严格落实空气重污染预警响应工作。三是抓好环境整治。加强园区内建筑工地、企业厂区内外杂草清理、个别企业排放有害气体的管理力度，坚决杜绝不利于保护环境的生产作业。空气污染期间加强道路卫生保洁，洒水降尘。四是加强应急值守。安排相关班子成员和业务部室加强日常和休息日的值守巡视，发现问题立即处置整改。五是公务用车严格按规定停驶和限行。

【企业安全生产管理】 年内，开展全领域安全生产隐患排查治理行动，累计出动920人次，检查各类生产经营单位265家次，复查94家次，排查整改隐患280项。开展危险化学品、人员密集场所、建筑施工、职业卫生、有限空间等领域安全生产专项检查5次，出动35人次，检查各类生产经营单位10家次，排查整改隐患48处。与其他有关部门开展联合检查6次，对辖区内企业建筑工地、厂区外围承租个体商户、企业职业卫生等工作进行联合检查，出动42人次，要求企业限期整改安全隐患。在组织开展隐患排查治理的同时，进一步督促企业完善各类事故应急预案，并加强应急演练，把事故应急意识和自救技能教育培训作为企业员工素质教育的重要内容，组织开展全方位、多角度的宣传教育，不断提高全面事故防范意识和逃生避险、自救互救技能。

（曹　强）

北京通州经济开发区东区

【概　况】 北京通州经济开发区东区成立于2004年，2012年10月，国务院批复同意调整中关村国家自主创新示范区空间规模和布局，开发区确定纳入中关村国家自主创新示范区，规划面积4.38平方公里。2016年，完成工业总产值50亿元，同比增长35.3%，总收入114亿元，同比增长17.3%，增加值17.3亿元，同比增长20%，利润3.29亿元，同比增长20%，税收5.05亿元，同比增长10%。

【产业转型升级与调整退出】 按照北京市产业转型升级工作要求，园区确定将中冶焊接、冶科纳米科技和首嘉钢结构3家企业作为试点，建立工作台账，强化沟通力度。加快新型业态项目引进，做好与中信国安投资有限公司的跟踪洽谈。2016年，园区计划清退企业32家，其中，异地经营企业9家，截至年底，关停企业7家，完成任务的78%；实地经营企业23家，签订退出承诺书企业21家，完成任务的91%。

【推进项目建设】 年内，园区开复工项目6个，投资总额15.8亿元，建筑面积31.2万平方米。列入区折子工程项目1个（动力总成研发区项目），投资总额10亿元，建筑面积13.41万平方米，该项目按计划完成并投入使用。珅诺基一期、嘉林药业、诺斯兰德一期、京奥珅、威特龙等项目均按计划建设中。

【基础设施不断完善】 年内，加快手续办理速度，推进望君疃110千伏变电站及杜望路建设。望君疃110千伏输变电站项目，站点工程完成土建施工及设备安装，线路工程完成全部46座塔基组建，电力沟道完成主体施工。杜望路工程半幅路围挡搭设完成，污水、雨水、给水及再生水管线施工中，杜望路规划道路等级为镇区主干路，建成后将有效改善西集镇路网承载能力。

【优化园区投资环境】 年内，随着园区产业转型升级、支柱产业不断发展壮大，开发区东区重点对觅西路道路景观实施改造。该工程北至通香路口、南至京哈高速出口，南北全长820米，工程包括市政人行道和市政绿化两部分，工程总面积约24950平方米。该项工程的完工，形成了具有独特产业特点的园区景观环境。

【生态园区建设】 根据《北京市2013—2017年清洁空气行动计划》《北京市市级以上工业开发区生态化建设推进工作方案》相关要求，开发区东区"北京市生态工业园区"项目通过市经信委、市环保局的评审验收。

【园区科协成立】 3月24日，开发区东区科学技术协会第一次代表大会召开，园区科协正式成立。此次大会对团结和动员园区广大科技工作者开创科技创新新局面具有重要意义。

【基层党风廉政建设】 为落实中共中央办公厅、国务院办公厅《关于加强农村基层党风廉政建设的意见》，扎实推进开发区党风廉政建设和反腐败工作向基层延伸，开发区党总支部及8家园区企业党支部相继设立纪律检查委员。

【构建和谐单位】 年内，开发区东区获得北京市构建和谐劳动关系先进单位称号；被评为2015年度通州区统计工作先进单位；开发区东区科协获得北京市科学颁发的金桥种子工程最佳组织奖；开发区东区工会被北京市通州区西集镇总工会评为2015年度工会工作先进单位称号。

【安全生产工作】 园区始终保持高度重视安全维稳工作，把确保安全生产、维护社会稳定放在第一位，定期对企业安全和施工工地进行检查，定期组织消防演练，严防重特大安全事故发生。2016年，园区未发生安全生产事故，也未发生越级上访事件，和谐稳定的社会环境得到进一步巩固。

（赵　军）

北京通州经济开发区南区

【概　况】 2016年，经济开发区南区实现工业总产值25.06亿元，销售收入24.9亿元，利润9473万元，实现税收3.68亿元。

【各项工程手续进展情况】 2016年，北京恒亿盛世酒业有限公司项目（智慧空间创业园项目），正在修改设计方案。维龙（北京）仓储服务有限公司项目（智汇中心产业园），M4用地取得建设用地规划许可证，正在办理规划意见复函；M1用地拟办理立项手续。甘李药业有限公司胰岛素产业园项目，生物中试研究项目及生物信息项目开工建设，项目主体施工基本完成；信息化整体建设项目拟办理项目立项。玛纳墙体项目，正在进行厂房2、3地基基础混凝土浇筑。

【优化产业发展环境】 2016年，觅子店组团路网工程，施工图先期完成设计，正在建委重新进行施工监理招标工作。中心区西区集中供热项目，完成施工图设计，取得财政局工程预算报告，完成施工监理招标工作。中心区西区集中供热中心厂站，完成辅助办公楼主体结构模板拆除工作。医院及养老院周边市政配套工程项目，完成施工图设计，工程预算编制完成，取得财政局评审报告。施工监理招标工作完成。

【完善产业服务体系】 年内，按照通州燃气锅炉低氮燃烧改造工作启动会的要求，完成对园区内24家燃气锅炉企业，48台锅炉的检测任务；配合区环保局管网试点建设在线检测工作，摸清园区内重点用水、污水企业并填写通州现场调查表；配合区环保局工作，收集企业相关材料，建立“一厂一档”工作；严格贯彻落实《北京市空气重污染应急预案》及《漷县镇空气重污染应急预案（2016年修订）》的要求，加强对空气重污染天气的应对。

【环保安全检查工作】 年内，通州经济开发区南区联合漷县镇相关部门对园区内60家企业进行环保安全大检查。对园区内企业的污水处理设备进行检查，发现两家企业未开启污水处理设备，已令其开启设备，并派专人定期对其进行检查；对列入园区非首都功能疏解范围的企业的粉尘、喷漆等工艺程序停工，确保其在疏解前不会产生环境污染。对园区内企业厂房、货物存放等易发生火灾的地方进行检查，对存在隐患的企业勒令其整改，并安排值班人员不定期进行检查，确保园区内安全稳定。

【人工关节北京市工程实验室落户南区企业春立正达】 年内，经市发改委批准，人工关节北京市工程实验室正式落户南区企业春立正达，这是中国人工关节领域科技进步的重大突破，标志着春立正达具有与国际同行业竞争的能力，打破了国外垄断，对中国人工关节产业的创新发展有积极的带动和示范作用。该实验室主要开展人工关节领域重大关键共性技术研究，形成具有市场化前景、自主知识产权的产品工程化技术和工艺流程，提高人工关节领域的自主创新能力。

（初庆蒙）

中关村科技园区通州园 光机电一体化产业基地

【概　况】 2016年，光机电基地完成工业总产值127亿元，技工贸总收入281亿元。完成税收16.7亿元，同比增长2.0%。按照年初设计，统筹安排，明确和优化园区产业发展方向和具体实施路径。与北京规划协会中关村分会对接，开展课题研究，对园区创新创业体系打造和转型升级方向进行深入的论证，为开展实施具体工作打下坚实的基础。加强基地员工看齐意识，激发团队核心竞争力。组织“建设副中心，向前站一步”等多次专题会议，号召大家为基地转型升级等工作，以及城市副中心建设献言献策。区域协同，做好市政规划项目承接工作，对接大市政水接引和17号线基地区域内的衔接和支持工作。走访调研企业，为企业做好服务。与北京东南汽车部件公司等企业进行工作座谈，了解企业难题，做好服务方案。强化民生意识，全力解决核心民生问题。做好北神树安置房建设以及一期安置房产权办理工作，兴海六路等基础设施建设工作。打造基地差异化优势，吸引符合基地产业发展方向的项目和资源落地。与中关村海淀留创园就在基地建立“通州留学人员创业园”达成合作共识。

【HMR集团（香港中蒙资源集团）入驻】 1月7日，HMR集团2个业务公司完成在光机电基地的注册手续，分别为北京环磨矿冶能效技术研究院和北京耐磨标准技术有限公司。HMR集团是一家为矿山企业提供专业化技术服务的国际化集团公司。北京环磨矿冶能效技术研究院有25名专家，其中，院士1人、正高级技术职称专家11人。

【罗克佳华入驻】 3月7日，北京罗克佳华信息技术有限公司落户通州区光机电一体化产业基地经开国际企业大道III项目。罗克佳华信息技术有限公司成立于2004年，是一家集信息化顶层设计、软件开发、智能产品、系统集成、运营服务为一体的信息技术产业集团。作为全国物联网、云计算及大数据的人才高地，其核心科技团队包括3名中组部“千人计划”专家、4名国家特聘专家，多名外专局专家，数百名博士研究生；拥有相关专利、软件著作权580余项，承担国家火炬计划等国家课题39项，负责编制国家环保物联网、节能监测等技术标准和技术规范编制。罗克佳华的落户，标志着光机电基地创新创业体系正在加速构建。

【地块（129地块）控规取得批复】 3月15日，光机电基地亦庄新城Ⅲ－3街区YZ00－0303－6010等地块（129地块）控规取得北京市规划委员会的正式批复。该地块位于北京市光机电一体化产业基地南侧，规划范围北至科创八街，东至经海七路，南至科创街，西至经海六路。在2010年《亦庄新城104、108、129、131地块调整优化方案》中该地块规划为F3类多功能用地，根据园区实际发展需要，现将该地块调整为R2二类居住用地。总占地约12.42公顷，其中，居住用地7.44公顷，容积率2.5，建筑控制高度60米（局部80米），建筑规模约18.6万平方米，总建筑规模约18.92万平方米。该地块控规的批复为将来丁白马村的拆迁安置工作打下了良好的前期基础。

【北神树安置房项目全面复工】 3月18日，北神树定向安置房项目于3月18日上午全面复工，该项目建筑规模15.75万平方米，规划总用地面积119637.519平方米，其中，规划建设用地62407.607平方米，总建筑面积194090平方米，其中，地上建筑面积157500平方米，建筑内容为住宅、托幼及配套，将定向安置被拆迁村民3150人，住宅2322套，总投资98087万元。至2016年年底主体已封顶，正在进行二次装修。

【李宁（中国）总收入突破9亿元】 3月，光机电基地李宁(中国)体育用品有限公司举办新一季大型订货会，销量迎来新的突破。单月总收入90824万元，占上年全年总收入的17.4%；单月实现利润20749万元，占上年全年利润总额的68.8%，彻底实现扭亏为盈。

【向建会企业集中办理京卡·互助服务卡】 2016年，光机电基地为11家建会企业的340名员工办理京卡·互助服务卡。拥有该卡的工会会员可持该卡享受到市总工会免费提供的非工伤意外伤害及家庭财产损失保障计划，同时持卡会员还能享受到包括法律咨询、法律援助、职业介绍、帮困救助的服务，以及职业培训、文体健身、公园游览、图书电影等多个领域的优惠折扣，深受广大职工欢迎。

【“创+产业创新加速器”正式启动】 5月4日下午，位于光机电基地矿业城内的天使街“创+产业创新加速器”项目举行启动仪式。天使街作为首批八家中国证券业协会会员备案单位之一，专注于为科技创新、互联网金融领域创业者提供一站式众筹解决方案，助力创新创业企业成长、加速发展。启动仪式上嘉宾及众股东剪彩致辞、mini高尔夫开杆，并举行两项目签约、三个项目路演。该项目的正式启动为光机电基地创新创业孵化基地建设工作增添了新的活力。

【中科信在光伏产业调整中增长】 光机电基地企业中科信电子装备有限公司是北京规模最大的光伏产品生产企业，多年来在以离子注入为主的电子专用装备和以太阳能电池为主的新能源技术两大领域坚持自主创新，特别是在单晶硅太阳能电池转换效率的提高上取得新突破，在全球处领先地位，有效提高了光伏电池的性能，降低了成本，拉动了经济，社会效益显著提升。

截至2016年4月底，中科信实现总收入46922万元，同比上升239%。在国内光伏产业步履维艰的时刻，中科信的工业总产值实现跳越式增长。

【兴光一街道路工程竣工】 兴光一街（嘉创路–支路二）道路工程竣工验收，兴光一街位于光机电一体化产业基地东北侧，道路东起支路二，西至嘉创路，该段道路长度约为426米。按城市主干路标准设计，红线宽40米，道路横断面采用三幅路形式，中间机动车道宽24米，安排三上三下6条机动车道，两侧非机动车道宽度各为3米，机非隔离带宽1.5米。随道路同步实施雨水、污水、给水、电信等市政综合管线。项目总投资1942万元，2016年3月18日开工，建设内容包括道路建设工程，建设进度道路灰土养护阶段，道路红线内雨水污水上水中水电力等专业管线铺设完成。

【经海六路（科创街–科创八街）道路竣工】 10月26日，经海六路（科创街–科创八街）道路竣工验收会议召开。经海六路（科创街–科创八街）道路建设长407米，红线宽40米，道路红线内铺设雨水、污水、上水、中水、电力、电信、歌华有线、燃气等专业管线，投资1330万元，道路开工时间2016年5月9日，2016年10月3日完成路面铺油工作，10月26日完成竣工验收工作。

（吕兆洋）

中关村科技园区通州园金桥科技产业基地

【概　况】 金桥科技产业基地成立于2002年，总体规划面积13.06平方公里，其中，一期规划面积7平方公里，二期规划面积6.06平方公里。金桥基地是中关村自主创新示范区的重要组成部分，也是北京城市副中心产业发展的重要支撑，享受中关村和通州区的产业政策支持。2016年，金桥基地围绕“一个中心”、立足“三个支点”、推进“五项任务”的“十三五”总体工作思路，结合全年各项重点工作计划，全力推进各项工作取得新突破。2016年，金桥基地实现总产值88亿元，总收入106亿元，税收12.52亿元，同比分别增长2.3%、2.8%和2.6%。

【项目建设】 2016年，金桥基地开复工项目13个，开复工面积约187万平方米，其中，新开工项目3个，开工面积约70万平方米；复工项目10个，复工面积约117万平方米。截至年底，博海升、罗曼多和德福堂3个复工项目实现竣工，竣工面积9万平方米。

【签约项目意向地块上市】 年内，加大协调力度，办理华威博奥等4个项目意向地块的土地上市手续，4宗地块总占地面积163.8亩，其中，建设用地107.1亩，代征地56.4亩。按照上级土地政策要求，正在调整一期土地开发成本。截至年底，确定地块成本价格并取得相关批复。

【招商引资工作】 重点围绕联东U谷、纳尔特工业园等园中园项目资源开展招商引资，2016年，引进各类项目88个，项目总投资约10.6亿元，预计达产后可形成税收1.1亿元。

【企业服务】 为推动区域经济实现稳步增长，帮助企业实现健康发展，金桥基地加强企业走访调研，充分了解企业实际需求，进一步加大企业服务力度。2016年，启动一站式企业服务大厅，设立6个部门办事窗口，受理和办理企业的各种申请事项，由主责部门按照相关时限协调办理，改变了以往企业办事人员需要在各部门之间来回跑的问题，切实简化企业办事程序，提高企业办事效率。利用开通的网站服务平台，实行企业数据网络直报，逐步推动企业服务数字化、网络化。全力服务企业科技创新，新认定中关村高新技术企业3家，申请北京市专利试点企业2家，申请国家实施促进大数据发展重大工程项目1个。为企业申报各类扶持资金，获得专利、科技、人才等支持资金657.8万元。组织开展培训活动，举办“一带一路”税收、知识产权保护等培训7次，为企业吃透用活政策打好基础。不断加大企业人才服务力度，协助企业引入留学人才，申报人才公寓和杰出人才奖；联合联东U谷举办大型企业招聘会2次，园区186家企业参与，提供就业岗位2600余个，切实解决了企业用工荒问题。

【完善配套基础设施】 年内，完善一期配套设施。完成第三污水处理厂的建设，并进行调试投入运行，日增污水处理能力5000吨。完成景盛南二街、景盛北一街、景盛北小街道路及配套市政管线的施工，竣工长度3322米，待安装路灯并施划标志标线后投入使用。加快推进环科东二路的建设，正在进行市政管线施工。完成环科中路（景盛中街至六环辅路路段）和环景路（景盛北二街—六环辅路路段）路中隔离带的安装，有效缓解了一号桥和二号桥周边交通拥堵问题。在温馨家园和联东U谷安装公共自行车设施，设置公共自行车80辆。启动公交场站建设，拟开通1条微循环交通线路，设置10辆大型公交车，方便搬迁村民和入区企业员工出行。加快二期再生水厂和变电站建设。全力协助区水务局启动再生水厂（一期2万吨）的建设，截至年底，项目及配套管线进场施工。协调国家电网，推进110千伏和220千伏变电站前期手续。

【加快二期扩区前期工作】 2016年，规划编制方面，结合北京产业发展新要求、园区发展实际需求和各职能部门意见对VII-3和VII-5街区初步方案进行修改和调整。项目接洽方面，结合完成拆迁的3300亩地块，与天安数码城项目对接，截至年底，项目与马驹桥镇政府签订框架合作协议。

【生态园区建设】 按照市、区相关工作安排部署，开展生态园区建设前期工作，与长城战略研究所对接，确定验收指标及项目。2016年，完成园区2015年生态化建设工作总结的编制，完成公共自行车站点并启动公交场站等绿色便民设施的建设，淘汰15家高能耗、低产出、技术落后的低端加工制造企业，加快生态化信息平台等相关项目的建设。截至2016年底，基地通过市经信委、环保局及专家组的检查验收评审，正式评为生态园区。

【党建工作】 年内，园区党建工作围绕“用好一个平台、打造三个品牌、开展七项活动”的思路稳步推进，即使用好马驹桥镇党群服务中心线上线下这一平台，打造思想引领品牌、学习教育品牌和企业服务品牌，重点开展金桥讲堂、园区才艺大赛等七项活动。

（王　欣）

北京通州物流基地

【概　况】 2016年，基地以服务城市副中心建设为工作导向，认真落实区委、区政府工作部署，全力推进园区开发建设工作。全年完成税收10.08亿元，首次突破10亿元，同比增长4%；全年完成总收入270亿元，同比增长14%；新增固定资产投资13.5亿元。基地全年完成开复工面积30万平方米，苏宁易购、天津路丰、宝联、联东（一期）4个续建项目全部实现竣工；口岸项目地块的征地、上市、开工等工作推进速度明显加快。一期F15、F19两个地块实现全面开工建设；其余地块同步推进；F14地块即将上市。进一步加强队伍建设，以党支部为主体，深入开展“两学一做”专题学习教育，认真落实党风廉政建设主体责任，组织中层以上干部签订“廉政承诺”，开展机关廉政文化建设；认真落实《通州区关于推进领导干部落实党风廉政建设主体责任全程纪实工作制度》。加强工会组织建设，进一步完善工作机制，积极开展了一系列职工活动。

【基础设施建设】 2016年，基地进一步加大在市政管网、配套设施和环境建设等方面的投资力度，全年完成基础投资8000万元，兴贸南街道路工程启动实施，着手办理兴贸北街、东驰路以及口岸项目内部道路的前期工程建设手续，同步开展11万电站、马干渠改造工程前期工作。

【招商引资工作】 2016年，在项目储备方面，基地参加了北京科博会、北京京交会、产业转型升级与创新高峰论坛等7个大型展会，根据口岸北四块多功能用地的规划指标，重点加大对商业地产类、“互联网+”金融投资类、电子商务类、科技研发类企业的引入力度，先后与居然之家投资控股集团、恒大地产集团、清华紫光启迪科技城集团、五矿地产集团、华夏幸福基业、传化物流集团等十几个项目进行洽谈。在以商招商、盘活引入方面，大力培育园中园项目，向环保园区、光机电园区学习其比较成熟的方式方法，重新修订《园中园项目实施办法》，鼓励项目积极引入二级项目，发挥桥梁纽带作用，促成苏宁项目与天猫商城的深度合作；接触了神州数码、物美集团—电商平台、百度平台等一些税收可观的优质意向企业；利用楼宇资源，协调引入新奥（北京）能源销售有限公司，建设生态泛能能源网项目，预计投资5.77亿元，建设园区配电管网和供电设施，为园区企业供应电、冷、热等能源。该项目作为第八届投资北京洽谈会重大签约项目之一，参加了9月6日在京举办的项目框架签约仪式。

【苏宁易购项目投产运营】 2月26日，苏宁易购项目完成全部工程施工，并取得规划验收合格批复，投产运营。项目总建筑面积为29662.6平方米，其中，地上建筑面积29438.01平方米，地下建筑面积224.59平方米，项目建设投资总额为9316.53万元。苏宁易购项目依托苏宁电器强大的后台基础，以上市公司控股的独立公司模式运营，作为与实体连锁平行的销售渠道，在电商已经彻底融入百姓生活方方面面的今天，苏宁易购项目有着极大的发展空间，对基地有着较为突出的财税贡献。

【物流基地被评为全国首批示范物流园区】 6月27日，根据国家发展和改革委、国土资源部、住房和城乡建设部《关于开展示范物流园区工作的通知》，中国物流与采购联合会组织专家对各省区市报送的首批示范物流园区进行评审。北京物流基地通过评审，成为北京市唯一一家被评为全国示范物流园区的园区。此次评审在全国近万家申报单位中层层筛选，首批仅选出29个，是对园区的区位交通条件、园区的建设发展规划、园区经营业绩等标准的重要考核，也是对基地工作的高度认可。此次获得首批示范物流园区称号，不仅在全国范围内大幅提升了基地的知名度，同时进一步提高了基地的品牌含金量。

【天津宝坻分园正式成立】 8月19日，北京通州物流基地于天津宝坻经济技术开发区成立分园作为基地产业转移及产业升级的项目基地。物流基地管委会与天津宝坻经济开发区管委会签订《合作框架协议书》，本着优势互补、互惠互利原则，借助京津冀一体化发展契机，共同打造开发海滨国际商贸物流园，定期研究产业转移及产业升级工作进展，协调解决企业在落户过程产生的问题，助力京津产业合作步入新的台阶。

【京洽会上签约新项目】 9月6日，第八届京洽会正式召开，物流基地在此次会上同新奥集团旗下新奥泛能网络科技股份有限公司正式签约，共同开发基地能源生态泛能项目。此项目投资5.77亿元，拟占地10亩，建筑面积6000平方米，以优化现有能源供应系统，缓解地区用电紧张为目标，合力打造基地泛能能源网项目，此项目已完成注册，注册资金1.5亿元，预计2018年一期开业达产，预计项目收益率12%，实现税收3920万元，二氧化碳减排25.3万吨/年，满足园区企业电、冷、热等能源需求，推动基地生态能源建设开创新局面。

【通州口岸项目开工建设】 9月19日，通州口岸项目一期开工建设，项目共分五期，一期占地160亩，建筑规模16万平方米，计划2017年底竣工，全部工程预计2020年建设完成。通州口岸项目总占地846亩，建设用地593亩，建筑规模63万平方米，预计总投资40亿。项目建成后，将成为北方最大的内陆口岸，涵盖国际物流、区域物流及国内物流的结点，具有仓储、配送、保税、加工等多种功能。通州口岸项目本着创新型发展，确定“一个核心、三个平台、四个功能”的发展定位，“一个核心”即口岸经济区，“三个平台”即口岸经济示范平台、流通产业创新平台、智慧物流孵化平台，“四个功能”即保税商品展示交易、食品冷链仓储物流、口岸物流互联互通、智慧物流研发创新。

（孙时宇）

北京市通州新城金融服务园区

【概　况】 北京市通州新城金融服务园区（通州商务园）位于通州新城西北部，温榆河两岸，是通州区调整产业结构，加快现代服务业发展，重点发展的高端商务、企业总部办公集聚区，是北京市9个金融功能区之一和北京市电子商务聚集区，在由商务部授予的34家国家电子商务示范基地单位中综合排名第一。产业定位是金融后台服务基地、电子商务聚集区、效率型国际总部基地、新型服务业孵化基地。园区总规划面积7.3平方公里，一期2.96平方公里，特色为滨水生态、低密度、节能环保花园式办公。2016年，园区实现营业收入73.13亿元，完成税收2.93亿元，同比增长7%，其中，国税0.93亿元，地税2亿元。阳光人寿保险股份有限公司北京分公司、金融街（北京）商务园置业有限公司、中信富通、北京心物不二电子商务有限公司、紫石集团、乐友集团、泛华博成保险等重点企业纳税均超千万元。截至2016年年底，园区注册企业达到367家，其中，批发零售业96家、电子商务企业39家、金融企业23家、总部型企业15家。

【园区首家企业挂牌上市】 1月，北京良物珍品电子商务股份有限公司正式登陆“新三板”挂牌上市，成为通州商务园首家上市公司。该公司主营业务为依托珍品网网站和移动端APP，以折扣特卖的形式进行奢侈品以及高端生活用品销售服务。通州商务园作为国家电子商务示范基地，该公司的成功上市，为园区电子商务企业创新优化发展树立了新标杆。

【步长药业签订定制协议】 2月，步长药业与金融街园中园签订定制协议。该项目总建筑面积约4.1万平方米，建设内容为集团营运总部、研发总部、会议中心及博物馆等，计划投资10 亿元。

【阳光保险项目全部竣工】 3月，该项目完成A、B、C、D四个区域的建设，全部竣工。项目总建筑面积26万平方米，总投资25亿元，建设阳光保险全国总部及后援中心。

【紫石时代中心项目全部竣工】 5月，项目实现全部竣工，项目总建筑面积11.39万平方米，总投资9.24亿元，建设内容为商业设施及配套办公楼。

【副中心城市规划团队现场踏勘】 为实现高水平规划建设北京城市副中心，市规划委、通州区政府共同组织开展北京城市副中心总体城市设计和重点地区详细城市设计方案征集工作。城市副中心155平方范围内，有6处地区需要做详细城市设计，其中一号地区为原通州商务园。7月，来自全球的12个联合设计团队，150人来到通州商务园现场踏勘。

【完成园区企业全面清查工作】 9月，商务园成立全面清查小组，组织人力对园区内人口、产业、房屋、车辆、土地等情况展开全面清查，历时一个月全部完成。通过此次全面清查工作，摸清了入园企业的基础数据底数，建立了企业信息台账，为进一步加强企业服务打下了坚实的工作基础。

【代征绿地绿化工程基本完工】 该工程绿化总面积6.42万平方米，投资1600万元。9月，河西公园补绿化工程竣工。12月，一、二标段工程完成竣工验收。绿化工程的配套工程中的绿化井、160千伏安变压器灯投入使用。

【成立非公企业党委】 12月，为加强基层党建工作，不断扩大党的工作在新社会组织的覆盖面，经永顺镇党委批准，园区成立中共北京市通州新城金融服务园区非公企业委员会，李宝增任书记，姜大力任副书记。

【参加各类宣传推介活动】 2016年，园区参加第十九届北京科博会、2016中国（北京）电子商务大会活动和2016电子商务博览会等活动，利用搭建展台、灯箱广告、LED电视、发放宣传材料等形式多角度展示园区形象，并邀请园区重点企业参与互动及产品展示，园区知名度进一步得到提升。

（姚　娟）

5月28日，商务园参加2016电商大会（商务园提供）

北京宋庄文化创意产业集聚区

【概　况】 北京宋庄文化创意产业集聚区是北京市首批认定的十大文化创意产业集聚区之一。2016年，在区委区政府、镇党委政府的正确领导下，集聚区着力适应经济发展新常态，切实履行好征地拆迁、基础设施建设、招商引资、服务企业等职能职责，使各项工作稳步推进，呈现了经济持续发展、社会和谐稳定的良好局面，为更好地实施“十三五”规划奠定基础。年内，集聚区税收工作取得突破性进展，园区注册企业完成税收1.91亿元，比上年同期增加8304万元，同比增长80.19%。其中，国税6264万元，同比增长2.13%；地税12641万元，同比增长182.92%。年内，集聚区党支部正式升格为党总支，下设3个分支，面向集聚区管委会、集聚区公司和园区非公企业开展党内活动。

【土地开发】 A2、A3地块已具备入市交易条件，区政府向市规委致函，恳请协助办理A2、A3地块二级规划意见书。集聚区积极跟进办理事宜。B、C地块剩余滞留户拆迁工作正在全力推进中。二期开发选址为小堡村、丁各庄村，两村棚改方案初稿均完成并上报区住建委。

【拆迁工作】 一期土地A、B、C地块涉及六合村住宅748户，签约675户；年内签约1户住宅，腾退1户住宅。剩余73户未签约。非住宅拆迁总户数346户，签约339户，完成比率达98%。年内签约1户非住宅，腾退5户非住宅。

至2016年年底，六合村已安置675户2396人，预计还需要安置房267套（50套一居室、217套两居室），由于六合村安置房房源不足，集聚区正在申报二期安置房项目。年内，完成安置房“三定三限三结合”方案的编制工作及回迁安置房的设计工作，并通过区住保办、区国土分局的审核，取得区规划分局选址意见的复函。

为了配合园区自有道路和区属重点道路建设，集聚区启动多条道路搬迁，其中，园区自有道路规划三路搬迁33户；潞苑南大街搬迁31户。区属重点道路宋郎路搬迁140户，搬迁完成率100%，该道路建成通车；潞苑北大街搬迁248户，搬迁完成率98.8%，道路施工基本完成。

【基础设施建设】 年内，完成潞苑南大街（张采路至规划十四路）面层沥青铺设、规划三路（京榆旧路至规划八路）面层铺设；完成规划十六路（京榆旧路—潞苑南大街）段雨污水、中水管线施工；完成潞苑南大街两侧约4万平方米的环境整治工作；完成六合新村市政管线供气工作。集聚区修建道路完工达4.1公里，其中，规划三路规划八路至京榆旧路段通车，潞苑南大街张采路至宋郎路段通车，大兴庄北一街宋郎路至宋庄小学段通车，徐宋路、规划十七路及规划三路三条道路的京榆旧路至潞苑南大街路段均通车。集聚区路网逐渐成型。

【重点项目】 中国艺术品交易中心项目策划定位方案完成，项目概念性设计方案由清华大学建筑设计研究院负责制作，已基本完成。8月29日，经市发改委批准，该项目被纳入“绿通”项目，项目方北京鑫麒置业有限公司。11月，完成立项手续。

【中国艺术品产业博览会在宋庄开幕】 9月29日，2016年艺博会在宋庄开幕，艺博会的最大亮点就是扩容，形成1个主会场、5个分会场的格局。主会场位于宋庄文化创意产业集聚区，包括核心交易区和多个特色馆。其中核心交易区包括三个组成部分：主馆、北京城市副中心特展和淘宝街。主馆设为“大国工匠”展示区、原创艺术品展示区、艺术衍生品展示区、艺术金融特展区、“京津冀”特展区、威尼斯再现、活动及媒体展示拍卖区七个区域。

【调整产业结构】 年内，为加快产业升级和非首都功能疏解，集聚区转移清退一批落后产能企业，剩余大量企业厂房、仓储用房。接洽了3家企业对小堡村旧厂房进行转型改造、升级再利用。其中，中国宋庄体育奥林匹克博物文化创意产业园项目，选址虹湾玻璃厂旧址，尝试与国家体育总局、国外俱乐部合作，融入美国街球、奥林匹克冠军等文化概念，建立成为先进的体育体验活动中心。项目方与小堡村签约，正在进行改造建设。宋庄影视产业创新创业服务中心、北京牛庄国家文化产业示范基地等项目仍在进一步接触洽谈中。

【服务和管理】 集聚区不断创新社会管理模式，鼓励民间组织参与到园区艺术活动中，为园区的艺术从业者提供全方位服务。年内，管委会配合镇党委对展馆联合会、艺术促进会进行改组工作，发挥民间社团为艺术家服务的优势传统，搭建好艺术家与政府、艺术家与社会各界沟通的平台。同时不断创新商业服务模式，通过发展艺术品的线上线下交易，推广宋庄艺术品交易网站、开展平价拍卖、尝试微信公众号平台建设等，为园区企业提供更加丰富完善的商业服务。

（谢龑彦）

北京永乐经济开发区

【概　况】 2016年，北京永乐经济开发区各重点项目和重点工程顺利推进，地区社会发展环境和谐稳定。但受外部大环境和产业疏解等不利因素影响，园区各项经济指标下降明显：园区全年完成总产值4.76亿元，工业增加值1.19亿元，分别同比下降35.82%和37.13%；实现销售收入4.79亿元，利润3765万元，分别同比下降38.08%和39.96%；完成税收3.52亿元，其中，国税1.30亿元，地税2.22亿元，分别同比增长13.83%、180.5%和-11.3%，形成区级财政收入1.02亿元，同比下降20.92%。年末从业人员864人（其中，本地户籍人员90人），同比减少318人。园区全年完成固定资产投资约2.1亿元。

【重点项目】 北京永乐佳地科技有限公司项目建设全面启动。项目占地86.55亩，建筑面积约5.75万平方米，主要建设内容为工业厂房及附属设施，预计总投资3亿元。项目于2016年7月1日开工建设，计划2017年完工。联东U谷三期第二组团项目，占地面积约5公顷，总投资金额1.9亿元，位于北京永乐经济开发区C27—C28地块，截至2016年年底，项目正在办理开工证，预计2017年年底开工建设。

【基础设施建设】 年内，园区再生水厂附属主干道路污水管线，涉及恒业五街、恒业七街与永开东路管线等，其中，恒业七街主管线铺设完成，其他管线待相关手续完善后即开工建设。

【档案数字化工作】 年内，园区档案数字化工作全面完成。本次档案数字主要是对2014年及以前的文书档案进行扫描、整理，将纸质档案转换为数字化电子档案，全面实现档案信息化。

【招商引资】 2016年，园区在配合区政府及区园区管委会、投促局等各部门投资促进工作的同时，主要就比亚迪新能源汽车研发展示销售中心项目进行多方面沟通与协调，推进相应地块的土地一级开发工作。2016年，联东U谷永乐产业园先后引进园中园项目9家，园中园企业总数达到51家，园区企业总数达到77家。盘活项目永乐花园房地产开发项目完成开工前的各项准备工作，并完成销售中心、样板间等的建设。

【产业清查与产业转移】 9月13日，园区召开产业普查工作部署会。9月20日，完成园区内生产经营性工业企业入户登记，全面摸清园区工业企业发展规模及布局，掌握了园区产业基础数据。为配合城市副中心建设和“京津冀”协同发展要求，加快园区产业转型升级，园区进一步加快产业转移对接，先后与河北省南皮县、博望县、阜城县及天津曹妃甸等相关地区进行座谈、考察等，为区内企业转移升级做好前期工作。

【空气重污染应急预警】 年内，贯彻落实市、区、镇空气重污染预警机制，制订《北京永乐经济开发区空气重污染应急预案》，并及时按预案要求启动应急措施，严查各相关企业应急措施落实情况。12月，三次全市空气重污染预警期间，园区各相关部门及时出动、深入企业、认真检查落实，切实保证各项应急措施的贯彻落实。

【工会活动】 11月23日，根据通州区总工会2016年度推进建会建家工作的总体安排，园区工会与永乐店镇总工会联合在园区内的联东U谷永乐产业园进行宣传推广活动。

【园区党建】 12月28日，根据中央和市、区各级党委关于促进园区非公企业党建工作的精神，为实现园区非公企业党组织和党的工作“双覆盖”，经永乐店镇组织部审批同意，园区先后成立非公企业党委和2个联合流动党支部，并对无党员的企业派驻党建指导员10名。

（张君红）

北京市通州区台湖高端总部基地

【概　况】 台湖高端总部基地位于通州区台湖镇，东北至京津二通道；西至通惠排干渠；西南至规划垡渠路；东南至六环路，南至凉水河，研究范围17.21平方公里，规划总建筑面积1815万平方米。南临北京亦庄经济技术开发区，西接中关村科技园光机电一体化产业基地。项目西距天安门20公里、CBD16公里，北距首都机场30公里，南距首都第二机场22公里，乘京津城际铁路到天津滨海新区20分钟。研究范围17.21平方公里，规划总建筑面积约1815万平方米，承载人口约20万人，是通州建设北京城市副中心“台—马组团”重要组成部分，是中心城区功能疏解的重点承载区。2016年，台湖高端总部基地在区委、区政府的正确领导下，在总部基地开发建设领导小组的精心统筹和相关成员单位的大力支持下，一级开发进展顺利，规划设计成果丰硕，基础设施愈加完善，大力引进总部型项目，各项工作平稳有序。

2016年，总部基地完成税收约3.87亿元，同比增长22.87%。其中，完成地税约36257万元，同比增长15.45%；完成国税2482万元，同比增1917.89%，形成区级财力15302万元。

【一级开发与规划设计】 经过多年不懈努力，总部基地土地一级开发进入最后攻坚阶段，并进一步推动规划升级。住总集团进驻总部基地，成立全资子公司住总置地，9月，与市、区土储完成主体变更协议的签订。住总集团推进项目主体变更手续，项目授权正在办理当中。土地上市协调推进，有7块地完成土地上市，2016年，集中力度为Ⅳ-1街区10号地、景山学校和Ⅳ-7街区公园西侧产业用地出让做准备。10号地拟采取定向出让方式，已完成规划方面相关工作，项目现场完成文物勘探和发掘，待与意向受让方签订框架协议；景山学校拟采用划拨方式出让，已取得地块控规批复并完成和东城方面的对接，项目现场完成清平和文物勘探及发掘工作；Ⅳ-7街区公园西侧产业用地拟入市交易，地块控规申报至市规委，正在审批中，同时进行场地清平和文物勘探工作。项目实施成本完成2016版最新审计报告，通过区国土分局成本会，后续待申报市规土委。规划设计情况，其中，景山学校和Ⅳ-1街区10号地地块控规完成编制并获得批复。Ⅳ-7街区公园西侧用地地块控规完成编制上报至市规土委过会审批，等待最终批复。核心区次渠站一体化区域及高铁站前区18、19号地地块控规拟提前委托编制。拟调整规划水源为通州南水北调水厂，与通州水厂签订供水协议，完成供水选线方案，在区规划分局申报过会；新增定向安置房工程全面完工并于9—10月间完成房屋选房和小业主、物业入住。

总部基地二期定向安置房项目选房现场
（台湖高端总部基地提供）

【基础设施建设】 2016年，基地着力推进各项基础设施建设，为入驻企业及住户打造优质的配套设施。城市道路建设启动7条城市主干路、12条城市次干路、14条城市支路的道路手续办理工作。站前街全线竣工。通马路一标段完成工程量的70%，正在进行次渠桥桥梁施工，南侧主路完成路面底油的铺设工作。二标段主路完工通车，绿化工程完工，正进行人行步道铺设，预计2017年全线竣工通车。太平西二路完工。亦庄东石东三路雨水、给水、再生水、电力、电信管线工程施工完成。太平西一路、太平西三路、亦庄北小营中路、达昌路完工通车。站前街南一街、站前街南二街完成全部前期手续，等待开工。其他支路同步开展手续办理工作并推进市政站点建设。北神树110千伏变电站取得立项及选址规划意见书，完成土规调整，取得用地预审及用地规划许可证，正在协调市国土局办理土地划拨手续，现已进场施工。环渤海220千伏变电站初步确定坐标，市电力公司正在办理选址规划意见书。再生水厂（一期）由区水务局、发改委牵头打捆申报，污水管网完成立项审批，水厂BOT招标工作完成。取得选址方案批复，管线正在施工，确定2万吨/日的具体位置。再生水厂围挡安装完成，临建板房安装60%，脱水间、加药间、机修间垫层浇筑完成。弱电管网工程委托大岳咨询公司编制完成合作实施方案并完成招商工作，相关资料转交至星湖公司，与曙光公司进行成立合作项目公司谈判。新增安置房地块红线内和大市政燃气管线施工完成，通过北京市燃气集团验收，正式通气。

【整治环境】 年内，为完善总部基地环境治理，提升环境质量，总部基地整治环境秩序，对周边边角地、脏乱差等区域调查汇总并制定方案，另外与台湖镇环境卫生服务中心签订保洁服务合同，制定考核管理办法。打造景观绿化，养护好北部城市湿地公园完工区域，着力开展公园运营维护新模式的研究探索工作，提升总部基地公园运营状态。台湖高端总部基地站前区域景观工程开工建设，该项目分为3个标段，东街的土方、种植基本完成，另外2个标段西街和东部湿地公园正在进行土方作业。

次渠南站环境治理后周边道路

（台湖高端总部基地提供）

【打造基地智慧城市】 年内，为有效推动区域内智慧城市建设，全面启动智慧城市建设相关工作，一是开展总部基地智慧城市顶层设计。制定《北京环渤海高端总部基地智慧城市顶层设计》《北京环渤海高端总部基地智慧城市重点项目实施方案（2016-2020》及《北京环渤海高端总部基地智慧城市行动计划（2016-2020）》《基础设施智能化专项》《企业服务智能化专项》《民生服务智能化专项》，明确总体目标和重点项目，将总部基地规划、建设、管理及产业发展纳入统一可实施方案。二是推动重点领域智慧应用建设。2016年，优先启动地理资源可视化信息管理系统、云计算数据中心、智慧城建及智能交通等方面建设。地理资源可视化管理信息系统搭建完毕，并对管委会及星湖公司部分职能科室员工培训，完成验收。云计算数据中心完成招标，项目施工方进场施工。智慧城建，其中在施项目监管系统正在与相关单位对接，听取相关专业设计单位的前期汇报。智能交通项目与北京千方科技股份有限公司完成战略合作框架协议签订，正在编制总部基地智慧交通顶层设计方案。三是搭建支撑保障体系。7月，召开并成立智慧城市专家咨询委员会，为智慧城市建设提供战略咨询、决策支持、政策建议和知识服务体系。后期，随着智慧城市建设的不断推进，将逐渐探索设立智慧城市建设基金、智慧城市PPP投资运营模式等相关内容。

7月15日，总部基地领导及科委领导给智慧城市专家们颁发聘书

（台湖高端总部基地提供）

【宣传推介】 为更好展示总部基地品牌形象，根据确定的设计效果图，将对标识、导视、灯杆旗、门牌进行全面更新，园区内部导视系统建设完成。创建总部基地内刊并按期发布。总部基地内刊是双月刊，2月正式发行第一期，已发行3期。每期印刷1000册，分别发送台湖镇政府、光机电管委会等6家相关委办局、4家产业联盟以及相关投资公司和合作企业。完成新网站及微信公众平台制作，正式上线运行，全年官方网站共发布信息57条，微信公众号自8月15日运行以来发布信息15期。

（张 琦）

北京通州文化旅游区

【概 况】 北京通州文化旅游区成立于2011年，功能定位为集合主题游乐、影视、音乐、演出、体验等各种娱乐功能，建设成中国元素与现代时尚文化相融合的高端文化旅游目的地，成为提升首都文化旅游品质的功能区和集聚文化功能、完善消费功能的重要空间载体。按照市委、市政府建设文化旅游区的安排部署，以及区委、区政府对开发工作的具体要求，在有关部门的支持配合下，文化旅游区充分发挥协调职能、强化责任意识和制度力量，全力推进园区开发建设。

【一级开发工作】 4月，全面完成北京环球主题公园后续2.8平方公里地块的一级开发工作，8月，土地正式移交给首寰公司，完成环球项目后续地块土地上市工作。此外，完成园区范围内的乙烯、氮气、氧气等三条长输管道拆除工作，为环球主题公园南水北调通州水厂、7号线东延停车场等项目建设创造了有利条件。

【投资促进】 管委会与首寰公司紧密联系，了解项目方实际需求，主动发挥协调职能，解决企业的实际问题。尤其在涉税服务方面，环球主题公园作为中美合作的重大项目，从项目建设到开园运营，涉及到大量税收税政方面的难题。4月，管委会联合区国、地税成立文化旅游区国地税联合工作办公室，形成“进一家门，办三家事”的一站式服务模式，给企业政策咨询开辟了“绿色通道”。

【基础设施前期工作】 年内，围绕入驻重大项目需求，文化旅游区全面梳理园区及周边市政基础设施建设工作，编制完成《北京环球主题公园度假区市政配套设施项目汇总表》，涉及72项工程。截至年底，各项工作有序推进。完成110千伏大高力变电站选址工作；园区内9条高压线入地迁改形成初步方案；由北京建工承建的北京通州文化旅游区内首项市政基础设施建设工程——曹园南大街、颐瑞东路地下综合管廊项目正式开工，标志着北京环球主题公园及其外围区域总面积达12平方公里的通州文化旅游区市政基础设施建设全面启动；道路网规划方案、地铁七号线二期（东延）工程规划方案取得批复；道路设计方案上报市规划国土委审批；八通线南延工程规划方案全部完成。

综合管廊建设　　　　（文化旅游区提供）

【深化调整园区规划方案】 随着环球主题公园项目的引入，文化旅游区原规划方案无法全面适应建设需求，管委会协调相关部门大量研究、反复论证，7月，完成《北京环球主题公园及旅游度假区控制性详细规划（深化方案）》（7.5平方公里）和《北京市通州文化旅游区（九棵树中路以西地区）街区深化方案》（4.5平方公里）的备案审查。同时，启动市政专项规划和道路交通专项规划等编制工作。截至年底，《雨污水排除规划》《再生水专项规划》《供水专项规划》《供热专项规划》《电信专项规划》《萧太后河分洪渠工程规划》《道路网规划》等正式取得批复；《竖向规划》编制完成；《交通专项规划》编制完成；绿色城市、森林城市、海绵城市、智慧城市的规划研究工作同步开展。

【制定工程现场管理工作方案】 年内，在区住建委的指导下，制定《北京通州文化旅游区建设管理办法（试行）》，从项目报审、施工管理、安全管理、场地管理、出入管理等方面规范建设单位的行为。下一步，设立建设现场管理办公室，由管委会牵头，区住建委、市政市容委等区属19家单位作为成员单位，安排专职人员负责日常管理和执法检查，共同做好园区建设现场管理工作。同时，进一步完善制度，完善现场管理的工作细则和制度，并着手现场办公项目部临建、出入口设置、监控实施、安保布置等工作。力争通过对建设现场的科学管理，建立安全、文明、绿色的施工秩序，保障如期完成园区建设工作，打造全国建设现场管理的典范。

【推进环球主题公园全产业链研究工作】 年内，启动《北京环球主题公园全产业链规划方案研究》编制工作，综合通州区发展规划、当前现状、主题公园关联产业布局的国际经验，以及环球上下游产业的空间布局，对环球项目产业链布局实现“四定”，定性、定量、定空间、定实施策略。会同区发改委、旅游委、文化委等区属相关单位和北京大学、北咨公司、戴德梁行、中国人民大学、北京工业大学、首寰公司产业研究专业团队等，多次组织召开研讨会议；正式委托人大产业研究团队和对通州区产业研究有丰富经验的北工大，加快推进了全产业链规划方案研究编制工作。

（张海旭）

北京市通州区国际种业科技园区

【概　况】 2011年4月，国务院发布《关于加快推进现代农作物种业发展的意见》，明确提出种业是国家战略性、基础性的核心产业。借助国家政策的“东风”，2011年7月13日，科技部、北京市正式挂牌建设国家现代农业科技城北京市通州区国际种业科技园区。园区初期规划占地1.5万亩，随着不断发展，现规划占地5万亩，实际完成建设面积约3万亩。结合国家种业发展的战略部署，园区的发展定位是实现以科研为基础、以企业孵化为支撑、以展示为窗口、以交易为核心、以公共服务为保障的五大功能，打造可持续发展的现代农作物种业产业链，最终建设成为国家种子“硅谷”。2013年8月，市编办正式批准园区成立正处级管委会（属区政府派出机构），批准设置15名行政编制（实际4名），6名事业编制，设主任1名，副主任3名（实际任职2名）。截至2016年年底，园区工作人员22人，其中，在编人员6人，聘用人员12人。设立部门4个，包括办公室、投资促进科、规划建设科、综合保障科。

2014年，农业部正式批复与北京市共同创建通州区“四化同步”改革试验区，确定种业园区为试验区核心区。

【引进农业部规划】 农业部“三院”（中国农业科学院、中国水产科学研究院、中国农业工程研究设计院）的总体定位与北京打造“种业之都”，通州建设国家农业科技园区等产业发展导向调试契合，将有效提高该区域科研资源优势，提升通州国际种业科技园区的科技服务能力，同时与地区农业科技发展相辅相成，吸引高端产业集聚，加快推进区域产业重组，使于家务乡成为城市副中心建设的重要农业科技板块，进而推动北京打造种业科技之都和通州国家农业科技园区的建设步伐。

园区委托北工大规划院编制“三院”入驻园区的控制性详细规划调整方案，该方案于2016年11月9日通过市规划国土委专家技术审查，并按照会议意见组织设计单位进行修改，正在办理规土委最终批复。

为配合“三院”入驻，满足建设通州院区科研与中试的需求，园区完成1500亩地的土地腾退工作。

园区完善土地周边的大市政配套设施，为“三院”入驻提供良好的基础保障，与市科委、农委、人社局等政府职能部门对接，在“三院”人才落地、科研项目落地等方面提供政策保障。

【重点项目建设情况】 种质资源库。园区建设完成种质资源储藏库4栋，库体总面积6000平方米，新建种业通道10640平方米，新品种露地展示区1万平方米。该项目旨在为种质资源提供贮藏服务，对种质资源进行保存，促进种质共享交流。高标准种质资源库的建设作为通州国际种业科技园区育种基地的重要标志，也是园区建设种子硅谷的重要条件。

物联网控制中心。种业园区物联网控制中心是国际种业科技园区“育—繁—推”体系的一个GIS指挥中心，该项目已经发展成为一个先进的引领“互联网+”农业、具有代表性的新型物联网农业产业的代表。这套系统主要用在新品种繁育与推广方面，随着这套系统的使用也在不断地总结这方面经验不断进行改进，在新品种，品牌推广方面主要在线上进行，种子繁育放在外埠基地，实现线上发布，线下体验的新型农业运转模式。

研发中心项目建设。总用地75.6亩（合5.0433

公顷），总建设规模为82040平方米，其中，地上57990平方米、地下24106平方米。该项目于2016年底动工，正在进行基础工程建设，预计于2018年年底投入使用。该项目建成后可为园区承载作物种质资源共享交流平台、农作物高通量育种研发服务平台、作物新品种权交易中心等更多的科研项目，进一步打造国际领先的种业科研综合服务平台，提高园区的种业科技创新能力。

高通量分子育种平台。高通量分子育种平台是以北京通州国际种业科技园区为依托的社会化农业公共服务平台，主要为育种企业、科研单位提供公益化的分子检测服务。平台能够提供农作物杂交种纯度DNA分子检测、品种真实性鉴定、分子标记辅助育种、性状定向改良、高密度SNP芯片检测、二代/三代测序、种质资源分析、玉米DH服务、转基因检测等分子检测服务项目。截至年底，为北京市农林科学院蔬菜中心、天津农业科学院生物技术中心、西安秦杰农业科技有限公司、北京屯玉种业有限责任公司、天津朝研种苗科技有限公司等30余家企事业单位提供分子标记辅助育种选择、杂交种纯度、品种真实性鉴定等检测服务，受到较好的社会反响。

【打造“京津冀”农业合作示范区】 与周边地区建立合作伙伴关系，为进一步的产业融合打下良好的基础。2016年，与大厂现代农业科技示范园区、东阿县人民政府签订合作框架协议，设立区域间合作交流机制、共享农业科技成果与产业信息，为周边地区提供优质作物品种，为周边地区提供品种改良、作物健康检测、良种试验推广提供相关的技术服务与支持。

“通武廊”地区人才交流。为进一步拓宽人才思路视野提升素质能力，帮助人才加深对“京津冀”协同发展的工作，园区优选科技专业技术人员进行人才挂职与交流，为区域协同发展提供有力的人力支持。

作物科技成果辐射周边地区。园区优质企业如神舟绿鹏农业科技有限公司研发的航粉2号、航椒S605 S609金橙；千华盛科技推出的黑果腺肋花楸又称野樱莓、红心苹果等最新产品；联创种业在2015年通过国家审定的优质玉米品种联创808号；花儿朵朵的名优花卉种子、种苗等优质作物产品通过园区向“京津冀”周边以及华北地区销售与种植，形成科技产业覆盖与推广。

【乡域经济发展】 2016年，引进园区企业纳税总计为2139万元。园区有序推进土地流转工作，多渠道促进农民增收，依托北京市首家乡镇土地流转管理服务中心，本着依法合规、农民受益的原则开展土地流转，园区入驻企业60余家完成土地集中流转4.2万亩，通过土地流转，拓宽农户增收途径。截至年底，全乡人均拥有农业土地约2.29亩，按照1500元/亩·年计算，人均土地流转收入约为3500元。

针对农村闲置劳动力问题，园区为土地流转人员组织专业技术培训，提升农民职业技能，使其转移就业至二、三产业，获得工资性收入。截至年底，园区解决农民劳动力就业3000余人，农户人均纯收入为2.3万元左右，提高农民年收入7500多万元。

（侯　烨）

部分重点工业企业

电信科学技术仪表研究所

【概　况】 电信科学技术仪表研究所始建于1958年，位于北京市通州区北苑155号，历史上先后使用过邮电部北京仪表研究所、信息产业部电信科学技术仪表研究所等名称，2000年10月正式使用现名（简称仪表所）。是专门从事各种通信测试设备研发与生产的高新技术企业，现隶属于国务院国有资产监督管理委员会，其直接领导单位是电信科学技术研究院（又称大唐电信科技产业集团）。仪表所现拥有职工360人左右，年收入达1亿元，利润总额过千万。2012年成为北京市高新技术企业，主要业务由原来的通信测试仪表研发、生产、销售，变为现在的主要从事SMT制造、研发与服务业务。

【SMT产业板块】 SMT业务是仪表所的主要产业，从1992年开始就致力于SMT贴装工艺研究、SMT制造及相关服务。2016年，拥有五条高端进口生产线，20多名行业专家技术人才以及拥有质量、环境、职业健康等五资质，是集团特通产品生产基地。是北京电子学会团体会员、北京电子学会SMT委员会产学研基地。

仪表所SMT产业在高可靠性焊接方面具有较高的自主控制能力，在行业当中保持着较高的工艺技术领先优势，成为环渤海地区具有重要地位和深远影响力的SMT综合性制造服务标杆。SMT业务在面向集团主体产业做好配套服务的基础上，将原有业务延伸至产业的前后端，针对铁路、医疗、广电、通讯等多个领域开展PCB装联、器件代采、整机装配、板卡调测、技术开发、可制造性设计、可靠性工艺研究等多项技术服务，为北京市及周边地区300多家高科技企业产品的成果转化及产业化提供强有力的中试支撑。

【北京大唐高新技术创业园】 北京大唐高新技术创业园是2002年4月26日经通州区政府和大唐电信科技产业集团共同批准创办的，十多年来有近千家企业入驻园区，成为北京市通州区范围内独具特色的办公园区，吸引200多家创新型公司入园兴业，累计上缴税收上亿元，为改善地区经济结构和社会发展做出重要贡献，先后孕育出国金黄金股份有限公司、北京荣会艺品国际文化传播有限公司、北京东方风光新能源技术有限公司、北大青鸟通州区分部等一大批国内知名企业。2013年与工商行政部门合作，设立工作点为园区内各企业办理工商注册、年检等手续提供便利；2016年，成功申请通州科委众创空间项目，拟通过有效整合资源，完善服务模式，培育创新文化，探索新的商业模式，协助申请中心企业服务平台项目，争取更多的政府支持；每年通过修缮、扩大经营范围、做好客户满意度调查等工作，提升服务水平，为入驻客户提供更优质、个性化服务。

（艾思文）

北京岱摩斯变速器有限公司

【概　况】 北京岱摩斯变速器有限公司成立于2003年3月21日，是由韩国现代岱摩斯株式会社、韩国现代汽车株式会社、韩国起亚汽车株式会社、现代汽车（中国）投资有限公司共同投资设立的外商独资企业。公司投资总额约3亿美元，注册资金约1亿美元，现有员工近600人，是通州区最大的外商投资企业，也是通州区外资企业纳税大户。

公司位于北京市通州区中关村科技园通州园·光机电一体化产业基地嘉创路2号，厂房面积总和86000平方米，年生产能力98万台变速器。其中，手动变速器工厂3个，年生产能力73万台变速器；DCT双离合变速器工厂1个，年生产能力25万台变速器。

公司主要生产手动档、双离合汽车变速器和汽车零部件，拥有自己的实验场地及变速器实验室，现主要为北京现代、东风悦达起亚汽车提供配套服务，服务的主要车型有北京现代的索纳塔九代、名图、途胜、悦动、瑞纳、朗动、ix35及起亚汽车的赛拉图、智跑、K2、K3、K4、K5以及KX3等车辆。

（张　丽）

【安全生产和安全保卫工作】 公司设立有专门的安全生产管理机构，配备专职的安全、消防和环保管理人员，有完善的安全生产责任制，并与班组长签订安全生产目标责任书，将安全责任制落到实处；公司安全管理人员坚持每日进行安全巡查，对检查出的安全隐患列出整改意见和建议，制定计划落实整改，并按期进行复查，彻底消除隐患。

为了加强对外来人员的安全管理，公司严格执行门禁制度，实现区域封闭管理，对进出厂的人员及车辆进行严格检查。对外来施工人员实行作业审批制度，通过资质审查，签订安全协议，对其进行安全培训教育，进行施工备案登记，张贴施工告示，并配备充足的消防器材或做好前期预防、不定期进行安全检查等一系列措施，确保施工期间不发生安全、火灾、环境污染等事故。

2016年3月，公司依托消防中控室，建立微型消防站，并以特职人员为主要救援力量，建立义务消防队一支，同时公司为这支队伍配备专业的消防救援器材，并每年聘请梨园消防支队官兵进行专业培训，为公司消防安全提供有力保障。

2016年4月，北京市通州区政府开始推行“一企一标准，一岗一清单”隐患排查治理标准编制与推行工作，经过4个多月的努力，按期完成编制并通过考核；同年12月，公司完成生产安全标准化复评工作。

为了保证公司配套企业供货的稳定，对配套企业其中6家企业进行消防安全、电气等抽查，覆盖工作厂区、动力室、仓库、职工宿舍及食堂等，确保任何环节不发生意外。

（梁少峰）

【节能减排工作】 2016年，公司采取一系列节能项目及措施：全工厂更换LED照明灯，年节电419000千瓦时；动力室高效电机更换，年节电552000千瓦时；全工厂排风机定时控制，年节电264000千瓦时；中央空调集中控制，年节电23000千瓦时；一工厂热处理生产间隙停用冷却水泵，年节电162000千瓦时；采取合同能源管理模式，建太阳能发电站，年发电190000千瓦时，减少碳排放约150吨；改造电容柜提高功率因数节俭电费，年节电204000千瓦时；二工厂热处理冷却泵加装变频装置控制，年节电25000千瓦时。2016年，万元产值能耗0.031吨标煤/万元，相比2015年0.032吨标煤/万元下降3.2%。2016年，累计节俭电能310万千瓦时，节约电费250万元，减少碳排放1860吨。完成节能目标。

（张　拓）

北京市通州烟草公司

【概　况】 北京市通州区烟草专卖局、北京市通州烟草公司分别成立于1992年8月和1998年1月，实行统一领导、垂直管理、专卖专营的管理体制，主要负责通州区内的烟草市场管理和卷烟经营。在职职工87人，资产总额40642.2万元，辖区内现有卷烟零售户3229个。

北京市通州区烟草专卖局（公司）成立以来，始终按照北京市烟草专卖局（公司）党组和区委、区政府的工作部署和要求，牢固树立国家利益至上、消费者利益至上的行业共同价值观，在区局（公司）党组的正确领导下，在全体干部职工的共同努力下，依法行政水平、卷烟市场有效供给水平、服务水平、经济运行质量和整体管理水平明显提高，政治文明、精神文明、物质文明建设不断巩固和发展，为构建和谐通州发挥了积极作用。

【经济运行态势总体平稳】 2016年，受宏观经济下行、控烟履约环境变化、人口疏解力度加大、消费需求不旺等多重因素影响，通州辖区卷烟市场面临前所未有的严峻形势。在困难面前，公司坚决贯彻落实市局（公司）党组工作要求，从思想和行动上做到不动摇、不放松、不气馁，牵住卷烟销量这个“牛鼻子”，全力消化不利因素，尽最大努力完成既定销量目标，经济运行态势总体平稳。全年销售卷烟66054箱，同比降低10.49%；单箱销售额27370元，同比减少651元；重点骨干品牌59994箱，同比降低11%，销售比重90.8%；低焦油卷烟11463箱，同比降低0.2%；细支卷烟2622箱，同比增长168%；一至三类卷烟53869箱，同比降低8.1%；税利40636.49万元，同比下降8.07%。

【稳定市场】 年内，坚持打网络、断源头、端窝点、抓主犯的重点打击策略，始终保持打网办案高压态势。全年查办违法案件431起，查获违法卷烟615.62万支，平均市场净化率93.38%，同比提高6.19个百分点，有效维护卷烟市场秩序。

【安全管理】 年内，切实推进安全标准化建设，从完善制度、规范流程、管理监督、严格考核等方面进一步强化安全管理，有效防止各类责任事故发生，全年无机动车辆违章问题发生，实现“1002”安全管理目标。被北京市总工会评为安康杯优秀班组称号。

（李　婧）

北京中丽制机工程技术有限公司

【概　况】 北京中丽制机工程技术有限公司成立于2005年，是中国纺织科学研究院法人独资企业，其前身为北京化纤机械厂。现有注册资本1.9亿元，资产规模11.19亿元，员工745人，子公司3家。公司拥有国家发改委颁发的甲级工程咨询资质，属国家高新技术企业，是科技部认定的国家合成纤维工程技术研发中心。经过多年改革发展，公司成为国际化纤机械制造和工程技术服务行业的龙头企业之一，是中国化纤装备行业的主要研发和生产基地。

公司引进各类世界先进数控机床和加工中心等自动化、柔性化加工设备，具备年产4000纺位纺丝机、4000台高速卷绕头的生产能力，主要产品涵盖涤纶、丙纶、锦纶民用长丝、工业用丝、短纤维生产设备和各类差别化产品，以及其他棉纺、化纤成套设备用电气控制柜和多种规格喷丝板等。

公司被中国纺织工程学会评为改革开放三十年推动中国纺织产业升级重大技术进步企业，曾获中央企业先进集体、首都文明单位、工人先锋号等荣誉称号。

2016年，公司实现营业收入3.3亿元，科技投入3381万元，全年实现工业总产值3.3亿元。

【研发创新工作】 年内，公司申请知识产权32项，其中，实用新型专利18项，发明专利8项，软件著作权6项；授权知识产权38项，其中，实用新型专利26项，发明专利6项，软件著作权6项。

“化纤长丝纺丝、卷绕及全自动落筒包装成套装备产业化”项目作为北京市科技计划项目于9月通过北京市科委验收。“国产节能型柔性化工业丝成套装备技术开发与产业化应用”项目获通州区科学技术奖一等奖；“高品质差别化再生聚酯纤维关键技术及装备研发”项目和“锦纶一步法分纤母丝产业化成套设备及工艺技术”项目分获中国纺织工业联合会科技进步一等奖和二等奖；“河南省龙都生物科技有限公司20000吨/年聚乳酸纤维生产项目”和“河北烨和祥新材料科技有限公司年产100000吨差别化功能性纤维项目”均获中国纺织行业优秀工程咨询成果二等奖；论文《双稳态共振技术在高速切削刀具早期故障诊断中的应用》和《基于PDM的CAPP在纺机制造业的应用》分获第十二届北京纺织工程学会优秀论文二等奖和表扬奖。获通州区科委专利授权资助23项，获北京市知识产权局专利资助23项。组织完成行标《涤纶长丝高速纺丝机（FZ/T96003-1992）》修订工作并于11月发布。获北京市总部基地资助。

【市场开拓】 年内，参加中国国际纺织机械展览会，展出i-BWA40IIG-1200工业丝卷绕头、i-BWA40II-1800新型卷绕头、新型POY牵伸主机和BZL64D-VS双丝假捻变形机。双丝假捻变形机在展会期间得到订购。在上海国际纺机展会上，公司召开“化纤新材料装备技术及产品开发合作项目”签约仪式新闻发布会，与四家国际知名企业现场签约，四个项目涉及智能制造、生物质纤维、多组份聚酯弹性体差别化纤维新材料、国际化等领域，签约项目代表了行业未来的发展趋势，进一步提升了中丽品牌的业内影响力。

（李奇芸）

【多元化发展】 2016年，公司保持强有力的技术创新、业务开拓力度，优势非纺业务表现突出。通过自主研发，空气净化器项目实现在节能环保领域的业务开拓，实现量产；LED灯项目优化经营管理模式，提高效率、提升产品附加值，与国外客户形成良好合作模式。外资客户方面，医疗产品项目深入合作、拓展范围，开辟为美国GE新加坡公司和美国总部零备件直接供货的渠道，提高供货效率；法国西得乐水机灌装项目注重工艺基数优化和质量控制，获得良好经营结果。

（张　瑜）

【质量管理】 年内，按照质量管理体系要求，重点对各生产工部进行专项检查，加大卷绕机装配精度的检验，重点关注卷绕机出厂前空车运转，保证产品质量。根据压力容器国家标准修改情况，对从业人员进行培训，对现行技术文件按新标准要求进行补充修改，确保压力容器制造与存档资料符合国家标准。公司年内获得绿色质量信用AAA类企业资质。

（李奇芸）

【人才建设】 人力资源结构稳步优化，年内，引进博士1名，硕士1名，本科生3名，调整技术队伍结构和研发团队管理方式，在新形势下有效促进内部研发动力。在基础工作管理上，按照有关要求和ERP人力资源管理模块规范执行，严肃人事纪律，监控部门绩效考核。

公司于年内获批设立博士后科研工作站北京中丽制机工程技术有限公司分站。年内获批挂牌首席技师工作室，这是继2013年12月公司首次获批通州区第一届首席技师工作室后，连续第二次获得该项荣誉资质。

（张　瑜）

【企业信息化建设】 年内公司ERP项目全面实施；电子商务平台功能模块基本建成，实现了公司建立面向供应商的电子商务平台，及动态采购业务监管体系等目标。

【节能减排】 年内，供电管理做到经济运行，受到供电公司减免电费奖励3.8万元。持续深入开展“五小”活动，保持内部基层创新活力，全年奖励项目39项。ERP系统理顺各业务流程，实现数据同步、流程规范，降本增效。

【安全生产工作】 年内，公司贯彻落实“一岗双责”，落实安全生产责任。贯彻落实《北京市生产安全事故隐患排查治理办法》，按照公司有关制度，参照“一企一标准，一岗一清单”，做好公司安全隐患排查治理工作，消除隐患，减少事故；年内，全面推进标准化二级达标复审工作，完成标准化达标周期复评。完成北京市安委会第二督导组安全检查和通用集团内部机械加工企业交叉检查。内部稳步推进培训教育和监督检查工作，为公司安全营运打好基础。

公司整体安全制度建设、意识提升和体系构建逐步健全和提高，安全生产工作扎实推进。

（李奇芸）

北京万生药业有限责任公司

【概　况】 北京万生药业有限责任公司是新和成控投集团有限公司的控股子公司，是一家集药品研发、生产及销售为一体的新型高新技术制药企业。公司成立于1999年2月，注册资本5000万元。

公司位于北京市通州工业开发区，占地40余亩，建有符合GMP要求的原料药、颗粒剂、片剂及胶囊剂生产基地及符合GLP标准的新药研发中心。

公司坚持以市场为导向，重点发展领域定位在降脂、降压、降糖等心脑血管药物，以及镇静催眠、抗过敏、治疗肝脏、肾脏及抗肿瘤药物。

公司秉承创造财富、成就员工、造福社会的企业宗旨和求实、求新、求质、求效的企业精神，以严格的GMP管理、先进的生产工艺、高质量的产品、良好的售后服务赢得广大客户和患者的好评，被评为“用北京药放心”首批企业、北京生物医药产业跨越发展工程（G20工程）行业领军企业。

【科研成果】 6月，子公司新产品尿动力监控仪、一次性使用压力传感器、一次性使用压力传感器（直肠压力）等三项产品获得北京市食品药品监督管理局颁发的医疗器械注册证及生产许可证。9月6日，公司“治疗慢性肾脏病的国产新药的研发与运用”项目荣获2016年度通州区科学技术三等奖。

【诚信建设】 6月28日，公司及所属子公司被北京医药行业协会评为北京市诚信创建企业。

（梁云松　刘　稳）

信息化工作

【概　况】 2016年，通州区信息化工作取得较大进展，信息化基础设施水平全面提升，电子政务应用日益深化，公共服务水平及信息惠民服务水平不断提高，城市管理日益精细化、智能化。

【智慧城市建设】 年内，信息化工作取得较大进展，城乡信息化基础设施水平全面提升，家庭接入互联网带宽能力达到20兆，4G基站区域覆盖率达到95%。城市管理日益精细化、智能化，电子政务应用日益深化，政府服务能力及公共服务水平较大提升，信息惠民服务水平不断提高。一是融合创新，智慧引领，高标准编制“十三五”通州新型智慧城市总体规划。二是不断整合政务服务，提升民生领域智慧化服务水平。建成多证联办系统，审批时限由15天缩短到4天，实现“一次申报，一口受理，一窗发证”的便捷登记流程，启动“三证合一”并联审批服务。推出大客户“打包”和“订制”服务、网上服务、现场服务等多元行政服务形式，使企业和民众办事更为便捷。居民健康卡覆盖率达99%，以居民电子健康档案为核心，初步构建社区首诊和远程会诊、双向转诊相结合的分级诊疗制度；大力推进“三通两平台”和通州区教育城域网建设，实现教育城域网“中小幼职成特”的全覆盖；文化信息共享工程形成通州区支中心——街道、乡镇基层服务点——行政村基层服务点的三级网络体系；建成绿色公共自行车服务中心运营网点455个，车桩位15100个，投入使用自行车2万辆。三是城市管理逐步实现精细化、智慧化。全区网格化服务管理体系建设，整合全区基础数据资源，建立快捷的问题发现和上报机制，网格平台结案率达到98.63%。搭建数字通州地理空间框架，建成地下管线和城市部件数字化档案系统，实现155平方公里地下管线一张图，为城市副中心安全运营提供支持。建设完成区实有人口管理系统、区科技创安图像信息管理系统、区危险化学品企业视频监控系统、区建设工程综合监管平台、区级应急指挥等系统。搭建通州区环保综合业务平台，密织一张空气远程监测网，这张“网”由1个全项站、18个单项监测站、450个$PM_{2.5}$监测站组成，覆盖全区每个村和社区，系统采用

“专线+3G”无线传输方式，可实时掌握$PM_{2.5}$浓度状况及变化趋势。

【政府网站普查和政务门户网站整改情况】 年内，全区26家网站参加普查工作，其中，区政府门户网站为重中之重。因此区政务门户网站在网站资源丰富度、网站功能全面性、网站服务便捷性等方面都做了很大的提升。依据政府网站普查指标，通过系统扫描和人工复核的方式，对区政务门户网站进行监测检查，发现断链、错链及时整改。加强网站运维，进行网站栏目调整、优化栏目及页面美术设计、网站栏目页面模板开发维护；网站内容维护，包括内容收集整理、内容加工处理、内容信息录入等；网站专题建设、网站系统维护、及网站安全维护。

【行政许可和行政处罚双公示工作】 年内，按照有关要求在区政务门户网站开发建设双公示专栏，设置与双公示有关的55个部门的账户密码并及时准确发送到各单位。各单位双公示信息发布的账号密码与各单位在区政务门户网站发布信息的账号密码一致，一次登录既可发布双公示信息，也可以发布本单位其他信息。分管信息化工作的副区长9月24日下午召开研究部署加快推进行政许可和行政处罚事项信息公示工作的紧急会议精神，各单位根据会议精神较好的完成了此项工作。

【区政府网站群运维管理及建设工作】 年内，利用统一的网站群管理平台，推进部门网站群的建设进度，构建以政府门户网站为中心主站、以部门网站为分站的网站群体系。进一步实现主网站和分站的内容信息整合、共享、转发；根据业务需求逐步完善门户网站应用功能；同时采用集中管理模式，把主网站及所有的分网站都在一套系统中进行管理，充分实现主网站和分站、以及分站之间的数据共享。在原关停并转10家分站的基础上，新增台湖高端总部基地、区纪委监察局、文化旅游区3家；同时新建或改版区教委、区科委、区卫生计生委、区外事办、区科协、区政协等6家网站。无论关停并转到区政务门户网站建设专栏的单位，还是新建设改版的分站，在技术上实现区政务门户网站与各分站栏目对应关系，通过信息推荐机制解决单一信息源问题。保障区政务网站群各分站正常运行。做好网站群日常运维工作，定期巡检，保障系统的稳定运行。通过系统扫描和人工复核的方式，对各子站进行监测检查，对于网站存在断链错链、空白栏目、信息更新不及时等及时提出整改建议。

【政务专网运维管理工作】 年内，有线政务专网和政务数据中心机房全年运行稳定，未发生重大网络与信息安全事件。日常故障解决情况：解决网络故障1294次，数据中心机房巡检253次，排除隐患12次。2016年，新增政务专网接入点20个，迁移政务专网节点16个，撤销政务专网节点1个。政务专网总节点数777个，终端用户8000余台。完成438个村级政务网接入交换机的更新工作，完成村级政务网汇聚层线路的升级改造工作。把11个乡镇的村级政务网从百兆SDH环网升级成千兆光纤直连。800兆无线政务网管理情况，全年新申请终端用户数0，撤销终端数55台。协助区应急指挥中心完成区会议中心区域800兆无线信号的增强工作。

【区政务协同办公系统运维情况】 年内，随着政府办、组织部等第一批试点单位的新增需求不断完善政务协同办公系统的优化和建设，完全实现全区各单位的业务协同大循环，试点单位业务协同小循环，实现应用系统互联互通、政务信息资源共享的政务协同办公平台。形成各部门、各单位技术标准统一、安全的协同办公环境，实现网上办公、协同工作。协同办公系的各个子系统运行良好。

【区通信保障和信息安全应急指挥部工作】 2016年，较好地完成了区通信保障和信息安全应急指挥部的相关工作，完成区通信保障和信息安全应急指挥部办公室的800兆手台的更新工作，更新手台2部，固定台1部。较好地完成了区应急视频会议系统的网络传输保障工作。完成G20峰会、中考、高考、成考、自考期间以及国庆、元旦等重要节假日的信息安全和应急通信保障工作。按照区应急办的工作要求，制订《通州区2016年通信保障和信息安全应急演练计划》，并向联通、移动、电信、歌华下发应急演练工作通知。完成《通州区应急通信保障预案》的成员单位领导信息、应急物资、应急队伍等信息的更新汇总工作。

【信息化规划编制相关工作】 按照规划工作安排，区经济和信息化委员会与国家信息中心对接，做好规划编制过程中的沟通协调工作，3月，与国家信息中心签订咨询服务合同。开展调研工作，向全区重点单位以及联通、移动、电信、歌华等通信运营商下发智慧城市建设调查问卷。根据调查问卷，整理出区级信息化发展现状和“十三五”时期信息化发展需求，完成规划的初稿和征求意见稿。在全区范围内下发征求意见稿，进行第一轮的征求意见。全区有50家单位反馈了意见，根据各单位的反馈意见，对征求意见稿进行修改。12月，根据市区两级主要领导的最新讲话精神，以及《北京市“十三五”时期信息化发展规划》，对规划做相应调整和细化。

（朱宝刚）

建筑·建材业

【施工许可办理】 2016年，办理新建项目施工许可审批37件，建筑面积139.76万平方米，同比下降49.94%。通州区行政区域内2016年新开工建筑面积累计295.82万平方米（含通州区在市住建委办理项目），同比下降27.97%。新办理市政道路工程15630.4米。

【施工登记意见书】 年内，按照市住建委《关于简化固定资产投资重点项目审批流程有关事宜的请示》的文件精神，对中央国家机关、驻京部队项目、老旧小区改造、棚户区改造项目、保障性住房建设项目、列入市重点工程的项目推行施工登记意见书制度。根据《国务院关于北京市开展公共服务类建设项目投资审批改革试点的批复》和《北京市公共服务类建设项目投资审批改革试点实施方案》文件精神，北京城市副中心道路、停车设施、垃圾和污水处理设施及教育、医疗、养老等公共服务类建设项目，推行施工登记意见书制度，由北京城市副中心建设领导小组办公室牵头制定纳入试点范围的公共服务类建设项目年度建设计划，年内，城市副中心重大项目列入350项。

【分开办理施工许可证】 年内，首次对建设项目地下部分、地上部分分开办理施工许可，范围是通州新城运河核心区的项目、地下部分已取得规划许可证的项目、招标方式为邀请招标的项目，可办理地下部分的施工许可证。专门召开核心区的16家建设单位参加的工作推进会，详细介绍办理招投标和办理施工许可的流程，方便企业。

【执行“一会三函”工作流程】 年内，严格落实《北京市公共服务类投资项目审批改革试点实施方案》，执行“一会三函”的工作流程，该项改革使工程项目开工条件由原来的13项减少为4项。对列入“一会”项目比较集中的单位，进行施工登记意见书办理的讲解，先后到供电局、交通局等单位，使这些单位能及时掌握政策，加紧相关手续的办理，促进项目尽快开工落地。

（刘占兰）

【招投标工作】 年内，监管建设工程施工、监理等招投标项目170项，项目投资金额178.05亿元。监管工程类资格预审评审、评标及开标过程400余次。监管棚户区改造拆迁、测绘、评估资格预审评审、评标及开标过程96次。

（刘　伟）

【购买服务】　年内，通过与市城建科技促进会协作，针对危险性较大的分部分项工程，购买专家技术服务，确保重大隐患“零失控”。针对大型起重机械设备，购买专门机构服务，实现重大机械伤害“零事故”。聘请专家进行业务培训，提高监管人员业务能力。检查危大项目200多项次，起重设备抽检塔吊、外用电梯、物料提升机、附着式脚手架、外用吊篮等各类设备839台次。开展业务培训37次，免费培训安全管理人员7100余人次。

【实施工程“红黑榜”】　年内，出台《施工现场管理红黑榜公布管理暂行办法》，不仅对在安全生产管理严重失职的单位进行“黑榜”公示。同时，对于遵章守制的企业在“红榜”进行公示，并优先入选北京市绿色安全样板工地和通州区文明示范工地。将建设国家大剧院舞美基地的北京城建集团有限公司列入“红榜”进行表扬，将上海伦明建设工程有限公司和河北第四建设工程有限公司列入“黑榜”公示。

【扬尘治理】　4月，在商务中心区的富力运河10号工地召开现场会。在原有如洒水降尘、土方苫盖、道路硬化、洒水车等8项基本措施之外，推广使用4G高清视频监控系统、高效洗轮机、塔吊喷淋系统、地面式喷水除尘降尘系统、工业吸尘器、吸尘式扫地车、拖车式除尘喷雾机、道路硬化预制盖板等设施设备，并进行成本核算，用事实从根本上扭转多数人心目中的“施工现场就是尘土飞扬”的固有印象。

【劳务管理】　年内，在统筹城乡发展，保障民工合法权益的新形式下，按照市住建委“谁用工、谁管理、谁负责”的劳务管理总体方针，严格规范各项用工管理制度，要求各参建单位做好源头管控、资金匹配、工期排布、材料款和劳务费分离，杜绝各类劳务纠纷事件的发生，同时发布《关于加强通州区建设工程劳务用工标准化管理的通知》，将通州区建设工程劳务用工管理标准清晰明确的告知参建单位，改善民工的工作生活环境，使其在副中心建设中更有责任感和归属感。

【在施工程】　2016年，在施工程约220项，占全市总量的6%，同比上升12.25%，开复工面积约2100万平方米，占全市开复工面积的13%，同比上升32.1%。其中，房建工程181项、市政基础设施27项，电力工程2项，协助监管污水处理厂11座。此外，监管危险性较大的分部分项工程（简称危大工程）44项，包括深基坑工程25处、附着式脚手架、塔式起重机、外用升降机、物料提升机、外用吊篮、悬挑式钢平台等1801台。

（傅　刚）

【竣工验收】　年内，办理竣工备案工程100项，面积361万平方米，备案工程合格率达100%。

（李云胜）

【执法处罚】　年内，执法检查4136项次，责令整改721起（其中停工整改85起）。简易处罚96起，行政处罚2起，罚金9.35万元。约谈企业173次，涉及从甲方到专业分包和劳务分包等参建各方，扣分处理524分，上报市住建委停标处理企业3家。行政处罚75起（撤销立案41起），罚款449.09万元，其中，行政处罚违法开工12起，罚款270.54万元；无资质经营1起，罚款10万元；违法销售2起，罚款17.41万元；未按图纸施工6起，处罚26.25万元；使用禁限材料2起，处罚40万元；肢解发包2起，罚款82.5万元；现场安全隐患11起，罚款2.6万元。

（张　跃）

【建筑节能】　年内，全区新建民用建筑节能验收备案完成226个单体，建筑面积255.42万平方米。其中，公共建筑53个，建筑面积76.72万平方米；居住建筑173个，建筑面积178.71万平方米。随着2013年通过绿色建筑施工图审查的项目陆续进入验收阶段，通州区绿色建筑节能验收备案开始逐步提高。全年绿色建筑节能验收备案项目9个，单体31个，建筑面积471278.77平方米。其中，绿色一星建筑占75%，绿色二星建筑占25%。

（李　扬）

商贸·旅游·运输·房地产开发

9月9日，丽新照相馆重张开业——门店外景　　（商资公司提供）

商 业

【概　况】 2016年，通州区商务委员会从北京城市副中心建设出发，攻坚克难，围绕调结构保增长，加紧通州区商务行业调整升级，推动商务发展体系建设，在稳增长、促发展、惠民工程、市场疏解、安全稳定、粮食储备、创城创卫、机关建设上取得好的成绩。

【社会消费品零售额实现388亿】 2016年，通州区社会消费品零售额实现388.1亿元，同比增长9.2%，逐月连续保持全市领先，高于全市增速2.7个百分点，占全市社会消费品零售额的比重为3.5%。

【科学谋划商业布局规划】 按照北京城市副中心功能定位和业态需求，围绕核心区、环球影城重点区域，充分借助外脑，汇集多方智慧，科学编制《通州区“十三五”时期商务产业发展规划》。与市商务委对接，完成《通州区商业体系研究》和《通州区物流体系研究》两大体系研究。

【市场调整疏解】 2016年，关停清退有形商品交易市场9家，疏解商户942户，疏解人口2600余人，疏解建筑面积13.18万平方米，腾退土地0.3万平方米；升级改造有形商品交易市场9家，涉及商户2286个，涉及从业人员5352余人；完成清理市场“僵尸”执照16家。

【商业网点建设】 年内，全区蔬菜零售网点182个，营业面积超过10万平方米，社区覆盖率接近80%，其中，规范化菜市场14个，营业面积3.2万平方米，连锁菜店30个，营业面积4680平方米，连锁超市搭载蔬菜营业面积3690平方米。规范化、连锁化蔬菜营业面积占全区蔬菜经营面积达到40%。2016年，新增商业网点74个，其中蔬菜零售网点35个，超额完成市、区政府便民网点建设折子工程。

【早餐工程建设】 从2016年开始，计划利用2年左右的时间，逐步提高社区早餐供应网点覆盖率，初步建成以标准化主食加工配送中心为依托，标准化固定门店式早餐供应网点为主、便利店搭载为辅，企事业单位、学校食堂供应等多种形式并存，布局合理、经营规范、品种丰富、质量安全、价格合理，可持续发展的早餐服务体系。2016年，通过项目征集形式确定16家主体企业，入围实体店新改建项目的主体企业11家，累计上报新建或改建网点36个。入围便利店搭载早餐企业3家，累计上报新建或改建网点23个。11月底完成380辆早餐车清退工作。

【典当和拍卖行业监管】 全区24家典当行和4家典当分支机构，净资产（所有者权益）5.28亿元，主营业务收入3619.56万元，提供就业岗位193个。有工商注册拍卖企业15家。其中，2016年新注册拍卖企业2家，完成申请变更事项7家。

【储备粮监管】 年内，启动储稻谷轮换工作，5245吨储备稻谷的轮换方案通过区储备粮领导小组审议并开始实施。加强粮食流通监督检查工作，全年累计检查104次，出动302人次。

【重建粮食应急体系】 年内，按照“平时自营、急时应急”的原则，初步设立51个应急投放网点，2个配送中心、2个应急加工企业和46部应急车辆。基本形成覆盖全区的应急供应网络。

【成品油零售企业经营监管】 完成经营资格年度检查。依法受理审核成品油零售经营批准证书变更事项16项。2016年，落实《通州区2016年清洁空气行动计划》关于实施车用燃油消耗总量季度评估制度的要求，建立成品油销量季报制度。全区实现成品油零售额26.3亿元，同比增长11.7%。

【加强商务领域安全工作】 年内，坚持在全市率先组织全区全行业安全生产大会。建章立制，齐抓共管，建立健全“党政同责、一岗双责”安全生产责任体系，进一步细化安全生产职责分工，形成浓厚的抓安全、讲安全的氛围。坚持安全生产例会制度，每季度召开一次全委安全生产工作会议，专题研究城市副中心商务领域安全生产存在的问题，探索和破解安全生产工作中存在的顽疾。2016年，召开安全生产专题会4次，召开全区商务行业安全生产大会2次，召开行业安全会议9次。

【市场秩序】 年内，以抓宣传和培训为手段，以抓预案和演练为抓手，抓创新搭建与企业沟通交流平台，与企业层层签订安全生产责任书，切实督促企业落实主体责任，确保商务行业安全稳定。2016年，全年出动行政执法738人次，检查规模以上商业零售及餐饮企业995家次，查处安全隐患问题1049项；检查食盐经营单位1036家次，查扣私盐10708公斤，罚款14650元；检查酒类经营户840家次，办理酒类登记备案工作442家；检查美容美发企业31家次；办理简易程序案件143起；办理一般程序案件35起，罚款金额50450元；组织配合相关部门开展联合执法12次；组织大型安全生产宣传活动5场，发放宣传材料5.4万余份；组织安全生产公开课集中观摩活动2场；组织企业培训11场；召开行业安全会议9次，下发红头文件18份。

【“双打”工作】 年内，围绕事关民生安全和创新发展的突出问题，大力开展专项整治，严厉打击侵权假冒违法行为。2016年，检查商场15家次，检查在销专利商品200余件；专利集中执法检查40余人次，检查商场30家次，检查专利商品300余件，立案查处假冒专利行为38件；加大商标侵权和假冒伪劣产品查处力度，查办不合格商品案件118件，结案100件，涉及罚没款259.47万元；查处“四品一械”（药品、餐饮食品、保健食品、化妆品、医疗器械）涉及假冒伪劣案件5件，结案4件，办结案件全部按要求进行信息公开，截至年底，“双打”罚没款20.16万元，其中，移送公安机关处理案件2件，涉案金额3万余元，由公安机关刑事拘留3人；打击伪劣农资、维护农民权益，全年检查兽药、饲料、生鲜乳、动物医院、屠宰场等违法行为79起，其中，一般程序案件22起，简易程序案件57起，罚没款10.82万元；畅通举报投诉渠道，加强维权援助。充分发挥12330及网上举报投诉和维权援助平台的作用，构建“1+X”模式一家分中心（通州分中心）。

【法制工作】 2016年，行政执法案卷核审在市、区的案卷评查考核中均名列前茅。开展行政职权梳理，完成商务委权力清单226项，其中，行政许可1项、行政处罚188项、行政奖励1项、行政检查11项、行政其他25项。对部分行政许可进行调整，将2014年以来的4项行政许可调整了3项。落实行政执法队伍学习制度。制定执法队伍教育培训方案，加强培训和管理，定期开展教学活动，有效提高执法队伍的整体素质。

【大气污染治理】 年内，按照区政府关于大气污染治理统一部署，研究制订《通州区重点控制区有形商品市场空气质量提升整治工作方案》《区商务委开展商务行业燃煤茶浴炉清洁能源改造工作方案》，对商务行业规模以上商业零售及餐饮经营单位、各类市场、粮库的燃煤茶浴炉及大灶16处进行取缔，对市场内使用高污染燃料、露天烧烤进行清理。

【市场诚信建设】 年内，以创建全国文明城区为抓手，充分发挥通州商务的职责作用，将创建文明城区工作与北京城市副中心建设融为一体，同部署、同落实、共促进，牵头市场环境组“百城万店无假货”和文明餐桌活动，推进窗口单位规范化服务，开展诚信经营示范店、示范街的申报评选，制定挂牌和失信摘牌管理，以点带面，16个示范店引领，营造公平诚信的市场环境。完成创城验收工作。

【建议提案办理工作】 2016年，商务委承担市政府折子工程2项、办实事1项；区政府折子工程5项、办实事1项；清洁空气工程2项；北京市非紧急救助服务中心商务举报投诉44件；人大代表建议2件、政协提案4件。“四大工程”任务均按年初确定的计划稳步推进，商务举报投诉均得到解决，建议提案全部办结，满意率100%。

（畅绍丽）

【北京市通州商业资产运营公司概况】 2016年，通州商业资产运营公司以“十三五”规划为统领，以适应新常态、当政新观念、建设新局面为导向，以年度重点项目和重点工作为入手点，以“两学一做”学习教育为主线，突破商业经营模式竞争重重压力，全年党建和经济工作按计划完成。年内，实现经营收入1.43亿元，上缴税金824万元，实现利润总额402万元。企业总资产14.2亿元，增长1.6%，资产保值增值率101%，资产负债率42%。全公司有二级管理单位12个，在职职工1125人，离退休员工3469人。公司党委设立17个党支部（含党总支），有党员463人。

企业总体发展思路是：围绕北京城市副中心建设的总体思路，探索公司经营管理和发展建设方向。全年自营收入7389万元，预算达成率105%。其中，基层单位小楼饭店作为通州区非遗文化代表之一，为打造区内餐饮业具有深厚历史文化底蕴的区域名牌企业，设立3个小楼饭店外卖店，摸索以“小楼饭店”为品牌的延伸产品开发经验；邀请北京20位烹饪大师、老字号协会、烹饪协会参加小楼饭店的通州非遗传承大师收徒仪式；新增菜品50余种，新开发15种口味的主食产品，恢复传统产品制作工艺，开展线上、线下网络促销活动；在少数民族专项资金扶持项目中坚持“阳光工程”，专款专用，封闭运行，成为区内唯一一个项目操作最规范企业，被评为北京市清真规范化餐厅。年内，还被认定为北京市“百强门店”、北京市清真十大品牌等。基层单位丽新照相馆重新整合现有可利用资源，借助外力，激发内力，合作共赢，共同发展。年内，对潞河门店进行全面改造升级，老字号协会参与现场挂牌仪式。重张后的丽新经营项目涉及领域更加宽泛，在经营品项上增加相机及零配件等数码产品销售，设立售后维修服务网点。充分利用门店“北京老字号”的品牌价值，建立“丽新网站”平台，并开通微信公众号，通过网络来宣传企业，实现线上线下相结合的业务格局。基层单位烟酒公司利用国有品牌优势，设立“通糖”烟酒销售点及品质生活超市。截至年底，建成品质生活超市12家，精品烟酒连锁店4家，品农果蔬连锁超市43家，形成品质超市、品农果蔬双轮驱动，精品烟酒销售、品牌代理为补充，租赁业务为基础的多元化发展模式。探索养老助老新方式，建立玉桥南里无忧之家养老照料中心。携手翁旗、京粮集团开启国企合作新模式，与翁牛特旗县形成农超对接、惠民利民，与京粮集团携手打造通州零售终端市场。

授予丽新照相馆“北京老字号”牌匾

（商资公司提供）

年内，推进公司重点项目：按通州区政府蔬菜建设领导小组的工作部署，完成43家品农果蔬店开张营业；按上级要求，完成鑫隆市场的升级改造工作；筹建的高端国际双语幼儿园建成完工；运河商务中心项目经公司研究决定成立通佰国际商务中心并得到区国资委批准，计划将商务中心打造成新型商业业态和综合性国际进口商品精品城；品艺园项目一部分与北京恒通昱景文化有限公司合作，对园区进行联合商业开发，正在施工阶段，另一部分做商业开发项目；配合区文化办、区建委对运河居小区4.6万平方米，464户住宅进行整体提升改造；“商通网”商务平台正式推出，基本建成单品后台管理系统。

2016年，经区10个政府部门共同认定，公司被授予北京市构建和谐劳动关系先进单位，此次表彰纳入北京市企业诚信系统。经区人力资源和社会保障局推荐，确立商资公司为全市劳动争议预防调节示范单位。

（高　岩）

【通州区煤炭公司概况】 2016年，在城市副中心建设和“京津冀”协同发展的大格局下，通州区煤炭公司着力向新兴产业科技板块发展，逐步由传统的煤炭企业向信息技术研发、检测技术服务、节能技术推广、影视制作、平面设计等多元发展的综合型企业转变。公司下属基层单位7个，即北京万方缘物业管理中心、通县节能技术推广站、北京蓝迪盛世建筑装饰材料科技中心、北京温馨假日快捷酒店、通州区煤炭公司驻山西办事处、北京通煤网讯科技有限公司、北京通煤创艺文化传媒有限公司。合作单位2个，即北京通煤盛昌燃料有限公司、北京通煤科信检测技术服务有限公司。

2016年，区煤炭公司以服务、发展地方经济为切入点，融入北京城市副中心建设，坚持煤炭业务做强、资产经营做优、新增项目做实的发展思路，应对市场变化，推进转型发展，强化内部管理，提升员工综合素质，实现持续平稳发展，逐步进入转型发展轨道。年内，煤炭销量31.43万吨，实现营业总收入2.42亿元，上缴税金223万元，为通州区国民经济发展做出贡献。

区煤炭公司是通州区唯一的国有煤炭流通企业，承担煤炭应急储备以及农村地区“减煤换煤”的任务，在激烈的市场竞争中仍保持较大市场份额，进、销量在北京市煤炭系统中处于首位。年内，扎实推进“减煤换煤”工作。在产品质量和售后服务方面进行优化和提升，改进配方工艺、建立完善服务体系、研究制订应急预案，保障通州区“减煤换煤”工作的完成。2016年，配送量19.5万吨，充分发挥了国企的责任意识和担当精神。

年内，开拓外埠市场，完成年度销售目标。由于北京市加速推进“清气计划”的实施，公司原有区内煤炭销售业务于2月全部停止。为完成年度销售任务，业务人员努力开拓外埠电煤市场。一是多次前往山西、内蒙古、河北等煤炭产地考察煤矿及储煤场，取样化验，了解运输情况，进行协商洽谈，以了解上游市场的最新行情。二是通过各种渠道与下游电厂用户建立联系，与电厂用户进行见面沟通、洽谈合作、签订合同。三是在维护好原有客户的基础上，与滨州电厂、乌达电厂、邢台电厂、沙河电厂、任丘电厂以及塘沽港等新客户达成长期合作意向。2016年，完成电煤销售11.34万吨，销售收入2722.79万元，销售利润67.85万元。

年内，结合区域发展形势，着力推进多元化发展。北京通煤网讯科技有限公司取得中国电子信息联合会核发的《计算机信息系统集成及服务四级资质》，与北京工业大学合作开展《城镇煤改电工程精细化管理关键技术与系统研制》，项目1.0版本正在试运行，签订校企合作协议成立智慧环境云服务研发中心，与福建星网锐捷网络有限公司（国内第三大数据通信解决方案和设备生产厂商）签订区域代理协议。2016年，与社区服务事业部、互联网产品事业部、系统集成事业部签约项目12个，销售收入193.1万元。北京通煤创艺文化传媒有限公司完成通州区创城办公益广告大赛、通州区东方小学趣味运动会记录片制作、通州区交通局创城车贴、通州区玉桥街道净水园社区展览室、首都房地产开发公司尚樾展览等项目设计以及配套施工工作。2016年，销售收入127.5万元。成立北京通煤科信检测技术服务有限公司，经营范围涵盖公共卫生、环境、水、空气、生物安全柜、辐射和煤质检测业务，为北京城市副中心建设提供可靠的保障性服务，协助处理各项应急及突发公共性事件，正在进行资质认证，组建检测中心专家团队，为通州区在检测方面的技术创新发展提供技术保障。

（任雪莲）

【北京市通州区供销合作总社概况】 2016年，通州区供销合作总社因时因势强化发展定位，深入实施创新发展战略，加快社有经济转型升级，主要经济指标：营业收入总额全年实现898万元，同比增长16.8%；投资收益总额全年实现1722万元，同比增长11.7%；利润总额全年实现701万元，同比增长16.8%；净资产收益率实现8%，同比增加1.1%；国有资产保值增值率完成109 %，同比增加2%。

2016年，发挥农村经营独特优势，推进建设农村综合服务中心项目，发展城镇商贸中心和经营服务综合体。项目建设情况：一是郎府两处项目。其中，原郎府供销合作社大院项目，力争2017年达到开工条件；原郎府供销合作社煤厂项目，地块紧临京哈高速郎府出入口，建成后可取得商业面积9000平方米，现国有土地证办理完毕，规划前期手续正在办理。二是宋庄文化产业园区项目。占地32.6亩，自主投资8000万元，建设2万平方米的建筑，具备开工条件。三是张家湾经济适用房项目正在推进当中。四是渠头项目，预计新增2000平方米的商业面积。

2016年，转变资产经营思路，变管理资产为经营资产，变低效资产为高效资产，变看摊守本为创新发展，经济效益得到较大提升。

2016年，多渠道资本运作实现价值增值。一是合理投资理财项目。二是依托市社平台，加大资本融资建设。三是探索新兴领域发展。入股5000万元，完成北京世欣通达小额贷款有限公司创建工作。四是引入文化创意品牌。与北京文创集团筹划成立合作公司，引入"北京礼物"品牌，吸引国际国内高端设计团队入驻，围绕环球影城打造外延产品。

2016年，通州区社对人才的战略是，着眼未来发展方向，有预见性补充血肉，成立合作开发部和发展部，人力资源部替换离退休人员管理办公室。优化领导班子建设，构建支撑企业发展人才梯队。其中，6月22日组织召开党委换届选举大会；7月5日，组织召开第八届社员代表大会，选举产生新一届理、监事会。严格制度定岗定责，按工作需要，综合考评的原则和德才兼备标准，对机关职能部门人员重新调整。

2016年，通州区社定位安全建设，全面抓好安全生产与维稳工作。注重安全宣教，提高安全意识；注重安全培训，提高防护技能；注重安全排查和隐患整改，做到隐患整改率100%。

（博丽杰）

部分重点商业企业

中国烟草总公司北京市公司物流中心

【概　况】 北京烟草物流中心成立于2004年7月，隶属于北京市烟草专卖局（公司），负责全市4万个卷烟零售户、年销售400亿支卷烟的仓储、分拣和配送工作。中心位于首都北京五环、六环之间的通州区梨园镇大稿村，占地面积7.5万平方米，总建筑面积3.1万平方米，总投资1.98亿元。截至2016年年底，物流中心有员工602人。其中，原正式员工41人，原聘用员工511人，原人事代理制员工3人，烟草职工35人，劳务派遣员工12人。物流中心下设"一室八部"，办公室（企管办）、人力资源部、监察部（政工办公室）、财务部、安全保卫部、后勤保障部、工程技术部、仓储分拣部、配送运营部。

2016年，累计入库卷烟81.09万箱；出库卷烟80.61万箱；分拣、配送卷烟2.03亿条，145.56万户次；累计收取现金5.54亿元、支票7.83亿元；配送车辆安全行驶284万公里。其中，仓储环节：合理调配工业到货车辆卸货数量和节奏，缩短入库等待时间，灵活调整库容，库存周转次数达25.37次，继续保持行业标杆；坚持协同开展托盘联运，全年，累计入库18.01万箱，同比增长28.64%；全面落实卷烟包装箱循环再利用工作，同城回收6.68万箱，跨省回收1.27万箱。分拣环节：仓储分拣部全年累计开展7次分拣系统日常改造，在异型烟分拣量增加62%、品规数增加14%、整件率降低八个百分点。配送环节：持续推进线路优化，完善PDA使用功能，调整装车模式，增加单车装载率，提升直配区送货效率。

2016年，物流中心坚持“六个百分百、一个零”的内管工作目标，物流中心打码到条率达到99.993%；物流中心外埠卷烟到货车辆电子锁开锁率和到货确认率达到100%。截至年底，到货确认单据数量7556张，到货开锁单据数量4730张。到货成功开锁率平均值为99.9%，到货确认率平均值为100%；年内，物流中心完成工商托盘联运工作。实现工业配送直上商业分拣线、快速响应卷烟市场预期目标。

2016年，制订出台2016年度零售户满意度调查方案。2016年的调查方案改变了以往由送货员随机抽取片区零售户，发放纸质调查问卷的形式，2016年以实地走访调查的形式为主，由配送运营部每个月安排一名管理者进行走访调查，走访者根据零售户回答问题的结果，填写纸质调查问卷，更加真实的了解零售户的意见或建议；直配区按照全部零售户2%比例进行随机抽取实地走访，走访周期为每月进行一次，每户不重复走访。接力区调查由负责接力配送的调度员进行走访，走访周期为每个区县局一年一次；调查内容涵盖送货员服务态度、卷烟及时送达情况、货品质量、客户咨询电话、规范经营、卷烟打码到条等8项内容；指定专人进行调查问卷的汇总、分类与统计，发现影响顾客满意度的关键因素，制定提高满意度策略。提升“400热线”服务水平，努力提高客户满意度。“400热线”使用一年来，处理客户来电2276起，平均每个月接听电话190起，其中，咨询配送业务2243起，咨询换支票及提取暂存烟来电33起。客户咨询多集中在1月节前供应期间，5月卷烟调价前，以及国庆节前夕。

【多项成果获奖】 3月26至4月1日，中国质量协会在海南省海口市举办第十四届“海洋王”杯全国QC小组成果发表赛，物流中心蓝海QC小组发布的课题《提高PDA电子确认准确率》夺得大赛优胜奖，并被推荐为全国优秀质量管理小组。

5月，物流中心委派“银狐QC”小组参加由北京质量协会举办的“北京市第六十八次质量管理小组成果发表会”。“银狐QC”小组的《自定义查询工具的研发》和《减少周转箱一维条码补签时间》分别获得成果发布三等奖与优秀奖。

5月24日到5月30日，中国质量协会在辽宁省大连市主办第十五届“海洋王”杯全国QC小组成果发表赛，物流中心仓储分拣部“开拓”QC小组的《减少YP21型号开封箱机故障次数》获得大赛一等奖。

7月13日至15日，国家烟草专卖局举办烟草行业（商业）第二十七届优秀质量管理小组成果发布会。物流中心“银狐QC小组”代表北京烟草发布的《卷烟配送周转箱自动识别系统的研发》课题荣获二等奖。

9月，市局（公司）举行北京烟草第五届QC成果发表赛，物流中心3项成果分获一、二等奖。分别为：工程技术部银狐QC小组的创新型课题《周转箱自动识别系统的研发》，获得一等奖；配送运营部蓝天QC小组的管理型课题《提高单车次卷烟配送数量》、配送运营部蓝海QC小组的攻关型课题《提高零售户预留坐标准确率》均获得二等奖。

9月27日，中国物流与采购联合会第六次会员代表大会在北京召开，在评选推荐的基础上，物流中心获2011—2016年优秀会员称号。

11月23日至25日，配送运营部《提高直配区卷烟配送效率》项目荣获2016年度第三届精益项目成果发表赛北京烟草十佳精益项目。

12月15日至16日，由中国质量协会举办的第四届全国精益项目发表赛在北京召开。物流中心配送运营部《提高直配区卷烟配送效率》项目获得发表赛一等奖。

（李涵嵋）

通州区粮油贸易公司

【概　况】 截至2016年12月底，公司有职工254人，比上年同期272人减少18人；有女职工51人。公司党委下设基层党支部8个，有党员146名，其中，在岗党员113名，离退休党员32名，离岗休养1名。公司包括三家法人单位：北京市通州粮食收储库、北京市通州区油脂公司、北京市通州区粮油贸易公司供应站。通州粮食收储库下设5个粮库：直属粮库、徐辛庄粮库、漷县粮库、大杜社粮库、永乐店粮库。2016年，公司全年实现总收入5.68亿元，较上年度下降18.97%；完成利润584.48万元，较上年度提高14.21%。上缴税金651.99万元。

【仓储管理】 一是深化精细化管理，落实《仓储包仓管理责任制实施细则》和《包仓制管理奖罚办法》，优化仓储作业流程，节约管理成本，不断降低吨粮保管费用。二是提升储粮管理水平，公司深入开展规范化管理工作，提高规范化库标准，认真开展检查评比工作，争创“四无粮仓”，获得市粮食局颁发的“一符四无”证书。三是有效降低储粮损耗，科学合理使用通风技术，尽量采用自然通风与机械通风相结合方法，减少粮食水分减量，有效降低粮食损耗。四是做好粮食安全度夏、预防粮食结露、防汛等工作。五是开展科学保粮工作，利用机械通风、害虫陷阱、准低温储粮等先进的科保技术，根据不同品种、不同仓型，采取有效措施和相应的科保方法，提高科学保粮水平，确保储粮安全。

【贸易经营】 2016年，京粮运河维系长期合作客户的供应，收集市场信息，做好玉米全国市场的供需平衡表，抓住每个市场机会，将公司利益最大化。京粮运河选择辽宁营口鲅鱼圈港、锦州港作为粮源集港基地，根据南方客户的需要，选择优质玉米采取港口平仓、装船南运等多种经营形式开展港口业务工作，并与山东莘县众联、辽宁良友合作，从山东省济宁港、上海郊桥码头分别发往南昌港，节省海运环节。将华北邯郸、山东济宁、安徽北部的玉米发至长江流域，将京粮运河业务的版图拓展至华北区域。京粮运河委派专人把控各个环节，及时跟踪客户提货情况，汇总数据和合同执行情况，做好双方结算协议，开具发票跟踪货款回笼。

【附营单位完成年度工作任务】 2016年，军供站完成军粮供应工作，以及本辖区内驻军的军粮供应工作。同时保质保量完成区储备粮的保管工作，得到部队官兵以及上级领导的一致好评。油脂公司深化作风建设，竭诚为836名离退休人员提供热情、快捷、周到的服务，帮助解决生活中的实际困难，维护离退休队伍的稳定。在春节、中秋购买慰问品为老干部送去节日的问候。

【安全生产】 年内，公司始终坚持安全第一、预防为主、综合治理的工作方针，牢固树立安全责任意识，深化安全隐患专项整治，实现公司全年零事故的任务目标。一是加强安全教育培训。年内，两次邀请防火中心专家，对机关全体人员、基层单位安全负责人和安全员，进行消防安全培训，进一步提高职工的安全意识和自救能力。二是进一步完善应急预案。三是深入开展安全隐患排查。对基层单位特别是外租库点进行细致全面地排查，检查出安全隐患20处，并逐一进行整改，消除了隐患确保了安全。

【工程项目】 北京市通州粮食收储库漷县粮库改扩建工程。漷县项目施工2、3号仓房墙体结构年底全部完成；1、4号仓分别因桩基验收不合格补桩和供电改造不顺畅，造成工期滞后。该项目按照相关规定进行桩基基础工程的二次市场公开招投标。鉴于漷县粮库办公用房压缩的实际情况，为满足该库改扩建项目完工后的实际需要，提出对漷县粮库现有剩下的两排旧办公用房，实施翻修改造的意向。经过多次研讨修改，方案最终确定为改造后的办公用房为1000平方米，总费用约为350万元，该项目获得集团审批同意，采取委托招标的形式正在进行清单编制工作。

宋庄粮库新建400千伏安（kVA）箱变及附属设施项目。报请集团审批同意后，经过第三方咨询公司招标确定施工单位，按时完成宋庄粮库新建400千伏安（kVA）箱变及附属设施项目，确保了安全用电，消除原变压器容量低用电不安全的隐患，该项目总投资84万元。

（杨新星）

北京贵友大厦有限公司通州店

【概　况】　北京贵友大厦有限公司通州店（以下简称贵友通州店）在通州区区政府及梨园镇镇政府的关心和支持下，于2008年7月13日开业，是一家集购物、餐饮、休闲为一体的中外合资商业零售企业，位于通州区梨园镇云景里东路1号，面积约3.5万平方米。

贵友通州店始终秉承贵友“商德至贵•天下为友”的文化理念和“体验时尚，享受生活”的经营理念；坚持“以德为魂、以人为本”的企业理念，创立并实施独具特色的“购物零风险”管理体系，在商品质量、服务质量、环境质量三个保证体系和售前、售中、售后三个管理环节上，进行现代化企业管理与现代企业文化的有益尝试。为顾客提供体贴入微的人性化服务；将“诚信”作为企业生存与发展的根本；坚持主题化、特色化经营战略，突出时尚特色。

贵友通州店主要经营黄金珠宝、时尚百货、男女服装、皮鞋皮具、儿童玩具、家居用品等，荟萃国内外众多名牌商品。公司以白领女性和周边社区居民为主要消费客群，坚持以国际现代化商厦为标准，用“品位、品质、品牌”构建的时尚理念不断打造具有现代经营意识和文化内涵的“都市时尚百货店”的崭新形象，用独具特色的商品和服务组合体现社会主流的生活方式，引导消费观念，引领消费者“体验时尚、享受生活”。以“时尚、精品”的品牌形象在通州区享有较高的知名度与美誉度，不断地赢得了越来越多顾客的青睐。

2016年，实现营业收入22961万元；上缴地税税费784万元。创造了良好的经济效益和社会效益。被北京市通州区地方税务局认定为2016年度纳税信用A级企业。

被北京市商业联合会、北京市旅游行业协会评为2016年度北京市优质服务商店；被通州区文明办评为诚信经营“红榜”企业。

【升级改造】　8月，贵友大厦通州店“巴黎贝甜”开业，店铺采用健康安全的食物原材料，吸引到追求健康的消费人群，丰富了通州区梨园地区的早午餐的选择。引进的唯美度美容机构为社区周边爱美女士提供了便捷服务。商场重点针对儿童客户群进行商户改造，引进巴拉巴拉、安踏kids、暇步士kids、乐高玩具城等儿童大众品牌，吸引了更多有需要的顾客群体，为定位社区百货商店打下了基础。

（张　贺）

对外贸易

【对外贸易经营者备案情况】　2016年，全年对外贸易经营者备案登记及变更的企业632家，给19家加工贸易企业验厂并出具加工生产能力证明。

【外商投资企业情况】　2016年，新批企业21家，其中，外商独资企业17家，合资企业4家；增减资企业33家，投资总额合计109376.01万美元，注册资金合计51588.52万美元，合同利用外资38194.09万美元。

【实际利用外资3.6亿美元】 2016年，通州区新批企业21家，其中，外商独资企业17家，合资企业4家，增减资企业33家，实际利用外资合计3.6亿美元，同比增长18.11%。

【进出口总额161.49亿元】 2016年，通州区进出口总额实现161.49亿元，同比增长25.2%；其中，出口额59.78亿元，同比增长5.5%，进口额101.71亿元，同比增长40.7%。

【外资投资企业审批改备案】 10月1日起，全面落实《外商投资企业设立及变更备案管理暂行办法》，将不涉及国家规定实施准入特别管理措施的外商投资企业的设立及变更事项，由审批改为备案管理。这一举措大幅精简了外资准入流程，方便了外商投资，是改革开放以来中国外商投资管理体制的一次重大变革，有利于进一步降低外资市场准入门槛，减少外资准入行政审批成本。从10月实施开始，商务委利用外商投资综合管理信息系统为本区外商投资企业办理3家设立及35变更的备案业务。

【帮助80余家小微企业办理保险】 2016年，通州区商务委深入落实国家和北京市外经贸稳增长系列举措，主动加强服务，邀请中信保公司现场办公，为辖区内80余家小微企业提供咨询和办理短期出口信用保险投保和续保手续。

（畅绍丽）

旅　游

【概　况】 2016年，通州区旅游委在区委、区政府的正确领导和市旅游委的科学指导下，全面贯彻落实中共十八大和十八届三中、四中、五中、六中全会精神，深入学习贯彻习近平总书记系列重要讲话精神，抓住“京津冀”协同发展和北京城市副中心建设给通州旅游产业发展带来的历史性战略机遇，以高度自觉、勇挑重担的政治担当和不忘初心、奋发作为的使命追求，在全委干部职工的不懈努力下，政治意识、责任意识明显提高，旅游规划蓝图进一步清晰、项目建设又快又好、市场秩序环境得到进一步夯实，旅游产业经济稳中向好。

2016年，全区有A级景区4家，星级饭店6家，旅行社法人社36家、分社11家、门市88家，规模酒店及社会旅馆300余家，市级旅游业态单位33家，区级旅游业态单位24家，市级民俗户2家、区级民俗村7个。

【骑游驿站建成】 年内，由通州区旅游委牵头的通州骑游驿站配套设施建设完成。该项目是落实2013年副市长程红在第190期《今日舆情要闻》中就“单车骑出‘运河文化地图’”的批示，在市旅游产业发展引导资金的支持下实施的。项目位于北运河左堤、潮白河右堤、运潮减河南岸，全长约60公里，环绕潞城和西集两个乡镇。依托沿线上的重要文化、休闲节点设立12个驿站，建设了游客步道、生态停车场、安全护栏、观景平台、照明工程、生态卫生间、电瓶车、垃圾桶、休息座椅、标识标牌、游客服务中心、休憩长廊、观光自行车等内容。项目的建成对北京骑游活动的开展、增加游客对运河的认知起到极大推动作用。

【防灾减灾日宣传】 5月12日，全国第八个防灾减灾日，为普及防灾应急知识，增强防范和应对灾害的能力，按照区政府的统一安排，上午9点，区旅游委在新华大街繁华地段开展以“减少灾害风险，建设安全城市”为主题的宣传咨询活动。接待群众咨询21个，发放通州市民防灾应急手册、文明旅游安全出行图册、旅游安全便民手册、食品安全宣传手册、旅游安全宣传手提袋等系列宣传品3600余份，充分营造防灾减灾和应急管理工作的良好氛围，提高了通州区广大群众的防灾减灾意识，取得预期效果。

【举办中国旅游日宣传推介活动】 5月18日上午，由通州区旅游委和通州区旅游行业协会主办的“5·19”中国旅游日活动暨“北京副中心 通州新风貌”通州区旅游宣传推介活动在运河公园文化广场和大运河森林公园柳荫广场举办，区内20家旅游企业、10家媒体、区骑游协会等80余人出席活动。活动现场，围绕“北京副中心 通州新风貌”为主题开展3项宣传推介活动板块。即“照片展示”板块，现场摆放30余幅通州景区、旅游新业态企业、城市新貌等精美照片，让市民直观了解通州作为北京副中心的旅游新风貌；“通州骑游”板块，由区骑游协会组织30余名骑游爱好者，身着统一服装，沿运河骑游线路骑游30公里，宣传打造“通州骑游”品牌活动；“旅游推介”板块，组织金福艺农农业园、绿色港湾休闲农场、永安旅行社等20家旅游景区、旅游新业态企业、旅行社开展宣传推介活动，发放宣传材料、宣传品等1万余份，提供咨询服务800余次，2000多名市民参与活动，推介现场运河怡水文化园与北京财贸职业学院达成学生实践活动意向。北京旅游网、城市旅游网、通州电视台等10家媒体进行报道。2016年，是中国第六个中国旅游日，按照“广泛参与、公益惠民”的原则，通州区开展了惠民旅游活动。金福艺农、瑞正园、第五季、花仙子万花园、绿色港湾、运河苑、宋庄向村艺术、唐人坊、永安国旅等21家旅游企业在旅游日期间推出优惠活动，并在5月17日的《通州时讯》专刊登载优惠活动，提升市民知晓率。另外，2016年“5·19”中国旅游日，通州区首次设立两个宣传点同步开展宣传推介活动，有效提高了宣传受众面，全力营造全社会关注旅游、参与旅游、支持旅游、推动旅游的良好氛围。

【开展消防宣传咨询活动】 为普及消防安全知识，有效提高广大人民群众的消防安全意识和素质，11月9日，区旅游委出动6名志愿者在新华大街繁华地段开展“11·9”消防宣传咨询日活动。活动中，接受冬季安全现场咨询20余次，发放《消防安全图册》、《旅游安全便民手册》、《文明旅游安全出行》、旅游安全宣传手提袋等各类宣传材料和纪念品2000余份，有效促进了广大人民群众的冬季防火意识和自防自救能力。

【通州大顺斋糖火烧入选中国金牌旅游小吃】 11月18日，由中国旅游协会、中国旅游饭店业协会共同举办的首届中国金牌旅游小吃颁奖典礼在北京饭店揭幕。通州大顺斋糖火烧入选首届中国金牌旅游小吃。2016年年初，通州区大顺斋、小楼饭店、亚太福源3家企业向北京市旅游委上报糖火烧、高丽澄沙、吉利卷、肉火烧及饹炸饸5个通州特色旅游小吃。经过北京市初选、推荐，大顺斋糖火烧作为北京十大旅游小吃之一，参与全国31个省区市及新疆生产建设兵团推荐的300余个名吃名菜的评选角逐。历经三次综合评审、社会公示、严格的审批程序，200个中国金牌旅游小吃摘得金牌，大顺斋糖火烧成功入选，成为通州区首个获得中国金牌旅游小吃称号的特色小吃。本次评选旨在贯彻落实国家旅游局“515战略”，弘扬中华饮食文化，深入挖掘民间传统名吃，打造特色餐饮品牌，是中国旅游餐饮行业展示其品质与特色的良好契机，可有效的提升旅游餐饮品牌的知名度，促进中国旅游餐饮行业的健康发展。糖火烧是有名的京味小吃，有300多年的历史，北京最有名的就是通州大顺斋产的糖火烧。2009年，大顺斋糖火烧制作技术被批准为北京市市级非物质文化遗产，此次入选首届中国金牌旅游小吃，对提高通州区旅游知名度将起到推动作用。

【旅游摄影作品征集大赛】 4月20日，由通州区旅游委主办、通州区旅游行业协会和通州区摄影家协会协办、八通网(www.bato.cn)承办的“行摄之旅·大美通州”旅游摄影大赛正式启动。活动从2016年4月20日开始，至2016年11月10日结束，设置奖项4类：一等奖1名，奖3000元；二等奖5名，各奖1000元；三等奖10名，各奖500元；优秀奖50

名，各奖150元或等额礼品。大赛征集到600余幅（组）作品，涵盖通州区景区景点、名胜古迹、民俗风情、节庆活动、新城发展等反映通州旅游环境、旅游风貌方面的内容。参赛者们用镜头语言展示、表达了对通州的无限热爱，一张张精美的图片反映出通州蓬勃向上的旅游产业发展、别具一格的都市风情、优美舒适的生态环境以及通州的自然之美、人文之美、和谐之美。组委会根据参赛者的投稿进行初评，甄选出80余幅（组）优秀作品作为入围作品，通过微信公众号面向网友进行公开投票，最终组委会参照网友投票结果进行终评，评选出一等奖1名、二等奖5名、三等奖10名、优秀奖50名。12月8日，主办方举行颁奖仪式，区旅游委纪检组长张书利、区旅游行业协会会长张建国及八通网总经理付长宝出席并向一二三等奖获奖者颁发荣誉证书及奖金。

【传统庙会成为旅游新亮点】 2016年春节黄金周，据不完全统计，通州区纳入旅游统计监测的8家重点住宿单位、5家旅游景区和9个乡镇总体接待情况良好，7天接待游客25.72万人次，比上年同期下降6.9%，旅游综合收入1534.96万元，同比上升28.4%，酒店客房平均出租率24.34%。传统庙会一直是春节期间老百姓最喜欢参与的一种娱乐形式，通州运河公园的第三届运河文化庙会，传承了老北京庙会的传统特色，突出大运河文化特色，并容纳猴年特色主题元素，不忘传统的同时，突出了新意。据不完全统计，春节7天，接待游客10.88万人次，庙会门票收入108.8万元，成为猴年春节通州区最聚人气的地方。此外，寒冷的冬季，温泉游仍然是不少游客的首选。有京东第一温泉之称的运河苑温泉度假村依然火爆，高峰日接待游客量可达3405人，收入73.48万元。近两年，由于冬季天气寒冷，节日期间高速费减免，出京游玩的游客相对增多，民俗旅游慢慢进入淡季。但是，第五季热带雨林大餐庙会暨冰雪活动、草莓采摘活动等也吸引了不少游客。春节7天，民俗旅游接待游客9.36万人次，较上年同期下降26%，民俗旅游收入693.56万元，较上年同期上升5.5%。为确保假日旅游市场安全有序，除夕夜、年初五，区旅游委主要领导带队对旅游行业烟花爆竹燃放秩序、安全生产等工作进行检查。节日期间，旅游工作领导小组成员单位也加大旅游市场巡查力度，强化旅游市场监管，有力维护了节日旅游市场秩序。春节黄金周全区旅游接待情况良好，无旅游安全事故发生，实现安全、秩序、质量、效益“四统一”的工作目标。

【突击检查】 全国“两会”期间，区旅游委对全区旅游行业重点单位开展旅游安全与市场秩序突击检查。在此期间，检查旅游企业18家，发现安全生产问题8个，主要集中在中控室无人值班、堆放杂物、安全管理制度不健全、安全通道堆放杂物等，执法人员已督促问题单位立即整改；查出旅游市场秩序问题3个，其中，打击非法一日游宣传旅馆一个，取缔非法旅游宣传点2个，取得良好成果。

【互查工作】 3月28日，通州区旅行社行业第六互查小组根据通州区2016年度旅游市场秩序专项整治工作互联查阶段工作要求开展旅行社互联查工作，并取得了良好的效果。互联查工作中，小组成员对受检旅行社的证照悬挂情况、宣传报价单、各类旅游合同和劳动合同等进行抽查，并对旅行社经营是否规范进行重点检查。互联查工作结束后，小组成员分别对受检旅行社如何进一步提升服务水平、加强规范经营提出建议。同时，组员对如何更好的服务于游客、如何更准确的签订各类合同进行深入的交流，取得良好的效果。旅行社行业互查工作的开展，有效规范了旅行社的经营行为，提升了区内旅行社的凝聚力，有效推动了旅游产品供给侧的改革。

【志愿者服务队正式成立】 3月30日，按照国家旅游局和北京市旅游发展委员会关于招募旅游志愿者的精神，结合通州区创建全国文明城区指标体系中关于开展文明旅游志愿服务活动和成立专业志愿服务队伍的要求，区旅游委联合团区委、北京财贸职业学院正式组建通州区旅游志愿者服务队。服务队首次招募旅游志愿者33人，将服务于通州区重要旅游活动，承担文明引导、游览讲解、质量监督、旅游咨询、应急救援等公益服务。

【开展志愿者服务活动】 5月7日，区旅游委联合区公安分局、区体育局等单位，在大运河森林公园开展“文明旅游”为主题的宣传活动。同时，以此活动为契机，开展旅游志愿者服务活动，通过志愿者的力量来宣传文明旅游，引导广大市民和游客文明旅游、文明出行。

区旅游委、区公安分局出入境大厅、区体育局等单位结合各单位工作实际，为游客讲解文明旅游注意事项、出境游注意事项等；北京永安国际旅行社也参与此次宣传活动，在现场为游客讲解如何签订旅游合同、如何理智选择旅游线路、出国游的注意事项、各个国家的文明旅游要求。此次活动宣传活动发放《文明出境游手册》《旅游安全提示》、文明通州手提袋等宣传品2万余份。

【专项整治】 通州区旅游环境秩序专项整治活动第三阶段的联合执法检查工作结束。区旅游委联合区工商分局、区物价所，采取不提前通知、随机抽查的方式，对区内21家旅行社进行联合执法检查。检查期间，发现旅游合同签订不严谨的行为8件，发现门店广告牌设置不规范的行为2件，发现旅游产品宣传不规范的行为1件，发现未按规定悬挂证照的行为8起。执法人员依据《中华人民共和国旅游法》《旅行社条例》，对发现的问题予以纠正。

【开展非法一日游站牌清理】 6月6日，区旅游委联合区城管执法局、区交通局针对区内主干道路公交车站内的非法一日游站牌进行清理整顿，当日清理各类非法一日游站牌6块。

【开展景区联合执法检查】 端午节前夕，区旅游委联合区城管执法局、区交通局对景区周边开展旅游环境秩序专项整治工作。检查期间，区旅游委对大运河森林公园周边的旅游大巴、导游服务进行抽查。经过检查，旅游大巴均具备运营资质，符合交通部门运营规范，导游证件、出团通知携带齐全，符合规定。

【开展消防应急演练】 6月22日，由通州区旅游委主办，通州区消防支队、通州区公安分局治安支队、宋庄镇人民政府协办，北京运河苑渡假村承办的通州区旅游行业2016年安全生产月消防演练正式拉开帷幕。区内星级饭店、A级景区、规模以上的社会旅馆的主管安全工作的领导、安保部经理150余家企业200余人参加此次观摩。演习模拟C座住宿楼发生火灾，按照发现火情、启动手动报警器、启动应急预案、播放应急广播、疏散客人、搜救、组织医疗救护、引领消防车进入救援等环节完成整个演练的全部过程。

【开展防汛应急演练】 6月29日上午，通州区旅游委会同区防汛办、区气象局、北京运河公园开展通州区旅游行业2016年安全生产月防汛演习。区内星级饭店、A级景区、涉河（湖）的旅游业态单位主管安全工作的领导、安保部经理50余人参加此次观摩。演习首先由区气象局对汛期雷雨天气如何应对进行详细讲解，新城基业资产运营公司对运河公园汛期人员配备、物资储备等汛期准备工作进行介绍。此次演习从因恶劣天气引起的游船聚集及1名游客落水的紧急情况开始，按照启动应急预案、播放应急广播、救援队赶往现场、救援落水游客、组织医疗救护等环节完成救援演练的全部过程，并针对暴雨天气对配电室漏水进行抢险救援。此次区旅游委还在防汛演练现场增设安全宣传点，发放《通州区市民防灾应急手册》、《旅游安全便民手册》、《旅游安全提示》光盘、《文明旅游平安出行》折页等宣传材料2000余份。有效提高了旅游行业干部职工及广大游客的安全生产的意识。

【开展消防安全工作夜查】 为深刻吸取8月2日北京丰台火灾事故教训，按照区防火安全委员会办公室的要求，8月3日晚，区旅游委出动11名执法人员分2个检查组对区内亚太花园酒店、东方宾馆、运河源酒店、红旗宾馆、太阳花酒店、如家快捷酒店果园店、北京合乐家宾馆、紫光园快捷宾馆、北京九凯宾馆、北京新通之星快捷酒店、北京时代快捷酒店、99快捷酒店车站路店等12家重点单位人员密集场所开展夜查，检查过程中，大部分旅游企业应急预案、安全制度健全，消防设备设施完好有效，安全出口畅通。但个别单位也存在灭火器过期、安全出口上锁、消防主控机故障、中控室无人值班等安全问题。区旅游委执法人员要求存在安全问题单位，对能够当场整改的安全问题当场进行整改，对不能当场整改的问题规定整改时限，并将对整改结果进行复查。

【开展“十一”黄金周节前联合检查】 9月30日，通州区旅游委会同区公安分局第一支队、区反恐办对通州区运河公园、韩美林艺术馆、大运河森林公园3家A级景区开展反恐防暴工作联合检查。检查组对旅游景区的反恐防暴应急预案、反恐设备设施、反恐装备进行逐项检查，并现场检验应急反应能力，检查情况总体良好。检查组当场发放了《中华人民共和国反恐怖主义法》图册。

【开展国庆节前专项检查】 国庆假日前夕，区旅游委开展旅行社专项检查工作，检查区内重点旅行社4家次。执法人员对旅游合同的签订、证照悬挂情况和旅游产品宣传方面进行检查，检查期间，发现旅游合同签订不严谨问题1件，工作人员要求该旅行社对合同进行完善。

【通州艺术游】 2016年国庆黄金周，通州区纳入旅游统计监测的8家重点住宿单位、5家旅游景区和9个乡镇总体接待情况良好，7天接待游客70.09万人次，旅游综合收入6682.99万元，酒店客房平均出租率45.33%。其中，为期7天的2016中国艺术品产业博览会接待游客6.04万人次，销售额5236万元。（因上年同期没有艺术品产业博览会，故不做同期比较）

2016中国艺术品产业博览会国庆节前夕开幕，主会场设在宋庄镇，为通州的国庆节增添了艺术气息。此次艺博会除展示全国数百个艺术家作品以外，还有英国、法国、美国、俄罗斯、印度、土耳其等40个国家的艺术家作品参展。本届艺博会首次推出北京城市副中心特展，彰显北京城市副中心作为运河源头的文化底蕴及艺术品产业的成就，这也是此次艺博会最大的亮点。艺博会是文化艺术界的一次盛会，吸引了来自全世界的艺术家和艺术爱好者，同时也丰富了通州区假日旅游市场。

金福艺农番茄联合国、第五季龙凤水港生态露营农场、运河怡水文化园、101农场、绿色港湾农场等民俗旅游接待企业举办的农事体验活动、亲子活动、集市活动，吸引北京市区的家长和孩子们前来参与，在体验农事活动中培养孩子的动手能力、丰富自然知识。国庆节期间，通州区民俗旅游接待游客22.75万人次，获得旅游综合收入900万元，分别同比上升56%和22.4%。

随着天气的变冷，泡温泉成为游玩的好选择，有京东第一温泉之称的运河苑度假村在节日期间增加儿童话剧表演和亲子棒球体验课，吸引众多家庭前来游玩，单日最高接待量为1723人次，获得旅游综合收入47.94万元。

【开展京郊旅游业态培训】 10月10日，区旅游委组织开展京郊旅游业态培训会，邀请旅游业内知名专家——北京联合大学旅游学院赵晓燕教授为企业进行培训，45家旅游业态企业负责人参加培训。

【安全工作培训会】 10月27日，区旅游委组织召开通州区旅游行业安全工作培训会，会议邀请区反恐办、区公安分局治安支队、出入境管理大队、区消防支队领导授课，区内300余家旅游企业负责人参加培训。

【消防演习】 11月22日，区旅游委会同区公安消防支队在亚太花园酒店开展通州区旅游行业2016年消防演习，全区300余家旅游企业负责人参加观摩。

演习按照发现火情、启动手动报警器、启动应急预案、播放应急广播、疏散客人、搜救、组织医疗救护、消防车进入救援等环节完成整个演习的全部过程。

【特色美食获奖】 11月30日，由北京市旅游发展委员会主办的2016京郊旅游特色美食品鉴活动在星湖园温泉度假村举办。通州区旅游行业协会经过广泛宣传、动员，组织了星湖园温泉度假村、运河怡水文化园、瑞正园农庄、第五季生态农场、雨露阳光农庄等7家旅游企业参赛，有18个单品（12道热菜、6道主食和小吃）和5桌宴席参与评选。

在众多参赛作品中，星湖园温泉度假村的

“轻奢星湖宴”和雨露阳光农庄的“纯素绿色”获评十佳特色宴席、运河怡水文化园的“胖头鱼粘卷子”和雨露阳光农庄的“传统薯仔沙拉南瓜冻”获评十佳特色热菜、运河怡水文化园的“萝卜缨菜团子”获评十佳特色主食。

（高莹超）

交通运输业

【概　况】 年内，通州区交通局围绕北京城市副中心建设，加强运输行业管理，牵头组织推进区内重点交通项目、缓解交通拥堵，推进公共交通一体化，运输行业保持安全平稳发展。通州区有郊区客运企业1家，运营线路60条，运营车辆486部，包括清洁能源公交车辆273辆，（其中，LNG153辆、气电混合6辆、纯电动114辆），占全部车辆的56%，总长度1420.5公里，日客运量17万人次。属地郊区客运站13座，LNG加气站1座。出租汽车2587辆，其中，区域电动出租车500辆。旅游客运企业2家，运营车辆11部。汽车租赁企业48家，车辆730部。水运游船业户2户，游船141艘。货运业户5207家，货运车辆26747辆，核定载重量128844吨，其中，危险化学品运输企业35家，危运车辆1135辆，核定载重量5690.8吨。全区货运绿色车队企业达到125家，8000辆车。汽车维修企业一类企业31家，二类企业152家，三类经营业户267家，各种品牌专修店30家，连锁经营品牌店4家。

【14项缓解交通拥堵任务完成】 1月至12月，区交通局牵头协调区住建委、通州公路分局、通州交通支队等缓堵成员单位，完成广渠路二期辖区内拆迁、漷小路一期等道路建设征地及拆迁、综合交通整治、新增4000辆公租自行车和90个租赁站点等14项缓解交通拥堵任务，通过市政府督查部门对本区缓堵工作的年终督查考核。

【火灾防控专项行动】 3月，区交通局结束为期4个月的冬春季火灾防控专项行动。重点检查企业运输车辆车况和配备消防器材情况。检查出租企业、租赁企业、旅游客运企业、货运企业、机动车维修企业473户次，发现并消除安全隐患220项，做出警告102次，问题集中在安全生产工作制度不健全、缺少应急预案、安全生产教育记录不够规范、缺少设备操作保养记录、烤漆房内有杂物、个别灭火器过期、电线裸露等。

【出租汽车营运证换发工作】 4月1日至30日，区交通局完成辖区出租汽车营运证换发工作，涉及出租汽车企业12家、个体出租经营者17户、运营车辆2087辆、出租车驾驶员3619人。严格检查企业管理、制度建立落实、安全生产、维稳防控、党建工作以及运营车辆的车容车貌、安全性能、运营标志和驾驶员的仪容仪表、运营资格、应知应会等情况。出动检查人员40人次，检查出不合格项目61起，下发检查（整改）通知书25份。

【水运行业安全监管】 4月，区交通局开展游船开航前安全检查，督促各游船单位在开航前对所有待航船只进行维护保养，消除安全隐患，并对从业人员进行安全教育。清明、五一小长假、六一儿童节、端午小长假、暑期、中秋、十一黄金周等重点时段，加大安全监管力度，事前检查和现场值守相结合，确保游客集中时段游船运营安全。出动海事执法人员27人(次)，检查企业18家(次)，检查船舶144艘次。

【安全生产月宣传活动】 6月1日至7日，区交通局开展筑牢安全基础，坚守安全红线，保障交通运输安全为主题的安全生产月宣传活动。在局内、公路检查站、铁路道口等悬挂安全生产横幅、标语15块，利用电子屏幕播放安全用电常识。组织重点运输企业召开专题会议，保证运营车辆安全技术性能及驾驶员安全服务意识。6月16日，在通州区西集镇开展安全生产月宣传咨询日活动，6月24日，在运河大街东端铁路道口开展人人讲安全，平安过道口宣传活动。全月区交通局出动执法检查146人次，监督检查运输企业91户次、车船404辆次，做出警告23次，立即整改9户，发现并消除安全隐患26项。

【158个充电桩投入使用】 6月20日，区交通局经过前期勘察选址，委托专业公司分别在15处停车场建设158个分散式充电桩，以方便运营车辆中途补电，同时为引入电动汽车分时租赁模式奠定基础，构建慢充为主、快充为辅、集中充电、分散补电的网络布局。

【人大建议政协提案办结】 6月30日，区交通局办结人大代表议案、建议和政协委员提案17件，办结区长信箱、市长信箱等信访件901件。

【通州外环路规划方案研究完成】 6月，区交通局会同通州规划分局委托北京市城市规划设计研究院完成《北京城市副中心外部快速干道规划布局研究》，目的是有效疏解过境交通。后期深化设计以及施工建设工作按要求移交给市公联公司。

【道路运输平安年专项行动】 6月至12月，区交通局从强化道路客货运输驾驶员安全管理，提升车辆安全性能、推进道路运输车辆标准化，强化道路客运安全监管，加强道路危险货运运输安全监管，提升道路运输安全监管水平5个方面开展道路运输平安年专项行动。出动执法检查796人次，检查车船805辆次，做出警告112次，立即整改40户，发现并消除安全隐患119项，处罚款2000元。

市交通委运输管理局领导带队到客运货运企业进行安全检查 （交通局提供）

【水上交通安全知识进校园】 7月5日，区交通局会同区教委，在史家小学通州分校组织开展主题为“水上平安交通　安全伴我成长”的水上交通安全知识进校园活动，为学生普及水上交通安全知识，赠送由交通部海事局和教育部基础教育一司共同编写的《小学生水上交通安全教育读本》30本，发送印制水上交通安全标识、船舶知识、应急自救常识、水上活动注意事项的笔袋和书签400份。

【航海日主题宣传活动】 7月11日，区交通局在通州北运河通航水域开展以庆祝中国航海日，迎接世界海事日为主题的航海日宣传活动。上午9时整，北运河水系全部自航船舶在不影响通航环境的前提下，统一鸣笛1分钟。区交通局在北运河2号游船码头设立航海日宣传咨询台，向市民讲解海事职责和水上交通安全基本常识。发放《游客乘船安全知识》《交通执法》等宣传资料600余份，解答游客咨询50余人次。

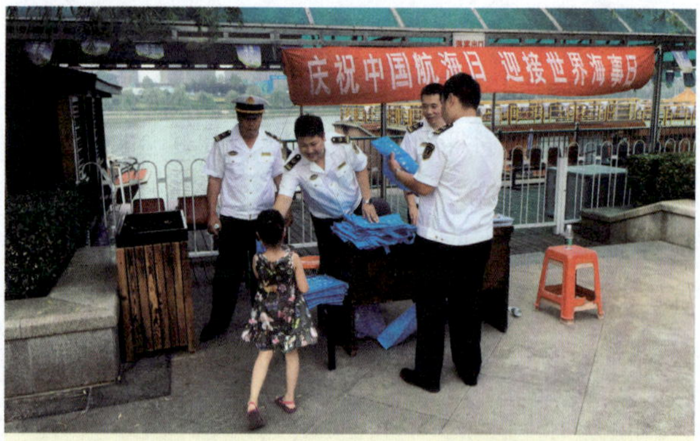

7月11日，在北运河2号游船码头开展“航海日”宣传 （交通局提供）

【13条公交线路优化调整】 7月19日，区交通局协调公交集团公司、通州区市政市容委、通州交通支队进行现场勘察，分别优化调整342路、435路、589路、648路、666路、804路、806路、808路、312路、通3路、通10路、通11路、通19路共13条公交线路。

【北京城市副中心交通战略规划和交通设施空间布局规划完成中期规划成果】 8月，区交通局委托市交通委交研中心编制《北京城市副中心交通战略规划和交通设施空间布局规划》，形成中期规划成果，完成项目招投标、基础数据采集、需求调研等工作。同时，按照“多规合一”要求，主动与区规划部门进行对接。

【夏季消防安全专项检查开展】 8月，区交通局开展夏季易燃易爆危险品场所的消防安全检查工作。检查货运及危险化学品运输企业、旅游客运企业、郊区客运企业、出租企业、汽车租赁企业、机动车维修企业、水运企业402户次，做出警告79次，立即整改27户，取缔1户，发现并消除安全隐患79项，处罚款2.2万元。同时开展上街宣传活动2次，悬挂横幅标语4幅，展板23块，发放宣传资料1800余份。公路综合检查站，每天安排一名消防安全员巡视站区消防安全情况，并对途经货运驾驶员提醒行车安全。

【客运车辆应急设施设备检查100%无遗漏】 9月18日至12月，区交通局对公交、旅游两类客运车辆的应急设施设备，包括应急门、应急窗、应急锤、灭火器的保有和实际应用情况进行全面检查。在企业完成自查基础上，区交通局对所监管的北京市通州区顺风旅行社、北京京联出租汽车有限责任公司所属11辆旅游车和北京市恒基客运有限公司所有运营车辆497辆车进行检查，及时消除安全隐患。

【全区交通基础数据普查工作开展】 9月20日至12月底，区交通局牵头负责对辖区机动车、停车及交通基础设施等情况进行调查。具体分为全区车辆拥有情况、公共汽车拥有量、全境道路情况等8项工作。区交通局牵头建立联络会商机制，制定27种调查表格，部分数据与人口入户调查同步进行，比较专业的数据依靠专业机构、专业调查员独立进行，采取地毯式摸查、入户调查及抽样调查相结合的方式。区交通局完成各专项分析报告、搭建交通数据统计信息平台、图表等全部工作，形成普查成果并提交区政府。此项普查是全区人口、产业、房屋、土地等基础数据普查工作的重要内容之一，为北京城市副中心建设中的停车设施规划建设、停车政策制定、机动车和停车禁限管理措施制定、公交城市建设、交通基础设施规划布局等提供数据支撑。

【通州区轨道交通运营安全领导小组成立】 9月，经通州区机构编制委员会批准备案，成立通州区轨道交通运营安全领导小组，区交通局沟通协调成员单位，建立联络机制，制订工作方案，为统筹推进通州区轨道交通沿线及车站周边综合管理工作奠定基础。

【5条公交线路新开通】 10月15日，区交通局协调公交集团公司、区属郊区客运公司新开通通8路、通60路、快122路、快123路、专47路共5条公交线路。

【空气重污染区域电动出租车出车率80%以上】 12月6日，空气重污染期间，区交通局出动检查人员10人次，巡查重点区域20次，确保橙色及红色预警期间区域电动出租车出车率保持在80%以上。

【信息平台发布空气重污染车辆限行通知】 12月16日，区交通局通过卫星服务平台，对本区加装该系统5000余部大型货运车辆，发布信息和语音播报，通知司机在空气重污染时按交通限行政策出行，尽量做到少出车、不出车。

【空气重污染期间汽车维修行业检查】 12月16日至21日，区交通局针对汽车维修行业安全生产、喷烤漆、机油回收以及非清洁能源使用等方面进行重点排查。出动执法检查28人次，检查企业68家。检查中严禁企业使用喷烤漆房、喷烤漆作业；禁止干打磨工艺、焚烧废弃物；禁止使用涂料、油漆、溶剂等含挥发性有机物的原材料和产品；督促做好废油、废气等回收工作。

【推进土桥电动公交充电站建设】 12月，区交通局完成土桥电动公交充电站项目用地中0.96公顷土地拆迁及土地移交工作，充电设施进场施工。市公交集团办理完成规划、国土、环保、水务、发改等部门意见，并同步启动招投标工作，项目纳入“一会三函”项目库，办公用房建设同时启动。

【通州区启动交通拥堵改善专项研究】 12月，区交通局经区政府批准，委托北京工业大学启动交通拥堵改善专项研究，初步确定7处拥堵区域、16处拥堵线段、25处拥堵节点和68条断头路，开展原因分析和改善研究，并进行治理和改造。

【燃油出租汽车报废更新任务及更换三元催化器工作超额完成】 年内，区交通局审核办结燃油出租汽车报废更新手续72辆，涉及出租汽车企业5家，个体出租2户，完成率141%。完成燃油出租汽车更换三元催化器1730辆，占总数的83%。

【出租汽车行业】 年内，区交通局针对网络专车、快车对出租汽车行业的冲击等引发的不稳定因素，与公安、维稳、应急、信访等部门建立定期会商沟通机制，协调联动、综合管控。多次与辖区出租汽车企业管理人员和驾驶员座谈沟通，督促企业落实维稳主体责任，做好驾驶员思想稳定工作，妥善化解矛盾纠纷。年内，处理、解决驾驶员关于权益保障类投诉4起，约谈企业3家。

【16件出租汽车服务类投诉处理】 年内，区交通局调查处理出租汽车服务类投诉16件。调查处理工作事实调查不清不放过、涉及驾驶员未被处理不放过、全体驾驶员未受到教育不放过。

【500辆区域电动出租车保持稳定运营】 年内，区交通局加大对电动出租车行业管理，定期深入企业检查经营管理、运输服务保障、驾驶员权益等相关工作，督查运营公司严格落实各项规章制度，提升公司管理水平及驾驶员服务水平，维护行业稳定。区电动出租车平均里程利用率达到65%，单车月均运营收入8000余元，居全市前列。

【200辆区域电动出租车置换更新】 年内，区交通局推进电动出租车置换更新工作，置换兼具充电和换电功能电动出租车200辆，春节前上路运营，5处换电站建设同步推进。

【电动汽车分时租赁业务】 年内，电动汽车分时租赁与地面公交、地铁、出租汽车、自行车等交通方式形成互补发展格局。充电桩一期建设完成，由特来电公司建设分散充电站46处，充电桩482个，“北京出行”公司投放新能源租赁车辆200辆，主要分布在区委、区政府及部分委办局、乡镇政府、街道办事处、园区管委会等党政机关办公场所。

【汽车租赁企业执法检查】 年内，区交通局结合质量信誉考核，对辖区备案汽车租赁企业开展执法检查，检查企业23家，出动执法人员50人次，下发《检查通知书》23份。重点检查企业车辆安全技术管理制度落实情况、车辆维护保养记录、企业对承租人资信筛查和安全告知情况、企业依法经营等情况。年底，评选出良好企业2家，并通过市交通委运输局复核，对社会公示。

【道路运输营运车辆综合性能检测专项补贴落实】 年内，区交通局审核补贴车辆39386辆次，补贴金额484.2万元（其中，车辆技术等级评定25830辆次，补贴金额343.5万元；二级维护检测车辆13320辆次，补贴金额126.5万元整；常压罐体检测236辆，补贴金额14.2万元）。年内，辖区道路运输营运车辆性合性能检测采取公开招标方式确定检测服务机构，检测费用纳入区财政预算。

【汽车维修行业诚信企业创建活动】 年内，区交通局协助北京市汽车维修行业协会，在辖区符合《北京市汽车维修行业诚信企业评选管理办法（2012修订版）》规定范围内的汽车维修企业中开展北京市汽车维修行业诚信企业创建活动。14家企业通过北京市汽车维修行业协会评审获得诚信企业荣誉。

【机动车维修行业“双随机”入户检查】 年内，区交通局做好机动车维修行业“双随机”抽查的入户检查工作，市交通委运输管理局每月随机选派检查人员对随机抽取的机动车维修企业进行入户检查，并在检查现场将检查结果录入到《北京市机动车维修管理服务系统》。全年完成“双随机”入户检查任务150家。

【机动车维修企业经营资质核查清理】 年内，区交通局对长期不经营和道路运输经营许可证届满未换证、异地经营机动车维修企业及业户进行全面核查清理，依法注销机动车维修经营许可61户。

【机动车维修企业质量信誉考核】 年内，区交通局通过对231户机动车维修企业经营资质、安全生产、维修质量、服务质量、遵章守纪、环境保护、企业管理等7项内容的综合评价、考核，评出AAA级企业21家，AA级企业77家，A级企业63家，B级企业70家。

【落实货运车辆淘汰政策】 年内，区交通局加大对货运企业检查，注销区内所有黄标货车及农用运输车辆，并对2009年以前注册的老旧货车予以严查同时贯以政策解释，督促企业更新车辆。对19家申请货运行政许可企业进行反复实地勘验，对5家不符合开业条件企业不予许可。

【整治自卸货运车辆】 年内，区交通局对自卸车运输企业及自卸运输车辆逐一摸排，对有自卸车运输业务而未达到《建筑垃圾运输车辆标识、监控和密闭技术要求》的车辆一律暂停营运。召开拥有自卸车企业货运工作会2次，参会企业45家，约谈企业16家，入户检查18家。整治包括完善运输企业、运输车辆及从业人员信誉档案，实现“一企一档”“一人一档”“一车一档”。核实79户264部自卸车，其中，督促办理建筑垃圾行政许可证33户，196部车；承诺不再从事建筑垃圾运输的企业23户，车辆27部；无“道路运输证”27户41部车。

【纯电动物流车测试完成】 年内，区交通局配合物流企业对新引进10辆北京福田电动物流车进行测试，包括车辆续航里程、车辆动力性能、充电时间、故障率、维修保养等，汇总关键数据、对车辆使用中出现的问题及时解决并加以上报，为推广纯电动物流车做好基础工作。

【货物运输量抽样调查完成】 年内，区交通局开展货运抽样调查工作，完成381个样本车辆运营数据调查、收集、录入和上报工作。并加强对35家1135辆化危运输的监管，保证每季度至少入户检查1次。

【“打非治违”专项整治】 年内，区交通局开展安全生产大检查深化“六打六治”“打非治违”专项行动，强化对重点运输企业监管执法，检查督促企业搞好自检自查。出动执法检查组197个，出动执法检查人员12392人次，检查企业1055家次，做出警告126次，责令改正、限期整改、停止违法行为10起，没收违法所得、非法生产设备的1起，处罚款8.4万元。打击非法违法、治理纠正违法违章行为251起（其中，无证、证照不全或过期的1起；作业规程不完善，缺乏针对性和可操作性，以及现场管理混乱、违章操作、违章指挥和违反劳动纪律的142起；隐患排查治理制度不健全、责任不明确、措施不落实、整改不到位的50起；安全生产作业环境不符合规定要求49起；重大基础设施建设安全制度不完善、管理措施落实不到位的5起；应急救援队伍、装备不健全，应急预案制定修订演练不及时，以及自救装备配备不足、使用培训不够的4起）。

【安全生产标准化达标工作】 年内，区交通局引导和推进运输企业开展安全生产标准化达标创建工作，全区有22家一类机动车维修企业完成安全生产标准化达标考评，其中，二级达标企业10家，三级达标企业12家。客运行业取得三级达标企业1家。货运行业有33家危险化学品运输企业和13家普通货运企业通过安全生产标准化考核且合格。

【监管铁路道口安全无事故】 年内，区交通局对负责监管的4个铁路监护道口开展不定期隐患排查，对所有道口安装电动栏门，对道口报警器、警示灯、警示牌进行检查和维修，同时重点对监护员值班岗情况进行考核，培训道口安全管理干部、监护员48人次。实现全年铁路道口零伤亡、零事故。

【公路超限超载运输治理】 年内，区交通局加大治超力度，实施公路综合检查站视频监管升级改造；组织流动治超57次；对全区3家货运场站、79家重点货运企业进行入户检查和定点宣传，从源头遏制超限超载违法运营；徐尹路、罗庄等公路综合检查站加快建设。全年检查货运车辆107万辆次，查获超限车辆1307辆次，卸载超限车辆854辆次。超限处罚85起，罚款20.5万元；运政非改恢复原状货运车辆37辆次；环保劝返尾气不合格货车1130台次，处罚389起，罚款11.67万元。

【2万件行政许可事项满意度达100%】 年内，区交通局接待各种咨询近3万人次，发放宣传材料1万余份，受理行政许可、备案事项21354，实现近2万件许可事项无超时、无差错、无投诉，满意度100%。

【运政执法全年零投诉】 年内，区交通局加大执法力度，净化运输市场秩序，规范企业经营行为，检查维修企业799户，处罚10户，罚款7.8万元。检查省际长途客车994辆，处理违法运营10起，罚款1.51万元。检查货运车辆69万辆，查处22起，罚款5.14万元。行政执法保持零投诉、零上访、零行政复议。

【小客车指标申请业务】 年内，区交通局认真落实小客车数量调控工作，通过窗口向申请人宣传新能源车辆，受理小客车申请16343件，接受咨询2.8万余人次。

【道路运输从业人员资质培训】 年内，区交通局举办货运驾驶员从业资格培训班8期，1300余人经培训、考核合格领取从业资格证；举办电动出租汽车驾驶员培训班4期，培训驾驶员143人。受理从业资格申请3000余人次。

（陈　颖）

房地产开发

【概　况】 2016年，通州商品房开复工面积1033万平方米，同比下降17.2%；其中，新开工面积215万平方米，同比下降37.6%，复工面积818万平方米，同比下降9.4%；自2013年以来，通州商品房开复工面积连续4年突破千万平方米，新开工面积自2014年以来逐年递减。复工面积保持高位。

【量减价稳】 年内，商品房累计成交14380套，同比下降1.8%，网签均价为3.29万元/平方米，同比上涨34.1%，与全市价格涨幅基本一致，网签价格与周边区县相比基本稳定。

【商品房项目品质提升】 2016年，副中心地位的确立和加速建设，城市定位的上升，要求通州的房地产新建项目品质不断提升，一批品质更高，更能代表通州未来新形象的“副中心高度”项目正在投入建设中，如彩虹之门达到315米，新北京中心的“北京塔”达到318米，运河ONE项目的高点高度为295米。新的建筑质量标准开始执行，项目建设周期相应延长，复工面积不断累积，单位建筑面积的投资额不断增加。

【产业结构持续优化】 随着“京津冀”一体化战略规划的提出和稳步推进，通州区被推到“京津冀”协同发展的最前端，面临着前所未有的历史性发展机遇。通州区产业项目建设进入高速发展阶段。根据项目手册平台在途项目的“四分面积”统计分析，2016年底，通州在途项目中，住宅面积为1143万平方米，在全部用途中占比54%；不计算保障房仅住宅面积为717万平方米，在全部用途中占比42%。商品房成交方面，2012年以后，住宅成交比重不断下滑，非住宅成交比重快速上升，2016年，通州住宅成交比重仅占40.3%。住宅成交比重大幅降低。非住宅项目成交比重上升，进一步促进通州的产业结构优化升级。

【企业结构日趋合理】 通州区房地产开发企业152家，多分布在新华街道、永顺镇、梨园镇和台湖镇等主要开发区域。从企业开发资质等级上看，一级3家，二级9家，三级8家，四级92家；三级以上开发企业占比13%，四级以上开发企业占比74%。从企业注册资金上看，注册资金50亿元以上1家，10亿元到50亿元和5亿元到10亿元各8家，1亿元到5亿元49家；企业注册资金在5000万元以上占比超过90%，企业注册资金在1亿元以上占比超过43%。通州区的房地产开发企业在资质等级和注册资金两方面基本呈“金字塔”结构，企业资质越高，注册资金越多大体体现了企业的开发能力越强。“金字塔”型的开发企业结构，更趋合理，更符合高标准建设副中心的要求。

【购房客群结构】 年内，全区新建商品住宅成交4884套，其中，本市居民成交3927套，北京企事业单位成交329套，外地个人成交628套，分别占比80%、7%和13%，同比分别上升8%、6%以及下降13%。首套房购买比例达到80%，同比增加14%，购房人平均年龄为37.2岁，同比增加0.7岁。

【库存紧张】 截至2016年年底，通州区新建商品住宅库存1999套，从户型结构看，主要以两居室、三居室、一居室和别墅户型为主。其中，两居室728套，占比37%；三居室545套，占比27%；一居室344套，占比17%；别墅和复式户型284套，占比14%；其他98套，占比5%。从去化周期情况看，按照2016年的全年销售速度计算，通州区新建住宅去化周期为4.9个月，库存偏紧。分户型看，四居室和两居室库存最为紧张，四居室去化周期为0.4个月，两居室去化周期为4.5个月。

【二手房】 2016年，成交11082套，与上年相比减少8.6%。“9·30”新政后，本区二手房成交量逐月下降，10—12月分别成交809套、671套和574套，月均成交在600多套，比“9·30”新政之前月份明显减少。成交均价为3.73万元/平方米，比上年同期上涨60.8%。6月到10月上涨速度明显要快于其他月份，仅4个月涨幅超过44%，12月仅比10月上涨4.2%，涨势有所缓解。

【非住宅】 年内，成交13768套，同比增长143%；其中，商业成交3060套，占比22%，同比增长173%；写字楼成交10708套，占比78%，同比增长134%。4月成交量最大，原因是5月5日限购前的突击交易。写字楼成交5701套，扣除东亚尚品台湖当月的3900多套，还有超过1700套的月成交量；商业成交1040套，商业和写字楼均为两年来的月度成交最高。“9·30”新政后，非住宅成交陷入低谷，12月成交量复苏。成交价格方面，非住宅成交均价3.13万元/平方米，同比上涨28.1%；其中，商业成交均价3.8万元/平方米，同比上涨65.9%；写字楼成交均价2.85万元/平方米，同比上涨11.4%。

（黎国林）

【经纪机构】 2016年，房地产经纪机构（含分支机构）391家，同比增长18.5%，其中，经纪机构212家，分支机构179家。新增备案的房地产经纪机构（含分支机构）70家，同比增长52.1%；变更（重新）备案、撤销备案96家，同比增长4.3%。

【“双严打”行动】 “双严打”，即商品房销售违规销售、中介机构违规经营“双严打”行动。年内，先后召开预售商品房项目、房地产经纪机构大会，针对房地产开发企业和房地产经纪机构两个市场主体，围绕捂盘惜售、哄抬房价、话题炒作、超资质经营、无证售房、发布不实房源信息、首付贷和自我担保融资等房地产市场常见违规行为，开展严厉打击商品房违规销售、严厉打击中介机构违规经营的专项严打行动。“双严打”行动中累计开展专项检查97次、联合检查12次，对链家、我爱我家等大型中介机构进行行政处罚45起，罚金35.3万元。对实地等5家房地产开发企业进行行政处罚4起、罚金25.4万元。营造了打击房地产市场违法违规行为的高压氛围。

（丁海滨）

城乡建设

城西五号燃气锅炉房点火仪式　（市政市容委提供）

概述

2016年，按照区委、区政府整体工作部署，住房城乡建委以城市副中心建设为己任，主动适应社会发展新常态，准确把握城市建设新定位，突出重点、深化创新、攻坚克难、锐意进取，完成全年各项工作任务。

建筑业开复工面积2173万平方米，同比下降3%，竣工面积475万平方米，同比增长7%。其中，商品房开复工和竣工面积分别实现1033万平方米和240万平方米，同比下降17%和11%。新建商品房销售金额为343.6亿元，同比上涨5%，成交面积和套数分别为107.3万平方米和14401套，同比下降11%和30%，通州区新建商品房成交量大幅回落，呈现“量减价稳”态势，房地产市场总体平稳，房地产业税收实现60亿元，占全区税收总额的49%，占比仍为最大。

全区各类在施工程543项，开复工面积约2100万平方米，位居全市第三。针对监管面积逐年递增、工程体量越来越大、技术工艺越来越复杂等一些新的行业特点，建设工程管理突出“创新”。创新管理机制。从区级层面出台《通州区施工现场综合监管工作办法》和《关于加强通州区建筑市场与施工现场联动监管办法》。创新监管模式。搭建通州区建设工程综合监管平台，实现远程高清视频监控、细颗粒无自动检测功能相结合，使用高效洗轮机、塔吊喷淋系统等十余项新设备，确保施工现场扬尘治理全方位、无死角，针对危险性较大的分部分项工程和大型起重机械设备，购买专家技术、专门机构和专项检测等社会服务，坚决杜绝两人以上安全生产事故的发生。创新体系建设。在行业诚信体系的建设上，建立黑名单制度，在实现“两场”联动上踏出关键一步，通过限制市场准入等不同形式的处罚，整顿建筑市场，最终实现施工现场安全。

棚改任务3项，分别为潞城镇（BCD）片区、八里桥和永乐店首农，计划完成拆迁1500户，实际完成拆迁2264户，超额完成任务151%。针对潞城棚改二期项目，在打造的“潞城模式”基础上，启动签约后仅19天，就实现签约和选房100%，刷新通州区拆迁纪录，达到“场清地净”的新高度。针对八里桥棚改项目，在启动签约期内完成60户的集体住宅和40户集体非宅的签约，签约率达到100%。高标准对接安置房任务，安排潞城镇棚户区改造项目（A区）后北营地块、杨坨三号地安置房项目、西集综合配套区E地块安置房项目等3个项目对接开工任务，可提供房源3621套，均已实现开工，完成建设筹集任务的103%。

市政府下达的建设筹集棚改安置房3500套，基本建成保障房7920套的目标任务，全年实际完成建设筹集棚改安置房3621套，基本建成7922套，超额完成市政府下达的任务指标。此外，全年承担23项区级重点工程的建设任务，道路总长94公里，协调7项市级项目的征地拆迁工作。全年的重点道路建设围绕“对接协调”这个中心，打通断头路、瓶颈路，构建内场外达的道路交通体系。

（罗慧敏）

重点工程

【概　况】　2016年，承担23项区级重点工程的建设任务，道路总长94公里，协调7项市级项目的征地拆迁工作。全年的重点道路建设围绕“对接协调”这个中心，打通断头路、瓶颈路，构建内场外达的道路交通体系。重点抓好三项工作：一是抓好协调对接。以区政府办名义出台《关于进一步加快推进重点工程协调对接工作实施方案的通知》，明确工作职责，建立工作机制，实现与城市副中心通州区协调对接指挥部的对接，进一步加大对重点工程的组织协调和监督管理力度，确保重点工程有序、有力、有效推进。二是抓好工程进度。14项推进前期项目做好手续办理。朝阳北路东延三期于10月底开工，潞小路二期、三期，西潞苑二街等13项工程的拆迁、土地、规划、供电等前期手续办理。5项在施项目做好工程推进。潞苑北大街二期基本完工，潞小路一期、朝阳北路东延二期、潞苑三街、北运河东滨河路4项续建项目完成拆迁和工程总量的70%左右。4项协调项目做好拆迁落实。协调公路分局做好九德路二期和孔兴路北延的搬迁实施方案，做好京榆旧线的搬迁预分方案，做好宋梁路北延的拆迁手续办理。三是抓好督查力度。建立工程招投标、跟踪审计、财务支出和四方会签四项制度，有效解决工程施工过程中遇到的难点问题，确保工程公开透明、廉洁高效，确保政府投资规范、合法、有序，确保工作安排到位、责任落实到位。

【朝阳北路东延三期】　西起东六环西侧路，东至任李路，全长约4.3公里，规划为城市主干路。前期手续情况：取得设计方案批复、立项批复、规划意见书、建设用地规划许可证、初步设计批复，完成招投标，启动拆迁工作。拆迁完成情况：桥区两侧正在进行签约工作。施工完成情况：工程于10月进场搭设围挡，同时进行部分桥段的交桩清表等工作。截至年底，正在搭设项目部及现场摸底、地下勘探等工作。

【潞于路】　东起京塘路（103国道）潞兴六街路口，西至京津高速于家务出口，道路全长约10.3公里。由区住建委负责前期手续办理、征地拆迁、管线施工工作。前期手续情况：截至年底，规划方案编制、定线工作地形图测绘完成，取得设计方案批复，开具区发改委前期工作函。计划12月底完成管线工程招标，入场施工。潞于路涉及土地问题，其中，占用耕地约42亩，占用基本农田约313亩。拆迁完成情况：张家湾镇、潞县镇搬迁实施方案征收中心批复，张家湾镇搬迁预分方案上报，潞县镇尽快完成搬迁预分方案，于家务乡正在制定搬迁实施方案。

【潞台路】　西起张采路，东至G103国道，全长约8.12公里。由住建委负责前期手续办理、征地拆迁、管线施工工作。前期手续情况：规划方案编制完成，设计方案批复，取得前期工作函，正在进行施工图编制。拆迁完成情况：张家湾镇摸底工作完成，搬迁实施方案报征收中心，正在制定搬迁预分方案。潞县镇未进行摸底工作。

【西潞苑二街】　西起通顺路，东至东六环西侧路，道路全长约4.3公里。前期手续情况：规划方案、设计方案、环评水保批复，可研编制完成，正在办理土地预审意见（涉及占补平衡指标问题），发改委开具前期工作函，施工图编制完成，预算送评审中心评审。拆迁完成情况：宋庄镇、永顺镇完成拆迁摸底工作，搬迁实施方案批复。

【潞小路二期、三期】　潞小路公路段，设计为一级公路，全长13公里。由住建委负责前期手续办理、征地拆迁、管线施工工作。前期手续情况：设计方案批复，环评、水土保持完成，正在进行土地预审，土地预审完成后可进行立项工作，发改委开具前期工作函，截至年底，正在编制施工图。

【北京五中通州分校周边道路】 包括潞邑二路、潞苑南一街、潞邑东路，全长1.4公里。前期手续情况：规划条件、道路定线完成，开始进行道路施工图设计工作，在区发改委开具前期工作函，施工图编制完成，正在编制预算。拆迁完成情况：拆迁摸底工作完成。

【张采路北延（宋庄段）】 南起通胡大街，北至潞苑北大街，全长4.2公里，规划为城市主干路，红线宽60米。前期手续情况：取得设计方案批复、立项批复、规划意见书、建设用地规划许可证、初步设计批复。11月，完成工程招标、入场施工，启动拆迁工作。张采路北延（宋庄段）占用耕地约118.5亩，现需要占补平衡指标；由于该工程土地预审、立项、规划意见书过有效期，致使无法办理征地手续。拆迁完成情况：拆迁摸底完成，正在编制搬迁实施方案，拆迁投资约为8亿元。拆迁资金到位3.5亿元，拨付镇政府3.5亿元。

【通胡大街东延】 西起宋郎路，东至玉带河东大街，全长1.2公里，规划为城市主干路，红线宽40米。截至年底，取得设计方案批复、环评、土地预审，立项上报区发改委，建议在区内立项，因东部规划调整，项目暂停。

【文化旅游区周边道路】 通州区张家湾大街、施园街、群芳南大街改造、后场西路、九棵树中路、玉桥西路南延、颐瑞东路、东六环西侧路8条道路工程与新城基业签订共建协议，委托规划院编制规划方案及陆续进行各项手续办理。

【京哈南辅线二期】 东起北运河左堤路，西至京塘路，全长1公里（主要为桥梁工程）。规划条件批复，正准备编制设计方案。

【外环路西段】 北起京通快速路，南至广渠路，全长1.64公里，按城市主干路标准设计，红线宽40米。截至年底，规划条件完成，设计方案批复、环评批复、水保批复，项目建议书（代可研）报区发改委。根据市交委文件要求，改由市公联公司负责该项目前期工作。

【九棵树西路】 北起果园环岛，南至京哈高速，全长4.8公里，规划为城市主干路。重点办完成规划方案、设计方案编制工作。根据市交委文件要求，改由市公联公司负责该项目前期工作。

【潞苑北大街二期】 工程西起东六环路，东至任李路，全长4.16公里，设计标准为城市主干路。拆迁完成情况：完成拆迁总量的98%。剩宅基地2户未签。施工情况：基本完工。

【漷小路一期】 项目分为四段，即漷县镇区、永乐店镇区、德仁务片区、永乐经济技术开发区段，道路全长5.74公里，按城市主干路标准设计。由区住建委负责前期手续办理、征地拆迁、管线施工工作。前期手续情况：完成设计方案批复，立项批复，初步设计概算批复和招投标工作。截至年底，漷小路一期工程占用耕地约20亩，现需要解决占补平衡指标问题才能办理征地手续。拆迁完成情况：漷县段完成拆迁，永乐店段完成拆迁总量的53%。施工情况：管线工程完成80%。

【朝阳北路东延二期】 工程西起通顺路，东至东六环西侧路，全长3.6公里，设计标准为城市主干路。前期手续情况：完成设计方案批复、项目建议书（代可研批复）、初步设计概算批复、规划意见书、建设用地规划许可证、建设工程规划许可证、招投标工作、征地批复。拆迁完成情况：拆迁完成总量的98%（剩3家国有企业、1户加油站及剩余2户宅基地未签）。对于2户宅基地，征收中心与永顺镇正在走拆迁程序。施工情况：完成总工程量的70%。

【潞苑三街】 工程西起潞苑东路，东至东六环西侧路，全长约1.8公里，规划为城市次干路。前期手续情况：完成设计方案批复、项目建议书（代可研批复）、初步设计概算批复、规划意见书、建设用地规划许可证、招投标工作。拆迁完成情况：拆迁完成总量的24%。施工情况：因拆迁未完成，潞苑东路以西仅270米可以施工，除电力、电信外，其余市政管线完成，路基工程基本完工。

【北运河东滨河路】 工程北起通胡路，南至东六环西侧路，全长3.1公里，设计标准为城市次干路。拆迁完成情况：拆迁完成总量的100%。剩箱变未迁移，等待评审结果。施工情况：完成总工程量的80%。除铁路桥区（道路、管线、地基处理）未施工外，其余路段道路及市政管线完成，正在协调铁路部门及地铁部门（道路下方是地铁6号线）力争2017年春运后进场施工。正常施工状态下需要5个月完成此段施工。

【九德路二期】 工程设计为二级公路，全长7公里。由住建委负责协调征地拆迁工作。拆迁完成情况：张家湾镇、马驹桥镇摸底工作完成，正在制定搬迁实施方案。

【孔兴路北延】 工程设计为二级公路，全长2公里。由住建委负责协调征地拆迁工作。拆迁完成情况：漷县镇、永乐店镇摸底工作完成，正在制定搬迁实施方案。

【京榆旧线】 工程设计为城市次干路，全长4公里。由住建委负责协调征地拆迁工作。拆迁完成情况：永顺镇摸底工作完成，正在制订搬迁预分方案。

【宋梁路北延】 工程设计为城市次干路，全长8.6公里。由住建委负责征地拆迁、管线施工工作，截至年底，公路局正在办理前期手续。

（杨云琪）

【7号线东延】 北京地铁7号线东延工程线路从焦化厂站站后折返线至终点全长17.2公里，其中，高架线约3.0公里，全线设置车站7座，全部为地下车站，其中，在万盛南街西口站与2020规划线网中的S6线换乘，在环球影城站与八通线南延线换乘。在设计线路终点附近六环内群芳南街南侧设置张家湾停车场一座。与北京市轨道交通建设管理有限公司签订占地拆迁工作委托协议。截至年底，施工单位项目用房全部建设完毕，部分竖井进场施工。文化旅游区内的施工场地基本围挡完毕,正在进行树木砍伐及移栽工作。

【地铁17号线】 地铁17号线是市政府确定的2015年开工项目之一。线路全长49.7公里，设21座车站，全部为地下线，途经通州、东城、朝阳、昌平四个行政区。其中，通州区8.7公里，4座车站、1座停车场（北神树站、次渠北站、次渠站、亦庄站前区南站、次渠南停车场）。协助北京市基础设施投资有限公司做完社会稳定风险评估公众参与调查问卷工作，并与建管公司完成工作对接。截至年底，建管公司取得部分车站及区间的临时建设用地规划许可证（次渠北站、亦庄站前区南站、起点-亦庄站前区南站），现场踏勘工作结束。区住建委与建管公司完成占地拆迁工作委托协议的签订。

【八通线南延】 为提升环球主题公园的交通服务保障能力，将现有的八通线终点站土桥站南延至环球影城站。线路全长约4.2公里。沿线涉及张家湾镇。截至年底，项目处于前期的规划设计阶段，区政府和北京市轨道交通建设管理有限公司完成对接工作。

【地铁6号线二期工程】 6号线二期线路起点为一期工程终点（草房站东端k30+690处），终点为东小营站，全线长12.4公里，全部为地下线。设车站8座（物资学院站、北关站、新华大街站、玉带河大街站、会展中心站、郝家府站、东部新城站、东小营站），其中，北关站与R1线换乘，新华大街站与S6线换乘，在线路东端设立东小营车辆段1座。在相关各部门的配合下，截至4月，完成500千伏高压线改移工作。截至年底，6号线二期工程车辆段正在等待上盖开发的前期手续批复。

【京秦高速公路】 京秦高速公路是北京市政府的重点工程，全长76.29公里，通州区长6.5公里，涉及宋庄镇。首发公司正在进行前期手续办理中，通州区政府与首发公司签订征地拆迁工作框架协议，宋庄镇与首发签订资金拨付协议。截至年底，涉及产权人110户（其中非宅34户，住宅25户，大田51户），签约3户（非宅2户，大田1户），完成协议签订率2.7%。

【首都环线高速公路（通州—大兴段）】 首都地区环线高速公路（通州—大兴段）工程是规划首都地区高速公路中的重要组成部分，是“京津冀”协同发展交通一体化2016年重点实施项目，是北京市2016年重点建设工程。项目南起大兴区采育镇韩营村，北至通州区西集镇赵庄村，全长38公里，其中，通州段长28公里，涉及于家务回族乡、永乐店镇、漷县镇、西集镇。首发公司正在进行前期手续办理中，通州区政府与首发公司签订征（占）地拆迁工作框架协议，征占地拆迁工作委托协议正在协商中。待首发公司取得“一会三函”手续后，即可启动拆迁工作。

【京唐城际铁路】 线路起自北京市，终至河北省唐山市，途经北京市通州区、河北省廊坊市（三河市燕郊、大厂、香河）、天津市宝坻区、河北省唐山市（玉田县、丰润区、高新区、路北区）。线路全长148.1公里，其中，北京通州9.22公里，河北廊坊50.41公里，天津宝坻43.4公里，河北唐山45.1公里。全线设置车站8座，分别为北京城市副中心站（地下）、燕郊站、大厂站、香河站、宝坻南站、鸦鸿桥站、机场南站、唐山站。截至年底，与京唐城际铁路有限公司对接，并签订占地拆迁工作委托协议。定测及地勘工作正在进行中。待拆迁资金到位后即可签约拆迁补偿协议。

（王学勤）

公　路

【概　况】 2016年通州公路分局锐意创新、抢抓机遇、趁势而上，较好完成了公路建设、养护和管理等各项工作任务。本年度通州公路分局计划内新改建工程6项，大修预养工程7项，旧桥改造1座，中修工程6项，综合治理工程1项，完成投资4亿元。

【公路建设】 2016年，有序推进11项副中心配套基础设施项目的前期工作。依据《北京城市副中心重大工程行动计划（2016年本）》所列项目和时序，推进京榆旧线提级、九德路二期、孔兴路、宋梁路北延等11项工程前期工作，完成前期工作年度任务。全力推进重点建设任务，路网通行能力进一步增强。加大协调力度，克服开工晚及拆迁、民扰、交通导改、重污染天气停工等诸多不利因素影响，力促京榆旧线提级改造工程提前完工。漷小路改建工程完成总工程量51%，累计完成投资1.17亿元。京塘路综合整治工程九德路二期、孔兴路北延、宋梁路北延道路工程12月完成招投标程序，施工和监理单位正在进行驻地建设和开工前准备工作。落实节能减排要求，旧路材料利用力度不断加大。在所有新改建、大修工程中充分考虑废旧路面材料的回收及再生利用，徐尹路改建工程和三项大修、预养工程中，全部运用温拌沥青混凝土、冷再生沥青混凝土、热再生沥青混凝土等节能环保型材料。其中，漷小路大修工程和京塘路、通马路、房通路预防性养护工程产生的旧路材料回收率97.3%。

【养护管理】 年内，统筹安排项目，路况指标维持较高水平。认真分析2015年路况检测结果，结合全区路网状况，合理使用养护资金，统筹安排项目，投资7445万元，完成九周路、漷马路、右堤路、永德路4项大修和京榆旧线、牛样路、漷马路3项预养工程，并对柏德路、马朱路、张凤路等道路进行中小修，提升行车舒适性。进一步完善养护巡视监督机制，发现路面病害及时处理，全年病害及时处理率达到99%以上。强化绿化养护和环境治理，打造公路“畅、安、舒、美”新形象。绿化日常养护借鉴公路养护管理方法，采取有效措施，合理利用资源，以达到节约成本、提高养护效率的作用。全年养护乔、灌木及攀援植物86万株，地被植物、色带、草坪22.5万平方米，完成乔木、灌木修剪17.6万株，补植乔木2039株，花卉及绿篱色带4300平方米。强化质量监督管理，工程质量全部达标。加大履约检查力度，保证人员到位率，确保质量保证体系有效运转。建立目标管理体系，对工程质量进行量化管理，加强对重要材料的审批和承重构件厂家的考察工作，充分发挥监理作用，严格报监程序，全年工程质量合格率100%。加大设施维护和保障力度，服务保障能力稳步提升。实施设施达标完善工程和公路安全生命防护工程，加强路口渠化段、国市干线的标线施划及标志安装，全年完善交通标志979套，更换交通标志版面387面，施划热熔标线8.5万平方米，增设、更换钢板护栏、中央隔离栅近2万米，增设太阳能黄闪灯29套等，采取路面坑槽、一般路面病害24小时处置完毕、错峰作业等措施，最大限度降低养护作业对公众出行造成的影响，充分体现“精细管理、无痕服务”的工作理念。集中力量加大道路设施维护及环境整治的力度，保证资金投入，完成20余次重大活动及高速免通和重要节假日期间交通基础设施的保障任务。落实桥梁工程师制度，管养桥梁运行状态良好。加强桥梁日常巡查，投入资金76万元进行桥梁定期性检查59座，特检2座，及时了解桥梁运行状况。加大桥梁改造力度，完成通顺路范庄公铁立交桥大修和通顺路温榆河桥检修平台中修工程，管养桥梁运行状况进一步改善。截至年底，全区干线及县级公路一、二类桥梁比例均达到100%。

【路政管理】 年内，强化路政执法，路产路权得到有效维护。加大对涉路违法行为的查处力度，针对未曾触及过的执法空白进行尝试，对包括穿越公路埋设管线、公路用地内堆放物品等24项路域路政案件实施行政处罚，处罚金额51.6万元，有效震慑了违法行为的反复发生。办理路产赔偿案件52件，收取赔偿金额23.6万元。通过与辖区内路用材料供应商签订目标责任书的方式，进一步加强超限运输源头治理。严格落实超限运输治理新规，依法履行治超职责，充分发挥联合执法优势，继续采取流动治超与站点治超相结合的方式，认真分析重载车辆行驶路线和时段，每月提出不少于4次流动治超需求，加大午间、夜间流动治超出勤频率，有力打击超限运输违法行为，全年治理超限检测93.6万辆，处罚超限运输85件，处罚金额20.5万元。严格许可事项全过程管理，行政许可管理规范化水平不断提高。在占用、挖掘公路埋设管线的行政许可事项中，针对道路修复存在质量隐患，严格按要求设专人对许可事项进行全程控制。通过加强对修复方案、施工方案的审核，强化审批前管理。通过签订三方实体检测协议、聘请监理对道路修复进行24小时旁站等措施，强化审批过程管理。全年受理行政许可案件59件，收取补偿费约606.1万元。

【乡村公路行业管理】 充分发挥行业管理职能，乡村公路建养水平不断提高。2016年，安排建设养护投资1.44亿元，完成道路大修工程64公里，桥梁改造工程17项，完成1780公里道路养护任务。实施公路生命安全防护工程，对160条道路安装钢板护栏、黄闪灯等安全设施，委托专业养护单位集中开展交通设施的养护和维修，补充和更新乡村公路标线5.87万平方米，实施各种标志牌88套，补充百米桩和公里碑206个，乡村公路综合服务水平显著提升。

【路网综合服务管理】 年内，科学推进路网管理与应急处置系统建设，综合服务水平逐步增强。严格落实路网管理系统运行管理的相关制度，进一步规范系统建设、运行和管理。全年完成独立建设外场设备投资407万元，实施随路建设项目4项，新建外场设备18套，涉及激光式交通量设备、可变情报板、视频监控等3个种类，点位覆盖面进一步扩大，实现县级以上道路路网外场设备全覆盖。不断加大系统应用力度，全年通过系统处理养护事件4252件、路政案件669件，通过可变情报板发布各类信息4477余条，路网综合服务水平进一步增强。不断强化养护计量支付系统应用，全年养护一、二类项目网上计量支付率达到100%。不断加强系统设备巡检和日常维护，系统外场设备完好率达到100%，有效保证了系统的正常运行。

【安全应急管理】 年内，强化应急演练，应急保障能力显著提高。结合年度在施工程项目风险源特点以及分局应急抢险实际确定演练科目，依托漷小路新改建工程三个标段，联合施工单位、监理单位分别开展农民工宿舍火灾消防应急、机械及交通事故应急救援、高空坠落应急救援三次应急演练。通过应急演练，进一步提高了从业单位应急响应能力和分局应急管理水平。做好应急准备，防汛、除雪等应急保障任务完成。立足于应对极端天气和突发事件，全面部署防汛和除雪铲冰工作。进一步细化和完善应急预案，加大对防汛和除雪铲冰工作各重点环节、重点部位排查、检查力度。建立并完善公路雨雪天气交通保障应急管理体系，加强抢险物资储备，落实后备抢险队伍和人员，全年雨雪天气备勤9次，出动机械设备350台次，出动人员1500余人次，完成特殊天气情况下道路交通保障任务。

（赵大鹏）

市政建设

【概　况】 2016年是“十三五”规划实施的开局一年，面对北京城市副中心建设带来的机遇和挑战，区市政市容委上下拧成一股绳，深入贯彻落实中央精神和市区各项要求，在相关部门、行业系统的支持配合下，坚持科学发展、精细管理、服务民生，推进各项重点工作和折子工程，认真落实各类城市日常运行保障任务，行业保障能力持续增强，综合协调能力和管理水平不断提高。

【畅通城市交通】 年内，着力打通城区断头路，完成梨园路、潞苑一街、西潞苑二街微循环改造，加快砖厂北街、翠屏路建设。开展街巷改造，完成滨惠南二街、疃里新村路等5条道路建设。完成潞苑中路二期和区有机质资源生态处理站配套道路建设，推进潞邑西路及区再生能源发电厂配套道路工程。加强交通整治，完成区通燕高速辅路、玉带河大街等重点区域130套路侧违法停车监控布设，在通州城区85平方公里内新增限行监控系统65套。

老旧小区改造完成后　　（市政市容委提供）

【公共停车场建设】 2016年，公共停车场建设项目涉及土桥生态停车场、万盛生态停车场、新华医院西侧停车场、世纪星城停车场和刘庄路外停车场，增加811个停车位，占地3.4万平方米。其中，万盛停车场112个，新华医院停车场186个，世纪星城停车场31个，土桥停车场362个，刘庄停车场120个。

【停车场备案情况】 年内，通州区新增备案停车场25处，备案车位10452个。其中，路外停车场12处，备案车位2881个；占道停车场1处，备案车位58个；居住区停车场9处，备案车位5676个；公配建停车场3处，备案车位1837个。截至2016年年底，通州区备案停车场317处，备案车位101642个。

【供热体系】 年内，加速能源中心建设，热力管网主干线全线贯通，于11月15日正常供热；实施城西5号锅炉房清洁能源改造，安装4台70兆瓦（MW）燃气热水锅炉，锅炉尾部安装2台烟气余热吸收式热泵，改造后锅炉房总供热能力为308兆瓦（MW），替代燃煤锅炉房320蒸吨；完成9个老旧小区供热管网改造，改造面积65.1万平方米，管线总长104公里，居民住宅12664户。

【市场化运作】 1月，北燃实业与区市政市容就通州城区五号锅炉房的煤改气工作及城西五区域和通州文化旅游区的供热业务开展合作达成意向，签署《合作框架协议》。4月28日上午，北京北燃通州供热有限公司正式揭牌，北京北燃通州供热有限公司的成立，标志着区市政市容委在深化机构改革方面迈出关键一步，推进了全区供暖服务向专业化、社会化、市场化发展。

【城市照明服务】 年内，推进照明设施建设和改造，使用石墨烯LED路灯，替代朝阳北路、通朝大街等28条市政道路上的4874盏钠灯；对运河西大街路灯实施智能化改造，兼具无线Wi-Fi覆盖、视频监控、环境动态监测等功能，实现对路灯的远程集中控制与管理；对北苑高架桥、东关大桥、玉带河大桥、北马庄大桥、耿庄桥等重要节点和过河桥梁实施夜景照明改造，城市夜间容貌更加多彩。

【6条道路换装29块多功能公交站牌】 自9月开始，在临河里路、故城东路、物资学院路、运河东大街、安顺路和玉带河大街6条道路安装29块多功能电子公交站牌。该公交站牌是将先进的通讯方式、先进的视频传输技术及智能传感器等有机结合的新一代应用系统，可为市民提供天气、路线、周围美食等功能查询。年底正式投入使用。

新建电子公交站牌　（市政市容委提供）

【公共自行车运行管理】 年内，新增公共自行车租赁站点90个，累计运营租赁站点455个，新增公共自行车4000辆，累计投入2万辆；将各站点的原有3G信号传输升级改造成光纤有线接入，将数据传输与视频传输合并，更准确、直观、便捷；引入"互联网+"概念，在全区推广手机APP租还车业务，满足无卡用户、外地游客的临时用车需求；实现各站点免费WiFi全覆盖，方便市民生活。

【信息化管理】 年内，狠抓地下管线数字化建设，建立地下管线及城市部件数字化档案系统，普查地下管线8大类20余小类，管线总长度8800多公里；长输管线300公里；城市部件20余万个，实现155平方公里地下管线一张图，为城市副中心规划、建设、管理、设施安全运营提供支持。

【城市日常运行管理】 年内，强化市政设施管理养护，加大对城市道路、桥梁以及井盖等市政设施的巡查和维管力度，提高设施完好率。全年解决设施丢失、损毁13594件，维管主路69936平方米，修复步道砖68056平方米。清理违规设置指示牌、广告牌匾3352块，违规条幅319条，违规道旗2148条，违规广告单立柱29处。成立城市照明事务中心，采取自管与市场化运作相结合的方式，完成103条道路路灯、51处夜景照明等设施的日常维护工作，着力改善市民生活条件。

【安全生产监督管理】 年内，落实"党政同责、一岗双责"，建立健全各级领导班子安全生产责任制，全年签订安全生产、消防、交通、预防煤气中毒、烟花爆竹、社会治安综合治理六类安全生产责任书。开展安全检查、隐患排查，落实在施工地安全管理责任，狠抓环卫设施、燃气、供热领域有限空间作业规范，加强燃气、供热领域日常安全管理和检查，通过各部门努力，确保全委安全生产全年无事故。

【应急工作】 年内，加强应急预案动态管理，修改和完善燃气、供热、地下管线、环卫、城镇防汛预案。严格24小时应急值守，落实城镇防汛、空气重污染、节庆期间应急管理举措，完成各类保障任务。抓好油气长输管线安全管理，严格管线巡护制度，完善巡查队伍建设，建立统计台账，确保长输管线安全运行。2016年，处置燃气、供热、自来水等地下管线突发事件20余件，保障了城区各类公共设施平稳运行。

（孟晓云）

水务工程

【概　况】 2016年，是“十三五”规划开局之年，是水务基础设施建设的攻坚之年。面对“京津冀”协同发展战略深入实施和北京城市副中心建设全面启航的新形势，区水务局全面落实中共十八届三中、四中、五中、六中全会精神，深入学习贯彻习近平总书记系列重要讲话精神，按照中央对北京城市副中心建设提出的“构建蓝绿交织、清新明亮、水城共融、多组团集约紧凑发展的生态城市布局”的工作要求，落实市水务局和区委、区政府各项安排部署，坚持以水生态建设为重点，水环境改善为核心，勇挑重担、勤奋履职，为实现北京城市副中心建设良好局面奠定坚实基础。2016年，全年实际用水3.86亿立方米，其中，再生水利用量1.7亿立方米，新水用量2.16亿立方米，新水用量较2015年度减少1500万立方米。一是供水。供水设施不断完善，完成甘棠应急水源地建设，更新水源井6眼，最大日供水能力1.2万立方米；南水北调水厂一期工程通水调试，比设计工期提前13个月完成建设任务，日供水能力20万吨；实施广渠路东延供水管线工程，预计增加供水量8万吨～10万吨/日。供水体制改革不断深化。5月，区政府与北京市自来水集团签订《关于深化通州区城镇供水保障合作协议》，由市自来水集团全面负责通州区乡镇村供水工作，切实提高全区供水建管水平和集约化供水程度；利用南水进京的契机，全面置换本地自备井，涵养地下水资源。对马驹桥镇3座集中供水厂进行资产核查和管网普查，编制施工组织方案。台湖镇光机电产业区自备井置换项目基本完成，40余家自备井用水户完成置换工作。农村供水管理水平不断提高，对21座乡镇集中水厂、304座单村供水站开展安全检查，建立定期抽检制度，形成较为完善的镇村供水管理体系。二是治污。加快实施第一个三年治污行动方案，截至2016年年底，除碧水污水处理厂升级改造工程通水试运行，河东污泥处置厂主体工程完工以外，其他任务均完成。全面启动第二个三年治污行动方案。再生水厂建设、农村污水治理、配套管线建设均完成任务书目标，黑臭水体治理完成80%。认真落实“河长制”。三是水环境，按照分区授权、系统治理、建管结合、同步推进的原则，采用PPP模式建设。结合城市副中心河流水系及镇域等实际情况，将全区划分为“两带、六片区”共8个PPP项目包，规划总投资220亿元。“两带”项目方面，北运河生态带、潮白河生态带项目由市水务局负责。“六片区”项目方面，通州区水务局负责，2016年，“六片区”PPP项目招标工作完成，聘请管理经验丰富的第三方机构成立项目管理公司负责项目管理。四是安全度汛。推进海绵城市建设。北京市作为第二批海绵城市建设试点城市，将试点区域选在通州。试点区域位于两河建设区的行政办公片区，总面积19.36平方公里。主要包括：海绵型建筑与小区、海绵型公园和绿地等7类建设工程项目。成立通州区海绵城市建设工作领导小组及办公室。第三、四阶段（萧太后河环球影城段、中坝河、凤港减河、凉水河正在实施）中小河道治理工程，于汛前完成水下工程。北运河甘棠闸橡胶坝改建工程完成78%。13座城区立交桥雨水泵站改造工程于汛前投入使用。

2016年，专门成立行政办公区防汛专项指挥部，实行三级防汛应急管理体系，保障行政办公区建设汛期安全。

7月27日，北京城市副中心水环境治理PPP建设项目资格预审评审会　（水务局提供）

【重点水务工程前期推进工作】 年内，甘棠橡胶坝改造工程，取得初步设计报告批复；通州区污泥无害化处理及资源化利用工程，取得初步设计概算批复；张家湾再生水厂配套管网工程，取得项目建议书（代可行性研究报告）批复、项目规划条件；PPP项目（采取政府与社会资本合作模式的项目），完成招商工作，签订项目合同（草签）；城北水网、两河水网、城南水网工程均取得前期工作函；海绵城市建设项目，成立通州区海绵城市建设工作领导小组办公室，取得《通州区海绵城市建设专项规划》批复。

（张占研）

【通州建成区黑臭水体治理工程】 年内，按照市政府与通州区政府签订的《通州区人民政府2016年污水治理和再生水利用工作目标责任书》《北京市通州区人民政府关于印发通州区进一步加快污水处理和再生水利用设施建设三年行动实施方案（2016年7月—2019年6月）的通知》要求，2016年年底完成19条段建成区黑臭水体治理工作，2017年年底消除全区范围内黑臭水体。2016年，通州区黑臭水体治理任务由区水务局牵头，各乡镇政府为实施主体，治理任务作为乡镇政府年度考核指标。各乡镇于2016年7月完成辖区内黑臭水体治理方案，并通过区水务局组织的专家及各相关委办局联席会审核，截至年底，完成建设污水处理设施35座；建设截污管线约36.6公里；清淤河道沟渠84.9公里。

（赵　媛）

【污泥无害化处理及资源化利用工程】 工程位于潞城镇通州区河东再生水厂二期预留地上，占地约1.5公顷，处理规模为100吨/天，采用污泥好氧发酵工艺，工程总投资约5768万元。工程于2015年12月31日开工建设，到2016年年底完成部分设备安装及调试，工程完成90%。

台湖污水处理厂排出污泥　（水务局提供）

【第三四阶段中小河道治理工程】 通州区第三四阶段中小河道治理包括凤港减河、中坝河、凉水河、萧太后河环球影城段4条河道，长约79公里。凤港减河、中坝河，由水务局负责实施，凉水河、萧太后河环球影城段由北控水务负责实施。2016年汛前，4条河道水下部分基本完工，具备通水条件，截至2016年年底，凤港减河完成70%，中坝河完成65%，凉水河完成42%，萧太后河环球影城段完成65%。

（肖　羿）

【危桥改造工程】 通州区2015年危桥改造工程涉及通州区台湖镇、西集镇、漷县镇、永乐店镇、张家湾镇、于家务乡等6个镇11座建筑物。具体包括台湖镇的北姚园闸桥、东下营闸桥和碱厂南口桥；西集镇的西合南闸桥和杜陈沟进水闸桥；漷县镇的侯纪路小庄闸桥；永乐店镇的后马东北桥；张家湾镇的南三支节制闸桥、高营村西路闸桥和胜利干渠水务所桥；于家务乡的海子桥。工程于2016年2月开工，2016年6月完工，总投资为2037万元。

（冯桂芹）

【张家湾再生水厂配套管网工程】 工程沿张采路、垂柳路、萧太后河、凉水河北侧路新建污水管线11公里，新建再生水管线12公里。项目批复资金25062万元，资金全部由市政府固定资产投资安排解决。2016年9月15日开工，计划2017年年底完工。

（郭子彪）

凉水河整治工程　（水务局提供）

【新华南路、玉桥中路等10座雨水泵站应急防汛工程】 工程位于永顺镇、潞城镇、中仓街道等，主要对新华南路、朝阳北路东延、温榆河北堤口、芙蓉路、潞苑北大街、滨河中路东、滨河中路西、朝阳北路、玉桥中路、玉带河大街东延等10座泵站进行改造，总投资约3.6亿元。工程于2015年8月开工，2016年汛前泵站全部投入使用，截至2016年年底工程基本完工。

（肖　羿）

【农田水利项目县工程】 通州区2015中央财政农田水利项目县工程实施节水灌溉面积8745亩，其中，喷灌1482亩、滴灌4489亩、小管出流1167亩。更新机井22眼，配套水泵77套，控制设备77套，新建井房58座，铺设输水管道173米，田间管道522公里。同时，建设智能用水管理系统：含安装智能计量设施440套，建设镇级管理平台3处，村级管理平台17处。工程总投资约3300万元，2016年年底基本完工。

北京市通州区2016年中央财政小型农田水利项目县工程涉及通州区马驹桥、西集、于家务、永乐店4个乡镇的115个村，涉及2462眼农业灌溉机井，全部安装用水智能计量设施，并将采集到的用水记录传输到通州区水务局数据采集中心。主要建设内容包括：新设立镇级平台1处，位于马驹桥镇，115个村各设立村级平台1处，2462眼农业灌溉机井全部安装用水智能计量设施。工程总投资为3429万元。截至2016年年底，工程完成60%。工程计划2017年5月底完工。

【北运河甘棠橡胶坝改建工程】 工程包括：新建甘棠闸1座，位于现状橡胶坝闸室中心线下游75.5米处，采用液压钢坝闸，5孔，每孔净宽30米，水闸总净宽150米，闸孔总宽度181.6米。新建子河闸1座，位于子河桥上游60米处，将现状子河与主河道挖通，顺水流向总长127米，闸室段长度16米，采用液压钢板闸，1孔，净宽30米。主河道护砌工程，对甘棠闸现状下游主河道险段进行疏挖、护砌，护砌高程16.5米。工程总投资约1.67亿元。到2016年年底，子河闸完成90%，具备通水条件；主闸上下游连接段完成，正在施工廊道及闸门等金属结构安装。

【小城镇污水处理市场化建设配套管网工程】 工程设计11座（新建7座、升级改造2座、委托运营2

座）再生水厂/污水处理厂配套管网。涉及新建污水管网总长度约86公里，再生水管网总长度约16公里，总投资约6.65亿元。到2016年年底，配套管网再生管线16公里全部完成，污水管线完成55公里。

【节水与水资源节约保护项目】 项目包括运乔嘉园透水砖铺设项目：铺设9条行车道、6条人行路、2处人行广场及4处车行广场透水砖，铺设总面积6660.73平方米。小堡村坑塘雨洪利用项目：沿蓄水池周围设置雨水篦子、雨水管道，坑塘南岸边坡护砌处理，设置透水砖步道。雨水利用工程项目：在北京育才中学通州分校、北京史家小学通州分校、北京同仁堂制药厂通州分厂、北京通州贡院小学、北京铁路人民警察训练学校5家单位分别建设集雨池1个，共计5个，设计总容积为1750立方米。截至2016年年底，工程完成80%，预计2017年5月底完工。

【漷县镇、于家务乡机电井智能计量系统工程】 工程对所涉及机井全部安装用水智能计量设施。对农业机井中以前安装水电转换计量设备仍可使用的919套设备进行改造，其余机井全部新建。新建机井计量1090套，改造机井计量919套，建设区县级管理平台1套，乡镇级平台管理4套，村级管理平台61处。雨洪利用建设内容包括：年收集雨水4768立方米，温室膜面雨水集蓄利用（14亩）、雨水渗透（2840平方米路面）、雨水收集、雨水调蓄、绿地雨水灌溉及雨水利用文化广场（800平方米）。此外，再生水灌溉试验区滴灌工程（20亩）。工程总投资约2500万元。

【农业高效节水灌溉试点工程】 工程涉及通州区漷县镇内后地村、觅子店村等6个村及北堤寺基地、小屯基地两个园区。节水灌溉总面积5463亩，其中，粮田2015亩、菜田1896亩、果树1436亩、花卉116亩。工程包括水源工程与田间管网工程两部分，工程总投资为1780万元，截至年底，完成30%。计划2017年9月底完工。

（郭子彪）

【应急度汛工程】 2016年，为贯彻落实市、区两级政府及市防办关于全面加强通州区水务各项工作的实施，有序推进首都城市副中心建设的指示精神。在区政府统一部署下，区防办汛前对河道水利设施进行维修、建设，工程涉及河道9条，由8个水管所及河道所负责施工建设，投资918.9万元。包括：潞城镇退水闸维修工程，涉及减运沟、丰榆沟2座退水闸改造。由潞城一所负责施工，工程费用109.56万元。宋庄镇小中河左岸（富豪北）方涵闸维修，由宋庄水务二所负责施工。工程费用61.67万元。潮白河兴各庄橡胶坝应急维修工程，潮白河管理所负责承担施工。工程投资49万元。马驹桥八字边沟节制闸工程。马驹桥二所承担施工，工程投资69.97万元。凤岗减河曹庄、纪各庄和小屯3座排闸维修工程，漷县二所承担施工，工程投资110.15万元。凉水河马驹桥闸、水南橡胶坝、新河闸等8座闸坝维修工程。凉水河管理所负责施工，工程投资84.71万元。北运河潞湾橡胶坝、防汛大坝监控维修工程。由北运河管理所施工，工程投资59.45万元。台湖镇14座闸桥维修，台湖一所负责施工，投资66万元。永乐店兴隆庄、马坊、三垡3座排涝站升级改造工程，永乐店水务所负责施工，投资225.31万元。

【汛期降雨情况】 2016年，全区累计平均降雨量542.8毫米，比上年同期降雨425.5毫米增长27.6%，与近十年同期降雨457.6毫米相比增长18.6%。汛期（6月～9月）全区降雨32次，小雨19次，中雨8次，大雨4次，大暴雨1次。其中，雷电蓝色预警22次，雷电黄色预警12次，暴雨蓝色预警4次，暴雨黄色预警3次，暴雨橙色预警1次。汛期雨量比上年偏多近四成。汛期全区累计平均降雨量441.7毫米，比上年同期降雨323.4毫米增长36.5%，比多年同期降雨375.0毫米增长17.8%。最强降雨发生在7月19日—20日，全区平均降雨量137.8毫米，达到大暴雨量级。22个站点降雨量超过100毫米，最大降雨点马驹桥205毫米。全年接到气象预警49次，分散性强降雨发生在6月10日、9月10日，其中，张家湾镇、城区过程降雨量是全区平均降雨量近3倍。大风、冰雹天气频发，入汛以来降雨过程伴有雷电20次，短时大风10次，冰雹3次。

（安志彬）

【节水及水法规宣传】 2016年是第二十四届“世界水日”和第二十九届“中国水周”，3月22日当天，区水务局同北京市北运河管理处共同举行“落实五大发展理念，建设生态水环境”主题宣传活动。北京市水务局法制处、水资源处、宣传中心相关负责人、义务水政信息员、节水护水志愿者等50人参与活动。在通州区运河文化广场上，水政监察员向沿河居民宣读倡议书；节水护水志愿者们通过设置咨询台、发放宣传材料、有奖问答、随机采访等形式，推广日常节水小窍门，向市民宣传水环境保护知识；水政执法小品、运河沿线农民秧歌队的助演以及节水知识互动问答，吸引百余名市民。通州电视台、《通州时讯》记者来到活动现场进行采访报道，“通州小兵”、“八通网”等多家时下主流网络媒体也向大众进行宣传。宣传周期间，通州电视台滚动播放水法宣传标语4条，《通州时讯》刊登3期水法规知识。本届宣传周活动有4000人次参加，印发宣传材料4万余份；设置宣传站8个，悬挂横幅50条，张贴临时标语2000余条，书写和刷新永久标语200余条，解答群众咨询2000余人次，利用村级广播宣传约100小时。全区宣传教育的覆盖面达95%以上。

（郭冬丽）

【水资源利用情况】 2016年，全区总用水38602万立方米，其中，用再生水17000万立方米，用地下水21602万立方米。农业用地下水9401万立方米；工业用地下水2516.1万立方米；家庭居民生活用地下水6217.8万立方米；公共服务用地下水2922万立方米，用再生水3万立方米；环境和生态用地下水545.1万立方米，用再生水16997万立方米。

【地下水监测情况】 2016年，有地下水人工观测井41眼，其中，2眼专用观测井，39眼农灌井，这些人工观测井分布在农业区，使通州区基本形成观测井网；有自动监测井14眼；承压井观测点29眼，据14眼简报井观测资料，全区地下水位呈上升趋势，2016年，地下水平均埋深为7.45米，与2015年7.67米比较，地下水位上升0.22米。

【管水员队伍建设】 通州区有11个农民用水协会、481个农民用水协会村分会及1046名管水员，在各级水务部门的领导下，近几年在基层水务管理中发挥了巨大作用。2016年，为深入贯彻落实国务院办公厅《关于推进农业水价综合改革的意见》的文件精神，加快推进通州区节水型社会建设的步伐，提高农业用水效率，为北京城市副中心建设更好地发挥示范和引领作用，根据市人民政府会议纪要〔2015〕第2号文件精神，在抓好滦县镇农村管水员队伍改革的同时，结合通州区实际编制完成《通州区农业水价综合改革及管水员改革实施方案》，此方案征求完各委办局、乡镇政府意见，正在提请区长办公会审议。

（高淑红）

【工程质量监督管理】 2016年，监督的工程项目有20项，其中，本年度新开工程18项，跨年度项目2项。项目涉及总投资为21.5亿元，涉及施工单位31家，涉及监理单位12家。主要有通州区凤港减河治理工程、中坝河治理工程、北运河甘棠橡胶坝改建工程、小城镇污水配套管网工程、移民安置村排水工程等。本年度内进行单位工程验收的项目有：通州区运潮减河清淤整治工程、通州区小中河通州段清淤整治工程、通州区萧太后河治理工程河东再生水厂支线污水截留工程、下凹式立交桥（右堤路白庙立交桥区）积水改造工程、北京市通州区通惠河南岸（八里桥—京承铁路）污水截流工程等。进行工程竣工验收的项目有：通州区小中河通州段清淤整治工程。监督管理过程中严格按照规定办理监督注册手续，严查体系建设和工程实体质量，把好工程验收关，全年工程项目质量处于受控状态。

（缪学文）

供　水

【概　况】 2016年，北京潞洲水务有限公司结合公司年度工作计划，围绕安全供水的工作目标，在确保维护职工队伍稳定，保障安全供水的基础上，贯彻落实勠力拓业，增能挖潜，科学管控，低碳发展的工作方针，制定全年计划和折子工程，强化目标管理，进一步明确责任，责任到人，加强督促检查，较好地完成了全年工作任务。全年完成供水总量4343万立方米，完成售水总量3605万立方米，水质综合合格率100%；修漏及时率100%。

【维护检修供水设备设施】 年内，加大对供水设施设备维护检修力度，完成春、秋季电检工作，大修机泵9台；加泵管17根；更换水井闸门5台；拆水井7口、洗水井4口；抢修线路故障10次；修剪供水线路下树木300余棵；急活急修200多次，为安全供水奠定了基础。

【维护检查供水管网】 年内，完成供水设备管网附件维修488处，管线修漏102处，修漏换管250米，故障报名表680支、上门服务零活小修435户，检修消火栓200个，更换铝盖100个、更换表井节门80个、解决非潞洲水务公司管辖的用户报修24户，修漏及时率达到100%。为保障安全供水和服务居民做出了积极的贡献。

【水质检测】 2016年，完成对所有水源井、补压井、出厂水、管网水等的取水采样理化分析，全年检测3657项次，合格率100%。水源混合水每月一次理化分析、每日一次8项指标检测，检测3292项次，合格率100%。管网水每月一次理化分析、每月两次7项指标，全年检测2052项次，合格率100%。

【实施新华北路DN1000供水勾调工程】 3月29日23:00时，在集团和通州区政府的大力支持下，在禹通公司的配合下，公司在新华北路DN1200上水管线向东开口处安装DN1000蝶阀1座，同时，公司协调工程各相关单位，通过倒排工期的方式，完成新铺设DN1000供水管线与通州区政府移交公司的1700米供水管线勾调及管道打压、浸泡、消毒、清洗等相关工作。3月30日凌晨3:30开闸通水。经取水化验合格后，4月11日晚21点，该工程正式投入使用，具备了集团通过朝阳北路向通州增加供水量1万立方米/日的能力，进一步调整供水管网结构，缓解通州城区供水紧张形势。

【增加自产水能力】 6月25日，公司完成水源3号、10号、21号（停用）井的治理工作，每天约增加日供水量1500立方米左右。

【完成东方化工厂甘棠水厂改造工程】 6月4日，经市水务局、通州区政府及集团领导共同研究决定，同意公司实施该项应急供水工程。8月9日开始正式施工，8月15日工程完成设备调试，具备通水条件；8月26日，经相关监测单位取水化验合格后，8月29日上午正式通水运行。该水厂通水后具备日供水1万立方米的能力，进一步缓解了通州城区在南水北调水厂投产前的供水紧张局面，为北京市城市副中心建设提供了供水保障。

【实施滨河中路给水工程】 11月19日，工程开工，主要工程量为在滨河中路运河西大街至梨园南街新铺设DN800给水管线约600米。施工过程中，为不影响百姓出行，公司采取连续夜间施工，清晨恢复施工现场路面及克服天寒地冷恶劣天气等困难，11月30日，工程按期完工，顺利通水。

【解决居民购水难问题】 5月1日，公司与包商银行联网合作，实现代收机械表用户水费纸单柜台缴费。7月初，开通包商银行代理CPU预售水工作、同时在售水大厅增加银联刷卡缴纳水费渠道、调整延长公司新华大街售水大厅售水时间。公司按照夏秋、冬春两个季节将新华大街营业厅工作日（周一至周五）卡表用户购水时间每天分别调整延长2个半小时及1个半小时。10月，实现包商银行颐瑞西里社区支行CPU联网售水。进一步缓解了通州城区工作日卡表用户购水难的问题，受到用户的好评。

（张小莉）

节　水

【概　况】 2016年，通州区节水办以创新为动力，以服务为根本，加强作风建设，以服务北京城市副中心建设为目标，围绕《中华人民共和国水法》等一系列水法规，完成各项节约用水管理工作。主要工作是：结合通州区实际情况，完成《通州区“十三五”时期节水型社会建设规划》《通州区节水型区创建实施方案》编制工作；完成32个单位、11个村庄的节水创建工作；加强节水设施的建设，为城区居民家庭免费换装节水手持花洒和节水龙头4924套（件）；办理建设项目节水设施方案审查5家，临时用水审批4家，增加临时用水指标5.16万立方米；将节水宣传范围覆盖到所有计划用水单位和社区；做好地下水资源费征收工作：全年收取地下水资源费3557万元，污水处理费548万元，累进加价费31.1万元。

【实现总量控制】 2016年，北京市水务局下达通州区用水总指标为38909万立方米。全年严格实行单月预警，双月考核制度，并增加用水管户327家，实现用水总量控制，全年实际用水量为38602万立方米，低于用水指标307万立方米。其中，新水用量21602万立方米，再生水用量17000万立方米。2016年，通州区生产总值为650.3亿元，万元地区生产总值新水耗水量为33.2立方米，较2015年耗水量降低4.3立方米，万元地区生产总值用水下降率11.5%，万元地区生产总值水耗下降非常明显。

【节水执法检查】 2016年，做好特殊行业用水检查工作，对四个街道办事处范围内22家洗车企业进行专项检查，督促不合格企业进行整改。按照区发改委《关于开展通州区高尔夫球场清理整治措施全面核查工作的方案》要求，对全区3家高尔夫球场进行检查，完成拖欠水资源费追缴工作。

【加强安全管理】 年初，与全区101户173眼自备井单位签署《自备井供水安全责任书》，督促自备井单位加强安全管理；为缓解地下水紧缺的情况，按照法规对全区6家自备井单位的7眼井做封存处理，确保供水安全。

【加大宣传力度】 5月15日—21日是全国城市节水宣传周，结合坚持节水优先，建设海绵城市的宣传周主题，以节水先进表彰活动为契机，举办宣传周启动仪式。宣传周期间，在铁路公安学院、玉桥南里、中国人民解放军第二六三医院、日化二厂、西门部队等13个站点开展宣传活动；在梨园镇政府、史家小学通州分校、通州万达广场等65处大屏幕及网络平台上播放原创节水宣传短片；在通州区电视台滚动播放节水宣传口号，倡导市民节约使用水资源；开展以“节约用水”为主题的8公里健步走活动，举办“海绵城市，节水创建”杯暨第三届羽毛球比赛，传播节水理念。为把节水宣传工作落到实处，在居民小区、创建达标单位及节水村安装节水宣传栏17个，更新宣传栏内容57个。

（赵　亮）

供　电

【概　况】　通州供电公司（简称通州公司）成立于1958年，2016年1月升格为国网北京市电力公司直属大型重点供电企业，负责通州地区906平方公里范围内的电网规划建设、运行管理、电力销售和58.18万客户的供电服务工作，肩负着为北京城市副中心重大政治活动、城市运行、居民生活安全供电的光荣使命。

1月，国家电网公司将北京通州供电公司升格为大型重点供电企业进行管理　　（供电公司提供　洪雷/拍摄）

截至年底，设置9个职能部门，3个业务支撑机构，1个集体企业，11个农村供电所。

通州地区的220千伏变电站有6座，容量252万千伏安；110千伏变电站25座，容量215.95万千伏安；35千伏变电站8座，容量20.52万千伏安；110千伏输电线路25条，320.66公里，35千伏输电线路18条，134.45公里。9月，按照北京公司“大检修”体系深化工作要求，通州公司35千伏及以上输变电设备划归北京公司检修分公司运维管理。年内，最大瞬时负荷在8月12日11时24分，为125.8万千瓦。全年实现安全生产无事故目标，累计安全生产长周期2269天。

全年完成售电量57.03亿千瓦时，同比增长9.78%；营业收入37.09亿元，同比增长7.52%；利润总额1.96亿元，同比增长117.86%；固定资产投资19.96亿元，同比增长194.82%；线损率6.32%；城网供电可靠率99.9737%，农网供电可靠率99.9296%；当年电费回收率100%。

2016年，通州公司获评国家电网公司先进集体，业绩考核第3名，综合对标第3名，大供企业对标第16名。荣获北京城市副中心电力线路迁改工程突出贡献单位、“煤改电”工程卓越贡献单位、“煤改电”工程功勋单位、北京城市副中心电网建设功勋单位、“三个建设”功勋单位、安全生产先进单位等荣誉称号。

【业务交接】　年内，深化“三集五大”体系建设。扎实推进“三集五大”体系集约深化和末端业务融合工作，平稳移交“大运行”“大检修”体系集约业务和人员工作，完成“大检修”体系内设机构和人员调整，扎实推进低压营配抢修一体化，企业运营效率进一步提升。

2月17日，通州公司与检修公司开展35~110千伏输变电设备检修业务的交接　　（供电公司提供　洪雷/拍摄）

【电网规划与建设】 年内，高标准规划北京城市副中心智能电网，完成《北京城市副中心智能电网建设方案》《北京城市副中心高端智能配电网建设技术方案》《通州区电动汽车充电服务网络规划建设方案》，系统指导城市副中心“十三五”主配网及充电设施建设。将城市副中心24项重点配套电网建设项目纳入北京市“一会三函”工作流程，9项工程纳入北京市重大项目绿色审批通道，行政办公区4项配套输变电工程取得市政府保密工作函，有效缩短项目前期时间。

1月26日，公司召开北京城市副中心配套电力迁改工程启动仪式暨新闻发布会，标志着北京城市副中心配套电力设施建设全面启动　　（供电公司提供　洪雷/拍摄）

重点工程加快推进，110千伏半壁店、永顺扩建工程，望君疃输变电工程竣工投产；乔庄工程完成站内电气一次设备安装，北神树站主体结构竣工，220千伏运河站开工，行政办公区配套辛安屯、东夏园站进场，“煤改电”配套永新、漷县、永乐店、潞城站扩建工程开工。

依托高端智能配电网建设领导小组办公室，对内汇集北京公司5个职能部门、10家二级单位，对外全方位、高密度对接工程办、设计及施工等12家项目参建单位，从配电系统、通信系统、智能监控等7个方面完成方案设计，在市行政办公大楼设计施工中同步完成孔洞预留、管线预埋，推动高端智能配电网建设方案有效落地。

仅用86天完成行政办公区6条高压线路临时迁改，为行政办公区全面开工创造条件。高效完成新凤河桥安荣线升高、潞苑北大街塔基保护、东滨河路铁塔拆除，实现桥梁道路正常通车，营造良好的外部发展环境。大力推进长安街及其延长线景观提升，实现城市副中心配电设施空间布局上升至区政府会议研究，有力推动配电网高标准建设。统筹安排，第一时间启动应急抢修分中心复工，春节期间不停工，提前20天完成主体结构封顶，截至年底，完成精装修及水、暖、气等配套设施。

【安全生产】 年内，强化安全巡检，严肃执纪问责，巡检次数同比增加86%，查纠违章数量同比增加71%，现场安全有效管控；依托IOSS系统，强化风险辨识、预警和差异化措施执行，电网风险防控有力；全要素开展外协施工评价，严格落实各级安全责任，公司安全水平显著提升，实现连续安全生产2290天。多措并举，大力开展“反外力百日专项行动”，活动期间，制止大型机械作业176次，以预控安全风险为抓手，梳理16项典型作业现场危险点及其控制措施，印刷口袋书，发放290余册，保障风险管控措施落实到位。

实施164项配网建设改造，强化配网故障管控和异常台区治理，规范配网故障处置和抢修服务标准，配网故障同比下降31%。深入分析迎峰度夏形势，全面开展防汛隐患排查治理，成功应对125.84万千瓦历史最大负荷考验。165项工程全部竣工投产，决算转资102项，更换裸导线437公里、简洁变台456台、真空断路器354台、用户分界负荷开关769台、自动化单元653台。

深化营配调数据应用。完成2371座电缆井数据普查，推进89条“煤改电”线路及1039个台区的信息核查整改。移动终端工单接单率实现100%，台区考核表覆盖率100%、采集率95%以上。治理异常台区476台，分换装变压器105台。

建立三级抢修梯队，制定“煤改电”线路保障手册，全面落实运维抢修“一账两案”、发电车接入“一村一案”，确保“煤改电”客户温暖度冬。完善应急体系建设和应急预案，开展应急技能培训，强化信息流转，补充救援装备，有效提升应急处置能力。压缩管理层级，整合班组设置，实现低压抢修营配合一。规范职责体系和操作流程，推动政治供电常态化，完成春节、全国“两会”、中央及省部级领导调研等60项供电保障任务。

【营销与优质服务】 年内，完成138个村，45988户“煤改电”任务，新立电杆15903基、新架高低压线路3195.2公里、新装变压器868台（容量27.82万千伏安），完成总量位列北京公司第一，实现每年减排燃煤13.79万吨、二氧化碳35.87万吨，为副中心防治大气污染做出贡献。新建改建10千伏线路37条、高压线路711.7公里、低压台区868个、低压线路2483.5公里、电缆线路55.5公里，提升设备健康水平。固化专项优质服务考核办法等4项工作标准，建立外协队伍综合评价机制，工程管理水平显著提升。

深入推进“五新”（“互联网+”服务新手段、接电服务新模式、配套建设新制度、流程规范新标准、业务协同新机制）服务，坚持客户导向，推行客户经理制，简化流程手续，落实差异化管控，全年累计接电141.9万千伏安，同比增长79.71%，完成年度指标的117.27%。实行报装“一证受理”、供电方案备案制、带电作业勘察与竣工验收“串改并”、直接答复客户断面占用，简化流程手续。健全在途项目送电倒排、重点项目差异管控、受限项目销号等机制，提升办电效率。创新行政办公区业扩报装模式，助力高端智能配电建设和公司发展。

实现36座充电站、320台公共充电桩投运；私人充电桩接电876户，同比增长300%；光伏并网客户213户，同比增长914.29%。追缴欠费109万元，实现电费回收100%；完成智能表换装6800具，更换老旧、非互通采集设备3943台，采集覆盖率提升至99.71%。

扎实推进农电对标，有机融合低压营配业务，持续开展五星供电所创建，农电基础稳步提升。西集供电所获得年度国家电网公司五星级乡镇供电所称号，通过创建五星级乡镇供电所工作，供电所基础管理工作进一步提升。

11月14日，在通州区路城镇崔家楼村、西集镇陈桁村，首都电力共产党员服务队“煤改电”服务站正式挂牌，标志着通州公司“卫蓝暖心”共产党员服务队“煤改电”专项行动正式启动　　（供电公司提供　洪雷/拍摄）

【新闻品牌工作】 公司官方微博、团委微信公众号发布图文60余篇，得到上级高度关注和肯定；加强对外宣传，在中央级、省市级媒体发布新闻20余项，行业媒体发布稿件及新媒体作品16篇；建设并完成北京公司第四家“电力爱心教室”实体化建设。

（赵美佳）

燃　气

【概　况】 通州区现有具有燃气资质的从业企业28家；市政管道天然气基本实现城乡全覆盖（除永乐店地区），全区燃气管网铺设总长度1500公里，建成各类燃气调压站（箱）近千座，燃气集团通州区管道燃气用户达35万户；农村地区液化气下乡实现全覆盖，全区15万户农村地区居民使用惠民液化石油气。

【燃气管网建设】 年内，实施采通线天然气主干管网建设，完成漷小路南段部分管线建设。

【应急抢险演练】 年内，组织北京市燃气集团三分公司在沃德中心开展市政管线泄漏突发事件应急演练。本次突发事件主要模拟小区低压燃气管线被施工破坏漏气，燃气窜入居民楼内。演练中，各部门在现场指挥部的统一指挥下，衔接顺畅、配合默契、反应敏捷、处置有效，全体参演人员操作规范、执行有力，体现了通州区燃气企业应急救援人员协同作战的能力和水平，为下一步燃气安全工作的开展奠定基础。

【普及燃气安全使用知识】 年内，配合并督促属地政府加强燃气安全宣传工作，开展多种形式的宣传活动。通过摆放宣传展板、发放宣传材料、现场咨询等方式，向广大市民普及燃气安全使用常识；加强社区、餐饮企业、供气企业等燃气相关工作人员培训，全年集中开展100人以上培训工作8次；组织三分公司制作安全宣传片，在通州电视台循环播出；以安全生产月活动为契机，对燃气经营企业及液化石油气下乡站点集中进行一次安全宣传活动，通过观看主题宣传片，分享事故、事件资源，提高全员事故预防能力。

【燃气安全检查】 年内，不断加大燃气企业日常检查和重大节日、活动期间安全生产检查力度；联合属地政府以及区各相关职能部门开展联合执法检查，对检查中发现问题的燃气供应企业，督促限期整改，整改仍不合格的，由城管执法部门依法对其查处。

【加强液化石油气下乡站点管理】 2016年，实现全区15万户农村地区居民送气下乡工程全覆盖。按照安全、惠民、便民和清洁空气的原则，加强对通州区农村地区液化石油储罐站和换瓶点管理，全年进站抽查90余次。

【燃气气质检测和综合评价】 年内，成立2个工作小组，抽取11家液化石油气企业35个样本进行气质检测，由第三方气质检测公司出具检测报告。最终气质检测不合格企业1家，为北京欣欣向荣益源燃气有限公司，移交城管执法部门；委托北京市劳动保护科学研究所对全区28家燃气经营企业进行综合评价，区市政市容委将根据评价结果，对28家企业续发或取消燃气经营许可证。

（孟晓云）

邮 政

【概　况】 中国邮政集团公司北京市通州区分公司（以下简称通州区分公司）位于运河西大街174号。2016年，全分公司在册职工621人，机构设置为四部一室及五个专业分局（公司），分别为综合办公室、人力资源部、市场经营部、计划财务部、监督检查与安全保障部、商函局、代理金融业务分局、报刊发行分局、电商分销局、集邮公司，下辖8个邮政支局，26个邮政所，代理邮政金融业务网点25个。设置区内邮路14条，投递道段106条，其中，汽车投递道段12条，电动三轮车投递道段93条，机要投递道段1条。投递里程4520公里，信筒信箱547处，村邮站479个，担负着全区907平方公里150余万人口的邮政通信服务工作。

2016年，通州区分公司围绕区委、区政府的工作部署，按照集团公司“一体两翼”经营发展战略和市分公司突出利润导向、加快转型发展的工作要求，结合通州地域发展特点，因地制宜，开拓市场，广大干部职工迎难而上，转变发展方式，推进结构调整，加快改革创新，企业各项工作企稳向好，经营效益逐步提升，各项业务得到稳健发展。

2016年，通州区分公司业务收入和利润实现“双完成”。其中，业务收入实现15419.60万元，同比增加1384万元，增幅9.86%；利润实现3380.80万元，同比增加834.46万元，增幅32.77%。

【加强业务合作】 通州区分公司紧抓城市副中心核心区棚改项目契机，融入和服务通州经济发展建设，针对土地征用和拆迁改造，有效拉动金融业务发展。2016年，保费实现5.18亿元，同比增加1.28亿元，增幅32.7%。中邮期交保费实现1233.35万元，余额净增8.46亿元，同比增加10.15亿元。

结合通州文化特色，突出区域文化元素，以特色新邮发行为着力点，支持通州地方文化建设。年内，通州区分公司与张家湾镇政府在张家湾博物馆共同举办《中国古典文学名著——红楼梦（二）》特种邮票首发仪式；与通州区文化委、通州区摄影家协会联合举办《长城》特种邮票首发暨“探寻通州古迹 品味家乡文化”摄影颁奖活动，宣传通州文化、弘扬爱国爱乡。同时，通过多项举措和活动加强个性化邮票和定向邮品开发，促进集邮文化与区域文化建设有机结合。

融入地方经济，在新形势下服务地方“三农”，结合通州区域特点，加强特定包裹市场项目开发，与北京通州西集聚隆农民农业合作联合社联合开发“聚隆农业樱桃同城配送”快递配送业务，将具有通州区地方特色、新鲜的农产品配送进城，鲜果同城配送服务得到用户的肯定。

【网点建设】 2016年，通州区分公司加快网点基础设施建设，先后投入128.5万元资金，完成多个网点的装修、改造工程。投资66.39万元对ATM机及其他服务设施进行优化，改善设备老旧情况，提升硬件服务水平，改善用邮环境，提高企业对外服务形象，完善当地居民对用邮的需求。

【优化作业流程】 2016年，为配合邮件综合处理中心流水化改造工程，提高邮件传递时限，通州区分公司邮件投递分拣中心再次调整，搬迁至通州新华支局内。通过调整代封发关系，取消出口格口，进口邮件改由局内作业，进一步优化分拣作业流程，提升网运运行效率，提高邮件传递时限。

【业务管理】 2016年，以“平安邮政”建设为载体，加强业务管理，规范营业网点业务处理流程，组织开展无着邮件专项检查，针对窗投邮件存局量较大的情况，着重检查处理时限，对检查中发现的问题及时整改落实到位，有效提升窗投邮件处理时效。提高窗口收寄质量，严格执行收寄验视制度，认真落实窗口环节邮件安全，逐级签订重点时期安全责任书，确保“两会”、国庆、G20峰会等重大活动期间邮件寄递安全万无一失。密切配合相关部门做好“扫黄打非”、非法出版物的查堵工作。拒绝收寄非正规出版社出版的图书刊物，加大对可疑邮件的检查力度，全年查获非法出版物6次，缴获实物25件，在收寄源头做好把控，严防非法出版物流入邮政渠道。

【网运投递工作】 2016年，随着电商业务的迅猛发展，通州邮件进口量大幅增长，其中，进口约投挂号25.68万件，同比增长43.77%；进口快递包裹119.76万件，同比增长121.69%。为更好的服务通州区域发展，满足对通信服务质量的要求，通州区分公司加强投递能力建设，在重点投递道段充实商投人员，做好邮政普遍服务工作。遇“双11”、春节等业务高峰期，网运、投递环节压力巨大，通州区分公司及时启动应急生产预案，广大投递员加班加点，机关部室、专业公司人员也直接参与，支援邮件分拣和投递工作，经全员共同努力，较好地完成了各类邮件的投递任务。

【安全生产管理】 2016年，通州区分公司强化安全管理，狠抓安全防范工作，加强了对重点部位、重点环境的检查，加大资金安全、风险合规等方面的考核力度，不断完善安全管理“网格化”监管体系建设；全年安全生产、消防安全、金融安全现场检查81次，同比增长17.39%；签订各类安全责任书926份，各类安全工作文件47份，安全工作会议6场。坚持召开每月交通安全司机例会，提高全体驾驶员安全意识，增强每个职工遵守交通法规的意识和观念，坚持每月对全部车辆进行一次全面安全检查，杜绝车辆安全隐患，全年检查500余次，同比增加50余次。2016年未发生交通责任事故，年内，获得北京市交通安全先进单位称号。

【参与创建文明城区】 2016年，通州区分公司参与通州创建文明城区工作，严格落实区委、区精神文明办、区创城办各项工作要求，结合本单位实际情况，落实企业“用户是亲人”的服务宗旨，以加强职业道德建设为基础，以先进典型为示范，在机关大院、楼道、会议室，各支局职工小家内利用电视显示频、局务公开栏、学习园地等各类形式进行宣传；在服务大厅摆放区文明办统一配置的“通州榜样宣传展示栏”，以不断提高行业服务质量和文明水平为目标，深入开展创城工作。利用节假日时间，组织志愿服务小队深入社区、村镇，方便群众用邮。年内，参与文明引导“等灯”交通志愿服务活动，切实做好志愿服务承诺，为创建全国文明城区集聚正能量。

（赵玉红）

通　信

【概　况】 中国联合网络通信有限公司北京市通州区分公司（以下简称通州联通）隶属于中国联合网络通信有限公司北京市分公司（以下简称北京联通），位于北京市通州区云景东路18号，现有全口径员工近600人，员工年龄分布均衡、合理，平均年龄32岁。通州联通内设10个部门，下辖通镇、梨园、次渠、疃里、张家湾、漷县6个分局，是通州地区的主导运营商。

2016年是通州联通持续推进创新变革，不断优化管理模式的一年。面对城市副中心建设的要求，通州联通全体干部、员工拼搏奋进，坚定前行，应对发展过程中的新变化和新要求，不断摸索发展策略，不断深化机制体制改革，初步完成调整转型的各项工作任务。

2016年，通州联通举全公司之力投身北京城市副中心建设，完成“全光网络”建设及光纤改造入户迁移工作，攻坚“网络瘦身”和“机房整合”，践行节能减排；调整政企客户服务体系，助力通州区“智慧城市”建设，实行物联网专业化运营；构建“四维”服务体系，新建营业网点；开展党建工作，完成共和国部长义务植树、2016年防汛、京东商城“双11”购物节、重要节假日等99项重要通信保障任务，全年无人为故障和重大通信阻断故障。全年各项安保指标全面完成，未发生重大安全事故。

【通州区跨入“全光网络”时代】 9月，通州联通率先完成“全光网络”建设及光纤改造入户迁移工作，实施多项宽带升速改造工程，通州区满足百兆接入端口占比达到99.97%；满足百兆接入用户占比达到99.85%；FTTH（光纤直接到用户）占比达到95.78%。网络服务能力大幅度提升，家庭宽带带宽达到100兆比特每秒（Mbps）以上，满足用户对网络带宽不断提升的要求，更为IPTV（交互式网络电视）、智慧沃家等业务发展提供了可靠的技术保证。

通州联通“光网宽带”覆盖通州区4个街道、

11个乡镇、400余个行政村，实现万兆入园区、千兆入企业、百兆进家庭，符合“宽带中国”“智慧城市”的标准，具有网络结构安全可靠、维护团队服务优质等特点，固定电话和宽带用户服务能力均能充分满足城市副中心发展的需要。

通州联通“全光网络”建设及光纤改造入户迁移工作的全面完成标志着通州区正式跨入“全光网络”时代。

【攻坚“网络瘦身”和“机房整合”】 年内，通州联通继光纤改造入户迁移工作之后，攻坚“网络瘦身”和“机房整合”，下电全部PSTN（公共交换电话网络）系统，拆除交换、传输、电源、宽带等设备，整合汇聚局所、接入网及有源箱，腾退、退租机房，年节约电量575万千瓦时，完成3个汇聚局所的“全光通信”验收。

【助力通州区“智慧城市”建设】 年内，北京联通成立城市副中心项目部，全面落实北京城市副中心相关项目的具体实施，同时优化调整政企客户服务体系，助力通州区“智慧城市”建设。

通州联通作为直接服务通州地区的属地分公司，依托中国联通强大的“智慧城市”网络体系，整合通信网、互联网、物联网三大网络，通过云计算中心、智慧城市管理中心、智慧城市数据中心，为通州区的政企客户提供应急指挥、数字城管、智慧小区、政府网络、环境监控、智慧交通、智慧医疗等多种“智慧”应用，将智慧的触手延伸到手机、视频电话终端、摄像头以及各类传感器，为北京城市副中心建设插上智慧的翅膀。

在北京城市副中心行政办公区“智慧工地”建设中，通州联通先后搭建点对点专线传输数据，支撑指挥部与施工企业的视频会议系统；为行政办公区指挥部和施工企业搭建互联网专线、安装固定电话、开通4G手机号卡，支撑区域内工作人员的网上办公和移动办公；在工人的住宿区提供免费WIFI无线局域网接入信号覆盖，让工人享受到移动的“互联网+”生活，使北京城市副中心行政办公区建设工地成为安全、有序、和谐的“智慧工地”。

【实行物联网专业化运营】 年内，为了使物联网业务更好地服务于通州地区的企事业单位和广大百姓，通州联通在北京联通物联网业务发展中心的支撑下，实行物联网专业化运营，成立物联网专业化运营小组，专项提升客户经理物联网服务能力。通州联通提出专业、及时、到位的服务理念，面向智慧城市建设，聚焦车辆服务、移动支付、智能可穿戴、远程抄表、移动媒体、生产及环境监测等六大领域，以点带面推动通州地区物联网行业发展。年内，先后完成环保局大气环境监测、水务局水文监测、千松科技公司城市无线信息屏、畅充科技公司智能充电桩等项目，为打造绿色通州、智慧通州贡献力量。

【构建“四维”服务体系】 通州联通秉承高效、便捷的服务理念，聚焦问题梳理、流程优化、制度调整、机制变革四项重点内容，采用线下、线上相结合的服务模式，为客户构建集互联网、营业厅、客户经理上门、装维人员上门于一体的“四维”服务体系。

互联网服务方面，通州联通在“10010”网上营业厅、联通手机营业厅、“北京联通”和“中国联通北京客服”微信公众号等线上方式以外，创新开展自媒体宣传，增加具有通州属地特色的“通州联通”手机微站（tzlt.bj116114.cn），以定位精准的策划、通俗易懂的语言、图文并茂的形式展示通州联通的重点产品和促销活动信息，并可通过朋友圈进行推广，使广大用户及时获取相关信息。

营业厅服务方面，在营业厅将重点产品的体验式营销与节日营销相结合，营造更加直观、清晰、富有感染力的信息化氛围，让用户感受到“光网宽带”和“4G+”时代的极速体验。

客户经理上门服务方面，通过开展热点产品培训、劳动竞赛提升客户经理服务能力，为政企客户提供优质的服务。装维人员上门服务方面，实行4小时修机、8小时装机、无条件受理。

在“四维”服务人员的共同努力下，通州联通2016年投诉总量较2015年同期下降49.3%，客户满意度显著提升。

【新建3个营业厅】 年内，为了便于客户就近办理业务、体验新产品，通州联通结合北京城市副中心建设和现有营业厅网点分布情况，陆续新建了物资学院、运河明珠、四季悦城3个营业厅，使营业网点充分满足客户需求。新营业厅的建成，方便了周边客户办理业务，同时缓解现有营业厅的业务受理压力，压缩了客户在营业厅的平均等候时长。

（乔　蕾）

新农村建设

【概　况】 2016年，优质煤配送达到20万吨，实现优质煤替代全覆盖。“煤改电”工作覆盖9个乡镇138个村，改造约4.8万户。宋庄镇小堡村开展“煤改气”试点建设，改造1100户。全区农宅抗震节能新翻建改造328户。创建50个美丽乡村。

【农村地区“减煤换煤、清洁空气”行动】 年内，按照“五个一批”的方式推进农村地区“减煤换煤”工作，制订并出台《通州区2016年农村地区“减煤换煤清洁空气”行动实施方案》。优质煤替代方面：在2015年基本实现优质煤替代全覆盖工作的基础上，对未进行“煤改清洁能源”改造的住户全部进行优质煤替代，配送优质煤约20万吨，实现优质煤替代全覆盖。“煤改电”方面：在试点村改造经验的基础上，2016年，全区对9个乡镇138个村实施“煤改电”改造，完成改造约4.8万户。同时，在全市“煤改电”工作中创建“通州模式”，创新“四早、四快”“三级调度”等多种工作机制，规范流程，严格管理，为“煤改电”工作的推进奠定坚实的组织保障。此次“煤改电”工作在不增加农村居民负担的前提下，切实保障了农村居民供暖，生活品质和居住环境得到提升。

【农宅抗震节能工程】 年内，为贯彻落实市新农办、市住建委、市财政局关于印发《2016年北京市农民住宅抗震节能改造工作实施方案》的通知要求，推进通州区农民住宅抗震节能工作及配合2016年北京市农村地区“煤改清洁能源”工作，通州区完成新建翻建328户。

【美丽乡村建设工作】 年内，按照《北京市“提升农村人居环境，推进美丽乡村建设”实施意见（2014—2020年）》文件精神，2016年，通州区创建50个美丽乡村。减煤换煤方面，29个村约8600户实施“煤改电”改造，21个村完成优质煤配送约1.7万吨。农宅抗震节能方面，15个村49户进行新建翻建改造工程。村庄环境综合整治方面，乡镇出动人员12.3万次，各种车辆0.85万次，治理乱堆乱放9480处，清理卫生死角430处，种植树木、多品种花草，改善村民生活环境。各乡镇根据实际情况购置垃圾大箱、果皮箱，满足辖区内村庄、小区、企业等单位产生垃圾收集需要。截至2016年年底，通州区50个参创村庄主要大街、人员密集场所、公园等地点均配置垃圾箱。同时完善保洁队伍建设及垃圾收集容器及转运车辆等设施的配置。

【农村基础设施管护工作】 年内，根据《通州区农村基础设施维护和管理实施意见（试行）》文件精神，通州区加强新农村村邮员、农村街坊道路、节能路灯、村庄绿化、公厕、太阳能浴室、农村户厕、“两气”等基础设施的管护工作。

2016年，通州区重点集中打造23个村庄的绿化美化提升工程。各乡镇、村加强组织领导，明确职责分工，制定绿化方案。充分对村内沟、路、河、渠等零星地进行绿化，做到乔、灌、草合理配置；聘请专业队伍进行施工，确保施工工期和绿化景观效果。针对市政建71座公厕的年久失修、设施损毁导致不能正常使用运行问题，新农办组织实施市政建公厕及150座新农村公厕外墙保温及厕所内部装修等修缮工作，公厕开放使用率为91%，有效提高了农村地区公共厕所开放使用率，解决农村地区如厕难问题。

为加快农村社会公共服务事业发展，确保发挥新型村邮站功能，2016年，经区新农办与邮政通州分公司协商，在3个乡镇4个村实施智能包裹柜安装建设试点工作，为农村提供优质的邮政服务。邮政通州分公司及时将村邮员工作情况及村邮站情况反馈给区新农办和各乡镇，充分落实《通州区村邮员队伍建设工作实施意见》文件，分季度对村邮员队伍管理考核，建立有效的反馈机制，通报制度。全年村邮员及村邮站工作基本良好。村邮员能够完成接收邮件、报刊并及时完好送到户。

2016年，农村街坊路修复和维护1.1万多平方米，全区农村街坊路和连村路完好率达90%。节能路灯修复损坏灯头5400余盏。由于部分路段线缆损坏，重新铺装线缆7558延米，零部件及设备27台套，亮灯率达到90%以上，农村街坊路及节能路灯的管护工作，保障了农村地区道路安全行驶，使广大农村居民夜间出行更方便、安全。

太阳能公共浴室、“两气”工程两项设施，由区种植中心委托区能源站，实行专业化管理和维护，定期进行安全隐患检查，要求项目村安排专人看管，通过各项工作开展，浴室、“两气”工程无安全事故发生，实现稳定运行目标。

由区种植中心下属能源站负责对农村户厕的管护和配件更换及维修工作，充分利用45个零配件供应点，采取统一采购，统一配送的方式，有效提升了服务质量。通过实施农村基础设施管护工作，保证了农村基础设施正常运行，大幅改善了农村的生活环境，提升了农民的生活水平，得到广大农民朋友拥护和好评。

（王媛媛）

园林绿化

【核心区路网绿化】 年内，进行运河核心区路网绿化工程（一期）的竣工验收工作，包括安顺路、新华南北路（北段）、通燕路、温榆河西滨河路、玉带河大街（东段）、新华大街、新华东路（南段）、故城东路、赵登禹大街绿化工程，种植常绿乔木285株，落叶乔木2949株，亚乔木及灌木1740株，绿篱27032平方米，地被19952平方米。

【屋顶绿化】 年内，完成2011年至2015年已建57875平方米屋顶绿化养护工作。

【大运河森林公园】 年内，大运河森林公园继续完善配套服务设施，新建景观亭1座，泵站3座，完成景观提升改造5000平方米，累计接待社会游客242.37万人次，接待各类参观考察和旅游团体162次。

（黄晶晶）

商务中心区建设推进工作

【概　况】 2016年，区新城中心区管委会在区委、区政府的领导下，认真贯彻落实区委、区政府的各项工作部署，振奋精神，扎实工作，全力加快商务中心区建设，完成区委、区政府交办的各项工作任务，商务中心区建设取得实质性进展，为城市副中心建设打下坚实基础、树立了样板和示范。截至2016年年底，商务中心区开复工项目达53项，累计完工40项，在建项目13项。市政道路建设方面，道路工程共计13项，东关大道、新华大街、新华南北路、故城东路、安顺路、温榆河西滨河路等7条主干路完工，通燕高速辅路竣工验收。4条次干路中，赵登禹大街竣工验收完成；北关大道除司空拆迁区段外其余基本完成；通惠桥北通车。永顺东街开工建设。另外，29条城市支路开工建设9条。北关大道跨通惠河桥桥梁工程具备通车条件；北关大道跨北运河桥桥梁主体及引桥段完工。新华南北路跨通惠河桥通车。冷热电三联供项目供热管线全面贯通，达到供暖条件。运河220千伏变电站外电源沟道项目跨温榆河围堰一期部分完成，其余部分全面进场。此外，南环环隧（东段）完成3个仓结构建设。新华大街客运枢纽公交场站、瓮城博物馆等项目正加快推进前期手续办理。

【产业开发项目全面开工】 商务中心区开发项目16个，2016年，完成建设153万平方米，完成投资约120亿元。京杭广场、绿地项目完成竣工备案，投入使用，正在推进招商工作。运河国际商务中心项目正在抓紧进行室外装修。富华水乡南区项目完成19栋结构封顶。新北京中心项目08、09地块公寓楼、办公楼完成外立面，正在进行室内装修。保利项目10地块完成竣工验收备案，11地块主体结构封顶。富力项目09、10地块办公楼主体结构施工，其它楼座进行内外装修。侨商总部项目07地块主体结构施工，02地块部分楼座及03、06、10地块楼座进行室内外装修。复地项目1栋公寓楼、富润万嘉项目2栋商业楼主体结构施工。运河壹号、合景泰富、远洋新光项目正在进行基础施工。珠江、原“彩虹之门”、绿地复地联合体项目计划2017年开工建设。

【引导高端要素集聚】 区新城中心区管委会在组织加快推进商务中心区产业项目建设的同时，与相关单位一起，按照商务中心区的定位，着手谋划商务中心产业招商和布局，吸引一批金融机构落户。截至年底，复地项目正在与农业银行、工商银行、建设银行、北京银行进行洽商。侨商东区III-03地块确定由华夏幸福下属保险机构持有。侨商东区III-02地块西侧售楼处基本确定由上海银行持有。此外，华业、富力等项目正与工商银行、建设银行等金融机构进行洽商。

【项目建设管理标准化】 为确保商务中心区建设项目在安全生产、文明施工、环境保护等工作做到标准化、规范化、精细化，2016年，区新城中心区管委会出台《通州商务中心区建设项目标准化管理常用手册》，涵盖施工准备阶段、施工现场、料具管理、施工现场人员管理、生活区管理、施工用电、施工安全、消防安全、食品安全、环境保护、奖惩办法等内容，是商务中心区管理人员、参建人员的实用管理指导手册，进一步规范商务中心区建设项目的科学化管理。与此同时，进一步加强商务中心区的制度建设，陆续出台多项管理措施。为满足未来商务中心区的整体建设形象和高端定位，制定《通州商务中心区开发项目小市政工程管理办法（试行）》；为确保商务中心区各项应急工作有效落实，制定《通州商务中心区建设管理工作应急预案汇编》等。

【督查管理规范化】 组织协调现场办公室开展日常工作。做好现场办公室工作例会、商务中心区建设检查情况通报会的筹备组织工作，提高会议效率，精心准备议题，严格督办会议落实情况，形成集思广益、各司其职、齐抓共管的会议机制。2016年，组织现场办公室召开工作例会、通报会各24次，对检查中发现的问题整改严格实行现场指导整改、通报行政处罚或限期整改、整改不到位停工整改的“三步走”制度。检查通报问题357个，累计行政处罚71次，42.9万元，行政扣分85分，停工整改项目43次。通过召开会议、下发文件通知、编发刊物、建立微信群等形式，及时将领导重要部署、全区重点工作、社会重要事件等进行传达部署，畅通信息沟通渠道，实现资源共享，提高工作实效。

【创城工作】 年内,以创城工作为契机，充分发挥商务中心区文明工地的示范、引导和带动作用，高标准要求建筑工地创城社会面宣传工作。一是要求沿城市主要街道的开发建设项目，按照统一标准、统一设计、统一施工的原则，沿新华大街、新华北路、赵登禹大街、通燕辅路、玉带河大街、北运河西滨河路等主次干路搭设4～8米高的高标准施工围挡进行公益广告和建设项目宣传，宣传总面积近5万平方米。二是成立创城工作领导小组，商务中心区各参建单位为成员单位，要求创城迎检期间每天安排专人对本项目卫生责任区进行巡查，统一派发“创城巡查员”袖标，发现问题及时处理。三是建立长效巩固措施，确保创城督办问题制定专项整改方案、明确任务、责任到人、限期整改，督办回执单按照要求及时落实回复。

【加强施工一线执法力度】 2016年，每逢重要节日、重大活动、极端天气、重要节点等，区新城中心区管委会都要组织各职能部门，采取“不发通知、不打招呼、不听汇报、不用陪同和直奔基层、直奔现场”的“四不两直”方式，深入商务中心区施工现场开展各类专项检查，对发现的问题建立督查台账。一是扎实做好汛期防汛工作。及时向各参建单位印发《关于做好2016年通州商务中心区防汛工作的通知》，组织专题会进行部署，汛前、汛中多次组织有关单位重点检查区域内在施项目防汛物资准备、应急预案制定、防汛安全教育、汛期值班等情况，对检查发现的问题责令各相关单位立即整改，确保商务中心区安全平稳度汛。二是深入开展安全生产月活动。认真吸取全国重大安全事故教训，区新城中心区管委会组织职能部门分阶段开展“拉网式”安全生产大排查，特别是办公区、生活区用电安全、消防安全、食堂食品安全管理，采取白天巡查，夜间抽查方式，以检查督促落实，确保区域内安全生产零事故。三是及时传达部署空气重度污染应对措施。牵头组织现场办公室各成员单位对所有在施工地开展拉网式检查，期间出动16个检查组、85人次，坚持全覆盖、严要求、零容忍、严执法的原则，确保所有项目在预警期间按照要求采取应急措施。四是深入推进施工现场扬尘治理措施。明确提出施工现场应统一采用10x10厘米内800目以上标准密布网对裸露土方进行100%覆盖，并统一制作18张“苫盖网标准展示板”张贴在各项目施工现场进行展示，组织职能部门加大扬尘治理检查，结合视频监控系统、航拍等科技手段，发现问题从严处理、高限处罚，确保建设施工现场扬尘治理工作措施落实到位。

【推进项目建设管理精细化】 随着商务中心区各产业项目进入施工建设的高潮期，市政基础设施竣工投入使用，创新引入专业公司专业队伍，对商务中心区建设现场进行精细化、网格化、全方位的进行管理，将商务中心区建设、运营、管理进行统筹考虑，实现无缝对接。一是为提升商务中心区封闭管理标准化建设，持续深化封闭管理标准和社会宣传，并结合创城工作要求，2016年，全面提升商务中心区所有出入大门建设标准，对监控系统进行升级改造，同时要求市政基础设工程、封闭区域内的施工单位对施工围挡进行规范设置，围挡高度、材质要达到统一。二是通过商务中心区各出入口统一封闭管理，有效控制社会闲杂车辆、人员进入建设施工现场，保证商务中心区施工现场安全和秩序。2016年，各封闭大门安保人员制止无证人员约5500人次，制止无证小车约1800次，制止不符合规定的渣土运输车约200次，制止无证材料车约900次，发现并制止偷盗电线电缆等物资5次。为加强对保安公司的管理，区新城中心区管委会每月采取突击检查、暗访的形式对保安人员执勤情况、业务素质、仪容仪表、日常管理等方面进行督查，确保商务中心区各门岗执勤管理和服务质量再上新台阶。

【推进施工管理专业化】 一是聘请4名专职工程师对区域内各产业项目进行安全有序施工管理，对各参建单位现场安全生产、文明施工、与市政施工协调等工作进行检查和指导，重点加强环境治理、基坑安全、塔吊安全的检查和指导。二是聘请2名岩土工程专家对产业项目开发基坑管理，对基坑方案进行评审，与各项目进场施工前基坑方案等提出可行性意见，现场技术问题及时指导，并对项目深基坑施工提出管理要求。三是委托监测单位对区域内基坑进行监测，在土建施工过程中对周边环境和工程自身关键部位实施独立、公正的监测，验证施工过程中各方的监测数据，为相关单位提供参考依据，2016年，完成42期监测报告。通过产业项目施工过程专业化管理，不断提高各参建项目施工过程的监管深度、力度，确保各项目规范高效建设。

【运营管理】 2016年，区新城中心区管委会启动商务中心区智慧城市等城市运营管理工作。一是委托专业公司对商务中心区碳排放、能耗指标等内容逐项进行模拟计算和数据比对，将指标分解到各地块，并与落地项目对接；编制智慧城市和海绵城市建设方案，将随项目建设进程分步实施。二是由新奥通城公司通过公开招标的方式确定运营管理物业单位及保安公司，明确岗位职责和管理范围，确保北环环隧、东关隧道、市政综合配套服务中心及各条市政道路的设施设备运转安全。三是统筹推进气力垃圾系统建设。商务北区5个产业项目涉及到气力垃圾收集系统。2016年，绿地项目和光大项目一期完成设计工作，开始施工建设；保利项目、世贸侨商（西区、东区）项目完成初步设计工作。四是委托新奥通城公司对立体停车库进行运营管理。

【推进建设管理服务规范化】 年内，在管理制度规范化的基础上，不断加强专业性教育的普及。一是年初邀请国家级安全生产专家从建设施工现场安全管理等方面，对在建项目主管安全生产及监理单位170余名负责人进行培训，充分做好项目开复工准备工作。二是多次组织开展消防实操培训。对消防灭火的应急和预防、消防器材的正确使用方法等知识技能，进行讲解和示范，并组织参训人员进行实际操作和现场演练。三是应对空气重污染预警工作，通过微信工作群、会议、通知等形式，多渠道、及时向商务中心区所有参建单位进行传达部署，将应对措施落实到位；同时，在区域内22个出入大门统一设置“商务中心区空气重度污染预警公示牌”，及时、准确公布预警动态。

【服务保障工作】 年内，为提升主动服务意识，转变服务理念，在管理中服务，服务中保障，努力让各参建单位都能从建设管理的成果中有更多的获得感，进一步提升管理工作水平和建设成效，一是建立建设现场管理办公室微信群，为各成员单位之间交流讨论，快捷、高效的解决建设现场存在的问题开辟新阵地，建立商务中心区建设管理工作群，进一步提高政府与企业间的沟通效率，为政府与企业沟通搭建良好的渠道。二是为培养和塑造各参建单位的荣誉感和使命感，不断增强企业向心力和凝聚力，表彰区域内优秀单位及个人，将组织现场办公室各成员单位进行商务中心区评优秀活动。三是组织开展2016年度商务中心区建设管理工作满意度问卷调查活动，各参建单位对商务中心区建设管理满意度达100%，同时对部分参建单位提出的相关意见和建议进行分析、总结，进一步提升服务管理工作质量。

【创新管理体制机制】 为提高商务中心区建设管理和综合服务水平，加强项目监督管理，2016年，在深入调研的基础上，区新城中心区管委会就商务中心区产业项目设计、实施对接管理工作制定出台《通州商务中心区建设项目规划建设管理规定》，在完善现有产业项目规划及施工审批制度的基础上，进一步完善项目规划建设管理机制。要求相关职能单位提前介入、主动指导，并就项目建设标准及相关图纸进行提前对接，缩短项目审批时限。对建设项目从设计施工到竣工验收，制定详尽的准入标准及规格，并严格做到层层审核，全程监管。

【全国文明城区创建及宣传报道工作】 2016年，中央测评组对通州区创建全国文明城区工作进行复检。为全面落实区创城工作的总体部署和要求，推进商务中心区创建工作，区新城中心区管委会全面对照《全国文明城区测评体系》，认真抓好商务中心区围挡宣传及文明工地创建工作。一方面，充分利用商务中心区周边围档，加强社会主义核心价值观、讲文明树新风、城市副中心建设的宣传，为全区创建文明城区营造浓厚氛围。另一方面，树立样板，以点带面，全面加大商务中心区文明工地的建设力度。与此同时，采取多种形式，加大商务中心区建设的宣传力度，会同区委宣传部等部门，不定期组织电视台、《通州时讯》等单位，采取集中宣传、现场报道等形式，利用报纸、电视台等媒体开展一系列的宣传工作。

（朱秀莲）

商务中心区基础设施建设

【概　况】 北京新奥通城房地产开发有限公司负责北京城市副中心商务中心区市政基础设施建设，涉及地下环隧、市政管网、场站设施、轨道交通、交通枢纽、河道治理、跨河桥梁等，总投资约65亿元。截至年底，商务中心区基础设施项目开工建设28项，其中，环隧工程2项，道路工程21项，市政综合配套服务中心1座，桥梁3座，外电源沟道1条。2016年，商务中心区基础设施建设进入全面收尾阶段，主要市政道路实现竣工验收，市政综合配套服务中心全部完工，跨河桥梁具备使用条件，商务中心区基础设施建设呈现快速、有力、有序推进势头。

9月21日，主流媒体聚焦北环环隧　（新奥通城提供）

【重点工程项目建设】 2016年，南环环隧、北关大道跨北运河桥等项目建设取得突破性进展，220千伏变电站外电源沟道主体结构全面开工，市政综合配套服务中心、北关大道跨通惠河桥、通燕高速辅路南侧源头岛绿化工程等一批重点工程全线完工，成为北京城市副中心的精品工程。

市政综合配套服务中心立体停车库　（新奥通城提供）

南环环隧工程，是地下车行隧道，位于商务中心区商务南区，主隧道长1.16公里，布置在东关北街、吉祥路、东关中街、东关中路地下，设计时速为30公里/小时。隧道设置3对进出口与地面道路相连，设置11对进出口与地下车库相连。截至年底，东段工程完成三舱结构建设，建成后将为商务南区创造地面“无车区”。

市政道路21项，其中主干路7条、城市快速辅路1条、次干路4条、支路9条。主次干路全线贯通，其中，通燕高速辅路、温榆河西滨河路、故城东路、新华大街、新华南北路、安顺路等8条道路完成竣工验收，永顺南街、新华北一路、北关大道、北关北街（东段）等4条支路新建开通，永顺北街、北运河西滨河路、北关中路、芦庄南街、新华东路（北段）等5条道路全面开工。

北关大道工程，东起北运河西滨河路，终点至通燕路，道路全长约1.49公里，规划为城市次干路，设计时速为40公里/小时。截至年底，北关大道（通燕高速辅路—北关大道跨通惠河桥段）全部建成并通车运行。

永顺南街工程，西起新华南北路，东至北关大道，道路全长654.24米，规划为城市支路，设计时速为30公里/小时。截至年底，道路全线竣工并通车运行。

永顺南街全线竣工　（新奥通城提供）

北关大道跨通惠河桥，位于北关大道跨通惠河桥处，桥梁长90米，宽45～51米。截至年底，桥梁全线竣工，呈现出“青叶伏波”的唯美造型。

北关大道跨北运河桥，位于北关大道跨北运河处，桥梁长约365米，主桥桥宽42.6～68米。截至年底，桥梁结构工程全部完成，建成后将呈现“千荷泻露”的唯美造型。

外电源沟道1条。220千伏变电站外电源沟道，是周边道路配套的电力隧道工程，位于温榆河西滨河路与通顺路东南角，北起通顺路与潞苑北大街路口，南至运河220千伏变电站，建设长度3713.5米。截至年底，外电源沟道跨温榆河围堰一阶段施工完成，主体结构全面开工。

（卢素红）

房屋管理

【物业企业】 2016年，有备案物业管理项目305个，规模3577.4万平方米。其中，实施物业管理的住宅项目202个，建筑面积2584.5万平方米，非住宅项目103个,建筑面积992.9万平方米。在通州区实施物业服务管理的企业228家，其中，登记注册在通州区的物业企业156家，具备一级资质企业3家，具备二级资质企业16家，具备三级（含三级暂定）企业137家，还有72家外区注册在通州区有服务项目的物业企业。

【物业资质审批】 年内，完成资质审批39件，其中，办理三级暂定资质16件、三级资质6件、资质变更17件。完成物业项目备案18件（其中，新增项目备案16件，新旧物业更换2件，项目变更39件）。

【物业监管】 年内，对于问题严重、信誉差、服务不达标、业主投诉较多的物业企业，区住建委加大执法检查力度，加大检查频次。深入实地执法检查物业服务项目156处，责令整改项目118个，约谈项目负责人80余人次，对求实信物业、群鑫三园物业等物业企业进行行政处罚22件，对万驰家园物业、慕梅精源物业2家物业服务企业进行扣分。

【物业管理配套文件出台】 《通州区住宅区物业管理办法（试行）》2015年12月1日正式实施。围绕管理办法中提出的关键环节，以解决物业管理行业深层次矛盾和问题为导向，2016年又制定三个补充性文件《通州区住宅区物业管理三级监管工作办法》《通州区物业项目交接实施细则》《通州区物业服务企业诚信“红黑名单”制度》，初步构建起以《通州区住宅区物业管理办法》及三个相关配套文件为主要支撑的政策体系。该政策体系，一方面形成政府部门牵头、乡镇街道统筹、社区参与的物业管理的三级监管格局；另一方面重申政府各部门在物业管理区域内的管理职能，形成多方参与、共同治理的良好局面；第三健全物业管理监管体系，建立物业服务企业诚信“红黑名单”制度，逐步将物业管理从资质管理转向诚信管理。为深入贯彻《通州区住宅区物业管理三级监管工作办法》的文件精神，2016年5月及8月，分别召开全区物业管理工作大会，向属地政府、社区居委会和各物业公司部署物业管理三级监管工作办法，并提出下一阶段具体工作要求，发放各类文件600余份。

【物业大会】 2016年，召开三次全区物业大会，总结物业管理工作取得的成绩和不足，同时邀请区安监局、质监局、消防支队、公安分局等部门进行安全生产教育，聘请北京市物业协会对属地政府及物业企业进行培训，下发材料、指南、手册、文件1万余份。

【商品住宅专项维修资金使用审核】 年内，申请审核材料997件，使用专项维修资金5596万元，其中，应急支取349件，使用专项维修资金3620万元，同比略有下降。使用维修资金进行的房屋维修项目主要涉及屋面防水、电梯、消防报警系统及消火栓系统、二次供水设备、排水管道、安防监控和门禁系统等。

【普通地下室管理】 年内，完成普通地下室备案11处，全区备案的普通地下室备案38处，其中，包括万达广场、京通罗斯福广场、迪卡侬超市等新建大型商业项目7处，涉及餐饮行业7处，公共娱乐场所2处，涉及各类小型商超市6处，涉及工业厂房仓库的4处，剩余12处备案为商铺、健身房、口腔门诊等商业用途。区住建委与全部备案的38处普通地下室均签订《普通地下室安全使用责任书》，确保普通地下室安全使用。根据《北京市人民防空工程和普通地下室安全使用管理办法》的规定，区住建委对通州区普通地下室进行综合管理，日常监督中检查重点是擅自拆改房屋建筑主体或承重结构，普通地下室是否按照规划用途合理使用及地下室容纳人员超过核定人数等。全年完成各类执法检查及联合执法检查70余次，做到发现问题立即整改，确保通州区普通地下室的安全使用。

【房屋防汛】 年内，制订《通州区住房和城乡建设委员会2016年防汛工作方案》，建立防汛工作机构，成立日常工作组、在施工程防汛组、城镇房屋和普通地下室防汛组、直管公房防汛组、重点工程防汛组、应急抢险工作组、后勤保障组7个工作组。组织召开城镇房屋防汛动员大会，通州区各乡镇政府、街道办事处、直管公房单位、自管房单位、物业服务企业和普通地下室管理单位参加大会。为保障安全度汛，区住建委与直管公房单位、自管房单位、物业服务企业签订安全度汛责任书。6月1日上汛以来，通过短信平台、微信、QQ等方式发布雨情信息、防汛通知达15件次，受众超过3000人次。

（姚嘉斌）

【潞城棚改（A片区）国有土地上房屋征收】 A片区国有土地上房屋征收项目涉及非住宅被征收人9户，其中1户中含住宅7户。签约期限自2016年11月4日起至2016年11月30日止。截至年底，非住宅签约3户，住宅签约3户并交房。

【潞城棚改（B、C、D片区）集体土地拆迁】 B、C、D片区拆迁范围涉及潞城镇留庄村、东夏园村、庙上村、东小营村、黎辛庄村、常屯村、后屯村、孙各庄村、召里村、堡辛村10个村域。拆迁范围涉及住宅2164户，安置人口1万余人。9月1日，区住建委在上述10个村张贴住宅房屋拆迁公告。9月15日，10个村同时启动签约工作。截至10月5日，B、C、D片区住宅签约率达到100%；10月10日，选房率达到100%，达到“签约、选房两个100%”的工作新高度，实现区主要领导提出的B、C、D片区拆迁“场光地净”的新目标。B、C、D片区集体土地非住宅拆迁签约期12月1日至12月20日，非宅新统计的总数是439户，签约94户，签约率21.41%，报审57户，审计通过34户。

（张玉梅）

城镇住房制度改革

【公有住宅房屋出售】 年内，办理61件房改批复，涉及住房306套，面积24424.141平方米。其中，受理售房方案27件，涉及住房103套，建筑面积5868.53平方米；受理按经济适用房出售及备案方案4件，住房149套，建筑面积14952.44平方米；受理产权变更方案30件，住房54套，建筑面积3603.171平方米。

（宋友香）

【保障房开工】 年内，保障房开工建设任务对接项目3个房源3621套（受地铁北京城市副中心站规划选址调整影响，西北侧地块约1500套房源年内无法实现全部开工，通州区2016年保障性住房开工建设指标由5000套核减为3500套），截至年底，均实现开工建设，完成建设筹集任务的103%。潞城镇棚户区改造项目（A区）后北营地块1807套，开工建设。杨坨三号地安置房项目

1238套，开工建设。西集综合配套区E地块安置房项目576套，开工建设。

【保障房基本建成】 保障房基本建成任务对接项目7个，房源7922套，截至年底，均全部完成四方验收，达到基本建成条件。完成基本建成任务的100%。砖厂经适房项目801套；砖厂限价房项目340套；物流B西地块（配建限价房项目）2068套；通州区永顺镇珠江国际家园二期潞苑五街南侧居住用地项目541套；通州区潞城镇通州新城0604街区定向安置房项目2880套；轻轨L2线通州段两站一街回迁楼366套；北京市通州区于家务回族乡乡中心A-05、A-08地块定向安置房项目926套。

（曹红兵）

【保障房分配】 11月，根据市住保办《关于启动高立庄等29个公租房项目3.2万套房源分配有关事宜的公告》的文件精神，将珠江二期项目、于家务乡乡中心A地块项目、永顺0204地块三个项目1151套房源进行集中配租，完成公租房分配任务。2016年，组织10次选房活动，为1945户保障房备案家庭解决住房困难。截至年底，通州区竣工的8个项目4828套房源，分配入住4365套，实际入住率90.4%。制定公租房分配制度的实施细则，针对每一分配批次制作配租流程单，自接到市级备案结果就马上安排公租房分配各环节的具体时间，严格兑现“当月备案、下月选房”的承诺。

（邱　磊）

市政管理

开展道路遗撒专项执法活动　　（城管执法局提供）

环境保护

【概　况】　2016年，在区委、区政府的正确领导下，通州区环保局结合北京城市副中心的功能定位，以改善环境质量为根本点和落脚点，全面落实“五位一体”的总体布局和“京津冀”协同发展的战略部署，严格执行中央和北京市关于生态环境建设的各项重要决策，认真履行环保职责，较好地完成了全年各项任务。

【体制机制建设】　2016年，科学编制《通州区2013—2017年清洁空气行动计划》《通州区关于进一步强化大气污染防治持续改善空气质量的工作意见》《通州区水污染防治工作方案》等专项方案40余个。从压减燃煤、治污减排、控车减油、清洁降尘等方面，全面治理通州区大气环境；从强化城镇生活污染治理、推进农业农村污染防治、深化工业污染防治、全力节约保护水资源等方面，全面治理通州水环境。

建立周调度、月督查、季汇报的大气、水污染防治联席会制度。区长办公会专题调度，着力协调难点问题；区领导定期调度，推动重点问题解决；区委常委会每季度统筹调度清气计划进展，并通报辖区空气质量改善情况。

制定《通州区2016年清气计划考核办法》《通州区水环境乡镇跨界断面补偿办法（试行）》等，建立大气、水专项工作考核机制。建立三级“河长制”，按照“一河一长、条块结合、属地管理”的原则，形成政府主导、属地负责、行业监管、专业管护、社会参与的水环境管理体系。

制定《监察执法工作规范》《流动源执法工作规范》《行政处罚案件审核制度》《建设项目环境影响评价审批验收工作规范》《燃煤锅炉清洁能源改造补助资金申报与发放工作规范》。通过规范工作流程、统一表格、明确重点等方面，强化依法行政，不断推进行政工作制度化、规范化、程序化。

根据现有的环保法律法规及相关政策文件，对所承担的行政职能进行梳理。梳理出八大类342项行政职权，其中，行政处罚278项，行政许可8项，行政强制6项，行政确认7项，行政征收1项，行政检查7项，行政奖励10项，其他行政事项25项。

【大气污染防治】　2016年，全区2225.277蒸吨燃煤锅炉全部拆除完毕。压减燃煤48.57万吨，在远郊区县中率先建成燃煤锅炉禁燃区。实施“煤改清洁能源”的村庄139个村，其中，“煤改电”村庄138个村，“煤改气”村庄1个村。全区农村地区“煤改清洁能源”工作全部完成。“煤改电”安装工作全部完成，安装46926户；宋庄镇小堡1个村完成全部“煤改气”工作，1100户。订购优质煤18.5万吨，配送完毕，实现优质燃煤全境覆盖的目标。

组成区级打击整治工作小组，对固定销售点、游商销售进行打击。开展联合执法74次，没收车辆58辆，没收劣质散煤170余吨，基本实现全区无劣质煤销售。

随着燃煤锅炉的拆除、“煤改清洁能源”工作的完成，通州区空气质量较上年均得到进一步改善，细颗粒物（$PM_{2.5}$）累计均值为80ug/m^3,位居全市第14位；改善率为14.0%，居全市第二位。可吸入颗粒物（PM_{10}）、二氧化硫、二氧化氮三项污染物持续好转。

【环境应急】　年内，面对空气重污染天气，迅速启动应急预案，就空气重污染黄色预警措施落实情况展开督查，各乡镇、街道落实属地责任，采取切实有效的应急措施。落实各项应急措施，协调和调动成员单位应对空气重污染应急相关工作，收集、分析工作信息，及时上报重要信息。

24小时对区重点废气排放企业开展执法检查，确保大气污染防治设施正常使用，污染物达标排放。

移动遥测与固定遥测同时启动，对白庙进京口开展全天候监测，同时加强辖区主干道车辆移动遥感检测，严格控制超标车入境或过境。

针对施工工地建立保障督查组，对全区施工项目进行全覆盖密集式检查，加强对全区施工现场裸露地面覆盖、定期降尘洒水等工作进行检查。全区所有在施项目立即停止土石方、建筑拆除等施工作业，并启动所有降尘、抑尘设备，加强洒水降尘频次。

【水污染防治】 2016年，与水务局开展区内6个乡镇的黑臭水体治理任务，新建59座污水处理设施，新增污水处理能力3.68万吨/日；碧水污水处理厂完成提标改造，污水处理能力达到18万吨/日。在全市率先建立区级河流自动在线监测系统，完成13座自动在线监测子站建设，河流水质数据实时上传，分析通州区地表水水质现状及变化趋势。完成禁养区和限养区15家畜禽养殖场关闭搬迁；完成8家规模化养殖场粪污治理工程。完成饮用水水源地保护区标志设置工作，安装界标134块、宣传牌106块、交通警示牌8块。在全市率先实施水环境乡镇跨界断面补偿工作，印发《通州区水环境乡镇跨界断面补偿办法（试行）》，对11个乡镇河流跨界断面不达标情况实施生态补偿；建立月通报会制度，对乡镇跨界断面水质浓度、乡镇应缴纳的补偿金数额、各乡镇缴纳情况排名等进行通报，并提出合理化建议，为乡镇水污染治理出谋划策。完成4条中小河道治理工程，启动“两河、六片区”水环境治理PPP建设项目，多部门联合、多措施并举共推水环境治理工作。

7月4日至8日，意大利专家团到通州区进行现场调研，通州区环保局联合市环保局、通州区水务局组织召开中意合作通州水环境治理项目交流会，就提升城市副中心水环境质量和提高水环境管理能力展开全面、深入交流研讨。

7月4日至8日，意大利专家团到通州区进行现场调研

（环保局提供）

【项目审批】 年内，严格执行新《环境影响评价法》，制订《区环保局简化优化公共服务流程方便基层群众办事创业工作实施方案》《通州区环保局关于优化公共服务类建设项目环保审批流程的意见》，简政放权，放管结合，优化服务，最大限度方便群众办事创业。

简化登记表项目办理流程。实施备案制管理，规范备案工作程序，按餐饮、汽修、工业、房地产、娱乐、干洗等6类常规项目，分门别类制定《登记表建设项目备案条件及相关法律责任必读文本》，强化项目单位主体责任。年内，完成登记表项目备案214项。

实行阳光审批，审验项目同步公示。利用网上审批方便、快捷、透明的优势，实现审批事项咨询、受理、申报、审批等环节网络化服务，依托区电子监察系统对审批流程进行动态监督。环评文件受理、审批项目、“三同时”验收项目全部网上公告。2016年，完成建设项目审批439项，建设项目审批总数同比2015年下降16.4%；完成建设项目验收192项，同比2015年验收项目总数减少18.6%。

【污染源解析】 2016年，开展全区$PM_{2.5}$源解析，明晰区域$PM_{2.5}$各方贡献率；开展污染源普查性监测，建立污染源排放清单，从污染物成因、组成、总量及变化趋势等方面对11个乡镇、4个街道分别进行综合分析，实现一镇（街）一册，并编制通州区污染源普查报告。

【环境执法监管】 2016年，围绕“治散煤”“净四气”“降三尘”，大力开展大气污染执法年行动。严厉打击汽修、餐饮、家具制造、印刷等行业大气污染物超标排放、治理设施不正常使用等行为，加大对集中污水处理设施及工业企业超标的监管力度。2016年，处罚违法案件400家，罚款金额1546.62万元。运用新《中华人民共和国环境保护法》以来，查封企业排污设施66起，其中，重大案件移送司法部门1起。用足用严行政政策，利用经济杠杆加强污染源监管。2016年，征收排污费5671.78万元，同比增长92.68%。

【移动源污染监管】 年内，开展专项行动，驻扎进京路口，对过境进京大货车进行执法检查，深入辖区内各大物流集散地、用车大户等外埠重型柴油车集结地对车辆的品牌型号、排放标准、净化装置类别、尿素添加情况等逐一进行登记检查。依托联勤联动执法办公室、交通秩序大整治工作平台，开展路检夜查。

完成城区货车禁限范围扩大工作，确定禁限范围，禁限方案通过区长办公会审议。2016年，通州区淘汰老旧车13458辆（不含转出），完成全年任务的129%。检查机动车189.68万辆，完成全年任务的228%，其中，进京路口核发环保凭证76.7万份，抽查过境小客车69.3万辆，劝返不符合标准车辆2004辆；遥感检测车辆40.29万辆，处罚25辆；入户检查车辆2.31万辆，处罚车辆629辆，检查各类施工机械0.13万台，处罚施工机械107台；路检夜查0.99万辆，处罚351辆；检查加油站2440家次，抽测250家次，处罚加油站19家次，处罚储油库1家；巡查检测场255场次，抽查机动车1.5万辆，处罚1家次。全站办理处罚案件1133件，处罚金154.99万元。

【环境信息化建设】 2016年，河流水质在线监测系统完成验收，进一步完善通州区水质统计分析信息化系统，为实施通州区生态补偿、水污染应急处置等提供技术支撑。污染源监控系统加大覆盖面，开展100家企事业机关单位食堂、通州核心区餐饮企业安装“一主机多探头”油烟在线监测设备；对新增过渡性污水处理设施安装12个在线监测系统，加强污染防治设施全过程监控。固定遥感系统进一步加密，在京塘路榆林庄桥南、通香路西集杜店村西路口安装固定遥感监测设备。政务办公信息化系统进一步整合，实现环保业务及办公等工作领域全覆盖，与环境综合业务平台有机结合。

【环保队伍建设】 年内，建立三级环保管理体制，逐步完善建立基层环保机构，配备乡镇专职及协管人员。第一批环保专业执法机构派驻到马驹桥、张家湾、宋庄、潞城、台湖、漷县7个乡镇开展环境执法工作。招募239名专职网格环保监督员全部入驻1809个全区网格化城市管理体系。与信息化系统相对接，构建覆盖全域的立体环境监管网络。从源头上减少环境污染隐患，提升环境监察手段，及时、快速解决辖区内环境污染问题，做到环境执法全覆盖、环保监管无盲点。

（丁　媛）

防震减灾

【概　况】 2016年，区地震局扎实推进监测预报、震害防御和应急救援三大工作体系建设，完成全年各项工作任务。2016年，区地震局被北京市地震局评为2016年度北京市区县防震减灾工作综合评比先进单位和2016年度区县地震监测预报工作先进单位。

【地震测报体系建设】 年内，推进地震宏观测报网、灾情速报网、知识宣传网和指挥部防震减灾助理员的“三网一员”建设，充分发挥群测群防在地震短临预报、灾情信息报告和普及地震知识中的重要作用。依法加强对地震监测设施和观测环境的保护；逐步完善通州区防震减灾信息网络系统建设，为应急管理、灾害防御、监测预报等提供信息服务；进一步完善地震预测信息会商机制，做好各类会商所用数据和背景资料的收集、整理；扎实做好震情跟踪和分析研究，严格贯彻异常落实和上报制度；加强震情趋势研判，做好重要时段的地震安全保障。上半年全市评比中，通州区获得市地震局前兆资料评比徐新庄压磁应力测项第一名、漷县中学台、马驹桥台、大东台、地震局压磁应力测项以及徐辛庄台水位、水温测项优秀奖等奖项；下半年评比中，获得北京市2016年度区县地震监测预报工作先进单位称号，徐辛庄台压磁应力测项第一名以及六个测项优秀奖。

【地震灾害预防体系建设】 年内，着力推进漷县镇吴营村地震安全示范社区创建工作，编制创建方案，完善创建材料，提供专项经费保障，升级硬件设施，7月，漷县镇吴营村获得区级地震安全社区称号。着力推进芙蓉小学和龙旺庄中学防震减灾示范学校创建工作，提升学校创建思想，协力打造校内防震减灾科普体验教室经典工程，合力推进防灾减灾示范学校创建工作。协助推进地震科普体验馆建设，在北京市地震局的支持和统筹下，创造条件，为推进位于通州西集郎西村运河怡水文化园内的防震减灾宣教展厅建设培育环境。

【宣教活动】 选择“3·1”“5·12”等重大纪念日作为宣教节点，深入开展防灾减灾知识讲座、主题宣传教育活动。3月1日，通州区民防局和通州区应急委、地震局、气象局、红十字会、消防支队、北苑街道办事处等多家单位在通州区北苑街道国泰广场开展了以“民防与新信息技术”为主题的防灾减灾宣传活动；5月12日，区地震局会同区应急办、区民防局、区安全监管局、区气象局、区红十字会、区公安消防支队、区教委和街道办事处、乡镇政府力量，深入开展“减少灾害风险，建设安全城市”主题宣传活动，联络通州电视台、《通州时讯》等媒体扩大宣传影响力，提高防震减灾宣传的覆盖面和参与率；7月25日至7月28日，在区地震局的部署下，全区12个地震安全示范社区（村）相继组织开展纪念“7·28”唐山大地震40周年微信进社区（村）宣传活动。

【防灾减灾系列活动】 年内，在宣教工作“六进”（进学校、进家庭、进社区、进机关、进企业、进乡村）的基础上积极拓展宣教途径。10月上旬，区地震局组织北苑街道复兴南里等12个地震安全示范社区50多人参观体验地震科普馆。11—12月，区教委、区地震局多次联合组织防震减灾示范学校赴国家地震紧急救援训练基地和北京地震与建筑科学教育馆开展实地宣教活动，提升宣教效果。

【地震应急避难场所建设】 年内，加强对已建成的12处避难场所场地进行维护，重点突出对体育场、玉春园、漫春园和梨园主题公园等主要避难场所的维护，增设72块导向牌，方便周边市民按导向到达场所并识别相关设施位置，同时，对已建立的较为完善的疏散安置预案进行实践演练应用，提升避难场所知晓率。

【完成地震小区划信息系统工作】 6月21日，市地震局工程所、北京赛斯米克科技发展中心到区地震局，就通州地震小区划信息系统开展学习交流和研讨活动。该信息系统是通州地震小区划建设成果保存和应用的平台，其建成将为通州区地震小区划成果的深入运用提供更便捷和系统的服务方式。

【牵头完成《通州区防灾空间布局研究》专题】 本专题是通州总规体系中32个专题规划之一，课题自7月中旬开题、10月底结题，由北京工业大学建筑勘察设计院高精尖团队承接。自7月以来，积极制定实施方案，充分利用指挥部平台优势，按课题组编研需求目录组织24家委办局及11家乡镇政府完成两轮大批次100多项10余万字文件、图集材料收集，协调组织课题组先后深入规划、国土、安监等9部门开展多次专题实地调研。12月8日，《通州区防灾空间布局研究》通过区级评审。

（蔡　轶）

城管监察

【概　况】 年内，在区委、区政府的坚强领导下，在市城管局的精心指导下，全局围绕保障北京城市副中心建设这一中心，把握强班子、带队伍，严执法、求精细，重服务、保中心三个关键点，始终坚持工作高标准，较好地履行城管执法监察职责，得到各级领导和市民群众的认可和肯定。2016年，出动执法人员12万余人次，执法车辆3.7万余台次；查处、纠正违法行为29万余起次；立案处罚14891起，人均结案83.7起；罚款804.2万元、同比增加19.96%；人均罚款4.52万元、同比增加28.72%。市级挂账督办的45处违法建设及时拆除并销账，拆除面积44785平方米。拆除台账外违建131处，拆除面积9431平方米；协助属地政府拆除集体土地上违法建设472处，拆除面积445万余平方米。全面履职率达到50.47%，居全市城管系统首位。在市局年度城管系统考核中排名第二。

【城乡环境秩序】 年内，通过开展“治三乱”街面环境秩序净化行动、“降三尘”大气污染防治雷霆行动、“严三查”提升公共安全治理行动、“抓三清”打造市容市貌靓丽行动、“保三重”服务保障执法行动对环境秩序类违法行为进行有力打击。全年，小广告停机警示5100余个，拆除LED显示屏、灯箱牌匾1.1万余块，拆除大型违规户外广告261块，处罚816起，罚款41.2万元；处罚街面秩序类违法行为11336起，罚款281.4万元；处罚环境污染类违法行为2102起，罚款441.9万元；市级挂账督办的45处违法建设及时拆除并销账，拆除面积44785平方米。累计拆除台账外违建131处，拆除面积9431平方米；协助属地政府拆除集体土地上违法建设472处，拆除面积445万余平方米。

城管执法人员规范工地管理　　（城管执法局提供）

【综合监管工作】 年内，推进政府购买服务，强化城市环境秩序社会化管理，街面环境秩序得到显著提高。以监管办名义制作安装电话指引牌35块。在马驹桥镇所有小区单元门及主要路口设立楼门提示牌，引导群众及时反映问题。加大联合督导力度，派发监管通知单2367件，整改2083件，反馈率达到100%。制定《通州区城市管理综合执法“四公开一监督”二期工作实施意见》《实施方案》及《考核评价办法》，印制“四公开一监督”文件汇编。启用“四公开一监督”数据报送网络平台。编发《通州区城市管理综合监管通报》121期，被市级采用18篇。拓展监管内容，将原有的9项监管内容扩展至20项，有力推进了“四公开一监督”工作的落实。

【宣传教育】 年内，按照打好主动仗、搭建新平台、唱响主旋律的工作思路，构建大宣传全媒体工作格局。全年投入宣传经费50万元。着力于平面媒体、广播电视、新兴网络三大宣传阵地，集中发布、报道一大批质量高、影响大、社会效应积极、展示城管执法工作业绩的新闻。在区委、区政府、市城管执法局发表政务信息596篇，在区级以上主流媒体刊登稿件356篇，被网络媒体转载2000余次，其中“很北京”“北京城管v杂志”“文明通州”等公众号报道，周点击率均突破万次。全年未出现因舆情处置不力而引发的媒体炒作现象。以“城市管理文明行”和“七彩志愿服务”为主线，招募志愿者269名，新组建15个志愿者团体，组织开展外宣活动68场次，发动群众万余人，发放各类宣传品5万余份，解答群众问题2 000多条，劝导各类不文明行为7 000余起。广大人民群众对城管执法工作效果的认可度更高，群众理解、支持、参与城管工作热情进一步得到激发。

（于　鹏）

开展“静心2016”中高考保障活动（城管执法局提供）

交通管理

【概　况】　2016年，通州交通支队认真贯彻区委、区政府各项工作部署，抓住北京城市副中心建设契机，持续强化路面管理，深化副中心警务建设，落实源头管控主体责任，较好地完成了全年工作任务。

【秩序整治工作】　年内，支队处罚各类违法行为453739起，其中，非现场执法305195起，现场处罚148544起，现场执法总量同比上升3.6%。按照工作部署，在全市率先开展货车集中整治行动。针对管界特点，持续开展涉酒、涉牌、闯红灯等严重违法行为集中打击。2016年，支队查处酒后违法行为为742起；醉驾229起，同比上升49.7%；拘留306人。全年查处货车违法行为57200起，同比上升38.5%；查处闯红灯1015起，同比上升83.5%。

9月1日当天，支队民警在运河小学门前指挥交通
（交通支队提供）

【路面管理工作】　年内，支队落实优化、渠化方案60个，推动局属、区属相关部门对5处路口路段实施进行改造，对31处信号灯配时进行调整50余次。新增标志56个，标线约800米，护栏6000米。同时，抓住通州创建全国文明契机，对22处路口标线进行复划。创城期间，支队全警动员，组织300余名保安，2000余名志愿者组团投入全区40余处主要路口死看死守，纠正各类行人、非机动闯灯、越线、逆行等违法行为6万余起，路口秩序得到明显改善。加大违法停车整治力度，组织80余名协管员对全区

40条重点大街开展专项违法停车整治，组织专业清拖车力量拖移违停车辆。支队全年处罚违法停车161991起，清拖违停车184辆次，支队管界拥堵报警同比下降49.7%。

12月，通州区启动空气重污染红色预警，支队民警严格落实工作要求，上岗执勤，对违反限号车辆进行处罚
（交通支队提供）

【警务建设工作】 年内，支队结合副中心建设需要，按照区政府要求，制订副中心区域限行方案。为进一步规范停车秩序，制订规范停车管理方案，拟分严管街、规范街、居住街3个层次，规范停车管理。同时，支队深入推进副中心交通警务建设，新增3个值勤大队、1个车管所、1个指挥中心的项目陆续纳入市级建设规划。根据副中心交通警务建设需要，支队制定相关工作方案，采取统分结合的模式，建立扩充交通协警队警力。

【源头监管工作】 年内，在机制建设方面，推动成立核心办公区安委会、邮政寄递业安委会。出台各街、镇死亡事故通报制度。深入落实农村地区“两站一员”组织工作；在宣传教育方面，联合属地政府部门推出“等灯、等灯”交通文明劝导行动，有2000余名志愿者参与，取到良好效果。2016年，支队检查客运、危化品运输单位71家、检查各类车辆1641辆，核查驾驶人2000人次，下发责令改正通知书25份，禁驶机动车80辆，责令单位开除驾驶人5名，全年开展安检执法25起。公开处理重点交通安全隐患单位2家、处理交通违法突出驾驶人85人，限改单位25家、停驶单位25家。推动属地政府部门投入资金1816万元，治理交通安全隐患市级114处，自行治理589处。

（杨　浩）

环境卫生

【概　况】 2016年，区市政市容委围绕提升市容面貌，改善人居环境的核心目标，抓住创建文明城区和北京城市副中心建设契机，全面加强环境管理与建设，借势而上，顺势而为，抓弱项补短板，扎实开展各项环境整治活动，在区域环境提升、行业环境监管、环境保障等方面，创新工作方法，完善工作机制，使环境卫生管理水平进一步提升。

【环境提升重点工程】 年内，完成武夷花园、梨园三间房—杨家洼、永顺前上坡和物资学院4个片区7平方公里的区域提升，区域环境面貌焕然一新。开展通燕高速、京沪高速环境提升，改造西马庄及丁各庄收费站，整治私搭乱建、广告牌匾等，提升进通联络线沿线环境。完成长安街延长线（通州段）项目一期和新华南路环境提升工程，着力打造城市亮点，提升城市品位。

【城乡结合部环境整治】 年内，针对城乡结合部地区流动人口多、倒挂比例高、环境脏乱差、治安隐患突出等问题，重点开展12个市级挂账村环境综合整治。每月主管副区长带队拉练检查，12个村被列为必查拉练点位；从10月份开始，在《通州时讯》开通“环境曝光台”专栏，每周曝光环境突出问题及整改前后对比照片。清理暴露垃圾526处，堆物堆料499处，清洗油饰设施870平方米，清理小广告4万余张、新建扩建垃圾场站2个，新建公厕25个，设置垃圾收集设施251个，拆除、规范违规广告牌匾4080块，清洗粉饰外立面169.1万平方米。

【构建全覆盖一体化大环卫服务体系】 2月4日，区政府与北京环境卫生工程集团有限公司签署《环卫发展合作框架协议》，双方着手共同组建公司，致力于将其打造成为通州区城乡环卫事业一体化的大环卫服务体系。5月13日，召开第一次股东大会，签订《通州区环卫委托合同》。5月31日，北京通州京环环境服务有限公司正式揭牌，承接区环卫中心负责的现有全部环卫作业任务，垃圾分类工作以及垃圾和废弃物基础设施的投资、升级改造和建设运营工作，承担区政府下达的各项环境应急保障任务并接受区政府监督指导，为城市副中心建设提供有力的环境支撑。

【垃圾处理设施建设及垃圾减量工作】 5月，开工建设有机质资源生态处理站和再生能源发电厂，年内两项目分别完成总工程量50%和30%；落实好全区生活垃圾分流处理工作，保障城区垃圾日产日清；在巩固城区垃圾分类工作基础上，打造6个分类精品小区，5个“两网合一”试点小区，马驹桥镇20个居住小区试点农村地区垃圾分类；采取特许经营模式，开展餐厨垃圾及废弃油脂规范化管理，加强部门配合，实现车站路、梨园南街小街部队至103国道段、宋徐路至小堡环岛两侧餐饮单位产生的餐厨垃圾、废弃油脂正规收运；开展农村生活垃圾收运体系验收，90%以上乡镇生活垃圾收运处理设施明显提升。

【建筑垃圾综合管理】 4月开始，由市政、住建、交管、环保、城管、交通6个部门每月轮流牵头组织联合检查。年内，累计开展联合执法检查40余次，累计出动执法人员7840余人次，出动执法车辆3440余车次，累计检查施工工地和消纳场926场次，规范施工行为306场次。其中，未办理渣土准运证处罚155起，未办理渣土消纳许可处罚7起。对在通州区注册的26家建筑垃圾运输企业及其使用车辆进行定期评估，有效遏制施工扬尘、道路遗撒、运输车辆不达标等违法违规行为。

【改善农村地区环境水平】 从2014年开始，区财政对街乡镇在健全自查组织、配强保洁队伍、完善环卫设施等基础建设方面按1：1给予资金补贴，并将此项资金纳入区政府年度财政预算。年内，补贴各街乡镇环卫资金4123.42万元，其中，“门前三包”资金168万元，市级挂账村资金240万元，环境整治资金1762万元，生活垃圾清运体系资金1953.42万元。通过大量专项资金的投入，农村地区环境基础设施不断完善，生活垃圾乱倒乱卸势头得到有效遏制，“垃圾围村”现象彻底根除，农村地区的人居环境得到有效改善。

【推进公共设施环境提升】 10月，启动重点区域公共服务设施提升整治工程，主要对梨园路、潞苑五街、临河里、杨庄路、芙蓉东路、北苑南路、九棵树东路、潞苑东路8条主、次干路道路两侧的配电箱，隔离桩等设施进行新建或整改。安装道桩1991根；粉刷配电箱4122平方米；更换垃圾桶351个；更换街牌84块，城区道路公服设施环境明显改观。

【开展“门前三包”规范管理】 年内，提高标准，统一制作“门前三包责任公示牌”1.6万块；以奖促治，每月评选出城镇和农村地区“门前三包”管理先进单位各一名，给予3万元奖励，每月给予各办事处2万元补助资金，并要求各乡镇每月安排不低于2万元资金用于“门前三包”管理工作；联合检查，强化城管、工商、交管、园林等部门协同配合，开展联合执法检查，突出治理店外经营、乱堆乱放、一店多牌等问题，做到有法必依、违法必究、执法必严。

【环卫作业】 年内，加强对区京环公司的行业监管，完成74条主要道路及94条背街小巷清扫保洁任务，作业面积达627万平方米，全区城市道路组合

（新）工艺作业覆盖率达88%，机扫率达到88%，12条一级道路全部达到一级清扫保洁作业标准。启动空气重污染应急预案9次，重污染期间，每日增加城市道路清扫保洁和冲刷频次1次以上，日均使用中水243吨。开展扫雪铲冰工作2次，出动作业人员2568人次，融雪车61车次，使用融雪剂108吨，较好地完成了扫雪铲冰工作任务。

（孟晓云）

科教文卫体

10月10日，中山街小学被授予百年学校授牌仪式举行　　（教委提供）

科 技

【概 况】 2016年，通州区科委按照创新、协调、绿色、开放、共享的发展理念，把握全国科技创新中心和北京城市副中心建设定位，深入实施创新驱动和“京津冀”协同发展战略，全面深化科技体制改革，以科技支撑和服务为主线，以创新发展为核心，着力加强自主创新环境建设，构建与城市副中心建设相适应的创新生态；着力促进科技成果转化应用，引领高精尖经济结构构建与城市转型发展；着力优化国内外科技资源配置，推动开放合作和国际化发展；为生态之城、智慧之城、活力之城、人文之城、国际一流的和谐宜居之都示范区建设提供强大保障。

（马 杨）

【高新技术企业服务】 年内，组织全区409家国家高新技术企业进行年检统计、企业自查和年度信息备案，组织248家企业参加高新技术企业认定。全区高新技术企业达到569家。

【首都科技条件平台通州工作站建设】 年内，与平台的领域中心、基地联合组织供需对接活动，协助开展百家重点实验室进千家企业活动，对接成功的典型6个。服务企业数量19家，新增成员单位35家，新增科技人才18名，聚集需求35项，发放有效创新券总金额22万元。工作站成员单位达102家。

【创新创业平台建设】 年内，加强对众创空间的服务指导，组织11家众创空间申报市级众创空间资质认定，2家众创空间获得市级资质认定，方和正园众创空间获得国家级资质认定。组织开展区级众创空间评选，评选区级众创空间9家、重点培育众创空间5家，支持资金250万元。

（郭华杰）

【技术合同认定登记】 年内，深入企业开展技术合同认定登记方面的需求和存在问题的调研，对区内未登记技术合同的部分企业进行统计调查，挖掘未登记技术合同企业技术性收入存量，开展面对面、有针对性的辅导服务。全区认定登记技术合同成交总额达到54.8亿元。

（耿大乐）

【科技政策法规宣传培训】 年内，深入街道、企业、园区广泛开展科技政策法规宣传、培训，组织科技政策培训12次，参训人员500余人次。参加2016年区在梨园举办的“12·4”法制宣传主题活动，利用展板展示、发放宣传资料等形式宣传科技政策。

【科技创新人才队伍建设】 年内，出台《通州区关于加强科技创新人才队伍建设的意见》。组织开展科技创新人才资助与奖励工作，评出资助与奖励项目105项，支持资金380万元。推进“通武廊”人才一体化发展示范区建设，通州、武清、廊坊三地科委（科技局）共同制定《“通武廊”区域创新平台共享共用目录》，通州区重点实验室、工程技术中心、众创空间等10家创新创业平台载体纳入目录，面向“通武廊”三地企业和人才共享共用。

（康连元）

【立项实施区级科技创新项目68项】 2016年，区级科技创新项目重点围绕北京城市副中心建设及全区经济社会发展科技需求组织凝练项目，为北京城市副中心的城市建设与管理、生态环境改善、产业转型升级、社会事业进步、现代服务业创新发展提供科技支撑。

立项实施“通州区有机质资源生态处理站关键技术研究与示范”“燃气锅炉超洁净排放技术研究

与示范”等项目，在污水处理、污物处理、大气治理等方面开展关键技术研究及先进适用技术示范应用，开展能源清洁高效利用技术研究，推进可再生能源的综合利用，为改善北京城市副中心生态环境提供科技支撑。

立项实施“公共建筑空调供用能综合优化控制系统开发”“基于众源监测的城市大气环境大数据服务平台的研究与应用示范”“通州区地下电缆管线自动灭火设备的研究与应用”等项目，开展节能环保技术在城市建设中的创新与应用研究，推动云计算、大数据等先进信息技术与城市管理深度融合，提升城市运行效率、保障重点行业运行安全、提升风险防范与应对能力。

立项实施“干细胞治疗糖尿病国家级超净GMP实验室建设”“糖尿病及其并发症发病机制探讨与临床防治应用研究”“脑卒中神经损伤保护方法及相关机制研究”等项目，在疾病预防、诊断、精准医疗等领域开展科研攻关，形成一批创新性成果并转化应用，提升区域医疗整体水平。

立项实施“低温肉制品真空快速冷却关键技术研究与示范”“基于集装化的农产品物流新技术研究与示范应用”“食用菌液体菌种工厂化袋栽技术研究与应用”等项目，开展食品生产加工质量安全保障、食品物流质量安全保障和食品质量安全检测监控等方面的新产品、新技术研发与应用，支持现有农业科技园区发挥龙头作用，搭建农业高科技示范展示平台，提升特色农产品品质，促进通州区科技农业发展。

立项实施“应用于影视照明产业的一种照明效果可调LED聚光灯研发”“抗丙肝新药索非布韦及片剂的产业化研究与开发”等项目，深化科技与文化融合发展，强化文化领域具有自主知识产权的关键技术研发和集成创新，培育新兴文化产业，提升通州生物医药特色产业技术水平，为构建“高精尖”经济结构提供科技支撑。

立项实施“光机电一体化产业基地信息服务平台开发”“通州种业园区物联网技术示范展示”等项目，支持重点功能区和产业园区围绕产业定位建设科技公共服务平台，提升科技服务功能。

【通州区科学技术奖】 年内，北京市通州区人民政府颁布《关于2016年度通州区科学技术奖励的决定》，授予“半导体产业关键材料提纯用石英玻璃筛板精馏塔研制”等8项成果通州区科学技术奖一等奖，授予“腹腔镜治疗休克型异位妊娠的安全性及临床疗效探讨”等12项成果通州区科学技术奖二等奖，授予“治疗慢性肾脏病国产创新药的研制”等20项成果通州区科学技术奖三等奖。

（鲁新龙）

【通州区图书馆少儿数字科普天地建成】 年内，区科委、区财政局共同开展市级科普基地能力建设，为区图书馆建设了数字阅读区、科普e点知、太阳系数字互动天文展区、科普展现动手实践区及AR阅读展厅等板块的设施设备，配置科普点子动漫1264册、科普动画片28374分钟、科普仿真书1013套、数字科技馆9套、科普互动展项10项等，极大地丰富了区图书馆的科普资源，满足了青少年的科普需求。项目的实施，通过改进传统科普教育方式，提升科普教育质量，多角度、全方位地推进科学普及工作，创新性打造公众尤其是青少年身边的科普活动场所，利用互动及分享的方式，开展丰富多彩的科普活动，吸引更多公众参与到科学生活中来，进一步提升基地科普服务能力，更好地发挥科普示范与带动作用，对提高通州区公民科学文化素质、助力全国文明城区创建发挥了积极作用。

【通州区科普基地能力提升】 区科委、区财政局共同开展市级科普基地能力提升，在第五季富饶（北京）生态农业园建设全媒体科普视窗、科普画廊、特色果蔬语音讲解以及“声、光、力”等基础知识类户外科普互动展品18项，打造了一个大型户外科普互动体验园。年内，区科委组织开展科普基地能力建设工作，支持区气象局等15家科普基地及科普展教功能活动场所进行科普能力提升，引导辖区内科普力量进一步发挥自身优势，开发优秀科普展教资源、开展特色科普活动，进一步加强辖区科普基础设施建设，提升科普基地开展科普活动的能力，丰富通州区科普资源，取得显著成效。

（张凤军 崔伟侠 李 妆）

通州区科普基地能力提升 （科委提供）

【通州区社区科普体验厅基本实现辖区全覆盖】 年内，区科委大力推进社区科普体验厅建设，宋庄镇辛店村、漷县镇漷县村及北苑街道果园西社区科普体验厅建设完成，分别以健康生活、节能环保、公共安全为主题建设多媒体科普画廊、科普书吧、科普培训教室和科普互动体验展厅等内容；区级社区科普体验厅建设有序推进，分别以智慧生活、科学生活为主题，为10个社区、村搭建起集科普性、互动性、体验性于一身的社区科普活动中心，改进科普教育传统方式，提升科普教育质量，多角度、全方位推进科学普及工作，进一步拉近了公众与科技的距离，为公众的科学素质提高发挥了积极的作用，推进了区域化科普事业的创新发展。

（张凤军 李 妆）

【科技周活动】 5月27日，以“艺术之乡 科技之梦”为主题的2016年通州区科技周活动在通州区宋庄上上美术馆开幕。区科委展示了防灾减灾、节能环保等方面的科普互动展教设施，发放环保手提袋、科普光盘等科普宣传品，并组织市级科普基地、供电公司等单位共同参与活动，进一步丰富通州区科普活动内涵，提升科普服务品质。

（张凤军 崔伟侠）

【科技资源通州行】 11月8日，区科委与市科委联合举办科技资源通州行——北京城市副中心创新创业对接会系列活动，活动包括专家座谈。围绕环境营造、城市建设等核心问题展开座谈，专家学者献计献策。成果发布。发布重大科技成果118项，涉及环境保护5项、医疗健康3项、科技农业54项、食品安全29项、智能装备与农业信息化27项。专题对接。围绕促进“双创”、环境保护与可持续发展、医疗大健康和现代农业与生态宜居主题，分别举办4场专题对接会，27家区内“双创”运营机构、30家北京众创空间联盟成员、10家环保机构、31家农业科研院所和企业、9家医疗机构参与对接，其中，慧谷置业与北京金种子、华业万方与北京天亿弘方签订合作协议。政策宣讲。北京科技政策宣讲团围绕国家和北京科技改革重大举措、北京市“十三五”等科技政策进行宣讲。

（金 彤）

11月8日，区科委在阳光国际会议中心组织召开科技资源通州行活动 （科委提供）

【科普惠民体验季】 年内，区科委组织开展以“科技改变生活 创新引领未来”为主题的2016年通州区科普惠民体验季活动，主会场邀请10余家单位参展，展示24个科普基地成果。科普体验季还包括：通州基层科普行、科普基地开放季及评选、通州区科学梦之行和科学探索校园行等系列科普活动，持续2个月时间，在全区范围内动员全社会力量参与到科普活动中，为广大群众提供丰盛的科普大餐，进一步提高了社会各界的科技意识和创新意识，在全社会逐步形成了尊重科学、尊重知识、尊重人才、尊重创造的社会新风，为北京城市副中心建设和创建全国文明城区做出了积极贡献。

（张凤军　李　牧）

知识产权工作

【概　况】 2016年，通州区知识产权工作围绕北京城市副中心建设，以创建国家知识产权试点城区为契机，坚持健全机制、政策引导、营造环境、深化服务，推进和实施知识产权战略，不断提升知识产权创造、管理、保护与服务的能力,推动创新驱动发展，切实将知识产权工作融入区域经济社会发展。

【专利申请与授权】 2016年，全区累计申请国内专利5922件，同比增长51.85%，其中，发明专利1086件、实用新型3680件、外观设计1156件，发明专利申请同比增长32.93%。PCT专利申请25件。累计专利授权3284件，同比增长28.99%，其中，发明专利284件、实用新型2279件、外观设计721件，发明专利授权同比增长4.41%。有效发明专利1229件。

【兑现专利资助奖励】 年内，兑现专利授权资助及奖励。经审核，资助授权专利1520件，资助金额459.75万元，奖励北京市专利试点企业26家、中国专利奖优秀奖3项，奖励金额116万元。

【专利费用减缓】 年内，为260家企业出具专利费用减缓证明1822份，其中，发明384件，实用新型1168件，外观设计27件。累计为企业节约专利申请各类费用387万元。

【荣获第十八届中国专利优秀奖】 在第十八届中国专利奖评选中，北京四环制药有限公司的马来酸桂哌齐特改进的制备方法专利和北京廷润膜技术开发有限公司的一种单片型双极性膜的制造方法专利分别获得中国专利优秀奖。

【专利实施项目】 完成2015年度专利实施项目总结验收工作。通过项目实施转化，取得良好的成效，实际带动企业投入1.84亿元，项目实施创造销售收入18.59亿元、利润5.29亿元、税收2.34亿元，项目承担单位2015年专利申请134件，专利授权65件。支持2016年度专利技术产业化，经申请、初审、专家评审、专题会研究、主任办公会，确定2016年度资助专利实施转化项目15项目，兑现资助金额210万元。

【宣传周活动】 4月19日—26日，通州区知识产权局围绕“加强知识产权运用保护　加快知识产权强国建设”的主题，采取不同形式，以知识产权“六进”系列活动为主线，利用通州区创建国家知识产权试点城区的有力契机，开展连接紧密、层层递进的宣传活动。此次活动中，成立金桥科技产业基地12330工作站，实现市区两级知识产权优质资源对接；联合相关单位开展“六进”宣传活动，通过开展重点专题培训、摆放宣传展板、设立咨询展台等形式，普及知识产权相关知识；与此同时，运用报纸、电视台和网站等新闻媒体扩大知识产权宣传。

【启动国家知识产权试点城区建设】 4月26日，通州区组织筹备国家知识产权试点城区建设工作大会，发布《北京市通州区国家知识产权试点城区建设实施方案（2016—2018年）》文件，全面启动通州区试点城区建设工作。

【知识产权教育课程全面进入中小学】 9月6日，在北京市通州区潞河中学举行通州区知识产权教育课程全面进入中小学启动仪式暨知识产权专题培训活动。来自市区两级领导和通州区试点学校校长、各中小学主管校长、主管教学主任及潞河中学的师生400余人参加会议。12月8日，举办首场中小学知识产权教育师资培训班，对区内各中小学的知识产权教育老师150余人进行专题培训。

【通州区荣获北京市中小学知识产权教育示范区称号】 10月26日，市知识产权局、市教委召开北京市中小学知识产权教育推进大会。通州区荣获北京市中小学知识产权教育示范区称号，通州区潞河中学、北京小学通州分校荣获北京市中小学知识产权教育示范学校称号。

【开展知识产权系列宣传活动】 利用“3·15”、科技周、艺博会等有利时机，组织多种形式、内容丰富的宣传活动。在“3·15”消费者权益日之际，与通州区消费者协会、通州工商分局等单位在北苑万达广场开展宣传活动；5月27日—29日，在宋庄上上城美术馆参加“艺术之乡 科技之梦”2016年通州区科技周宣传活动；9月29日，参加在通州宋庄小堡举办的2016中国艺术品产业博览会；12月4日，在贵友大厦通州店参加由区法治宣传教育领导小组办公室举办的以“弘扬宪法精神 共筑文明通州”为主题的国家宪法日暨全国法制宣传日“12·4”普法宣传活动。

【搭建信息平台】 北京市知识产权公共信息服务平台——通州分平台上线运行，通州分平台是通州区投入15万元，在北京市知识产权公共信息服务平台基础上的二期工程建设项目。可为企业提供专利检索、专利管理、专利交易、专利预警及保护等功能服务。

【搭建融资平台】 11月28日—29日，举办知识产权金融及相关政策法规培训对接会。邀请北京银行中关村分行、中关村中技知识产权金融服务集团、北京集慧智佳知识产权管理咨询有限公司和北京知识产权运营管理有限公司的专家，分别围绕科技型中小企业银行融资、知识产权金融推动产品创新、专利价值实现、知识产权运营管理等业务等方面，对区内专利试点、示范企业、高新技术企业及知识服务机构等100余家单位进行专题培训。为企业提供专业的咨询与对接服务。

【举办企业知识产权专题培训】 年内，举办知识产权战略、知识产权管理规范贯标、企业专利实务、专利政策等专题培训会10次，培训企业各类人员500余人次。通过培训，有力地提升了企业知识产权管理能力和水平，促进了企业技术创新活动。

【举办领导干部知识产权专题讲座】 7月28日，区委宣传部与区知识产权局联合举办区委理论中心组学习扩大会暨知识产权相关法律法规报告会；9月29日，在通州区委党校举办的第二十四期处级领导干部进修班上，聘请来自中国科学院科技战略咨询研究院的刘海波研究员进行知识产权与北京城市副中心建设专题讲座。

【开展专利执法检查活动】 年内，开展无冒充专利示范商场日常季度执法检查，检查商场15家次，检查在销专利商品200余件。开展专项集中执法检查行动，出动执法人员40余人次，检查通州区大型商场、电子产品卖场、药店以及超市30余家，检查专利商品300余件，立案查处假冒专利商品38件。

【开展知识产权课题研究】 年内，完成通州区构建知识产权政策体系调查研究，为通州区构建知识产权政策体系奠定良好的理论依据；完成知识产权（专利）资源分析研究，为通州区产业发展规划、相关政策制定提供支持；完成副中心构建知识产权“三合一”综合管理体制研究，为通州区知识产权体制机制改革奠定良好的理论研究基础；完成知识产权强区推进工程课题研究，提出通州区文化创意产业发展及知识产权强区工作方案。

【企业专利试点示范工作】 为引导企业增强知识产权意识，建立健全工作机制，强化知识产权管理和运用，通州区深入开展专利试点示范工作。从企业制度建设、队伍建设方面，加强培训，引导企业重视专利质量和管理。2016年，通州区新增燕化永乐、甘李药业2家北京市专利示范单位，35家北京市专利试点单位。截至年底，通州区有北京市专利示范单位8家，试点单位183家。

（宋　薇）

教　育

概　述

2016年，是“十三五”规划的开局之年，通州教育以创新发展为主线，深化教育综合改革，进一步优化布局，促进教育优质均衡发展，全区教育实现快速、健康、协调发展。

硬件建设稳步推进，教育布局逐步优化。2016年，运河中学高中部新建工程、第一实验小学改扩建工程竣工并投入使用。北京五中通州校区新建工程、运河小学改扩建工程等5个工程建设正在推进。杨庄小学新建工程、北京二中通州校区改扩建工程等8个工程正在分批次、分阶段申报。青少年活动中心、景山学校、首师大附中、杨坨小学4个新建工程正在办理前期手续。首都师范大学附中、北京二中、中国人民大学附中、北京理工大学附中四所通州校区正式挂牌，实施一个法人、一体化管理，实现名校的跨区发展，秋季实现初高中招生。潞河、运河、永乐店三所示范高中校成立三个教育联盟，实现优质资源的引领作用。

学前教育多元发展，全面提高办园水平。2016年，学前教育努力实施《通州区第二期学前教育三年规划》，提升学前教育质量。新城嘉园等5所幼儿园升入北京市一级一类园，9所幼儿园升入北京市一级二类园；改扩建3所幼儿园，拓展学位271个，接收7所政府委托普惠性民办幼儿园，扩充学位2520个，增加5所村办幼儿园，增加学位720个；年度考核30所公办园、40所民办园，均达标；举办园长高级研修班，58人参加，组织幼教专题培训，参与教师600人次。

全力推进课程改革，基础教育优质提升。2016年，义务教育阶段坚持优质均衡发展的理念，突出优质，强调公平。小学教育推进学校发展共同体，开展活动110余次，参与教师1500人次；组织小学领导干部专业能力提升培训，100余人参加；10所小校被评为北京市第三批学校文化建设示范校，民族小学被评为北京市民族团结教育示范校；在第一实验小学区政府与北京教科院签署教育事业发展合作模式协议。中学教育以建设现代学校为抓手，7所样本校为核心，形成整体建构路径；加强与高校合作，启动《“互联网+”助力通州区全面深化教育综合改革项目》，辅助教师精准教学。高中教育扩大3所示范高中招生规模，加上引进的四所名校，有更多的学生接受优质高中教育。应对高考改革，落实课程改革要求，高考成绩有新的进步：通州区应届生高考本科上线率在上届84.7%的基础上提高5.8个百分点，达到90.5%。中小学共同开展“春华杯”“秋实杯”课堂教学评优及优秀德育工作管理干部、十佳班主任、我最喜爱的老师的评选活动；与北京教育学院开展协同创新学校计划项目，实施“面向未来”中小学青年校长能力提升计划，有14名小学校长和16名中学校长参加，促进了中小学教育教学水平进一步提升。召开国际教育研讨会，与加拿大、泰国多所学校建立友好校，举办通州区第三十三届学生科技节、第十九届学生艺术节、“阳光少年”校外艺术节以及科技、艺术特色活动，有5万多人次参加50余项艺术、科技竞赛活动。为赓续传统，创新发展，出版《通州百年老校》一书，对学生进行传承教育。

教师素质显著增强，队伍建设取得实效。2016

年，招聘新教师516人，引进、调入教师67人。评选通州区名校长4人、名教师10人，召开教师节庆祝大会。深入推进实施通州区名师培养工程和通州区教育高端引领工程。启动实施北京市中小学教师开放型教学实践活动，75名教师参加交流轮岗。落实乡村教师支持计划，研究制定《通州区乡村教师岗位生活补助发放工作实施细则》。下发《关于建立健全通州区中小学师德建设长效机制实施办法》，健全完善师德表现的激励、约束和惩戒制度。完成教委机关事业单位养老保险改革工作。

职业教育内强外引，合作办学协调发展。2016年，职业教育、社区教育取得新突破，成立新城职业教育集团，与湖北十堰和河北三河加强职业教育的合作与交流。开展社区教育，提高市民素质和生活质量，2016年，通州区被教育部确定为全国社区教育实验区。评估认定马驹桥镇东田阳村等7个村校作为2016年区级村校示范校，评选认定11个学习型社区（村），2个学习型学校，100个学习型家庭和56名通州区市民学习之星（其中，2人被认定为北京市市民学习之星）。制定下发《北京市通州区建设学习型城区行动计划(2016—2020年)》。

教育督导凸显成效，目标责任落实到位。2016年，完成对永顺镇政府、宋庄镇政府、中仓街道办事处落实素质教育责任目标情况的督导检查；完成9所幼儿园、19所中小学全面实施素质教育综合督导评价；完成全区教育系统113个基层单位全面实施素质教育年度考核工作（其中，41个单位被评为考核优秀）；组织指导20所学校600名学生以及相关学科教师、校长完成2016年国家义务教育质量监测工作等。

（闵树明）

学前教育

【概　况】　2016年，通州区幼儿园141所，入园幼儿11173人，离园幼儿6864人，在园幼儿30371人。其中，教育部门办园42所，在园幼儿11682人。民办幼儿园40所，在园幼儿11142人。其他部门办园（含村办）59所，在园幼儿7547人。全区幼教职工4582人。其中，园长194人，专任教师2610人，保育员（含保健医）967人，其他811人。专任教师中，本科及以上学历523人，专科1666人。教师中，高级教师职称17人。全区北京市市级示范园1个、北京市一级一类园16所、北京市早期教育基地8个、北京市学前儿童特殊教育基地3个。

（闵树明）

【开展“手拉手”活动】　1月5日，翁牛特旗第三幼儿园一行10人到通州区教工幼儿园进行学习交流活动。他们先后观看了幼儿在活动区的游戏及小、中、大班的教育教学活动，并仔细了解幼儿园的环境。通州区教工幼儿园向翁牛特旗第三幼儿园赠送2000余册图书和价值约1万元的幼儿玩具。两园于2014年10月28日建立手拉手关系，多次就办学思想、办学理念、办学宗旨等进行交流，发挥了北京市优质幼儿教育资源的辐射作用，带动了边远地区幼儿教育的发展。

（姚　辰）

【郎府幼儿园投入使用】　2月23日，西集镇郎府幼儿园投入使用。该园位于郎东村，占地面积6000平方米，建筑面积3000平方米，最大招生规模9个班，可招收幼儿270名，2016年有教职工30人。首批招生6个班，其中，小班3个，中班3个，招生幼儿70人；班内设有数字高清触摸屏电视，园内拥有音体室、创意坊2个专用教室。

（张志强）

2月23日，郎府幼儿园幼儿挂心愿卡　（教委提供）

【国际交流漫游古镇项目揭牌】 4月28日，张家湾镇中心幼儿园举行国际交流漫游古镇项目揭牌仪式。这个项目是张家湾镇政府与英中联创（北京）教育科技有限公司共同创建的，旨在对该镇社区、学校和幼儿园等领域进行英语普及培训工作。仪式后，外教老师与幼儿园小朋友们进行交流互动。到会领导、幼儿园教师及小朋友近百人参加活动。

（王新强）

【获“栋马童车杯”金奖】 5月14日，牛堡屯中心幼儿园20名幼儿参加2016年“栋马童车杯”北京第十三届少儿武术比赛。比赛分为国学武术组和自选组。最终，该园取得幼儿普自选武术操金奖和幼儿普大班《国学武术操》二等奖。

（刘 青）

【新增两所幼儿园】 9月1日，漷县镇新增两所幼儿园正式开园。大香仪幼儿园，占地10626平方米，办园规模15个班，年内招生3个班77人。黄厂铺幼儿园占地6599平方米，办园规模9个班，年内招生2个班40人。幼儿园内设备设施齐全，环境优美、干净、整洁。新建幼儿园的投入使用，有效解决了区域内学龄前儿童入园难问题。

（杨海燕）

基础教育

【概 况】 2016年，通州区小学82所（公办校74所、民办校8所），教学班1747个。招生11064人，毕业8021人，在校生63568人，在校生中北京市户籍学生32354人。教职工4162人，其中，专任教师3704人。中学41所（完中11所、高级中学1所、初中15所、九年一贯制学校12所、十二年一贯制学校2所）。教学班791个（初中535个、高中256个），招生8840人（初中5840人、高中3000人），毕业6994人（初中4803人、高中2191人），在校生25016人（初中16639人、高中8377人），在校生中北京市户籍学生18099人（初中10456人，高中7643人）。教职工4795人，其中，专任教师3620人。特殊教育学校1所，在校生133人。校外教育单位1个，教职工76人。教育部门办中小学专任教师学历合格率99.97%，教职工中高级教师职称745人。中小学占地总面积3266967.59平方米，总建筑面积1472857.23平方米，固定资产总值281143.678792万元，图书3004307册，小学数字资源量，数据库105个，电子图书86765册，音视频21870小时；中学数字资源量，数据库85个，电子图书206731册，音视频9337小时。全年教育投入314320万元，其中，国家拨款290088万元，自筹经费24232万元。

（闵树明）

【成立学生舞蹈团】 1月22日，北京市史家小学通州分校成立“炫舞佳音”学生舞蹈团。该团成员近200人，有固定的训练场地、培训计划、课程安排。聘请校外专业舞蹈教师对学生进行专业训练，涉及拉丁、民族、芭蕾等不同舞种。该校拉丁舞获得北京市阳光体育舞蹈比赛一等奖，民族舞获得2016年通州区少儿春晚的表演资格。

（张艳英）

【小票友唱国粹】 2月22日，临河里小学的小票友参加《梨园春》通州区戏曲专场演出，演唱革命传统剧目《智斗》，声乐班的学生现场伴奏，念白、叫板、唱功、全方位地展现学生的才华。临河里小学京剧传承班成立于2012年11月，突出“学做事学做人”的办学理念。京剧传承班以京剧为素材，以一班一队为主体，以大运河京剧研习社为依托，以普及国粹常识和掌握才艺为抓手，传承和弘扬民族传统文化艺术。成立3年来，先后登台演出《行云流水》《岳母刺字》《智斗》等唱段。

（靳春萍）

【举办机器人竞赛】 2月28日，通州区青少年机器人竞赛在潞河中学举行，活动主题为探索创新，快乐成长。该活动由区科协、区教委主办，潞河中学承办，全区30余所中小学校200多名选手参赛。竞赛6个项目：机器人创意比赛、ASC机器人能力挑战赛、机器人综合技能比赛、FLL机器人工程挑战赛、VEX能力挑战赛和机器人足球对抗赛。经过一天竞赛角逐，评出6个项目11支冠军队。该活动已成为通州区青少年科技教育的一项品牌活动。

（王艳霞）

2月28日，举办机器人竞赛　（教委提供）

【小学青年校长跟岗培训】　3月2日，“面向未来”中小学青年校长能力提升计划——小学青年校长跟岗培训启动。会上，教师研修中心干训部负责人介绍了跟岗培训的学习背景、学习目标、研修主题、学习内容和学习任务等。小学青年校长培训依托北京市教委2016年第一学期中小学干部教师专业发展体验式培训项目进行，学员到北大附小参加为期15至20周“一对一”全脱产体验式培训，内容有专家讲座、实践体验、撰写案例、课堂展示、研究报告等。学习期间每2周左右回区内进行学习交流，分享学习所得，充分体验学校提供的理念板块和实践板块体验式学习，全方位多层次的提升个人的教育实践智慧和管理智慧。本次培训14位小学副校长参加。

（刘晓敏）

【吴正宪走进永顺小学】　3月16日，吴正宪小学数学特级教师工作站走进通州区永顺小学，开展“同学 共研 助力发展”案例研修活动。永顺小学、第一实验小学两位教师授课《认识体积》《发豆芽中的学问》。课后，数学特级教师吴正宪对两节课做点评并进行培训。永顺小学2013年确立“高效自主课堂”教研主题后，该校数学团队每月进行研讨，把“以教为主”的课堂变为学生“自主合作”的课堂，力求体现新课程所倡导的“主动探究合作”的学习方式。该活动是校本教研的延伸，市、区吴正宪小学数学工作站成员以及通州区名师培养工程名师工作站教师100余人参与活动。

（段　雨）

3月16日，吴正宪走进永顺小学　（教委提供）

【举办学生艺术节】　3月23、24日，通州区第十九届学生艺术节合唱专场展演在史家小学通州分校举行。此次活动有60余所学校70个合唱团的近3000名中小学生参加本届艺术节展演活动，中国合唱协会理事长李培智等五位专家作为评审，最终，中山街小学、潞河中学等15个参赛队获得一等奖。

（闵树明）

3月23日、24日，区教委举办学生艺术节　（教委提供）

【红领巾电视台开播】　3月24日，运河小学红领巾电视台开播。电视台由少先队大队主办，每月1日、15日播出2次，利用下午第三节课时间段，主要有《校园新闻眼》《运河美少年》《运河知识窗》《校园七彩树》《运河我关注》等节目。全校学生2180余人在各班教室内收看。

（洪　雨）

【通州教育新闻宣传中心成立】 3月29日，通州区教委召开教育系统新闻宣传工作会。会上表彰2015年度教育系统信息宣传工作优秀单位、科室49个，支持信息宣传工作好领导49名和优秀信息员49名。会议宣布成立通州教育新闻宣传中心，区教委领导按动启动球，同时教委官方微信、微博正式上线运行。会议邀请北京教育新闻中心作学校如何做好新闻宣传工作的主题培训。区教委机关各科室负责人、教育系统各单位主管领导、信息员、通讯员、网评员以及新闻媒体记者近200人参加会议。

（刘　森）

【通州足球娃捷克受中捷元首接见】 3月29日，国家主席习近平首次出访捷克，在访问过程中，与捷克总统泽曼一起会见冰球、足球少年运动员，球队代表向两国元首赠送球衣。在这批接受会见的小球员中，其中，有6名是来自通州区运河小学的学生。作为国安俱乐部U11、U12代表队的队员，他们还要在捷克参加捷中友协与斯拉威亚足球俱乐部主办的国际青少年足球比赛。

（洪　雨）

【成立影视艺术培训基地】 4月8日，永乐店中心小学与中国童星榜开展合作，正式成立影视艺术培训基地。揭牌仪式上，校领导和中国童星榜相关负责人为影视艺术培训基地揭牌，并签署《战略伙伴合作协议》，双方利用各资源优势，为广大少年儿童提供更多学习机会，提升素质、发展特长、展演才艺。优秀演员们为师生及家长带来精彩的文艺演出，永乐店中心小学的音乐教师也为大家表演二胡独奏。永乐店中心小学及所辖完小的干部、教师、学生、家长近200人参加活动。据悉，中国童星榜是由中国儿童音乐学会、中国少年儿童影视文化交流中心、国家网络电视台等多家单位面向全国青少年开展的中国童星榜选拔活动。通过选拔发掘艺术新人，创新艺术作品，为新人搭建健康成长平台。

（张　强）

【完成中招学生体检】 4月11日，2016年通州区中招体检工作完成。4723名初三学生参加体检，完全合格人数806人，专业受限人数3917人，没有出现体检不合格学生。阳性体征检出率中视力仍然是高居榜首，检出3860人，占总人数的81.7%；其次是色觉和身高，分别检出140人、82人。

（贡爱莉）

【举办校园科技节】 4月13日，首都师范大学附中（通州校区）与北京科技报社联合举办“科技中国梦　舞动少年心”为主题的首届科技节。科技节设创客体验、机器人表演、科技活动、科幻画展、天文科普等18个展区，展示学生动手、动脑用心之作。特别是科技活动区，设有手摇发电机、电子烟花、N2智能笔互动、天文望远镜、科普答题、中客航空等各种好玩益智的科技项目。各班还制作了海报、展板，普及各学科开展创新研究活动的常识。活动还特邀北京市天文馆高级工程师寇文为学生进行一场《走进美丽的星空》主题科普讲座。通州校区师生及周边中小学的部分领导、老师和学生近400人参加科技节。

（杨芳芳）

【首届中华运河文化教育高峰论坛举办】 4月14至16日，由北京市教育学会主办，区教育委员会、区教育学会协办的为期三天的第一届中华运河文化教育高峰论坛在潞河中学召开。国家教育咨询委员、联合国教科文组织世界联合会名誉主席陶西平，中国教育学会秘书长杨念鲁等嘉宾以及来自北京、天津、河北、山东、江苏、浙江6省市的教育教育同仁800余人参加活动，并围绕“核心素养与考试评价改革”主题展开探讨、交流与分享。论坛主办与协办方向运河沿岸各省市教育学会发起“传播中华运河文化，共建运河教育联盟”的倡议，号召以运河文化教育为载体，高峰论坛研讨为方式，弘扬中华优秀传统文化，推动各地的教育文化交流。该论坛自4月14日至16日举办三天，安排包括以核心素养为培养目标的学校课程设计、以学科核心素养为目标的学科课程建设、以核心素养为目标的学生综合素质评价的改革三个主题的分论坛，12位论坛主题发言者均是来自运河流经城市的知名学校校长和教师们。

（闵树明）

【法制共建基地揭牌】 4月20日，贡院小学与通州法院举行法制共建基地揭牌仪式。通州区法院刑二庭庭长孙晓东、贡院小学校长左春云共同为基地揭牌并现场签约。学校和法院形成合力，共同做好预防未成年人犯罪的综合治理工作，法院将定期举办法院开放日、送法进校园、模拟审判庭等多项活动。从学校实际需求出发，加强法制教育的时效性。揭牌仪式后，通州法院的领导为该校少先队员代表赠送普法知识漫画手册，并给学生们上了一堂法制安全知识课。全校师生300余人参加活动。

（彭　磊）

【完成45所农村完小视导】 4月22日，由区教委组织的对全区农村完全小学的视导工作收官。区教委小教科从城区小学抽调10余名优秀干部与小教科负责干部一并组成视导小组，自2015年6月至2016年4月，历时近一年，完成对全区11个乡镇45所农村完全小学的视导。视导组深入每一所农村完小，通过听取乡镇中心小学校长和完小校长汇报、检查档案材料、现场听课、检查校园环境、观摩学生升旗仪式和学生社团活动等方式对各个完小的管理与教育教学状况进行细致的检查视导，对于视导的反馈采取现场口头反馈和后期书面反馈。通过视导发现，各乡镇中心小学对下辖完小管理统一、规范，各完小在中心校的办学理念引领和统一管理下注重因地制宜并进行特色发展，完小内部管理有序、师生精神面貌俱佳、学生社团活动丰富多彩，学生的综合素质得到全面提升、个性发展得到彰显，农村完全小学整体上呈现了从规范到精致并逐步趋向优质发展的良好态势。

（韩晓峰）

【四所中学名校通州揭牌】 4月27日，北京市教委在通州会议中心召开推进北京城市副中心教育发展专题座谈会。会上，北京市教委主任线联平和通州区区长岳鹏为首都师范大学附属中学（通州校区）、北京市第二中学（通州校区）、中国人民大学附属中学（通州校区）、北京理工大学附属中学（通州校区）揭牌，四所学校正式进驻北京城市副中心办学。首都师范大学附中、北京二中、中国人民大学附中、北京理工大学附中四所名校校长担任通州校区法人，派驻本校教师和管理团队，直接将本校成功的教学管理模式“复制”到新校区，实现名校的跨区发展，并将发挥示范引领作用，带动区域教育水平的整体提升。这些学校的通州校区2016年秋季招生，其中，初中阶段坚持就近入学原则，高中阶段与本校具有相同招生资质，学生学籍归通州区属地管理。

（闵树明）

【监控平台升级改造完成】 4月底，通州区教委视频监控系统指挥平台升级改造工程完成。新平台覆盖全区公办中小学、幼儿园、职业学校，集记忆储存、远程监控视频调阅、远程控制、电子地图、历史图像回放、报警联动等功能于一体。通过连接各校级图像，以电视墙形式进行显示，对全区各校进行实时动态管理。此次改造工程更新了前端硬盘录像机159台，现总设备231台，视频图像上传2500路。此外，新平台还可与公安内保等平台对接，形成部门联动共管局面，也为创建“智慧城市、平安城市”维护通州区教育系统和谐稳定提供坚实的保障。

（刘永辉）

【综合督导12所小学】 4月6日至5月5日，通州区教育督导室依据《关于落实〈北京市区县政府、教委、学校（教育机构）全面实施素质教育评价方案（修订）〉的实施意见》的文件要求，对东方小学等12所小学进行全面实施素质教育综合督导评价和《中小学体育工作三年行动计划》的专项督导。督导组听取校长工作报告、进入课堂听课、查阅档案材料，实地考察校园文化、义务教育阶段中小学生课外活动和硬件设施，召开相关人员座谈会、组织教职工调查问卷、学生调查问卷、个别访谈等形式广泛收集信息，对学校发展规划、队伍建设、教育管理、发展绩效、创新与特色等工作进行了督导检查。督评人员根据评价指标体系，在学校自查自评的基础上，按照所负责检查的内容和学校实际情况，采集整理信息，对学校给予客观公正的评价，最后，督导组经过集体讨论研究，并与学校沟通后，形成学校督导评价意见，以书面形式反馈给学校。

（曹海英）

【增加2所市级百年学校】 5月6日，北京市教育委员会公布第三批北京市百年学校，通州区中山街小学、通州二中入选。中山街小学始建于1912年，始称京兆师范附属小学。现有25个教学班，在校生1300人，教职工75人，是一所完全小学。通州二中始建于1904年，由美国基督教公理会创建，始称女童蒙馆，后改称富育女子学校。现学校总面积3.4万平方米，58个教学班，在校生2500人，教职工256人，是北京市首批完全中学。至此，加上潞河中学（2012年第一批）、后南仓小学（2013年第二批），通州区有4所市级百年校。

（闵树明）

【召开民族学校传统体育运动会】 5月7日，通州区第八届民族学校传统体育运动会在张家湾镇中心小学召开。全区六所民族学校、两所民族幼儿园及潞河中学新疆班的400名师生参加了运动会。通州区教委、通州区民族宗教侨务办公室及张家湾镇有关领导出席活动。本届运动会设100米铁环竞速、毽球、夹包、绫球、角球、踢毽、双摇跳绳、跳长绳等八个比赛项目。经过激烈的角逐，潞河中学新疆班荣获中学组团体总分第一名，张湾村民族小学荣获小学组团体总分第一名。

（王艳霞）

【京浙共签文化教育发展倡议】 5月13日，运河少年手挽手共育共筑运河梦——京浙共签中国大运河少年儿童文化教育发展倡议仪式在运河小学举行。北京市通州区运河小学和浙江省杭州市京都小学与运河沿岸10所中小学、幼儿园共同签署《中国大运河少年儿童文化教育促进会理事单位协议书》。按照计划，各方将汇集运河沿岸更广泛的学校之力，秉承沟通联合、求同存异、互鉴互利的理念，串联起大运河沿线少年儿童文化教育资源；在运河的历史文化和现代文明中寻找新的平衡点，不断增强运河沿线少年儿童的归属感、认同感、尊严感和荣誉感，实现运河文化教育的升华，促进运河少年儿童健康成长。与会人员共同向国家民政部申请筹建中国大运河少年儿童文化教育发展促进会。中国大运河少年儿童文化教育发展促进会在运河文教科研平台、沿岸学校交流平台、教师互助共享平台、学生自主成长平台等方面实现共建。活动中，运河小学与杭州市京都小学还向运河沿岸36个城市学校发出“传承运河文化，培育运河少年，反哺母亲大运河”的倡议，这也是中国大运河申遗成功以来，全国首个由学校自主发起的青少年传承运河文化的倡议。

（洪　雨）

【网选“我心中的最美校园”】 5月9日至20日，通州区教委启动微信平台评选“我心中的最美校园”活动，学校教师、学生、家长及社会人士纷纷拿起手机，为自己心中最美校园投上宝贵的一票。据统计，在12天的投票中，有1435488人参与投票，平均每日投票数为102534票，通过统计投票率，最终从79所参评学校中评选出如意幼儿园、芙蓉小学、育才学校通州分校等16所“我心中的最美校园”。

（刘永辉）

【《现代教育报》通州小记者站启动】 5月30日，由《现代教育报》、通州区教育委员会联合举办的《现代教育报》通州小记者站启动仪式暨运河文化采风实践活动在北京小学通州分校举行，通州区20所中小学校成为首批《现代教育报》校园小记者站成员校。启动仪式上，现代教育报社和通州区教委共同按动启动球，同与会人员共同见证《现代教育报》校园小记者站的成立。区教委、区教师研修中心相关负责人为20所成员校颁牌。启动仪式之后，现代教育报第一批小记者来到通州区运河文化广场，开展运河文化采风实践活动。

（刘　森）

5月30日，现代教育报通州小记者站启动　（教委提供）

【韩美林为育才分校捐赠“美林教室”】　6月1日，通州区第一个“美林教室”在育才学校通州分校成立，这是由韩美林基金会捐助成立的美术教室，“美林教室”将成为艺术教育的课外活动基地、学校与艺术大师进行面对面互动交流的场所。挂牌仪式上，著名艺术家韩美林先生向育才学校通州分校校长赠送书法“美林教室”，标志着通州区第一个“美林教室”正式成立。韩美林艺术馆和学校签署作品捐赠协议，由韩美林向学校捐赠个人艺术作品200多件。在“美林教室”，韩美林先生为学生们上了第一节课，鼓励同学们珍惜当下美好生活，发奋努力学习，并祝愿大家在艺术之路上有所建树。随后，以“跃动的童年”“舞动的旋律”“灵动的墨香”为主题进行“金色童年，美林相伴，快乐成长”庆六一节目汇演，2500余名师生和家长一起参加活动。

（李丽娜）

【新增5所校园足球特色校】　6月9日，教育部网站公示了2016年全国青少年校园足球特色学校及试点县(区)遴选结果名单，通州区有5所中小学校命名为全国青少年校园足球特色学校。即潞河中学、通州二中、北京二中通州分校、育才学校通州分校、马驹桥中心小学。截至2016年年底，加上运河小学、潞城镇中心小学，通州有7所学校成为全国青少年校园足球特色学校。

【启动“京教杯”教学展示活动】　6月15日，北京市中小学第一届“京教杯”——通州区青年教师教学基本功展示活动在教师研修中心启动。通州区教育学会作了全区青年教师教学基本功校级展示活动情况汇报，北京教科院基教研中心肯定了校级展示的成绩，并对区级展示活动提出建议。随后，北京市教育学会领导进行了相关专业培训。本次基本功展示活动采取专家引领、教研支撑、骨干示范、展示交流、整体推进的策略，通过培训、实践、研讨、交流等方式，促进展示活动的落实，全面提升青年教师专业素养，推动区域教育整体发展。通州区60多所中小学工会主席、教学副校长和青年教师代表近300人参加会议。

（闵树明）

【运河中学教育联盟颁牌】　6月16日，通州区教育联盟工作推进会暨运河中学教育联盟颁牌仪式举行。运河中学教育联盟3月8日成立，成员校有：运河中学、玉桥中学、运河小学、史家小学通州分校、玉桥小学、内蒙古赤峰市翁牛特旗乌丹二中。推进会上，介绍了运河中学教育联盟章程和实施方案，教委中教科负责人详细解读了《通州区关于建立教育联盟工作机制》文件。教委领导为运河中学教育联盟成员校颁牌并讲话，强调建立运河中学、潞河中学、永乐店中学三所北京示范校为龙头的教育联盟，标志着通州区深化教育综合改革又进入到了一个新的平台。联盟校间充分共享、整体联动、管理辐射、特色延伸，在教育横向推动的基础上，做出纵向探索，突破创新。通州区教委相关科室、教育考试中心、教师研修中心、联盟校代表50余人参加活动，潞河中学、永乐店中学负责人员观摩活动。

（刘　凌）

【举办国学经典诵读大赛】　6月30日，“通州之声·天籁之音——第二届通州区中小学生国学经典诵读大赛决赛暨总结表彰会”在官园小学举行。经过角逐，通州区第二中学、东方小学、中山街小学、宋庄镇中心小学、官园小学、通州区幼儿园的诵读曲目被评为特等奖。此次大赛从6月初启动，有48所学校报名参赛，包括幼儿园、小学、初中、高中四个学段，近50个诵读节目参赛，其中，20所学校的20个节目进入决赛。决赛以《通州区国学启蒙教育经典诵读评价量表》为标准，以通州区“二十四字”诵读策略为原则，聘请艺术家李元华等专家评委现场打分，最终评出特等奖6个，一等奖14个，二等奖27个，区教师研修中心负责人对诵读大赛进行总结。市区有关领导，来自全区45所实验学校的主管领导、课题负责人和诵读曲目指导教师以及参赛学生150人参加活动。

（王　蕾）

6月30日，举办第二届国学经典诵读大赛　（教委提供）

【校园改扩建工程完工】　至6月，通州区第一实验小学改扩建工程完工。建成后占地1.72万平方米，总建筑面积1.46万平方米，其中，新建面积1.16万平方米，保留原建筑面积2930平方米，拆除面积3087平方米。开设38个班，招收学生1732人。工程自2014年11月15日开工，由区财政投资建设，总投资4428万元。

（张如燕）

【非京籍小学入学电脑派位工作结束】　6月底，2016年非本市户籍儿童在通州区就读小学电脑派位工作结束。填报志愿参与电脑派位的儿童1377人，区直小学投放到派位系统的学位是1377个，最终1360人派位成功。6月29日下午，北京市潞洲公证处、区公安分局、区教委、区教育纪工委、区教育考试中心、诚飞科技公司及三位校长代表和三位家长代表在区教育考试中心现场见证了派位全过程。在经历了3次现场模拟派位后，邀请3名家长完成儿童随机号的产生、第一批次派位和第二批次派位的电脑点击操作，公证处在派位现场将派位结果数据库刻盘封存的整个过程。派位过程全程录像，派位结果合法有效。参加派位的儿童家长于7月1日中午12:00登录www.tzkszx.cn查询派位结果，7月3日到派位学校审核登记。

【授牌冰雪项目基地校】　7月8日，区教委和区体育局联合启动冰雪项目进校园活动，全面调动学生参与冰雪运动的积极性。启动仪式上，与会领导分别为通州区梨园镇中心小学、北京实验二小通州分校、北京小学通州分校授牌，授予三所学校通州区冰雪项目基地校。同时，授予东奥冰尚俱乐部冰雪项目训练基地。随后，领导和家长一同观摩了第一批冰雪项目基地校学生进行的冰上表演。150名小运动员在教练的带领下进行冰上活动体验。短道速滑、花样滑冰，孩子们在冰上翩翩起舞，尽情享受冰上的运动的魅力。会上，区教委负责人强调，在“十三五”期间，中小学的冰雪项目基地校要达到15所以上，要让基地校在校的学生，每周从事冰雪运动、冰雪项目的时间不少于两个小时。

【签署教育发展合作模式协议】　8月31日，通州区人民政府与北京教科院在第一实验小学签署教育事业发展合作模式协议。通州区区长岳鹏与北京教科院院长方中雄共同在协议书上签字。该协议充分发挥通州区在资源、政策、创新发展等方面的优势和北京教科院在科教研、人才培养等方面的优势。在加强教科研引领、提升基础教育教学质量、扩大合作办学、深入队伍建设四个方面深入合作。通州区第一实验小学，是北京教科院在全市建立的第一所实验小学。经过12年的发展，有38个教学班、1700名学生、127名教职工。学校以知识自主建构为基础，建立和丰富发现教育理论体系，打造具有学术影响力的发现教育品牌。区委书记杨斌等相关领导参加教育合作签约仪式。

【中考录取3790人】　6月，通州区报名参加中考考生4636人，其中借考考生794人。8月，全市补录工作结束后，全区中考考取考生总数3790人，占有资格考生总数98%。其中，示范性高中2156人，一般高中578人，中专234人，技校195人，职高124人，高职158人，贯通培养345人。

【运河中学高中部校区落成】 8月底，运河中学高中部校区建成投入使用。该校区位于梨园镇大方居小区西侧，占地7.91万平方米，其中，建设用地6.01万平方米，总建筑面积5.15万平方米，设计规模60个教学班，可招收学生2700人。2014年10月开工建设，总投资2.89亿元。建筑布置由南至北依次是教学区、运动区、生活区。普通教室按年级独立设置。专教楼、行政办公、合班教室、图书馆统一布置成综合楼。通过连廊将综合楼、教学楼、风雨操场、食堂、宿舍楼联通，既方便了交通又体现了建筑的连续性。2016年，运河中学原区域将扩大初中部，高中部全部迁至新校区，正式开启“一校两址办学、初高中分部管理”的办学模式，该校630名高一新生就读于新校园。

【通州成为知识产权教育课程试点】 9月6日，通州区知识产权教育课程全面进入中小学启动仪式暨知识产权专题培训在潞河中学举行。潞河中学、北京小学通州分校、永顺镇中心小学等10所中小学被列为首批知识产权教育课程先行试点学校。启动仪式由通州区人民政府副区长陈少敏主持。市、区领导为中小学知识产权教育试点学校授牌并赠书。通州区作为全市首个知识产权教育课程先行先试区，将在小学四年级和初中二年级教学计划中安排知识产权教育课程。采取学科间相结合的授课方式，小学四年级完成每学年不少于4学时教学任务，初中二年级完成每学年不少于6学时教育任务，计划5年内培育一批能带动全区中小学知识产权教育工作的试点、示范学校；区知识产权局为全区中小学统一提供知识产权教材，并联合区教委对知识产权教育师资队伍进行集中培训；同时区教委还将结合知识产权教育课程，开展面向全体中小学生的主题实践活动，鼓励学生参加各类科技竞赛活动等。启动仪式后，中国社会科学院法学研究所研究员、教授、博士生导师李顺德为参会的校长、老师和学生进行了知识产权专题培训。

（闵树明）

【国际级魔术大师上数学课】 9月22日，国际级“魔术大师”王志伟来到全国青少年创客教育实验点——北理工附中通州校区上数学课，教授“方程与函数”，他从魔术的角度让学生理解数学概念，培养学生归纳及推理能力，67名初一学生在魔术中享受着数学的快乐。该活动是“中国教育学会青少年创新思维教育研究‘2016中青创奥益智与数学’”项目中的一个环节，目的在于培养学生的逻辑思维能力和创新能力，开启学生自主探究的应用意识和创新意识。

（尉燕艳）

【百年学校授牌】 10月10日，北京市百年学校授牌仪式在通州区中山街小学举行。仪式上，宣读了中山街小学被北京市教委认定为北京市百年学校的决定，区教委领导代表市区教委为百年学校中山街小学授牌并致辞。中山街小学始建于1912年，名称是京兆师范学校附属小学，校址在宛平县卢沟桥。1920年随京兆师范学校迁通县新城北街73号。后几经更名，1997年9月28日随通县撤县设区，学校更名为北京市通州区中山街小学。截至2016年年底，有28个教学班，1127名学生，94名教师，是一所办有特色的完全小学。

（闵树明）

【举办第五届活力科技节】 10月26日，北京小学通州分校举办“创新激发活力，探索助力成长”第五届科技节。科技节开幕式分为现场科普项目课程体验、科普大讲堂，科技论坛三个环节。科普项目体验课程包括人工智能、航模、汽车模型、模拟机床、火星人俱乐部、神奇化学等十多个体验项目。科普大讲堂与科技论坛，由特邀教授专家为老师、家长和学生讲解科学知识与科技课程，歼−10战机试飞员为学生们讲述国防科技的艰辛历程。此次科技节为期1个月，期间还将开展科技小报评比、科技小制作评比、科技知识竞赛、班级科技之星评选等活动。

（靳朝霞）

【庆祝建校110周年】 10月28日，张家湾镇中心小学举办主题为“成长”的庆祝建校110周年展示活动。众多校友、各界人士、以及在校师生欢聚一堂，共庆学校110岁华诞。展示活动先由该校校长致欢迎词，然后分“丙午初始张湾华诞”“锦绣乾坤铸就辉煌”“放眼未来共谋发展”三个乐章展示学校历史，随后学校师生共同朗诵《张湾赋》、演唱歌曲《长大后我就成了你》等文艺节目。当日，校史馆正式对外开放，由学生、教师志愿者担任讲解员。张家湾镇中心小学始建于1906年，坐落在美丽的古运河畔；现下辖5所完小，有83个教学班，学生2697人，223名专任教师。校史馆投资80余万元，建筑面积160平方米，坐落于学校东北角。展出照片291张，实物132件，见证了学校110年的发展史。该校是通州8所百年老校之一。

（张海涛）

【通州教育云平台启动】 11月10日，通州教育云平台启动暨“互联网+”通州教育助力城市副中心建设主题论坛在通州区教师研修中心举行。区教委致辞并宣布通州教育云平台启动。教师研修中心作《五位一体，研学共振，推动通州区教育信息化新发展》报告。主论坛上，中央电化教育馆作《贯彻落实教育信息化十三五规划，推进教育资源云服务》主题发言，北京师范大学教授作《互联网+时代的未来学校》主题发言。分论坛围绕资源建设与应用、网络研修，区域信息化建设与应用，STEAM、创客课程建设与实践，智慧课堂教学实践四个主题展开，涵盖领域专家讲座和通州在该领域的教育教学实践探索。市区有关领导、专家及中小幼职成学校代表近500人参与活动。

（王　蕾）

【承办第二届全国小学国学教学评比赛】 11月19日至20日，由北京师范大学课程与教学研究院、育灵童教育研究院、中华优秀传统文化教育课程与教学研究中心共同主办，北京市通州区教师研修中心承办的第二届全国小学国学经典教学评比大赛在北京市通州区教师研修中心报告厅举行。来自全国各地国学实验区的400余位校长和教师参加活动。通过组委会历时半年多的层层筛选，来自江苏、广西、北京、河北、浙江、湖南六省市的十节优秀课参加现场决赛与展示活动，授课内容涉及蒙学、声律、散文、骈文等多部国学经典。借鉴通州区“以赛代培”的研修方式，本次大赛不仅有教师的现场课展示，还安排有关专家进行国学讲座。活动旨在通过评比、观摩，为教师搭建一个以课会友、切磋交流教学技艺的平台。该届赛事评出特等奖3名、一等奖9名、二等奖71名、三等奖62名。北京市通州区东方小学杨帆老师荣获特等奖，北京史家学校通州分校张辉老师荣获一等奖，通州区14名老师荣获二等奖，28名老师荣获三等奖。

（闵树明）

【与泰国新加坡国际学校签订办学协议】 11月23日，通州区中小学校与泰国曼谷新加坡国际学校友好学校合作意向书签约仪式在芙蓉小学举行。通州区运河中学、永乐店中学、芙蓉小学、贡院小学4所学校与泰国曼谷新加坡国际学校签订友好学校合作意向书。签字仪式上，双方都表达了在相互尊重、平等互利的基础上展开友好合作的愿望。同时，双方都希望能够借此合作机会，增进彼此了解，拓宽师生视野，促进师生共同发展。继10月20日，加拿大5所中小学与通州区运河中学、永乐店中学、玉桥中学、贡院小学、芙蓉小学签订友好学校合作意向书后，截至年底，通州区有10余所学校和澳大利亚、德国、韩国等近30个国家的学校签订友好合作协议。

（刘　琼）

【通州成为“互联网+”在线辅导试点】 11月25日，“互联网+”助力通州区教育全面深化综合改革暨北京市中学教师开放型在线辅导计划试点启动仪式在通州举行。区领导致欢迎词，市教委副主任李奕和北京师范大学校长董奇分别讲话，北师大未来教育高精尖创新中心汇报了“互联网”助力通州区全面深化教育综合改革项目的工作思路和进展。北京市中学教师开放型在线辅导计划将率先在北京市通州区试行，未来将在全市逐步推开。根据计划，面向全市中学教师招募在线辅导教师，并为通州31所学校的初一、初二年级学生提供在线教育服务。2016年11月，落实好教师培训工作，12月初通州学生全面试用，后续根据试点情况将在全市推广。

（闵树明）

职业与成人教育

【概　况】　2016年，通州区职业高中3所，其中，教育部门办1所、民办2所，开设专业9类。招生103人，毕业105人，在校生355人。教职工119人，其中，专任教师105人。职业高中学校（学校产权）占地总面积179808平方米，建筑总面积48982.57平方米，图书室藏书117469册，固定资产总值9454万元。成人教育单位12个，其中，成人教育中心1个、区教委辖管乡镇成人学校11个。开设外语、计算机、农业技术、驾驶、文明素质等培训科目。教职工40人（不含外聘教师），其中，专任教师25人。区教委辖属乡镇成校占地总面积51411平方米，建筑总面积27596平方米，图书馆藏书43282册，计算机467台，固定资产总值688.68万元。

（闵树明）

【剪纸传人段海燕送教】　3月7日，张家湾成人学校立体剪纸培训班开班，聘请河北蔚县立体剪纸非物质文化遗产传承人段海燕担当主讲，140名学员参加培训。培训时长一个月，周一至周五全天授课。让学员掌握初级的立体剪纸技术，学成后的作品，张家湾镇服务中心还将联系企业进行收购，给学员带来实惠收益。蔚县剪纸源于明代，是一种风格独特、在国内外享有盛誉的汉族民间艺术。其制作工艺在全国众多剪纸中独树一帜，这种剪纸不是“剪”，而是“刻”，以薄薄的宣纸为原料，用小巧锐利的雕刀手工刻制，再点染明快绚丽的色彩而成，构图朴实饱满，造型优美逼真，色彩对比强烈。

（荣　娜）

【举办美容美发培训班】　3月15日，于家务成人文化技术学校与乡社保所联合举办美容美发培训班。该培训班由美丽潮流培训学校专业教师授课，学习内容包括：美发化学用品常识、晚妆发型操作技巧、发型修剪技巧等多项实用技能，学期20天，全乡大龄妇女70余人参加培训。

（王　欢）

【组织社区科普主题展】　4月1日，通州区梨园成人文化技术学校在新城乐居社区举办科普知识主题展，200余人参加。活动主要围绕关爱身体健康生活，防灾减灾安全救助，保护生态呵护家园三方面展开。采用讲解、展板、答卷、体验、发放宣传品的形式向社区居民进行科普宣传。

（高春英）

【职成教师培训项目启动】　4月1日，通州区职成教师成长工作室培训项目启动会在通州区教师研修中心召开。通州区职成教师成长工作室培训项目是贯彻国家和北京市中长期教育改革和发展纲要精神，落实通州区教委提升教师素质，加快职成融合工作要求的具体行动，项目得到市教科院和区教委的大力支持。培训目标：全面+优秀；培养对象：全员+重点（N+10）；运行方式：培训+竞赛，课程+教材；培训形式：线上+线下；培训内容：通识+专题；考核标准：成绩+成果等方面。在组织层面，为了落实好项目方案，经过推荐、研讨、筛选，成立4个小组，即领导小组、市级专家组、工作组和核心组。会议强调,以项目为依托，继续在课题研究、课程开发、教材编写等方面开展教师培养工作。区教委、成人学校、工作室教师代表近30人参加会议。

（王　蕾）

【举办家政服务员培训】　4月11日，于家务成人学校联合乡社保所举办家政服务员培训班，40余人参加，85%为大龄妇女，聘请北工职业技能培训学校的专业教师授课。学习内容包括职业道德、急救、老人护理、婴儿护理等总计200学时。此次培训后，社保所将建立家政服务员数据库，随时掌控全乡家政服务员现状，对有就业愿望的人员积极推荐就业岗位。

（王　欢）

【二胡演奏开班培训】　4月19日，台湖成人文化技术学校举办二胡演奏培训班，训期3个月，每周1次课，时长2小时。培训以《二胡教程（初中级篇）》为教材，采取授课、示范、指导、观摩相结合的方式进行教学，培训结束后，将以汇报演出的形式检验学习成果。来自全镇60多名二胡演奏爱好者参加培训。

（高雪梅）

【北京新城职业教育集团成立】 5月18日，北京新城职业教育集团成立大会在北京新城职业学校召开。会上表决通过北京新城职业教育集团章程，48个理事会成员单位见证，北京市教委委员黄侃与通州区人民政府副区长于世疆为集团成立揭牌。北京新城职业教育集团是通州区政府成立的首个职业教育集团，集团将形成政府推动、行业指导、企业参与、院校融通的职业教育发展模式，通过职教集团实现产、学、研的有机结合，全区各部门将发挥政府、行业、园区企业，大中专院校在现代职业教育中的作用，实现合作共赢，走出一条校企深度合作，院校融合互通，适合北京城市副中心建设与发展的职业教育创新之路。市区领导、职教中心、成教中心负责人、河北三河市教育局以及通州区各相关委办局、职成学校教师、学生500余人出席会议。

【与湖北十堰科技学校联合办学】 5月19日，北京新城职业学校与湖北十堰市科技学校联合办学签约仪式在十堰市科技学校举行。双方校长共同签约，联合招收数字媒体技术（影视后期制作方向）专业学员，采用分段培养模式。学生毕业后，可在北京影视剧制作、广告传媒等公司从事后期编辑、剪辑、数字影音、图形图像处理等工作。据悉，湖北十堰市科技学校是国家级重点中等职业学校，上年，两校达成手拉手对口协作意愿，十堰市科技学校派干部教师到京挂职、培训，实现优质教育教学资源的两地共享。此次联合办学签约也是双方手拉手对口协作意愿的推进与落实。

（何　华）

【举办社区教育书画展】 7月7日，通州区社区教育书画培训成果展在张家湾成人文化技术学校举办。本次征集学员作品380幅，其中，260幅书画作品获奖，张家湾成人文化技术学校等6所学校获得突出贡献奖，永乐店成人文化技术学校等5所学校获得优秀组织奖，参会领导为获奖学员及学校颁发证书和奖牌。市区有关领导、11所成人学校校长教师、获奖学员代表260余人参加活动。

（贾　姗）

【举办家庭实用技能培训班】 9月19日至21日，漷县成人文化技术学校2016年家庭实用技能系列培训——军屯村培训班开课。课程内容：《以菜养菜》《家庭防火知识》《家庭生活小妙招》，165名村民参加培训。

（张　泉）

【组织专家科普讲座】 10月12日至11月4日，通州区梨园成人学校邀请2位专家，在所辖社区、村队进行20场巡回讲座，达30学时，受众500余人。中国红十字会张小杰讲座：健康与疾病防护、糖尿病知识普及、心血管疾病知识、家庭急救等内容；通州区科协郭鑫讲座：雾霾科普宣传、环保与环境、个人信息安全防护等内容。

（高春英）

【举办第十二届全民终身学习活动周】 11月17日，通州区第十二届全民终身学习活动周开幕式在通州区教师研修中心举行。本届活动周由通州区建设学习型新城区工作领导小组主办，以“育精益求精工匠，圆创新创业梦想”为主题。活动对本年度认定的11个学习型社区（村）先进单位，2个创建学习型学校先进单位，100个学习型家庭和56名通州区市民学习之星进行表彰。区教委负责人为区图书馆、通州区成教中心两家通州区市民终身学习示范基地授牌，北京市学习型城市研究中心副主任马仲良作“创建学习型示范区”的讲座。通州区建设学习型新城区工作领导小组各成员单位代表、获奖单位及获奖个人300余人参加开幕式。

（姜梦笔）

潞河中学

【中华运河文化教育论坛】 见本书373页【首届中华运河文化教育高峰论坛举办】条目。

【潞河中学学生在第十一届全国青少年未来工程师竞赛中获金奖】 5月19日，第十一届全国青少年未来工程师博览与竞赛在北京举行，来自全国20多个赛区的2000多名师生参与总决赛。本次大赛旨在培养学生创造性解决问题的能力。潞河中学“创意微拍1+1”作品《瞬“吸”万变》获得全国金奖。

【校长和教师受表彰】 9月9日，通州区2016年教师节庆祝大会在通州区会议中心召开。潞河中学校长徐华被授予通州区“名校长”称号；潞河中学陈昱英、赵腾任两位老师被授予通州区“名教师”称号。12月，校长徐华被通州区区委、区政府授予第三届通州杰出人才奖。通州杰出人才奖是通州区为了实施人才强区战略设置的人才奖励最高奖项，每三年评选一次。

【成为北京中小学校阅读联盟主席团学校】 10月20日，由北京市委宣传部、北京市新闻出版广电局、北京市教育委员会、共青团北京市委员会联合主办的北京中小学校阅读联盟成立大会暨启动仪式上，潞河中学成为联盟主席团学校。

【成为首批北京市中小学知识产权教育示范学校】 10月26日，北京市教委联合召开北京市中小学知识产权教育推进大会。潞河中学成为首批北京市中小学知识产权教育示范学校。

【第七届北京可持续发展教育国际论坛在潞河中学召开现场会】 10月28日，第七届北京可持续发展教育国际论坛现场会在潞河中学召开。来自联合国教科文组织的美国、英国、蒙古国、孟加拉国、柬埔寨的国际友人及全国各地的150余位参会人员到场。会上，学校的9节教学展示课及校长徐华的题为《做为学生的终身发展奠基的教育》的主题报告受到全体参会代表的一致好评。

【北京市青少年涉台教育基地】 10月，市台办、市教委正式授予潞河中学北京市青少年涉台教育基地称号。

【被认定为首批通州区中小学文明校园】 11月28日，潞河中学被认定为首批通州区中小学文明校园。

【潞河中学教育联盟成立】 12月28日，潞河中学教育联盟成立。潞河中学教育联盟是由潞河中学召集发起的，以创新、协调、绿色、开放、共享为发展理念，以全面深化通州区基础教育领域综合改革，提升教育品质为目标的教育合作组织。

联盟包含初高中小学17所学校，分别为潞河中学、通州区第二中学、通州区第四中学、通州区第六中学、通州区小务中学、通州区甘棠中学、通州区北关中学、内蒙古赤峰市翁牛特旗乌丹一中、青海省海北藏族自治州海晏县寄宿制民族中学、河北省沧州市沧县第三中学、河北省唐山市第二十六中学、通州区潞河中学附属学校、通州区后南仓小学、通州区中山街小学、通州区东方小学、通州区北苑小学、北京教育科学研究院通州区第一实验小学。

（刘晓蕾）

北京工业大学实验学院

【概　况】 北京工业大学实验学院（The Pilot College of BJUT，以下简称实验学院），按照北京工业大学和通州区人民政府合作办学协议，于2007年1月迁入通州，位于通州区潞苑南大街89号，占地15.3万平方米，总建筑面积6.2万平方米，是一所工、经、管、法多学科综合学院，下设信息工程系、经济管理系、信息管理系、建筑与环境系、文法系、基础教学部（含数学、物理、英语、政治四个教研室）等五系一部，及学院办公室、学生工作办公室、教务办公室等10个行政处室。本科设有电子信息工程、计算机科学与技术、会计学、土木工程、法学、国际经济与贸易、工商管理、文化产业管理等8个专业，专科设有信息安全与管理、国际经济与贸易、市场营销、会计、旅游管理、建筑工程技术、工商企业管理、工程造价、国际商务等9个专业。

截至2016年，学院有教职工289人，其中，专任教师154人，专任教师中，教授4人、副教授44人、讲师81人，专任教师中硕士以上学历的教师占53%以上。

2016年，毕业学生888人，其中，本科生388人、专科生500人；招生680人，其中，本科生387人、专科生293人；截至年底，在校学生2775人，其中，本科生1523人、专科生1252人。

【全国机器人大赛获奖】 4月26日—28日，RoboCup机器人世界杯中国赛在安徽省合肥市举行，来自全国各地（含香港、澳门）近300支参赛队伍齐齐亮相，展开激烈角逐。其中，中型组项目荟聚了北京信息科技大学（2015年Robocup机器人世界杯全球冠军）、国防科技大学、北京理工大学等国内一流强队，竞争尤为激烈。实验学院由鲁宁、李思涵、张子昊、朱少青等13名同学组建的团队参加了中型组项目比赛。经过小组赛、半决赛及决赛的多轮拼杀，最终赢得技术挑战赛及对抗赛两项冠军，取得自2011年首次参加该赛事以来的最好成绩，吸引了当地多家媒体的报道采访，为学校赢得了荣誉。

4月26日—28日，实验学院学生参加全国机器人大赛获奖（北工大提供）

【第八批翱翔计划学员培养工作】 实验学院与翱翔计划基地校通州区潞河中学合作，首次进行第八批翱翔计划学员的培养工作。5位学员选择实验学院老师提供的题目，分别由基础部物理教研室老师邱菊、赵洁和苏雪琼任导师。经过一年的时间，学员在理论、计算机模拟和实验方面做了大量工作，于2016年5月通过北京青少年科技创新学院组织的答辩验收，顺利结题。其中，张若凡学员还以翱翔计划的研究成果参加了第36届北京青少年科技创新大赛，获得三等奖。

【全国大学生沙盘模拟经营大赛获奖】 6月25日至6月26日，实验学院信管系组织会计专业学生参加第十二届全国大学生“用友新道杯”沙盘模拟经营大赛，并荣获一等奖。此次比赛由中国高等教育学会高等财经教育分会和中国职业技术教育学会商科专业委员会主办，北京工商大学承办，新道科技股份有限公司提供技术支持。来自北京化工大学、北京工业大学等27所院校参加本届大赛北京区总决赛。

（全　明）

成人教育中心

【概　况】 2016年，成人教育中心按照区委、区政府发展战略要求，深化改革创新，准确把握区域发展和城市副中心建设新常态，全面聚焦副中心建设，围绕北京城市副中心建设、区委区政府中心工作和市民教育需求，以改革创新为驱动，高点定位，融入大局，精准发力开展各项工作，为建好城市副中心努力提供成人教育优质资源搭建平台。

【加大市民教育服务力度】 年内，充分发挥“运河讲堂”的首都市民学习品牌和载体作用，深入开展市民教育活动，举办“北京市城市副中心的热点问题”“家风家训辈辈传”和“传承好家风，引领好作风”等四场公益讲座，参与市民达800余人；配合区文明办完成2场道德讲堂总堂的宣讲活动，参与市民达600余人。

【农民教育】 年内，协同区教委建立农广校乡镇工作站，为符合条件的11所乡校颁牌，并将乡镇文化技术学校纳入市农广校四级教育体系。开展新型职业农民培训，为3个乡镇培训新型职业农民100人。不断推进农艺入户工程——芽苗菜种植（阳台绿化）及推广产业化发展研究，为2个乡镇培训学员600人。参加区实用人才工作计划的制定和检查验收，参与实用人才培训。农广校学历中专班在校生为506人。实施“文化驻乡”工程，开设文艺中专班，为农村培养乡村职业文化艺术人才，招生67人。

【成人学历教育】 年内，探索城市副中心建设大背景下成人学历教育办学模式，推进内涵式发展，开放大学专科、本科共招生368人，毕业499人，10人申请学士学位，在籍生达到1923人。奥鹏远程教育中心专、本科共招生69人，在校生219人，毕业62

人。与中国政法大学合作的MPA班第三期有30名新生入学，在籍生90人。

【成人培训和青少年校外教育】 年内，与区内各委办局加强沟通合作，与区工会合作的首都职工素质建设工程，在9个乡镇开展11场培训活动，培训547人；与区工会合作开展心理咨询师考前培训班，培训50人；与区社工委合作开展为期五周的社会工作专业人才培训，参培人员36人；与中仓街道、东里幼儿园、区委研究室改革办等单位合作开展系列活动，与中仓街道联合举办“歌声嘹亮”和“舞蹈大赛”“美丽中仓 文暖通州”三场文艺活动，演职人员及观众达900余人；开展毕金仪心理咨询公益讲座、“携手反家暴，建设新通州”公益宣传活动，520人参加活动；与金师启明教育培训公司合作组织三次幼儿教育培训讲座，参培人员260人；分别为宋庄和次渠职工和居民，开展职工工作安全预防及村民法律相关知识咨询培训活动。新开设2个剑桥少儿英语培训班和新概念英语培训班，2个班级结业，在校生80人。

【组考工作】 年内，北京地区全国专业技术人员计算机应用能力考试组考5次，6164个模块，2000余人次参考；会计从业资格无纸化考试累计组考9600科次，3200名考生参考；会计专业技术资格（中级）考试，组考35场，1050名考生参考；协助区人保局考试培训中心组织各类考试10余次，受到合作单位和考生的好评。

（辛宏伟）

文 化

文化 文物

【概 况】 2016年，全区文化工作立足“京津冀”文化协同发展，以高标准规划北京城市副中心文化建设和创建全国文明城区为中心，认真落实习近平总书记视察北京和市委书记郭金龙调研通州重要讲话精神，完成全年各项工作任务。加快基层公共文化服务配套设施建设。投资5300万元，通过11个项目，对全区36个基层文化设施进行改扩建和设备配备。改造完成后的区博物馆于2016年3月31日重新对外开放。区图书馆全面对外开放，新增办证数量9100个，有持卡读者77164人，采编入藏新书31814种7.2万册，外借图书44万册次，开展健康大讲堂、“学行合一”家风主题讲座、《人文通州》纪实摄影、儿童阅读讲座、趣味科普等多元化阅读活动300余场，年接待读者110万人次。组织开展“星火工程”公益惠民演出、“文化一脉 协同发展”京津冀运河沿线城市文化交流季、“我的舞台”、传统戏曲演唱会等各类文艺演出活动1300余场，吸引观众10余万人次。开展公益电影放映18995场次，吸纳观众67万余人次。“书香通州”全民阅读活动开展“品阅书香”系列讲座、“书香少年”阅读推广、亲子阅读月等阅读品荐活动，覆盖城乡居民、学校、公务员、部队官兵等阅读群体。

举办2016年北京·通州运河艺术节，覆盖全区11个乡镇4个街道，直接参与群众达7万余人。“文化一脉 协同发展”京津冀运河沿线城市文化交流季，先后举办京津冀地区“名家名戏”戏曲交流演出、“流淌的记忆”京津冀非物质文化遗产展等系列活动。推进“通州味”文化圈建设，举办“我的舞台”群众文艺演出、“舞动北京”全民舞蹈大赛、2016“通州味”群众文艺之星选拔等品牌文化活动。全面启动首都公共文化服务示范区创建工作。成立创建领导小组，编制《通州区创建首都公共文化服务示范区建设规划》，组织召开示范区创建自查工作会、示范区创建未达标指标、疑难指标统计会，提交示范区创建申请，获得创建资格。加强市行政办公区域和新规划拆迁区域的文物勘探工作，发掘保护好历史文化遗存。对李卓吾墓、文庙中路、紫清宫、平津战役指挥部、中山街关帝庙、日寇机窝、于家务吴寺村七佛寺7个文物保护单位进行保护性修缮、修复。对南大街历史文化遗存进行梳理保护。综合整治“三庙一塔”景区环境，完善“三庙一塔”景区电力、供暖、绿化、环境保洁等配套设施建设和景区内消防安全工作。深入挖掘通州历史文化底蕴，编辑出版《北京城市副中心·通州历史文化丛书》，全书分上、中、下三卷，120万字，从建置沿革、政治经济、军事外交、历史人文、民间生活等方面，对通州的运河文化进行全方位、多角度系统描述。联合天津西青区、河北沧州市，举办“流淌的记忆”京津冀非物质文化遗产展，展览包括通州花丝镶嵌制作技艺、靛庄景泰蓝制作技艺、杨柳青木版年画、草编柳编制作技艺、沧州石影雕、竹刻艺术等16个“非遗”项目和上百件“非遗”精品。制定出台并正式印发《通州区关于加强文化创意人才队伍建设的意见》，加快培养文创产业专业人才。举办2016中国艺术品产业博览会，展览面积10万平方米，人流量41.2万人次，总交易额32.26亿元。参展第十一届文博会，以建设北京城市副中心为主题，推介环球文化旅游、宋庄艺术小镇等通州区特色文化产业项目，突出文化与科技、文化创意与经济多领域跨界融合。加强文化执法检查力度，严查各类违法违规行为，深入开展“清源”“护苗”“净网”“秋风”等专项行动，出动执法车辆421车次，出动执法检查人员1700余人次，受理各类举报61起，对20家违规经营企业进行警告处理，责令停业整顿违法经营企业1家，没收非法出版物4174册、封面2000张、图书散页61.95令，取缔无证照经营场所13处。加大文化市场安全生产检查力度，重大会议和节日期间对通州区文化企事业单位、文物保单位、文物工地等开展“拉网式”检查，签订2016年安全生产工作任务书，开展安全生产月宣传咨询日活动，向群众发放各类宣传材料1000余份，普及安全生产和消防自救知识。

【春节期间系列活动】 2月8日至2月13日，通州区举办各类文化惠民活动近100场，吸引观众10万余人。运河文化庙会，丰富通州人民节日生活，营造喜庆、欢乐、祥和的节日氛围，举办“非遗”展示展演展卖、年俗文化互动展示等活动，接待游客11万人，出动保障力量2000余人，疏导车辆1.3万辆。街道办事处举办过春节、唱大戏等活动，社区居民自编自导自演庆新春文艺演出。乡镇举办民间花会演出、经典戏曲展演、特色文艺节目等，近千名民间艺人穿村绕巷表演小车会、竹马、高跷等民间花会，为父老乡亲送去浓浓的新春祝福。

【评剧连场闹新春文艺演出活动】 2月8日至2月13日，邀请中国评剧院，在通州区电影院，连续6天开展“过大年，赏评剧——评剧连场闹新春文艺演出”活动。此次活动，演出了《花为媒》《秦香莲》等6场评剧经典剧目，中国评剧院演员王丽京、郑岚等为百姓带来高品质评剧艺术表演。

【出土瓷器文物】 3月7日，区文物管理所联合觅子店派出所在漷县曹庄村道路施工改造工程现场，发掘出土完整瓷器文物7件，碎片若干，挖掘现场坑深1.9米，坑口2米见方。瓷器排列有序，保存较好，挖掘工作持续5个小时。

【农村数字影厅设备普查】 3月29日至5月28日，通州区开展第一次农村数字影厅设备普查工作。区电影管理中心走访检查405个行政村的数字影厅放映设备，为问题设备更换遥控器、硬盘、VGA数据线等，确保数字影厅正常放映。

【通州博物馆重新开放】 3月31日，改造后的通州博物馆对外开放。通州区博物馆馆址“万字会院”是通州区文物保护单位，经过改造后，秉承着小馆做出大文章服务理念，每个展厅都配备多媒体展示设备，适合广大青少年学生参观学习。通州博物馆现有馆藏文物2000余件，重新开馆布展精品文物57件（套），包含运河源流图、宝光寺铜钟等珍贵文物，年代自新石器时代至近代，包含石、陶、瓷、铁、铜、金等材质，展陈总面积扩展到1000平方米。

【全民阅读活动】 4月21日下午，“2016书香通州”全民阅读活动在通州区文化中心正式启动。本届阅读活动的主题为“运河神韵 书香通州”，副区长李亚兰在启动仪式上致辞，通州区委副书记杨静慧及市新闻出版广电局领导出席启动仪式。启动仪式上，通过视频短片《阅读+我在通州》，回顾了通州阅读风尚的形成与发展。著名作家王梓夫、沈永年，文化部原常务副部长高占祥分别作了关于阅读的主题演讲，逐一分享他们的阅读感悟，并将精心挑选的12本书籍赠予现场观众。“2016书香通州”全民阅读活动贯穿2016年，包括举办“书香通州”系列评选活动，“书香少年”阅读推广活动，“品读红学”“京东古镇”“通州味·品书香”名家大讲堂等活动。

【安全生产大检查】 4月29日上午，区文化委抽查印刷企业、互联网上网服务营业场所等文化企业的安全生产情况。抽查中，重点检查各企业的安全生产制度落实情况，消防器材使用情况，消防通道通畅情况，各类安全标识的张贴等。现场发现部分企业在安全生产方面存在禁烟标识陈旧，未显示举报电话，个别单位禁烟标识过少；库房不通风，空气污浊；车间电源线路老化；摆放过期灭火器；消防通道和经营场所烟头乱扔等安全隐患，文化委对经营单位提出整改意见，下发“整改通知单”，要求其立即整改和限期整改，并将进行复检工作。

【开展“爱的记忆”经典爱情影片展映活动】 8月6日至9日，区电影管理中心组织全区农村数字影厅开展“爱的记忆”经典爱情影片展映活动。此次电影展映活动放映电影200场次，吸收观众10020人次。

【通州区文化创意产业培训班】 8月30日至9月1日、11月23日至25日、12月6日至8日，区文化委组织开展三期通州区文化创意产业培训班，9天时间近200名文创企业人员参加培训。培训围绕北京城市副中心建设，结合国内外经济形势，针对企业所关心关注的管理、营销、传播、法务、人力资源、财务、资金管理和招投标须知等方面，从理论讲授、工作实务两个层面展开。第一期面向企业决策层，第二期面向企业总执行层，第三期面向企业管理人员。

【2016北京·通州运河艺术节开幕式】 9月23日下午，由通州区委、区政府主办，区委宣传部、区文化委承办的2016北京·通州运河艺术节开幕式在通州区文化中心举办，市新闻出版广电局、市文物局、通州区领导出席开幕式。天津市红桥区文化馆、河北省廊坊市群众艺术馆应邀参加本次活动。本次艺术节以“文化新通州 魅力副中心”为主题，分三个篇章：预热篇、活动篇、成果篇，活动19项。

【2016中国艺术品产业博览会】 9月29日至10月5日，2016中国艺术品产业博览会以“艺术品让生活更美好”为主题，主会场设在宋庄文化创意产业集聚区，在天津、河北等地设立五个分会场。主会场分为核心交易区和13个特色交易馆，参展商300余家，有英国、法国、美国、俄罗斯、印度、土耳其、日本、韩国等40个国家的艺术家作品参展，并首次开创北京城市副中心特展和“京津冀”联展。本届艺博会实现总人流量41.2万人次，总交易额32.26亿元，87家媒体给予报道，报道宣传601频次。

【通州区图书馆全面开放】 10月31日，正值通州图书馆即将迎来建馆百年之际，通州区图书馆全面开放，馆舍面积增至1.7万平方米，总藏书量达56万册。一层设有视障阅览室，服务于视障群体，通过“盲人数字图书馆”获得与普通读者一样的数字信息资源，收听有声读物、音乐欣赏、在线讲座等丰富多彩的特色资源。三层为独立少儿图书馆，藏有少儿图书5万余册，设有阅览坐席210个。馆中设有科普图书墙，涵盖各类少儿科普读物5000多册，配备多台装有科普资讯墙一体机及装有移动全媒体科普视窗的平板电脑。七层设有电子阅览区，为读者提供60台电脑便于读者查询。九层“运河文库”致力于收集有关通州区地方史志、民俗风情、历史典故、名人传记、文学作品、书法字画等等，藏有《通州志》《通县志要》《通县志》等各种文献资料2000多种。

【纪念通州区图书馆建馆100周年活动】 11月10日上午9:30，纪念通州区图书馆建馆100周年暨国家数字图书馆移动阅读平台通州分站开通启动式在图书馆八层多功能厅举办召开。市区级相关领导、“京津冀”三地图书馆和文化名人、区各委办局领导、各乡镇街道主管文化工作负责人、区各高校图书馆代表及志愿者代表、读者代表、通图离退休人员300人参加启动式。首都图书馆党委书记肖维平、西城区第二图书馆馆长李金龙、通州区副区长李亚兰、朗诵表演艺术家曹灿分别讲话、贺词，并为国家数字图书馆移动阅读平台通州分站揭幕。通州区图书馆与天津市武清区图书馆、河北省廊坊市图书馆签订合作框架协议。启动式后，参加人员参观百年馆史展厅，观看了通图百年历程展。

（邢振华）

广播电视

【概　况】 2016年，通州区广播电视中心围绕区委区政府中心工作，加强党风廉政建设，以培育和弘扬社会主义核心价值观为宣传重点，为北京城市副中心建设和全国文明城区创建提供强有力的舆论支持和保障；推进高清播出系统建设和传媒大厦建设，广电事业取得稳步发展。全年通州电台播出5840小时，电视综合频道播出2008小时，公共频道播出1643小时，文艺频道播出3285小时。

11月7日，区广播电视中心召开纪念通州广播电视事业创办60年座谈会　（广电中心提供）

【突出新闻宣传主题】 年内，通州广播电台、通州电视台、大运通州网围绕中心、服务大局，在新闻宣传工作中坚持正确舆论导向，营造积极向上的舆论环境。围绕区委宣传部制定的“扬帆十三五　起航新通州”宣传主题，《通州新闻》加大发稿数量，推出新城建设、生态文明建设、环境治理、创城工作等方面报道1600余篇。中共十八届六中全会召开后，全体新闻记者努力学习贯彻十八届六中全会精神，紧跟时政，连续报道全区学习贯彻党的十八届六中全会精神的新闻，新开设的《两学一做》新闻版块着重播出党员“学习党章党规、学习习近平总书记系列重要讲话精神、做合格党员”新闻，每月播出近10条。完成区、乡镇人大换届选举报道任务。为了宣传政策，引导村民完成棚改工作，让全区百姓了解棚改进程，开辟《关注潞城棚改》板块。

【《情暖2016》开播】 《情暖2016》栏目是年初开始通州电视台倾力打造的一档节目。栏目由区委宣传部面向全区征集典型人物事迹材料，通州电视台负责节目策划、编排、制作及播出。故事以宣传社会主义核心价值观为主题，对准通州普通百姓，讲述发生在这些普通人身上闪光的故事。栏目以新闻纪实的手法，通过讲述真人故事、表达真情实感去打动观众，以真实性和贴近性让受众去思考和感悟，让他们在温暖和感动中获取前进的动力，为通州区创建全国文明城区和北京城市副中心建设营造良好的舆论氛围。2月开播以来，《情暖2016》制作成品节目46期。

【新闻评论节目选题有创新】 年内，《看通州　记者视点》作为通州电视台唯一一档新闻评论性专题节目，继续高举新闻（民生）、文化两面旗帜，在2016年，紧扣“兴通州”以及“探访”两大百姓关心关注的角度进行选题策划。推出《文学兴通州》《教育兴通州》《环保兴通州》《医疗兴通州》《群众文化兴通州》《法制兴通州》等节目。《小强听·说》栏目作为电视台首档新闻性谈话类栏目，继续以低视角、接地气的方式切入，在话题选择上，着重民生，关系社会发展、社区和谐、群众幸福，“微话题”扯出“新观点”。2016年，围绕社会热点、关注点，策划播出《如果自家小区变为开放式你会同意吗》《二胎你要不要？》《国产剧欢乐颂 也遭追捧》《阅读——我们的精神家园》等节目。

【联办专题栏目】 年内，与各乡镇、委办局联办的专题节目从选题、策划开始就围绕北京城市副中心建设以及创建全国文明城区这两大重点工作，以中共十八届六中全会精神的学习宣传贯彻落实为宣传主线，全年17档联办节目播出专题节目376期，播出时长4266分钟，合计71小时。有三档新栏目开播，分别是和区总工会联办的《咱们工会》，在原有《健康365》栏目基础上改版的《健康通州》，以及和区科协联办的《科技让生活更美好》。

【承办主题宣传活动】 2016年，通州区广播电视中心参与策划、录制、主持的全区各单位宣传活动26场次，拍摄、制作临时专题片21部。包括组织策划通州区志愿服务先进典型表彰暨学雷锋志愿服务推动月活动启动仪式、以“铭记”为主题的通州区清明诗会、“守护生命 让爱先行”——“5·12”护士节大型表彰活动、通州区纪念中国共产党成立95周年暨表彰大会、七夕文化节最美夫妻表彰活动等。制作北京城市副中心专题宣传片等电视宣传片。

【成立北京电视台外宣报道组】 年内，为了更好地加大在北京电视台的外宣力度，通州电视台指定四名记者组成北京电视台外宣报道组，专门与宣传部新闻科和《北京新闻》包口通州的记者建立联系，按照区委宣传部及《北京新闻》提供的选题，精心采访制作新闻。与北京电视台通联科建立每日沟通选题平台，由通州电视台《通州新闻》责任编辑将每天《通州新闻》的节目稿件发给北京，突出特色电视台通联科，并由通联科确定可以在北京电视台《北京您早》《特别关注》等节目播出的新闻视频发送。

【媒体融合发展】 年内，大运通州网全年上传新闻信息3000余条，上传视频新闻、专题、公益广告等900余条。参与区内活动新闻报道226次，发布相关信息400余条。与区政协、宣传部、文化委、环保局、教委、市政市容委建立联系，开展新闻报道发布、活动参与支持等工作。大运通州微信公众推广合作增强，通过微信与众多大企业建立联系、2016年大运通州网微信粉丝突破8万人，公众号群参与3000余次的新闻报道，累计浏览量突破200万次，成为众多网友关注副中心发展，了解城市副中心建设进程、政策动态的重要媒体平台。

【公益广告获奖】 年内，通州区广播电视中心组织报送市新闻出版广电局公益广告专项扶持项目比赛，获得三项奖励及奖金；组织报送市新闻出版广电局北京市优秀广播电视奖评比赛，4件作品获奖；组织报送区文明办“讲文明 树新风”公益广告征集活动，13件电视作品获奖。

【综合高清频道正式播出】 年内，对高清制作系统进行扩容，高清制作站将由原来的8个站扩充为14个。力推全台电视节目高清化制作，实现上载、非线制作、送播出流程畅通，全台电视节目制作实现高清化。10月18日，通州电视台综合高清频道正式上线播出，实现通州电视台播出质量质的飞跃。

【完成演播室灯光及摄像系统升级改造】 年内，对演播室灯光系统进行升级改造，使演播室最大限度适应了综合电视节目的摄录。同时，对三机位摄像系统进行升级，使演播室摄录电视画面质量得到有效提高。

【完成甘棠调频广播发射天线升级改造】 6月，完成甘棠调频广播发射天线升级改造工程，改善发射效果，兼顾数字化调频广播发射。

【通州广播电台调整定位】 12月，通州广播电台调频107.7兆赫停止“京东调频”呼号，启动改版工作，提升定位，加快与互联网融合发展，以城市管理为重点宣传内容，打造具有运河文化特色、又符合北京城市副中心定位的城市广播电台。

（于亚辉）

北京歌华有线电视网络股份有限公司通州分公司

【概　况】 2016年是“十三五”规划的开局之年，根据公司全面深化落实“一网两平台”战略和新媒体发展规划，结合中央政治局对北京市城市副中心提出的坚持世界眼光、国际标准、中国特色、高点定位，以创造历史、追求艺术的精神，进行北京城市副中心的规划设计建设的总体要求，歌华有线通州分公司提出以用户为中心、以网络为基础、以服务为抓手、以创新为引领、勠力同心建设智慧广电网络的工作理念，全体干部员工发挥敢于拼搏、勇于奉献的精神，为北京市城市副中心智慧广电网络建设奠定了坚实基础。

【加快高清交互覆盖的推广进度】 2016年，通州区中心城区实现高清交互全覆盖，为加快农村地区有线电视高清交互的推广进程，满足农村地区有线电视用户的需求。分公司2016年着力加快有线电视网络改造的进度，截至年底，农村地区双向网络覆盖数达到299个。

【服务质量建设成果】 2016年，分公司秉承为用户提供最好的服务为工作宗旨，按照诚信守诺的标准，将对外服务承诺时限做了重新调整和修订。新出台的服务时限标准能够高效快捷地处理报修、报装等各类用户诉求，得到广大用户的高度评价。提高了工作效率，全面提升了用户的服务质量。2016年，分公司在提升服务方面还着力抓好网格人员的培训工作。片区人员与各维护站点的维护人员展开面对面“相认”活动，开诚布公地谈问题，提意见，结对子，为网格维护人员与片区人员搭建快速解决的“微格平台”，网格内的一切问题都会在第一时间由网格维护人员与网格经理共同解决，提高了网格信息的传递效率和快速解决问题的能力。城区营业厅分别与农村管理站开展“结对互助”活动，通过这个活动，提高了管理站人员的业务技能和服务水平。

【安全传输保障】 为确保春节、“两会”、G20峰会、中共十八届六中全会期间安全传输保障工作。歌华有线通州分公司按照严而又严、细而又细、实而又实的工作原则，全年对各级机房、辖区内管道及光缆干线、营业厅、办公区域等安全隐患情况进行多次联合大检查，对有线电视网、数据网、信息系统进行不定期巡检，发现隐患及时整改。开展内容丰富的消防、交通安全教育培训及有限空间作业演练等活动。为全年安全工作夯实了基础，保障了网络畅通、有线电视信号传输正常和满足用户服务需求。

【开展“创城守信”工作】 年内，配合通州区争创全国文明城区工作，协助开展“诚实做人、守信做事”诚信主题教育社区宣传日活动。参与争创文明诚信示范窗口活动，借助营业厅对外窗口不断加强传播诚信理念，提高诚信意识和信用水平，促进形成履约践诺、诚实守信的工作氛围，着力解决用户反映的问题，全面提升网络运维服务水平，不断推进北京市城市副中心公共文化基础设施建设，为创城助力加分。

【社区服务工作】 年内，开展服务进社区工作。为更好地贯彻落实此项活动，分公司将进社区工作贯穿于全年服务工作的始终。将营业厅搬进社区，与用户面对面沟通，解决用户实际问题。2016年，分公司开设服务专场278场，参与人数1000余人，现场解决用户报修报障436次。同时，做为服务进社区活动的延伸和拓展，携手通州区中仓街道社区组织开展社区电影放映活动。

（刘　丹）

在富河园社区活动室开展“让电视为您提供更多视听享受”进社区服务活动　　（歌华有线通州分公司提供）

卫 生

医疗卫生

【概　况】 辖区内医疗机构551个（本数据为2016年12月31日统计的医疗机构数，包括52个在2016年期间超过校验期单位），其中，营利性68个、非营利性535个，社会办医112个。

全区育龄妇女301440人（户籍201814人、流动99626人），其中，已婚育龄妇女213094人。户籍人口出生4998人，计划生育率99.50%，出生人口性别比113（女=100）。年内，办理生育服务证和生育登记12050例，其中，二孩6450例。

生命统计。2016年，通州区期望寿命为80.59岁，男性为78.55岁，女性为82.72岁。因病死亡5200人，占死亡总人数的96.37%。死因顺位前十位依次为：脑血管病，恶性肿瘤，心脏病，呼吸系统疾病，损伤和中毒，内分泌、营养和代谢及免疫疾病，消化系统疾病，神经系统疾病，泌尿、生殖系统疾病，传染病。

【改革与管理】 广泛开展与市级以上三甲医院的合作探索新型合作模式，计划将通州区第四区域医疗中心整体交由北京大学人民医院无偿使用，成立北京大学人民医院通州院区，形成的《北京市通州区卫计委与北京大学人民医院合作方案》及合作协议经区长办公会、区委常委会审议通过。继续推进东直门医院东西两区“两院合一、主体东迁”工作进程。

【医联体建设】 制定《通州区医联体有关推进政策试点方案》，推进区域医联体建设。东直门医院东区中医医联体、潞河综合医联体扩充合作单位，新建中西医结合医院医联体及同仁医院跨区域医联体；其中，东直门医院东区中医医联体覆盖区疾控中心、18家社区卫生服务中心（乡镇卫生院）及3家社会办医疗机构。通过优质资源下沉、人才培养，提高基层诊疗服务能力。全年医联体核心医院下派医生1233人次、下转患者127人次、接收基层人员进修65人次，基层医疗机构门诊量同比增长17.5%、急诊量同比增长10.35%。医联体间基本实现预约就诊、双向转诊、远程会诊、部分检验检查结果互认、畅通急诊与转诊绿色通道，为推进基层首诊、双向转诊、急慢分治、上下联动分级诊疗模式奠定基础。同时推进高血压、糖尿病分级诊疗试点工作。

根据《京津冀协同发展规划纲要》及《京津冀卫生计生事业协同发展行动计划（2016—2017年）》要求，为落实以疏解非首都功能为重点的京津冀协同发展战略、推进分级诊疗，潞河医院与河北省邯郸市磁县人民医院、廊坊市大厂县人民医院、保定市阜平县医院开展技术帮扶、人才培养、专科建设、疑难重症转诊和会诊工作。东直门医院东区与大厂县中医医院成立医联体。

全区有26人在40家医疗机构开展医师多点执业。

年内，区卫生计生委所属事业单位公开招聘工作人员455人，其中，北京生源306人、外地生源149人。分配到乡镇卫生院医学订单定向毕业生14人。调入实用型人才12人。

【社区卫生】 全区规划设置并建成标准化社区卫生服务中心19个、服务站137个，注册并规范运行社区卫生服务中心19所、服务站68个（其中，政府办55个、社会办13个）。社区卫生服务机构总诊疗

324万人次，出诊服务3348人次。社区卫生服务机构有在岗卫技人员1844人，其中，医生790人（含全科医生351人）、护士479人、防保人员187人（以上各类人员数均为18个社区中心和68个社区站人数，新华社区中心除外）。家庭医生累计签约39.85万人，占常住人口的27.91%，其中，慢性病患者签约率83.41%，65岁及以上老年人签约率73.98%。二、三级医疗机构派出医务人员463人次支援19个社区卫生服务中心，累计支援4447天。上转患者4253人次，其中，执单转诊3243人次，预约转诊45309人次；下转患者177人次，其中，执单转诊138人次。建立个人电子健康档案1091683份，电子健康档案率76.45%，健康档案使用率33.84%。

【农村卫生】 农村卫生室343个，均为非营利性非政府办，覆盖率70.8%，全年诊疗771510人次。乡村医生487人，全员参加岗位培训。

新型农村合作医疗。2016年度全区参加新农合医疗人数281624人，参合率98.68%；人均筹资数额1200元（其中，个人缴费160元），总筹资额33826.54万元；其中，普通门诊补偿1502720人次，门诊特殊病补偿2899人次，住院报销26976人次。基金补偿支出30187.61万元，基金结余20523.21万元。2016年10月，通州区新型农村合作医疗办公室整体转编至通州区人力资源和社会保障局。

【疾病控制】 传染病防治。无甲类传染病发病，乙类传染病发病1999例、死亡9例，发病率前三位的疾病为肺结核、梅毒、病毒性肝炎。新发肺结核559例、艾滋病28例、梅毒443例、淋病75例，死亡肺结核4例、艾滋病3例。人感染H7N9禽流感发病1例、死亡1例，手足口病发病2914例。

慢病防治。完成北京市农村早诊早治项目1885例结直肠癌初筛，657例肠癌镜检，早期病例数29例。在北京市肺癌基线调查及肺癌早期防治策略研究中，完成初筛问卷5584份。由胸科医院将筛评估高危人群名单后，组织1235人参加高危人群问卷调查、常规体检、留取肺癌标志物（静脉血）及低剂量螺旋CT检查等，最终筛查出疑似患者121例。

精神卫生。全区精神障碍患者2800人，发病率2.15‰，其中，6类重性精神障碍患者2421人。在册精神障碍患者管理率92.82%、规范管理率86.61%，在管患者规范管理率93.31%，在管患者病情稳定率99.65%，规律服药率80.34%，免费服药1529人。

【学校卫生】 全区中小学生85937人，体检76117人，检出视力不良41536人、营养不良5118人、肥胖13378人、贫血688人、龋齿7314人。传染病突发公共卫生事件2起，其中，水痘1起、手足口病1起。

计划免疫。计划内疫苗接种12类507382人次，不良反应报告89例；计划外疫苗接种14类139461人次，不良反应报告12例。应急接种麻疹、麻风、水痘、麻风腮疫苗10466人次，流动人员接种麻疹和流脑疫苗35950人次。流感疫苗接种81751人次，其中，免费接种80427人。

职业卫生。全区接触毒害物质单位478家，职工47451人。全年确诊职业病57例，其中，尘肺病51例、丙烯酰胺中毒3例、布鲁氏菌病1例、职业性噪声聋1例、职业性肿瘤1例；疑似职业病5例，其中，布鲁氏菌病3例、职业性噪声聋1例、苯中毒1例。

健康促进。区卫生计生委、区疾控中心、潞河医院、潞城镇政府、区地税局5家单位成为北京市健康示范单位。首批11家单位（区卫生计生委、区地税局、区教委、区园林绿化局、区党校、区卫生监督所、区疾控中心、潞河医院、区妇幼保健院、东直门医院东区、中山街小学）被评为北京市控烟示范单位。区卫生监督所接到控烟投诉举报551起，处理546起；监督检查5184户次，其中，不合格629户；实施行政处罚341起，其中，对个人处罚288起、罚款14400元，对单位处罚63起、罚款126100元。

【卫生监督】 公共卫生监督检查。辖区内公共场所1543户，监督检查6066户次，覆盖率98.64%，合格率98.52%，处罚93起，罚款70000元；生活饮用水419户，监督检查777户次，覆盖率81.86%，合格率99.09%，处罚33起，罚款253953元。公共场所应量化分级1561户，已量化1474户，量化比94.43%。审批各类公共场所卫生许可证169户，其中，新办136户，注销23户；审批生活饮用水卫生许可证147户，其中，新办43户，延续100户，变更4户。公共场所完成顾客公共用品用具消毒效果抽检、公共场所快捷酒店抽检、游泳场馆水质抽检、室内空气质量抽检、集中空调抽检5项专项检查。生活饮用水完成集中式供水、二次供水、二次供水不锈钢水箱抽检、开展涉水产品生产企业、现场制售水机抽检、医疗机构饮用水卫生6项专项检查。

医疗卫生监督检查。医疗卫生监督检查。医疗机构551户（本数据为2016年12月31日统计的当天有效的医疗机构数，不包括2016年期间过期单位数），监督3668户次，覆盖率99.83%，合格率99.72%，处罚62起，罚款586000元。受理医疗机构申请材料542户（新办71户、校验471户），执业医师900个（注册192个、变更708个），护士延续169、变更261共430个。取缔非法行医52户次，实施行政处罚52起，罚款575000元，没收非法所得79969元。全年召开打击非法行医联席会议2次，开展多部门联合执法12次，非法行医移送案件5起。

【妇幼保健】 妇女保健。剖宫产率40.27%，无孕产妇死亡。婚前检查1754人，婚检率9.02%，检出疾病102人。

儿童保健。新生儿死亡数22人（户籍15人，非户籍7人），新生儿死亡率1.53‰；婴儿死亡数20人，死亡率2.05‰；5岁以下儿童死亡数25人，死亡率2.56‰。新生儿出生缺陷发生率为11.86%，主要出生缺陷病种为先天性心脏病、多并指、唇裂合并腭裂、外耳其他畸形、肾脏畸形、尿道下裂。0～6岁儿童人数管理人数66431人，系统管理率96.77%，体检情况集体体检21731人（次）；散居体检记录99874人次。

【计生服务】 3月25日起全面实施两孩以内生育登记，取消准生证，实施现场和网上生育登记。开辟办理生育登记的绿色通道，为群众提供便捷服务。在全市率先实行推进卫生计生全覆盖工作，在每个村建立一所卫生计生服务站，并明确计生专干职责任务。投资240余万元，配置600余台打印机，方便居民办理生育登记工作。

办理生育服务登记（二孩以内）8804人（此数据不包括前3个月申请准生证的人数），其中，二孩登记4239人。完成全国流动人口卫生计生动态监测调查。加强流动人口关爱，推进服务均等化：做到药具服务全覆盖；为流动人口免费孕检520人，开展健康讲座32场，举办流动人口健康城市行——通州在行动宣传周活动；在流动人口聚集地建图书角，拨款3万元用于流动人口困难家庭的慰问。

全年开展避孕节育知识大讲堂23场，培训育龄群众2100人次；优生优育知识培训51期，培训新婚夫妇1253人。有计生药具免费发放网点929个，发放免费避孕药具7大种类（口服避孕药、外用避孕药、皮下埋植避孕药、注射用避孕药、避孕套、新型药具、宫内节育器）17个品种，总计445.60万元。

生殖健康。为农村采取长效避孕措施育龄群众免费健康体检2.2万人，为育龄夫妇优生优育培训咨询9848人次，发放婚育健康服务包4460个、免费孕前优生健康检查服务卡3467个。在区妇幼保健院和梨园卫生院开设孕前优生健康检查，建立家庭档案1606个，检查2992人，风险筛查1656人，风险比率为55.34%。

计生关怀。符合计划生育奖励扶助政策22275人，发放奖励359.78万元；享受独生子女父母奖励20296人，发放总金额122.53万元；享受独生子女奖励扶助11923人，发放总金额1700余万元；享受独生子女特别扶助571人，发放总金额340余万元；享受独生子女伤残扶助512人，发放总金额240余万元。投入200余万元，对全区失独家庭实施“两帮扶两关爱”：对每名失独对象每年给予2400元的经济帮扶，帮扶总金额130余万元；对10余名失独对象进行大病帮扶，帮扶总金额5万元；对独生子女夭亡、生活困难的特殊困难计生家庭进行走访慰问，发放慰问金52.90万元；针对女方户口在本区的独生子女夭亡家庭进行一次性紧急救助，全年审批35人，发放补助17.50万元。

【医疗工作】 全年全区609家医疗机构总诊疗10258938人次，出院102941人次，病床使用率74.34%，平均住院日（不含精神专科医院）8.62天，病死率1.22%，住院手术38704人次。

对口支援。全区承担支援的三级医院2家，接受支援的医院21家。潞河医院与朝阳医院保持对口支援关系。通州区18家卫生院与海淀区二、三级医院签署对口支援协议。区妇幼保健院继续与北京妇产医院、首都儿科研究所保持对口支援关系，区精神病院继续与回龙观医院保持对口支援关系。全年受援医院派出学习116人次；支援医院派出人员258人次，其中，医师223人次、护理人员3人次、管理人员32人次，诊疗患者217797人次，开展住院手术150例，会诊90人次，培训受援医院医务人员6852人次，新建1个临床专科，开展8项适宜技术和14个新项目。潞河医院与内蒙古喀喇沁旗人民医院，东直门医院东区与通辽市开鲁县中医院分别建立对口支援帮扶关系，潞河医院、梨园社区卫生服务中心和区疾控中心分别接收来自湖北省武当山市和十堰市以及新疆和田县5名涉及医疗、公共卫生专业的进修人员。通州区医疗队赴青海省玉树州进行为期1周的“送温暖”义诊活动。

【血站工作】 通州区中心血站负责通州区、朝阳区、大兴区、顺义区和平谷区医疗机构临床供血工作。有采血点15个、采血车13辆、采血方舱3个。全年采集血液86487人次141493单位，其中，全血72936人次116157单位，机采血小板13551人次25336单位。全年为80多家机构提供血液，其中，红细胞类血液111744单位，新鲜冰冻血浆111392单位，机采血小板25172单位。

【信息化建设】 全年区属医疗卫生单位信息化建设总投入17802340元。居民健康卡项目实现国家卫生计生委主推的身份识别、新农合报销、信息存储、金融结算四大功能。截至2016年年底，全区完成322437张居民健康卡的发放，覆盖11个乡镇，实现在区内18家社区卫生服务中心、2家三级医院、2家二级医院持卡挂号、缴费、结算。区卫生数据中心存放全区社区卫生服务系统、居民健康卡综合管理平台、区域卫生平台、区域卫生协同平台（PACS）、居民健康卡密钥管理中心、新农合系统等数据，并完成安全等级保护三级建设。建设区域卫生服务平台，居民可通过网站、微信、医院内自助设备三种渠道进行就诊预约挂号。区域远程医疗会诊平台实现区域影像和报告共享、跨院报告协助（上级医院为下级医院进行远程诊断、审核）、区域PACS交互式会诊、区域PACS和远程的无缝衔接、区域移动影像浏览、区域病例上传监控等功能。年内，完成永乐店卫生院、牛堡屯卫生院、潞城卫生院3个试点。社区卫生服务管理信息系统完成18家社区卫生服务中心以及下属32家社区卫生服务站的医疗管理系统上线运行。通州区社区医疗管理系统为全市首家B/S模式社区系统，与通州区建设中的其他应用系统（包括区域卫生服务平台、区域医疗协同平台、居民健康卡管理信息系统等）进行集成，8月30日，被评为国家医疗健康信息互联互通标准化成熟度等级四级乙等（地市级）。初步构建国家卫生计生委构画的人口库、居民电子健康档案库、电子病历库，实现国家卫生计生委提出的居民一人一张健康卡、一人一个健康档案、一人一个家庭医生的建设框架。

【卫生计生经费管理】 通州区卫生系统全年总收入503197.34万元，其中，财政拨款151656.09万元，事业收入343620.42万元，其他收入7920.83万元。计划生育财政总投入4664.69万元，其中，流动人口计生经费15万元。全年卫生计生总支出477573.70万元，其中，基本支出387625.82万元，项目支出89947.88万元。期末事业基金61560.00万元，专用基金15547.09万元，非流动资产基金170071.00万元，期末资产基金103148.57万元。

【基本建设】 全年新建医疗用房40.89万平方米。潞河医院病房医技楼及地下车库工程于9月开工建设，开始进行桩基础施工。区中医医院二期工程完成主体结构封顶，进行精装修施工。新华医院建设工程的口腔专科楼精装修施工基本完成，进行门急诊医技楼和病房楼精装修、室外道路和红线外市政管线施工。郎府卫生院工程，完成规划选址意见书、土地预审、环评、水土保持、项目建议书（代可行性研究报告）、初步设计概算审批和勘察、设计招标，办理完成施工监理、监理招标。区妇幼保健院建设工程完成方案设计。区精神病医院工程及区公共卫生服务中心工程完成选址，开始方案设计。新建永顺卫生院6800平方米，扩建张家湾、于家务和宋庄卫生院17200平方米。对区属19家单位的80个装修改造项目进行咨询造价及结算评审，涉及资金10468.38万元。

（李　珺）

食品药品监督管理

【概　况】 2016年，通州区现有“四品一械”（食品、药品、保健食品、化妆品、医疗器械）企业16892家，医疗机构608家。

【行政许可办理】 2016年，受理食品、药品、医疗器械各类行政许可和备案申请7501件，办理完成7324件。其中，食品类受理6149件，完成6011件；药品类受理556件，完成549件；医疗器械类受理796件，完成764件。

【投诉举报办理】 年内，接收4535件投诉举报，其中，食品类举报4250件，药品类举报104件，保健食品类举报77件，医疗器械类举报37件，化妆品类举报67件；投诉举报件中，办结3928件，立案542件，不予立案3386件，立案率13.80%。

【企业规范化管理】 年内，完成各类企业量化分级管理工作，其中，食品流通1214户、餐饮服务2323户、药品零售429户。引导企业参与HACCP、ISO 22000认证，有21家食品生产企业取得HACCP认证，17家企业取得ISO 22000认证，认证企业比上年增长43%。推进保健食品电子监管，生产企业上线率达到100%，经营企业达到30%以上。

【药械质量管理规范体系认证】 2016年，第二类医疗器械生产企业77%符合GMP要求，第一类医疗器械生产企业50%符合GMP要求。督促医疗器械生产企业和医疗机构入网并填报医疗器械不良事件，入网率达100%。

【案件办理】 年内，办理案件833件，其中，一般程序案件619件，简易程序案件214件；罚款1260.11万元，没收违法所得45.11万元、罚没合计1305.22万元。并在全市实施第一例“吊销生产许可证”及“资格罚”的行政处罚。与区公安部门联合办理涉刑案件12件，抓获嫌疑人13人。

【“四品一械”抽验抽检】 年内，强化风险隐患排查，特别是加大风险监测力度，全年完成食品监督抽检2726件，风险监测抽检200件，专项抽检1855件，快速监测7294件，总体合格率99.6%；药品监督抽检825批次，合格率100%。全区食品药品安全形势总体稳定向好，针对问题，随时组织专项抽检，提前完成风险排查，做到早谋划、早准备、早处理。

【专项整治】 年内，开展校园周边食品安全、罂粟壳、畜禽鲜蛋产品和水产品、明胶相关产品、建筑工地食堂、红参、含麻复方制剂、贵细药材、隐形眼镜及护理液产品、疫苗等数十项专项整治。开展食品生产企业大排查，覆盖率达到100%，彻底肃清一批安全隐患。

【完成重大保障和应急处置任务】 年内，完成春节庙会、通州区“两会”、中国艺博会等重大活动期间的食品药品安全专项保障任务，以及春节、元旦、国庆等重大节日期间的市场监管任务。处理疑似食物中毒报告及食品药品突发事件12起。开展应急执法演练，有效提升应急处置能力。

【强化食品药品检测能力建设】 年内，落实市政府实事项目，为市民提供食品药品检测服务，在辖区内建立100个食品药品社区监测点。作为县级食品安全检验检测资源整合试点项目，建设通州区食品药品安全监控中心。

【加强食品药品安全监管队伍建设】 年内，加强基层所建设，强化基础设施建设，有示范所3个，达标所5个。强化执法人员的培训，充分发挥其作用，各部门对执法人员开展“四品一械”监管业务知识等方面对内培训22次。有效延伸监管触角，聘用602名信息员，增强监管覆盖力。鼓励公众参与食品药品监管，实行举报奖励22件，奖励金额10447元。

【创建全国文明城区治理无证照经营】 年内，制订《通州区食品药品安全三年行动计划》《通州区乡镇政府、街道办事处食品安全管理责任》《通州区创建食品安全示范区工作实施方案》，为做好全区食品安全工作奠定基础。围绕城市副中心建设功能定位，在全市率先开展无照无证餐饮的专项治理工作。牵头组织执法力量深入到全区598个行政村、社区，逐个村、逐个小区进行排查，建立台账2209户，全部得到治理，实现年内销账率100%。副市长程红在全市无照无证餐饮单位治理现场工作会上认为通州区“双约谈、媒体曝光、高限处罚、限水限电”等整治做法值得其他地区借鉴学习。

【加强区域协作和优化产业机构】 年内，按照《深化京津冀食品药品安全区域联动协作机制建设协议》要求，与河北省大厂县、香河县、三河县及天津武清区等津冀地区开展协作，建立优质农产品和加工食品跨区域追溯机制。坚决贯彻《通州区新增产业的禁止和限制目录（2015年版）》要求，配合通州区产业发展政策，引导企业向符合产业发展要求的经营形式和业态转型。

【强化社会宣传】 2016年，深入开展食品药品安全“五进”宣传活动，提升公众的自我保护意识和能力。全年《中国食品安全报》刊载信息54篇，《首都食品与医药》刊载信息17篇，《通州时讯》制作食药安全专版7期，通州电视台“食药安全”栏目拍摄并播放宣传片7部。在“3·15”、“5·12”、“6·26”、安全用药月、食品安全宣传周等时间节点组织开展多次大型宣传活动。举办食药安全知识大讲堂20余次，宣传活动近百场，受益群众近万人，发放食药安全宣传资料、宣传品十万余份。

（崔　海）

6月1日，通州食药局开展食品安全“大手牵小手”走进企业活动（食药局提供）

7月15日，通州食药局开展食药知识进社区宣讲活动（食药局提供）

首都医科大学附属北京潞河医院

【概　况】 潞河医院始建于1878年，是一家有着130余年历史的医院，承担着周边百万人口的医疗服务工作，现为首都医科大学附属北京潞河医院、潞河临床医学院，是北京东部最大的综合性三级医院。

2016年，医院业务收入15.76亿元，总成本16.17亿元。全年总门急诊量229.21万人次，日均门诊量8135.43人次，总出院人数4.13万人次，全年医保病人占50%，农保病人占22%，外埠病人占28%，平均住院日8.88天。年度DRGs排名第10位。2016年是潞河医院调整发展战略，启动“十三五”规划的关键之年。年内，门诊综合楼序贯启用，老门诊楼拆除，成教中心按步骤划归。医院“一个中心两个园区”的布局初步建成。器官系统学科建设全面启动，临床医疗的能力和影响力提高，五个中心研究生基地通过验收，教育跨入新的平台，形成新的影响力，防病更加深入，经营与管理趋向合理与精确。2016年，潞河医院形成潞河独有的文化——“家文化”。标准学院型医院的格局与平台搭建成功。2016年，医院通过两个研究所、院科两级科研体系的发展，科研能力进一步提升。2016年，获批省、市级以上课题22项，其中，国家自然科学基金2项、首都临床特色项目1项、北京市自然科学基金2项、首都卫生科研发展专项2项、首医护理研究专项重点项目1项。医院总在研项目182项，其中，国家自然基金项目6项、北京市自然科学基金2项、国家卫计委项目2项、市局级以上课题75项。全院医务人员发表论文205篇，其中，SCI文章42篇，国内发表医学科研论文163篇，其中，核心期刊148篇。全院获通州区科技进步奖一等奖2项、二等奖2项、三等奖4项。

【安装两台磁共振系统】 年内，潞河医院在新门诊综合楼引进安装西门子MAGNETOM Skyra和联影UMR 770两台3.0T高端磁共振系统，这两台新型高端3.0T磁共振将会为临床与科研提供巨大的支持和帮助。标志着潞河医院磁共振影像开启全新的篇章。

【南丁格尔志愿护理服务分队成立】 3月10日下午，中国南丁格尔志愿护理服务总队首都医科大学附属北京潞河医院分队成立大会在潞河医院综合门诊楼会议室举行。这是自2007年南丁格尔志愿护理服务总队成立以来的第105支分队。南丁格尔志愿护理服务分队的成立为潞河医院护理志愿者搭建了一个广阔的社会实践平台，同时也是精神文明建设的集中体现和内涵延伸。

【举办“新北京、新通州、新急救——京津冀一体化医疗转运联动”会议】 3月4日—5日，潞河医院举办“新北京、新通州、新急救——京津冀一体化医疗转运联动”会议。北京急救中心及各网络分中心、天津急救中心、石家庄急救中心、太原急救中心及阜外医院、天坛医院、清华长庚医院等多家医疗机构的领导就三地联动转运及院内绿色通道的建设，相关疾病的管理等内容做了相关介绍，分享了各自经验。

【完成首例腹腔镜下肝硬化门脉断流术】 4月12日，潞河医院消化中心收治一名乙型病毒性肝炎后肝硬化、肝功能失代偿、门脉高压、食道胃底静脉曲张破裂出血患者。在韩威主任治疗团队的带领下，经全科反复讨论后为患者制定具体手术方案：采用国内领先的技术腹腔镜下脾切除+食管下端贲门周围血管离断术（门脉断流术），腹腔镜下切除一个淤血肿大的巨脾，手术难度极大。手术由韩威主任主刀，经过3个小时后手术完成，术中出血仅100毫升，手术效果满意。术后第一天患者就排气排便并能下床活动，术后第二天开放饮食，术后5天患者完全康复出院。

【成功实施首例小肠镜检查】 5月16日，患者因间断的慢性腹痛三个月来到潞河医院就诊，在消化内科主任徐宝宏主持下，全科医务人员对这份病例进行认真讨论分析后得出，为明确其腹痛的病因，决定给与其实施小肠镜检查。通过小肠镜检查，患者腹痛的原因找到了，考虑存在回肠炎，给予相关抗炎、调节肠道菌群，改善胃肠动力等治疗后其腹痛较前有所缓解，后好转出院。消化内科开展的京东地区首例小肠镜检查，为区域百姓提供更加优质的医疗服务又多了一个途径。

【引进雾霾仓】 5月31日，潞河医院中美神经学研究所引进世界先进的首个雾霾模拟仓，该项目由潞河医院神经内科、普外科、血液科、内分泌科、呼吸科、妇产科、骨科、儿科、消化内科等十多个科室主任和科研骨干共同参与执行，完成前期方案论证，进入项目实施阶段。在整个项目进行过程中，获得美国韦恩州立大学丁玉川教授、张克忠教授和俄亥俄州立大学孙庆华教授的指导。希望通过雾霾仓的引进以及雾霾项目的实施，将潞河医院中美神经科学研究所打造成国内独具特色的雾霾与临床疾病研究中心。

【成功开展首例外科房颤射频消融术】 6月23日，潞河医院心脏中心成功为一名风湿性心脏病合并心房颤动、左心房血栓的患者进行二尖瓣置换、三尖瓣成型、左房血栓清除、左心房环缩、左心耳缝闭、房颤射频消融术，解除了患者的病痛及死亡威胁。在潞河医院房颤外科治疗方面取得重大突破，标志着潞河医院心外科诊疗水平再上新台阶。

【成功救治恶性脑梗死患者】 年内，潞河医院神经内科经脑卒中绿色通道行脑动脉机械取栓术再次成功救治一名恶性脑梗死患者，恶性脑梗死是一种常见的重症脑血管病，常因严重的脑水肿、颅内压升高而使患者发生脑疝以致死亡，被称为是一种毁灭性的疾病，死亡率和致残率都非常高。完全性颈内动脉(ICA)或大脑中动脉(MCA)闭塞是其最常见的类型，恶性脑梗死发生率约占所有卒中的10%，内科治疗的死亡率为80%。

【成为全国首批慢性气道疾病管理试点单位】 8月9日，潞河医院成为全国首批18家慢性气道疾病管理示范单位建设项目的试点单位。挂牌仪式在潞河医院举行，中日友好医院呼吸与危重症医学科主任林江涛教授、北京协和医院呼吸与危重症医学科主任肖毅教授、北京大学人民医院呼吸与危重症医学科马艳良教授参加活动。

【潞河医院与国际应急管理学会医学委员会签署合作协议】 9月27日上午，国际应急管理学会医学委员会（TEMC）与潞河医院签署双方战略合作框架协议，旨在通过与国际顶级医疗机构交流，促进潞河医院医疗技术和管理水平的进一步提高，推动医院在医学领域的学科建设与人才培养。此次战略合作框架协议的签订，将为医院学科建设、人才培养、科研合作等领域搭建平台，让更多国际优势资源集聚潞河，为带动潞河医院各方面发展起到积极推动作用。

【档案数字化建设】 2016年，组织实施潞河医院档案科室藏永久、长期和30年文书档案、实物档案、照片档案34337页的扫描输入工作，完成档案数字化建设。

【通过硕士研究生培训点评估】 11月29日，由首都医科大学原校长徐群渊、副校长王晓民带队，研究生院院长雷丽萍、副院长杨晓英，临床专科院系主任、副主任王拥军教授、张忠涛教授、海涌教授、李虹伟教授、袁明霞教授组成的评审专家团到潞河医院进行硕士点评估工作。经评估，潞河医院心血管、内分泌与代谢病、普外、骨外和神经病学五个学科通过研究生培养点评估。

【远程手术直播演示】 12月17日，京津冀疝和腹壁外科联盟第一次学术会议在河北省石家庄市举行，潞河医院作为北京地区唯一手术直播演示单位，成功完成腹股沟疝开放腹膜前修补手术、腹腔镜腹壁切口疝无张力修补手术、腹腔镜经腹膜前无张力疝修补术及腹腔镜完全腹膜外无张力疝修补术的演示，得到大会现场专家的一致好评。

（李志敏　赵　娜）

体　育

【概　况】 2016年是实施“十三五”规划的第一年，面对使命和责任，体育部门围绕建设北京城市副中心的战略定位，全面实施全民健身国家战略，认真履行部门工作职责。引导全区群众参与全民健身，广泛开展赛事活动。全年开展足、篮、排竞赛活动以及乒乓球、羽毛球、拔河、体质促进项目运动会等体育赛事，成功举办通州运河骑游周活动，打造体现通州区域特色的“一区一品”体育品牌。同时，充分发挥各体育协会作用，举办包括自行车、空竹、武术、风筝等民族民俗项目活动。2016

年，举办84项赛事，参与人数近20万人次。推动城乡体育均等化水平，促进农村体育工作发展，创建10个体育特色村。社会体育指导员和志愿服务队伍进一步壮大。健全体质测试网络，逐步提高常态化监测服务质量和水平，不断推进常态化体质测试。竞技体育水平稳步提高，后备人才培养力度不断加大，运动成绩有新的突破。参加各类体育比赛并取得优异成绩。完善青少年竞赛、运动员注册等方面的服务指导。持续抓好适龄运动员注册工作，全年完成运动员注册近千人。2016年，向上级体校输送游泳、羽毛球、高尔夫项目4名优秀运动员。不断提高青少年“三大球”发展水平。批准13所学校为通州区区级“三大球”体育传统项目学校。全力推进冰雪进校园工作。加强体育行业执法检查，推进体育产业健康发展。

【足球教练员培训】 4月25日至30日，在通州区健龙森体育俱乐部举办北京市通州区足球教练员培训班第一期，有35名教师参加培训。培训班聘请市足协高水平专家、高级讲师进行授课，使接受培训教师掌握更加科学化的教学方法，推动通州区青少年体育运动健康可持续发展。

【传统风筝比赛】 5月13日，由通州区体育总会主办、通州区风筝协会承办的通州区第十三届会员春季风筝比赛在通州区奥体公园举行，有210名会员参加。全体选手通过参加风筝的起飞次数、放飞角度和留空时间等比赛项目，角逐软板类、硬板类、软翅类、硬翅类、传统串类、龙串类等六类风筝的前八名。王慧滨、周道正、路翠萍、刘景香、陶圣年、李春增分别获得上述六类风筝的第一名。

【运河骑游周活动】 5月14日，以“古运河、新通州、万人绿色骑行！”为主题的2016通州运河骑游周活动在通州区漕运码头启动。骑游周活动分为三大活动单元：第一单元为万人骑游活动，第二单元为京杭大运河沿岸城市接力骑行，第三单元INFINI彩妆和亲子骑行。活动延续往年的骑游模式，分为20公里、30公里、60公里路段，参与人数分别为3000名、3000名和4000名。活动以漕运码头为主会场起点，围绕万亩运河森林公园及运河绿道骑行，穿越最美乡道，骑行运河沿岸，一览通州春日风光。活动当天，有9013人参加。5月14日—5月28日，以王启富为代表的15名社会知名企业家带队的骑行队，途径天津市、德州市、聊城市、济宁市等15个城市和地区，最终到达杭州市，历时15天，骑行距离长达1600余公里，各地接力骑行人数1000余人。

【参加北京市业余体校国际式摔跤冠军赛】 5月14日—15日，由北京市体育局青少年体育处主办的2016年北京市业余体校国际式摔跤冠军赛在海淀区竞技体校举行。通州区摔跤运动员参加比赛并取得优异的成绩：王立人获得男子63公斤级金牌；杨思涵获得男子54公斤级金牌；刘转获得男子50公斤级银牌。

【公路自行车赛】 5月15日，第二届环北京业余公路自行车赛通州赛区第二赛段100公里团体计时赛在通州区自行车训练基地举行。本次比赛由北京市通州区自行车协会主办，有14支车队参与比赛。第二赛段的团体计时赛以7人业余车队为单位进行较量。最终巅峰一队、巅峰二队、追酷车队、运河铁马LOOK队、喜德盛十万八千里队、振中二队、潞城一队、运河铁马二队获得前八名。

【第二届花毽比赛】 5月19日，2016通州区第二届花毽比赛在通州区羽毛球馆举办。本次活动邀请了东城区、朝阳区花毽爱好者进行表演。来自通州区的100余名花毽爱好者参加比赛，经过激烈的角逐，最终产生单人盘踢、单人磕踢、单人自由踢、双人自编套路、集体套路的前六名。

【风筝比赛】 5月20日，通州区风筝协会春季会员赛的盘旋类风筝比赛在奥体公园轮滑场举行，比赛按照中国风筝协会最新制定的盘旋类风筝竞赛规则进行。有近70名会员参加比赛，其中，45名选手通过六套规定动作和六套自选动作的完成质量角逐名次。陈晓峰、郭桂生、王永革等选手获得前三名。

【参加北京市业余体校游泳冠军赛】 5月21日—22日，由北京市体育局、北京市教育委员会主办的北京市业余体校游泳冠军赛在国家奥林匹克体育中心英东游泳馆举行。本次比赛有全市12个区县代表队、961名运动员参加。通州区游泳运动员取得14块金牌、7块银牌、4块铜牌。

【空竹比赛】 5月22日，通州区第六届空竹比赛在通州区体育场举办。本次比赛有来自全区15个乡镇、街道办事处的190余名空竹爱好者及12所小学的60余名小学生参加。比赛设单轮、双轮、中长杆、舞龙、异型5个单项赛及集体表演赛，5个单项前六名计入团体总分，潞城镇、永乐店镇、马驹桥镇、梨园镇、宋庄镇、西集镇分别获得团体前六名。

【成立北京市通州区乒乓球运动协会】 5月22日，北京市通州区乒乓球运动协会成立大会在通州区体育局召开，本次大会依照《社会团体管理条例》完成各项法定议程，标志着通州区推行体育社团社会化、实体化进程全面开启，为全面开展体育行业协会与行政机关脱钩工作奠定了坚实的基础。

【参加北京市业余体校柔道冠军赛】 5月28日—29日，北京市业余体校柔道冠军赛在首都体育学院凤凰岭校区举行，通州区体育运动学校运动员陈明静获得女子乙组44公斤级第一名，张峻浩获得男子甲组100公斤级第一名，李宏伟、周业并列获得男子甲组81公斤级第三名。

【乒乓球团体对抗赛】 5月28日，由通州区体育局、通州区乒乓球协会主办的2016年通州区全民健身乒乓球团体对抗赛在时代体育乔庄新馆举办，有来自全区51支代表队、306名运动员参加比赛。比赛采用团体赛形式，5人为1组进行对抗，初赛阶段打满5场。最后公安局、漷县一队、大运河一队、八通一队分别获得前四名；于家务乡、八通二队、宋庄队、中意爱车队获得并列第五名；区住建委、中交一局三公司、战神一队、大运河二队获得并列第九名。

【篮球教练员培训】 6月3日—5日，区体育局、区教委在通州区第三中学联合举办通州区篮球教练员培训班。有80余名教师参加此次培训。培训班聘请北京体育大学高水平专家、高级讲师进行授课，帮助教师掌握更科学的教学方法，推动通州区青少年体育运动健康可持续发展。

【体育锻炼标准测试】 6月3日，2016通州区国家体育锻炼标准测试工作在通州区体育场启动。当日，对357名群众进行测试。参与群众通过进行仰卧举腿、投掷实心球和十字向线条等运动完成测试。专业测试人员收集测试数据，对被测者的人体形态、机能、素质等项目进行综合评价，分析测试结果并反馈给被测者，帮助他们更全面、更直观地了解自身健康状况，并对他们进行更加科学的健身指导。

【参加北京市业余体校跆拳道冠军赛】 6月10日—11日，2016年北京市业余体校跆拳道冠军赛在北京市少林武术学校举行。通州区体育运动学校教练王艳带领通州区39名运动员参加比赛。经过激烈的角逐，通州区跆拳道队获得6枚金牌、8枚银牌、6枚铜牌的优异成绩。

【体质测试日活动】 6月16日，在所属20个站点组织居民及辖区单位开展体质测试日活动。此次体质测试有11个项目，通过测试结果可以反映出与身体健康关系密切的身体成分、心血管系统功能、肌肉的力量和耐力、以及关节和肌肉的柔韧性等基本状况。有来自4个街道11个乡镇的2796名居民参与测试。

【排球教练员培训】 6月17日—19日，通州区体育局、区教委在通州区第三中学联合举办北京市通州区排球教练员培训班。有40余名教师参加培训。此次培训班聘请北京体育大学博士生导师、中国女排科研团队负责人葛春林教授，讲授排球运动的特点、技术难点以及青少年排球训练教学大纲的设计思想与编写依据，帮助教师掌握更科学的教学方法，推动通州区青少年体育运动健康可持续发展。

【武术比赛】 6月18日，通州区第五届武术比赛在通州区田径场开幕。有278人次获奖。此次武术比赛参与人员覆盖城乡老中青少各界人士，总数将近400人，比赛项目包括太极拳械竞赛传统套路、传统拳术各项套路，参赛组别项目达到101个。

6月18日，举办通州区第五届武术比赛　（体育局提供）

【参加北京市业余体校田径冠军赛】　6月18日—19日，北京市业余体校田径冠军赛在北京市先农坛体育运动技术学校室内田径馆举行，由通州区体育运动学校运动员组成的通州区代表队参加比赛。运动员赵春雨获得女子乙组200米第一名；运动员杨家政获得男子乙组200米第二名。

【空竹决赛】　6月18日，通州区空竹协会会员赛决赛于通州区田径场举行，北京市空竹运动协会主席张文良出席决赛并为获奖运动员颁奖。根据前三站的比赛成绩，决赛有来自全区234名空竹协会会员参加，比赛设单轮、双轮、中长杆、舞龙、投靶、异型等13个单项比赛，最终决出104项个人单项名次。

【成立北京市通州区射箭运动协会】　6月19日上午，北京市通州区射箭运动协会成立大会在通州区体育局召开，本次大会依照《社会团体管理条例》完成各项法定议程，标志着通州区推行体育社团社会化、实体化进程的全面开启。

【徒步健身月活动】　通州区徒步协会在6月开展了以“徒步健身行，宣传副中心”主题的徒步＋健身月活动，每周各总队都以不同的形式开展丰富多彩徒步活动，带动全社会老幼全民性健身徒步活动。6月5日，举行老干部总队以“徒步＋徒步大运河我爱通州”的5公里的徒步活动，参加者为300多名通州区老干部局的离退休干部。6月19日，直属总队以“徒步＋徒步之行绿色出行”为主题，1200余人参加了5公里徒步活动。6月26日，结伴同行总队2000多名会员在通州奥体中心体育场参加“徒步+结伴同行每天运河徒步”的5公里和12公里徒步活动，同时对优秀领队进行表彰颁奖。

【中国象棋交流邀请赛】　7月7日—9日，由通州区体育局、通州区体育总会主办，通州区棋牌协会承办的2016年京津冀三地中国象棋交流邀请赛在通州区东方宾馆举行。本次交流邀请赛有通州区、顺义区、平谷区、大兴区，廊坊市、三河市、大厂县、香河县，武清县、燕郊等10支区、市、县、地区代表队的40名棋手参赛。比赛采取积分编排制，进行9轮比赛，通州区的么毅、武清区的朱越、平谷区于有志等选手分别获得个人前三名，武清区、通州区、大兴区等团队分别获得团体前三名。

7月7日，举办京津冀象棋邀请赛　（体育局提供）

【举行通州区中小学冰雪项目进校园活动启动仪式】　7月8日，通州区委宣传部、通州区体育局和通州区教育委员会在通州区冬奥冰尚俱乐部联合举行2016年通州区中小学冰雪项目进校园活动启动仪式。仪式上，相关部门负责人为冬奥冰尚俱乐部颁发冰上训练基地标牌，为北京小学通州分校、通州区梨园镇中心小学、北京第二实验小学通州分校颁发基地校标牌。

【参加2016北京市青少年足球锦标赛】　7月8日—14日，北京市青少年足球锦标赛在北京绿茵阳光足球俱乐部举行。本次比赛有来自16个区县的80余支队伍报名参赛，通州区有4支队伍参加比赛。运河小学的2支队伍分别取得男子乙组第五名和男子丙组第五名，人大附中通州分校队取得女子乙组第五名，潞城镇中心校队取得女子丙组第九名。

【排球比赛】 7月9日—11日，2016年通州区中小学生排球比赛在首师大附中通州校区举办，有26支代表队的229名运动员参加比赛。经过激烈角逐，潞河中学1队、首师大附中通州校区、潞河中学2队分别获得初中男子组前三名；人大附中通州校区2队、甘棠中学、梨园学校分别获得初中女子组前三名；官园小学1队、宋庄镇中心小学1队、永顺镇中心小学分别获得小学男子甲组前三名；永顺镇中心小学1队、官园小学1队、宋庄镇中心小学1队分别获得小学女子甲组前三名；宋庄镇中心小学、官园小学、潞河中学附属学校分别获得小学男子乙组前三名；宋庄镇中心小学、潞河中学附属学校、官园小学分别获得小学女子乙组前三名。

【参加“ACAC”2016赛季“司克赛斯”杯室外射箭邀请赛】 7月15日—17日，在辽宁省盘锦市奥体中心红海滩体育场举办“ACAC”2016赛季“司克赛斯”杯室外射箭邀请赛，该赛事有来自全国33个俱乐部选派的200余名射箭运动员参加。北京市通州区射箭运动协会作为“ACAC”成员单位，选派7人组队参加比赛，并获得全国复合弓个人淘汰赛亚军、第七名；全国复合弓排名赛季军、第六名；全国复合弓团体淘汰赛第五名。

【参加2016年北京市青少年游泳锦标赛】 7月18日—19日，2016年北京市青少年游泳锦标赛于奥体匹克体育中心英东游泳馆举行。经过参赛运动员的奋力拼搏，通州区运动员取得9枚金牌、3枚银牌、9枚铜牌。

【参加2016年北京市青少年羽毛球锦标赛】 7月19日—20日，2016年北京市青少年羽毛球锦标赛在广安体育馆举行。通州区运动员李羲禹、张雷、韩子晨、付少岩、关天海获得男子乙组团体第二名。运动员李羲禹获得男子乙组单打第二名。

【2016通州区全民健身羽毛球团体对抗赛】 7月23日，通州区体育局、通州区体育总会于通州区健龙森俱乐部举办2016通州区全民健身羽毛球团体对抗赛。此次比赛的团体项目包括：男、女单打，男、女双打和混合双打比赛。有30支代表队、300余名运动员参加比赛。

【参加2016北京市青少年篮球锦标赛】 7月25日—8月2日，北京市青少年篮球锦标赛在北京朝阳体育中心气膜馆举行。有来自13个区县的30余支队伍、500名选手报名参赛。代表通州区参加此次比赛的队伍来自通州二中、通州三中、潞河中学等学校，参加男子甲组、女子甲组、男子乙组和女子乙组4个组别的比赛。最终，通州二中获得男子乙组第七名的成绩。

【参加2016年北京市青少年摔跤锦标赛】 7月27日—28日，2016年北京市青少年锦标赛摔跤比赛在燕山体育中心体育馆举行。通州区运动员杨思涵获得男子甲组古典式摔跤55公斤级银牌、刘转获得男子乙组古典式摔跤50公斤级银牌，王景辉获得男子乙组古典式摔跤63公斤级铜牌。

【参加2016年北京市青少年跆拳道锦标赛】 7月27日—28日，2016年北京市青少年锦标赛跆拳道比赛于北京少林武术学校举行。有来自14个区县的304名运动员报名参赛。通州区派出40名运动员参赛，在本次比赛取得10枚金牌、2枚银牌、7枚铜牌。

【安全执法检查】 8月3日，通州区体育局对全区体育运动项目经营单位开展安全生产检查。重点对各单位安全生产制度、安全出口标志、警示标识、安全救援措施及特种行业安全等方面进行检查。此次检查4家游泳场馆、1家乒乓球馆及1家台球厅，出动执法人员10人次，执法车辆2台次，查出安全隐患3类18项。对于检查出的问题，区体育局要求各场馆负责人限期整改。同时，督促游泳馆负责人进一步加大暑期安全生产工作，要始终秉持安全无小事，责任大于天的宗旨，保障群众健身安全。

【参加2016年北京市青少年柔道锦标赛】 8月6日—7日，2016年北京市青少年柔道锦标赛在顺义区体育运动学校篮球馆举行。来自北京市13个区的387名运动员（男子248人、女子139人）参加比赛。通州区运动员发挥良好，梁浩获得男子乙组55公斤级第一名，何硕鑫获得男子甲组60公斤级第二名，李宏伟获得男子乙组81公斤级第二名，张峻浩获得男子甲组100公斤级第三名，陈明静获得女子乙组44公斤级第三名，常雨彤获得女子乙组48公斤级第三名。

【全民健身日活动】 8月8日，由通州区体育总会主办、通州区体育舞蹈协会承办的2016通州区健身风采展示暨全民健身日健身操舞活动在时代体育乔庄馆举办。本次活动有来自通州区23支健身操舞团队的350余名健身爱好者参加，活动设一等奖2个、二等奖4个、三等奖6个。最终，通州丽人之梦舞蹈队、老干部艺术团舞蹈队获得一等奖。

8月8日，举办健身操舞风采展示活动 （体育局提供）

【参加2016年北京市民健身操舞大赛】 8月20日，由北京市体育局主办，北京市社会体育管理中心承办的2016年北京市民健身操舞大赛在北京市地坛体育馆举行，有来自全市16个区的90余支代表队、1500余人参加比赛。通州区一队在中老年组徒手规定动作的比赛中获得一等奖，通州区二队在中老年组徒手自选动作比赛中获得二等奖。

【钓鱼比赛】 8月28日，2016年通州区第二届"永乐桓基杯"社区休闲钓鱼比赛于松海垂钓园举办。来自永顺镇、梨园镇、玉桥街道、中仓街道、北苑街道、新华街道的23支代表队、46名运动员参加比赛。经过激烈的角逐，玉桥街道代表队获得团体冠军。

【拔河比赛】 9月24日，通州区体育局在通州区羽毛球馆举办2016通州区拔河比赛。有199人次参加本次比赛，男子组600公斤级有9支代表队参加，混合组600公斤级有7支队参加。经过激励的比拼，最终西集镇、台湖镇、住建委获得男子组前三名，西集镇、住建委、北苑街道获得混合组前三名。

【体质促进项目运动会】 9月29日，2016年通州区达标社区体质促进项目运动会在区田径场举办，有来自4个街道的36个达标社区代表队、216名居民参加运动会。经过激烈角逐，北苑街道新北苑社区代表队获得冠军。

【气排球比赛】 9月29日，2016年通州区社区第三届气排球比赛在通州区羽毛球馆举办。有来自2个街道的10支代表队、120人参加角逐。经过激烈角逐，北苑街道办事处代表队获得冠军。

【健身毽展示活动】 10月15日，通州区首届健身毽展示活动在运河文化广场举办，并于开幕式上举行北京市毽绳运动协会通州分会的揭牌仪式。本次活动有来自全区30支社区代表队的200余名健身毽爱好者参加，营造了全民健身的良好氛围。

【中小学篮球冠军赛】 10月22日—30日，通州区中小学篮球冠军赛在人大附中通州校区举办。有24支代表队、279名运动员参加。潞河中学、第六中学、运河中学、玉桥中学、第二中学、第四中学代表队获得初中男子组前六名；第四中学、张家湾镇中学、第六中学、育才学校通州分校、第二中学、玉桥中学代表队获得初中女子组前六名；北京小学通州分校、北苑小学、育才学校通州分校、张家湾镇中心小学、中山街小学、永顺镇龙王庄小学代表队获得小学男子组前六名；张家湾镇中心小学、张家湾镇上店小学、第一实验小学、育才学校通州分校、贡院小学、北苑小学代表队获得小学女子组前六名。

【健身气功比赛】 10月26日，由北京市体育局社会体育管理中心主办的2016年全国百城千村健身气功展示暨第八届北京市体育大会健身气功比赛在北京京体健身中心举行，有来自全市各区、开发区的50余支代表队参加。通州区选派2支代表队参加比赛。通州区运河文化广场健身气功站点参赛项目为健身气功太极养生杖，通州区健身气功体育场活动站点参赛项目为健身气功马王堆导引术，2个参赛项目全部获得一等奖。其中，健身气功太极养生杖获得9.11分的全场最高分。通州区获得本次比赛的最佳组织奖。

【男子篮球比赛】 10月29日—11月2日，通州区体育局、体育总会在通州区时代中学篮球馆和东潞苑健身中心举办2016年通州区男子篮球比赛。有19家单位、228人参加比赛，其中，乡镇街道驻通单位组有9个单位参赛，委办局组有10个单位参赛。中仓街道、永顺镇、宋庄镇、新航建材、张家湾镇、台湖镇分别获得街道乡镇驻通组前六名，国资委、教委、公安分局、检察院、住建委、食药局分别获得委办局组前六名。

【举办全民健身科学指导大讲堂系列讲座活动】 10月，通州区2016年全民健身科学指导大讲堂走进全区10个乡镇、街道，每场讲座参与人员均在200人左右，10场讲座受益群众达到2000余人。此次活动邀请北京市徒步运动协会常务副会长、科学健身专家讲师团秘书长、中国国家击剑队签约体能教练赵之心，安贞医院主任医师芦燕玲，协和医院副主任医师、糖尿病专家李文慧，2008年北京奥运会“中医国际形象大使”李智，主持人、相声演员应宁、李然参与授课。讲座活动深入基层，走进乡镇、街道、社区、村，广泛传播科学健身知识和科学健康理念。

【中小学排球冠军赛】 11月6日—13日，通州区中小学排球冠军赛在人大附中通州校区举办。有16支代表队、186名运动员参加。经过激烈的角逐，潞河中学、首师大附中通州校区代表队获得初中男子组前两名；人大附中通州校区、通州二中、梨园学校、甘棠中学代表队获得初中女子组前四名；永顺镇龙王庄小学、宋庄镇中心小学、官园小学、潞河中学附属学校、中山街小学代表队获得小学男子组前五名；永顺镇龙王庄小学、宋庄镇中心小学、潞河中学附属学校、官园小学、中山街小学代表队获得小学女子组前五名。

【冰雪项目校园展示活动】 12月16日，通州区体育局和通州区教育委员会在北京第二实验小学通州分校联合举行2016年通州区中小学冰雪项目校园展示活动。活动中花样滑冰世界冠军陈露为小队员们赠送签名宣传册。北京第二实验小学通州分校的小队员们为大家展示冰球的传接球和冰上话剧，为冰上项目带来全新的视觉，为通州区冰雪运动的广泛开展奠定了基础。

（冯晶晶）

社会生活

“我们爱诗词——诗意通州”系列活动之诵读展示活动　（关工委提供）

民　政

民政工作

【概　况】 2016年，通州区民政工作在以"两学一做"专题教育为载体，立足强化基本民生保障和创新基层社会治理，主动融入城市副中心建设大局，统筹谋划，大胆创新，按照强基础、保基本、增活力的基本思路，完成5项区政府四大工程、3项区级深化改革任务，高效办理完结19项人大建议政协提案，各项业务工作年度任务完成，农村社区治理、民族乡村经济发展等多项工作得到民政部和北京市肯定，全局工作整体实现新发展，取得新进步，呈现稳步向好的良好态势。

【民政信息】 年内，为扩大民政信息的宣传面和影响力，及时传递各项民政政策法规，使群众第一时间了解最新民政工作动态，区民政局以通州民政信息网、通州区政务门户网站、通州区政府信息公开网、北京民政信息网载体，打造民政信息平台，通过民政局局域网向北京市民政局报送信息739篇（次），在其他网站发布民政工作成果信息739篇（次）。

【民政宣传】 为进一步加大民政宣传工作的力度，年内，通过展板、电视、广播、报刊等多种形式进行广泛宣传，通州电视台、通州广播电台等宣传媒体播出反映民政工作的新闻81条；《中国社会报》《北京社区报》《通州时讯》等报刊媒体刊发民政专版4期、其他各类稿件268篇，并与通州电视台联合策划播出专题栏目《民政民生》12集，扩大了民政工作的社会影响。

【民政信访】 认真贯彻落实《北京市信访条例》和区委、区政府的部署要求，建立健全信访工作长效机制，坚持局长信访接待日制度，每件信访件党政"一把手"都亲自阅批，并进行督察督办，及时化解社会矛盾，用实际行动践行民政为民的工作理念。年内，受理各级（部门）转办群众来信59件，其中，纸信23件，网信27件，来访9件。主要涉及优抚安置、村委会选举、殡葬执法等工作，所有信访件全部经一把手阅批，所有信访件全部按期完成；信访件办结率为100%。未出现因信访答复不准确、未答复和未按期受理而引发的投诉，未出现因信访办理不到位而引起的群众到区委、区政府及市级以上重点地区的集体访情况，未出现非正常集体访、重信、重访和信转访情况。

【行政监察】 年内，结合民政工作实际，制定《通州区民政局2016年党风廉政建设和反腐败工作实施意见》《通州区民政局2016年度党风廉政建设责任制党委落实主体责任分工方案》和《通州区民政局2016年度党风廉政建设责任制纪委落实监督责任分工方案》，不断深化党风廉政建设和反腐败工作，为引导干部职工正确对待和行使权力，组织全员签订《党风廉政建设责任书》和《廉洁自律承诺书》。

【网上服务监察系统】 按照廉政风险防控管理工作信息化体系建设要求，将网上监察工作分解到具体岗位和人员，做到"五个及时"，即为群众办事要接待及时、审查及时、解释及时、落实及时和反馈及时。全年对行政审批事项6361项、行政服务事项15373件进行网上检查，执法合格率和时限办结率均为100%。

【征地超转管理】 全区征地超转工作坚持维护和保障征地超转人员的基本生活权益为出发点和立足点，不断改善征地超转人员的就医条件，依法依规为征地超转人员排忧解难。年内，新接收征地超转人员248人，发放生活补助费4524万元，接待来信来访213余人（件）次，群众满意率100%。

（张亚军）

优抚安置

【概　况】 2016年，全面贯彻落实国家各项优抚政策，为4800余名优抚对象发放定期抚恤和生活补助金2737万余元；确认新增优抚对象207人；对优抚对象的生存状况随时进行筛查，注销死亡人员108人；对年满60周岁享受城镇职工养老保险待遇的优抚对象进行核查，对不符合享受优抚政策的64名（农籍老兵60名，“两参”人员4名）优抚对象停止发放优抚待遇。

【提高优抚相关待遇】 年内，区民政局与区财政局、区住建委、区卫计委及区人保局联合印发《关于提高优抚对象相关待遇的实施方案》。在优抚对象医疗减免、危房补助、“两节”慰问及供暖补助等方面提高部分优抚对象待遇标准。

【义务兵优待工作】 “八一”前夕，为2014年、2015年度478名义务兵发放优待金1393.76万元。收到部队或安置办转来的通州籍义务兵立功、受奖通知书81份，其中，荣立个人三等功的5人次；获得优秀士兵的76人次，发放奖励金10.1万元。为2016年新兵家属挂光荣军属牌。

【优抚对象集中供暖补助】 8月底前，为256名优抚对象发放2015—2016采暖季补助费47.26万元。12月中旬，向1005名优抚对象按照2400元/人的标准发放2016—2017年采暖季补助费224.94万元。

【优抚临时救助工作】 按照市文件要求，向全区优抚对象发放1—6月价格补贴55.6720万元；为两名因病医疗费过高造成家庭困难的困难优抚对象申请临时救助金12500元；向财政争取资金94万元，为全区2743名优抚对象提供免费健康检查，建立健康档案。

【“9·30”烈士公祭活动】 制订《通州区烈士公祭活动方案》《通州区烈士公祭活动应急预案》和《烈士公祭活动民政局内部人员分工方案》等；提前对活动现场进行专业设计布置，制做展板、场地站位图、现场引导标识等，摆放菊花、凤尾等多种绿植。把活动现场布置得肃穆、庄严、隆重。9月30日当天，通州区党政军及社会各界200余人在大运河森林公园周文彬雕像广场举行纪念活动。

【见义勇为权益保护工作】 “两节”期间，为57名见义勇为人员发放慰问金每户1600元，共计9.12万元；对10户生活困难见义勇为家庭进行救助，发放困难补助每户3000元。为56余名见义勇为人员办理2015年公园年票、博物馆年票、区县游览证及公交乘车卡等。组织56名见义勇为人员到263医院进行身体健康检查。组织10名见义勇为人员参加基金会组织的疗养活动；民政局组织22名见义勇为人员到昌平进行为期5天疗养、参观和座谈。

（孔　敏　张亚军）

【复退军人接收安置】 通州区退役士兵、士官接收安置工作坚持以兵为本的工作宗旨，竭力为他们排忧解难。2016年，接收退役士兵、士官289人。其中，自主就业士兵、士官259人，符合政府安排工作条件士官30人。6名通过考试被安置到事业编制岗位，3名安置到北京市铁路局，3名安置到北京市燃气公司，18名安置到区属国有企业。

【复退军人政策资金发放】 按照政策，严把资金发放关。2016年，累计发放退役士兵、士官各项补助资金1708.28万元。其中，为257名退役士兵、士官发放一次性经济补助金1519.33万元；为264名士兵、士官发放“两节”慰问金10.56万元；为11名2015年度自谋职业士官发放一次性经济补助金90.19万元；为31名2015年度转业士官补发待安置期间生活费16.47万元；为企业发放接收退役士官奖励金5.5万元；为4名老兵补发自谋职业金10.2万元；为44名退役士兵报销教育培训费14.79万元；为2名2016年度士官补发一次性自主就业金17.24万元；为216名退役士兵发放“两节”慰问金8.64万元；为2016年退役士官发放待安置期间生活费15.36万元。

（刘宗刚　张亚军）

【“双拥”工作】 2016年，通州区各级、各单位为驻通部队送去慰问品、慰问金达600余万元。为解决部队官兵子女入学，通州区认真落实军人子女入学政策，招收军人子女99人。安置随军家属就业32人。为了进一步密切军民军政关系，各级各单位积极开展科技拥军、法律拥军、文化拥军等军民共建活动，尤其在军地青年交流、送医药下乡、好军嫂评比、慈心汇大爱，温暖子弟兵等品牌“双拥”活动中，累计为驻通州部队捐建军营青年图书室28个，评出“好军嫂”20名，累计救助困难官兵88名，发放救助款68.5万元，得到官兵好评。同时，驻通州部队也积极开展“驻通州、爱通州、建通州”活动，支援地方重点工作建设，累计出动官兵1000余人次，投入车辆机械1000多台次，清理垃圾1000余吨，种植树木1万余株，义诊群众1000余人，出动带兵骨干600余名，军训学生2.3万余人次，举办国防讲座60余场，接待各类团体参观部队和国防教育基地达4万余人次。为了解决贫困学生和困难群众学习、生产和生活上遇到的实际困难，100余名部队干部与贫困学生结成“一助一”帮扶对子，25家部队与50户困难家庭建立帮扶关系，用实际行动赢得了群众的信任和赞誉。

（张　军　张亚军）

救灾救济

【概　况】 2016年，社会救灾救济工作以维护困难群众的基本生活权益为出发点和落脚点，建立健全各项保障制度，为困难群众提供系统、全面、规范的基本生活保障。社会福利社会化步伐加快，各项救灾救济政策得到落实，“五保”供养水平、城乡低保标准实现统筹。年内，全区有城市低保对象1156户1596人，年保障资金1608.66万元；农村低保对象3118户4790人，年保障资金3441.49万元；为229户因病、因灾等特殊原因造成生活暂时困难的家庭发放临时救助金77.11万元；为3274名城乡特困群众发放医疗救助金935.1万元；2016—2017采暖季，为3555户燃煤自采暖城乡低保家庭发放补助金355.5万元，为513户集中采暖城乡低保家庭发放补助金77.78万元；为94名困难大学生发放助学金41.71万元；为75户、161人符合条件的家庭做了低收入家庭认定；“两节”期间，向全体城乡低保对象发放走访慰问金243.36万元。

【城乡低保对象动态管理】 区民政局和街道（乡镇）民政部门认真做好低保入户调查、公示上墙、受理审批等环节的工作，确保实现动态管理下的应保尽保。全年新审批266户479人享受城乡低保待遇，并对城乡低保对象采取半年复审、不定期抽查和社会监督等方式，进一步加大动态管理力度。全年因城乡低保对象去世或收入超标，停发享受548户822人；因城乡低保对象收入或家庭成员发生变化，调整4274户。

【城乡特困人员供养】 2016年，有50人享受城市特困人员供养待遇，其中，集中供养23人、分散供养27人，全年发放城市特困生活费83.39万元；有161人享受农村“五保”供养待遇，其中，集中供养111人、分散供养50人，全年发放农村“五保”供养金205.44万元。

【农村特困户危旧房修建】 2016年，按照市民政局统一部署，为通州区41户农村低保、低收入对象翻建房屋，支出补助金276.75万元。

【孤儿救助】 进一步落实《关于发放孤儿基本生活费有关事项的通知》，依法保障孤儿的合法权益。截至2016年年底，全区有城乡散居孤儿14人，全年支出补助金21.07万元。

【社会福利机构】 2016年，全区登记注册的社会福利机构17所。其中，乡镇政府办福利机构2所、采取公办民营模式8所、光荣院1所、企业办盈利性养老机构1所、社会办福利机构5所。全区养老机构总床位数9550张。

【救灾应急预案管理】 年内，为完善应急体系建设，成立北京市通州区突发事件应急救助指挥部，加强全区应急救助统筹协调能力，整合相关部门的资源，做好各阶段的灾害救助工作；实现应急救助上下联动机制；完善全区应急救助指挥体系，全力保障受灾群众基本生活。为确保民政对象安全度汛，区民政局制定并下发《关于做好2016年安全迎汛工作的通知》，并与15个街乡签订《安全度汛责任书》，做到机构、人员、职责三落实。为妥善应对自然灾害，切实增强灾害救助快速反应能力，有效保障受灾群众基本生活，设立区级救灾物资专用储备库，并完成救灾物资搬迁工作，做好灾害救助前准备工作。为加强防灾减灾示范社区创建工作，截至年底，通州区创建全国示范社区17个，市级示范社区15个，筹备建设示范社区5个。

（李宝辉　张亚军）

【救助流浪乞讨人员】　在重要节日及严寒酷暑天气期间，协调区公安分局、区城管执法局、区卫计委等部门联合开展流浪乞讨人员集中救助行动。引入专业社工组织，参与困境未成年人社会保护、流浪乞讨人员街面救助和跨省护送工作。全年救助生活无着流浪乞讨人员268人次。

（刘宝凤　张亚军）

社区建设

【概　况】　年内，通州区社区建设工作结合城市副中心定位，以统筹城乡建设为指针，以城乡社区居民服务需求为导向，促进社会组织和社会工作发展，稳步推进城乡社区建设、完善社区服务体系建设、城乡社区人才队伍建设等重点工作，全面提升城乡社区治理水平和社区服务能力。

【城乡社区建设】　年内，开展社区减负工作，召开4次座谈会，深入4个街道（乡镇）、16个社区开展调研，清理各职能部门在社区设立的工作机构、挂牌和台账，区委组织部、民政局联合印发《关于进一步开展社区减负工作的意见》，明确23项社区依法履行职责主要事项，13类28项社区依法协助政府工作主要事项，89项社区服务站服务事项。以项目化运作开展社区服务，申报城乡社区服务项目143个。确定105个社区服务重点项目，农村社区长效管理基金对70个项目给予资金扶持，实现了城乡社区服务项目全覆盖。采用政府购买方式，委托第三方社会组织对城乡社区服务项目遴选、全过程指导和评估，打造出完善道德讲堂提升居民素质、推进社区公共服务社会化运营等一系列精品项目。社区服务中心社会化改革以点带面，探索推进，北苑街道社区服务中心试点起到良好的引领示范效应。

【社区服务深入开展】　2016年，“两节”服务期间，区、街社区中心、社区筹集资金百余万元用于开展“两节”服务活动，服务惠及辖区内约2万余人次。深入推进社区服务中心设施建设，4个街道、11个乡镇均建成社区服务中心，均正常行使社区服务中心职能、开展社区服务工作，玉桥、中仓、北苑、新华四个街道社区服务中心1000平方米用房均达标，永顺镇新建用房4071.21平方米，马驹桥镇、漷县镇采取资源整合的方式，并挂社区服务中心标牌，分别解决3300平方米、3854平方米用房。

【社会工作建设】　年内，组织638名社区工作者参加考前培训，209人考试通过；至此，通州区有社会工作师249人，助理社会工作师773人，共计1022人。完成新登记、备案社会工作师125人，助理社会工作师90人。民办社会工作机构新增11家，截至2016年年底，共计22家民办社会工作机构。实施市区两级项目“三社联动”项目10个，含一个精准救助项目，实现“三社联动”服务街、乡全覆盖的目标。3月31日，通州区主办京津冀社会工作发展一体化实务研讨活动，通州区、天津武清区和河北廊坊市三地民政部门分别从社会建设、居家养老等方面交流开展社会工作的经验，签订共同推动社会工作协同发展合作框架协议。街、乡举办7场“社工知识进万家”知识竞赛，44支队伍220人参加，8支决赛代表队中的优秀队员代表通州参加市局组织的总决赛，取得团体优胜奖。

【志愿者服务】　建立志愿服务组织机构存量监测机制，随时掌控全区登记的各类志愿服务组织总数及年度增长数量；2016年，区义工联合会注册社区志愿者83854人，比2015年增长10%，志愿服务队伍

1429支。举办全区社区志愿服务培训3期。全区志愿服务项目开展120个。组织全区230人开展“志愿北京”网站志愿服务时长录入方法的培训。

【社区服务信息网络】 年内，全区录入信息总量达5576条，其中，居家生活类信息186条。更新办事指南17条。全年开展种类繁多的社区大课堂493节，全区累计27588居民参与大课堂活动。

（田 芳 张亚军）

基层自治组织建设

【概 况】 2016年，按照全市统一安排部署，依法依规完成第十届村民委员会选举工作。围绕北京城市副中心的定位要求，深化全区行政区划管理调研工作。积极开展2016年先进村（居）委会和村（居）委会主任评比表彰活动，评出市级先进村（居）委会19个，市级先进村（居）委会主任7名；区级先进村（居）委会12个，区级先进村（居）委会主任13名。

【第十届村民委员会选举】 年内，全区10个镇、1个民族乡的470个行政村全部依法开展换届选举，选举产生新一届村委会成员1562名、主任470名。此次换届选举，实现村委会全部依法依规参加换届选举、并成功选举产生新一届班子，为最大限度保障基层党员群众的民主权利、扎实推进基层组织和基层民主建设奠定了坚实基础；全区39.3万名村民群众有序参与换届选举；村党组织书记、村委会主任“一肩挑”的村达到348个、占74%，村党组织、村委会成员交叉任职有1118人、占71.5%，新一届村委会成员中有党员1297人、占83%，较上届均有不同程度提高；村委会成员中全部实现至少有1名妇女成员。

【城乡基层自治组织建设】 深入贯彻落实《北京市委办公厅、北京市人民政府办公厅印发〈关于加强城乡社区协商的实施意见〉的通知》，进一步完善基层群众自治制度，稳步开展基层协商，推进城乡社区协商制度化、规范化和程序化。2016年，在全区范围内于1月、7月组织两次村级“民主日”活动、召开两次社区居民会议，极大地调动了居民群众参政议政的积极性，提高了城乡基层干部的决策水平和解决实际问题的能力，进一步密切了党群干群关系。以第十届村委会选举为契机，组织全区470个行政村全部依法修订村民自治章程，明确民主决策的基本规则，完善民主管理的基本制度，为进一步健全党领导下的村民自治机制提供了制度保障。

【行政区划管理】 2016年，按照北京城市副中心建设坚持世界眼光、国际标准、中国特色、高点定位的新要求、新标准，根据中央、市委和区委区政府的部署，会同有关部门、街道乡镇在前期工作基础上，采取“走出去”“请进来”“沉下去”的方式，继续深化全区行政区划管理调研工作。分别到中央、市级机关所在的西长安街、东华门街道以及产业功能突出的金融街街道调研学习，深入城市副中心的4个街道和5个乡镇直接对话党政一把手，听取来自基层权威的意见建议；在发改、国土、规划、编制、统计等部门和有关街镇的支持配合下，对接最新城市总规和区情普查成果，补充收集相关基础信息；邀请中科院、北大、人大的知名专家学者在通州区主导下全程参与调查研究，提供强有力的理论与专业支持，为推动成果转化和服务领导决策奠定了坚实基础。

（范 晔 张亚军）

综合执法

【概 况】 2016年，区民政局在以局党政主要领导牵头下的依法行政工作领导小组坚持依法行政，坚持学法、用法并依法办事，不断提高民政执法人员的法律素质和行政执法水平。加强法制宣传，开展多种形式的法制宣传教育活动，年内，开展民政政策法规的学习和培训，规范行政执法行为，做到严格执法、文明执法。区民政局执法人员对非法销售冥币进行没收销毁，对没有参加年检的社会组织给予警告处罚，全年制作25个行政处罚案卷。2016

年是“七五”普法宣传的开局之年，区民政局制订了《法制宣传教育第七个五年规划》，在全局开展学习宪法和相关民政法律法规。区民政局和区财政局联合出台《北京市通州区节地生态安葬补贴实施细则》，本区户籍重点优抚对象和享受本区城乡居民最低生活保障待遇的对象免费使用骨灰格位，该政策的出台进一步深化了殡葬改革。

【普法宣传】 2016年，区民政局出台《通州区民政局2016年法制宣传教育工作计划》《2016民政局法制宣传教育工作要点》，坚持学法、用法、法制宣传，加强法制文化、法制阵地建设。坚持在通州民政信息网及《民政信息简报》宣传板块上进行民政法制宣传。在清明节扫墓接待日、村（居）委会换届选举、民政局开放日、“5·12”防震减灾日开展多种形式的法制宣传教育活动，进行民政法律法规、规章及民政相关政策的宣传，尤其是在宪法日，通州区民政局联合其他委办局一起在于家务乡进行法律知识宣传，民政局对民政法律法规进行重点宣传，发放大量的民政法律宣传材料，接受政策咨询并耐心解答群众询问，使乡村群众受到了法治教育，增强了广大群众的法制观念和守法意识。

【依法行政】 通州区民政局加强对行政职权的梳理，加强对规范性文件的核对和清理并及时上报。继续对相关科室的规范性文件进行梳理，结合民政工作实际，新出台《2016年民政局依法行政工作要点》，该文件的出台，进一步加强了相关科室依法行政意识，明确了依法行政工作的重要性，为民政依法行政工作的开展提供了完备的依据。组织各科室没有执法证人员参加市民政局和区法制办的民政知识和相关法律法规考试，其中，4人通过两级考试并领取执法证件，进一步充实了民政执法力量。

【联合执法检查】 2016年清明节前夕，区民政局会同公安、工商、城管、监察等部门，对区内殡葬用品经营网点进行联合执法检查，重点检查各销售网点是否合法营业，是否存在销售冥票、纸人纸马等迷信殡葬用品行为，通过实地联合检查，进一步规范了全区的殡葬销售市场，保护了合法经营的殡葬销售网点。坚决制止乱埋乱葬和非法销售墓地行为，对公益性墓地进行不定期的执法检查，对非法销售的继续采取高压态势进行打击。检查全区的社会组织，对20家没有及时进行年检的社会组织给予警告处罚。区民政局制作25个行政处罚案卷，并将制作的行政处罚案卷报送市民政局和区法制办参加案卷评查。

（王瑞荣　张亚军）

殡葬管理

【殡葬惠民】 2016年，区民政局认真贯彻落实各项殡葬惠民政策，按照《通州区城乡无丧葬补助居民丧葬补贴办法》，严格丧葬补贴操作手续，防控风险，避免重复申领、避免政策规定的十类人员申领（该类人员已在其他渠道享受丧葬补助）。年内，核准丧葬补贴申请659件，区、镇（乡）两级财政拨付丧葬补贴资金329.5万元。深入推进“零百千万”工程，即零元骨灰撒海、百元骨灰盒、千元殡仪服务、万元墓地，全区销售百元骨灰盒245个，提供千元殡仪服务2330次。

【清明祭扫】 做好清明节群众扫墓接待服务工作，在全社会大力倡导移风易俗新风。为确保清明节期间群众扫墓服务安全、有序进行，成立了由区政府办公室、区民政局、区公安分局、区应急办等部门组成的通州区群众扫墓服务工作指挥部，召开了有39个指挥部成员单位领导参加的清明节群众扫墓接待工作协调会。清明节前夕，联合指挥部成员单位对辖区内公墓（陵园）、骨灰堂、公益性集体埋葬点进行了安全检查，对在检查中发现的问题责令限期整改。清明节期间，通州区殡仪馆、永安公墓、通惠陵园、京运陵园、惠灵山陵园等几处重点扫墓接待点，累计接待扫墓群众281665人次，机动车辆60155辆次，由于组织周密，措施有力，未发生一起安全责任事故。

【行政许可】 年内，办理1件外地来京人员遗体运回原籍行政许可。

（王瑞荣　张亚军）

社会组织管理

【概　况】　年内，通州区社会组织管理工作坚持培育发展和监督管理并重的工作方针，在严格依法行政的同时，积极创新管理手段，规范管理方式，依法依规完成社会组织成立登记、变更登记、注销登记、换证等重点工作。2016年，成立登记社会组织356家，其中，民办非企业单位235家，社会团体121家。

【社会组织年度检查】　2016年，首次开展无纸化年检工作，区民政局着重对社会组织人力资源、党建情况、业务活动、财务状况等进行重点检查，确保年度检查工作取得实效。应参加年检的社会组织302家，年检合格的社会组织287家，无纸化年检合格率达95.03%。

【社会组织统一社会信用代码赋码工作】　2016年，民政局开展了统一社会信用代码赋码工作。对新成立的社会组织赋码40家，同时对存量社会组织分批进行赋码换证，完成存量社会组织赋码239家。统一法人登记证书、税务登记证书和组织机构代码证，简化登记手续。

【社会组织规范化建设等级评估】　年内，为优化政府对社会组织的监督管理，按照自评、初评、评估委员会审核、公示、复核的流程，对符合评估条件的社会组织开展评估工作。截至2016年年底，累计评估社会组织187家，评估率为83%。同时继续开展社区社会组织评级工作，最终评选出AAAAA级社区社会组织33支，AAAA级社区社会组织32支，AAA级社区社会组织76支，AA级社区社会组织41支，A级社区社会组织32支，有效激发了全区社区社会组织活力。

【社会组织信用体系建设】　2016年，民政局制订《北京市通州区社会组织信用体系建设工作方案》，深入推进全区社会组织信用体系建设，提升社会组织遵纪守法、诚实守信、服务有力的水平。同时，为鼓励和引导社会组织信息公开活动，促进社会组织健康发展，出台《北京市通州区社会团体信息公开指引》和《北京市通州区民办非企业单位信息公开指引》。

【社会组织行政处罚】　年内，以年度检查工作为基础，对全区300多家社会组织进行全面筛查，民政局依法注销社会组织5家，2016年，对全区20家不按时参加年检的社会组织进行行政处罚。

【购买社会组织服务】　2016年，通州区民政局利用财政资金购买或资助社会组织开展公益服务项目，购买资金达到550万，覆盖50家社会组织，开展公益服务200余场，直接受益人群6万余人。同时，通过购买或资助“三社”联动、社区服务、社会组织扶持发展、培育社区社会组织等项目，推进民政重点工作。

【社会组织异地考察】　为学习借鉴先进经验，提升社会组织业务水平，区民政局首次开展异地社会组织培育发展专题研修班。组织各乡镇街道民政部门负责人、部分社会组织负责人35人，赴上海市闵行区参观学习。通过理论课堂和移动课堂相结合的方式，学习了闵行区社会组织管理建设、社会组织培育孵化、社会组织参与公共服务等内容，从顶层设计到基层实施，使学员们解放了思想，更新了观念。

【建立三级孵化培育体系】　7月7日，通州区成立区级孵化培育机构——通州区社会组织双创发展服务中心，制定《通州区社会组织双创发展服务中心运营管理办法》。同时依托现有设施，在街乡道级层面建立5个社会组织孵化中心，分别是玉桥、北苑、新华、中仓等街道和梨园镇；在社区层面，玉桥街道玉桥东里南社区、北苑街道果园社区建立2个社区社会组织孵化中心。形成区、街乡镇、社区三级孵化体系。

（徐　颖　张　博）

婚姻收养登记

【概　况】　2016年，是北京市实行打破区县户籍限制，就近办理婚姻登记政策的第一年，也是《北京市婚姻登记工作规范》实施的第一年，全年办理结婚登记9496对（较上年增长9%），离婚登记4642对（较上年增长36%），补领婚姻登记5138对（较上年增长52%），涉外、涉港澳台婚姻登记18对（结婚登记12对，离婚登记4对，补领婚姻登记2对），为行动不便的老人、残疾人、病人提供上门登记服务26次，出具婚姻记录证明18份，接待电话咨询及现场解答6万余人次。

【婚姻家庭辅导及颁证服务】 3月，民政局婚姻登记处与通州区婚庆协会、春晓心理咨询事务所签订政府购买服务合同，并申请资金18万元确保此项工作顺利开展。年内，为4643余对结婚新人提供免费颁证服务，颁证率达49%。年内，有1675对离婚当事人接受婚姻家庭辅导，接受辅导率达36%。同时，民政局婚姻登记处开展婚姻家庭辅导进社区活动，在中仓街道东里社区举办金婚、银婚老人专场颁证活动和婚姻家庭知识讲座。年内，深入基层社区组织开展4次婚姻家庭知识大讲堂活动，收到社会各界广泛好评 。

【特殊婚姻登记日工作】 6月6日是特殊的结婚登记日，为做好特殊婚姻登记日的服务工作，区民政局婚姻登记处借鉴往年高峰日经验做法，预先制订工作方案和各项应急预案，并做好相关引导工作。当日办理结婚登记290对，由于准备充分，工作深入，服务周到，未发生一起投诉事件，群众满意率100%。

【婚姻家庭健康咨询】 年内，区民政局积极配合卫生、计生等部门，向婚姻当事人宣传免费婚检、孕检政策，同时向当事人发放计生用品和优生优育宣传资料，引导新婚当事人主动进行婚检和孕检。年内，接待婚检咨询8000余人次，协助计生部门发放宣传手册1万余份。

【收养登记】 依据北京市政府办《关于解决本市无户口人员登记户口问题的实施意见》要求，2016年8月起，民政局婚姻登记处会同通州公安分局人口大队，依法依规做好事实收养人员的政策解答、调查核实、收养登记等工作，接待群众来电来访26人次，对符合收养登记的人员严格调查核实，并进行入户家访，对于不符合收养登记政策的群众，耐心做好解释工作。年内，办理收养登记5件。

【落实便民政策】 12月，依据市政府《市政府审改办关于取消调整74项市政府部门要求基层开具的涉及群众办事创业各类证明的通知》要求，涉及通州区婚姻收养登记工作的12项基层出具的证明一律取消，不再要求当事人提供。除此之外，民政局婚姻登记处与区档案局共同对婚姻登记历史档案进行重新整理核实，更新《通州区档案馆现存婚姻档案情况统计表》，并规定办理补领结婚证的婚姻当事人的婚姻档案不在档案局保管时间或已经确认遗失的，不用再由档案局出具档案遗失证明，进一步简化群众办事手续。

【婚姻法律法规宣传】 年内，区婚姻登记处通过多种媒体向全社会宣传婚姻法律法规，并在《通州时讯》《通州新闻》《法制晚报》等新闻媒体刊登宣传稿件12篇。同时，不断加大婚姻政策法规宣传，全年向全区群众发放《中华人民共和国婚姻法》《中华人民共和国收养法》《婚姻登记条例》及计划生育相关知识等宣传资料1.1万余份，并对1.4万余次群众咨询进行解答，取得良好的宣传效果。

（刘广宇　张亚军）

福利事业

【概　况】 北京市通州区接受救灾捐赠事务管理中心，全额拨款事业单位，独立法人单位，工作人员5人，管理规范，制度健全。

2016年，通州区救灾捐赠工作在市民政局的指导下，在区民政局的正确领导下，积极开展各项工作，努力提高救灾保障水平。接收捐赠工作有新突破，救灾能力得到全提升。

【接收捐赠】 年内，累计接收社会捐款56.5万元，接收物资3.9万件，根据对口支援地区的要求，将棉衣被等6497件送往对口支援地区，用于助学、助教、助困以及帮助该地区群众解决过冬棉衣不足困难。

【应急储备】 救灾捐赠储备库为救灾与捐赠合用储备库，现有救灾物资：帐篷740顶、折叠床1940张、气垫床1200张、折叠桌椅580套、棉大衣2000件、应急灯600台、救生绳500套、强光手电200个、救生衣500件、交通指挥棒100个、雨衣200件、雨鞋200双、铁锨300把、对讲机30台、发电机10台；捐赠物资：棉衣300件。

【慈善超市】 2016年，捐赠中心与张家湾镇、西集镇及宋庄镇政府协商，新建3家慈善超市。分别根据服务场所所处地理位置及面积，合理规划功能区域。分别与3个乡镇签署连锁运营协议书，明确甲乙双方的责、权、利。全区慈善超市均符合全市统一要求的基本功能。慈善超市具备款物募集功能、困难群众救助功能、应急服务保障功能、慈善理念宣传及义工（志愿者）服务功能。

（穆月鲲　张亚军）

【光荣院服务管理】 2016年，光荣院迎来建院三十周年。光荣院秉承“老人至上 服务第一”的办院宗旨，不断提高在院休养人员的生活品质，从物质生活、饮食服务、文化娱乐、医疗健康四个方面加强管理，不断提高各项服务水平；同时积极探索光荣院社会化发展的创新之路。

为拓宽社会化工作思路，进一步探索光荣院社会化发展工作，4月26日，2016年度北京市优抚事业单位光荣院工作会议在通州召开，光荣院作为社会化工作特色单位，在会上作了典型汇报。4月27日，北京市10个郊区县的民政局领导及光荣院负责人到区光荣院进行参观交流，共同探讨光荣院的社会化发展之路。

为进一步开展光荣院社会化创新工作，6月中旬，在各级领导的大力支持下，光荣院开展了“送医送药送温暖”活动，为于家务、漷县、西集、马驹桥四个乡镇21户重点优抚对象带去了党和政府的亲切关怀。7月15日至8月3日，29名在乡优抚对象分两批参加了光荣院组织的2016年通州区重点优抚对象短期疗养活动，每期为期10天。

为庆祝光荣院建院三十周年，7月29日，光荣院举办了庆八一暨建院三十周年活动。9月至11月，院内开展环境升级改造工程。新铺设了休闲景观大道，建设了休闲健身广场，种植了银杏、黄杨、榆叶梅等观赏树木，安装了休闲座椅，设置了宣传栏，通过一系列的升级改造，院内环境有了明显提升。

（沈　宾　张亚军）

【社会福利院服务管理】 截至2016年12月，通州区社会福利院有孤残儿童30名，其中，院内集中供养25名，家庭助养3名，家庭寄养2名。全年接收弃婴3名，办理送养9名，其中，国内送养4名，涉外送养5名，接收大龄安置孤儿1名和托管涉案儿童1名。全年接受个人及企事业单位物品捐赠120次，接受资金捐赠23笔，接受捐赠金额21.69万元。

2016年，通州区社会福利院承担了区政府为民办实事项目“建立督导员制度，对全区现有困境儿童开展精准帮扶工作，推动儿童福利由补缺型向适度普惠型转变”的工作任务。通过政府购买社会组织服务的方式，建立20余人儿童督导员队伍，定期对全区登记在册的困境儿童进行入户、收集、评估、分析整理儿童需求，核定救助内容，并针对救助需求开展精准帮扶工作。举办第一届通州区困境儿童夏令营活动。

（张亚军）

老龄工作

【概　况】 通州区老龄办全面贯彻中共十八届六中全会精神，认真落实《中华人民共和国老年人权益保障法》和《北京市居家养老服务条例》，围绕深化落实“九养”政策，不断完善三级为老服务体系建设的主线，稳步推进各项老龄基础工作，并以抓好折子工程和为民办实事项目的落实为重点，不断提高老年人社会保障、社会优待和养老服务水平，为全区老龄事业发展营造良好的社会氛围而不断努力。

【落实老年人优待政策】 2016年，区老龄办为全区1951名户籍及外埠60周岁及以上老年人办理老年人优待证；为13395名户籍及外埠65周岁及以上老年人办理老年人优待卡，为9.4万名户籍及外埠65周岁及以上老年人办理优待卡变北京一卡通卡；为全区18673名80周岁及以上老年人发放养老助残金1943万元；为全区1635名90周岁及以上老年人发放高龄津贴206万元；为全区41名95周岁及以上老年人发放医疗补助约8.7万元。春节期间走访慰问高龄特困老人225名，为老人们送去米面油和每人600～1000元的慰问金；重阳节前，区老龄办走访慰问23名百岁老人、2名高龄特困老人，发放12.3万元慰问金，向142名高龄特困老人发放8.52万元慰问金。为约52户空巢（独居）老人家庭安装“一按灵”和烟感报警器；为53名失智独居无子女老年人配备防走失手环。

【“敬老月”系列活动】 通州区“敬老月”以“敬老爱老，全民行动”为主题，开展系列活动：开展北京市孝星和孝星榜样事迹宣传，并编辑出版了《通州区二十四孝》故事；与北京律维银龄研究与服务中心合作开展《中华人民共和国老年人权益保障法》及《北京市居家养老服务条例》相关法律知识讲座活动；开展区四大家领导慰问百岁老人及高龄特困老人活动；与北京雅视眼镜有限公司联合，为全区60岁以上老年人免费赠送2000副老花镜；开展第五届“长寿杯”老年门球赛、“重阳杯”老年台球赛等文体活动。

【养老设施建设】 年内，完成北苑街道、张家湾镇、永顺镇、梨园镇、潞城镇6家养老照料中心的建设任务，6家养老照料中心预计新增养老床位1891张。

【机构开展居家辐射服务】 年内，永顺镇、马驹桥镇和玉桥街道、玉桥街道无忧之家四家养老照料中心和潞城镇敬老院、马驹桥镇二院两家敬老院广泛开展助餐、助洁、助浴、助医、教育培训、精神关怀等十项居家辐射服务，使老年人足不出户就可享受到就送餐、家政、医疗、生活照料、精神慰藉等全方位的服务。

【政府购买助老服务项目】 年内，区老龄办发布2个政府购买服务项目。一是“通州区助老服务从业人员专业能力提升”项目。对6个街道乡镇的40余名养老助残员、村居老年工作兼职人员及养老照料中心中的部分工作人员进行培训。二是通州区特殊老年人帮扶与关爱项目。为失独和空巢老人举办心理慰藉沟通交流会、老年健康知识讲座以及老年人互动等活动，丰富老年人的生活内容。预计直接受益人群3000人，间接受益人群近万人。

（张亚军）

民族 宗教 侨务

【概　况】 2016年，区民宗侨办坚持以中共十八大及十八届六中全会精神为指导，认真贯彻落实市民委、市宗教局和市侨办关于民族宗教侨务的工作部署，从北京城市副中心建设工作的实际出发，认真落实党的民族宗教侨务政策，加强民族团结进步，依法管理宗教事务，积极引导宗教领域与社会发展相适应，努力维护民族宗教界和谐稳定。

【扶持发展民族经济】 区民宗侨办完成市民委以奖代补考核工作。通州区获得全市区县主体作用发挥二等奖，张家湾镇政府获乡镇主体作用发挥优秀二等奖、于家务回族乡政府获乡镇主体发挥优秀三等奖、张家湾镇张湾镇村获民族村经济发展进步奖。全年争取市级民族经济发展资金1063万元，区级配套扶持资金500万元，用于扶持于家务乡湿地公园生态护砌、通州小楼饭店中央空调安装建设等项目建设。

【清真食品监督管理】 年内，区民宗侨办认真做好清真食品市场日常检查，对全区清真饮副食网点经营情况、清真食品供应及规范管理情况进行不定期的抽查，全年办理更换清真标志牌及清真食品生产经营许可证手续32件，及时纠正部分商户擅自悬挂清真标志牌等违法行为。

【和谐寺观教堂创建活动】 年内，根据北京市宗教事务局《关于2016年以“规范”为主题开展和谐寺观教堂创建活动的实施意见》的有关要求，结合全区实际情况，区民宗侨办制定实施方案，召开工作会并布置相关工作。各宗教团体和宗教场所在区民宗侨办的指导下，制定相关活动的实施方案及具体工作计划，并积极组织实施开展各种活动，确保完成各项工作任务。

【民族文化体育事业】 年内，中仓街道白将军社区（民族社区）代表通州区参加北京第十一届民族健身操舞大赛，并获金奖。区民宗侨办联合区教委举办通州区第八届民族传统体育运动会，与市民族联谊会联合举办首届维汉双语培训班，为来京务工的20余名新疆维吾尔族人员提供良好的学习环境与基础设施。

【区宗教团体、场所管理组织换届】 年内，区基督教“三自”爱委会和区天主教爱国会先后分别召开第三次代表大会。讨论通过了代表会、常委会会议议事规则，研究确定了2016年基督教“三自”爱委会、天主教爱国会工作计划。吕东当选区基督教“三自”主席，滕昭智当选区天主教爱国会主席。年内，北关清真寺、张家湾清真寺完成寺管会成员换届工作。

【宗教场所维稳工作】 开斋节、圣诞节等重要节日期间，组织召开相关部门协调会，部署安全工作，责任到人。针对全区五大宗教15处宗教活动场所加大安全隐患排查力度，排除部分教堂、寺庙、清真寺存在的电路老化、占压天然气管道、消防设施配备不足等安全隐患。

【加强依法行政工作】 按照区委组织部《2016年区政协换届工作的意见》，区民宗侨办完成民族宗教界委员的民主测评、考察及推荐工作。全年为2人办理民族成份变更确认，为2人开具“华侨子女来京接受义务教育证明信”，为12人开具“华侨、港澳同胞和外籍华人学生来京上中小学批准书”，为1人开具“归侨子女、华侨子女、归侨学生中考加分证明”。

【为民宗侨界人士排忧解难】 春节前夕，根据市民委有关要求，向全区192名回族等具有清真饮食习惯的少数民族低保群众，按照每人300元的标准，发放一次性春节临时生活补助。开展两节走访慰问活动，慰问生活困难的少数民族群众、宗教界人士和老归侨72人。

（董华文　张亚军）

福利彩票

【概　况】 年内，全区销售福利彩票37653.929万元，较2015年34815.3604万元增长8.15%。其中，电脑票销售32719.329万元，较2015年的28618.6254万元增长14.33%，即开票销售4934.6万元，较2015年的6196.735万元下降20.37%。总销量创通州区福利彩票销售新高，超额完成北京市福利彩票发行中心下达的销售任务。总销量列全市第五名，远郊区县第一名。

【巡视检查】 年内，着重对全区各销售网点的安全、防火、防盗、卫生、投注机维护和服务水平等方面进行检查，保证通州区彩票销售安全运行，健康发展。

【促销活动】 年内，开展福彩游戏营销活动。电脑票方面，分别在全区进行“快乐8”“3D”“快3”“七乐彩”“双色球”游戏营销活动，各项游戏均在营销期间取得较好成绩，在提高销量的同时，进一步扩大福利彩票品牌影响力。即开票方面，按照市福彩中心要求，开展“猴票”“一刮千金”即开型福利彩票宣传促销活动，努力开拓福彩即开票新市场。

【表彰先进】 年内，通州区获得市十佳销售站10名，市先进销售站20名，市优秀销售员3名，区先进销售站30名，区即开票销售先进销售站30名。

（陈　蕾　张亚军）

人口管理

【概　况】 2016年，通州区有常住人口376043户746841人（男370814人、女376027人），其中，非农业人口475465人，农业户口271376人。全年登记出生14743人（男7683人、女7060人），死亡5253人（男3032人、女2221人）；迁入24964人（省内迁入20695人、省外迁入4269人），迁出4300人（迁往省内3565人、迁往省外735人）。

（李　娜）

【流动人口和出租房屋管理】 2016年，通州区登记流动人口698414人，办暂住证211213人，携带15岁以下儿童17846人。登记出租房屋73426户240914间，建立出租房屋管理站347个（来京人员和出租房屋服务站），配备专职协管员793人。

（杨　地）

【户口申报审批】 2016年，通州公安分局办理各类审批户口3666份4399人。

（侯振宇）

【证件管理】 2016年，通州公安局分局办理二代居民身份证46228个，办理临时居民身份证7073个。2016年10月1日起，北京市实施居住证制度，至12月31日，通州分局共办理居住证81305个。

（李　娜　杨　地）

人民生活

【概　况】 2016年，城乡居民收入平稳增长，消费结构不断优化。抽样数据显示，城镇居民人均可支配收入40845元，同比增长8.6%；城镇居民人均消费性支出29238元，同比增长8.5%；农村居民人均可支配收入23538元，同比增长8.7%；农民人均生活消费支出17098元，同比增长10%。初步统计，人民币个人存款余额1206.1亿元，较年初增加152.2亿元。

（董可静）

【城镇居民家庭人均可支配收入增长8.6%】 2016年，城镇居民家庭人均可支配收入40845元，同比增长8.6%。其中，人均工资性收入28512元，同比增长10.5%；人均经营净收入1196元，同比增长49.9%；人均财产净收入5126元，同比增长8.6%；人均转移净收入6011元，同比下降4.4%。从结构看，工资性收入、经营净收入、财产净收入、转移净收入占可支配收入分别为69.8%、2.9%、12.5%、14.7%，工资依然是居民家庭最重要的收入来源。

【城镇居民人均消费性支出同比增长8.5%】 年内，通州区城镇居民人均消费支出29238元，同比增长8.5%。消费支出占可支配收入71.6%。八大类消费支出“六升二降”，其中，增幅靠前的有交通通信、教育文化娱乐、医疗保健支出，同比分别增长37.1%、19.9%、17.4%。

【城镇居民食品烟酒支出略高于上年】 年内，城镇居民食品烟酒支出7261元，同比增长0.9%，略高于上年。其中，食品支出4785元，同比下降1%；烟酒类支出471元，同比下降10.9%；饮料支出312元，同比下降2.6%；饮食服务支出1693元，同比增长11.6%。经济增速的回落，以及人们对健康重视，促使其减少对烟酒的消费。由于餐饮业的发展，以及人们生活节奏的加快，越来越多的居民选择在外就餐，饮食服务方面的支出近年一直保持较快速的增长。

（卢思秀）

【农村居民人均可支配收入同比增长8.7%】 2016年，农村居民人均可支配收入23538元，同比增长8.7%，增幅领先全市0.2个百分点，绝对值在五个发展新区中排名第二。从收入构成看，人均财产净收入增幅最高，达到10.8%；其次是人均工资性收入，增幅为9.9%；人均转移净收入和人均经营净收入同比分别增长3.7%和1%。

【农村居民人均消费性支出同比增长10%】 2016年，农村居民人均消费性支出为17098元，同比增长10%，增幅比全市高0.4个百分点，在五个发展新区中排名第二。八大类消费支出呈全面增长态势，其中，增幅靠前的是医疗保健、交通通信和教育文化娱乐，同比分别增长22%、18.2%和15.2%。

【农村居民人均医疗保健支出增长22%】 随着农村居民生活水平的提高，自我医疗保健意识的增强带动医疗保健消费支出的增长。2016年，农村居民人均医疗保健支出1150元，占生活消费支出的比重为6.7%，同比增长22%，增幅在八项消费支出中最高。分项数据表明，2016年人均医疗服务支出金额为685元，同比增长53.6%，拉动医疗保健支出增幅提高15.3个百分点。

【城乡居民住房面积】 2016年，城镇居民年末人均拥有住房面积为32.6平方米，比上年减少2平方米；农村居民年末人均拥有住房面积51.4平方米，比上年增加0.1平方米。

（陈　杰）

社会组织活动

【公益创投大赛】 通州区社会建设研究指导与评估中心承办的“创意公益·益起来”北京市通州区社会组织公益项目创投大赛于1月6日—2月16日期间举办。大赛资助5类公益项目：即为老服务类、助残服务类、青少年服务类、救助帮困类、其它公益类。通过项目征集、初审、初评、决赛4个环节，评选出16个优秀项目，并颁发奖金和证书。对获得一、二、三等奖的项目进行优化，并由通州区民政局组织公开招标，通过政府购买予以实施。

【关爱特殊儿童活动】 3月26日，北京市通州区春晓心理社会工作事务所邀请韩国林世羅教授为社区工作者、心理咨询师、特殊儿童家长、心理学爱好者等讲授《艺术治疗在特殊儿童中的介入》，林教授详细阐述了艺术活动治疗的课程设计、原理、介质的选择、治疗过程中注意事项等，让大家对艺术活动治疗有了更高层次的认知。

【关爱老年人活动】 5月，在国际护士节到来之际，北京市通州区三乐康复老年公寓联合通州区老年病医院的医护人员，在三乐康复老年公寓开展了“弘扬孝道文化、共建和谐三乐”主题义诊活动。弘扬尊老、爱老、敬老的中华民族传统美德。此次活动，80多位老人到场参加。老人们对医生、护士们的耐心解答非常满意，并期望这样的有益的活动能多举办。

【社区社会组织成果展】 8月10日，北京市通州区玉桥街道社区社会组织联合会，在新通国际社区的社会组织孵化基地，举办了和谐玉桥，魅力家园——2016年通州区玉桥街道社区社会组织成果展。此次活动展出了玉桥街道社区社会组织联合会200多个会员单位社区社会组织的246件作品，通过现场展示和视频等多种形式展览书法、绘画、手工等作品和太极、舞蹈等社区社会组织发展情况，表现了玉桥街道社区社会组织的发展历程。

【困境儿童夏令营活动】 该项目由通州区社会福利院发起，被通州区民政局列为普惠范畴项目。2016年，通过政府购买社会服务的形式，由北京市通州区汇德社会工作事务所和北京市通州区永通社会工作事务所承接，并于2016年4月分两期开始实施。整个项目针对通州区15个街乡的200名社会困境儿童及散居孤儿开展社会工作帮扶服务，通过搭建关爱平台、建设需求和资源数据库，立足孩子们的实际情况，结合民政和社会建设工作，链接社会爱心单位、社会志愿者等资源，探索在教育、就业、医疗和心理等层面为孩子们提供服务，逐步满足孩子们就医、康复、心理、学习及就业等方面的需求。

【迎接国际志愿者日】 12月5日，为了迎接第31个国际志愿者日主题活动，通州区北苑街道社区社会组织联合会，联合辖区单位，在后南仓小广场开展了以“志愿北苑 服务社区 我在行动”为主题的志愿服务活动。邀请辖区19个社区的23个志愿服务商和百余名志愿者，开展丰富多彩的志愿服务活动，进一步倡导志愿精神，培育志愿服务理念，以实际行动汇聚志愿力量，深入社区百姓身边。

（徐 颖 张 博）

通州区消防协会

【概　况】 通州区消防协会为AAAAA级社会组织，现有团体会员130家（辖企事业单位311家），并有中仓、张家湾、漷县、西集等4个地区基层活动片组，有个人会员35家。年内，全会围绕区政府消防工作中心，抓住全国文明城区和北京城市副中心建设的契机，广泛开展公益性消防安全宣教活动，通过年内组织的12轮消防安全流动展览和12场次消防知识培训演练等活动，使全区120606人次的企事业员工、大中专院校及中小学幼儿园师生、医患人员、商市场人员、社区居民、社会群众和农村居民受到消防安全的宣传教育，社会效果凸显。

【流动展览】 2016年，协会以创建全国文明城区和北京城市副中心建设为着力点，配合区科协科普宣传部署，持续突破会员单位界限，广泛开展消防宣教活动：一是组展“不断线”，坚持“点”“面”结合的组展方针，以“送展上门”等形式广泛开展消防安全流动展览、消防知识培训和灭火逃生演练等消防宣教活动。二是公益活动“随时搞”，组织“做平安通州人”专题公益消防安全宣教活动，并着力配合区科技周、科普日等安全宣传活动的开展。在全区大规模清退高能耗、高污染企业，全区企业员工总数下降幅度较大的前提下，协会组织的12轮消防安全流动展览和12场次消防知识培训演练等活动使全区120606人次的企事业员工、大中专院校及中小学幼儿园师生、医患人员、商市场人员、社区居民、社会群众和农村居民受到消防安全的宣传教育，取得良好的社会效益。

【实操演练】 为进一步强化流动展览宣教效果，协会在热情开展消防安全流动展览的同时，积极组织消防知识培训和灭火实操演练，努力促进参培人员消防安全知识向技能的即时转换。协会秘书处按照消防安全“五进”的要求、结合参培单位的实际，精心制作不同主题的消防宣传多媒体课件和教案，宣讲消防知识，并组织灭火实操演练。年内，在协会组织的12场次消防知识培训和灭火逃生演练中，有北京工业大学实验学院、北京二中通州校区、潞河中学附属学校、靛庄小学、马驹桥物流园区、通运达物业公司、西集镇郎东村社区服务站等十家单位近万人次的单位员工、大中小学师生和社区居民、农村群众参加培训和演练。区消防协会会长张振华、秘书长田瑞宗在培训会上重点宣讲了火灾预防和扑救知识，并模拟火情发生组织参培人员进行紧急疏散演练和灭火实操演练，活动现场还组织了流动展览，并发放消防知识购物袋、消防知识掌中宝等消防宣传品，有效促进了参培人员消防安全技能的提高，现场反响强烈，活动受到参培人员的欢迎。

潞河中学附属学校消防宣教活动　（消防协会提供）

西集镇郎东村消防安全流动展览　（消防协会提供）

【组织工作】 3月30日和12月28日，通州区消防协会第三届第九次理事会暨会员代表会议和第三届第十次理事会暨会员代表会议分别在协会副会长单位通州区益源出租汽车公司和北京东方宾馆召开。会议分别以总结2015年和2016年全会工作为主题，先后审议并通过《通州区消防协会2016年工作计划要点》及阶段性工作计划等相关文件，并就协会配合全区春季防火工作、6月安全生产月、“119”消防宣传周等重要时段在协会规模较大的防火重点会员单位和人员密集型会员单位以及中仓、张家湾、漷县、西集等四个地区集中组织的12轮消防安全流动展览的组展工作进行部署。会议还就协会副会长的调整和审议新会员入会等相关事项进行表决。

（郭淑云）

通州区关心下一代工作委员会

【概　况】 2016年，区关心下一代工作委员会（以下简称区关工委），以社会主义核心价值观为指导，围绕通州区创建全国文明城区和城市副中心建设的工作大局，充分发挥队伍优势，以“老少运河情　文明创城我先行”为核心，开展一系列主题突出、形式多样、喜闻乐见的教育活动，丰富了青少年的课余生活，完善了学校、家庭和社会教育网络，推动通州区关心下一代工作健康发展。

【开展“诗意通州”系列活动】 年内，为弘扬祖国优秀的传统文化，提高学生的道德品质和文明素养，区关工委会同区文明办、区教委等相关单位，策划并组织了通州区“我们爱诗词——诗意通州”主题系列教育活动，带领全区数万名中小学生开启亲近中华诗词经典之旅。一是编赠诗词读本。区关工委将九年义务教育语文教材中的115首诗词结集成册，印制《诗意通州——青少年诗词读本》，赠予全区十万名中小学生，做到人手一册。读本便于学生随时翻阅、诵读、记忆。二是开展专题培训。聘请著名诗人、学者、艺术家李元华、尹世霖、过常宝等举办精彩的诗词鉴赏讲座，为教师们感受和理解诗词提供了帮助，教师们深入研究诗词教学的策略与方法，大胆实践，教授能力得到有效提升。三是举办诵读展示。区关工委在总结活动经验基础上，先后在学校、社区开展四次基层诵读活动。9月初，区关工委集全区诵读精华，组织开展了一次规模较大的展示活动，推动了全区活动扎实稳步开展。四是活动成果显著。9月27日，北京市关工委系统“我们爱诗词——诗意通州”展示推进会在通州文化馆举办。中国关工委主任顾秀莲出席此次会议并发表讲话，充分肯定通州区关工委爱诗词活动的教育效果，并做了重要指示。“诗意通州”主题教育活动被市文明办评为首都未成年人思想道德建设创新案例。

“我们爱诗词——诗意通州”系列活动之专题培训活动　（关工委提供）

“我们爱诗词——诗意通州”展示推进会　（关工委提供）

【举办欢乐足球在校园活动】　3月23日，2016年北京市欢乐足球在校园师资培训班在北京市育才学校通州分校举行。通州区作为重点实验项目单位，在区内30所中小学开展此项活动。10月20日，北京市以欢乐足球在校园为主题的小足球节在通州区运河中学开幕，中国关工委、教育部、国家体育总局、市关工委和区领导出席活动，中国关工委常务副主任杨志海对多年来通州区小足球活动给予高度评价，现场活动充分展现少年儿童积极向上和勇于拼搏的良好风貌。

“欢乐足球在校园”小足球节　（关工委提供）

【开展“家德家风我传承”系列活动】　区关工委依托通州区悠久浓厚的历史文化，充分发挥以于家务仇庄村全国文明典型和漷县镇曹庄村曹氏祠堂为代表的传统家德家训教育资源，在全区范围内开展“家德家风我传承”活动。4月13日，组织基层关工委负责人和工作人员参观漷县镇曹氏祠堂，提高对家训、家规、家风重要性的认识。

【开展“向最美劳动者致敬”主题教育活动】　7月30日，区关工委利用文明通州社区宣传日，走上街头，向过往的群众发放“向最美劳动者致敬”倡议书等宣传品，唤起更多人关注城市建设的最美劳动者。500余名青少年及家长参加此次活动。暑假期间，组织青少年开展“四个一”活动，近距离接触最美劳动者，即：尝试做一次文明小义工；与交通协管员同站一班岗；与护理员开展一次尊老敬老活动；与社区保洁员一同清扫垃圾，走街头、进社区、入行业。了解他们的奉献和艰辛，同时带去真挚的慰问和美好祝福。区关工委还以“关注最美劳动者——捕捉文明瞬间”为题，组织开展全区第三届青少年征文、演讲、摄影、手抄报等综合实践内容的评选表彰活动。

【普法教育活动】　区关工委以中共十八届四中全会为指导，以未成年人为教育对象，多种形式开展《中华人民共和国宪法》《中华人民共和国未成年人保护法》《中华人民共和国预防未成年人犯罪法》《中华人民共和国义务教育法》等法律知识的宣传普及，全区范围开展“法律在我心中”主题教育实践。编印《法律知识宣传手册》，下发基层，组织学习宣传；8月30日，关工委组织基层领导和工作人员到区法院参加案件审理旁听和主题参观活动。活动后审判长以案说法，生动准确，教育性极强，与会人员身临其境，近距离收到很好的教育效果。基层关工组织普法活动全面展开。潞城镇依托青少年法制教育基地开展“小手拉大手 普法我行动”主题教育实践，现场发放宣传资料，咨询、讲解相关法律知识；梨园关工委邀请区法院原海涛庭长开展“法律进校园 争做守法小公民”法律知识专题讲座，案例生动活泼，效果明显。

【开展青少年思想道德建设大讲堂活动】 区关工委全年开设青少年思想道德建设大讲堂12讲，涵盖法制教育、传统文化、家庭教育、诗词文化、健康教育等，均受到良好的教育效果。为推动诗意通州活动开展，先后邀请李元华、过常宝、尹世霖等名人名家，就诗歌鉴赏、课堂教学等内容，对区内教师开展培训；为解决家教中的困惑，邀请著名家庭教育专家赵忠心做了“当前我国家庭教育面临的新情况、新问题及其对策”的讲座；由著名教育专家闵乐夫主持的“玫瑰讲堂”向农村学校延伸，先后在陆辛庄、甘棠等学校开讲，千余名女童和家长参加活动。

青少年思想道德建设大讲堂之玫瑰讲堂。闵乐夫教授在为孩子们讲课 （关工委提供）

青少年思想道德建设大讲堂之苏轼词鉴赏 （关工委提供）

【青少年校外教育基地】 2016年，经严格审定，三教庙、上上国际美术馆等27家教育基地先后挂牌，同时配合印制引领性画册千余本，发至全区各中小学，便于参观和实践。据统计，基地使用率达80%以上，年承担教育实践活动上百场，受众近3万人次。

（范立华）

街 道

7月15日，在路口开展“等灯”文明交通引导活动　　（玉桥街道提供）

中仓街道

【概　况】　中仓街道东起紫运中路，西至新华南路，南起京秦铁路，北到新华大街、通胡大街，总面积约6.5平方公里。街道下辖17个社区，19个党总支部、64个党支部（非公经济党组织6个），有规模以上企业63家，常住人口6.9万人。2016年，中仓街道围绕服务副中心建设总体目标，以深化全国文明城区创建为抓手，力促城市综合治理和环境建设上水平，街道各项工作任务取得新成效。年内，中仓街道办事处被市委市政府评为首都拥军优属拥政爱民模范单位，运河湾社区被市民防局评为北京市民防示范精品社区。

【完成年度重点工程任务】　年内，协调7家工业企业停产、搬迁；实现辖区12家燃煤锅炉、5家茶浴炉无反弹；启动中仓小区、白将军社区共18幢楼宇、6.25平方米老旧小区改造工程，820户居民受益；开展南大街综合整治和保护性修缮工作的前期信息数据调查摸底工作，为实施保护性修缮工程打下坚实基础；全面、准确、细致完成辖区人口、产业、房屋、车辆、土地等各项基本信息清查工作；区党代表、人大代表换届选举工作完成。

【城市综合管理】　年内，生态环境管理规范有序，通过开展“减煤换煤”、工业企业退出、日常执法检查等措施，辖区大气清洁管理措施规范有力；出动近5000人次开展环境整治，清除卫生死角近300处，整治坑洼道路2000余平方米，店外经营与堆物堆料300余处，清除非法小广告1.5万处；健全街道综合维稳机构，组织各职能部门参加联合执法50余次，对辖区内无证照经营餐饮、施工工地扬尘污染、校园周边环境秩序、创城秩序乱点等进行综合整治，拆除违规广告牌匾500余块，立案并拆除违法建设9起8000余平方米；经过不间断地联合执法，辖区内无证照餐饮基本绝迹，校园周边秩序良好，地铁六号线和潞河医院2处秩序乱点逐步平稳，联合执法取得显著成效；社会治安群众满意度回升，群防群治、安防技防水平有了长足进步，安全指数进一步提高，创城群众满意度测评成绩全区排名前列。

【社会治理】　年内，发动各类群专力量3800余人到142个防控岗位、46个路口开展巡逻防控，重点人管控措施及时到位，有效保证节日、重要会议和活动期间的社会安全稳定；严格落实党政同责、“一岗双责”、齐抓共管的安全生产责任体系，全年检查企事业单位4000家次，发现并整改安全隐患2655处；创建南大街微型消防工作站，开启灭火、巡查、宣传、服务咨询网格化工作新模式；街道社会组织和社区社会组织发展至140个，承接政府购买服务能力日益增强；老旧小区管理试行准物业化管理，专业机构、志愿服务和业主自管会三种模式并行，运行机制逐步顺畅，服务水平日渐提升；安全生产、食品卫生、防灾减灾、公共安全实现专职化、网格化、精细化，在保证社会稳定的同时，进一步提高了社会动员能力和居民参与度。

【公共服务】　年内，改造新建街道综合服务大厅、党群服务中心等服务场所，创造为民服务的良好政务环境；开发社区就业岗位1100个，安置就业650人；辖区各类困难群体基本生活保障到位，助残、助老、助医、助学、助贫服务有序开展；社区志愿服务站规范化建设进一步完善，社区社会组织发育发展，各类便民服务和社会公益性服务活动广泛开展，打造推荐了一批社区志愿服务示范项目。

【基层党组织建设】　年内，部署落实“两学一做”学习教育工作，组织百讲党课进基层活动4场，各党组织开展集中学习、专题研讨、主题党日活动

74次，带领64个基层党支部开展集中学习52次，2184名党员参与党员志愿活动；以庆祝建党95周年为契机，部署“三优三联动”党建创新工作，同时对10个先进基层党组织、20名优秀党务工作者和70名优秀共产党员进行评选表彰；京通医院党支部开展的“红细胞在行动”志愿服务活动成果显著，为下一步打造非公党建工作品牌奠定了基础。

【精神文明建设】 “中仓居民大舞台”引领文化体育活动丰富多彩，全年组织书画、舞蹈等文化体育活动24场，吸引居民近万人参与；举办“最美中仓、文暖通州”第三届原创作品大赛和“文明在心、中仓在行”第三届运河健步走活动，进一步扩大中仓文化品牌活动的影响力；广泛开展社会主义核心价值观宣传进社区活动，推选模范人物25名；成立毕金仪社区心理咨询室，成功引进国家级专业心理师进社区，免费为居民开展心理咨询服务；组织开展“三员微三包”活动，号召党员、团员、少先队员承包环境卫生、绿地养护、清洁空气行动，辖区15人获得市区级的文明达人称号；楼门文化建设扎实推进，向平房区的胡同院落延伸成效显著；开通“瞰中仓”公众微信号，成为以新媒体形式宣传展示中仓街道的新平台；通过开展最美街巷、最美庭院、最美胡同创建评选活动，推动小区管理上水平，调动居民群众自治自管的主动性，促进居民群众参与度和市民文明素质双提升。

【意识形态工作】 年内，按照党管意识形态的要求，成立中仓街道意识形态责任制领导小组，明确组织机构和工作职责任务，工委书记与各部门科室和社区签订意识形态工作责任书，建立一级抓一级，层层抓落实的责任体系；工委会议专门安排学习研讨意识形态工作，真正把主体责任强化到心里，落实在行动上；坚持主动引导，弘扬正能量，通过《中仓社区报》、“瞰中仓”微信平台、各社区微信公众号等，不断壮大主流思想舆论，塑造副中心形象。

（刘 萍）

新华街道

【概 况】 新华街道地处北京城市副中心商务中心区，东北起温榆河、北运河中心线，西至新华北路、通顺路中心线，南至新华大街中心线，辖区面积3.25平方公里，下辖如意、天桥湾、司空、贡院、东大街、新建、北关7个社区居委会。自2010年启动核心区拆迁以来，拆迁征收5个社区，1万余户居民搬离，截至年底，辖区有户籍人口6802户，13583人。其中，如意社区常住居民2059户、天桥湾社区常住居民820户，2个社区有常住居民4632人，流动人口约3000余人。街道工委设9个党总支，47个基层党支部，党员1317名。

2016年，新华街道在区委、区政府的坚强领导下，认真学习贯彻习近平总书记系列重要讲话精神，坚决执行上级各项决策部署，团结和带领广大党员干部群众，锐意进取、团结奋进，围绕建设北京城市副中心，抓住服务商务中心区建设，服务保障民生两条主线，完成街道各项目标任务。

（代 诺）

【基层服务型党组织建设】 年内，发挥党员承诺制品牌效应，强化党员承诺的标签效应，扩大活动影响力，开展党员承诺制十周年系列纪念活动，拍摄党员志愿者先进典型系列微电影，制作《党员承诺十年纪念册》，党员承诺公示展板等。完善服务保障机制，为开展承诺的323名党员进行体检和购买人身意外险等保障措施。

（孙　洁）

【全国文明城区创建工作】　年内，制定创城入户宣传活动实施方案。成立入户宣传指挥部，将辖区内2879户居民和70家企业、门店划分为11个组，街道处级干部任组长，作为第一责任人，负责包片入户工作协调，把控入户进度和人员安排。社区书记、网格员等作为联络员，及时反馈情况，保持信息畅通，做到入户调查“不漏一户、不落一家”，到户率达100%，12月27日，天桥湾入户全优。结合入户收集到的24条公共服务类、文明素质类等意见和建议进行分类整理，解决购买蟑螂药、居民楼门卫生、防盗门修理等17个问题。坚持专项督查组督查，街道主要领导坚持每月一次对辖区进行拉练检查，发现问题现场做出解决方案，要求相关科室和负责人限期整改。2016年，街道主要领导带队检查8次，发现问题29项，全部解决。坚持实地考察组每周常态化检查。发现问题较多时，增加一次重点点位复查，发现并整改涉及户外公益广告、公共场所设施、公共场所秩序等相关问题125项。加强施工扬尘治理。建立新华街道在施工程台账，牵头组织环保、城管、安监、交通等部门联合执法，督促施工单位对施工现场采取覆盖、洒水等有效降尘措施。

（代　诺）

【社会救助保障】　年内，规范公租房的申请、受理、审核等各项流程，扎实做好各类保障性住房的年度复审工作，全年受理公租房申请、补贴、复审等84户；为149户特困、优抚、低保等家庭发放救助金28.8万余元；为辖区2296人次残疾人发放补贴41.6万余元，确保了惠民利民政策落到实处。

（赵文祥）

【就业服务保障】　年内，通过灵活就业、自谋职业、单位就业等渠道，对求职人员提供精细化职业指导帮扶，采取召开小型招聘会、提供就业岗位、创业培训等方式，提高就业率。辖区登记失业人员244人，登记失业率1.45%（四个街道最低），就业率53.82%，其中，困难人员就业率达96.67%。

（刘　伟）

【老旧小区配套设施建设】　年内，投入120余万元，完成440平方米如意社区服务站品质升级改造项目。投入300万元，完成如意小区道路改造工程结算评审。此项工程涉及道路全长408米，将原有宽5米的道路拓宽到6.5米，留出消防通道、画出停车位29个；新增、改造路灯104基；小区中心环岛至小区南门，两侧增设排水设施，解决了长期以来雨、雪水直接向13、15号院排放的问题；为防止车辆部分停在马路牙上，部分侵占消防通道现象的发生，增设安全隔离墩。改善了小区环境、方便了居民出行。此项工程的工程建设费为308.62万余元。投资120万，对天桥湾小区漏雨和自来水外管道损坏进行修缮。8月，完成吉祥、如意两个老旧小区换装节水器具推广工作。此次换装，涉及常住居民1900余户。

（赵凤义）

【安全生产工作】　年内，与7个社区、180余家社会单位及工地签订安全生产责任书、消防安全责任状。全年，出动检查人员8575人次，检查经营单位及工地2066家次，整改隐患1029处。通过组织安全生产月、安全培训会、安全知识答题等多种活动，进行广泛宣传教育，发放家庭安全实用知识手册等宣传资料一万余册。投资360万元，安装完善小区安保系统。开展反恐等各类宣传14次，累计发放各类宣传材料3000余张。

（陈　平）

【司空征收工作】　自2014年10月正式启动司空小区征收签约工作以来，与区征收中心密切协作，创新思路，优化工作机制，奋力攻坚克难，实现征收全过程公开透明，签约期内签约率达到93.8%。2016年，区政府对滞留户均做出征收补偿决定书，街道办事处先后精心组织6次共13户的强执工作，整个过程安全顺利，现场没有突发情况和过激行为发生。最大限度实现了以拆促签，剩余滞留户主动签约32户，剩余7户，整体签约率达99%，北关大道重点线上签约拆除工作完成，确保了北关大道顺利开工。

（赵文祥）

【重点地区综合整治】 年内，加强老旧小区配套设施建设，打造“平安新华”。累计投入660余万元，完成如意小区道路综合改造及辖区安保系统建设工程，基本解决机动车占用消防通道、居民夜间出行安全等问题。试点在如意社区建设规范化综治中心，整合民调、警务、流管等资源，打造以“三站两室”为核心的规范化综治平台。扎实开展矛盾纠纷排查化解，及时解决人民群众反映的涉及征收拆迁、施工扰民、房屋建筑遮阳等信访件154件。

（周书艳）

【人大换届选举】 年内，按照法定程序，克服因拆迁造成的人户分离、面广人多、找选民难等问题，创新工作方法，创造性的开展工作，完成摸底准备、选民登记、提名协商确定候选人和投票选举四个阶段的工作任务。人大换届选举一次成功，产生7名区人大代表，辖区应登记选民10450人，实登选民10291人，登记率98.5%。参加投票的选民人数10128人，投票率98.4%。

（董文华）

【“双协商”工作模式】 2016年，在如意和天桥湾社区累计发放调查问卷1960份，收集环境整治、社区治安、文化活动、基础设施、便民服务五大类需求3644条，居民参与率达78.31%，确定2016年度“双协商”议题24项，解决绿植补种、增加便民座椅等11项需求。

（邱伟明）

北苑街道

【概　况】 北苑街道位于通州新城中心区西部。东起新华南北路，西与朝阳区接壤，南至运河西大街，北临通惠河，是京通快速路进入通州的第一站。辖区面积8.7平方公里，设有19个社区，2016年年底有居民41458户，户籍人口44256人，登记流动人口53801人，总人口近12万人。

【党建工作】 深化党建“双向积分”。组织开展北苑街道“双向积分”总结暨反馈服务兑现大会，对优秀网格支部、优秀集体和先进个人进行表彰和反馈奖励；以“两学一做”学习教育为契机，以基层党组织服务群众为抓手，以“双向积分”模式为依托，结合街道实际，制定基层党组织服务群众项目——入户清洗油烟机，在社区试行并推广；承办通州区社会领域“两学一做”学习教育系列活动——党建“双向积分”成果推广会，广泛交流研讨；党建“双向积分”工作被评为通州区2014—2016年度基层党建一类创新项目，获北京市志联志愿服务大赛金奖。勇于创新，打造工作亮点。将非公党建作为推动党员志愿服务的有力抓手，推进非公有制企业和社会党的组织和工作覆盖，摸底调查185家非公企业。通过“志愿+党建”的创新模式，搭建“向前站一步”的平台。12月1日，在万达召开北苑街道非公志愿服务联盟党委成立大会暨党建“双向积分”区域化党建模式推进会，吸纳220多家非公单位和组织加入联盟，参与街道共治共建。

【创城工作】 周密部署安排。成立实地检查小组，采取边创、边查、边改方式，对重点问题进行实地督查，组织督查24次，发现问题49项，完成整改41项。严格环境秩序整治。对万达广场、杨庄路等区域开展联合执法。强化社会面宣传。在辖区主次干道、主要路口、居民小区制作安装宣传文化墙120块、板式横幅153条、宣传展板800多块，利用辖区378块LED屏每天滚动播放创城内容8小时，营造创建良好氛围。扎实推进入户宣传，全力做好迎检工作。开展4轮入户宣传，制作并发放创城宣传品162168份，切实提高了群众知晓率、参与率和满意率。广泛发动、全员参与，完成创城迎检工作任务。

【生态环境建设】 加强大气污染防治。建立完善9类污染源台账，持续加强简易颗粒物动态监测，保持辖区污染物含量较低态势。严格落实挥发性有机物减排要求，清理整治违法违规排污及生产经营行为16起，提前完成清零销账任务；发现并拆除燃煤锅炉、茶浴炉8台，确保动态清零；做好减煤换煤工作，12个社区261户居民购煤487.745吨，总额204797.5元；加强空气重污染应急处置，接收空气重污染预警15次，出动巡查人员600余人次，苫盖裸土、建筑垃圾等5万余平方米。推进绿化美化工作。出动车辆1095台次，清除垃圾渣土5156立方米，清理绿地6万平方米，粉刷油饰破损道路墙面15600平方米，绿化补种11000平方米，解决道路、环境问题868件，改变中山街西段没有人行步道的历史，解决潞河中学北街26号院环境脏乱等一批棘手问题。签订门前三包公示牌1009块，落实115个小区垃圾分类工作。高标准建设首都花园式社区和单位，帅府社区和万方置业小区通过首绿办检查验收。锦园社区荣获北京魅力社区荣誉称号，为通州区唯一获此殊荣的社区。加强无物业老旧小区环境治理。采用“N+1”模式解决潞河中学北街26号院物业管理难题，加强安保和环境卫生整治，清运垃圾杂物12车，提升小区路灯照明率至95%以上，种植花草树木1500平方米，美化小区环境。在果园西小区7、8、9号无物业管理院落成立“同心楼宇”自管会，改善居住环境。

【民生保障】 年内，动态掌握辖区残疾人、老年人、登记失业人员基本情况，发放重残补助694人次，54万余元；发放残疾人护理补贴3987人次，56万余元；拨付养老助残金和高龄津贴210余万元；发放低保救助金243.2万元；办理医疗救助210余人次，救助金44.3万元；为年满65周岁的老人更换“北京通”——养老助残卡5903张；完善79名优抚对象信息档案，发放抚恤金90余万元；辖区劳动力全年城镇登记失业率低于2%，城乡劳动力就业人数指标400人，完成653人，完成比例163%。调解劳动争议纠纷21起，涉及15名劳动者15431元；推进通惠南路劳动用工规范一条街建设，37家用工单位劳动合同签订率和社保参保率均达95%以上，被评为2016年市级劳动用工规范一条街先进单位；上报出生人口159人，办理生育服务证616个。创建慢病防控示范区，组织开展健康大讲堂活动80次，定期更新慢病主题宣传栏83个。联合潞河医院，开展为辖区772名妇女免费进行“两癌”筛查。开展“幸福家庭”创建活动，45个家庭获得通州区示范幸福家庭荣誉称号。做好辖区流动人口的社会保障、子女教育、居住证办理等服务保障，办理居住证5450人，居住登记卡4594人。

4月22日，组织开展残疾人手工作品评选活动
（北苑街道提供）

【社会安全稳定】 年内，与辖区单位签订安全生产责任书，组织开展禁毒、预防煤气中毒等宣传教育41次，累计发放宣传资料8万余份，滚动播放安全知识、法律法规6000余小时。组织万达广场、物美大卖场等50家重点单位开展消防应急疏散演练。针对重点行业领域，加大隐患排查和执法检查力度，检查各类生产经营单位5768家次，发现并整改安全隐患5991处，开展联合执法50余次，关闭、取缔六小场所86家，联合公安、消防部门行政处罚19家，罚款20.5万元。组织发动安保和群防群治力量日均4000余人，做好62个重点岗位安保执勤工作，完成“两会”、中共十八届六中全会等重要节点的保障

活动。化解信访矛盾。办理非紧急救助交办件1324件，市、区长信箱及群众来信23封，接待来访群众14批78人次，办结率、回复率均达100%，切实将矛盾和不稳定因素吸附在当地，解决在基层。

【环境秩序治理】 强化多部门集中整治。对辖区内无证无照经营、“黑车”非法运营、露天烧烤等违法扰序问题开展集中打击，组织各类集中整治95次，整治各类违法行为623起，查扣“黑车”摩的234辆，暂扣、没收露天烧烤经营工具363件，依法取缔市场9个，拆除违规户外广告牌匾标示377块，清理后南仓小区私装地锁300个。做好环境秩序服务外包。在原有3个重点区域服务外包基础上，对辖区进行整体划分，按照招投标程序聘请3家有资质的外包公司实行三班四运转，确保辖区管护全覆盖，有效弥补专业执法力量不足，促进环境秩序持续好转。加强流动人口调控和出租房屋管理。健全基层流管服务站，按照流动人口数量3‰的比例配齐配强专兼职流管员。加强人口规模调控，按照工作地和居住地两种渠道采集登记流动人口53806人，同比减少5.2%。规范出租房屋管理，治理违法群租房43户，拆除违法隔断65间。

【社区建设和社区服务】 年内，推动“三化”治理。以复兴南里社区为试点，将社区行政事务从居委会职能中剥离出来，采取政府承担、定向委托、合同管理、评估兑现方式，聘请专业社工机构承接88项公共服务职能，促进社区减负增效，满足居民多元化、专业化的服务需求；以“项目制”引领社会组织发展。开展社会组织公益项目创投大赛，动员居民从实际需求和身边资源出发，将社区问题变成提案，街道投入60万元扶持资金，推动社会组织发展和公益项目落地，促进社区自治；深化“一刻钟服务圈”建设。以新北苑和锦园社区为试点，按照保基本、广覆盖、多层次、可持续的工作要求，整合辖区公共资源，与一刻公益社区服务平台合作，建立志愿反哺体系，确保居民享受到快捷、便利的基本生活服务，切实提高满意度。截至年底，签约服务商16家，为300名优秀志愿者办理志愿积分反哺银行卡。

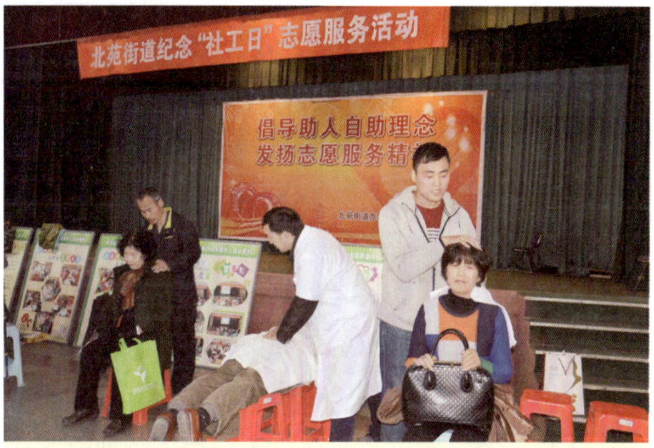

4月12日，举办第10个国际社工日按摩服务

（北苑街道提供）

【人大换届选举】 年内，北苑街道分为9个选区，有效选民31759人，选举日参加投票人数为31507人，参选率为99.21%，依法、依规、依程序完成本次区人大代表换届选举工作。

（宗博华）

玉桥街道

【概　况】 玉桥街道位于通州城区东南部，北以京秦铁路为界，西南到果园环岛沿京津公路，东南由大运河接市六环路环绕，辖区面积为11.2平方公里。下设17个社区居委会，社区居委会筹备组1个，社区党总支13个，基层党支部85个，党员2460人；街道办事处下设科室18个，自设科室3个（创城办、网格办、环保办），派驻科室7个（司法所、统计所、食药所、玉桥城管分队、教委办、消防工作站、交通安全委员会）；机关编制人员63人，社工编制人员237人；辖区有人口101972人。2016年，玉桥街道办事处在区委、区政府的正确领导下，坚持以中共十八届三中、四中、五中、六中全会精神为指导，围绕北京城市副中心建设，转变工作思路，大胆实践创新，着力将新形势下街道工作向城市副中心建设标准看齐，将各项民生保障服务做实，将街道品牌与创新发展融合，为社会治理工作开辟新径，各项民生工作实现较快发展。

【基层党建工作】 年内，成立工委“两学一做”学习教育领导小组，向2500名辖区党员发放《中国共产党章程》《习近平总书记系列重要讲话读本（2016年版）》等学习读物，各党支部开展集体学习400余次，开展各种形式的党课100余次，交流研讨65次，开展志愿服务等党日活动170余次。全面做好通州区第六次党代会选举工作，充分发扬民主，采用直接差额选举的办法，选举产生玉桥街道出席中国共产党北京市通州区第六次代表大会代表12名。加强软弱涣散社区党组织整顿工作，2016年主要针对运河大街社区、玉桥南里社区党员参加活动率低，服务意识有待提高等问题进行整顿。打造“先锋服务联盟”党建创新项目，增强党员服务社会凝聚力。以组团式服务为解决问题的抓手，注重供需调查，建立供需匹配数据库。通过直接走进社区、走访辖区单位和开展问卷调查的方式，实现党员志愿者和被服务对象之间的“供需对接”，建立党员先锋服务联盟。制作党员服务地图，统一服务地区居民，实现党员服务全覆盖。通过举行党员月度主题活动，在地区营造随手公益、随时公益、随处公益的浓厚氛围。通过微信平台玉桥益家志愿服务中心，形成线上发布匹配、线下服务交流的志愿服务O2O模式。

【宣传文化工作】 在中国传统节日期间，将活动进一步下沉到社区，感受传统文化的魅力。充分利用社区资源，加大典型宣传力度。大力开展“通州榜样”举荐、张榜等宣传活动。引导社区居民见贤思齐，发挥典型的示范和引领作用。通过居民推荐、组织推荐、团队推荐、个人自荐的方式推荐“通州榜样”候选人34人，张贴举荐榜100余张。营造社会主义核心价值观宣传氛围，各社区、各小区、街道主要街巷安装宣传展板170块，制作文化墙42块，制作宣传横幅100余幅。进一步深化“六小”道德实践活动，以楼门文化建设为平台，利用周末和寒暑假，组织引导未成年人参与礼仪、环境、秩序、服务、观赏、网络等六大文明行动，有效促进社区、学校、家庭、网络“四位一体”的未成年人教育体系建设，提高广大未成年人的道德素养。进一步拓宽“六小”道德实践平台，组织开展创城知识竞赛、小记者夏令营、小孝星评比等内容丰富，形式多样的活动，给青少年提供展示自我、锻炼自我、提升自我的平台。此项活动被评为首都未成年人思想道德建设十大品牌。

4月2日，举办"守护身边的绿色"环保宣传活动
（玉桥街道提供）

【社区建设】 加强基层民主建设，统一组织社区召开四个季度居民代表会议、楼门文化现场会、社区治理现场会等协调推进社区建设。推广葛布店北里楼门"抱团取暖"项目，开展远亲不如近邻等活动；推广梨花园社区楼门协商治理机制，以问题为导向解决楼门自治问题。通过联动机制带动辖区居民参与楼门文化建设，以家风家训、孝德文化作为楼门文化建设工作的重点内容和方向，举办玉桥东里社区弘扬好家风传递正能量社区节活动、玉东南等社区的"校社联动"共建文化楼门活动等，征集楼门文化LOGO设计方案及楼门故事222篇。进一步提升社会组织"双百"工程的影响力，开展社区社会组织"5A"评级和"双百"工程成果展，通过组织社区社会组织"5A"评级和"双百"工程成果展示，为进一步发挥社区社会组织品牌效应，提升社会组织影响力，吸引居民广泛参与社会组织活动，巩固活动成果，为志愿者搭建交流学习的平台。

【民生保障服务】 年内，加大民生救助力度，在低保救助、医疗救助、教育救助、慈善救助、供暖补助等方面发放民政事业费408.8万余元，比上年度增长40%，开展慈善大病救助17.8万元，办理重度残疾人护理补贴226人，年补贴125万元。为1109名80岁老人办理养老服务补贴42.3万元。通过报纸、微信、短信、宣传栏多种途径进行宣传，做到社保政策在玉桥辖区全覆盖，全年参保社会保险的各类人员5920人，参保金额457万元。登记失业人员就业622人，帮扶347名就业困难人员实现就业。全力打造"孝行玉桥"养老文化品牌，着力构建机构养老、社区养老、居家养老"三位一体"的综合养老服务体系。筹建玉桥北里社区居家养老服务中心，6月正式运营以来累计服务老年人8371人次。创建健康科普活动室4家，组织开展健康大课堂85次，参与人数5000余人。办理"一孩生育登记服务单"459份，"二孩生育登记服务单"428份。社区服务信息网平台录入信息1350余条，开办社区大课堂56节。社区服务系统登记支撑力量项目数190个，参与服务16.1万余人次，志愿服务项目49个，志愿者组织168个。

5月，玉桥北里老年餐桌正式运营　（玉桥街道提供）

【环境提升工程】 2016年，对梨花园、荞馨园等4个社区、6个小区开展环境提升工程，其中，外墙粉刷9.36万平方米、楼道粉刷7.56万平方米、沥青路面3.2万平方米、步道砖2.96万平方米、绿化4.1万平方米。协调市政对玉桥南里小区38号院、42号院至43号院进行防水、楼道粉刷及道路改造。清理辖区小区、平房区、铁路沿线等地段清除装修垃圾、废旧家具等堆物堆料1300余车，铲除、粉刷楼区及7个平房区的小广告。完成造纸七厂、水泥厂平房区、玉桥南里南39号、40号楼路面维修2200平方米，更换"门前三包"公示牌869块。推进垃圾分类工作，其中，11个小区由物业自管，75个小区实施外包服务模式，组织开展垃圾分类宣传活动65次，更换垃圾桶726个。在柳岸芳园、方恒东景等四个小

区开展垃圾分类积分兑换活动，全年计兑换48次，参与人数5131人次。在玉桥北里、幸福艺居等10个小区设置党员先锋岗、团员先锋岗、优秀家庭示范岗垃圾分类示范站点。制订《2016年玉桥街道办事处清气计划实施方案》，全面开展大气污染防治及重污染天气应急管理工作，对辖区内工业企业情况进行摸底调查，建立调整退出工业企业情况动态台账，开展“小、散、乱、污”企业环境治理工作，督查核查辖区燃煤锅炉清洁能源改造任务落实，申领燃煤锅炉拆改任务奖励资金26万元。出动网格环保监督员300余人次，重点检查辖区内的3家在施工地、2家茶浴炉、3家婚庆酒店、更新80余家餐饮单位台账，送达“预警告知书”48份。

【网格化社会管理】 年内，明确网格综合指挥平台流程任务分工，制定《玉桥街道网格化社会服务管理分指挥中心机构成员及六大业务模块职责分工》。拓展网格平台深入社区服务领域，增加社保预申报子系统及网格化社区民情走访任务管理子系统。内容在web端和微信端增添个人信息登记、就业、失业人员登记、单位就业及招用人员就业登记及自谋职业、自主创业和灵活就业人员就业登记等功能。在社管通app中加入民情走访内容，进一步探索网格社会管理系统精细化服务领域。

【文明城区创建】 年内，充分发挥测评体系“指挥棒”作用和街道“1+1+8+17”机制作用，为创城工作提供坚强组织保证。根据创城指标任务台账，制发街道《2016年创建全国文明城区工作实施意见》，将177项指标逐一分解到班子成员、职能部门和责任科室，为所属17个社区细化《玉桥街道2016年创城重点工作安排》，逐级分解指标，坚持任务牵引，层层传导责任，严格落实创城指挥部的主体责任、8个专项组的具体责任、17个居委会的属地责任，力保玉桥街道的18类80个实地考察点位常态达标。向辖区居民发放《市民文明手册》、创城宣传折页等宣传材料，不断提高创城工作知晓率。坚持开展“文明通州”社区宣传日活动，组织“爱在通州”学雷锋志愿服务、守护健康生活，文明旅游，绿色环保副中心、节能低碳我先行等相关宣传活动，贴近社区、贴近居民、贴近生活，调动居民参与创城的积极性。针对辖内交通路口存在的行人横穿马路、车辆抢灯越线的现象，创作“等灯等灯”公益歌曲，试行推广文明交通计划，以公益歌曲MV制作、无声艺术路口文明引导、公益歌曲广场舞大赛、骑行宣传造势等形式，开展10余项内容的宣传引导，连续在公休日组织志愿者和志愿家庭开展“等灯等灯”文明交通引导活动，有效倡导文明过马路行为。

9月29日，在史家小学组织学习“等灯等灯”文明交通引导手语操 （玉桥街道提供）

【社区治理】 年内，坚持居住地采集登记和工作地采集登记并行的工作模式，重点围绕提高流动人口和出租房屋登记率、核销率、准确率、完整率。开展联合整治排查80余次，排查“五小企业、六小门店”380家、出租房屋870间，查封葛南社区大红门盛果鼎违法出租公寓120间。截至年底，辖区流动人口约3.2万余人，出租房屋4979套。大力整治辖区私搭乱建等违法建设，对乔庄北街、鑫隆市场周边等违建进行拆除，全年拆除违法建设62处，2216.49平方米。取缔玉桥南里和玉桥北里自发市场，防止漫春园早市和玉春园早市反弹现象。纠正无证无照违法行为1300余起，取缔无照游商80余起，暂扣车辆220余辆。制订《玉桥街道治理无照无证餐饮单位工作方案》，采取责令改正、引导办证、转变业态、拆除违建、执法取缔等措施对无证餐饮单位开展集中整治。关停取缔无证餐饮112家，无证餐饮台账消减率达100%。

【安全维稳工作】 年内，监督各社区及辖区生产经营单位分别落实责任体系建设“三级全覆盖”和“五落实五到位”工作要求，与社区及辖区生产经营单位签订《安全生产目标责任书》，明确责任和重点工作任务。以社区及单位安全隐患为基础抓手，加大宣传教育及监督检查，发放消防宣传单3000余份，制作“家庭消防宣传提示”卡3.2万余张。检查各类生产经营单位3852家，关停112家，行政处罚2家，罚款2万元，查封10家。加强基层信访矛盾排查化解，17个社区全部安装反邪教警示教育宣传橱窗，发放宣传品4000余份，处理信访52件，现场处理矛盾纠纷5次。重点时期出动专群力量9.9万余人次。发挥各基层人民调解委员会的矛盾调处化解作用，多方位开展综合法制宣传、法律咨询活动8次，开展法制宣传讲座20余场，调处各类民间纠纷236件，签订人民调解协议书54份，提供法律咨询服务80件。

（柳雯雯）

乡 镇

9月25日，路城镇BCD片区拆迁村村民签约选房　　（潞城镇提供）

永顺镇

【概　况】 永顺镇地域面积43平方公里，与通州区4个街道办事处交叉包容，百里长安街自西向东、千年大运河自北向南交织孕育了运河文化广场，地铁八通线、R1（规划）、M6二期、S6（规划），京秦铁路、京承铁路、通燕高速、京通快速、六环路、通顺路、朝阳北路延长线、两广路延长线等多条交通干线穿境而过，京杭大运河、温榆河、通惠河、运潮减河、中坝河、小中河等7条河流流经于此，域内河流长度约24千米，区位交通便捷，多河富水。永顺镇处在副中心商务中心区范围内，未来将承载与商务中心区功能相配套的高端商务、楼宇经济、总部经济等产业。

永顺镇辖区总人口约27.7万人（其中，外来人口13.1万人），常住人口25.3万人（其中，外来人口12.1万人），户籍人口6.77万人（其中，农业户籍人口数1.08万人）。下辖25个村、19个社区。其中，村级建制中，撤队转居的有竹木厂、杨富店、岳庄3个村，整建制转非的有龙旺庄、北马庄、杨庄、苏坨、范庄等5个村。全镇有69个基层党支部，党员3978人。

2016年，全年完成税收34.27亿元，同比增长13.6%；完成区级财力11.38亿元，同比增长1.2%；完成固定资产投资241亿，超额完成全年任务。农民人均纯收入3.28万元，同比增长10%。

【招商引资工作】 全年引进并完成工商注册企业153家，注册资金21.5亿元，均为房地产、商业、服务业等第三产业，其中，引进注册1000万元以上项目26个，注册亿元以上项目8个。

【产业转型发展】 年内，服务企业创新创优，办理完成43家万达商户的入驻手续；筹建京杭府服务站，办理入驻企业申请14个。低端产业、污染企业疏解成效明显，制定工业企业退出奖励政策，全镇工业企业停产55家，“四违”企业销账率达到100%，投入4500万元实施低端种养殖业退出，清退土地面积近14万平方米。

【城市建设管理】 年内，配合市、区重点项目有序推进，完成八里桥集体土地搬迁项目一期，小圣庙棚改项目方案初步编制完成，永顺镇社区卫生服务中心（卫生院）选址初步确定。公共基础设施改造升级，实施9个小区天然气改造工程，完成永顺敬老院、焦王庄村供暖管线并网。创新城市管理方式方法，落实联合执法长效机制，提升作业外包的社会化、专业化水平，在取缔无证无照经营、清理小广告、打击占道经营、街头游商等方面成效显著，着力解决在农贸市场、市政市容环境等方面的突出问题，累计整改近3600项。保持土地管理高压态势，与全镇25个村签订“土地管理责任书”，全年违法建设销账36宗，面积50万平方米；“动态清零”70处、5万平方米。

10月9日，八里桥棚户区改造项目（一期）搬迁启动会在永顺镇政府召开　（永顺镇提供）

【生态环境建设】 年内，深化“1+10”环境建设体系，充分运用社会监督和视频监控，广泛发动群众参与环境建设。投入2000万元设立村级环境建设奖励基金，建立健全村级环境卫生考核评价体系。高效办理中央环保督查信访案件21件，各类环境违法行为整改到位。强化大气污染和水环境治理，改造燃煤锅炉128蒸吨，确保茶炉大灶“动态清零”；全面治理镇域内黑臭水体，镇域内黑臭水体治理工程基本完工，制定“河长制”实施方案，构建镇村两级水环境管理体系。大力提升区域环境，做实做细前上坡、物资学院两个片区400万平方米、30个小区的环境提升，实施京榆旧路道路提升工程，完成物资学院路等5条道路环境提升任务，修整龙孙路等7条道路，改造辖区内26座公厕，引进分类垃圾箱3000余组。

【社会治理】　年内，周密部署、统筹推进全镇人口、产业、车辆、房屋、土地普查工作，为永顺规划建设提供扎实依据。建立300万元老旧小区应急专项资金，探索推行老旧小区物业服务试点，着力破解老旧小区无物业和物业服务不到位的难题。有效巩固安全稳定局面，基本完成全镇基层综治中心建设工作，全力实施小圣庙等4个重点地区的综合整治；完善积案化解台账，“一村一策”推进多元矛盾化解工作；建立微型消防站44个，配备微型消防车11辆，人民群众安全感普遍提升。

【民生建设】　年内，逐步推进全镇2829名劳动力和2185名超转人员的转非安置工作。优化教育、医疗资源配置，完成青少年活动中心、杨庄小学拆迁工作，合理调配全镇幼升小学位资源，实现卫生计生服务站全覆盖，深入推行惠民健康计划，投资310万元，惠及6100名居民。

【精神文明建设和创城工作】　年内，坚持全民动员，打造多元化宣传格局，在通州电视台设立《这里是永顺》固定栏目，开展社区宣传日，推进最美永顺人、道德讲堂、永顺榜样等精神文明创建活动，为各村、社区安装墙体创城公益广告和宣传板，在全镇范围内开展集中入户宣传5次，发放各类创城宣传品、调查问卷20万余份，“志愿北京”网站上注册志愿者达2.7万余人，累计服务时长达75万余小时。

9月14日，永顺镇举办“最忆中秋 家风永传”中秋晚会
（永顺镇提供）

【全面从严治党】　年内，全面构筑党建工作责任体系，年初与基层党组织签订“党建责任书”，落实村、社区党组织书记“三述一评”（述职、述廉、述德、评是否称职）工作制度，认真落实党管意识形态要求，切实加强意识形态领域引导和管理。切实选优配强基层干部队伍，完成村委会、镇党委和镇人大换届选举，实施入党积极分子“三推两考”、发展党员“双推双公示”和票决制，全年培养入党积极分子54人，发展党员27人。从严从实抓好“两学一做”学习教育，推行“菜单式”教育和服务，各基层支部按需求“点单”，全年培训基层“两委”干部985人次、党员8357人次。落实机关干部“家访日”制度，全镇班子成员、机关干部、广大党员，累计走访群众4000余人，帮扶困难群众400余人，解决实际困难600余件。持续推动资源下沉，稳妥使用500万永顺镇基层党组织服务群众专项资金和100万元志愿服务基金，支持开展服务群众项目125个，教育引导基层党组织争创五星级基层服务型党组织。强力整顿软弱涣散基层党组织，实现5个软弱涣散党组织的转化提升。稳步推进非公企业的组织覆盖和工作覆盖，成立永顺镇非公有制企业联合党支部和北京市通州新城金融服务园区非公企业党委，实现辖区非公企业党的组织和工作全覆盖。全面加强党风廉政建设，层层签订“党风廉政建设责任书”，引导全镇3680名党员签订“廉洁自律承诺书”，将所有党员纳入责任范围。深化廉政风险防控，对八里桥集体土地搬迁项目一期、拆迁拆违等重点工作的落实情况，实施全过程跟踪督查；全面推行村级经济责任审计工作。

（陈芊芳）

梨园镇

【概　况】　梨园镇位于副中心南部，镇域面积现约19平方公里，区域内城市道路形成三纵四横，长约100公里。辖区内总人口30余万人，户籍人口5.9万人。下辖26个行政村；22个社区居委会；有党支部（总支）87个，其中，村级党组织26个，社区党组织22个，非公党组织15个，机关、事业等其它党组织24个；有党员2936名；社会单位2000余家；居住楼房1120幢，基本实现城市化。2016年，经济增速平稳过渡，完成税收19.58亿元，实现区财力6.4亿元，固定资产投入106.8亿元；人均劳动所得3.2万元，年均增长9.8%；万元GDP能耗、大气污染物、水污染物节能减排完成区里下达的任务指标。

【招商引资】　2016年，金融及相关服务产业持续发展，全年引进2家金融机构。通过盘活闲置资产，腾笼换鸟，在金融街引进银河证券通州营业部，正式营业；恒丰银行已签约。

【开发建设】　年内，协调区相关部门，紧抓签约、审计等环节，进一步加大工作力度，文化旅游区涉及梨园镇的非住宅累计签约220家，签约率99%。住宅拆迁基本完成。

【重点工程】　年内，4个过渡性污水处理站中日新路、高楼金、萧太后河投入使用。南大沟污水处理站完成选址，正在进行基础施工。区体育中心项目取得控规批复、规划选址意见书；项目建议书报发改委待批，概念设计方案及规划设计方案得到区政府专题会原则同意。梨园城市公园项目取得设计方案批复和地块控规批复。新妇幼保健院项目地块控规获得批复，设计方案完成审核正在进一步细化。“乐成”项目控规编制工作完成，并上报首规委待批。

【公共基础服务设施】　年内，全镇道路环境不断提升。投资786万元，完成京洲南街景观提升工程；投资95万元，完成群芳中一街道路改造工程；投资95万元，完成荟萃北大街西段南侧、北侧环境整治工程；投资19万元，完成荟萃南路及群芳中三街南侧围墙粉刷工程；投资270万元，完成群芳南街、万盛南街、怡乐西路、日新路和摇翠路的路面修补工作；投资30万元，完成群芳中一街路灯电缆更换工程；完成云景中街停车栏杆增加工程。全镇绿色出行条件不断提升。完成镇域内新增自行车租赁点位工作，新增站点19个，755个车桩位，在原有租赁站点新增110个车桩位，方便居民的绿色出行。全镇水环境不断提升。紧抓供水安全保障、污水处理及水循环利用、防洪排水及水生态环境提升、社会化高效节水和水务管理工作，实现水环境综合治理能力的提高。2016年，全镇平稳度汛。全镇电力保障水平不断提升。完成公庄路、现代路、青年路、孙庄路4条10千伏电力线路标准化改造工程；累计完成45365块智能表更换工作；累计巡视高低压线路624公里，确保用电线路安全。

【网格化建设】　年内，推进“三网”融合，加强网格化体系建设，以网格化为依托，全力推进“网格化+N”服务模式。2016年，完成“网格化+”安全生产、“网格化+”一刻钟服务圈、“网格化+”应急急救服务、“网格化+”治安维稳、“网格化+”税源管理、“网格化+”政务信息服务视窗等工作，以此构建运行系统智能化、城市管理精细化、服务支持网络化的社区智慧化管理体系。有序推进通州区“三网”融合及标准化建设示范乡镇建设工作，完善“三网”基础数据，建设人、地、事、物、组织大数据库，截至年底，数据采集完成，信息涵盖房屋信息、人口数据、企事业单位信息、税务试点企业信息。

【城市环境建设】 年内，全镇总绿化面积约550余万平方米，人均绿地45平方米，绿化率到达30%；2016年，投入千万元用于绿化美化建设，实施美化工程，进行立体绿化，在主要广场摆放花雕造型等，完成南部新城绿化规划，确定三核晖映、五廊相连、多园并举的绿化总体布局，为南部新城未来实施高标准绿化打下基础；同时在金融街、云景东路和京洲南街等处安装夜景照明设施，城市景观建设呈现新亮点。

【民生保障】 年内，认真做好保障房申请手续受理工作；完成中小学招生工作，妥善解决京籍、非京籍入学987人，做到镇域内适龄儿童全部入学；扎实做好全镇老年人、优抚对象、残疾人和低保家庭的关爱工作，发放各类津贴补助及报销费用近300万元。

【劳动保障工作】 年内，完成文化旅游区第二批征地和遗留指标农转非工作，涉及8个村2300余人(曹园、将军坟两村实现整建制转非)，并协调公安分局、人力社保局、民政局、各村委会完成各类人员社保对接工作（补缴保险、发放就业补助等资金约12.97亿元）。完成遗留指标中涉及11个村，1600余人转非工作。

【社会各项事业】 年内，发展中、小、幼、成教育事业，教育质量稳步提高；完成第十届村委会换届选举工作；审核80岁老年人申请领取养老助残卡，截至年底，为60岁以上老年人办理60岁优待证463张，为65岁以上老年人办理优待卡2054张。以同舟共济、凝心聚力、务实高效、开拓创新为指导思想，卫生、计生工作全面融合，社会各项事业呈现蓬勃发展的态势。

【精神文明建设】 年内，全国文明城区创建迈出坚实步伐。按照全国文明城区测评体系要求，围绕城市副中心建设需要，推进各项工作科学化、制度化和常态化。以未成年人思想道德建设、创建文明社区和窗口行业教育等工作为重点，坚持问题导向，排查各类问题，实施综合整改，开展联合督办，有效提升城市形象；严格落实理论中心组学习制度，建立理论大讲堂长效管理机制。

【基层组织建设】 年内，镇党委以开展党的“三严三实”教育实践活动为契机，以创建服务型党组织建设为目标，狠抓基层党组织建设。落实党代表年会制,成功召开镇党代表年会；强化村级党组织建设，强化社区党组织建设，加强非公党组织建设。

【党风廉政建设】 年内，召开党风廉政建设专题工作会，制定下发2016年《党风廉政建设和反腐败工作实施意见》《党风廉政建设与反腐败任务分工》，细化分工，落实责任；建立党委、纪委、二级班子成员和村队党支部四级工作菜单，对落实党风廉政建设责任实施菜单式管理。镇党委与二级班子成员、村党支部书记，二级班子成员与科室主要负责人，层层签订党风廉政建设责任书。规范民主程序，落实“三重一大”决策制度，建立决策目录；强化党员干部教育，对新任村级两委班子成员进行廉政谈话，每月组织一次警示教育，每季度开展一次廉政党课教育，提高党员干部廉政意识。深化机关作风建设，落实中央八项规定，严防“四风”问题发生；强化党内监督，重要信访亲自审批阅示，亲自督办，严格查处违法违纪问题。完善落实考核机制，每半年镇党委对基层党组织落实党风廉政建设情况进行一次考核。

【人大监督】 年内，召开镇第十七届人民代表大会第九次、十次会议。会议期间，各位代表依法履行职责，提出具有建设性、可操作性的意见和建议。在重大事项的决策上，征求人大代表的意见和建议，自觉接受人大代表监督，协助办理人大代表建议和政协委员提案。年内，办理区镇两级人大代表议案和政协提案11件。

（朱　琳）

宋庄镇

【概　况】　宋庄镇地处通州新城北部，京杭大运河的源头、百里长安街的东端，紧邻市级行政办公区，距天安门24公里，距北京中央商务区（CBD）20公里，距首都机场T3航站楼2公里，交通路网便捷，区位优势明显。宋庄镇域面积116平方公里，辖47个行政村，总人口13万人。镇域由温榆河、潮白河、运潮减河三河环绕，水网密集，是北京市东部的水源保护地。在规划发展生态型都市旅游观光农业的同时，镇域内还规划多处集中绿地，为创意企业和人才居住提供生态宜居的环境。自20世纪90年代中期，宋庄镇逐渐形成中国乃至世界规模最大的当代艺术大本营。在宋庄生活的艺术家超过5000人。有艺术展馆30多家、画廊200多家、艺术家工作室4500多个，集中展览、经营面积达10多万平方米，艺术工作区从原来的零散发展到现在近20个，餐饮、休憩、时尚空间150个，年均举办各类文化艺术活动过千场次，慕名而来的海内外游客达到年均50万人次。2016年，宋庄镇主要经济指标实现平稳较快增长。税收完成17.3亿元，同比增长29%。实现财力2.5亿元，同比增长17.4%。全镇实现工业总产值（销售收入）79.4亿元，工业增加值20.6亿元，利润1.32亿元；固定资产投资完成62.3亿元。农民人均劳动所得2.6万元，同比增长10%。

【镇域建设】　年内，高标准编制完成镇域产业发展规划、路网规划、组团控规、“十三五”规划等各项规划，配合市、区总体规划调整，对镇域发展重新进行统筹布局，完成镇域农业规划编制，完成镇域农村地区雨污水排除方案和黑臭水体治理方案编制，系统解决全镇供、排水和水环境治理等问题。围绕交通便捷、生态宜居的新要求，开展大量基础性工作。采取最严厉的环保措施，在大气污染治理、水生态环境建设、打击违法用地和违法建设、疏解非首都功能及人口调控等方面加强治理，取得明显成效。扎实推进重点功能区建设，编制完成统筹利用集体经营性建设用地试点工作方案，全市首家农村产权流转交易市场运行顺利。寨辛庄组团、富豪、尹各庄、0602地块棚户区改造项目列入北京市棚改项目库。划定小堡原创艺术保护片区，完成保护性开发方案。小堡画家村与海航旅游集团达成战略合作意向，推动画家村实现统一规划和建设升级。部署开展镇域内基础数据全面清查工作，针对人口、产业、房屋、车辆、土地等五个方面情况，进行全面清查，摸清底数。推动全镇综合环境治理，重点道路环境综合整治、城市管理水平不断取得新突破。

【生态文明建设】　2016年，大力度实施大气环境治理。“减煤换煤”工作取得明显成效，全年完成143家220台438.58蒸吨燃煤锅炉改造任务，取缔经营性燃煤茶炉大灶，实现动态清零。完成29个村1.5万余户“煤改电”工程和小堡村“煤改气”市级试点任务。全面开展扬尘防治，绿色工地达标率100%。推进水生态环境建设。首批7个村11座污水处理站建成并投入使用，第二批28座污水处理站全面开工，清淤工程完成2.8万米，占总任务的73%；截污管线完成3500米，占总任务的15%。同时，还分段对小中河、中坝河、翟减沟进行治理。全力开展城乡环境整治工作。按照市区部署，完成市级挂账村宋庄、管头和区级挂账村小堡三个村整治任务，并通过市级阶段性验收。对京榆旧路、通燕高速、壁富路、六环路等重点道路进行提升改造，拆除葛渠养殖小区。加速低端业态淘汰退出。大力实施低端产业退出和镇村工业大院整治工作，停产338家企业，清理5家镇村产业聚集区，为全镇产业发展腾出空间。全镇$PM_{2.5}$改善率位居全区前列。

【市政基础设施】 2016年，道路交通路网不断优化。完成壁富路全线拆迁工程，打通宋庄镇与首都机场的交通瓶颈。启动京秦高速、朝阳北路三期东延、西潞苑二街、张采路北延等道路拆迁工作，西潞苑二街、张采路北延完成非住宅拆迁方案和预分方案的编制工作。基础配套设施不断完善。完成徐辛庄110千伏变电站工程建设。启动文创区220千伏、通北500千伏、草寺110千伏等一批输变电工程。加强城镇供水安全保障，徐辛庄再生水厂建成并投入运营，完成农桥、排水沟等水利工程建设任务。市政管网建设同步推进。大力推进节能降耗、提高能源利用率，逐步实现片区供热安全和节能。启动寨辛庄组团能源中心项目建设，文创区全面完成供热整合替代。

【社会公共服务】 2016年，教育卫生事业均衡发展。义务教育普及率、小学生升学率、初中生升学率均达到100%。完成北京理工大学附中与潞州中学教育资源整合，并实现挂牌招生。新型农村合作医疗参保人数达4.8万人，参保率达100%，城乡居民养老保险参保2万人，续保率超过99.2%。宋庄敬老院、徐辛庄敬老院实现社会化运营，服务水平进一步提升。

【社会民生建设】 2016年，创建文明城区工作成效明显。按照区级全国文明城区创建工作要求，制定任务分解表，开展一把手带队实地考察拉练9次，解决各类问题近30个，完成全国文明城区创建的阶段性验收。同时，以创建全国文明城区为统领，深入开展文化、科技、卫生“三下乡”“送法到乡村”“大地美容”等一系列活动。创新城市管理模式。充分利用信息化手段，整合镇内原有网格员、流管员等一系列资源，建立村级综合管控信息员队伍，对镇域内的各类不稳定因素进行排查，由镇综合指挥处理平台第一时间进行处理，实现各类城市管理问题处理的快速性、便捷性、时效性。

【村史馆建设情况】 小堡村史馆，位于宋庄镇小堡村，自2012年建成开放，馆内陈列了漕运文物、农耕文物、“文化大革命”文物及艺术家作品，实物470件。疃里村史馆，位于宋庄镇疃里村，尚未建成，预计2017年4月底建成开放，馆内预计展示农村老物件，回顾过去生活用品、疃里村发展状况以及疃里艺术团发展历程。

（李玮然）

张家湾镇

【概　况】 张家湾镇位于通州新城区东南，镇域面积105.4平方公里，下辖57个行政村。全镇累计实现税收总额16.7亿元，同比增长16.7%，其中，国税完成12.2亿元，同比增长35.4%；地税完成4.5亿元，同比增长2.7%。实现区财力4.19亿元，同比增长20.8%，超额完成年度任务（3.915亿元）2728万元。完成固定资产投资23.4亿元，同比增长112%，增幅位居全区各乡镇第四。全镇常住总人口71691人，其中农业人口42976人，非农人口28715人。流动人口63000人，全镇全年出生1017人。

【镇域规划】 年内，张湾镇、施园、宽街、南许场、立禅庵、唐小庄六村棚改项目编制完成安置房地块控规并报区规划分局审批，安置房主体结构基本完成。开发区南扩区三五六期棚户区改造项目由一级开发项目转为棚改项目，并取得主体授权。启动打造高标准的凉水河滨河公园工作，完成方案初稿。

【调整退出工作】 年内，督促396家工业调整退出企业停产，疏解人口5321人，综合能耗下降0.3万吨标准煤，淘汰低端工业产值27.6亿元。完成12个工业大院整治，277家企业验收完毕。督促493家存在环境污染、安全隐患等突出问题的台账企业完成整改。

【经济格局转型增长】 年内，吸引互融吉商贸、中天集团、建工国通、大唐国投、君品建材等一批注册资金在亿元以上的企业在开发区落户。经开产业园、宏泰旸投资公司等基础设施和产业项目投资完成18亿元，同比增长149%。注册独立核算施工企业7家。潞电电力、弘元安等重点商业服务业企业逐步形成新增长点。

【道路交通】 年内，完成漷于路、漷台路清登工作，拆迁方案报区相关部门审批。投资700万元，完成5条6.2公里公路大修工程；投资395万元完成22条3.4万平方米道路的中小修工程；建立姚辛庄、南大化、南姚园公交场站，开通微循环公交车。在开发区、西定环湖等13个点位投放公共自行车800辆。

【新农村建设】 年内，完成12个村3211户“煤改电”设备安装，超额完成年初3073户的任务。完成16个“煤改电”村集体产权公共设施取暖面积的调查汇总、设备安装数量调查厂家选定、电表安装数量调查核实。完成36个村燃煤定购35739.95吨。投入169.8万元通过太阳能浴室、LED节能路灯、公厕、街坊路、新农村绿化5项新农村基础设施管护工程的绩效考评工作。为11个村46户提供翻建房改造审核申报服务。

【生态文明建设】 年内，拆除燃煤锅炉59家120台，减排289.45蒸吨。全力推动水环境治理，通过清淤、截污纳管等方式，实现水质还清，加快推动玉带河、萧太后河、凤港减河、凉水河张家湾段清淤改造工程，启动京沈路以北的黑臭水体治理工程。充分利用腾退土地建立文化广场、公共停车场所、绿化带等。张家湾镇垃圾转运站一期工程完工，投资900余万元建立应急垃圾填埋场。

【都市农业】 年内，碧海圆、瑞正园、葡萄大观园等一批集观光、采摘、休闲为一体的现代都市型农业园区品质全面提升，全镇农产品呈现向“高精尖”发展的趋势。实现规模农业企业与京东商城对接，开拓“互联网+”农业发展前景。

【教育事业】 年内，投入近100万元用于各学校的交通安全和文化氛围的营造。投资3100万元的牛堡屯中心幼儿园室内外装修完工，正在进行校园文化设计。成功与北京市第十四中学开启合作办学，两个实验班开班。启动张家湾村小学迁新址工程。张家湾中学高考成绩本科上线率不断提升。投入300万元对先进集体和个人予以表彰，落实奖励政策。

【文化活动】 年内，开展文化溯古镇，百姓秀风采社区文化擂台赛和“五月的鲜花”系列文化体育活动，开展15个文化创新项目，其中，6个项目被评为通州区2016年优秀群众文化品牌活动，祥和艺术团、里二泗艺术团等8个团队被评为通州区2016年优秀业余团队，创新开展镇校联动共建共享新模式，张家湾中学被评为基层典型公共文化服务点。

中小学生艺术节会演　　（张家湾镇提供）

【“漕运古镇”文化传承】 年内，编辑《曹雪芹与张家湾红学学术研讨会》论文集，发行运河文化大讲堂系列——《曹雪芹与张家湾红学学术研讨会纪实》音影制品，筹备制作《冯其庸与张家湾》专题片，发行特色邮票——“漕运古镇 红学之乡”邮票珍藏册，打造红学文化之乡，进一步发扬和传承运河文化。

【社会保障】 年内，首次推行新农村合作医疗镇级财政补助政策，报销比例最高达90%，医疗补贴3000余人次，500余万元，切实解决群众因病致贫、因病返贫问题。健全社会救助体系，完成社会救助559人次，成立张家湾镇慈善分会，建立慈善超市和困境儿童驿站。完善就业创业体系，帮扶困难群体就业，开展招聘会12次，提供岗位927个，参会人员3500余人，达成意向906人。张家湾卫生院产科升级为二级助产机构。启动张辛庄、大辛庄、北大化3个村社区卫生服务站。慰问贫困妇女44人，单亲贫困儿童22人，发出慰问金5.5万元。慰问患“两癌”妇女，发出慰问金1.6万元。

3月16日，张家湾企业用工招聘会　（张家湾镇提供）

【安全维稳】　年内，认真排查和消除安全隐患，防止发生重特大安全事故。建立22个村级微型消防站，配22辆微型消防车，建立110人的村级义务消防员队伍。坚持实行领导接访、领导包案、信访案件部门会商等制度，初访化解率达到90%。建立57个村流动人口管理服务站，设置专职管理员，流动人口服务管理不断加强。

【党群工作】　年内，对创城区域的30多个难点问题联合解决，制作文化墙5万平方米，发放创城宣传材料、宣传品20余万件，创城问卷调查10余万份，建立挂账-督办-销账管理体系，提升各项指标达标率。认真开展“两学一做”学习教育，在全体党员中开展“六更”承诺践诺评诺活动。按照村级、非公企业、企事业单位党组织有序进行党费收缴，收缴总额149.4万元。完成两村级换届选举工作。

（张　阳　曹靖华）

漷县镇

【概　况】　漷县镇位于北京市通州区东南部京、津、冀交界处，举世文明的京杭大运河畔，是北京连接天津、河北香河的必经之路。镇域面积113.7平方公里，现辖61个行政村，3个居委会，总人口8.65万人，其中，非农人口1.9万人，农业人口4.15万人，暂住人口2.6万人。全年累计完成税收5.9亿元，同比增长5.8%。其中，国税完成3.9亿元，同比增长18.4%；地税完成2亿元，同比下降12.3%。实现工业总产值50.7亿元，同比持平。实现人均纯收入19780元，同比增长10%。完成固定资产投资6.3亿元。

【党的建设】　2016年，漷县镇党委结合“两学一做”学习教育，围绕北京城市副中心建设，夯实第一责任，扎实推进党的基层组织建设。一是强化机制建设，形成党建工作合力。深入落实全面从严治党的各项要求和镇党委《关于落实通州区2016—2018年党的基层组织建设工作规划的实施方案》，制定《漷县镇党委“六层联动”党风廉政建设主体责任落实工作意见》，深化党委书记亲自抓、班子成员分工抓党建的良好工作格局，集中精力解决党建工作中暴露出的问题。2016年，组织召开党建工作部署大会3次，专题研究党建工作8次，听取第一书记党建汇报6次，针对述职评议考核中的问题，立行立改。二是强化队伍建设，提升整体综合素质。完善科级干部公推公选办法，推行科级干部提拔“双承诺”制度；完善支部书记管理考核办法，调整“基础工资+奖金”的结构工资制，并增加群众测评满意度比例。全程把握党员发展过程，从源头控制好党员队伍的整体素质。截至2016年年底，接转党员组织关系206人，接收预备党员40名，党员转正30名。三是加强管理力度，发挥战斗堡垒作用。加大对村级基础设施建设、服务村民等项目的支持，累计投资1000余万元，用于完善村域基础设施建设等工程。继续深入推进“5+3”党建创新、“六比、三评、一处置”和千人太极拳及国学讲堂等活动，不断提高广大党员的宗旨意识和履职意识。始终保持将群众满意度作为基层党组织评价的依据，2016年群众测评中，全镇村“两委”班子测评优秀率提高8%，党员测评优秀率提高5%。扎实开展“两学一做”学习教育和“建设副中心，向前站一步”教育实践活动；按照中央、市、区委组织部相关文件指示精神，完成党费补缴工作。实施公务用车改革，清理超标办公用房，深入开展“为官不为、为官乱为”专项治理，政府干部队伍执行力得到有效提升。严格选举程序，完成镇党委、人大、政府的换届工作。

【精神文明和民主法制建设】 年内，漷县镇不断加强精神文明建设。一是实施意识形态工程，开展党员干部大规模全员培训工作。开展两期全镇党员干部大规模轮训，培训党员4000余人次。同时，依托漷县书院太极馆和道德讲堂，每周开设4期太极拳和国学讲座班，定期组织党员参加。全镇有28个村有国学太极活动并设有村级道德讲堂。二是开展文体活动，丰富群众文化生活。2016年，14支演出队完成演出135场，申请国家级专项资金600万元，完成吴营等9个村文化活动室文化设备购置。申请市级专项资金890万元，完成梁家务等7个村文化活动室的改扩建工作。组织体育比赛，举办“迎春杯”“重阳杯”门球比赛，全镇9个村17支门球队的150余名队员参加。组织参加区足球联赛，协助区体育局在北堤寺休闲文化广场举办体育比赛；组织开展体质促进楼门工程培训班活动，开展体质测试活动500余人次。三是实施自媒体建设工程，加强诚信道德品牌宣传。截至年底，书院微信平台总关注人数近1.8万人，年内，开展各类普法宣传活动9次。

民主政治建设方面，人大、政协工作进一步发挥作用，工青妇等群团组织更好地服务于区域发展。政府职能进一步转变，民族、宗教等统一战线工作不断加强。党管武装、国防后备力量建设和“双拥”等工作成效明显。

【产业调整升级】 年内，对照通州区的产业发展定位，加快产业结构优化升级，大力度推进产业调整退出工作。全镇115家企业停产，56家企业完成退出验收手续。实施马头、草厂、南阳、靛庄4个工业聚集区清退整治工作，清理整治无证无照企业、商户104家。

【健康服务产业发展】 年内，启动健康服务产业园的规划研究工作。恒亿盛世、维龙物流、造纸七厂等出让土地企业的发展方向调整工作取得阶段性进展。同时，加快现有产业项目的建设速度和前期手续办理。甘李药业产业园一期项目厂房竣工，宿舍楼主体已封顶，正在进行试运营。二期工程生物信息中心项目开工建设。

【农业产业规模发展】 2016年，加快节水示范镇建设，实施高效节水灌溉项目，配合区水务局统一招标实施的机电井智能计量系统工程，配合区水务局协调实施“六村三园”工程。实施高效节水示范区林地再生水利用项目，投资500余万元，该工程已完成。大力发展花卉苗木产业，发展规模化苗圃企业4家，种植面积2815亩。完成蔬菜抽检样品190个，涉及农产品基地33家、养殖户64户，抽检合格率达100%。

【土地一级开发】 年内，加快健康服务产业园的规划研究工作。做好园区内出让402亩土地的盘活再利用工作，其中，恒亿盛世107亩土地计划打造智慧空间产业园，重点引入现代新型医疗机构；维龙物流104亩土地计划建设园中园项目，重点引入中药产业；造纸七厂153亩土地、天威远大38亩土地将重点引入医疗保健产业。漷县镇漷县村棚户区改造项目完成招标文件的编制工作，项目拟定实施主体为北京北控新城置业有限责任公司，安置楼地块控规调整方案于11月9日通过市规委总体处的技术审查会，下一步将上报市政府审批。

【基础设施建设】 年内，不断推进城镇基础设施和公共服务设施建设，委托北京工业大学实施镇域规划修编研究工作。总投资8.4亿元的第四区域医疗中心项目主体封顶，北大人民医院准备整体接管第四区域医疗中心，正在洽谈对接。总投资1.5亿元的区养老院项目主体封顶，正在进行内部装修。投资2000万元，建成漷县消防站。投资1.3亿元，启动西区集中供热中心项目及供热管网工程。投资1.6亿元，启动第四区域医疗中心及养老院周边市政配套工程。

【新农村建设】 推进清洁能源改造，2016年，完成25个村7894户“煤改电”工程，各村购买“煤改电”设备补贴发放到位；完成36个村的减煤换煤工作，购置优质煤1.6万吨。投资1200万元完成马黄路、毛东路、小屯路等6条乡村公路大修工程，完成东寺庄北桥、定龙1桥两座危旧桥梁改建，改建面积307.16平方米。完成乡村公路指令性小修补坑面积1.3万平方米。各村农宅翻建工程申请验收58户，完成监理验收。做好61个村路灯和太阳能浴室维护修理工作。

【教育文化事业】 年内，教育水平不断推进，改善教育教学设施，大香仪和黄厂铺两所幼儿园实现开园，新增150个学位。投资2389万元完善学校教育环境，大香仪幼儿园二次装修，觅子店中学等4所学校完成“煤改电”改造。做好义务教育入学工作，审核“五证”合格人数104人。举办中小学生艺术节活动，展演参与师生400余人，荣获区级艺术节优秀组织奖，其中，有两个节目荣获区级一等奖和二等奖。

【农村社区工作】 2016年，10个社区参加“七型”农村社区的评比。举办“阅读赠书”、“学雷锋”志愿服务系列活动、暑期国学讲座、“三社联动”助老服务等丰富多彩的活动。绿茵西区居委会成立爱心捐助站。三个社区配合镇统计科、工业办等部门开展人口、产业、房屋、车辆、土地等全面清查工作。完成社区换届、人代会、党代会选举工作。

【优抚保障】 2016年，社会保障水平不断提升，镇两所卫生院与同仁医院、解放军301医院合作，为辖区百姓提供更加优质的医疗服务。加强劳动力培训、鼓励城乡劳动力创业，实现农村劳动力转移219人。社会保险扩面增缴197万元，新农合参合率达到99.6%，新农保续保率达到96%。为全镇463名优抚对象进行体检，补助资金14.8万元。受理上报低保、临时救助等医疗救助申请346人次，发放救助金112万余元。

【社会管理】 2016年，深入开展大接访、大下访活动，接待群众来访134批405人次，及时回复来访信件，答复率100%。各类信访问题、社会矛盾纠纷得到有效化解，信访量同比下降26%。开展村章镇管工作，在漷县政府和南区管委会两个地点安排4人负责日常盖章业务。实施流动人口疏解工作，同比减少18.3%。全面推进农村基层惩防体系建设，深入推进阳光村务工程建设。提高食品药品安全监管保障水平，全年检查食品药品生产经营单位2143家次，关停无证无照餐饮经营单位70家。深入开展“平安漷县”创建工作，做好61个村803个监控探头日常维护工作，实现61个村和3个社区视频监控全覆盖并与派出所视频联网，镇村群众工作网络初步构建。认真落实领导干部“一岗双责”安全生产责任制，安全生产监管制度不断完善，全力做好重大节假日期间的安保维稳工作，营造安全稳定的社会环境。

【环境建设】 2016年，结合通州区创建全国文明城区，开展环境建设工作，狠抓重点区域环境整治。全面推进清洁空气行动计划，开展燃煤锅炉拆改工作，拆除燃煤锅炉50家81台152蒸吨，实现企业发展无煤化。启动镇域内凉水河、港沟河、古镇护城河等河道的水系治理工作，修复滨河生态系统。投资1000万元，实施觅子店污水处理厂工程。投资1200万元，建成镇域内过度性污水处理设施工程，日处理污水2000吨。加强环境整治工作，累计处理生活垃圾2万余吨，整治垃圾脏乱点275处，整治垃圾曝光点567处，整治率达到100%。投入320万元，建成垃圾暂存厂并投入使用。完成涉及14个村的京津公路生态环境景观提升工程。

（张丽娟）

马驹桥镇

【概　况】　马驹桥镇历史悠久，曾是北京最大的湿地，是辽、金、元、明、清五朝皇家猎场和明、清两朝皇家园囿。地理位置独特，地处北京东南郊、通州区西南部，背依京城、朝阳区，东瞻通州，西望大兴，镇中心区距通州新城20公里左右，距首都机场40公里，京沪高速公路与北京六环路在镇中心交汇。镇域面积82平方公里，2016年辖45个行政村，5个社区居委会，实有人口15万人，其中，本镇人口5万余人，流动人口10万余人。现有基层党组织102个，含1个党委，3个党总支，98个党支部。党员2789名，其中农村党员1697名。2016年，在区委、区政府的正确领导下，马驹桥镇立足大局，紧抓机遇，乘势而上，奋力拼搏，经济社会发展目标任务完成，实现“十三五”的良好开局。全年完成税收26亿元，同比增长12%。形成区财力6.1亿元，同比增长3%，完成固定资产投资30亿元。

【经济发展】　马驹桥镇拥有环保园区和物流园区两个产业园区。作为镇域规划发展的科技创新板块、现代物流板块，两个园区的发展对全镇经济增长发挥着至关重要的作用，是全镇发展的“两翼”，带动镇域经济不断发展壮大。年内，环保园区完成税收13.42亿元，同比增长10%，物流园区完成10.08亿元，同比增长4%。加快园区工程项目建设，环保园区全年开复工项目13个，开复工面积187万平方米，博海升等3个项目竣工，竣工面积9万平方米。物流园区全年完成开复工面积30万平方米，苏宁易购、天津路丰、宝联、联东（一期）4个续建项目全部竣工。调整土地规划，创新开发思路，深研产业布局，实现土地集约利用。环保园区加快二期扩区前期工作，对VII－3和VII－5街区初步方案进行修改和调整；对3300亩大项目用地进行统筹规划和科学利用，推动天安数码项目落地，与天安集团签订框架合作协议。物流园区推进口岸项目建设，涉及口岸项目地块的征地、上市、开工等工作都取得新进展。一期F15、F19两个地块全面开工建设，其余地块也在加快推进中，F13、F18地块正加快办理征地手续，F14地块将完成上市工作。围绕联东U谷、纳尔特等“园中园”项目资源开展招商引资。年内，环保园区引进各类项目88个，项目总投资约10.6亿元，预计达产后可形成税收1.1亿元。物流园区围绕发展口岸经济做文章，以四个多功能地块为重点，培育“园中园”项目，促进园区优化升级发展，获得首批全国示范物流园区称号。

园区发展蒸蒸日上　（马驹桥镇提供）

【社会建设】　年内，广泛开展城镇基础设施建设，道路交通条件得到有效改善。安荣220千伏升高改造项目提前完成，新凤河跨河桥实现通车；六环路南侧临时路项目实现通车，总长度约1.8公里，有效缓解马驹桥1号桥交通拥堵状况；加快推进黄马路新改建工程，取得规划、环评、土地预审等前期手续；投资8420万元，建设西马各庄小学、幼儿园项目；完成行政服务中心项目建设，中心总建筑面积4100余平方米，进一步完善了城镇综合功能。加强整治，持续改善社会秩序。针对治安、交通、经营等秩序类问题，每周确定一个主题开展专项整治，全年开展联合执法400余次，查处街面违法行为1300余次。坚持违法用地和违法建设查处“动态清零”及村级周报告制度，强化村级责任，确保“两违”零增长。清除“两违”台账59宗，拆除违法建设面积50万平方米。清理完毕国土卫片30宗，占地面积263.8亩。促进大防控体系建设，加快镇网格化指挥服务平台建设，新增监控点位135个，累计发现并处理各类问题1535件。充实巡逻员、安全员、环保员力量，成立由综治办、派出所、城管、消防以及治安巡防大队组成的应急处置小分队，主动作为，确保社会安全稳定。完成4G无线监控专网系统一期建设工程，覆盖镇中心区域11个村，为智慧乡镇建设提供技术支撑。

城镇基础设施逐步完善　　（马驹桥镇提供）

【环境治理】 年内，不断加大大气环境治理力度，推进减煤换煤、燃煤锅炉改造等多项重点工作。完成125家单位168台300余蒸吨燃煤锅炉拆除工作。完成22家企业112吨减排任务，超额完成任务指标。开展清理整治违法违规排污和生产经营行为专项行动，完成132家安全隐患单位和20家环境污染单位整改工作。不断加强水环境建设，全镇水环境治理做了大量基础性工作，如全镇雨污水排除规划、临时性污水处理设施的选址、土地流转、探堪、设计、水量数据收集等。成立“河长制”实施领导小组，督办镇域内18条河道、沟渠水质的改善工作，一河一策，逐条治理。完成金桥污水处理厂第三次扩容，日处理能力达1.5万吨。推进各支渠9座过渡性污水处理站建设，建成后日处理能力将达到2.5万吨。推进凉水河、凤港减河河道治理与沿岸生态景观打造。不断改善城乡环境面貌，结合市级、区级台账及自查情况，清理马大路、六环两侧、京沪沿线等脏乱点450余处，清运垃圾渣土5000余立方米，平整沟坡、土地1300多平方米。完善垃圾密闭化管理，及时更换老旧设备，建立通州区第一家社区垃圾分类试点，为镇中心各小区投放生活垃圾分类收集桶150个。完成六环路绿化改造工程、环区界林绿化提升改造工程、京沪沿线绿化提升改造工程，推动东南郊湿地公园（一期）建设，有效拓展绿色空间，同步做好2.5万亩平原造林后期养护。投入1600余万元，对小周易、周营、后银子3个市级挂账村进行全面整治，切实改善周边地区公共安全的整体状况。

【民生建设】 年内，持续增强新农村建设力度，严格落实粮食、蔬菜、养殖等各项惠民政策，发放补贴款约328万元。完成全镇5个村1819户“煤改电”工作，有效提高了农民生活质量。开展优质燃煤替代工作，为全镇30个村7630户农民配送优质燃煤2.8万吨，降低全镇污染物的排放。加快农转非安置工作，为东店、大葛庄504名人员，趸缴社会保险资金5600余万元，完成中心镇西大马三村1724名人员农保清算工作。加大民生投入，为每村拨付50万元，每个社区拨付20万元发展建设扶持资金，用于基础设施建设、环境卫生整治、党建、精神文明建设等，为村集体（社区）注入经济发展新动力和新活力。全面提升文教卫发展水平，筹措资金，投资1.36亿元，用于改善全镇学前教育、基础教育及成人教育办学条件。将19个村办幼儿园进行镇级统一管理，规范教职工薪资待遇。排演大型评剧曲目《金沙英魂》，举办“星火工程”文化会演200余场，开展五月鲜花歌咏比赛、广场舞比赛等文化活动，丰富群众文化生活。全面提高通州二院、大杜社卫生院的软硬件设施水平，不断增强医疗卫生服务质量。深入开展精神文明建设，以弘扬社会主义核心价值观和创建全国文明城区为主题，加强社会宣传，营造浓厚氛围；以举办道德讲堂、组织百姓宣讲、评选“马桥榜样”等活动为载体，加强正面教育引导，提高干部群众道德修养和文明素质；完成创建全国文明城区档案材料上报、环境布置和实地考察等各项工作，精神文明创建成果进一步巩固。

群众文化生活非富多彩　（马驹桥镇提供）

【从严治党】 2016年，严把换届风气关，依法、平稳、有序地完成村委会、党委、人大、政府换届选举工作。深入开展“两学一做”学习教育，持续深化作风建设，不断增强党员干部的政治意识、大局意识、核心意识、看齐意识、首善意识、副中心意识。认真落实党委理论中心组、党员“三会一课”学习制度，采取党课教学、专家讲座、实地参观、交流研讨等方式，在镇中层以上领导、机关干部、村级两委班子成员和基层党员中开展13次教育活动，通过抓好党性教育这个核心，树立党员干部廉洁思想。坚持“一岗双责”，严格落实党风廉政建设责任制，深入贯彻中央八项规定。严格按照《通州区关于推进领导干部落实党风廉政建设主体责任全程纪实工作制度》要求，每名领导班子成员建立纪实工作台账。坚持落实和完善干部谈话制度，对100余名新任科级干部、村干部进行任职廉政谈话，增强干部的廉洁从政意识。充分发挥党内监督的重要作用，进一步完善《纪检监察组织监督工作规则》，明确对14个一级职权事项、7个二级职权事项和8个三级职权事项的监督方式和监督内容。维护群众利益，畅通群众维权渠道，通过“12345”非紧急救助平台，接收办理群众诉求4446件，受理区长信箱68件。依法做到信息公开，主动公开政府信息345条，有效维护了群众的信息知情权。

（楚潇潇）

西集镇

【概　况】 西集镇位于通州区东南部，距通州城21公里。镇域面积90.65平方公里（9065万平方米）。耕地面积4.1万亩，辖57个行政村。截至2016年底，全镇户籍总数25706户，户籍人口45169人，其中，农户15279户，农业人口30545人；非农10427户，非农人口14624人。户籍人口以汉族为主，兼有满、回、蒙古等民族。全年有外来人口7010人，出租房屋1012户，全年新出生661人。2016年，全年实现税收10.81亿元，完成全年任务8.5亿元的127.2%，同比增长46.2%。实现区级财政收入3.13亿元，农民人均可支配收入实现1.87万元。

【园区工作】 加快产业转型升级与调整退出。按照市里要求，园区确定冶科纳米等3家企业作为试点，加快转型升级。冶科已签订退出承诺书。加快新型业态项目引进，做好与中信国安投资有限公司的跟踪洽谈，与中冶焊接达成初步合作意向。根据

《企业调整退出工作方案》，园区计划清退企业32家，异地9家。年底，异地经营的关停7家；实地经营23家，签订退出承诺书21家。全力推进项目建设。2016年，复工项目6个，总投资15.8亿元，建筑面积31.2万平方米。北汽动力总成研发区项目竣工投入使用，威特龙等均按计划建设中。加快基础设施建设。加快杜望路及望君疃110千伏变电站工程建设。杜望路工程半幅路围挡搭设完成，给水等管线正加紧施工。变电站工程完成土建施工及设备安装，线路完成全部46座塔基组建等。生态园区建设项目通过市经信委、市环保局的评审验收。园区全年完成工业总产值50亿元，同比增长35.3%，总收入114亿元，同比增长17.3%；增加值17.3亿元，同比增长20%；利润3.29亿元，同比增长20%；税收5.05亿元，同比增长10%。

2月25日，与中信国安洽谈战略合作协议

（西集镇提供）

【生态环境】　坚决实施清洁能源改造，全面完成经营性锅炉和茶炉大灶改造任务。28个村、6300户“煤改电”任务全部完成。生态品质不断提高。全镇林地总面积达5.4万亩，林木覆盖率达44%。环境秩序持续优化。不断强化环境秩序整治，严格落实村级环境卫生检查、考核等措施，形成环境治理的常态化机制，生活垃圾无害化处理率从15%提升至95%。

【城镇建设】　镇域开发方面，建设面积约36.22万平方米的配套区保障性住房项目开工建设；总投资39.66亿元的西集村棚改项目即将启动；中心区开发进展顺利，棚改方案加紧研讨。各类设施建设方面，西觅路、规划二路、北环路东段、潞河医院分院等项目正加紧建设；老庄户110千伏变电站、郎府九年一贯制学校、配套区文体中心、西集第一幼儿园等项目，前期手续进展顺利。城镇管理方面，保持“两违”动态清零，全年实现158宗国土卫片销账工作，依法查处并制止违法用地、违建面积达17.9万平方米。整治小广告、机动车非法运营等，城镇形象更加靓丽。

1月28日，西集镇安置房项目启动　　（西集镇提供）

【产业结构优化升级】　现代农业创新发展模式。破局传统农业，向精品农业过渡，农业发展形成以大樱桃为主，以及苹果、大桃等四种水果共同发展的新格局，形成沙古堆等六村的大樱桃、老庄户等村的草莓、和合站等村的大桃、王庄等村的苹果四个种植区。举办第十一届通州樱桃节，吸引20余家新闻媒体，1000余名游客参加。完成滨河步道提升改造，沿两河大堤建观景平台6处。初步完成总投资2156.45万元的五个农业综合开发项目。产业调整退出进展顺利。结合城市副中心的产业定位，实施214家企业的调整退出工作，为新型业态发展腾出空间。

【社会治理】　不断规范维稳创安工作。完成57个村监控系统安装。完善信访会商、健全信访接待等长效机制。践行党政同责、“一岗双责”、齐抓共管，深入开展全镇各行业、各领域的安全隐患大排查，实现重大安全事故“零”指标。大力提高社保水平。全面落实一系列惠民政策，城乡居民养老保险参保续保率、新农合参合率分别达到100%和99%。全年发放低保生活补贴972万元，优抚金288

万元；办理65岁以上优待卡6087张，申报80岁以上高龄补贴1723人。

【精神文明创建】 年内，紧抓创建全国文明城区这一重点工作，不断深化精神文明创建。推进创城任务落实，高标准完成年度测评，巩固深化创城宣传效果，推进创城工作规范化、制度化、常态化。各村统一制作并安装宣传栏，利用路边公交亭等，展示宣传口号及公益广告，营造良好创建氛围。将社会主义核心价值观融入国民教育、精神文明建设等。打造以邻里和谐、孝老敬亲为特色的“一村一品”文明新风。广泛开展践行核心价值观，争做最美西集人教育活动，年度评选“最美西集人”10名，推荐上报“通州榜样”24名。举办“五月鲜花”歌咏比赛及“舞动金秋”广场舞大赛，来自基层的25支合唱队和23支舞蹈队参加比赛，还举办了戏曲曲艺大赛和青年歌手大赛。围绕将西集打造成北京城市副中心新型城镇化建设的典范型休闲小镇这一长远目标，借助通州电视台等宣传平台，及微博矩阵和西集官方微信等新媒体手段，办好《西集月报》，宣传镇域内在各项建设中取得的新进展、新突破、新成就及各条战线的先进典型和感人事迹，激发党员、干部、群众创先争优、干事创业、共建和谐的热情。

10月15日，镇举办舞蹈大赛　（西集镇提供）

【党建工作】 强化“四个意识”，把各项决策部署与地区实际相结合，使“京津冀”协同发展、城市副中心建设的新任务、新要求成为广大党员群众的自觉行动。强化效能管理。加强对权力运行、重点工程、为民办实事的监督检查。启用行政服务大厅，进驻社保、民政、规划、公章办等七个部门，开通18个窗口，为办事群众提供“一站式”服务。强化基层组织建设。在继续抓好“五星级党支部”创建基础上，创新实践“五单一体化”党建新模式。28个村党支部评为五星级，19个村党支部评为四星级。

【第十届村委会选举】 根据有关规定，按统一部署，镇党委、政府精心组织，第十届村委会选举于4月21日开始，至28日结束，是全区第一个完成选举的乡镇。登记选民37927人，选民积极参投。选举产生村委成员173名，其中，主任57名，副主任11名，委员105名；中共党员144名，两委交叉任职122人，女60人。村委成员中，平均年龄49.2岁，大专以上学历48人。村主任中，党员54人，女主任4人，书记、主任一人兼的43人，连选连任39人，平均年龄50岁，大专以上学历19人。

【工会、妇联工作】 镇总工会主要工作有：组织建设。年底，域内有工会65家，新增会员768人，总数达4010人。为缴费会员企业进行“在职职工重大疾病互助保障计划”投保2268人，为女职工投保718人。对税务代收、财政代缴的工会经费做到按时催缴。落实区总对缴费企业困难职工的帮扶，涉及七家企业13人，除区总慰问金外，镇总工会还配以每人慰问金2000元及慰问品。慰问劳模及特殊困难女职工各一名。普及劳动安全知识。与安监科联合举办消防演练，有4000名员工参与“安康杯”知识教育。建会企业参加率和职工参与率均达90%以上，获奖职工1100人。建会企业未发生安全、死亡等事故。做好企业创新引领、搞好企业转型升级。完成中际联合总工张金波的市五一劳动奖章报批。成立珠江钢琴创新工作室，致力自主品牌创新、实施国际化经营战略，京珠钢琴达到国际（欧洲）高档钢琴质量。

妇联主要工作：一季度主要开展志愿服务活动。2月18日，组织20名巾帼志愿者为老人送元宵，扫卫生，并演出节目。3月3日，组织130名志愿者去通香路候车亭清洗亮化。6月25日，开展“远离毒品，珍爱生命”宣教活动。有110人观看宣传片，加上志愿者的诗朗诵，大家决心“拒绝毒品诱惑，拥抱阳光生活”。8月28日，参加区妇联的第五届巾帼健身舞蹈大赛，获得三等奖。8月31日，邀请区妇联网站编辑对57个村妇代会主任进行相关知识培训，更新妇联干部知识结构，提高写作及摄影质量。中秋节，组织各村妇代会主任张贴并发放区纪委、区妇联联合发出的“树清廉家风，建幸福家庭”倡议书，倡导广大干部以好家风带党风、促政风、正民风。纪念红军长征胜利80周年，弘扬伟大长征精神。组织各村开展唱红歌、举办座谈会、放映红军题材电影等，激发爱国热情，发扬革命传统，珍惜幸福生活。11月28日，在文化广场开展“拒绝家暴、关爱家庭”的宣教活动，发放有关材料，促进家庭和谐、社会稳定、重诺守信的道德风尚，营造关爱、尊重妇女的良好氛围。

（张保林）

潞城镇

【概　况】　潞城镇位于北京市正东，长安街东延长线上，处于京杭大运河、运潮减河、潮白河三河环绕之中，呈西北–东南斜向狭长型，西北端与现通州主城区接壤，北临宋庄镇以及河北省三河市，南接张家湾镇，东南端与西集镇相连，距首都机场20公里，距首都CBD商务区22公里，北京六环路、京哈高速公路贯穿境域。镇域面积71.32平方公里，其中，25平方公里在通州新城范围内，下辖56个自然村、54个行政村、3个居委会，总人口9.5万人，其中常住人口7.5万人，流动人口约2万人。户籍人口5万人。

2016年，潞城镇经济保持持续稳定的增长态势，全镇税收16.47亿元，同比增长52.5%。2016年全镇工业总产值、销售收入、工业增加值、利润分别实现93.6亿元、179.2亿元、30.8亿元和6.37亿元，同比增长11%、9%、13%和8%。

【党建工作】　年内，依法依程序完成54个行政村第十届村民委员会换届选举工作和各项换届选举任务，选举产生村民委员会主任54人，镇党代表138名，镇人大代表64名及新一届镇党委、政府班子成员，为全镇经济及社会事务稳定发展提供良好政治保障。开展优秀共产党员评选活动，将“四讲四有”纳入优秀共产党员评选标准。结合“两学一做”学习教育，在全镇范围内开展潞城榜样评选活动，表彰“潞城榜样”。落实党员集中行动日，开展“红心向党•喜迎七一”党日主题寄语活动和“不忘初心”系列主题党日活动。健全完善基层党组织党建工作责任机制和考评机制，将二期棚改、创建五星级基层服务型党组织、集中整顿软弱涣散基层党组织等重点工作为中心，研究创立“跨村联建 以强带弱”的“1+X”党建创新模式，整合资源，实现优势互补，对11个软弱涣散党组织进行集中整治，促进了全镇基层党组织的平衡发展。提前谋划，主动作为，将党建工作做实、做细、做出成效。

【棚户区改造二期工作】　年内，完成留庄、东夏园、庙上、大营、东小营、黎辛庄、召里、堡辛、孙各庄、后屯、常屯11个村拆迁工作。奖励期内实现住宅、大田签约率两个100%。10个村近9300余人，拿补偿、住楼房、当股东、有保障，老有所养，病有所医，特别是在全市首次为村集体保留了产业用房，使得百姓长久生计有了保障。在全力推进棚改二期工作的同时，有序为棚改一期村民办理入住手续，首批550余户村民于年内喜迁新楼。

7月8日，举行棚户区（BCD片区）改造项目拆迁工作培训会（潞城镇提供）

【大气污染治理】 年内，开展大气治理工程，完成2万余吨优质煤订购及配送工作，同时严厉打击劣质煤无证无照销售点、流动销售等违法行为。上账73台214.65蒸吨燃煤锅炉全部完成改造，取缔镇域内全部茶炉大灶，加大监督检查力量，杜绝复燃现象，实现燃煤锅炉及茶炉大灶动态清零。借助于棚户区改造二期工作清退工业大院和养殖小区10个、小企业小商户近500家，疏解外来流动人口近7000人。制作《低端落后产能淘汰目录》，对工业大院16家污染工业企业进行关停拆除。有效应对重雾霾天气，开展检查1300余次，组织联合执法132次，巡查出动11300人次，1870车次。检查企业2083家次、拆迁工地和建筑工地289家次。联动23个各相关职能部门和54村委会、3个居委会针对不同预警级别启动相关应急预案，分级采取相应的健康防护引导、倡议性减排措施、强制性减排的应急措施，落实空气重污染预警期间应急工作情况，聚焦施工扬尘、道路遗撒致尘、焚烧致尘问题，切实加大减排降尘力度。

【林水环境建设】 年内，完成1.4万亩平原造林养护移交工作，建立专业化、常态化养护机制。高标准完成霍屯、郝家府、孙各庄、后屯、东堡等十几个村庄园林绿化重点工程土地腾退工作，为下一阶段打造六环景观绿化带提供有利条件。完成水仙园为花园式社区，贾后疃为首都绿色村庄申报及验收工作。大力整治黑臭水体，完成武夷花园小区生活污水、减运沟截污工程；完成武兴沟、榆武沟及减运沟清淤工程。加强镇域沟渠、河道环境整治力度，清理整治减运沟、丰榆沟、孙堡沟，清运各种垃圾7500立方米。

【老旧小区及村级环境卫生整治】 年内，对武夷花园及周边区域进行环境提升改造，拆除私自搭建的车棚、杂物棚、临时建筑等600多个，拆除面积1.4万平方米。墙体粉刷16.2万平方米，新修路面7.9万平方米，绿化面积5.6万平方米，新增1511个车位，新建自行车棚40座。改造后，武夷花园周边环境大幅度提升，困扰小区居民多年的私搭乱建、乱堆乱放等问题得到妥善解决。集中力量对宋梁路、胡郎路等重点道路进行联合执法54次，查抄违法灯箱710余块，清理小广告4750余张，清除乱堆杂物420处，取得显著效果。持续开展村级环境卫生整治，进一步完善村级环境卫生百分考核工作。建立健全400余名保洁人员组成的环卫队伍，村级卫生持续改善。

【打击违法用地和违法建设】 年内，拆除违法建设166万平方米，有效遏制了违法用地和违法建设的行为，进一步强化各村看护队问责机制，加大对看护队员控违工作的督查考核力度，确保违法用地、违法建设“零增长”目标。

【创建全国文明城区】 年内，组建了由潞城榜样人物、党员、基层干部带头，各村、社区楼门长、各类志愿者参与的基层志愿服务队300余人，开展入户宣传广泛征集民意，发放社会主义核心价值观宣传普及等各类宣传品斜挎包1.6万个、宣传袋2000个。政府投资在紫荆园、水仙园等小区栽种月季数万盆，各种花草树木1万多平方米，小区绿化明显改善；对小区内儿童娱乐场所进行改造，铺设新地胶，保证居民和孩子正常的娱乐休闲。在三元村路口修建6000多平方米的公共停车场，有效解决市场周边车辆乱停乱放问题。

【完善社会治理体系】 年内，发挥245名护村队员、108名巡防队员等专业力量在主要街道穿插巡

8月2日，潞城镇党委书记关平（左一）为微型消防站发放装备（潞城镇提供）

逻，夯实全镇社会面和谐稳定的基础。巩固提升社区规范化建设，建设精品楼门文化社区，激发和动员社会志愿者活力，组织各类志愿活动21场，丰富社区服务项目，提升社区服务水平，切实提升社区居民的满意度。完成市、区挂账重点村小甘棠、南刘、八各庄3个村的综合整治工作，村内环境卫生明显改善，村内公共安全隐患问题显著减少。开展地下空间治理及安全生产大检查，消除各类安全隐患1万余处，有效保障全年未出现事故。

【公共健康服务】　年内，投资667.76万元高标准建成全区首个养老照料中心，改善潞城镇周边村镇老年人的居家养老问题，计划以养老照料中心为依托，陆续开展相关养老产业的拓展服务。投入60万元为5000余名妇女进行健康体检、“两癌”筛查、TCT筛查。开展以防慢病为前提的健康知识讲座4场，开展季节性传染病防控讲座10余场，发放控烟宣传海报150份，告知百姓应对疾病方法，提前做好防控措施。开展残疾人康复惠民工程，为基层康复协调员业务培训160人次，入户调查摸底残疾人康复需求情况，为843名适合康复训练的残疾人建立训练档案。投资45万元为45名肢体残疾人及其家庭实施无障碍改造工程。投入5460元为镇残疾人机动轮椅车主进行专项燃油补贴，每车每年260元，共补贴21辆残疾人轮椅车。

（林梦楠）

台湖镇

【概　况】　台湖镇位于北京市东南部，通州区西南部，五环路和六环路之间，镇域西侧与朝阳区、大兴区接壤。全镇辖41个行政村，两个居委会，户籍人口51068人，流动人口7.4万人，镇域面积81.5平方公里，京哈高速、京津高速、京沪高速和六环路在镇内交汇贯通。2016年在区委、区政府和镇党委坚强领导下，认真学习贯彻习近平总书记系列重要讲话精神，团结和带领全镇人民完成年度既定任务，生态台湖、文化台湖、活力台湖、幸福台湖、法治台湖建设取得长足进展，有效推动全镇经济社会又好又快发展。

年内，认真贯彻落实上级决策部署，坚持稳中求进的工作总基调，大力推动供给侧结构性改革，及时制定实施一系列稳增长、惠民生具体措施，经济保持较快发展。全年完成税收28亿元，农民人均收入提高到26055元，蝉联全市42个重点发展小城镇综合评比第一名。

【经济活力切实增强】　年内，结合副中心功能定位，按照生态台湖、演艺小镇的总目标，适应经济发展新形势和新常态，完成通马路、站前街、政府大街等一批主次干道的新建和改扩建工程，建立20个公共自行车租赁点，基础设施建设稳步推进。完成环渤海总部基地、文化旅游区等区域土地一级开发，总面积近23平方公里，投入约400亿元，发展空间进一步拓展。依据区总体规划，与招商局集团、富华集团等签署合作框架协议，在提升集体经营性建设用地改革试点的基础上，不断完善概念规划，高标准编制新型城镇化试点工作方案。

【生态环境】 年内，为了全面推动环境绿化美化，大力提升空气质量，加快节能减排和清洁能源改造，专门设立2080万元的环境综合整治专项奖励资金。深入推进萧太后河、凉水河清淤改造工程。整治取缔石材加工企业、无证无照小洗衣店和无证无照餐饮单位。坚决打击违法用地和违章建设，实现“动态清零”，累计拆除违章建筑130余万平方米，有力推动了城乡建设和用地管理科学有序。全年完成2.6万亩造林任务，出资6.2亿元建成总面积近5000亩湿地公园和主题公园，镇区绿化率达到76.8%，森林覆盖率达31%。出资3000万元完成15个村“煤改电”工作，镇机关被评为国家级节约型公共机构示范单位。全年$PM_{2.5}$浓度控制在75微克/立方米左右，改善率达到19%，改善率居全区乡镇第一，空气质量居全区各乡镇第二。

【文化事业】 年内，推进北京文化演艺原创基地建设，高标准做好台湖镇东部区域规划。引进京视传媒、山东卫视、老北京文化园、北京儿艺、德国APASSIONATA马剧团主题公园等一批文化创意项目入驻落地，推动文化创意产业迅猛发展。组建“台湖榜样”百姓宣讲团，大力推进法制宣传教育。建立村级文化组织员队伍，开展图书配送到基层、送春联下乡等文化活动，举办台湖镇文化艺术节、全民运动会、教师节庆祝活动等品牌活动。成立台湖农民诗社。连续荣获首都文明乡镇称号。

【社会保障】 年内，为残疾人发放帮扶资金600余万元，为70岁以上老人发放重阳节慰问金500余万元。为群众举办招聘会5次，提供就业岗位约2000个，全镇失业率控制在3.4%以内，民生帮扶作用不断加强。为了提高镇内百姓医疗和社会保障水平，镇财政累计投入1.4亿元，建成远程信息平台，为百姓预约专家进行远程会诊。开展医保二次报销和大病补助，实现镇域内医院住院出院即报。为镇内低保、优抚对象补贴医疗费近500万元，解决全镇50岁以上户籍农民和20岁以上户籍妇女体检费用近800万元，新型农村合作医疗参合率达到100%，医疗保障水平不断提升。与伊顿、21世纪教育集团达成入驻意向，金色摇篮幼儿园开始招生。建成次渠家园幼儿园、台湖中心幼儿园等一批公立幼儿园和胡家垡幼儿园等村办幼儿园，基本解决镇内学前教育问题。全面推进平房村综合整治，董村综合整治成为全市标杆，外郎营村成为北京最美乡村。为平房村加装3000盏路灯，村级道路达到48万平方米。成立定海园一里、二里居委会，楼门长队伍正式上岗。网格化社会管理工作不断深化，建立专兼职网格员队伍，安全生产责任体系不断完善，在全区率先建立村民自治义务消防队，社会运行安全有序。

【制度监督】 年内，严格执行镇人大决议和决定，自觉接受镇人大工作监督、法律监督，听取各方面意见。主动推进依法行政工作，完成“六五”普法任务和社区居委会、村民委员会选举工作。加强廉政风险防控管理，强化行政监察和审计监督，严肃查处各类违纪违法案件。

（崔淑艳）

永乐店镇

【概　况】 永乐店镇位于通州区东南部，处京、津、冀三省市的交界处，距通州城区23公里，京津塘高速公路穿境而过，京津第二条高速公路和京津城际铁路途径镇域腹地，并在镇域内分别设有出入口和预留站口。镇域面积10468万平方米（104.68平方公里），下辖38个行政村，全镇常住户数20360户，常住人口42527人，其中，农业户籍数12600户，农业人口数29384人，是国家重点小城镇。全年实现税收10.71亿元，形成区级财力2.59亿元，完成固定资产投资12.32亿元，农民人均劳动所得达到1.95万元。

【产业项目发展】 年内，与比亚迪集团、北京市环卫集团沟通，初步达成在永乐开发区建设新能源汽车研发、展示、销售中心项目的意向，完成项目选址地块（工业二期）的控规调整的编制与审批工作，并取得市规委批复；项目报文物局进行文物勘探，并编制一级开发成本审计报告和报批二级规划条件。北京共创富来水处理设备有限公司项目完成建设。联东U谷永乐产业园项目三期一组团6万平方米建筑建设完成，并开始引进企业入驻。

【生态环境建设】 年内，上账违法建设199宗，累计拆除各类违法建设面积1.73万平方米，全部销账，完成全年确定的拆违任务，确保零增长。严厉查处10起盗土盗沙事件，全部处理完毕。结合通州区淘汰落后产能总体要求，加快推进低端产业疏解工作，淘汰落后产能企业68家。消减燃煤锅炉，推进清洁能源改造，加大对燃煤锅炉改造工作力度，完成25台、53.6蒸吨燃煤锅炉改造任务。持续改善空气质量，辖区全部完成208台经营性茶浴炉取缔工作。

【基础设施建设】 年内，完成四所村办幼儿园，23条、12公里乡村道路等建设项目；小务幼儿园、小务小学、永乐大街，镇敬老院项目加紧后续手续办理；永乐店镇总体规划调整基本完成；中心区G地块立项获得市发改委批复，正在办理征地前期手续及编制拆迁方案；中心区路网取得市发改委立项及规划分局初步设计方案批复；镇中心区工业用地办理完征地结案，并确定土地开发成本。

【林下经济发展】 年内，依托永乐店镇平原造林基础，多模式、多渠道发展林下经济，种植林下大麦1000亩，涉及全镇8个村，带动周边农户50余户增收致富。发展设施农业23家，盘活1500亩闲置农业设施。开展都市型农业创建工作，以专平林下经济合作社为依托，兴建占地260亩海棠采摘观赏和林下黑木耳种植为一体的休闲采摘园，海棠树栽植完毕。以绿源永乐食用菌、永二村高效水果基地等为重点，打造永乐店镇品牌农业，市场占有率稳固提升，荣获2016年北京发展都市型现代农业先进乡镇称号。加强农产品质量安全监管体系建设，建立全区第一家自主完成蔬菜检测工作的办公室，为保障首都市场安全发挥作用。进一步加强畜牧水产的服务管理工作，完成村级气象灾害认证工作。

【新农村建设】 年内，按照通州区“减煤换煤，清洁空气”行动实施方案的工作部署，完成小务、永三等11个村4149户“煤改电”工作；同时完成剩余27个村5100余户优质煤替代全覆盖工作，订购优质燃煤1.52万吨。完成德仁务前街等5个村庄的“美丽乡村”申报、验收工作。对大羊、陈辛庄等28个村的新翻建节能抗震房屋进行逐户查验，涉及农宅113户，补助资金339万元。协调区相关部门对全镇28座新农村公厕进行保温防水工程及29个村500余户农宅保温门窗改造工程，其中，门窗改造8600余平方米，保温改造32000余平方米，完成验收。液化气下乡工作，新增600余户，累计完成1.83万户，“换气”14.67万罐，并为全镇所有享受液化气下乡惠民工程的用户免费办理燃气责任险。完成7个村的农田水利项目建设工程。

【民生保障】 年内，搭建就业平台，组织各类免费技能培训班八期，举办招聘会两场，在《永乐周报》上发布招聘信息1300个，实现城乡劳动力就业1008人。城乡居民养老保险参保率、续保率达到99%以上。加大劳动执法监察力度，开展《中华人民共和国劳动合同法》《中华人民共和国就业促进法》宣传月、专项执法大检查、劳动用工规范一条街等活动，提高企业合法用工意识。全年收到劳动争议举报案件29件，全部结案，结案率达到100%。全年申请审批城乡低保家庭451户，为4户无劳动能力、无收入、无亲属人员办理城市“三无”，为9户社救对象进行危房改造。加大扶残助残力度，小务残疾人就业扶贫基地为50名残疾人解决就业问题。

【社会事业】 年内，全镇38个村实现数字影厅全覆盖，村村建有益民书屋和健身活动场所，“星火工程”文艺演出队全年为群众演出139场，丰富全镇人民的业余文化生活。推进镇文体活动中心后期建设，将其打造成满足群众精神文化需求的品牌阵地。加强南堤寺西村天齐庙、德仁务后街村晾鹰台等文物保护工作。完成规模办学布局调整，建立完整的幼、小、中教育体系。实行农民群众健康档案建档工作，建档率达到90%以上，与东直门医院东区等重点医疗机构建立医联体合作关系，进一步解决全镇农民看病难、就诊难等问题。完成22个村封闭化管理工程，综合治理工作平稳有序。强化社会治安综合治理，加强外来人口管控，未发生重大人为责任事故，实现安全生产事故零指标、死亡零指标，全年无越级集体访。加强食品药品安全监管，维护食品药品市场秩序。加大环境设施设备投入，按时按质完成镇生活垃圾应急填埋场建设并投入使用，生活及建筑垃圾全部实现村收集、镇运输公司化运作模式，实现100%无害化处理。

5月18日，第二届“百花文化艺术节”在镇中心小学举行
（永乐店镇提供）

【精神文明建设】 年内，以创建全国文明城区和打造全国文明村镇为主线，举全镇之力抓好创城迎检工作。对照创城实地考察指标，启动环境卫生、社会秩序和道路交通“三大”集中专项整治。在全镇重要点位设置践行社会主义核心价值观、讲文明树新风、未成年思想道德建设等大型公益宣传栏80余处，广泛开展创建全国文明城区、全国文明村镇等公益宣传60余处。开展志愿服务活动，组建道德模范志愿服务、大务村养老护理服务、关爱失独家庭志愿服务等多支志愿服务队伍，广泛开展为老服务、学雷锋等等形式多样的志愿服务活动，促进农村志愿服务常态化。推进法治文明建设，打造马合店、应寺和永乐店三村3个法治文明示范村。

6月20日，交通安全劝导员培训暨劝导站启动仪式
（永乐店镇提供）

【村民委员会选举工作】 3—6月，镇党委、政府集中力量认真组织开展第十届村民委员会选举工作，产

生新一届村民委员会成员116名。37个村实现村党支部书记和村委会主任“一人兼”；村“两委”班子成员交叉任职87人。村委会班子成员中党员101人、女委员39人，所占比例较上届分别提高0.9和0.85个百分点，平均年龄较上届有所降低。38名村委会主任均为党员。38个村新一届“两委”班子的整体结构比例较上届进一步优化，较好的完成了市委提出的“两保持、两提高、两确保、两降低”目标。

（杨存田 王 爽 宋德厚）

于家务回族乡

【概　况】 于家务回族乡位于通州区南部，距通州城区21公里，是北京市五个少数民族乡之一，同时也是通州区唯一的少数民族乡。全乡下辖23个行政村，总面积65.7平方公里。2016年全乡实现税收10.63亿元，形成区财力2.20亿元。固定资产投资完成8.77亿元，人均所得22829元。

4月25日，举办“德美于家务——追寻与呼唤”主题教育活动2016年度推进会　（于家务回族乡提供）

【党的建设】 年内，选举产生新一届乡党委和政府班子成员，队伍结构不断优化；完成村委会换届选举工作，基层组织的凝聚力明显提升；深入推进“两学一做”学习教育，基层党组织建设不断完善；持续推进党风廉政建设，机关作风建设进一步提高。

【完善顶层设计】 年内，确定打造中国种业硅谷、生态宜居之乡、京津冀协同发展先行先试区（简称“一谷、一乡、一区”）的发展定位，全乡发展的思路与方向更加明确。

【经济建设】 种业园区综合服务区研发中心项目12月底开工建设；高通量分子检测服务平台、物联网集成与应用等四大平台逐步应用实施，吸引各类种业高端要素逐步聚集；完成国家现代种业创新试验示范区建设总体方案的编制和申报工作。聚富苑产业园区产业结构不断优化，清退低端低端企业67家，A区规划调整进展顺利，为全面提高园区综合承载能力提供坚实基础。

【城镇化建设】 年内，中心区一期A区商品房全部入住，一期公租房全部竣工；二期C02地块正在办理竣工验收手续；C08地块商品房和二期公租房项目进入室内外装修阶段，C12地块完成80%地下施工，部分建筑正在结构施工；11万平方米回迁安置房全部竣工；乡次中心自住型商品房及经济适用房，除A06地块因六条高压线未施工外，其余地块建筑主体结构封顶。

【基础设施建设】 年内，外电源项目的出站入站隧道和管井工程竣工验收，开闭站电器安装完毕；再生水厂项目竣工，污水处理设备各分项调试完成，即将投入运营；乡卫生院扩建选址于医院西侧卫生预留地，进入方案设计阶段；张采路、房通路拓宽改造项目取得规划方案批复，进入环评阶段。

【生态环境建设】 年内，完成9个村4000余户“煤改电”工程，为13个村订购配送优质燃煤1.3万吨；投入260万元对京沪高速沿线环境卫生进行综合整治；完成污水管网一期第九标段工作任务，第十标段聚富苑污水管网铺设工作完成8600余米；治理凤港减河河段5.5公里；通过清除违法建设，开展专项整治行动，城乡环境水平明显提升。

【民生工程】 年内，投入680余万元用于改善教学条件和师资力量；东垡和王各庄两所新建村办园相继开园招生，学前教育需求得到有效满足；完成南三间房村1000平方米村级文化中心改扩建，实现12个村级文化室建筑面积达标；实施9个村级文化中心灯光音响安装工程，新建一个灯光球场；大力开展全民健身活动，为14个村安装室内健身器材，完善了各村体育健身设备；完成乡卫生院手术室改建、中医康复室及中医药文化百草园等建设，乡卫生院就医环境和医师队伍得到明显提升；启动渠头、北辛店社区卫生站，与北京东直门医院建立医联体，百姓就医更加方便。

9月28日，举办“情暖夕阳扬家风 爱筑金秋传家训”为主题金秋社区节暨第六届金秋话金婚活动

（于家务回族乡提供）

【村史馆建设情况】 截至2016年年底，于家务回族乡有村史馆2个，分别为仇庄村史馆和东垡村史馆。仇庄村史馆于2014年建成，2015年扩建孝道馆，总面积约400平方米。村史馆建成之后，能真实反映仇庄村历史变迁和发展轨迹，弘扬我村特色文化，进一步展示全国文明村、全国民主法治示范村、全国“美丽乡村”的风采。仇庄孝道馆是通州区首个村级孝道馆，全方位展现孝文化内涵，宣传社会主义核心价值观，并充分展示村民的优秀家风事迹，从而构建一个向村民传递正能量、弘扬正气的教育阵地。东垡村史馆于2013年建成，2016年扩建孝道馆，总面积约800平方米。村史馆从村庄悠久、历史记忆、跨越发展、展望未来四个方面，用珍贵文物印证了东垡村的悠久历程，用详实资料记录了东垡村历代领导人的呕心沥血，用大量的生产、生活资料真实反映了东垡村人民生活的变迁，用宏伟的蓝图展示了东垡村美好的未来。以史教人、以证理人，东垡村史馆的建立，就是让村民牢记昨天，把握今天，展望明天。发扬和传承东垡村勤劳朴实，善良厚道，开拓奉献的优良美德，为实现中国梦，谱写东垡新的篇章。

（王　鑫）

组织机构及负责人

区委序列

中国共产党北京市通州区委员会

书　记　杨　斌
副书记　岳　鹏(10月免)
　　　　杨静慧(女,12月免)
　　　　张力兵(9月任)
　　　　付晓辉(12月任)
常　委　杨　斌
　　　　岳　鹏(10月免)
　　　　杨静慧(女,12月免)
　　　　于世疆(10月免)
　　　　付晓辉
　　　　张春秀(女,8月免)
　　　　李耀光(12月免)
　　　　崔志成(8月免)
　　　　芦　峰(12月免)
　　　　洪　波
　　　　肖志刚(9月免)
　　　　崔松光(4月任)
　　　　郑　宇(8月任)
　　　　查显友(8月任)
　　　　张力兵(9月任)
　　　　洪家志(9月任)
　　　　韦　江(女,9月任)
　　　　刘贵明(12月任)

组织部

部　　长　付晓辉(12月免)
　　　　　韦　江(女,12月任)
常务副部长　赵志刚
副 部 长　杨连元(兼)
　　　　　陈广强(兼)
　　　　　靳国旺(3月免)
　　　　　汪　维(女,满族)
　　　　　王　鑫(4月任)

政法委员会

书　　记　杨静慧(女,12月免)
　　　　　刘贵明(12月任)
副 书 记　李耀光(兼)
　　　　　崔志成(兼)
　　　　　石宝玉
　　　　　张志军
　　　　　朱军辉
　　　　　安行健

宣传部

部　　长　肖志刚(9月免)
　　　　　查显友(9月任)
常务副部长　陈立军
副 部 长　张卫东(兼)
　　　　　刘　磊
　　　　　吴亚西

区委办公室

主　　任　张若冰
常务副主任　姚华峰(4月免)
　　　　　申　键(7月任)
副 主 任　杜　彤(7月免)

张　华
路长程(兼)
魏　欣(女,1月任)
杨家毅(6月任)

区委督查室

主　　任　魏　欣(女,1月免)
李长风(1月任)

区委机要局(区密码管理局)

局　　长　田　莉(女,满族)

精神文明建设委员会办公室

主　　任　张卫东
副 主 任　禹晓峰
杜妍杰(女)

统一战线工作部

部　　长　洪　波
常务副部长　王振成
副 部 长　王瑞丰
曹恒永(兼)

台湾工作办公室(台湾事务办公室)

主　　任　孔庆媛(女,10月免)
洪　波(10月任)
副 主 任　孔庆媛(女,10月任)

社会治安综合治理委员会办公室

主　　任　张志军
副 主 任　石国庆
汪立宏(3月任)

维护稳定工作领导小组办公室

副 主 任　杨利民

流动人口和出租房屋管理委员会办公室

主　　任　张志军
副 主 任　郭玉明(10月免)
付彩霞(女)

区委研究室(区委全面深化改革领导小组办公室)

主　　任　曾祥正
副 主 任　童　露
刘小明(8月免)
王建伟(8月任)
张奉君(8月任)

改革办专职副主任　谢京文

机构编制委员会办公室

主　　任　陈　宇
副 主 任　郭　莉(女,6月免)

直属机关工作委员会

书　　记　杨静慧(女,12月免)
付晓辉(12月任)
常务副书记　陈秋平(8月免)
陆德启(8月任)
副 书 记　谢建生
马洪利
纪工委书记　刘宏伟(女)
工会主席　曹艳清(女)

区委党校

校　　长　杨静慧(女,12月免)
付晓辉(12月任)
党委书记　王青春(6月免)
党委副书记　安志江
纪委书记　赵桂芳(女)
常务副校长　安志江
副 校 长　李智敏(女,8月免)
惠学刚
朱　蕾(女,9月任)

老干部局

党组书记　王增哲
党组副书记　陈广强
局　　长　陈广强
副 局 长　赵德启
刘冬梅(女)

保密委员会办公室(区国家保密局)

主任(局长)　路长程
副主任(副局长)　马　伟(女)

社会建设工作委员会

书　　记　宁秋君(6月免)
刘青松(6月任)
副 书 记　张玉震(3月免)

曹锡钧
何海龙(回族,4月任)

社会建设工作办公室

主　　任　张玉震(3月免)
何海龙(4月任)

副 主 任　王章兴
周庭桂(女)

中国共产党北京市通州区纪律检查委员会

书　　记　张春秀(女,8月免)
郑　宇(8月任)

副 书 记　孟繁虎
石建华
黄好振(9月免)
苏礼华(9月任)

常　　委　张春秀(女,8月免)
郑　宇(8月任)
孟繁虎
石建华
黄好振(9月免)
苏礼华(9月任)
仇春旺(9月免)
尹长伟(9月免)
王岩军
李柱世(4月免)
刘　宁(女,4月任)
西宝生(9月任)
王洪波(女,9月任)
刘江姝(女,9月任)

办公室

主　　任　张瑞平

组织部

部　　长　闫荣萍(女,4月免)
刘　宁(女,4月任)

宣传部

部　　长　尹长伟(兼,1月免)

研究室

主　　任　仇春旺(兼)

党风政风监督室

主　　任　陈　镇(8月免)
西宝生(9月任)

第一纪检监察室

主　　任　毛家宏(1月任)

第二纪检监察室

主　　任　陈　钊

第三纪检监察室

主　　任　钱　龙(3月免)
刘建兵(4月任)

案件监督管理室

主　　任　王洪波(女)

案件审理室

主　　任　刘伶艳(1月任)

预防腐败局

局　　长　孟繁虎(兼)

副 局 长　程行利(兼,8月免)
王岩军(9月任)
西宝生(9月任)

行政投诉中心

主　　任　孟繁虎

副 主 任　王岩军(兼)

人大序列

通州区人民代表大会常务委员会

主　　任　李玉君

副 主 任　罗明光(12月离任)
宋京璋(12月离任)
刘汝林(12月离任)
刘　卉(女)
张晓燕(女,不驻会,12月离任)
尚祖国(12月当选)
薄立军(12月当选)

张绍武(12月当选)
金文岭(不驻会,12月当选)
委　　员　刘学力(12月离任)
曹岐连
黄春来(12月离任)
马克生(12月离任)
李清俊(女,12月离任)
刘志刚
张东凤(女)
郭宝圣
刘维嘉(12月离任)
刘振东
杜俊红(女)
张梅菊(女)
张春兰(女)
张慧敏(12月离任)
张俊胜(回族)
赵　冬(女)
崔大柏(12月离任)
韩克非(女)
张德芳(12月离任)
郎丽丽(女)
傅　刚
王文兵(女,12月当选)
王书信(12月当选)
王玉英(女,12月当选)
王婀娜(女,12月当选)
王　巍(女,12月当选)
刘国利(回族,12月当选)
李　翔(12月当选)
李智敏(女,12月当选)
杨东莲(女,12月当选)
张旭凤(女,12月当选)
姚华峰(12月当选)
徐佩松(12月当选)
徐　波(12月当选)
徐淑兰(女,12月当选)
韩　丽(女,12月当选)
蔡力凯(12月当选)

办公室

主　　任　刘学力(4月免)
姚华峰(4月任)
副 主 任　李凤云(女)
王　巍(女,8月免)
曾智豪(8月任)

财政经济工作委员会

主　　任　张东凤(女)
副 主 任　王文兵(女,8月任)

内务司法工作委员会

主　　任　郭宝圣
副 主 任　李　翔

教育科技文化卫生工作委员会

主　　任　曹岐连
副 主 任　蔡立凯

城乡建设环保工作委员会

主　　任　黄春来(8月免)
徐　波(8月任)
副 主 任　徐　波(8月免)
李智敏(女,8月任)

农村工作委员会

主　　任　马克生(8月免)
徐佩松(8月任)
副 主 任　王　巍(8月任)

代表联络室

主　　任　贾立军(女,8月免)
杨东莲(女,8月任)
副 主 任　武顺金(女)

研究室

主　　任　刘志刚
副 主 任　郭　磊(12月免)

信访办公室

主　　任　王立艳(女)

政府序列

通州区人民政府

区　　长　岳　鹏(10月免)
张力兵(10月代,12月任)

副 区 长　崔志成(8月免)
于世疆(10月免)
李亚兰(女)
崔松光
刘贵明(12月免)
王岩石
陈少敏(2月任,12月免)
张德启(8月任)
雷晓宁(女,8月任)
洪家志(10月任)
李耀光(12月任)
阳　波(12月任)

办公室

主　　任　朱志高

常务副主任　刘海涛(7月免)

副 主 任　毕小京
陈世忠
张　阳
王春华

政策研究中心

主　　任　皮联仿(10月免)
王建英(女,10月任)

督查室

主　　任　王　强

突发事件应急委员会办公室

主　　任　刘海涛(7月免)
胡成平(8月任)

监察局

局　　长　孟繁虎

副 局 长　黄好振(6月免)
程行利(8月免)
王岩军(9月任)
西宝生(9月任)

信访办公室

党组书记　高　华

主　　任　高　华

副 主 任　王　丽(女)
王忠义
姜海龙

民防局

党组书记　王玉芳(6月免)
张玉和(6月任)

纪检组组长　黄文健(女)

局　　长　张玉和(8月免)
杜　彤(8月任)

副 局 长　刘文平
冯振华

经济和信息化委员会

党组书记　陈国庆(8月免)
赵振华(8月任)

党组副书记　杜　伟(10月任)

纪检组组长　巩如意(女)

主　　任　陈国庆(12月免)
杜　伟(12月任)

副 主 任　李实杰
官　宏
侯康超

中关村科技园区通州园管理委员会（北京市通州区人民政府园区管理委员会）

主　　任　于世疆(11月免)
　　　　　洪家志(11月任)
党组书记　聂玉泉(6月免)
党组副书记　姚华松
常务副主任　聂玉泉(7月免)
副 主 任　姚华松
　　　　　赵正胜
　　　　　杨建路
产业促进处处长　郭成礼(8月免)
　　　　　林广连(8月任)
综合管理处处长　冯顺利
发展规划处处长　裴志强
办公室主任　张志翔(8月免)
　　　　　何　维(11月任)

农村工作委员会

书　　记　杨泽军
副 书 记　刘雪峰(6月免)
　　　　　张东旭
　　　　　刘庆生(7月任)
纪工委书记　李光忠
主　　任　刘雪峰(8月免)
　　　　　刘庆生(8月任)
副 主 任　刘瑞芳(女)
　　　　　王子江
　　　　　钱玉东(回族)
　　　　　杨跃方(8月任)
　　　　　陈国庆(8月任)

住房和城乡建设委员会

党委书记　王介民
党委副书记　张德启(8月免)
　　　　　孙奎亮(8月任)
　　　　　刘文鹏
纪委书记　刘士军
主　　任　张德启(8月免)
　　　　　孙奎亮(8月任)
副 主 任　杜少勋
　　　　　林东生(8月免)
　　　　　王练雄
　　　　　刘长志
　　　　　任瑞启
　　　　　吴殿东(8月任)

通州区房屋征收事务中心

主　　任　赵　明
副 主 任　潘金华
　　　　　张　剑(2月任)

教育工作委员会

书　　记　张立芳(女)
副 书 记　张绍武
　　　　　周　颖(女,8月任)
主　　任　张绍武
副 主 任　肖建辉(5月免)
　　　　　袁静华(女)
　　　　　王秀东
　　　　　李跃松
　　　　　刘德杰(8月任)
纪工委书记　周　颖(女,8月免)

教育督导室

主　　任　李少杰
副 主 任　刘德杰(8月免)

商务委员会

党组书记　韩向群
党组副书记　陈国增
纪检组组长　胥德增
主　　任　陈国增
副 主 任　果松海(8月免)
　　　　　刘月刚
　　　　　相洪河
　　　　　詹海霞(女,8月任)

科学技术委员会(知识产权局)

党组书记　杜　伟(10月免)
　　　　　李　霞(女,11月任)
党委副书记　李　霞(女,11月免)
主任(局长)　李　霞(女)
副主任(副局长)　杜　伟(10月免)
　　　　　潘自欣
　　　　　张凤军
　　　　　李　群(女)
纪检组组长　杨玉稳(女)

知识产权服务中心

主　　任　宋长福

发展和改革委员会

党组书记　甄　宇
纪检组组长　张友刚
主　　任　甄　宇
副 主 任　林旭平
　　　　　刘秀杰(女)
　　　　　吴孔安(8月免)
　　　　　何志达
　　　　　余　龙(8月任)
物价所所长　董春山

金融服务办公室

主　　任　乔立群

国有资产监督管理委员会

党委书记　田晓江(6月免)
　　　　　吴长利(10月任)
党委副书记　董维毅
　　　　　牛春刚
纪委书记　王书生(8月免)
主　　任　董维毅
副 主 任　刘庆海
　　　　　李　煦(蒙古族,8月免)
　　　　　李旻杰(女)
　　　　　李立新(8月任)
工会主席　闫淑荣(女,12月免)
　　　　　毛永承(12月任)

市政市容管理委员会

党委书记　张军领(6月免)
　　　　　薄立军(6月任)
党委副书记　薄立军(6月免)
　　　　　张文宽
　　　　　程卫民(6月任)
纪委书记　陈慧英(女,回族,4月免)
主　　任　薄立军(8月免)
　　　　　程卫民(8月任)
副 主 任　张卫东
　　　　　张跃宗
　　　　　刘学军
工会主席　刘秀燕(女)

城乡环境建设委员会办公室

主　　任　薄立军(8月免)
　　　　　程卫民(8月任)
专职副主任　李　琴(女)

燃气管理办公室

主　　任　杨艳芬(女)
副 主 任　牛文波
　　　　　张金龙(10月任)

环境卫生服务中心

主　　任　马劲松
副 主 任　卢子山
　　　　　张　磊
工会主席　韩凤源

新城中心区建设管理委员会

党组书记　胡克诚
纪检组组长　芮双林
主　　任　胡克诚
副 主 任　李士龙
　　　　　安聪颖
　　　　　石　宇

文化委员会

党委书记　王立生
纪委书记　刘江妹(女,9月免)
主　　任　王立生
副 主 任　杨根萌
林长春
王绮茜(女,8月免)
马俊艳(女,8月任)

文化执法队

队　　长　彭绍常(2月任)

人力资源和社会保障局

党委书记　王士杰
党委副书记　杨连元
徐佩松(7月免)
张立华(8月任)
纪委书记　刘　江
局　　长　杨连元
副 局 长　徐佩松(7月免)
李　军
张立华
曹奇权
吴绍伟
杨玉洁(女,8月任)

社会保险事业管理中心

主　　任　杨玉洁(女,8月免)

劳动人事争议仲裁院

院　　长　李祥辉
工会主席　周凤良

财政局

党委书记　张春良
党委副书记　徐思清(10月免)
何连贺(10月任)
纪委书记　杨德春
局　　长　张春良
副 局 长　李宝清
武燕伶(女)
张　敏(女,蒙古族)

审计局

党组书记　石国辉
党组副书记　盛亚荣(女)
纪检组组长　王文选
局　　长　盛亚荣(女)
副 局 长　曹温华(10月免)
赵　静(女)
周　丰
黄海青
梁红梅(女,8月任)

环境保护局

党组书记　裴志刚
纪检组组长　常有伶(女)
局　　长　裴志刚
副 局 长　李彦军
张旭辉
徐晓云(女)

统计局

党组书记　李柏松
党组副书记　潘月东
张大朋
纪检组组长　李瑞红(女,8月免)
局　　长　潘月东
副 局 长　李振海(4月任)
刘德龙
陈凤香(女)
总统计师　张春妹(女)

国家统计局通州区调查队

队　　长　张大朋

北京市通州区经济社会调查队

队　　长　张大朋
副 队 长　刘宗刚
韩秀玲(女)

体育局

党组书记　王凤臣(1月免)
　　　　　靳国旺(3月任)
党组副书记　苏亚文(女)
纪检组组长　翟海英(女)
局　　长　苏亚文(女)
副 局 长　吴小未(女)
　　　　　王　栋
　　　　　张春明
工会主席　于德海

卫生和计划生育委员会

党工委书记　白玉光(蒙古族)
党工委副书记　许华芳(8月免)
　　　　　刘亚兰(女,8月任)
纪工委书记　刘亚兰(女,8月免)
　　　　　张秀明(女,8月任)
主　　任　田春华(女)
副 主 任　李凤苹(女)
　　　　　张秀明(女,8月免)
　　　　　陈长春
　　　　　谭　丽(女)
　　　　　李文龙
　　　　　徐　娜(女,8月任)
工会主席　高宝东

疾病预防控制中心

主　　任　刘晓峰

卫生局卫生监督所

所　　长　朱立新(女)

交通局

党委书记　吴长利(10月免)
　　　　　董建忠(10月任)
党委副书记　姜富龙
　　　　　刘福国
纪委书记　郭宝堂
局　　长　姜富龙
副 局 长　胡　蓝(女)
　　　　　何万顺

铁路道口安全管理办公室

主　　任　周　晋

园林绿化局

党委书记　禹学河(6月免)
　　　　　张军领(6月任)
党委副书记　董本新
　　　　　禹学河(6月任)
纪委书记　陈永梅(女)
局　　长　禹学河
副 局 长　李书勇
　　　　　王春喜
　　　　　王建军(10月免)
工会主席　刘玉梅(女)

绿化委员会办公室

主　　任　禹学河
副 主 任　张宝常

森林公安处

处　　长　高秉权

水务局

党委书记　李永锋
党委副书记　房亚军
纪委书记　刘　宁(女,4月免)
局　　长　房亚军
副 局 长　李振海(4月免)
　　　　　郭庆福
　　　　　李克强
　　　　　程　群
　　　　　刘振锋(8月任)
总工程师　金建华

农业局

党委书记　田恩生
党委副书记　刘庆生
　　　　　陈长春

纪委书记　康淑静(女)
局　　长　刘庆生
副 局 长　倪寿文
　　　　　张春良
　　　　　王永利
工会主席　王广龙

旅游发展委员会

党组书记　张小艳(女,9月任)
党组副书记　张小艳(女,9月免)
　　　　　纪万成(9月任)
纪检组组长　张书利
主　　任　张小艳(女,9月免)
　　　　　纪万成(9月任)
副 主 任　王凤荣(女)
　　　　　安文崑
　　　　　顾有勤(8月免)
　　　　　张连福(8月任)

民政局

党委书记　储怀森
党委副书记　何志强(回族,8月免)
　　　　　于立东(8月任)
　　　　　李宗秀
纪委书记　宋明凯
局　　长　何志强(回族,10月免)
　　　　　于立东(10月任)
副 局 长　王　彤
　　　　　陈晓丽(女)
工会主席　吴立华(女)

民族宗教侨务办公室

主　　任　何志强(回族,10月免)
　　　　　于立东(10月任)
副 主 任　马玉春(回族)

老龄工作领导委员会办公室

主　　任　何凤红(女,回族)

双拥办

主　　任　储怀森
副 主 任　郝玉平

司法局

党组书记　甄　朋
党组副书记　王志勇(8月免)
　　　　　郭玉明(8月任)
纪检组组长　张　银(女)
局　　长　甄　朋
副 局 长　王志勇(8月免)
　　　　　郭玉明(10月任)
　　　　　张改朝
　　　　　康　静(女,8月免)
　　　　　李立文
　　　　　高　飞(8月任)

安全生产监督管理局

党组书记　曹树常
纪检组组长　雷雨雯(女)
局　　长　曹树常
副 局 长　杨文庆
　　　　　吴宝祥
　　　　　王志佳(8月免)
　　　　　谭先进(8月任)

法制办公室

党组书记　陈宏毅(8月任)
主　　任　刘青松(8月免)
　　　　　张琴琴(女,8月任)
副 主 任　张琴琴(女,8月免)
　　　　　张康林

城市管理综合行政执法监察局

党委书记　刘　升
党委副书记　赵瑞恒
　　　　　何连贺(10月免)
纪委书记　刘　丰
局　　长　赵瑞恒

副　局　长　　姜军平
　　　　　　　夏庆元
　　　　　　　宋坤一(8月免)
　　　　　　　周建刚
　　　　　　　张向忠(8月任)
工会主席　　蔡　春(2月任)

行政服务中心

党组书记　　宋俱乐
党组副书记　张弘力
纪检组组长　田晓棠(女)
主　　任　　张弘力
副　主　任　马伟哲(女,回族)
　　　　　　　张新刚(8月免)
　　　　　　　王　超
　　　　　　　刘淑清(女,8月任)

区机关事务服务中心

党组书记　　陈均芝
纪检组组长　翟　琦
主　　任　　陈均芝
副　主　任　辛　卫
　　　　　　　史永刚
　　　　　　　纪宇一(女)

档案局（档案馆）

党组书记　　张丽华(女)
局（馆）长　高德澍(6月免)
　　　　　　　刘海涛(7月任)
副局(馆)长　王振和
　　　　　　　张钰丛(女)

党史工作办公室(区地方志办公室)

主　　任　　王葆刚
副　主　任　翟荣华
　　　　　　　禹万新

地震局

党组书记　　黄志伟(6月免)
局　　长　　王金成
副　局　长　刘瑞华
　　　　　　　韩　冰(女)

投资促进局

局　　长　　卢庆雷(4月免)
　　　　　　　杨东风(6月任)
副　局　长　陈　勇
　　　　　　　吴　涛

种植业服务中心

党委书记　　刘福生
党委副书记　李春民
纪委书记　　张　莹(女)
主　　任　　杜德强
副　主　任　王宝东
工会主席　　闫庆利

农机服务中心

党委书记　　梁　民
纪委书记　　李洪芳(女)
主　　任　　梁　民
副　主　任　董　钢
　　　　　　　王泽宇
工会主席　　苏　同

农村合作经济经营管理站

党组书记　　王立成
党组副书记　宗　飞(10月免)
纪检组组长　李笠江(女)
站　　长　　宗　飞(10月免)
副　站　长　金世明(9月去世)
　　　　　　　朱新亮(8月免)
　　　　　　　王书生(8月任)

广播电视中心

党组书记　　王志刚
党组副书记　刘　磊(4月任)
主　　任　　刘　磊(6月任)
副　主　任　王雪征
　　　　　　　王小利
　　　　　　　高玉强

北工大实验学院、职业教育中心、北工大通州分校

党委书记　胡晓东
党委副书记　王明生
　郭　颖(女)
纪委书记　塔文田
院　　长　王　普
副院长　石秀丽(女)
　贾红军
主　　任　胡晓东
副主任　胡亚军
校　　长　胡晓东
副校长　王明生

成人教育中心

党委书记　高孝锋
党委副书记　肖建辉(4月任)
主　　任　肖建辉(5月任)
副主任　李保国
　张成法
　李卫红(女)

潞河中学

校　　长　徐　华

行政学院

院　　长　崔志成(兼,6月免)
　崔松光(6月任)
常务副院长　安志江
副院长　李智敏(女,兼,8月免)
　惠学刚(兼)
　朱　蕾(女,10月任)

首都医科大学附属北京潞河医院

党委书记　纪福民
党委副书记　纪智礼
　杜会山
纪委书记　全俊亚(女)
院　　长　纪智礼
副院长　李晓辉
　王喜红
　赵京红
　陈学明

北京通州报社

总编辑　安继连

政协机关

中国人民政治协商会议北京市通州区委员会

主　　席　赵玉影
副主席　张振泉(12月免)
　季志会(女)
　贾君刚
　杜少勋(不驻会,12月免)
　王子江(不驻会)
　田春华(女,不驻会)
　石宝玉(12月任)
　吴　涛(12月任)
秘书长　杜德耕
副秘书长　纪万成(10月免)
　刘宝明(10月任)
常务委员　王红菊(女)
　王德宝(12月免)
　王振成
　边学锋(女,12月免)
　吕　东
　吕庆申
　刘宝平
　刘崇尧(女)
　池雪斌
　孙大公
　杜　伟(12月免)

杜德强
李　罡(12月免)
李光伟(女)
李旻杰(女,12月免)
杨玉桥
杨涛源(女,12月免)
吴　涛(12月免)
张　松
张琴琴(女)
贯会学
金文岭(12月免)
周　正(12月免)
庞　玉
郝　玥(女)
胡玉玲(女)
胥振阳
郭　枫(12月免)
赵　静(女)
王立生(12月任)
王连队(12月任)
王秀东(12月任)
史长青(12月任)
伊　婵(女,12月任)
刘秀杰(女,12月任)
刘宝明(12月任)
李　丽(女,12月任)
杨朝辉(女,12月任)
邹晓美(女,12月任)
张　硕(12月任)
张兴顺(12月任)
岳凤山(12月任)
倪晓燕(女,12月任)
唐　军(12月任)
曹一楠(12月任)
曹恒永(12月任)
程　群(12月任)
鲁新龙(12月任)
然　教(12月任)

办公室

主　　任　纪万成(10月免)
刘宝明(10月任)

副 主 任　王金瑞
王　珍(女,10月免)
李瑞红(女,10月任)

研究室

主　　任　杨广文(10月免)
皮联仿(10月任)

副 主 任　卢雪静(女,10月免)

专委会一室

主　　任　李北江

专委会二室

主　　任　赵振华(10月免)
程行利(10月任)

副 主 任　卢雪静(女,10月任)

专委会三室

主　　任　丁振宇

副 主 任　刘　飏(女,回族,10月免)

专委会四室

主　　任　刘宝明(10月免)
杨广文(10月任)

副 主 任　吕　征(女,10月免)
毛瑞霞(女,10月任)

专委会五室

主　　任　吕咸生(10月免)
李雅静(女,10月任)

副 主 任　李雅静(女,8月免)

专委会六室

主　　任　李汝刚

副 主 任　刘　飏(女,回族,10月任)

法院 检察院

人民法院

党组书记	焦慧强(7月免)
	陈立如(7月任)
院长	焦慧强(8月免)
	陈立如(8月代,12月任)
副院长	王成喜
	徐瑞成
	张朝阳
	朱长军(4月任)
政治处主任	张永增
政治处副主任	管亚新(女,回族,12月任)
纪检组组长	连增平(女)
纪检组副组长	徐古月
执行局局长	樊守林
执行局副局长	杨少青(2月任,12月免)
	马　辉(2月任)
	王旭东(12月任)
执行一庭庭长	杨　宇
执行二庭庭长	杨少青(2月免)
	马　辉(2月任)
执行三庭庭长	张　萍(女,2月免)
	石彦孝(回族,2月任)
审判委员会专职委员	綦炫声(1月免)
	蔡俊清(女)
	徐伟东
	杨少青(12月任)
刑事审判第一庭庭长	朱长军(4月免)
民事审判第一庭庭长	李迎新(女,满族)
民事审判第二庭庭长	张　静(女,2月免)
	刘　梅(女,2月任)
民事审判第三庭庭长	刘秉浩(2月免)
	朱　璟(女,2月任,12月免)
	赵连峰(12月任)
民事审判第四庭庭长	李士刚(2月免)
	张　静(女,2月任,12月免)
	朱　璟(12月任)
行政审判庭庭长	孙天舒(女)
审判监督庭庭长	刘广强(12月免)
	陈汉东(12月任)
研究室主任	张　萍(女)
宋庄人民法庭庭长	李士刚(2月任)
张家湾人民法庭庭长	王连勇(2月免)
	刘秉浩(2月任)
漷县人民法庭庭长	马　辉(2月免)
	张　涛(2月任)
马驹桥人民法庭庭长	曹　越(2月任)
法警大队队长	刘志航(满族,2月任)
工会主席	王连勇(2月任)

人民检察院

党组书记	李　华(女,10月免)
	祁治国(10月任)
党组副书记	郭晓红
政治处主任	向令涛
政治处副主任	张爱华(女)
	文　静(女)
纪检组组长	张守刚
检察长	李　华(女,10月免)
代理检察长	祁治国(10月任)
副检察长	郭晓红
	甘　露(女)
	田长江
	张树昌
监察室	杨　枭(女)
办公室	王向玲(女)
检察管理监督部	李洪欣(女)

行政事务管理局　高学全
审查逮捕部　李　峥(女)
公　诉　部　刘　岩(女)
刑事审判监督部　杨文悦
未成年人案件检察部　赵丽佳(女)
刑事执行检察部　高建泉
反渎职侵权局　梁德春
反贪污贿赂局　吴　涛
民事检察部　马良民
行政检察部　黄笔镜(女)
法警大队　陈　威

社会团体

区总工会

主　　席　王振良(5月免)
　　　　　尚祖国(5月任)
党组书记　尚祖国
常务副主席　吕庆申
副 主 席　张健姝(女,9月免)
　　　　　徐淑兰(女)
　　　　　朱京萍(女)

共青团北京市通州区委员会

书　　记　刘　鑫
副 书 记　于　军(8月免)
　　　　　石　韧(回族)
　　　　　张　硕

区妇女联合会

主　　席　刘美俊(女)
副 主 席　边学锋(女)
　　　　　倪晓燕(女)
　　　　　张　君(女)

区工商业联合会

党组书记　曹恒永
主　　席　刘德昉(1月任,12月免)
副 主 席　曹恒永
　　　　　林　鹏
秘 书 长　林　鹏

区文学艺术界联合会

主　　席　樊淑玲(女)
副 主 席　杨家毅(6月免)
　　　　　王桂新(12月任)

区科学技术协会

党组书记　岳凤山
主　　席　金文岭
副 主 席　谭　轶

区残疾人联合会

党组书记　尹宝宇(3月免)
　　　　　张玉震(3月任,9月免)
　　　　　张健姝(女,9月任)
党组副书记　陈宏毅(8月免)
　　　　　张玉震(9月任)
理 事 长　陈宏毅(8月免)
　　　　　张玉震(9月任)
副理事长　何全盛

区红十字会

会　　长　于世疆(8月免)
　　　　　李亚兰(女,8月任)
常务副会长　杨东风(8月免)
　　　　　贾立军(女,8月任)
秘 书 长　杨景斌(8月免)
　　　　　郑国峰(8月任)

区属商贸服务企业

通州商业资产运营公司

党委书记　孙士臣
党委副书记　贾国禄(3月免)
　温大海(3月任)
纪委书记　贾国禄(3月免)
　温大海(3月任)
经　理　孙士臣
副经理　高文峰
　郭小莲(女)
　何桂霞(女)
　冯秀军
　李立军
工会主席　贾国禄(3月免)
　温大海(3月任)

北京金通资产经营管理公司

党委书记　陈满全
党委副书记　温大海(3月免)
　关　雪(3月任)
纪委书记　温大海(3月免)
　关　雪(3月任)
经　理　陈满全
副经理　刘义亭
工会主席　温大海(3月免)
　关　雪(9月任)

通州区煤炭公司

党委书记　潘国利
党委副书记　李宝全
纪委书记　李宝全
经　理　潘国利
副经理　孟庆江
　张福全
　董维臣

通州区供销合作总社

党委书记　王　强
党委副书记　吴　卫(3月任)
　牛伟伟(女)
　米广清
纪委书记　牛伟伟(女)
主　任　王　强(3月免)
　吴　卫(3月任)
副主任　米广清
　郭海波(6月免)
　曹立波(4月任)

园区

光机电一体化产业基地管委会

主　任　苏礼华(7月免)
　郭　枫(8月任)
副主任　肖　丹(女,6月免)
　关　森
　董建雍(8月任)

金桥基地管委会(北京国家环保产业园区管理委员会)

主　任　李墨军
副主任　潘洪跃
　刘光毅(8月免)
　许胜永(8月免)
　陈书泉(10月任)
　王宝季(4月任)

物流基地管委会(北京通州物流产业园区管理委员会)

主　任　张留树

副 主 任　彭凯泉
　董　彦(女,蒙古族)

通州新城金融服务园区管委会

主　　任　李宝增
副 主 任　黄之元
　雷　霆

北京市通州区台湖高端总部基地管委会

主　　任　李志杰(10月免)
副 主 任　王建中
　马淑慧(女)
　余　洋(8月任)

北京通州文化旅游区管委会

党组书记　赵　军
主　　任　赵　军
副 主 任　张宝国
　李　朋
　王冬生

北京通州宋庄文化创意产业集聚区管理委员会

主　　任　刘永忠
副 主 任　孙广平
　黄友庆
　李　润(女,8月任)

北京通州国际医疗服务区建设管理委员会

主　　任　申　键(7月免)
　陈洪波(7月任)
副 主 任　杨跃凯
　刘　颖(女,10月免)
　尹凤忠(8月任)

北京市通州区国际种业科技园区管理委员会

主　　任　张洪亮
副 主 任　吕正波(8月免)
　肖婷婷(女)
　郭　磊(8月任)

街道 乡镇

中仓街道

工委书记　冯利英(女,8月免)
　宗　飞(10月任)
工委副书记　陈新全
　张连福(8月免)
　张　军(8月任)
　刘晓波
纪工委书记　刘晓波
组织部部长　郑国峰(3月免)
　闫荣萍(女,4月任)
宣传部部长　张建竹
武装部部长　张连宝
总工会主席　张玉平
人大街工委主任　冯利英(女,8月免)
人大街工委副主任　米福清(女,回族)
办事处主任　陈新全
办事处副主任　李　明
　刘宗永
　于洪流
　崔淑敏(女)

新华街道

工委书记　董建忠(11月免)
　滕永新(11月任)
工委副书记　滕永新(10月免)
　张民平(11月任)
　杨万军
　王庆新
纪工委书记　王庆新
组织部部长　马　骎(女,8月免)
　吕　征(女,8月任)

宣传部部长	王春玲(女,10月免)
	王东艳(女,10月任)
武装部部长	陈　平
总工会主席	薛　玲(女)
人大街工委副主任	张梅菊(女)
办事处主任	滕永新(10月免)
	张民平(11月任)
办事处副主任	万松梅(女)
	方向东
	王　刚
	李永金

北苑街道

工委书记	李彦明
工委副书记	华　飞(女)
	李永刚
	尹长伟(1月任)
纪工委书记	尹长伟(1月任)
组织部部长	高新凤(女)
宣传部部长	李晓英(女,8月免)
	西雪莲(女,10月任)
武装部部长	杜永贵
总工会主席	叶国良
人大街工委主任	李彦明
人大街工委副主任	张宝贵
办事处主任	华　飞(女)
办事处副主任	沈延忠
	王文超(6月免)
	刘彦平(10月任)
	曾令发

玉桥街道

工委书记	徐景发
工委副书记	杨东莲(女,6月免)
	孙雪松(女,7月任)
	李　青
	李玉直(8月免)
	罗占先(8月任)
纪工委书记	李玉直(8月免)
	罗占先(8月任)
组织部部长	张艳萍(女)
宣传部部长	西雪莲(女,10月免)
	王春玲(女,10月任)
武装部部长	孟轩昂
总工会主席	徐桂兰(女)
人大街工委副主任	羿永强
办事处主任	杨东莲(女,6月免)
	孙雪松(女,7月任)
办事处副主任	薛美丽(女)
	王立夫
	董　金

永顺镇

党委书记	邓忠义
党委副书记	邓小民
	陆德启(1月任,8月免)
	于　军(8月任)
组织委员	姜宝军
宣传委员	郭春杰(8月免)
	戴迎春(女,8月任)
纪委书记	张宝利
武装部部长	王履安(回族)
总工会主席	吴慧玲(女,满族,9月免)
	李德英(9月任)
人大主席	邓忠义(9月免)
	朱秀慧(女,9月任)
人大副主席	朱秀慧(女,9月免)
镇长	邓小民
副镇长	赵程红(女)
	邹海涛(8月免)
	王　东
	郑永忠
	蔡德刚

宋坤一(9月任)
刘　刚(9月任)

梨园镇

党委书记　于立东(8月免)
冯利英(女,8月任)
党委副书记　周东振
陆德启(1月免)
罗占先(1月任,8月免)
王元霞(女,8月任)
组织委员　罗占先(1月免)
张全书(1月任)
宣传委员　辛　新(女)
纪委书记　刘国兴
武装部部长　田洪民
总工会主席　崔丽君(女)
人大主席　于立东(9月免)
许华芳(8月任)
人大副主席　王元霞(女,8月免)
镇长　周东振
副镇长　代恒猛(1月免)
唐殿珂(6月免)
金海河
巩少峰
王　刚
张远月(8月任)
高志强(8月任)
李　煦(8月任)
办事处副主任　李文意

宋庄镇

党委书记　孙奎亮(8月免)
柳德利(8月任)
党委副书记　柳德利(8月免)
李树东
王　艳(女,8月任)
组织委员　洪壮志(8月免)
李　翔(8月任)
宣传委员　李小忠(8月免)
李晓英(女,8月任)
纪委书记　裴剑峰(8月免)
洪壮志(8月任)
武装部部长　李　翔(8月免)
康福星(8月任)
总工会主席　张殿东
人大主席　孙奎亮(8月免)
王玉英(女,9月任)
人大副主席　王玉英(女,9月免)
镇长　柳德利(9月免)
王　艳(女,9月任)
副镇长　陈洪波(7月免)
詹海霞(女,9月免)
杨跃方(9月免)
裴剑峰(9月任)
马宝民
张春波(9月任)
贾春风
张艳明(女,9月任)
徐　俊(9月任)

张家湾镇

党委书记　程卫民(6月免)
阳　波(6月任)
党委副书记　阳　波(6月免)
王秀军(11月免)
张国瑞(8月免)
聂玉泉(6月任)
李　丹(回族,8月任)
组织委员　张　军(8月免)
齐莉丽(女,8月任)
宣传委员　齐莉丽(女,8月免)
陈瑞昆(8月任)
纪委书记　李　丹(回族,8月免)

	张新刚(8月任)
武装部部长	李小军(8月免)
	于　良(8月任)
总工会主席	张凤国(9月免)
	付永军(9月任)
人大主席	程卫民(8月免)
	张国瑞(8月任)
人大副主席	张德芳(8月免)
镇　长	阳　波(7月免)
	聂玉泉(7月任)
副镇长	王　鑫(5月免)
	董振瑞(8月免)
	马俊艳(女,8月免)
	杨文新
	郝红芬(8月任)
	李小军(8月任)
	张凤国(8月任)
	杨　彬(8月任)
	张　弘(8月任)

漷县镇

党委书记	孝　军
党委副书记	张民平(8月免)
	邹海涛(8月任)
	朱春彬
组织委员	张亚忠
宣传委员	张雪莲
纪委书记	杜振强
武装部部长	邢　君
总工会主席	郝洪达
人大主席	孝　军(9月免)
	曹庆明(9月任)
人大副主席	曹庆明(9月免)
镇　长	朱春彬
副镇长	李宝华
	季晓光(9月免)
	李佳佳(女)
	刘树才
	谭先进(8月免)
	杨　仡(8月任)
	曾凡博(9月任)

马驹桥镇

党委书记	鲁新红
党委副书记	孙　伟
	徐德义(8月免)
	王雪艳(女,8月任)
组织委员	王雪艳(女,8月免)
	王小东(8月任)
宣传委员	刘淑清(女,8月免)
	周　媛(女,8月任)
纪委书记	王小东(8月免)
	朱新亮(8月任)
武装部部长	李宝华
总工会主席	米学忠(9月免)
	陈学庆(9月任)
人大主席	鲁新红(9月免)
	徐德义(9月任)
人大副主席	王文兵(女,9月免)
镇　长	孙　伟
副镇长	于长阳
	张凤华
	高国庆
	初庆宝(9月免)
	米学忠(1月任)
	王　珍(女,9月任)
	刘光毅(9月任)

西集镇

党委书记	杨　利(回族)
党委副书记	张全启
	王　艳(女,8月免)
	马清文(8月任)

组织委员　马清文(8月免)
张洪政(8月任)
宣传委员　杨继君(女,8月免)
冯　宁(女,8月任)
纪委书记　宋　扬(8月免)
康　健(女,8月任)
武装部部长　李成军
总工会主席　王昊健(女)
人大主席　杨　利(回族,8月免)
果松海(8月—11月代,12月任)
人大副主席　林广连(8月免)
镇　　长　张全启
副镇长　尹凤忠(8月免)
唐荣光
吴殿东(8月免)
刘振锋(8月免)
郝红芬(女,8月免)
杨继君(女,8月任)
宋　扬(8月任)
赵海燕(女,8月任)
曲春丞(8月任)

潞城镇

党委书记　雷晓宁(女,7月免)
关　平(8月任)
党委副书记　孙雪松(女,7月免)
关　平(8月免)
吴孔安(8月任)
林广星(8月任)
组织委员　林广星(8月免)
马　骎(女,8月任)
宣传委员　彭绍常(1月免)
潘玉霞(女,1月任)
纪委书记　安源良(8月免)
陈　镇(8月任)
武装部部长　李文周
总工会主席　潘玉霞(女,8月免)
殷文平(女,8月任)
人大主席　雷晓宁(女,7月免)
蔡瑞彬(8月任)
人大副主席　梁红英(8月免)
镇　　长　关　平(8月免)
吴孔安(8月任)
副镇长　李文周
刘为凤(3月免)
王东海(10月免)
程丹棣(女)
蔡瑞彬(8月免)
韩　鹏(4月任)
梁红英(8月任)
高　翔(8月任)
邓长荣(女,8月任)
刘　颖(女,10月任)

台湖镇

党委书记　倪德才
党委副书记　曹东波
郭　枫(8月免)
初庆宝(8月任)
组织委员　贾晓玲(女,8月免)
朱晓鑫(8月任)
宣传委员　徐敬福(1月任)
纪委书记　西宝生(8月免)
刘小明(8月任)
武装部部长　韩廷春(2015年12月任)
总工会主席　李　勇
人大主席　倪德才(8月免)
郭成礼(8月任)
人大副主席　梁红梅(女,8月免)
镇　　长　曹东波
副镇长　余　龙(8月免)
王雪冬
李立新(8月免)

石园园(女,6月免)
李胜利
肖　丹(6月任)
顾有勤(9月任)
纪　方(9月任)
贾晓玲(9月任)

永乐店镇

党委书记	魏　国
党委副书记	刘德昉(1月免)
	杨志勇(8月免)
	卢庆雷(3月任)
	周万武(8月任)
纪委书记	杨得志(8月免)
	李　锋(8月任)
组织委员	宋兰艳(女,8月免)
	王志佳(8月任)
宣传委员	毛瑞霞(女,8月免)
	王绮茜(女,8月任)
武装部部长	王建伟(8月免)
	杨得志(8月任)
总工会主席	李永生
人大主席	魏　国(9月免)
	杨志勇(9月任)
人大副主席	李金松(8月免)
镇　长	刘德昉(1月免)
	卢庆雷(4月任)
副镇长	周万武(9月免)
	李立新
	周立军
	李　锋(9月免)
	焦善鸣
	宋兰艳(女,9月任)
	李金松(9月任)

于家务回族乡

党委书记	王德松
党委副书记	何海龙(回族,4月免)
	古　剑(回族)
	葛　静(女,8月任)
组织委员	丛丽娟(女)
宣传委员	戴迎春(女,8月免)
	张志翔(8月任)
纪委书记	徐海涛
武装部部长	张向忠(8月免)
	冉金友(8月任)
总工会主席	于秀红(女,8月免)
	张宝东(9月任)
人大主席	王德松(8月免)
	王志勇(8月任)
人大副主席	冉金友(8月免)
乡　长	何海龙(回族,4月免)
	古　剑(回族,6月任)
副乡长	葛　静(女,8月免)
	马选军(7月免)
	李亚军(回族)
	张春波(8月免)
	李卫忠
	吕正波(8月任)
	于秀红(女,8月任)
	孙景宁(8月任)

双管单位

北京市规划委员会通州分局

党组书记	杨　唯
局　长	杨　唯
副局长	詹懿琳(女)
	齐晓庭
	李　伟
	郭宝峰

张智杰(女,6月任)
朱言生(6月任)

北京市交通委员会路政局通州公路分局

党委书记　王沛才
党委副书记　张玉霞(6月免)
　李金钟(6月任)
局　长　李金钟(3月任)
副局长　张淑琴(女)
　孔　羽(女)
　陈丕东
　李金龙

通州区质量技术监督局

党组书记　刘永利
纪检组组长　赵志辉(12月免)
　董迎旭(12月任)
局　长　刘永利
副局长　程耀谷(9月免)
　刘　成
　曹庆辉(9月免)
　韩　涛
　董　武(9月任)

北京市国土资源局通州分局

党组书记　康振宇
党组副书记　靳　京
纪检组组长　张彦茹(女,4月任)
局　长　靳　京
副局长　康振宇
　张士祥
　王满屯
　王　玥(女)
　张洪兴

通州区气象局

党组书记　池长春(5月免)
　李文华(5月任)
纪检组组长　董鹏捷(女)
局　长　池长春(5月免)
　李文华(5月任)
副局长　董鹏捷(女)

中国邮政集团公司北京市通州区分公司

党委书记　侯　杰
局　长　侯　杰
副局长　陈建国
　董宗悦
　朱秀起
工会主席　董宗悦

中国人民解放军北京市通州区人民武装部

部　长　芦　峰
政　委　张宏韬
副部长兼军事科科长　王鹤良(7月免)
政工科科长　张昌令
后勤科科长　夏絮飞

通州区国家税务局

党组书记　武建春
局　长　武建春
副局长　宋卫国(3月免)
　田京玉
　柯大庆
　何文清(3月任)
　杨洪新(8月任)
纪检组组长　邱红雷(女)
总经济师　孟建秋
总会计师　张　伟(8月任)

通州区地方税务局

党组书记　杨玉杰
党组副书记　史利军(3月任)
纪检组组长　马　岚(女)
局　长　杨玉杰
副局长　史利军(3月任)
　张孟松
　刘亚慧(女)

杜云涛
王　华

工商行政管理局通州分局

党组书记　高树田
党组副书记　贾建强
纪检组组长　贾建强
局　　长　高树田
副 局 长　朱亚军
鲁　嵩
赵　岩
王通新
稽查大队大队长　魏林海

北京市公安局通州分局

党委书记　李耀光
党委副书记　吴大征
局　　长　李耀光
政　　委　吴大征

北京市通州区食品药品监督管理局

党组书记　冯德利
党组副书记　冯　源
纪检组组长　姚　晨(女)
局　　长　冯　源
副 局 长　冯德利
王立春
张　民(女)
王继文
稽查大队大队长　杜伟利

北京市通州区烟草专卖局（公司）

书　　记　夏建瓴
纪检组组长　张年庆(2014年6月任)
局长(经理)　夏建瓴
副 经 理　李　超
副 局 长　张国栋(2015年1月免)
张年庆(2014年5月免)

部分重点企业

中国烟草总公司北京市公司物流中心

经　　理　王永革
党委副书记　王永革
朱桂玲(8月任)
副 经 理　柳宝发(8月免)
朱桂玲(8月任)
孙壮志
张广秀
赵全利
许　鹏

通州区粮油贸易公司

党委书记　唐顺荣
党委副书记　张殿荣(女)
纪委书记　张殿荣(女)
总 经 理　唐顺荣
副总经理　张启发
郭　林
张立永(5月任)
工会主席　张殿荣(女)

电信科学技术仪表研究所

党委书记　吕东风
党委副书记　曹永增
所　　长　吕东风
副 所 长　曹永增
杜俊兴
董恩辉
总工程师　申学军

北京岱摩斯变速器有限公司

总 经 理　金成国
副总经理　宋寅旭(6月免)
郑豪镛

柳羲馨
李赞周
孟佑永
张世熙
金柱坤
朴遗腹
金天旻(3月任)
朴来贤(7月任)
朴相秀(11月任)

北京中丽制机工程技术有限公司

党委书记　刘福安(2015年12月免)
　　　　　宋　林(2015年12月任)
党委副书记　宋　林(2015年12月免)
　　　　　郝洪波(4月任)
总经理　仝文奇
副总经理　刘福安(2015年12月免)
　　　　　沈　玮
　　　　　焦春阳
总会计师　曹　曙
总工程师　吴昌木(4月任)

北京万生药业有限责任公司

董事长(总经理)　黄　河
副总经理　梁云松
　　　　　褚爱萍(女)
　　　　　耿玉先
　　　　　周建明
　　　　　刘　珂(女)
财务总监　李　永

其他单位

中国联合网络通信有限公司北京市通州区分公司

党委书记　邢志超(8月免)
　　　　　朱正辉(8月任)
党委副书记　高　奎
纪委书记　高　奎
总经理　邢志超(8月免)
　　　　　朱正辉(8月任)
副总经理　高　奎
　　　　　张春军
　　　　　刘　刚
工会主席　高　奎

工商银行北京通州支行

行长　马跃进(满族)
副行长　司洪胜
　　　　　朱高杰
纪委书记　石秀荣(女)

中国农业银行股份有限公司北京通州支行

党委书记　刘树军(3月免)
　　　　　王荣熙(3月任)
纪委书记　贺　军(女)
行长　刘树军(3月免)
　　　　　王荣熙(3月任)
副行长　贺　军(女)
　　　　　王小芬(女)
行长助理　张晋婷(女)
　　　　　季　南(12月任)
　　　　　刘和年(12月任)

中国银行股份有限公司北京通州支行

行长　侯艳军
副行长　牛　军
　　　　　孙　岚(女)
　　　　　刘　云(女)

中国建设银行股份有限公司北京通州区支行

行长　周　敏
副行长　刘　洪
　　　　　冯　涛(6月任)
　　　　　闫玉国
　　　　　杜朋成(8月免)
　　　　　刘　筱(6月任)

中国农业发展银行北京市通州区支行

行　　长　郝红生
副 行 长　王洪生(2月免)
　　　　　石玉苹(女,2月免)
　　　　　陈亚健(女,3月任)

华夏银行北京通州支行

行　　长　尚　高
副 行 长　赵晓明

北京银行股份有限公司通州支行

总 经 理　唐一鸣(2月任)
副总经理　李　檬(女,2月任)
总经理助理　王　玉(女,2月任)
　　　　　姚继云(女,2月任)
行　　长　姚继云(女,12月免)
副 行 长　臧建国
　　　　　郑立新
　　　　　朱　玥
　　　　　李　丹(女)
　　　　　李文杰
　　　　　魏　莹(7月任)
　　　　　张　欣(女,7月任)

北京农村商业银行通州支行

行　　长　马晓东
副 行 长　郑爱华(女)
　　　　　马俊华(女)
　　　　　贾　佳
　　　　　谭　慎(女)
　　　　　刘旭东(9月任)

中国人民财产保险股份有限公司北京市通州支公司

党支部书记　赵雄心
总 经 理　赵雄心
总经理助理　龚　健

国网北京市电力公司通州供电公司

总 经 理　赖祥生(1月任)
党委书记　刘德坤(2015年12月任)
党委副书记　柳　军
纪委书记　柳　军
副总经理　张　松
　　　　　刘　磊
　　　　　郝印涛(6月免)
　　　　　尚　博(6月任)
工会主席　周　欣(女)
总工程师　赵长青(6月任)

北京市通州区国有资本运营有限公司

党委书记　张增然
党委副书记　张艳青(女)
　　　　　吴　卫(3月免)
　　　　　张冬梅(女,3月任)
　　　　　孙艳红(女,2014年10月任)
纪委书记　代艳东(2014年11月任)
董 事 长　张增然
副董事长　张艳青(女)
总 经 理　张艳青(女)
监事会主席　张冬梅(女,3月任)
　　　　　吴　卫(3月免)

北京新奥通城房地产开发有限公司

董 事 长　唐力钢
总 经 理　唐力钢
支部书记　刘春生
常务副总经理　耿　强(11月任)
副总经理　魏　越
　　　　　张国迎(女)
　　　　　吴　炜

北京歌华有线电视网络股份有限公司通州分公司

党支部书记　石江明
党支部副书记　李星梅(女)
总 经 理　石江明
常务副总经理　宋宝贵
总经理助理　张　恒(女)
　　　　　李星梅(女)

先进单位、先进个人

全国先进单位、先进个人

全国首批雪亮工程示范城市（区）

通州区

全国安全生产月和安全生产万里行活动先进单位

通州区安全生产监督管理局

全国公安机关深入推进户口登记管理清理整顿成绩突出集体

北京市公安局通州分局人口管理大队

2015年绿色长征公益健走活动全国50强

共青团通州区委员会

全国法院第二十七届学术讨论会组织工作先进集体

通州区人民法院

全国人民防空先进集体

通州区民防局

全国金融五一劳动奖状

中国建设银行股份有限公司北京通州支行

2015—2016年全国金融系统企业文化建设先进单位

中国建设银行股份有限公司北京通州支行

全国价格认证系统优秀先进单位

通州区认证中心

全国示范物流园区

北京通州物流基地

工人先锋号

北京中丽制机工程技术有限公司北京中丽制机电气有限公司医疗产品部

2016全国纺织劳动关系和谐企业

北京中丽制机工程技术有限公司

引领中国纺织服装企业报

《中丽报》中国行业报委员会纺织服装研究会《中国纺织报》

全国纺织工业劳动模范

仝文奇

全国各省（区、市）税务局先进工作者

周凤侠

2011—2015年全国法治宣传教育先进个人

果松霞

全国科普工作先进工作者

李　杰

中国好人榜8月好人

晋　怡

北京市先进单位、先进个人

北京市中小学知识产权教育示范区

通州区

首都劳动奖状

通州区安全生产监督管理局

工人先锋号

北京市公安局通州分局出入境管理大队

北京绿色公共自行车服务中心调度组

北京市三八红旗集体

通州区教育工会女职工委员会

北京市对口支援工作组织奖

通州区委组织部

优秀社工团队

北京市众合社会工作事务所

市政府信息系统优秀单位

通州区人民政府办公室信息科

首都全民义务植树先进单位

北京市通州区市政市容管理委员会

北京市老干部工作先进集体

首都医科大学附属北京潞河医院离退休人员活动站

通州区委北苑街道工委组织部

北京市党校、行政学院系统2014—2015年度优秀科研工作组织奖

通州区委党校

安全生产监管体制机制综合改革创新奖

通州区安全生产监督管理局

乡镇（街道、园区）安全生产检查队规范他建设创新实践创新奖

通州区安全生产监督管理局

“职工技协杯”职业技能竞赛优秀团体二等奖

通州区安全生产监督管理局

安全生产政务信息先进单位

通州区安全生产监督管理局

安全生产月最佳实践活动奖

通州区安全生产监督管理局

2016安监之星·北京榜样优秀组织单位

通州区安全生产监督管理局

案卷评查成绩突出单位

通州区安全生产监督管理局

2011—2015年北京市档案系统法制宣传教育“六五”普法先进单位

通州区档案局

北京市档案档案科技优秀成果二等奖

通州区档案局《艺术家档案建立与管理》科研课题

第三届“创青春”中国青年创新创业大赛优秀组织奖

共青团通州区委员会

北京市基层卫生岗位练兵和技能竞赛活动优秀组织奖

共青团通州区委员会

第三届北京市社会组织公益服务品牌铜奖

运河风采公益大讲堂

首都学雷锋志愿服务示范站

于文静学雷锋志愿服务团队

北京市政法系统“五好党支部”

北京市公安局通州分局焦王庄派出所党支部

通州区人民法院民二庭

北京市先进法院

通州区人民法院

北京市法院先进集体

通州区人民法院审管办

2015年度新闻宣传工作优秀组织单位

通州区人民法院

北京市法院第二十七届学术讨论会组织工作先进集体

通州区人民法院

北京市法院第二十八届学术讨论会组织工作先进集体

通州区人民法院

裁判文书优秀奖（86号）

通州区人民法院

裁判文书优秀奖（10号）

通州区人民法院

裁判文书二等奖

通州区人民法院

北京市法院党建先进工作集体

通州区人民法院民二庭

通州区人民法院政治处

行政审判专题调研工作先进单位

通州区人民法院行政庭

北京法院司法警察技能大比武先进集体

通州区人民法院法警大队

司法建议一等奖

通州区人民法院

司法建议三等奖

通州区人民法院

首都文明单位

通州区交通局

北京市人民防空先进集体

北京市通州区人防工程管理服务中心

北京市交通安全先进单位

通州区国家税务局

通州区地方税务局

中国邮政集团公司北京市通州区分公司

西集镇人民政府

北京市控烟示范单位

通州区地方税务局

2016年度北京市质量技术监督系统先进集体

通州区质量技术监督局

北京市2013—2015年度国土资源管理先进集体

北京市国土资源局通州分局国土一所

北京金融五一劳动奖状

中国建设银行股份有限公司北京通州支行

2015年度北京市农村经管系统信息工作先进单位

通州区农村合作经济经营管理站

2015年度北京市农业农村信息化示范基地

通州区农村合作经济经营管理站

北京市构建和谐劳动关系先进单位

北京通州经济开发区东区

北京市通州商业资产运营公司

2016年度北京市优质服务商店

北京贵友大厦有限公司通州店

2016年北京烟草“先进职工之家”

中国烟草总公司北京市公司物流中心

北京烟草“六五”普法先进单位

中国烟草总公司北京市公司物流中心

2016年度北京市区县防震减灾工作综合评比先进单位

通州区地震局

2016年度区县地震监测预报工作先进单位

通州区地震局

北京市区县机关档案工作测评市级优秀单位

通州区委党校

通州区委党史工作办公室

21315绿色质量信用标准AAA类

北京中丽制机工程技术有限公司

第十一届首都见义勇为权益保护工作先进单位

通州区交通局

北京市先进基层党组织

通州区环保局党支部

北京市中小学知识产权教育示范学校

通州区潞河中学

北京小学通州分校

先进教职工小家

芙蓉小学

北京实验二小通州分校

首都拥军优属拥政爱民模范单位

中仓街道办事处

北京市民防示范精品社区

中仓街道办事处运河湾社区

2015年度北京市街头采血点设置维护突出贡献奖

北苑街道办事处

2016年度北京市街头采血点设置维护突出贡献奖

北苑街道办事处

2016年度社区学雷锋志愿服务联络工作示范站

北苑街道办事处

北京市安全生产月活动优秀组织奖

通州区宋庄镇

北京市平原地区造林工程建设优秀集体

通州区宋庄镇人民政府

无偿献血先进集体

通州区潞城镇人民政府

通州区北苑街道办事处

北京社会好人

水仙园社区劝导队

紫荆雅园社区劝导队

第一届北京人道奖先进集体

永顺镇红十字会

2016年北京市先进村委会

永顺镇上营村

2016年北京市先进居委会

永顺镇运乔嘉园居委会

2016年开展“劳动用工规范一条街工程”工作先进单位

西集镇社保所

2016年北京市“职工技协杯”职业技能竞赛优秀组织奖

西集镇安监科

2016年北京市“安全生产月”优秀组织奖

西集镇安监科

北京市三八红旗奖章

康　静　王秋平　高　颖

首都劳动奖章

宋　雪

北京青年五四奖章

于文静

北京市孝星

杨　光

北京榜样9月榜样人物

晋　怡

首都优秀社工

李　静　熊德杰　武燕燕

北京市老干部工作先进个人

张文霞　代国荣

北京市党校、行政学院系统2014—2015年度优秀科研成果奖

涂清华《文化引领城市发展——北京通州文化建设路径研究》（著作）

周志芬《以协商民主创新社会治理》（论文）

惠学刚《权力的边界》（著作）

北京市党校、行政学院系统2014—2015年度优秀科研管理工作者奖

涂清华

人民满意的公务员

曹树常

2016安监之星·北京榜样

顿六平

安全生产政务信息先进个人

荆春花　张建伟

安全生产月优秀新闻报道奖

胡铁鑫

安全生产条件普查先进个人

盛　洁　张可意　商建雪　张　钘

北京市地方志工作先进个人

郭宝祥　张亚昆

北京市十佳教练员

杨　淼

2016“北京榜样·最美警察”活动“最美警察”提名奖

纪　达

第四届首都公安杰出青年卫士

纪　达

高宝来式好民警

纪　达

2015年度北京市公安局金点子工作“十大金点子之星”

张　旗

北京市政法系统群众心目中的好党员

朱　璟

北京市先进法官

高　楠　刘　文　龚莉婷　曹　慧　陈明山

北京市模范法官

晋　怡　李　峥

优秀司法统计分析二等奖

梁联林

北京法院司法警察技能大比武训练标兵

胡　祥　柴　浩

北京法院司法警察技能大比武优秀训练骨干

豆　鹏　蔡文超

北京市法院党建工作先进个人

高　楠　朱　璟　崔鸿伟　孙之智

北京市法院第27届学术讨论会一等奖

兰雅丽

北京市法院2015年度优秀调研成果三等

兰雅丽

北京市法院第二十七届学术论文组织工作先进个人

卫　丹

2015年度新闻宣传工作先进个人二等奖

马　帅

2015年度新闻宣传工作先进个人三等奖

窦　娟

2015年度督办联络工作先进个人

秦运瑞

2015年度北京市法院信息工作先进个人

李　播

第六届中国执行论坛二等奖

余　海　刘　芳

第六届中国执行论坛优秀奖

王　辉

2015年全国法院网络宣传优秀作品奖

马　帅

全国法院第二十七届学术论文二等奖

刘　宇　曹　慧　王　薇　兰雅丽

全国法院第二十八届学术讨论会三等奖

曹　慧　黄源泉　李　慧

全国法院第二十八届学术讨论会优秀奖

兰雅丽

北京市法院第二十七届学术论文一等奖

刘　宇　曹　慧　王　薇　兰雅丽

李　慧　黄源泉

北京市法院第二十七届学术论文三等奖

李　慧　兰雅丽

北京市法院第二十七届学术论文优秀奖

奉一兵　燕若瑜　梁睿诗

北京市法院2015年度优秀调研成果三等奖

兰雅丽

北京市法院第二十七届学术论文优秀奖

奉一兵　燕若瑜

北京市法院2015年优秀司法统计分析二等奖

孙晓东　于俊平　刘　文　陶　涛

王爱农　梁联林　何婉如　黄勇花　黄源泉

北京法院优秀裁判文书百家奖一等奖

孟　强

北京法院优秀裁判文书百家奖二等奖

何杨彪

北京法院优秀裁判文书百家奖三等奖

李福华

北京法院优秀裁判文书网络互评奖二等奖

孟　强

北京法院优秀裁判文书网络互评奖三等奖

张　涛　周　婷　姚玮东　张伟营　杨　光
王　迪　王　薇　孔范宇　薛　兵　齐　松
雷小云　王晓杰　梁　涛　徐宪龙　叶福勇
陈明山　井　龙　许多清　李　想　何杨彪
王晓艳　赵书通　龚莉婷　宋剑涛　刘　琳
晋　怡　王欢欢　李中华　赵智一　郭玉洁
赵程宇　崔鸿伟　李福华

第十一届环渤海区域法治论坛三等奖

孟　强

第四届"董必武青年法学成果奖"提名奖

何　琳

2015年度首都控烟先进个人

李亚芳

北京市人民防空先进工作者

张玉和　姚　凯

北京市民防系统先进个人

杨　涛　李松朝

2013—2015年度北京市减排先进个人

吴　娟

2016年度市级交通安全优秀管理干部

彭　勇

2015年度北京市农村经管系统信息工作优秀信息员

肖　然

首都见义勇为模范群体

王　飞　马春林

北京市科学技术普及工作先进个人

李　杰

北京市气象工作先进个人

韩建立

北京市平原地区造林工程建设先进个人

张　雷　石军伟

北京市平原地区造林工程建设优秀个人

张　亚　肖　迪

第一届北京"人道奖"先进个人

白忠伍

2014—2015年度首都无偿献血工作先进个人

张学芹　沈延忠

2016年"北京榜样"提名奖

段玉仙

2016年北京市先进村委会主任

董学武

2016年北京市社区安保之星

张义海

2013—2016年度北京市档案系统先进个人

王欣平

2016年市级交通安全管理干部

郎广东

北京市同邪教斗争先进个人

王　颖

人物简介

仝文奇　男，2016年获得全国纺织工业劳动模范。1960年2月出生，中共党员。仝文奇自2005年起接掌北京中丽以来，作为公司总经理、党委委员，拥有教授级高级工程师职称，享受国家政府特殊津贴的专家，在企业管理、技术研发、市场开拓、生产效率、知识产权保护等诸多方面做出了杰出贡献，在深化企业改革、实现企业升级发展中做出了显著成绩，带领公司取得跨越式发展，公司被中国纺织工程学会评为改革开放三十年推动中国纺织产业升级重大技术进步的企业，获中国化学纤维工业协会颁发中国化纤行业“十一五”技术突破奖，被人力资源和社会保障部、国资委评为中央企业先进集体。

超前的管理理念，带领企业实现超常规发展

2010年以来，受经济形势影响，市场几经起伏，仝文奇凭借敏锐的判断，前导的管理，带领企业沉着应对、稳健经营，取得超常规跨越式发展。在分析研判企业基础雄厚，但市场短期不会大幅走高的前提下，仝文奇提出“抓住时机、苦练内功、厚积薄发”的经营思路，适时展开企业的信息化建设。推行“互联网+”理念，引进ERP管理项目的同时逐步开展电子商务，使企业从最初的粗放型、经验式管理模式一步跃升到信息化集成、共享的科学管理模式，为企业的精细化管理、集约管理、后续发展夯实了基础，为企业的可持续发展，提供了重要支撑。企业生产效率得到大幅提高，900多人规模的企业能实现月产值过亿。短短五年时间，企业基本完成信息化建设，并逐步享受到管理提升带来的红利，在市场低迷的情况下资产规模、利润仍保持稳步增加。2014年度企业资产规模达到15亿元，利润总额从2010年度的1663万元增长到2014年度的1.4亿元，企业盈利能力大幅增强。

在市场变化莫测的情况下，仝文奇果断带领企业抓住时机，大力发展差异化产品，满足市场多样化、高端化产品需求，为企业迎来巨大的发展机遇。仝文奇还提出企业要以致力于创造世界上高质量产品为发展核心，加快产品结构优化调整，突破技术“瓶颈”，提高常规产品质量，并大力发展差别化、功能化纤维设备，增强企业市场竞争力。经过多年的努力发展，公司不断扩大经营成果，累计上缴利税4亿余元，出口创汇超过2亿美元。特别是2010年至2012年期间，多次对外签订大宗（3亿元至5亿元）生产合同，连续22个月实现产值、销售额过亿元的佳绩。

2012年10月，中央电视台进行系列专题报道，介绍北京中丽在国务院国资委“中央企业管理诊断基层行”活动第一站和试点单位中的成果，得到行业高度认可。

前沿的科技研发，引导企业掌握住核心优势

仝文奇从事纺织机械设备设计研究制造及企业管理32年，其主持的多项科技研发项目多次获得省部级奖项。其参与研发的“利用聚酯废料生产涤纶纤维的方法”获国家专利局发明专利授权；参与研发的“废聚酯瓶片液相增粘/均化直纺产业用涤纶长丝关键技术与装备开发”获中国纺织工业联合会科学技术进步一等奖。

仝文奇就任北京中丽总经理期间，坚持以行业发展为科研导向，以市场需求为科研目标的研发理念，不断增强科技研发实力，科技投入从2010年的

1198.7万元增加到2014年的3780万元，五年间增长3倍多，为企业的科技研发提供了重要的资金保证。在此期间北京中丽承担了国家科技支撑项目和应对市场竞争创新开发等重大项目，填补多项国内空白，其中“锦纶一步法分纤母丝纺丝设备及工艺技术的开发”科技成果属世界首创，总体技术达到国际领先水平。北京中丽引进世界先进水平的各类加工中心、数控车床等制造加工设备，建立国内一流的现代化化纤成套设备生产线和组装线，公司产品几乎涵盖现代长丝企业所需要的成套装备。

长远的战略眼光，带领企业积极的走出国门

全文奇执掌北京中丽以来，提出国际、国内两个市场支持中丽发展的经营战略，创立并带领国际业务部开拓国际市场。产品不但遍布国内30多个省市，几乎涵盖国内所有化纤市场集聚区域，而且国外市场亦表现不俗，产品远销印度、俄罗斯、美国、叙利亚、巴基斯坦、韩国等多个国家和地区，顺利进入美洲、亚洲、非洲以及中东地区，尤其在中东地区比较活跃，在印度以及伊朗市场占有绝对优势。经过多年的发展，企业在国际、国内市场与世界一流的化纤工程公司日本TMT、德国巴玛格公司形成“三足鼎立”的局面，成为在中国纺机行业领跑的国际化著名公司。

清晰的战略思维，推动企业知识产权保护

全文奇接任公司总经理以来，从战略高度推动企业知识产权保护工作的开展，企业的知识产权申报工作得到长足发展，从一开始专利几乎为零，到现在拥有实用新型专利97项、发明专利19项，软件著作权18项，成绩显著。尤其2010年后知识产权的申报数量呈几何速度增长，为公司的后续经营和发展奠定了坚实基础，同时对公司的科技创新工作起到积极的助推作用，极大地提高了员工的科研积极性、创造性和主动性。

坚定的政治信仰，引领企业务实的工作作风

全文奇政治信仰坚定，立场鲜明，相信“实干兴企”，努力推进领导集体形成风清气正、廉洁务实的工作作风，激励企业上下务实实干。任职期间始终把员工利益放在心里，在经营好企业的同时努力提高员工福利，员工收入每年均稳步增加。通过不断完善人力资源管理，借力外部人力咨询机构，规划企业薪酬体系建设，期望建立起有效的激励机制，让员工充分享受到企业发展的成果。

全文奇就职北京中丽期间曾获得中国品牌建设十大企业家、优秀企业经营者、中国经济十大创新人物、中国质量信用建设卓越企业家、全国纺织思想建设突出贡献奖等荣誉称号。

周凤侠 女，获得全国各省（区、市）税务局先进工作者称号。1971年10月出生，中共党员，大学本科学历，现任北京市通州区国家税务局货物和劳务税科科长，挂职北京市通州区地方税务局局长助理，北京国家税务局兼职教师。2016年12月，获得全国各省（区、市）税务局先进工作者称号。

讲奉献，用青春扎根基层

从1993年毕业以来，她勤勤恳恳、兢兢业业、扎根基层、无怨无悔一直工作在一线岗位上。在基层税务所一干就是22个春秋，这22年，她接过申报、审过发票、办过文书、写过调研；这22年里，她管过大企业、中小微企业，也服务过居民企业、涉外企业；这22年，她是奋战在税收一线的税款征收人员，也是服务在基层的税收管理人员。在基层税务所这么多年，无论工作任务有多重、工作强度有多大，她都能很好的完成组织交付的各项工作，业务考试她一定是名列前茅，她的努力付出也得到了大家的认可。多次获得模范共产党员、优秀公务员称号，多次荣立三等功。2016年被通州区评为通州区优秀党支部书记，她所带领的单位被评为通州区优秀基层党组织，被市局授予“国税梦·巾帼美”先进个人称号。

基层不仅锻炼了她，基层同时也成就了她。她从一名普通干部逐步成长为一名领导干部，从一个小小的管理员成长为货劳科的科长。

基层一线的税务工作，直接服务于广大的纳税人。“任何时候给她打电话都不含糊，遇到纳税上的事情都愿意找她。”纳税人对周凤侠熟悉业务，优质服务纷纷点赞。

为了让纳税人少跑冤枉路，节省纳税人和税务人员的时间与精力，周凤侠和所里的业务骨干们一起，编写了《日常工作指引》。她对着书籍查找政策，勾勒出一条条清晰的税收业务工作路径，到哪个部门、找哪位同志办理，要带哪些资料，有哪些文件依据，上面都列示得清清楚楚。

翻开这本“指引”，税收征管、货物和劳务税、所得税、大企业和国际税收，共43个章节，有WORD文档，有EXCEL表格，打印出来有150多页，方便了纳税人和税务干部。

接触多了，很多纳税人把周凤侠当成知心朋友，由于她不仅专业知识扎实，而且待人和善，其他辖区的纳税人也慕名来咨询，而她的手机24小时开机，有求必应。有家公司新来的小会计因为附加税种调整无法申报，焦急地找到了周凤侠，虽然对方涉及的业务不属于国税的管辖范围，但她还是查阅了相关资料，帮忙解决了问题。

勇拼搏，用学习成就梦想

周凤侠从小的梦想，是能够站在三尺讲台前，为学生们传道授业解惑。从税务学校中专毕业后，她没有停下追逐梦想的脚步，用五年的时间，完成了财会大专自学考试，并取得了成人高考的政法本科学历。

她不仅在政治上严格要求自己，政治合格，素质过硬，同时在业务上追求精益求精。在基层税务所工作，作为一名税收管理人员，掌握财务知识非常重要，只有熟悉财务知识，掌握相关会计核算及会计科目，才能在管理、评估、检查中做到游刃有余。参加工作以来，周凤侠每天坚持提前1小时上班，风雨无阻，第一件事就是打开电脑，或学习最新政策和法律知识，或戴上耳机对照网上的教学视频，记录财务会计的相关知识点。她总是随身带着一个小本子，把知识要点记在上面，有空就拿出来温习，发现盲区马上重新记忆，遇到难懂的知识点，要反复记上十多遍。

周凤侠常常带着问题学习，发现问题马上学习。比如，随着近年来的经济发展，通州辖区内的房地产企业增多，预售、清算等业务频繁，如果发生了账务处理方面的差错，就会导致税款流失。于是，她找来了厚厚的《房地产企业会计与税务问题》，把相关的业务知识“钻”了个透。

2014年，北京市国税系统在内部招考12名财务会计兼职教师。虽然只有千分之一的机会，可周凤侠觉得，实现自己教师梦想的机会到了！凭借着多年的知识积累和精心备课，她在讲台上从容应对，面对台下的众多专家评审，她不紧不慢、娓娓道来，用通俗浅显的语言将一个个复杂晦涩的财务会计问题讲得明白易懂，终于在众多的竞聘者中脱颖而出，以优异的成绩，成为了全北京市国税系统兼职教师队伍中的一员。

如今，她施展的场地不仅是容纳几十人的小课堂，更有几百人的大礼堂。每次站在讲台前，她都觉得自己很幸福。是啊，能够实现自己的梦想，就是幸福。

重细节，用真情带队前行

在工作上，她巾帼不让须眉，充分发挥女性的细致和认真，在工作上重细节、抓实效，用真情带队，用创新争优。

近年来，国家出台一系列文件，进一步加强对小微企业的扶持力度。作为局里的业务骨干和兼职教员，周凤侠读懂吃透各项新政策，精心为纳税人准备课件，及时将小微企业税收优惠政策准确的传达给12000余户小微企业。“税收优惠政策的阳光雨露，符合条件的纳税人一个都不能少。”周凤侠说，“便民办税春风行动”让她倍感责任之重，于是，她走到哪里，就把政策宣传到哪里，帮助企业及时享受税收优惠。

2015年3月，周凤侠从基层税务所副所长，调任通州国税局货物和劳务税科科长。从没有机关工作经验的她，上任适逢全市国税系统开展增值税发票系统升级版推行工作，面对户数多，规模小，推行难度大的压力，面对时间紧、任务重，两个月的时间要完成32623户升级工作的挑战，还有五万多户增值税和消费税纳税人的日常管理和纳税服务也不能耽误，工作强度和难度可想而知。但是周凤侠顶住压力，她决心与时间赛跑。每天7点钟就到单位，静下心来计划好一天的工作，她细化了科室干部的责任分工，搭建升级现场、抽调人员培训、开展政策宣传、测试工作流程，她都亲力亲为，逐一确认。在升级推行工作正式开始后，周凤侠又亲自到升级现场进行指导，大到业务环节、工作流程的调整、小到一块抹布、一个垃圾筐的摆放，她都站在方便纳税人的角度，细致地考虑周到。

2015年8月起，按照总局减政放权，放管结合的工作要求，开展了增值税专用发票后续管理，她身先士卒，想办法，拟对策，与征管科配合采取的有销无进的事前预警措施成为其他区局争先学习的样本，得到了市局领导的肯定，同时还制定了《通州区增值税专用发票后续管理指导意见》《通州区走逃企业按月分析管理办法》《通州区出口退税后续管理意见》，在管理上有效打击了不法分子的的行为，取得了“三降一升”的效果，即新办户、认定户、发票发放份数大幅度降低，而走逃户大幅度上升。

2016年3月，货物和劳务税科再次被推向税制改革的风口浪尖，李克强总理全面推行“营改增”试点工作总攻令一经发出，作为“营改增”工作开展的“大本营”，为确保工作进度，她联系地税，摸清底数，制定方案。在这场攻坚战中，涉及通州区“营改增”登记企业15162户，有税户6318户，年营业税纳税额48亿元。她带领全科干部以身作则开展地毯式宣传，全覆盖培训，一站式服务，以尽心尽力的工作态度和精益求精的“工匠”精神，连续拼搏，确保了“营改增”道路上的捷报频传，取得了这场攻坚战的一个又一个胜利。全科税务干部在她的带领下讲政治、顾大局，自觉将全面推开“营改增”试点作为助推供给侧结构性改革的应尽职责，作为“两学一做”的生动实践。

“营改增”期间，为了将政策宣传到位，她尽心尽力提质培训成效，以内部培训有深度，外部培训重实效为原则，采用电话告知、微信平台、外网公告、纳税申报通、短信平台等多种途径逐户宣传告知范围内纳税人。以全面覆盖、重点突出为目标，分批对7500余户次企业开展税控器具辅导和培训，着重针对对四大行业和重点企业进行重点培训，对1000余户次重点企业，提供个性化培训服务。在5月中旬分6期作为兼职教师的周凤侠亲自讲授“营改增”相关政策，对近4000户的小规模纳税人分行业开展政策及申报培训，并着重对小规模纳税人较为关心的小微政策、差额征税政策、发票开具及申报表的填写等做了细致讲解，使纳税人切实做到懂政策，会开票，能申报。

她和身在管理所的丈夫共同坚守在这场战役的最前沿，除了单位开会两个人几乎碰不上面，通常是丈夫已经熟睡了她才加班完回到家，看到丈夫熟睡的脸庞，她的心里满是愧疚，可她迅速整理好情绪，熟练地打开台灯，不知疲倦地继续准备课件，为的是第二天营改增专题培训会的顺利开展；清早，丈夫还未醒来，她便已经赶往单位开始了又一天的忙碌。她和同志们这段时间每天自愿加班，干到晚上七八点是经常的事，周末双休都做了贡献。连爱人都调侃说：为了“营改增”，她连家都不要了。

在历史重任面前她没有抱怨、没有喊苦，只为践行共产党员的承诺，只为通州国税的集体荣誉。“高处成莲深处藕”，她就是一位如莲藕般的女子，深深扎根于繁忙的工作中，用执着的敬业奉献浇灌，终绽放出了如莲花般美丽的“巾帼花”。

果松霞　女，2011—2015年全国法治宣传教育先进个人。1975年7月出生，汉族，中共党员，现任通州区司法局法制宣传科科长，负责全区法治宣传教育的宏观规划和组织实施工作。多年来，该同志始终坚持战斗在基层普法一线，为提高全区公民法律素质，推进通州法治建设做出突出贡献。

“六五”普法期间，该同志与全科室同志一道，充分发挥区依法治区办职能作用，积极组织全区普法成员单位，深入落实“六五”普法规划，大力开展重点对象法治教育，深入指导各级各类民主法治实践，打造了一批具有区域特色的普法品牌。健全完善信息报送、监督考评等各项工作制度；创办《通州普法动态》专刊。制定出台领导干部、公务员“六五”普法实施意见，组建大学生普法志愿者“青春船长”队伍，工作经验在全市推广。组织开展“学法用法依法行政”主题征文、法治论坛、青少年法治文艺大赛、法律知识竞赛活动，多次在全市获奖，并参加全市汇演。组建普法讲师团，深入开展“以案释法”、“送法进村居”活动，为村居民编印《法在我身边——“六五”普法实用案例手册》；围绕党委、政府中心工作成功策划开展服务城市副中心建设、创建全国文明城区、打击违法建设-醉酒驾车-保障食品安全、大气污染防治、换届选举等多项主题活动。打造了“12·4”国家宪法日宣传品牌。阵地建设喜结硕果，区级法治宣传教育基地——区法治文化公园正式建成。电视、广播、电台开办了固定普法栏目，在“大运通州网”上开通“通州法治之窗”网络普法专栏，创新开展新媒体宣传和媒体公益普法宣传。深入基层指导开展法治文化精品创建，“六五”期间打造四批15个法治文化精品村（社区），创建工作被列入区首批社会管理创新项目，“法德共治”理念被纳入区“十三五”规划在全区推广。区法治文艺精品节目库及人才库建成。组织开展全区优秀法治文艺作品征集评选，多次举办全区大型法治文艺会演。组织普法微视频、微电影网络征集评选活动，在全市多次获奖。积极指导开展民主法治示范村、社区创建。“六五”期间，新增各级民主法治示范村（社区）30个。成功组织“六五”普法成果展，完成区“六五”普法总结验收。深入开展法宣工作调研，从事普法工作以来撰写调研文章十余篇，多次获调研成果奖，并在市、区刊物刊发。由于工作业绩突出，该同志曾获全国“五五”普法先进工作者、市“十佳”普法能手、优秀专职法宣干部、先进工作者、优秀公务员、调研工作先进个人等荣誉称号。

李　杰　男，全国科普工作先进工作者。1982年3月出生，籍贯北京密云，汉族，中共党员，硕士研究生，现任北京市通州区生产力促进中心信息服务部主任，主持北京市通州区科委科技宣传与信息科科室工作，统筹区科普联席会议办公室工作，负责科普体制机制建设、科普活动、科普统计、科普培训、科普宣传、重点人群科普等工作。从事科普工作以来，积极探索科普工作新途径，通过健全科普体系建设，强化科普能力建设，创新特色科普活动，加强科学普及宣传，不断营造良好的科普氛围，为推动通州区科普工作发展做出了突出贡献。2015年被评为通州区优秀科技工作者，2016年被评为北京市科学技术普及工作先进个人，2016年获得科技部、中央宣传部、中国科协授予的全国科普工作先进工作者称号。

（一）健全科普体系建设，形成科普联动机制

强化通州区科普联席会议制度作用，将联席会议召开制度化、常规化，逐步形成以区科普联席会议办公室为统领，以成员单位为主体，以乡镇、街道、科普基地为辅助，齐抓共管、注重实效的科普工作联动体系。积极整合联席会议成员单位人才和资源优势，形成影像、汇编等资料，同时部署当年全区科普工作要点，不断促进联席会议制度的规范化进程，推动全区科普纵深发展。

（二）强化科普能力建设，完善科普设施建设

积极推进基层科普基础设施建设工作，探索青少年科技后备人才创新教育平台建设，通过整合全区科技教育资源，为18所学校建设了不同类型的科学探索实验室，深受北京市科委、教委好评。加快市级科普基地及创新型科普社区建设，发展通州区内市级科普基地达到13家，并逐年提升区图书馆等科普基地科普服务水平；建设市级社区科普体验厅7家，区级社区科普体验厅10余家，基本达到街道、乡镇全覆盖；打造大型户外科普体验园，建设防治雾霾科普一条街，落实乡镇、街道科普活动站建设，不断完善科普基础设施，使通州区科普阵地得到了巩固和发展。

（三）创新特色科普活动，形式内容丰富多彩

李杰重点组织了2014年通州区科技周活动、《中华人民共和国科学技术普及法》及科普知识竞赛活动、益民科普主题巡展、2016年通州区科普惠民体验季等全区性大型科普活动。还包括科普行、“三下乡”科普专场、公众走进科普体验厅、防灾减灾日、节能宣传周等各类活动，累计发放各类科普宣传品5万余份，科普图书3000余册，科普活动受众4万余人次；组织科普工作者、志愿者培训10次，培训人员1200余人次。

（四）加强科学普及宣传，科普氛围更加浓厚

依托电视、报纸、网络等传播平台，对重大科普活动进行大力宣传，多次在北京电视台、通州电视台、《通州时讯》报道科普工作实况。拍摄了通州区市级科普基地介绍等科普宣传片，并在全区大范围进行播放宣传，营造了积极、健康的科普氛围。通过不断努力，通州区科普工作的质量和水平有了明显提高，科普事业发展取得了丰硕成果，为城市副中心建设和创建全国文明城区奠定了坚实基础。

晋　怡　女，2016年8月当选敬业奉献中国好人。1987年10月出生，汉族，本科学历，西南政法大学法学学士。2010年7月进入通州区人民法院工作。2015年8月被任命为审判员及民四庭副庭长。作为一名奋斗在商事审判一线的“80后”女法官，晋怡用担当与碰硬的精神勇担审判重任，用清正廉洁的工作作风争当道德楷模，用服务大局的观念服务北京城市副中心建设。

2014年，晋怡以全市法院商事审判结案数第六名、且无一发回重审和改判案件的优异成绩，成为通州法院第一位“金法槌奖”获得者。2015年，晋怡以优异的成绩在北京市第三届司法业务技能评比中脱颖而出，荣获审判业务标兵称号。2016年，晋怡因勤恳务实、精益求精的工作态度，一心为民、廉洁清正的工作作风，被授予北京市法院模范法官称号和全国法院办案标兵称号，并当选2016年通州榜样年度人物、2016年北京榜样周榜人物、2016年8月敬业奉献中国好人。六年多的时间里，晋怡戒骄戒躁，踏实勤奋工作，先后荣获办案能手一次、通州区优秀公务员二次、先进工作者二次，并荣立个人三等功一次。

用担当与碰硬的精神，勇担审判重任

随着通州作为北京城市副中心的功能定位和区域经济的加速发展，商事案件大量攀升。晋怡作为一名87年出生的年轻女法官，从不怕苦怕累，还以担当与碰硬的精神勇担审判重任。在担任审判工作的五年里，审理各类商事案件1800余件。2012年至2014年连续三年收、结案数位居全庭第一，2015年结案数也高达477件，同时还担任涉重大建设工程和拆迁项目的农包案件的专业化审理。2014年度，在晋怡审结的474件案件中，涉及民生和农村社会稳定的土地承包案件高达137件，涉及司法评估鉴定的疑难复杂案件高达27件，因承办案件普遍难度系数较大，大部分案件都需要进行两至三次的开庭审理，在222天的工作日里，开庭审理和谈话的次数就高达583次，除去每周三外出送达和现场勘验，平均每天开4个庭，几乎占满八个小时的工作时间。为保障案件能够高质量的审结，她牺牲休息时间，利用晚上和周末加班审阅案件和撰写裁判文书，由于超负荷的工作状态和长时间坐在法台和电脑桌前，使得她26岁时就患上腰椎间盘突出症，但她并没有因此而懈怠工作，除了服用药物和利用开庭间隔时间做保健操，从未因此休息或请病假。

晋怡在承担繁重审判任务的同时，十分注重案件的质量，因为她深知案件质量是审判的生命线，只有牢牢抓住案件质量才能真正体现公平公正。她审理的案件除了涉及农民生存问题的土地承包案件，还有大量标的额巨大的商事案件，仅2014年涉案标的额就高达2亿元，由于该类案件涉及当事人间巨大利益纷争，大部分当事人都拒绝调解要求判决，在2014年审结的474件案件中，判决结案数高达174件，虽然78件上诉，但二审均维持原判，无一件发回重审或改判案件，也客观的印证了晋怡审理案件的高质量。说到如何保证案件质量，晋怡说没有秘诀，就一个字“细”。在她审理的一起涉案标的额为三千万元的钢材买卖案件中，当事人发生166批钢材交易，因双方约定钢材单价以送货当天北京钢材市场价格为准，为算清钢材货款本金和违约金，需查询每一天的钢材价格并进行核算，晋怡法官计算了几个晚上，明细表就写了14页。在另外一起标的额为一千万元的石材买卖案件中，仅送货单就700余张，送货5000余项，但因为双方当事人未签订书面合同，故就单价和加工费产生较大争议，为了核算送货总量和加工项目，晋怡法官整周加班对送货单逐一审查核对，并细致地将每一张单据反映的问题整理归纳。正因为她勇担重任的工作态度和细致的工作作风，在她审理的1800件案件中，无一件错案。

用胸怀大局的观念，妥善化解纠纷

自民四庭实行专业化审判以来，涉农案件均由晋怡审理，凡是涉及重大建设工程和拆迁项目的案件，晋怡始终牢记大局意识、稳定意识和宗旨意识，以政治的眼光开展各项审判工作，维护人民群众合法权益的同时兼顾党和国家的工作大局。也正因她具备较高的政治素养，她审理的涉农案件中从未发生信访、闹访事件。2014年，因南水北调配套工程通州地表水厂建设，某村委会诉23位农民解除承包合同，该工程涉及征占土地面积近四十万平方米，且为涉及人民群众饮水的民生工程，但由于该23位农民对补偿数额不满意而迟迟不能开工，晋怡接到该批案件后，以高度的政治敏感性意识到，该案的审理不仅涉及到农民的生计和切身利益，还关系到国家民生工程的贯彻执行。晋怡立即组织23位农民进行谈话，并做调解工作，23位农民初来到法庭时，抵触情绪较强。在此情况下，晋怡与23位农民围坐在一起，耐心地向他们讲解案件涉及的法律规定和政策规定，通过四个小时的促膝谈话，农民表示会配合法院工作。此后的开庭审理中，晋怡以事实为依据，以法律为准绳，不偏不倚的公正态度渐渐感染了农民们，农民们的情绪开始缓和，到庭审结束的调解阶段，有10位农民同意与村委会调解，握手言和。虽然剩余13位农民仍不同意解除合同返还土地，但表示会按照法律程序维护自身权益。晋怡及时作出判决，并冒着42度的高温酷暑前往13位农民家中，送达判决文书并做判后答疑工作，该批案件最终得以妥善处理。从事审判工作以来，晋怡的工作作风得到绝大多数当事人的肯定、赞扬，获赠当事人送来的近20面锦旗。

用清正廉洁的作风，争当道德楷模

淡泊名利，宠辱不惊，两袖清风，一心为民是晋怡的工作追求也是座右铭。商事审判涉及经济利益较大，当事人经常设法干预审判，晋怡始终保持清醒的头脑，将廉洁自律作为护身符，绝不触碰廉洁的高压线，拒绝办理人情案、关系案、金钱案。自工作以来，晋怡从未发生过任何违法违纪行为。在保证自身廉洁的过程中，还担负起监督他人的职责，向身边的同志强调廉政建设的重要性，提示其他同志严格自律，决不越线。晋怡因认真履职荣获优秀廉政监察员称号。

晋怡虽是一名平凡的“80后”女法官，但如兰花一样，不畏严寒酷暑，不取媚于他人，默默芬芳，坚守傲骨。于她，人民法官绝不是一个高高空悬的美丽称谓，更不是攫取一己私利的权力工具。庄严国徽下的方寸法台上承载着她坚定的法治梦，梦里有公平正义、法治权威，梦里有司法为民，人人守法，梦里有不畏强权、司法独立，梦里有不被诱惑、清廉严明。路漫漫其修远兮，乘势而为正当时，她正如兰花一样盛开在法治梦的行进路上！

统计表

2016年通州区社会经济主要指标统计表

项目	单位	2016年	2015年	增长率(%)
区域概况				
全区土地面积	平方公里	905.95	905.95	持平
乡镇数	个	11	11	持平
#镇	个	10	10	持平
街道办事处	个	4	4	持平
村民委员会	个	470	475	-1.1
平均气温	度	12.6	14.2	-11.3
常住人口				
年末常住人口	万人	142.8	137.8	3.6
#常住外来人口	万人	57.0	55.9	2.0
按性别分				
男性	万人	73.8	71.0	3.9
女性	万人	69.0	66.8	3.3
按城乡分				
城镇人口	万人	93.0	88.2	5.4
乡村人口	万人	49.8	49.6	0.4
按年龄分组情况				
#60岁及以上人口	万人	20.3	19.5	4.1
0-14岁人口	万人	14.0	13.3	5.3
15-64岁人口	万人	116.4	113.0	3.0
65岁及以上人口	万人	12.4	11.5	7.8

续 表

项 目	单 位	2016年	2015年	增长率（%）
户籍人口情况				
总户数	户	376043	353571	6.4
农业户	户	130405	127423	2.3
非农业户	户	245638	226148	8.6
户籍人口	人	746841	717571	4.1
按性别分				
男	人	370814	356433	4.0
女	人	376027	361138	4.1
按城乡分				
农业人口	人	271376	278083	-2.4
非农业人口	人	475465	439488	8.2
劳动力情况				
乡镇及行政村从业人员	人	435430	412571	5.5
国民经济核算				
地区生产总值	万元		5953578	
按产业分				
第一产业	万元		190028	
第二产业	万元		2782458	
第三产业	万元		2981093	
财政税收金融				
地方财政收入	万元	1220716	1698492	-28.1
#公共财政预算收入	万元	765069	708040	8.1
地方财政支出	万元	4108416	3523836	16.6
#公共财政预算支出	万元	3323469	2120644	56.7
税收总额	万元	2507601	2093504	19.8
国税	万元	1266633	843407	50.2
地税	万元	1240968	1250097	-0.7
年末各项存款余额	万元	26194290	21292854	23.0
年末各项贷款余额	万元	5957654	5687180	4.8

续 表

项 目	单 位	2016年	2015年	增长率(%)
对外贸易				
实际利用外资	万美元	36036	30533	18.0
新增三资企业个数	个	21	25	-16.0
进出口贸易总额	万美元	244723	207400	18.0
#出口创汇总额	万美元	90752	91300	-0.6
固定资产投资				
全社会固定资产投资	万元	9398771	8007603	17.4
#基础设施投资	万元	2014056	836211	140.9
按构成分				
房地产开发投资	万元	3490030	6033789	-42.2
城镇固定资产投资	万元	5201260	1422584	265.6
农村固定资产投资	万元	707481	551230	28.3
按产业划分				
第一产业	万元	345899	118799	191.2
第二产业	万元	698321	365336	91.1
#工业	万元	698321	365336	91.1
第三产业	万元	8354551	7523468	11.0
农村经济				
现价农业总产值	万元	424141	501234	-15.4
#农　业	万元	219284	227963	-3.8
林　业	万元	57409	79464	-27.8
牧　业	万元	119946	157466	-23.8
渔　业	万元	17554	26414	-33.5
粮食总产量	吨	47130	61821	-23.8
夏粮	吨	13717	18274	-24.9
秋粮	吨	33413	43546	-23.3
农作物总播种面积	公顷	17686	23049	-23.3
粮食作物	公顷	7462	10044	-25.7
经济作物	公顷	14	55	-74.5
其他作物	公顷	10210	12949	-21.2

续　表

项　目	单　位	2016年	2015年	增长率（%）
农副产品产量				
蔬菜产量	吨	402989	468012	-13.9
出栏生猪	头	261240	266104	-1.8
出栏羊	只	78513	95106	-17.4
出栏牛	头	10096	11935	-15.4
水产品	吨	6809	7335	-7.2
鲜奶产量	吨	88269	111098	-20.5
鲜蛋产量	吨	6775	8189	-17.3
园林水果产量	吨	43337	45769	-5.3
瓜果类产量	吨	8081	14035	-42.4
鲜切花产量	万枝	1035	1080	-4.2
盆栽花产量	万盆	1102	1156	-4.7
都市型现代农业				
观光农业				
农业观光园	个	56	57	-1.8
从业人员	人	2836	3809	-25.5
接待人次	人次	1346770	790527	70.4
观光园总收入	万元	25073	19491	28.6
#采摘收入	万元	5369	4693	14.4
设施农业				
设施农业销售收入	万元	138211	143134	-3.4
设施农业实际利用面积	公顷	2297	2570	-10.6
温室占地面积	公顷	1639	1859	-11.9
大棚占地面积	公顷	601	603	-0.3
中小棚占地面积	公顷	57	108	-47.0
籽种农业				
总收入	万元	1813	2987	-39.3
农　业	万元	497	1753	-71.6
林　业	万元	—	866	—
牧　业	万元	1316	174	656.4

续 表

项 目	单 位	2016年	2015年	增长率（%）
渔 业	万元	—	195	—
工 业				
规模以上工业总产值（现价）	万元	6439694	6188638	4.1
#现代制造业	万元	2806573	2572093	9.1
#高技术制造业	万元	1031691	976600	5.6
规模以上工业主营业务收入	万元	7977901	7555577	5.6
#现代制造业	万元	3199341	2824696	13.3
#高技术制造业	万元	1036514	986107	5.1
规模以上工业利润总额	万元	619190	514358	20.4
#现代制造业	万元	451086	355947	26.7
#高技术制造业	万元	324426	236938	36.9
建筑业				
建筑业企业个数	个	216	210	2.9
建筑业总产值	万元	10646071	10166148	4.7
按行业类别				
房屋工程建筑业	万元	7353866	7041547	4.4
土木工程建筑业	万元	2803270	2746849	2.1
建筑安装业	万元	82402	37738	118.4
建筑装饰和其他建筑业	万元	405190	340014	19.2
施工面积	万平方米	10423	9935	4.9
#本年新开工面积	万平方米	2562	2122	20.7
竣工面积	万平方米	2161	1728	25.1
竣工产值	万元	6147807	4441106	38.4
签订合同额	万元	37891759	33119131	14.4
#本年新签订合同额	万元	16182769	13863131	16.7
消 费				
社会消费品零售额	万元	3881289	3555271	9.2
按规模分				
限额以上	万元	2857086	2632447	8.5
限额以下	万元	1024203	922824	11.0

续 表

项 目	单 位	2016年	2015年	增长率(%)
各类商品交易市场成交额	万元	1127398	1073664	5.0
人民生活				
全区居民人均可支配收入	元	34097	31397	8.6
全区居民人均消费支出	元	24505	22508	8.9
农村居民人均可支配收入	元	23538	21648	8.7
农村居民人均消费支出	元	17098	15544	10.0
城镇居民人均可支配收入	元	40845	37608	8.6
城镇居民人均消费支出	元	29238	26944	8.5
个人存款余额	万元	12061317	10539439	14.4
社会保障				
参加基本养老保险单位数	家	26780	22191	20.7
参加基本养老保险人数	人	474104	457892	3.5
参加基本医疗保险单位数	家	25617	20933	22.4
参加基本医疗保险人数	人	502647	478951	4.9
参加失业保险单位数	家	26902	22112	21.7
参加失业保险人数	人	365695	334042	9.5
参加城乡居民养老保险人数	人	222775	221482	0.6
参加工伤保险人数	人	349010	328200	6.3
领取失业保险金金额	万元	21737	15743	38.1
领取工伤保险金金额	万元	6684	6758	-1.1
城乡居民养老保险续保率	%	99.2	98.9	—
城镇五项社会保险收缴预算完成率	%	100.8	107.7	—
劳动就业				
城镇登记失业率	%	2.29	1.99	—
城镇登记失业人员就业率	%	80.72	68.00	—
城镇登记失业人员就业人数	人	20725	9941	108.5
职业介绍服务机构	家	45	38	18.4
失业人员参加培训人数	人	686	930	-26.2
职业技能鉴定人数	人	2368	3117	-24.0
参加职业技能培训人数	人	14609	20809	-29.8

续 表

项 目	单 位	2016年	2015年	增长率（%）
职工最低工资	元/月	1890	1720	9.9
企业退休人员基本养老金最低标准	元/月	1714	1609	6.5
企业退职人员基本养老金最低标准	元/月	1559	1463	6.6
企业退养人员基本养老金最低标准	元/月	1418	1331	6.5
失业保险金最低标准	元/月	1212	1122	8.0
基本养老金平均增加水平	元/月	261	249	4.8
文化				
公共图书馆	个	1	1	持平
公共图书馆藏书	万册	60.0	54.5	10.1
区级以上非物质文化遗产项目	项	33	33	持平
教育				
幼儿园	所	141	138	2.2
#在园人数	人	30371	28817	5.4
小学	所	82	84	-2.4
毕业生数	人	8021	7403	8.3
招生数	人	11064	10640	4.0
在校生数	人	63568	62141	2.3
中学	所	41	41	0.0
毕业生数	人	6994	7796	-10.3
招生数	人	8840	8536	3.6
在校生数	人	25016	25541	-2.1
卫生				
卫生机构	个	609	611	-0.3
#医　院	个	22	21	4.8
社区卫生服务中心(站)	个	98	89	10.1
卫生机构病床数	张	3651	3494	4.5
#医院	张	2860	2669	7.2
社区卫生服务中心（站）	张	503	535	-6.0
卫生技术人员	人	9436	8769	7.6
#执业（助理）医师	人	3593	3362	6.9

续 表

项 目	单 位	2016年	2015年	增长率（%）
注册护士	人	3609	3380	6.8
卫生防疫人员数	人	190	285	-33.3
5岁以下儿童死亡率	‰	2.56	2.10	
婴儿死亡率	‰	2.05	1.32	
公共设施				
公园	个	23	20	15.0
体育场馆	个	19	19	持平
道路长度	公里	2370	2345	1.0

注：1.2016年常住人口数据为人口抽样调查推算数据。

2.部门数据来源于通州区国土局、民政局、气象局、环保局、公安分局、财政局、国税局、地税局、商务委、人力资源和社会保障局、文化委、教委、卫计委、园林绿化局、公路分局。

3.存贷款数据、个人存款余额数据来源于北京区域统计年鉴。

4.全社会固定资产投资为项目建设地口径；地区生产总值产业划分依据国家统计局2012年制定的《三次产业划分规定》，行业划分依据《国民经济行业分类》（GB/ T 4754—2011），为不变价增速。

5.规模以上工业为年主营业务收入2000万元及以上的工业法人单位。

6.社会消费品零售额按“产业在地”原则核算。

7.体育场馆数据为第六次全国体育场地普查数据。

8.土地面积数据为2009年全国第二次土地调查数据。

附录

中共北京市通州区委主要文件目录

中共北京市通州区委文件

京通发〔2016〕1号	中共北京市通州区委关于认真学习贯彻习近平总书记在中央政治局“三严三实”专题民主生活会上讲话的通知（2016－01－18）
京通发〔2016〕4号	中共北京市通州区委关于印发《2016—2018年通州区处级领导班子建设意见》的通知（2016－02－22）
京通发〔2016〕5号	中共北京市通州区委关于印发《2016年区委折子工程》的通知（2016－03－08）
京通发〔2016〕6号	中共北京市通州区委 北京市通州区人民政府关于对2015年度考评优秀单位进行表彰的决定（2016－03－02）
京通发〔2016〕7号	中共北京市通州区委关于全面推进法治建设的意见（2016－03－21）
京通发〔2016〕8号	中共北京市通州区委关于加强区、乡镇领导班子换届风气监督的工作意见（2016－05－12）
京通发〔2016〕9号	中共北京市通州区委关于做好2016年乡镇领导班子换届工作的意见（2016－05－12）
京通发〔2016〕10号	中共北京市通州区委关于做好2016年乡镇党员代表大会选举工作的意见（2016－05－12）
京通发〔2016〕11号	中共北京市通州区委关于进一步加强政协协商民主建设的实施意见（2016－05－25）
京通发〔2016〕12号	中共北京市通州区委关于表彰优秀共产党员、优秀党支部书记和先进基层党组织的决定（2016－06－28）
京通发〔2016〕13号	中共北京市通州区委 北京市通州区人民政府关于印发《通州区加强高层次人才队伍建设五年行动计划》的通知（2016－07－05）
京通发〔2016〕15号	中共北京市通州区委转发《中共北京市通州区人大常委会党组关于做好区、乡镇两级人民代表大会换届选举工作的意见》的通知（2016－08－12）
京通发〔2016〕16号	中共北京市通州区委 北京市通州区人民政府转发《区委宣传部区司法局关于在全区开展法治宣传教育的第七个五年规划（2016—2020年）》的通知（2016－08－12）
京通发〔2016〕17号	中共北京市通州区委关于加强对区委部门绩效考核的实施意见（2016－08－08）
京通发〔2016〕18号	中共北京市通州区委关于中共北京市通州区第六次代表大会代表选举工作的通知（2016－08－16）

京通发〔2016〕19号	中共北京市通州区委 北京市通州区人民政府 北京市通州区人民武装部印发《关于深入推进通州区人民防空改革发展的实施方案》的通知（2016–09–02）
京通发〔2016〕20号	中共北京市通州区委关于做好2016年区政协换届工作的意见（2016–09–07）
京通发〔2016〕21号	中共北京市通州区委关于批转《中共北京市通州区人大常委会党组关于召开北京市通州区第六届人民代表大会第一次会议的请示》的通知（2016–11–09）
京通发〔2016〕22号	中共北京市通州区委关于批转《中共政协北京市通州区委员会党组关于召开政协北京市通州区第六届委员会第一次会议的请示》的通知（2016–11–09）
京通发〔2016〕24号	中共北京市通州区委关于印发《中共北京市通州区第六届委员会常务委员会关于加强自身建设的意见》的通知（2016–12–14）
京通发〔2016〕25号	中共北京市通州区委关于成立中共北京市行政副中心通州区建设协调办公室党组、中共北京市通州区妇女联合会党组的通知（2016–12–21）
京通发〔2016〕26号	中共北京市通州区委北京市通州区人民政府关于印发《通州区环境保护工作职责分工》的通知（2016–12–27）
京通发〔2016〕27号	中共北京市通州区委关于六届区委常委分工的通知（2016–12–28）
京通发〔2016〕28号	中共北京市通州区委北京市通州区人民政府关于授予刘志欣等同志第三届“通州杰出人才奖”的决定（2016–12–14）
京通发〔2016〕29号	中共北京市通州区委关于授予“潞河医院高层次人才科研平台建设工程”等6个项目“通州区人才工作创新项目奖”的决定（2016–12–14）
京通发〔2016〕30号	中共北京市通州区委北京市通州区人民政府关于印发《通州区政府绩效考评暂行办法》的通知（2016–12–30）

中共北京市通州区委办公室文件

京通办发〔2016〕1号	中共北京市通州区委办公室 北京市通州区人民政府办公室关于印发《2016年通州区党风廉政建设和反腐败工作任务分工方案》的通知（2016–02–01）
京通办发〔2016〕2号	中共北京市通州区委办公室 北京市通州区人民政府办公室关于北京市通州区处理信访突出问题及群体性事件联席会议更名为北京市通州区信访工作联席会议的通知（2016–02–22）
京通办发〔2016〕3号	中共北京市通州区委办公室 北京市通州区人民政府办公室印发《关于认真做好通州区第十届村民委员会选举工作的意见》的通知（2016–03–15）
京通办发〔2016〕4号	中共北京市通州区委办公室关于印发《全面推进法治建设责任分工方案》的通知（2016–03–26）
京通办发〔2016〕5号	中共北京市通州区委办公室 北京市通州区人民政府办公室关于调整通州区科普工作联席会议成员的通知（2016–03–31）
京通办发〔2016〕6号	中共北京市通州区委办公室关于印发《通州区政协2016年专题协商议题计划》的通知（2016–04–12）
京通办发〔2016〕7号	中共北京市通州区委办公室关于印发《中共北京市通州区委党的建设工作领导小组职责任务和议事规则》的通知（2016–04–14）
京通办发〔2016〕8号	中共北京市通州区委办公室 北京市通州区人民政府办公室关于印发《通州区国家新型城镇化综合试点工作方案》的通知（2016–04–15）
京通办发〔2016〕9号	中共北京市通州区委办公室印发《关于在全区党员中开展“学党章党规、学系列讲

	话，做合格党员”学习教育的实施方案》的通知（2016-04-26）
京通办发〔2016〕10号	中共北京市通州区委办公室印发《关于加强乡镇领导班子换届风气监督的工作方案》的通知（2016-05-12）
京通办发〔2016〕11号	中共北京市通州区委办公室印发《关于制定实施北京市通州区政协协商年度工作计划的意见》的通知（2016-05-25）
京通办发〔2016〕12号	中共北京市通州区委办公室印发《关于加强区委区政府职能部门及法检两院与区政协专门委员会对口联系的意见》的通知（2016-05-25）
京通办发〔2016〕13号	中共北京市通州区委办公室 北京市通州区人民政府办公室关于印发《通州区治理违法用地违法建设工作办法》的通知（2016-06-15）
京通办发〔2016〕14号	中共北京市通州区委办公室 北京市通州区人民政府办公室关于印发《城乡结合部重点地区公共安全隐患问题综合整治工作方案》的通知（2016-06-20）
京通办发〔2016〕15号	中共北京市通州区委办公室 北京市通州区人民政府办公室印发《关于严肃人口、产业、房屋、车辆、土地等全面清查工作的纪律规定》的通知（2016-07-26）
京通办发〔2016〕16号	中共北京市通州区委办公室关于成立通州区换届工作领导小组的通知（2016-08-01）
京通办发〔2016〕17号	中共北京市通州区委办公室关于印发《通州区加强换届风气监督工作责任清单》的通知（2016-08-09）
京通办发〔2016〕19号	中共北京市通州区委办公室 北京市通州区人民政府办公室关于印发《通州区治理违法用地违法建设责任追究办法》的通知（2016-08-25）
京通办发〔2016〕20号	中共北京市通州区委办公室 北京市通州区人民政府办公室印发《关于进一步加强基层综治工作中心规范化建设的实施意见》的通知（2016-09-14）
京通办发〔2016〕21号	中共北京市通州区委办公室 北京市通州区人民政府办公室关于设立北京城市副中心通州区协调对接指挥部的通知（2016-10-19）
京通办发〔2016〕22号	中共北京市通州区委办公室转发区纪委、区委组织部、区委宣传部《关于授予王永虎等10名同志北京市通州区第三届“勤廉之星”荣誉称号的决定》的通知（2016-10-27）
京通办发〔2016〕23号	中共北京市通州区委办公室关于做好2017年度《人民日报》、《求是》杂志、《北京日报》、《前线》杂志等党报党刊发行工作进一步规范发行秩序的通知（2016-11-10）
京通办发〔2015〕24号	中共北京市通州区委办公室印发《关于加强通州区纪委派驻机构建设的实施意见》的通知（2016-12-20）

（备注：圆括号内数字为日期）

北京市通州区人民政府主要文件目录

北京市通州区人民政府文件

通政发〔2016〕1号	北京市通州区人民政府关于农村土地承包经营权确权登记颁证工作中变更发包方的通知（2016–01–12）
通政发〔2016〕2号	北京市通州区人民政府关于印发通州区农村土地承包经营权确权登记颁证工作实施方案的通知（2016–01–19）
通政发〔2016〕3号	北京市通州区人民政府关于印发岳鹏同志在区五届人大六次会议上作的《政府工作报告》的通知（2016–02–01）
通政发〔2016〕4号	北京市通州区人民政府关于印发通州区2016年在直接关系群众生活方面拟办重要实事的通知（2016–02–01）
通政发〔2016〕5号	北京市通州区人民政府关于印发2016年通州区政府折子工程的通知（2016–02–01）
通政发〔2016〕6号	北京市通州区人民政府关于印发通州区国民经济和社会发展第十三个五年规划纲要的通知（2016–02–16）
通政发〔2016〕7号	北京市通州区人民政府关于印发通州区“四好乡村路”建设工作实施方案的通知（2016–02–16）
通政发〔2016〕8号	北京市通州区人民政府关于印发通州区社会信用体系建设工作方案的通知（2016–02–24）
通政发〔2016〕9号	北京市通州区人民政府关于印发通州区2016年重点项目任务表的通知（2016–03–08）
通政发〔2016〕10号	北京市通州区人民政府关于印发通州区2016年清洁空气行动计划的通知（2016–03–08）
通政发〔2016〕11号	北京市通州区人民政府关于印发区政府领导同志工作分工的通知（2016–03–09）
通政发〔2016〕12号	北京市通州区人民政府关于开展第三次全国农业普查的通知（2016–03–14）
通政发〔2016〕13号	北京市通州区人民政府关于严明纪律进一步加强对政府重点工程开展监察工作的意见（2016–03–30）
通政发〔2016〕14号	北京市通州区人民政府关于印发通州区水污染防治工作方案的通知（2016–03–30）
通政发〔2016〕15号	北京市通州区人民政府关于印发通州区推进村级卫生计生服务全覆盖工作实施方案的通知（2016–04–07）
通政发〔2016〕16号	北京市通州区人民政府关于印发通州区2016年主要污染物减排工作方案的通知（2016–04–08）
通政发〔2016〕17号	北京市通州区人民政府关于印发通州区国家知识产权试点城区建设实施方案（2016—2018年）的通知（2016–04–25）
通政发〔2016〕18号	北京市通州区人民政府关于对本区户籍采取临时性限控措施的通知（2016–05–27）

通政发〔2016〕19号	北京市通州区人民政府关于印发通州区开展整治和查处侵害群众利益不正之风和腐败问题专项工作方案的通知（2016–06–08）
通政发〔2016〕20号	北京市通州区人民政府关于印发通州区深化“为官不为”“为官乱为”问题专项治理工作方案的通知（2016–06–08）
通政发〔2016〕21号	北京市通州区人民政府关于印发通州区产业调整退出工作实施方案的通知（2016–06–15）
通政发〔2016〕22号	北京市通州区人民政府关于印发通州区工业调整退出工作奖励暂行办法（试行）的通知（2016–06–15）
通政发〔2016〕23号	北京市通州区人民政府关于印发通州区进一步加快污水处理和再生水利用设施建设三年行动实施方案（2016年7月—2019年6月）的通知（2016–07–01）
通政发〔2016〕24号	北京市通州区人民政府关于印发通州区创建慢性非传染性疾病综合防控示范区工作方案的通知（2016–07–06）
通政发〔2016〕25号	北京市通州区人民政府关于印发通州区粮食安全区长责任制实施方案的通知（2016–08–02）
通政发〔2016〕26号	北京市通州区人民政府关于建立区政府部门权力清单责任清单制度的通知（2016–08–04）
通政发〔2016〕28号	北京市通州区人民政府转发区住房城乡建设委关于加强通州区行政区域内施工现场扬尘污染防治工作方案的通知（2016–08–09）
通政发〔2016〕29号	北京市通州区人民政府关于印发通州区机关事业单位养老保险制度改革实施方案的通知（2016–08–26）
通政发〔2016〕30号	北京市通州区人民政府关于印发通州区大气污染防治强化措施（2016—2017年）的通知（2016–08–31）
通政发〔2016〕31号	北京市通州区人民政府关于印发通州区集体土地房屋拆迁工作管理规定的通知（2016–09–09）
通政发〔2016〕32号	北京市通州区人民政府关于2016年度通州区科学技术奖励的决定（2016–09–06）
通政发〔2016〕33号	北京市通州区人民政府关于授予何永彤等四名同志通州区“名校长”、王红等十名同志通州区“名教师”称号的决定（2016–09–08）
通政发〔2016〕34号	北京市通州区人民政府关于通州区2016年推进简政放权放管结合优化服务改革重点任务实施方案的通知（2016–09–14）
通政发〔2016〕35号	北京市通州区人民政府关于印发区政府领导同志工作分工的通知（2016–10–17）
通政发〔2016〕36号	北京市通州区人民政府关于印发通州区燃气锅炉低氮燃烧改造工作方案的通知（2016–11–30）
通政发〔2016〕37号	北京市通州区人民政府关于印发通州区空气重污染应急预案（2016年修订）的通知（2016–12–05）
通政发〔2016〕38号	北京市通州区人民政府关于印发通州区施工现场综合监管工作办法的通知（2016–12–19）
通政发〔2016〕39号	北京市通州区人民政府关于印发区政府领导同志工作分工的通知（2016–12–28）
通政发〔2016〕40号	北京市通州区人民政府关于批准建立北京市通州区第二届“首席技师工作室”的通知（2016–12–30）

北京市通州区人民政府办公室文件

通政办发〔2016〕1号	北京市通州区人民政府办公室关于加快推进全区商品交易市场调整提升工作的实施意见（2016—01—11）
通政办发〔2016〕2号	北京市通州区人民政府办公室关于印发2016年区政府四大工程绩效任务表的通知（2016—02—16）
通政办发〔2016〕3号	北京市通州区人民政府办公室关于表彰2015年度区政府系统办公室工作先进单位及先进个人的通报（2016—02—19）
通政办发〔2016〕4号	北京市通州区人民政府办公室关于办理2016年市、区两级人大代表建议和政协委员提案的通知（2016—02—26）
通政办发〔2016〕5号	北京市通州区人民政府办公室关于印发通州区行政事业单位节能降耗管理规定的通知（2016—03—08）
通政办发〔2016〕6号	北京市通州区人民政府办公室关于印发北京市通州区金融服务办公室主要职责内设机构和人员编制规定的通知（2016—03—29）
通政办发〔2016〕7号	北京市通州区人民政府办公室关于印发北京市行政副中心通州区建设协调办公室主要职责内设机构和人员编制规定的通知（2016—03—29）
通政办发〔2016〕8号	北京市通州区人民政府办公室关于印发通州区落实乡镇政府、街道办事处食品安全监管责任管理办法的通知（2016—03—31）
通政办发〔2016〕9号	北京市通州区人民政府办公室关于印发通州区食品药品安全三年行动计划（2016—2018年）的通知（2016—03—31）
通政办发〔2016〕10号	北京市通州区人民政府办公室关于印发通州区早餐示范工程建设试点工作方案的通知（2016—04—18）
通政办发〔2016〕11号	北京市通州区人民政府办公室关于印发通州区水环境乡镇跨界断面补偿办法（试行）的通知（2016—04—18）
通政办发〔2016〕12号	北京市通州区人民政府办公室关于印发2016年通州区非本市户籍适龄儿童少年接受义务教育证明证件材料审核实施细则的通知（2016—04—26）
通政办发〔2016〕13号	北京市通州区人民政府办公室关于印发通州区电动汽车2016年工作实施方案的通知（2016—05—26）
通政办发〔2016〕14号	北京市通州区人民政府办公室关于开展通州区国家行政机关向监察机关报送涉嫌违反行政纪律问题线索工作的实施意见（2016—06—01）
通政办发〔2016〕15号	北京市通州区人民政府办公室关于印发通州区环境保护网格化实施方案的通知（2016—06—13）
通政办发〔2016〕16号	北京市通州区人民政府办公室关于印发通州区调整退出工业企业能耗评估工作实施方案的通知（2016—06—23）
通政办发〔2016〕17号	北京市通州区人民政府办公室关于印发通州区“十三五”规划纲要任务分工方案的通知（2016—06—28）
通政办发〔2016〕18号	北京市通州区人民政府办公室关于印发通州区2016年农村地区“减煤换煤、清洁空气”行动实施方案的通知（2016—06—28）

通政办发〔2016〕19号	北京市通州区人民政府办公室关于印发区经济信息化委制定的《通州区工业污染行业、生产工艺调整退出指导目录》的通知（2016—06—28）
通政办发〔2016〕20号	北京市通州区人民政府办公室关于通州区2016年危险化学品生产经营（有储存）企业调整退出实施意见（2016—06—29）
通政办发〔2016〕21号	北京市通州区人民政府办公室关于印发通州区清理整治违法违规排污及生产经营行为工作实施方案的通知（2016—07—21）
通政办发〔2016〕22号	北京市通州区人民政府办公室关于印发通州区简化优化公共服务流程方便基层群众办事创业工作方案的通知（2016—07—25）
通政办发〔2016〕23号	北京市通州区人民政府办公室关于通州区低端养殖业和种植业调整退出工作的意见（2016—07—27）
通政办发〔2016〕24号	北京市通州区人民政府办公室关于通州区在公共服务领域推广政府和社会资本合作（PPP）模式的实施意见（2016—08—01）
通政办发〔2016〕25号	北京市通州区人民政府办公室关于印发通州区“河长制”实施意见的通知（2016—08—02）
通政办发〔2016〕26号	北京市通州区人民政府办公室印发关于进一步规范追加预算资金实施意见的通知（2016—08—10）
通政办发〔2016〕27号	北京市通州区人民政府办公室关于印发通州区人口、产业、房屋、车辆、土地等全面清查工作方案的通知（2016—08—12）
通政办发〔2016〕28号	北京市通州区人民政府办公室关于成立通州区人民政府推进职能转变协调小组的通知（2016—09—08）
通政办发〔2016〕29号	北京市通州区人民政府办公室关于印发通州区公共服务类建设项目投资审批改革试点实施方案的通知（2016—09—14）
通政办发〔2016〕30号	北京市通州区人民政府办公室关于印发通州区工业企业调整退出工作验收办法的通知（2016—09—30）
通政办发〔2016〕31号	北京市通州区人民政府办公室关于印发通州区调整退出工业企业认定评估办法的通知（2016—09—30）
通政办发〔2016〕32号	北京市通州区人民政府办公室关于加强旅游市场综合监管的通知（2016—10—20）
通政办发〔2016〕33号	北京市通州区人民政府办公室关于印发通州区调整退出工业企业污染物排放量核算实施方案的通知（2016—10—26）
通政办发〔2016〕34号	北京市通州区人民政府办公室关于印发通州区“十三五”时期及2016年节能减碳目标分解方案的通知（2016—10—28）
通政办发〔2016〕35号	北京市通州区人民政府办公室关于印发通州区落实《2016年度区政府依法行政考核指标》任务分解方案的通知（2016—10—28）
通政办发〔2016〕36号	北京市通州区人民政府办公室关于印发通州区财政资金、国有资产监督协调办法（试行）的通知（2016—11—02）
通政办发〔2016〕37号	北京市通州区人民政府办公室关于编制《通州区2017年在直接关系群众生活方面拟办的重要实事》的通知（2016—11—04）
通政办发〔2016〕38号	北京市通州区人民政府办公室关于印发通州区土地管理和利用督察工作整改实施方案的通知（2016—11—11）

通政办发〔2016〕39号　北京市通州区人民政府办公室关于印发通州区加强企业信用体系建设第二阶段行动计划（2016—2018年）的通知（2016-11-18）

通政办发〔2016〕40号　北京市通州区人民政府办公室关于印发北京通州文化旅游区建设管理办法（试行）的通知（2016-11-23）

通政办发〔2016〕41号　北京市通州区人民政府办公室关于印发北京通州文化旅游区建设现场管理办公室工作方案的通知（2016-11-23）

通政办发〔2016〕42号　北京市通州区人民政府办公室关于印发通州区燃煤锅炉清洁能源改造区级补助、奖励工作方案的通知（2016-11-24）

通政办发〔2016〕43号　北京市通州区人民政府办公室关于认真做好2016年重大火灾隐患挂牌督办工作的通知（2016-12-02）

通政办发〔2016〕44号　北京市通州区人民政府办公室关于印发通州区政府2016年度公众满意度调查工作整改实施方案的通知（2016-12-05）

通政办发〔2016〕45号　北京市通州区人民政府办公室关于印发通州区中小学校责任督学挂牌督导工作实施方案的通知（2016-12-12）

通政办发〔2016〕46号　北京市通州区人民政府办公室关于印发通州区禁养区规模化畜禽养殖场退出工作实施方案的通知（2016-12-14）

通政办发〔2016〕47号　北京市通州区人民政府办公室关于印发大气污染防治等专项责任清单的通知（2016-12-14）

通政办发〔2016〕48号　北京市通州区人民政府办公室印发关于进一步加快推进重点工程协调对接工作实施方案的通知（2016-12-19）

通政办发〔2016〕49号　北京市通州区人民政府办公室转发区住房城乡建设委关于加强通州区建筑市场与施工现场联动监管办法的通知（2016-12-19）

通政办发〔2016〕50号　北京市通州区人民政府办公室转发区农委、区财政局、区农业局关于2016年通州区农业支持保护补贴政策实施方案的通知（2016-12-23）

通政办发〔2016〕51号　北京市通州区人民政府办公室转发市政府办公厅关于全面治理拖欠农民工工资问题实施意见的通知（2016-12-27）

（备注：圆括号内数字为日期）

通州区社区居委会名录（共计119个）

新华街道办事处(7个)

名称	地址	电话
天桥湾	天桥湾13号楼前平房	69551634
东大街	如意园小区12号楼-7（此为临时租赁办公场所）	69551624
新　建	北大街17号（此为临时租赁办公场所）	69551274
贡　院	如意园小区12号楼-7（此为临时租赁办公场所）	69551604
司　空	北大街59号（此为临时租赁办公场所）	69551430
如　意	吉祥园甲18-1	69551294
北　关	北大街17号（此为临时租赁办公场所）	69551284

北苑街道办事处(19个)

名称	地址	电话
果园西	北苑南路48号院内平房	81531314
新北苑	杨庄南街1号	60534924
后南仓	后南仓12楼北侧	69553562
新城南街	后南仓32号楼金禧花园小区内1层	69519160
新华西街	新华西街15号院北门外	69531046
长桥园	八里桥南街87号院8号楼104、105室	89503063
五里店	杨庄路5号	60533861
玉带路	潞河中学北街13号	80886601
帅府	帅府小区40楼北侧	69516593
西关	万方家园锦园1号楼1-21	80880548
复兴南里	北苑南路38号院底商2号楼2-6号	80814056
北苑桥	八里桥南街1号院E座105室	60530243
锦园	五里店西路6号院6号楼底商101	60536578
中山街	中山大街52号6单元102号	80880623
京贸国际	八里桥南街68号院1号楼107室	89506243

滨惠南三街	万方家园锦园1号楼1单元301室	80888362
新华联家园北区	新华联家园北区东北门旁	80812378
天时名苑	天时名苑小区10号楼1单元102室	80574061
广通	广通小区1号楼2单元102室	60534924

中仓街道办事处(17个)

名 称	地 址	电 话
中 仓	中仓小区10号楼东侧平房	69513099
四员厅	新街下坡9号	69536342
东 里	新城东里17号楼后平房	69536431
西 营	玉带河大街50号楼院内	69548171
悟仙观	南大街47号	69555872
莲花寺	南大街莲花寺5号	69554865
白将军	南大街东顺城街甲8号	69551915
小 园	东营前街3号楼底商一号	69513149
西上园	西上园一区甲13号楼	60562853
上 营	潞通大街198号院8号楼2单元101	60561778
东 关	潞通大街198号院11号楼1单元101	60561467
新华园	故城东路51号院北侧平房	69536809
星 河	水仙西路89号（运河湾北区底商）	80855652
中上园	玉带河东大街145号	60563020
运河园	通州区兽医站南侧	80852774
滨 河	运河明珠小区2号楼3单元4层	52113080
运河湾	水仙西路83号	80858505

玉桥街道办事处(17个)

名 称	地 址	电 话
乔庄北街	乔庄东区91号院南侧灰楼一层	81598082
土 桥	临河里106号楼首、二层	56405153
玉桥东里	玉桥东里6号楼底商6-1,6-2	81546160
艺 苑	艺苑西里7号楼111室	81534001
运河东大街	葛布店东里12楼南平房	81525744
玉桥南里	玉桥南里22号楼北平房	81586364
玉桥北里	玉桥北里47号楼	81586392

葛布店南里	葛布店东里100-8当代名筑底商	81512199
葛布店北里	蓝山国际小区2号楼102室	81524780
梨 花 园	梨园北街18号院5号楼南侧	60526533
柳岸方园	玉桥西里中街底商28、30号	52101079
柳 馨 园	乔庄东区91号院南侧灰楼一层	60549175
玉桥南里南	玉桥南里50院2号楼底商（景馨家园）	81598088
净水园	净水园12号楼	59757433
玉桥东里南	玉桥东里南115号楼二层、三层	81575317
新通国际	梨园西里21号楼南侧	89542940
潞阳桥	砖厂北里101号楼1单元101室	56530064

永 顺 镇(22个)

名 称	地 址	电 话
富河园	通州区永顺镇富河园小区门口	69556193/89500119
天赐良园	西富河园二号院门口	80544295/80508774
盛业家园	通胡大街23号院206号楼北侧平房	51070549
运乔嘉园	运河西大街乔庄东区2号院23号楼地下室	81588242
龙旺庄	龙旺庄煤气站东院停车场院内平房	89517535/89591736
世纪星城兴业园	世纪星城77号楼6单元101、102室	52998951/52998952
潞苑南里	拉维小镇31号楼首二层	57907159/57907158
东潞苑西区	东潞苑五区甲12号楼底商	89596690/89557332
潞邑	新潮家园小区三区三单元201室	89597806/89557652
运通园	潞苑南大街614号澜花语岸院内西花园南侧平房	89557072/89557280
杨庄南里西区	杨庄小区1号楼平房院内	60533302/60539200
西马庄	西马庄34号楼东侧平房	60512196
苏荷雅居	苏荷雅居14号楼地下室	58014723
永顺西里	永顺西里甲38号院东门	60511094/60510545
永顺南里	永顺南街234号	60514252/60510483
艺苑东里	艺苑东里小区物业公司右侧	81538215
杨庄南里南区	通州区杨庄路22号院内	60531051
潞苑嘉园	永顺镇社会服务管理中心西楼二层	89588600/89588670
竹木场	永顺镇竹木场村	60514342
岳庄	永顺镇岳庄村	69551671
杨富店	永顺镇杨富店村	81564891
杨庄通广嘉园	杨庄通广嘉园小区	81562541/81562624

梨园镇(24个)

名称	地址	电话
新华联家园南区	新华联家园南区10号楼5单元502号（地下室）	81557495
格瑞雅居	格瑞雅居小区北平房	81539489
靓景明居	梨园镇怡乐园三区靓景明居西会所三层居委会办公室	58013927
万盛北里	梨园镇万盛北里380号楼	81573410
龙鼎园	翠景南里西区6号楼104号	81551872
金侨时代家园	花涧溪28号楼2层	60550769
梨园东里	梨园东里南区物业楼一层	81573402
京洲园	京洲园413号楼底层（京洲馨园院内）	60545691
翠景北里	梨园镇瑞都国际小区（南区9号楼）	81518043
葛布店东里	北杨洼小区28号楼前平房	81541462
群芳园	云景东路66号院群芳园小区老年活动中心二楼	81524368
云景东里	梨园镇园景阁东区南门平房5-7号	81577966
云景里	云景里社区10#楼前社区服务站一楼。	60529914
颐瑞西里	梨园镇群芳中二街152号瑞都公园世家小区5号楼	60529747
颐瑞东里	梨园镇颐瑞东里C区147号2层	81578395
欣达园	群芳四园桃花岛小区商AA座998-5号	81526302
曼城家园	梨园镇万盛北里甲420号楼地下室	81532973
云景北里	新城阳光小区36楼1单元114号	60529512
翠屏北里	翠屏北里小区1号楼北侧平房	81517532
大方居	大方居小区331号楼1层	57055500
翠屏南里	通景园194号楼2层	56852916
新城乐居	颐瑞东里207号楼2层	57553900
铭悦园	砖厂南里17号楼	
砖厂南里	砖厂南里43号楼、45号楼	

潞城镇(3个)

名称	地址	电话
荔景园	通胡大街3-15号	89587331
紫荆雅园	通胡大街3-15号	89587331
水仙园	通胡大街68号	89587639

台湖镇(2个)

名称	地址	电话
定海园一里	通州区台湖镇定海园小区一里	80822476
定海园二里	通州区台湖镇定海园小区二里	69508386

马驹桥镇(5个)

名称	地址	电话
新海南里	新海南里39号楼一单元101室	60509328
新海北里	新海南里39号楼3单元102室	60509590
新海祥和	新海北里8号楼一单元101室	60509527
宏仁	马桥路228号院1号楼2单元102室	56650187/8
瑞晶苑	马驹桥镇景盛北二街15号院东亚瑞晶苑小区9号楼2层202房间	59397075/6

漷县镇(3个)

名称	地址	电话
绿茵小区	绿茵小区南门西侧	80586010
绿茵西区	绿茵西区二期院内	80520295
金三角	金三角商贸城内	80566298

通州区村民委员会名录（共计470个）

永顺镇（21个）

上　营	60560765	乔　庄	81582577
小圣庙	69572219	范　庄	69555513
南　关	52353387	焦王庄	58011003
果　元	81517118	王家场	89590826

杨 庄	81566266	刘 庄	89597779
永 顺	89532535	李 庄	89594266
前上坡	80887261	耿 庄	89593772
西马庄	60512253	龙旺庄	89590733
邓家窑	80541089	小潞邑	89597311
新 建	69543380	苏 坨	89597682
北马庄	89576102		

梨园镇(26个)

半壁店	60558867	孙 庄	60521755
李老公庄	81561744	车里坟	60521574
刘老公庄	81542917	孙王场	81533342
小 稿	60522734	九棵树	60522782
东总屯	81525795	东小马庄	60528361
西总屯	60529897	魏家坟	60557573
小街一队	60525633	将军坟	60524095
小街二队	60525822	高楼金	61568873
小街三队	60525079	三间房	60520967
西小马庄	81521609	梨 园	60524999
大稿村	81563977	北杨洼	81514505
曹 园	58019983	公 庄	81530435
大马庄	81533853	砖 厂	69573088

宋庄镇(47个)

关辛庄	89571580	辛 店	69591318
郝各庄	89572596	大兴庄	69596764
西 赵	89572556	宋 庄	52100642
港 北	89572534	小 堡	80856711
南马庄	89572537	疃 里	89599012
高各庄	89571189	六 合	69591432
翟 里	89572180	后夏公庄	69591012
北寺庄	89571591	前夏公庄	69591015
小杨各庄	89572939	邢各庄	52112046
白 庙	69596618	丁各庄	52107606

任　庄	52337325	高辛庄	52103301
喇嘛庄	69596776	菜　园	52103588
小邓各庄	52105295	富　豪	89551542
大邓各庄	69598092	尹各庄	89551774
师姑庄	89513098	草　寺	89567384
北刘各庄	69593069	岗　子	80857681
摇不动	69597529	北窑上	80857071
平家疃	80859335	王辛庄	80857764
大　庞	89567534	寨　里	89559724
小　营	89567347	寨辛庄	80519389
内军庄	89567704	葛　渠	89559541
徐辛庄	89567414	吴各庄	52330970
沟渠庄	89567694	管　头	89559388
双埠头	52115902		

潞城镇（54个）

东杨庄	89526240	七　级	89581804
魏　庄	89521688	堡　辛	69594175
霍　屯	89521653	常　屯	69594280
古　城	89582750	东　堡	89581927
杨　坨	89515336	西　堡	89592060
郝家府	52110100	召　里	69594138
辛安屯	89515031	后　屯	69594387
胡各庄	89582070	孙各庄	89598871
大　台	89583154	兴各庄	61521186
留　庄	89580738	燕山营	61525258
东夏园	89582453	凌家庙	61522002
庙　上	89582475	李　疃	61520575
大　营	89582543	武　疃	61529663
东小营	89582652	前　疃	61525848
前北营	89582674	东前营	61529355
后北营	89582760	贾后疃	61521244
黎辛庄	89581373	前榆林庄	61523101
南刘各庄	89581206	后　榆	61522290
八各庄	89583992	卜落垡	61529885

东刘庄	61529815	夏 店	61522700
岔 道	61520832	崔家楼	61521364
侉 店	52339226	肖 庄	61521090
大甘棠	61522818	大东各庄	61521324
小甘棠	61521214	小东各庄	61521046
大豆各庄	52119752	谢 楼	61559044
小豆各庄	52119772	康各庄	61552047
武 窑	61521505	太子府	61551656

西 集 镇（57个）

曹刘各庄	61576083	东辛庄	61576095
南小庄	61576061	大灰店	61576109
上 坡	61576063	大沙务	61576046
和合站	61576065	小灰店	61576113
安辛庄	61578189	小沙务	61576119
吕家湾	61576014	牛牧屯	61576584
杨家洼	61579713	桥 上	61576107
辛 集	61576238	杜 店	61576105
肖家林	61576040	前东仪	61576121
前寨府	61577119	史东仪	61576004
后寨府	61576093	侯东仪	61576005
黄东仪	61576009	耿 楼	61558230
尹家河	61576124	陈 桁	61558203
赵 庄	61513442	王 庄	61558204
侯各庄	61576013	金 坨	61558993
于辛庄	61576015	何各庄	61558213
车 屯	61571336	金各庄	61558240
武辛庄	61576371	张各庄	61558132
胡 庄	61579436	望君疃	61558243
协各庄	61576043	杜柳棵	61558259
西 集	61576041	马 坊	61558126
石 上	61516914	任辛庄	61558047
王 上	61576115	太平庄	61558008
林 屯	61576059	小 屯	61558186
岳 上	61576081	小辛庄	61558148

郎　东	61558071	供给店	61558618
郎　西	61558003	儒　林	61558184
老庄户	61558374	沙古堆	61558610
冯各庄	61558147		

漷县镇（61个）

马　头	80586102	周起营	69568414
马　堤	80599103	北堤寺	69568405
三黄庄	80586945	黄厂铺	69568457
石　槽	80586105	小　屯	80566043
毛　庄	80586107	曹　庄	80561183
高　庄	80587899	纪各庄	80569674
沈　庄	80599660	侯黄庄	80566515
后　地	80599770	马　庄	13801052382
小香仪	80580180	张　庄	80563274
大香仪	80580723	东寺庄	80566123
东黄垡	80586034	凌　庄	80566350
西黄垡	80586024	前尖平	13911183839
漷　县	80586302	后尖平	80566149
杨　堤	80586109	徐官屯	80562346
长凌营	80581411	东定安	80561195
榆林庄	80582877	西定安	80562348
苏　庄	80586097	军　屯	80564522
马　务	80586007	柏　庄	80560069
翟各庄	80585242	龙　庄	80566131
许各庄	80583480	李辛庄	80566059
南　阳	80586090	尚武集	80566145
靛　庄	80599700	觅子店	80566221
吴　营	13701140525 80525890	南　屯	80567245
王　楼	80581902	穆家坟	80590341
郭　庄	13699108950	军　庄	80590724
中辛庄	80586091	边槐庄	80566038
南丁庄	69568406	梁家务	80565218
东　鲁	69569754	罗　庄	80566045

西　　鲁	69569348	前元化	80561003
草　　厂	69568404	后元化	80567268
大柳树	80563774		

张家湾镇（57个）

张湾村	61506019	南姚园	61569450
张湾镇	61568516	齐善庄	61502914
施　　园	69573004	牌楼营	69573014
宽　　街	69572972	马　　营	69573714
唐小庄	69573703	前　　街	69581366
立禅庵	69573724	中　　街	69581403-8003
大高力庄	69573432	后　　街	69581407
南许场	69571033	后　　坨	69580496
北许场	69571866	小耕垡	13716464092
土　　桥	69572122	前南关	69587401
皇木厂	69573040	后南关	69586221
上马头	69573247	北仪阁	69571435
张辛庄	69571661	前青山	69580028
梁各庄	69572274	后青山	69589049
东定福庄	69573431	苍　　上	69588665
西定福庄	69573749	王各庄	69581457
贾各庄	69573743	东永和屯	13716464318
姚辛庄	69573493	西永和屯	69581459
里二泗	61563348	小北关	13716464633
烧酒巷	69573451	大北关	69581417
上　　店	69571300	垡　　头	69581420
大辛庄	69571097	三间房	69588620
枣林庄	69575208	北大化	69584315
何各庄	69573746	陆辛庄	69581126
瓜　　厂	69573747	苍　　头	69581153
南火垡	69585262	坨　　堤	69583433
十里庄	69586164	高　　营	13716464635
南大化	69581415	样　　田	60570147
柳　　营	69582151		

台湖镇（41个）

董村	81501225	垛子	69509532
北神树	81502473	徐庄	69500545
丁庄	69501648	台湖	61531983
白庄	69501282	玉甫上营	61532683
马庄	69501280	西下营	61535015
东下营	61531705	北姚园	61531732
唐大庄	61574707	碱厂	61531737
尖垡	61531742	朱家垡	61531895
水南	69503089	兴武林	61531754
北小营	80823591	窑上	61531763
西太平庄	69502474	北火垡	61534143
次一	69501725	蒋辛庄	61531903
次二	69501029	外郎营	52105926
东石	69502248	周坡庄	61538152
桂家坟	81509719	胡家垡	61531936
麦庄	69502417	江场	61531950
永隆屯	69503727	口子	61531952
大地	69509494	铺头	61531962
新河	69500545	前营	61532014
高古庄	69500416	田家府	61531335
桑元	69501548		

马驹桥镇（45个）

北门口	60509484	大周易	60509219
二街	60509416	史村	60507775
三街	60599947	前银子	60509338
一街	60508866	后银子	60500244
西后街	60502930	驸马庄	60591198
辛屯	60509516	南堤	60591108
大葛庄	60500272	大杜社	61585729
东店	60509861	小杜社	61585740
西店	60509403	西马各庄	61582737

马村	60509581	六郎庄	61583915
小白	60509327	大松垡	61584561
姚村	60505858	小松垡	61585747
张各庄	60509774	神驹	61585753
大白	60509745	柏福	61585752
张村	60509227	东田阳	61583398
古庄	60509490	南小营	61582571
房辛店	60509517	团瓢庄	61582666
小张湾	60505058	姚辛庄	61585996
周营	60509228	前堰上	61585951
杨秀店	60594082	后堰上	61585935
郭村	60501226	陈各庄	61582958
柴务	60509519	西田阳	61585950
小周易	60505899		

永乐店镇（38个）

永乐店一村	69569024	新西庄	69568493
永乐店二村	69568744	南堤寺东村	69568489
永乐店三村	69568632	南堤寺西村	69568487
小南地	69569656	马合店	80553586
大羊	69569314	后营	80551315
孔庄	69569684	西槐庄	80551454
老槐庄	69564047	坚村	80598008
陈辛庄	69564646	小安	80551312
邓庄	69567975	临沟屯	80511342
后甫	69568355	应寺	80511306
东张各庄	69564024	胡家村	80512105
德仁务前街	69569990	柴厂屯	80511241
德仁务中街	69568153	熬硝营	80515506
德仁务后街	69568308	小甸屯	80511475
西河	80551310	三垡	80511407
东河	80551978	半截河	80514388
小务	80551012	兴隆庄	80511424
大务	80551192	前马坊	80511397
鲁城	80552715	后马坊	80511492

于家务回族乡（23个）

于家务	80531963	小海字	80522196
东马各庄	80531950	渠头	80521362
西马坊	80534891	南三间房	80529409
果村	80531962	富各庄	80523575
神仙	80534596	王各庄	80523898
北辛店	80532820	满庄	80523633
大耕垡	80533588	崔各庄	80810466
南仪阁	80531946	东垡	80521474
仇庄	80521158	西垡	80521359
南刘庄	80521997	前伏	80521379
吴寺	80529028	后伏	80529268
枣林	80521014		

通州区中小学校、幼儿园名录

幼儿园

通州区马驹桥镇马驹桥中心幼儿园	通州区马驹桥镇中心校内	60599598
通州区马驹桥镇大杜社中心幼儿园	通州区马驹桥镇大杜社村	61582396
通州区马驹桥镇大松垡幼儿园	通州区马驹桥镇大松垡村	69503058
通州区马驹桥镇六郎庄幼儿园	通州区马驹桥镇六郎庄村	69503020
通州区马驹桥镇小周易幼儿园	通州区马驹桥镇小周易村	80890031
通州区马驹桥镇神驹幼儿园	通州区马驹桥镇神驹村320号	61585753
通州区马驹桥镇史村幼儿园	通州区马驹桥镇史村	60593120
通州区马驹桥镇金桥幼儿园	通州园金桥科技产业基地景盛北一街29号	80898819
通州区马驹桥镇杨秀店幼儿园	通州区马驹桥镇杨秀店村	80803910
通州区马驹桥镇小松垡幼儿园	通州区马驹桥镇小松垡村	69503729
通州区马驹桥镇团瓢庄幼儿园	通州区马驹桥镇团瓢庄村	56865382

通州区马驹桥镇后堰上幼儿园	通州区马驹桥镇后堰上村	61585935
通州区马驹桥镇前堰上幼儿园	通州区马驹桥镇前堰上村	69506558
通州区马驹桥镇后银子幼儿园	通州区马驹桥镇后银子村	69500317
通州区马驹桥镇南小营幼儿园	通州区马驹桥镇南小营村	69509161
通州区马驹桥镇小张湾幼儿园	通州区马驹桥镇小张湾村	60593160
通州区马驹桥镇周营幼儿园	通州区马驹桥镇周营村周营南街	80828828
通州区马驹桥镇东田阳幼儿园	通州区马驹桥镇东田阳村	69507019
通州区马驹桥镇柏福幼儿园	通州区马驹桥镇柏福村	61584072
通州区马驹桥镇西马各庄幼儿园	通州区马驹桥镇西马各庄村	61582737
通州区马驹桥镇姚辛庄幼儿园	通州区马驹桥镇姚辛庄村	69506082
通州区马驹桥镇小杜社幼儿园	通州区马驹桥镇小杜社村	61586059
通州区马驹桥镇前银子幼儿园	通州区马驹桥镇前银子村	69509653
通州区马驹桥镇大杜社幼儿园	通州区马驹桥镇大杜社村	69503281
通州区永乐店镇中心幼儿园	通州区永乐店镇东张各庄村西口	80596902转8014
通州区永乐店镇永一幼儿园	通州区永乐店镇永乐店一村	69569339
通州区永乐店镇熬硝营幼儿园	通州区永乐店镇熬硝营村	80525839
通州区永乐店镇小务幼儿园	通州区永乐店镇小务村	80520811
通州区永乐店镇老槐庄幼儿园	通州区永乐店镇老槐庄村	69564047
通州区漷县镇觅子店幼儿园边槐庄分园	通州区漷县镇边槐庄村	80535875-8007
通州区漷县镇觅子店幼儿园张庄分园	通州区漷县镇张庄村	80535875
通州区漷县镇觅子店幼儿园	通州区漷县镇觅子店村	80535875-8007
通州区漷县镇漷县中心幼儿园黄厂铺分园	通州区漷县镇黄厂铺村	80588440
通州区漷县镇漷县中心幼儿园大香仪分园	通州区漷县镇大香仪村	80588440
通州区漷县镇漷县中心幼儿园	通州区漷县镇漷县村	80588440
通州区漷县镇觅子店幼儿园曹庄分园	通州区漷县镇曹庄村	80535875-8007
通州区宋庄镇红杉溪谷幼儿园	通州区宋庄镇疃里南区55号	61519096-8001
通州区宋庄镇徐辛庄中心幼儿园北刘分园	通州区宋庄镇北刘各庄村	89541052
通州区宋庄镇平家疃幼儿园	通州区宋庄镇平家疃村	57235005
通州区宋庄镇六合幼儿园	通州区宋庄镇六合村	57178892
通州区宋庄镇白庙幼儿园	通州区宋庄镇白庙村	69546339
通州区宋庄镇徐辛庄中心幼儿园	通州区宋庄镇徐辛庄村临74号	89541052
通州区宋庄镇疃里幼儿园	通州区宋庄镇疃里村	69546339
通州区梨园镇新城嘉园中心幼儿园	通州区梨园镇新城嘉园小区108号	80598926
通州区梨园镇大风车双语幼儿园	通州区梨园时尚街区东区9号楼	80818815
通州区梨园镇西总屯幼儿园	通州区梨园镇翠屏北里27号楼	60526990
通州区梨园镇玉豆豆瑞都幼儿园	通州区梨园镇颐瑞西里瑞都公园世家南区	80819090
通州区梨园地区中心幼儿园	通州区梨园镇群芳园小区东侧	81529807

通州区梨园地区杨洼幼儿园	通州区梨园镇北杨洼村	80579158
通州区梨园镇玉豆豆新城阳光幼儿园	通州区梨园镇新城阳光小区	81579668
通州区潞城镇贾后疃幼儿园	通州区潞城镇贾后疃村	60574028
通州区潞城镇古城幼儿园	通州区潞城镇古城村	89536570
通州区潞城镇后屯幼儿园	通州区潞城镇后屯村	60572455
通州区潞城镇中心幼儿园	通州区潞城镇胡各庄村	89583867
通州区潞城镇甘棠中心幼儿园	通州区潞城镇侉子店村	60550067
通州区潞城镇大豆各庄幼儿园	通州区潞城镇大豆各庄村	60550260
通州区西集镇西集中心幼儿园肖林分园	通州区西集镇肖家林村	61518066
通州区西集镇西集中心幼儿园大灰店分园	通州区西集镇大灰店村	61517366
通州区西集镇西集中心幼儿园	通州区西集镇西集村临4号	61579280
通州区西集镇西集中心幼儿园杜柳棵分园	通州区西集镇杜柳棵村	80577017
通州区西集镇郎府幼儿园	通州区西集镇郎东村	61518205
通州区台湖镇东下营幼儿园	通州区台湖镇东下营村	61528180
通州区台湖镇台湖中心幼儿园胡家垡分园	通州区台湖镇胡家垡村	61528368
通州区台湖镇次渠家园幼儿园	通州区台湖镇次渠北里105号	80821732
通州区台湖镇外郎营幼儿园	通州区台湖镇外郎营村	59494261
通州区台湖镇定海园幼儿园	通州区台湖镇定海园二里16号	60577589-238
通州区台湖镇台湖中心幼儿园	通州区台湖镇台湖村临36号	60578155
通州区台湖镇兴武林幼儿园	通州区台湖镇兴武林村	59494261
通州区张家湾镇南大化幼儿园	通州区张家湾镇南大化村	80526258
通州区张家湾镇张家湾中心幼儿园	通州区张家湾镇西定福庄丙51号	69573184
通州区张家湾镇牛堡屯中心幼儿园	通州区张家湾镇中街村442号	69582371
通州区于家务乡北辛店幼儿园	通州区于家务乡北辛店村	80531381
通州区于家务回族乡中心幼儿园	通州区于家务西里新月路1号	80533695
通州区于家务乡东马各庄幼儿园	通州区于家务乡东马各庄村	80535865
通州区于家务乡王各庄村幼儿园	通州区于家务回族乡王各庄村	80534851
通州区于家务乡东垡村幼儿园	通州区于家务回族乡东垡村	80521474
通州区永顺镇中心幼儿园	通州区八里桥南街68号院	89588330
通州区永顺镇小潞邑幼儿园	通州区永顺镇小潞邑村	89598182
通州区龙旺庄双语艺术幼儿园	通州区永顺镇龙旺庄村	89595336
通州区金宝幼儿园	通州区河滨路1号	80853408
通州区花石匠幼儿园	通州区砖厂北里39号楼	56542238
通州区幼儿园	通州区中山街36号	69544030
通州区新城东里幼儿园	通州区西营前街25号	69545284
通州区教工幼儿园	通州区潞通大街196号	69544818
通州区如意中心幼儿园	通州区如意园甲12号	69541360

通州区情智幼儿园	通州区通惠南路1号	60519296
双鹿艺术幼儿园	通州区玉桥西路1号	69545541
中国人民解放军总参谋部陆航部幼儿园	通州区张家湾镇三间房806号院	66858361
通州区玉桥街道运河幼儿园	通州区葛布店北里8号楼北侧	81528111
通州区科印幼儿园	通州区北苑南路63号院	60536388
运乔蓝天幼儿园	通州区乔庄东区运乔嘉园	81591155
通州区天使宝贝双语艺术幼儿园	通州区通胡大街25号院	80855170
通州区贝乐康双语艺术幼儿园	通州区梨园地区办事处半壁店村	52998088
通州区春蕾双语艺术幼儿园	通州区艺苑小区东里1号	60568808
通州区玉桥幼儿园	通州区玉桥北里47号	81587114
通州区新苗幼儿园	通州区永顺潞苑嘉园小区27号楼	89558599
通州区童乐幼儿园	通州区通惠南路29号院	69545714
通州区瀚林华馨幼儿园	通州区台湖镇次渠大街19号	69505829
通州区东方幼儿园	通州区玉带河大街141号	69545558
通州区小脚丫幼儿园	通州区潞城镇召里村北	89529068
通州哈佛摇篮幼儿园	通州区通胡大街68号（武夷花园牡丹园）	89520860
武夷大地幼儿园	通州区通胡大街68号	89524395
通州区芬芳幼儿园	通州区梨园镇砖厂村北	69572943
通州区星河幼儿园	通州区玉桥西里70号院	81537959
通州区运河宝宝双语艺术幼儿园	通州区永顺西街32号	51677927
通州区启智贝尔幼儿园	通州区玉桥东路58号	81598268
通州区小海豚双语艺术幼儿园	通州区潞苑南大街1093号	89512389
通州区童心幼儿园	通州区永顺镇西马庄村	60516183
通州区淘乐思艺术幼儿园	通州区果园北街226号	81516110
通州区民族幼儿园	通州区芙蓉园312号	69542233
通州区东旭英华双语艺术幼儿园	通州区梨园北街256号	69539200
通州区新通幼儿园	通州区梨园西里38号楼	80877809
通州区大方居幼儿园	通州区半壁店大街25号京洲园334号楼	59758060
通州区七零九零幼儿园	通州区梨园南街净水园小区14号楼	59757315
通州区世纪之星艺术幼儿园	通州区梨园地区九棵树万盛北里甲355号	81519281
通州区北星幼儿园	通州区梨园路122号	52101961
通州区蓝馨双语幼儿园	通州区宋庄镇吴各庄村82号	52330707
通州区临河里幼儿园	通州区临河里62号	81515238–8024
通州区幼师实验幼儿园	通州区玉桥东里106号楼	81575934
通州区龙鼎幼儿园	通州区翠景南里西区18号楼	81551886
通州区迪帆幼儿园	通州区安顺路17号	69533790
通州区东旭英才双语艺术幼儿园	通州区物院路正南A1–8号	80544002

通州区华远铭悦幼儿园	通州区砖厂南里27号楼	56863824
通州区瑞丁幼儿园	通州区梨园地区办事处万盛北里社区	81599269
通州区快乐时光幼儿园	通州区半壁店大街北口1号	60558812
通州区思玛特双语艺术幼儿园	通州区怡乐中街靓景明居小区内	58017306–8010
通州区斯宾赛尔幼儿园	通州区永顺镇焦王庄村枫露皇苑1区甲1号	61528188
通州区艾毅幼儿园	通州区杨庄北里52号	81596406
通州区巴克寓所幼儿园	通州区怡乐中街149号	13621357605
通州区日光彩虹幼儿园	通州区北苑南路44号院	80811146
通州区博瀚双语艺术幼儿园	通州区梨园镇加州小镇C区159号	80877856
通州区金色摇篮幼儿园	通州区马驹桥镇新海南里6号	59296404
通州区尚慧幼儿园	通州区梨园镇大稿村	60523333
通州区阳光起点幼儿园	通州区永顺镇东潞苑五区甲11号	89590391
通州区海蓓宁幼儿园	通州区梨园镇大稿村怡乐南街	81568818
通州区晟世蓝天双语艺术幼儿园	通州区梨园镇晟世嘉园2号(京洲园64号)	57246555
通州区芙蓉幼儿园	通州区水仙西路1号	69558733
通州区圣克弗斯幼儿园	通州区滨河路1号月亮河城堡公寓6、7号楼	80852856
通州区年年幼儿园	通州区新华北路117号	57498342
通州区金一桥艺术幼儿园	通州区果园北街227号	56217130
通州区北方之星艺术幼儿园	通州区梨园南街326号	81594098

小　学

通州区马驹桥实验小学	通州区马驹桥镇二街村15号	80829550
通州区嘉英小学	通州区宋庄镇辛店村临361号	69592892
通州区教师研修中心实验学校	通州区顾家坡1号	60562767
通州区马驹桥镇金桥小学	通州区马驹桥镇小白村	61530882
通州区富豪小学	通州区宋庄镇富豪村	89551130
第二实验小学通州分校	通州区土桥中街砖厂北里39号	56542838
通州区芙蓉小学	通州区通胡大街70号	89535016
通州区胡各庄小学	通州区潞城镇胡各庄村	89582099
通州区次渠家园小学	通州区台湖镇次二村	81507073
通州区北苑小学	通州区北苑南路22号	69542948
通州区南关小学	通州区东营后街9号	80886253
通州区中山街小学	通州区新华西街16号	69544116
通州区后南仓小学	通州区新仓路53号	69519230
通州区东方小学	通州区西顺城街甲32号	69542593
通州区运河小学	通州区运河西大街246号	81513227–8033

通州区官园小学	通州区新仓路29号	69544034
通州区贡院小学	通州区西海子西路	69544015
通州区玉桥小学	通州区玉桥东路1号	81587322
通州区永顺小学	通州区永顺南街75号	69544474
北京教育科学研究院通州区第一实验小学	通州区梨园地区办事处刘老公庄村	81526570
通州区私立博羽小学	通州区台湖镇麦庄村	69508984
通州区艺才小学	通州区马驹桥镇大葛庄村124号	60500839
通州区红星小学	通州区马驹桥镇二街村15号	80595768
通州区兴顺实验小学	通州区永顺镇刘庄村	60511476
通州区明星小学	通州区宋庄镇尹各庄村	89576788
通州区台湖镇培彦学校	通州区台湖镇东石村	81509183
通州区古城小学	通州区潞城镇古城村	89583721
北京史家小学通州分校	通州区玉桥东小区A1区	81590956-8046
北京小学通州分校	通州区芙蓉园313号	80853103
通州区永顺镇中心小学	通州区永顺镇杨庄村	81565198
通州区西马庄小学	通州区永顺地区办事处西马庄村	60513380
通州区乔庄小学	通州区永顺镇乔庄村	81565198
通州区发电厂小学	通州区永顺镇小圣庙村	61563183
通州区龙旺庄小学	通州区永顺镇小潞邑村	89519604
通州区焦王庄小学	通州区永顺镇焦王庄村	89597737
通州区范庄小学	通州区永顺地区办事处范庄村	69553172
通州区梨园镇中心小学	通州区梨园镇云景东路	60523455
通州区大稿新村小学	通州区梨园镇大稿新村	81566724
通州区宋庄镇中心小学	通州区宋庄镇宋庄村	69594882
通州区北寺庄小学	通州区宋庄镇北寺庄村	89571799
通州区师姑庄小学	通州区宋庄镇师姑庄村	89513799
通州区翟里小学	通州区宋庄镇翟里村	69598482
通州区徐辛庄小学	通州区宋庄镇徐辛庄村	89563232
通州区葛渠小学	通州区宋庄镇葛渠村	89559876
通州区张家湾镇中心小学	通州区张家湾镇开发区广聚街12号	69572781
通州区上店小学	通州区上店村423号	69571442
通州区张辛庄小学	通州区张家湾镇张辛庄村	69573197
通州区漷县镇中心小学	通州区漷县镇漷兴一街	80586050
通州区靛庄小学	通州区漷县镇靛庄村	80586567
通州区草厂小学	通州区漷县镇草厂村	69569035
通州区马头小学	通州区漷县镇马堤村	80599336
通州区觅子店小学	通州区漷县镇觅子店村	80566040

北京市通州区东定安小学	通州区漷县镇东定安村	80566385
北京市通州区马驹桥镇中心小学	通州区马驹桥镇兴华大街9号	80595177
通州区小张湾小学	通州区马驹桥镇小张湾村	60500604
通州区大杜社小学	通州区马驹桥镇小杜社村西	61586608
通州区西集镇中心小学	通州区西集镇政府街25号	61576249
通州区肖林小学	通州区西集镇肖家林村	61576249
通州区大灰店小学	通州区西集镇大灰店村	61578813
通州区新东仪小学	通州区西集镇黄东仪村	61576249
通州区郎府小学	通州区西集镇郎东村	61558074
通州区杜柳棵小学	通州区西集镇杜柳棵村	61558018
通州区沙古堆小学	通州区西集镇沙古堆村	61558162
通州区台湖镇中心小学	通州区台湖镇次渠大街	69507134
通州区永乐店镇中心小学	通州区永乐店镇永乐店一村	80572541-8003
通州区德仁务小学	通州区永乐店镇德仁务村	69569364
通州区小务小学	通州区永乐店镇小务村	80551547
通州区柴厂屯小学	通州区永乐店镇柴厂屯村	80511545
通州区潞城镇中心小学	通州区潞城镇七级村	80858672
通州区后屯小学	通州区潞城镇后屯村	69595020
通州区大东各庄小学	通州区潞城镇大东各庄村	61521136
通州区大豆各庄小学	通州区潞城镇大豆各庄村	61521334
通州区卜落垡小学	通州区潞城镇卜落垡村	61521714
通州区于家务乡中心小学	通州区于家务乡于家务村一街	80531942
通州区于家务乡渠头小学	通州区于家务乡渠头村68号	80521541
通州区西垡小学	通州区于家务乡西垡村	80531942
通州区民族小学	通州区回民胡同47号	69553754
通州区张家湾镇张湾村民族小学	通州区张家湾镇张湾村	61561781
通州区张湾镇民族小学	通州区张家湾镇张湾镇村	69571173
通州区枣林庄民族小学	通州区张家湾镇枣林庄村	69573469
通州区临河里小学	通州区临河里58号	81594962
通州区侯黄庄小学	通州区漷县镇侯黄庄村	80583268

中　学

首都师范大学附属中学（通州校区）	通州区中山大街50号	69559659
通州区第二中学	通州区玉带河大街72号	69544963
通州区第三中学	通州区潞城镇胡各庄村南1号	89537370
通州区第四中学	通州区新华西街45号	69522231

通州区运河中学	通州区运河东大街79号	81523528
通州区潞河中学	通州区新华南路135号	69542115
通州区永乐店中学	通州区永乐店镇永三村1号	69568463
北京市私立树人·瑞贝学校	通州区宋庄镇小堡南区甲一号	80856788
时代中学	通州区运河西大街35号	51430088
潞河国际教育学园	通州区玉带河西街10号	69553535
通州区潞州中学	通州区宋庄镇徐辛庄村北	60573788
通州区张家湾中学	通州区张家湾镇工业开发区广源路西街8号	69571821
北京市第二中学通州分校	通州区潞城镇三元村东	89521723
北京中加学校	通州区丛林庄园	89598885
通州华仁学校	通州区丛林庄园	89598885
通州区潞河中学附属学校	通州区梨园镇大方居小区北200米	81511961
通州区玉桥中学	通州区梨园北街23号	81588780
通州区第六中学	通州区西顺城街32号	69543268
通州区北关中学	通州区永顺南街190号	69555728
通州区龙旺庄中学	通州区小潞邑村北	89594808-8018
通州区梨园学校	通州区梨园镇云景东路399号	60529536
通州区宋庄中学	通州区宋庄镇政府大街	69595470
通州区漷县中学	通州区漷县镇漷兴一街	80585485
通州区觅子店中学	通州区漷县镇觅子店村440号	80563161
通州区马驹桥学校	通州区马驹桥镇新海西路88号	60504922
通州区大杜社中学	通州区马驹桥镇大杜社村	61582577
通州区西集中学	通州区西集镇国防路25号	61576277
通州区郎府中学	通州区西集镇郎东村366号	61558070
通州区次渠中学	通州区台湖镇次一村	69502312
通州区小务中学	通州区永乐店镇小务村555号	80551584
通州区柴厂屯中学	通州区永乐店镇柴厂屯村	80515838
通州区甘棠中学	通州区潞城镇侉子店村西	61529328
通州区新华学校	通州区新华大街77号	69549645
通州区月河学校	通州区台湖镇次一村	81509419
通州区新未来实验学校	通州区宋庄镇宋庄村	89578346
通州区立华学校	通州区潞城镇大豆各庄村	89586122
北京市育才学校通州分校	通州区梨园镇群芳中二街3号	81576606
通州区牛堡屯学校	通州区张家湾镇中街村462号	69581391-8037
通州区陆辛庄学校	通州区张家湾镇陆辛庄村	69585189
通州区台湖学校	通州区台湖镇台湖村	61536208
通州区于家务中学	通州区于家务回族乡于家务村	80531922

通州区卫生机构名录

机构名称	其他全称
北京市通州区社区卫生服务管理中心	——
北京市通州区永顺镇永顺社区卫生服务中心	北京市通州区永顺卫生院
北京市通州区卫生和计划生育委员会驻北京市通州区看守所社区卫生服务中心	——
北京市通州区精神病医院	——
北京市通州区流动人口生育服务管理站	——
北京市通州区宋庄镇徐辛庄社区卫生服务中心	北京市通州区徐辛庄卫生院
北京市通州区马驹桥镇大杜社社区卫生服务中心	北京市通州区大杜社卫生院
北京市通州区潞城镇甘棠社区卫生服务中心	北京市通州区甘棠卫生院
北京市通州区永乐店镇永乐店社区卫生服务中心	北京市通州区永乐店卫生院
北京市通州区疾病预防控制中心	——
北京市通州区老年病医院	——
北京市通州区潞城镇潞城社区卫生服务中心	北京市通州区潞城卫生院
首都医科大学附属北京潞河医院	——
北京市通州区120紧急救援中心	——
北京市通州区宋庄镇宋庄社区卫生服务中心	北京市通州区宋庄卫生院
北京市通州区漷县镇漷县社区卫生服务中心	北京市通州区漷县卫生院
北京市通州区台湖镇次渠社区卫生服务中心	北京市通州区次渠卫生院
北京市通州区新华社区卫生服务中心	北京市通州区新华医院
北京市通州区马驹桥镇马驹桥社区卫生服务中心	北京市通州区第二医院
北京市通州区张家湾镇牛堡屯社区卫生服务中心	北京市通州区牛堡屯卫生院
北京市通州区西集镇西集社区卫生服务中心	北京市通州区西集卫生院
北京市通州区西集镇郎府社区卫生服务中心	北京市通州区郎府卫生院
北京市通州区张家湾镇张家湾社区卫生服务中心	北京市通州区张家湾卫生院
北京市通州区梨园镇梨园社区卫生服务中心	北京市通州区梨园卫生院

北京市通州区台湖镇台湖社区卫生服务中心	北京市通州区台湖卫生院
北京市通州区农村改水领导小组办公室	——
北京市通州区中医医院	——
北京市通州区妇幼保健院	——
北京市通州区中西医结合医院	——
北京市通州区于家务回族乡于家务社区卫生服务中心	北京市通州区于家务卫生院
北京市通州区漷县镇觅子店社区卫生服务中心	北京市通州区觅子店卫生院
北京市通州区中心血站	——
北京市通州区卫生和计划生育教育服务中心	——
北京市通州区妇幼保健计划生育服务中心	——
北京市通州区卫生和计划生育信息中心	——
北京市通州区人口生育药具管理站	——
北京市通州区卫生和计划生育监督所	——

通州区法律服务所、公证处及律师事务所名录

机构名称	地　址	电　话
中仓街道法律服务所	南大街周仓庵2号楼北侧平房	69557951
北京市潞洲公证处	中仓路5号	69553774
北京市宝隆律师事务所	北京市通州区玉桥西里70号院8号楼612室	81536297
北京宝辰律师事务所	北京市通州区北杨洼251号中建二局通州写字楼205室、208室	52101688
北京邦文律师事务所	北京市通州区玉桥西里87号楼1至3层1底商52号	52101312
北京陈晓琼律师事务所	北京市通州区玉桥西里8号楼412室	81534843
北京市诚汇律师事务所	北京市通州区梨园路126号	52101906
北京策慧律师事务所	北京市通州区玉桥西里70号院12栋512	13522112104
北京蔡丽萍律师事务所	北京市通州区玉桥西里70号院12号楼112室	81527268
内蒙古大法扬律师事务所北京分所	北京市通州区梨园北街186号302	18811085695
北京市达奥律师事务所	北京市通州区梨园镇北杨洼小区19号楼商C段二层	60527915
北京市德通律师事务所	北京市通州区西上园三区8＃321室	81528173

北京德兰律师事务所	北京市通州区玉桥西里79号5门302室、509室	58101112
北京圣伟律师事务所	北京市通州区梨园路128号	52101849
北京伦辉律师事务所	北京市通州区新华西街56号1幢1007-2	69553346
北京市隆康律师事务所	北京市通州区玉桥西里4号楼504室	13801262484
北京廉峰律师事务所	北京市通州区梨园北街186号三间房综合楼一层101室	59011155
北京母福奎律师事务所	北京市通州区梨园东里北区五号楼112号	81542547
北京市明非律师事务所	北京市通州区颐瑞东里160号楼2单元302	13901122434
北京强力律师事务所	北京市通州区台湖镇尖垡村甲3号	13520166100
北京荣罡律师事务所	北京市通州区玉桥西里中街4号	13601103210
北京邵蹟律师事务所	北京市通州区玉桥西里70号12号楼1层412	13522843479
北京市盛都律师事务所	北京市通州区梨园北街梨园51号楼1单元111室	18910845515
北京市天正律师事务所	北京市通州区梨园路	60523545
北京市天安律师事务所	北京市通州区玉桥西里小区79号楼5门307室	52101033
北京王鸿飞律师事务所	北京市通州区通州区西潞苑68号楼1至2层甲4	13241450456
北京修诚律师事务所	北京市通州区梨园北街186号嘉福临大厦209室	18911862258
北京新展律师事务所	北京市通州区玉桥西里31号楼西北角	13366390669
北京通平律师事务所	北京市通州区梨园北街240号	81515031
北京京尧律师事务所	北京市通州区玉桥西路66号甲	61581362
北京中晏律师事务所	北京市通州区梨园北街18号院10号楼	52895285
北京市卓冕律师事务所	北京市通州区梨园北街186号律师楼3层303室	59011069
北京泽达律师事务所	北京市通州区梨园北街梨园东里5号楼421号	80817193
北京市致宏律师事务所	北京市通州区玉桥西里致宏律师楼	60527953
北京金旗律师事务所	北京市通州区通胡大街23号中北商厦310C、307C室	13811821960
北京市恩洋律师事务所	北京市通州区运河西大街玉桥西里四号楼c座1205室	13910798265
北京立世律师事务所	北京市通州区永顺镇北苑商务区万达广场C座710	13611077439
北京寻真律师事务所	北京市通州区东果园18号楼4层402	18611640038
北京君理律师事务所	北京市通州区新华西路60号院4号楼六层614、615室	18618271799
北京增承律师事务所	北京市通州区运河西大街玉桥西里4号C座211室	65499286
北京华欢律师事务所	北京市通州区金隅嘉铂苑1-1#-A-1340	18310133123
北京通特律师事务所	北京市通州区通胡大街甲23号楼401	13919129662
北京超见律师是事务所	北京市通州区梨园北街272号1层	13522878079
北京法盈律师事务所	北京市通州区梨园北街186号嘉福临大厦3层307室	13811740669
北京长智律师事务所	北京市通州区梨园北街18号院10幢1层612室	15801615866

北京联袂律师事务所	北京市通州区砖厂北里140号楼2层4201	13301139332
北京尽致律师事务所	北京市通州区玉桥西里4号楼C座203	13552517887
北京星勋律师事务所	北京市通州区玉桥中路111号1层	15901298260
北京善福律师事务所	北京市通州区怡乐北街商38号	15010585488
北京朝通律师事务所	北京市通州区梨园镇刘老公庄东侧（北京英特塑料机械总厂）43幢8360室	13911731331

2016年通州区新建小区名录

建筑物名称	核准日期	地　点
银河中心	2016.3.11	通州区台湖镇
运河上筑中心	2016.4.19	通州区运河东岸街
京铁潞园	2016.5.9	通州区八里桥南街
西仪佳园	2016.6.29	通州区西集镇岳上村
阳光花庭	2016.6.29	通州区台湖镇
东惠家园	2016.10.27	通州区台湖镇
润和逸园	2016.11.23	通州区西集镇
远洋新光中心	2016.12.9	运河核心区

2016年通州区标准地名命名

地名	命名日期	地　点
环宇东四路	2016.4.7	马驹桥镇
南凤西一路	2016.5.13	漷县镇
环宇东一路	2016.5.13	马驹桥镇
兴茂一区	2016.7.6	马驹桥镇
融商三路	2016.7.6	马驹桥镇
仪府路	2016.8.22	西集镇

荣海大街	2016.11.17	台湖镇
东石路	2016.11.17	台湖镇
东石东三路	2016.11.17	台湖镇
东石东一路	2016.11.17	台湖镇
东石东二路	2016.11.17	台湖镇
东石东四路	2016.11.17	台湖镇
东石东五路	2016.11.17	台湖镇
海盛一街	2016.11.17	台湖镇
海盛二街	2016.11.17	台湖镇
海盛三街	2016.11.17	台湖镇
海盛四街	2016.11.17	台湖镇

2016年通州区副处级以上机构调整变动情况

名称	级别	成立时间	备注
北京市通州区金融服务办公室	正处级	3月	由部门管理机构调整为区政府工作部门
中共北京市通州区委党校	相当正处级	10月	加挂北京市通州区社会主义学院牌子
北京城市副中心通州区协调对接指挥部	——	10月	区委、区政府议事协调机构
北京市通州区卫生局卫生监督所	副处级	12月	更名为北京市通州区卫生和计划生育监督所

2016年度通州区纳税千万元以上企业名录

北京君合百年房地产开发有限公司
北京万方置业有限公司
上海烟草集团北京卷烟厂
北京通州房地产开发有限责任公司
北京天旭运河房地产开发有限责任公司
北京通瑞兴盛置业有限公司
北京祈连房地产开发有限公司
北京中维泰禾置业有限公司
北京东方长安房地产开发有限公司
北京万达文化产业集团有限公司
北京华恒兴业房地产开发有限公司
北京市鸿诺建筑工程公司
北京富力通达房地产开发有限公司
北京硕日新宇投资有限公司
北京海港房地产开发有限公司
北京旭辉阳光置业有限公司
神州长城国际工程有限公司
保利（北京）房地产开发有限公司通州分公司
北京中鼎高科自动化技术有限公司
北京首开万科房地产开发有限公司
中国烟草总公司北京市公司
北京绿地京驰置业有限公司
北京东亚信元国际会展中心有限公司
北京万科东地房地产开发有限公司
北京世纪泰丰国际会展中心有限公司
北京鹏润房地产开发有限责任公司
北京房地鑫洋房地产开发有限公司
北京苏宁云商销售有限公司
阳光人寿保险股份有限公司北京分公司
金融街（北京）商务园置业有限公司
李宁（中国）体育用品有限公司
北京珠江房地产开发有限公司
北京首寰文化旅游投资有限公司
北京古城房地产开发有限公司
北京润通鸿业房地产开发有限责任公司
北京星湖投资开发公司
北京经开光谷置业有限公司
北京珠江投资开发有限公司
北京实地房地产开发有限责任公司
北京太合嘉园房地产开发有限责任公司
盛唐时代（北京）数码影视制作有限责任公司
中交路桥建设有限公司
北京金隅嘉业房地产开发有限公司
蒙牛高科乳制品（北京）有限责任公司
北京华信鸿业房地产开发有限公司
中国建筑第二工程局有限公司
北京存房房地产经纪有限公司
北京联东永乐投资管理有限公司
北京潞电电力建设有限公司
北京潞城建设开发有限公司
北京宋庄文化创意产业集聚区投资开发有限公司
北京紫石房地产开发有限公司
北京汽车动力总成有限公司
中国建设银行股份有限公司北京通州支行
安泰天龙钨钼科技有限公司
中国工商银行股份有限公司北京通州支行
北京万福家园房地产开发有限公司
北京市通州烟草公司
北京嘉逸置业有限公司
百丽鞋业（北京）有限公司
北京同仁堂健康药品经营有限公司
内蒙古蒙牛乳业（集团）股份有限公司北京科技分公司
北京首都开发股份有限公司首开志信分公司

北京八里桥农产品中心批发市场有限公司
北京亚通房地产开发有限责任公司
北京世纪泰丰国际会展中心有限公司北京分公司
中国农业银行股份有限公司北京通州支行
北京紫峰房地产开发有限公司
北京新城基业投资发展有限公司
北京龙源顺景房地产开发有限公司
北京泰禾置业有限公司
北京中公高远汽车试验有限公司
北京万达广场置业有限公司
北京东亚信中国际会展中心有限公司
北京清大世纪教育投资顾问有限公司
北京金海鸿业房地产开发有限公司
北京思恩客广告有限公司
北京弘元安拆迁服务有限公司
北京中泽房地产开发有限公司
北京壹人壹本信息科技有限公司
丰顺丽景装饰工程有限公司北京分公司
北京硕日新宇投资有限公司销售分公司
北京农村商业银行股份有限公司通州支行
福耀集团北京福通安全玻璃有限公司
北京华和房地产开发有限公司
北京建安经营开发有限公司
中国建筑技术集团有限公司
北京新奥通城房地产开发有限公司
泛华博成保险经纪有限公司
北京凯瑞房地产开发有限公司
北京桂隆宏利房地产开发有限公司
北京联东金桥置业有限责任公司
北京首都开发股份有限公司
北京北建通成国际物流有限公司
新华联控股有限公司
北京光谷科技园开发建设有限公司
北京岱摩斯变速器有限公司
北京坤鼎台铭投资管理有限公司
北京嘉禾远东置业有限公司
北京万生药业有限责任公司
北京泰禾房地产开发有限公司
北京欣东园建筑工程有限公司
北京市紫金恒房地产开发有限责任公司
中国人民财产保险股份有限公司北京市分公司集团客户营业部
北京市日盛达建筑企业集团有限公司永顺项目部
北京新通致远房地产开发有限公司
国美地产控股有限公司
天纳克（北京）汽车减振器有限公司
诸葛天下（北京）信息技术股份有限公司
北京市春立正达医疗器械股份有限公司
北京融科卓越房地产开发有限公司
北京台湖出版物会展贸易中心有限责任公司
北京新奥集团有限公司通州分公司
北京兰格加华置业有限公司
中铁十六局集团北京轨道交通工程建设有限公司
北京泽通水务建设有限公司
北京博格华纳汽车传动器有限公司
北京华联商厦股份有限公司
北京创通建设集团有限公司通州分公司
上海新施华投资管理有限公司北京分公司

索　引

说　明

• 本索引采取主题索引也称内容分析索引法编纂。主题词（标目）以《北京通州年鉴2017》版正文中出现的专业名词、名词词组、地名、机构名、人名等为主。

• 特载、专文、大事记、统计表、附录等栏目内容不在标引范围内。

• 本索引基本按汉语拼音音序排列，汉字打头的标目按首字的音序音调依次排列，首字相同时，则以第二字排序，依此类推；以阿拉伯数字打头的主题词（数字索引），排在最前面；以英文字母打头的主题词（英文字母索引）列于阿拉伯数字打头的主题词后。

• 本索引的文字部分为标目，标目之后的阿拉伯数字表示该标目所在正文中的页码（地址项），其后的小写英文字母（a、b）表示正文中的栏别（从左至右）。

• 部分标目后面有若干个页码或栏别，则表示该标目均在这些地方出现。

数字索引

英文字母索引

汉语拼音索引

A

B

F

G

H

J

K

L

M

N

P

T

W

X